Textual Research on the Bans' Historiography

諸班史迹考

劉清陽 著

西北大學出版社

《崇文叢書》編委會

主　任

徐春華　徐　曄

副主任

郭伯權　張　劍　任學啟

編　委

石興邦	何煉成	閻景翰	牛致功	彭樹智
毛　錡	袁仲一	劉文西	武復興	張錦秋
茹　桂	陳全方	蕭　焕	苗重安	鍾明善
江文湛	肖雲儒	黃留珠	戴希斌	趙振川
郭全忠	雷珍民	王西京	路毓賢	賈平凹
劉學智	許建秦	馬　來	徐　進	姜　捷
王美鳳	郝潤華	楊樂生	許　寧	陳戰峰
李　杰	梁亞莉	楊曉蔚	陳俊光	陳　青

主　編

徐　曄

本卷执行編委

梁亞莉　陳俊光

出版説明

《諸班史迹考》是陝西省文史研究館劉清陽館員積數十年之功、潛心研究班氏家學的著作合集，原由四部獨立的書稿，即《史學家班彪》《史學家班固》《班超傳》《班昭史迹考》組成，經其子劉路放整理合并爲六篇，對班氏家族及其班彪、班固、班超、班昭的事迹和貢獻做了系統梳理和考察。

本次編輯出版根據中華書局 1962 年版《漢書》、1964 年版《後漢書》及其他文獻資料對書中所有引文進行了仔細核對，并對以下幾個方面問題做了相應處理：

第一，對本書所引注書名進行簡化處理。凡出處爲《漢書》的引文，一律省去"漢書"，如《漢書·藝文志》簡寫爲《藝文志》；省去所引用書的卷數和章數，如《後漢書卷四十二·光武十王列傳第三十二》則簡寫爲《後漢書·光武十王列傳》。

第二，爲保持原文風貌，書中引文中的异體字統一不做修改，行文中則使用正規的繁體字。

第三，考慮到該書成稿較早，地名一律保留舊制。

第四，對書中一些生僻字采用同音漢字注音。

限於水平，在編校中如有疏漏和不妥之處，敬請讀者批評指正。

《崇文叢書》編委會

2018 年 10 月 15 日

目　錄

第一篇　班氏淵源

第一章　楚國祖先的傳説 ……………………………………… 2
第二章　貨殖起家 ……………………………………………… 7
第三章　初登仕籍 ……………………………………………… 13
第四章　班彪與班固故里考證 ………………………………… 16
第五章　班倢伃 ………………………………………………… 19
　一、班姬身世 ………………………………………………… 19
　二、班倢伃的文學思想 ……………………………………… 22
　三、《怨歌行》與五言詩 …………………………………… 28
　四、班倢伃在班氏家學中的地位 …………………………… 33
第六章　班伯兄弟 ……………………………………………… 36
　一、班伯的生平、經學師承與政治思想 …………………… 36
　二、班斿、班嗣父子 ………………………………………… 42
　三、班穉及其反對讖緯的思想 ……………………………… 44
第七章　今、古文學派的對立與班氏家學 …………………… 50

第二篇　班彪與《續太史公書》

第八章　班彪的生平 …………………………………………… 56
　一、班彪的家庭 ……………………………………………… 56

二、避地西州 … 59
　　三、專心史籍 … 70
第九章　班彪的交游 … 77
　　一、天水隴西時期 … 77
　　二、劉向、劉歆父子 … 82
　　三、揚雄 … 99
　　四、桓譚 … 103
　　五、尹敏 … 111
　　六、王充 … 112
第十章　班彪的社會思想與歷史觀點 … 119
　　一、班彪的政論 … 119
　　二、關於漢與匈奴關繫問題的觀點 … 126
　　三、政治主張 … 133
　　四、歷史觀點 … 137
第十一章　《續太史公書》考 … 153
　　一、《續太史公書》正名 … 153
　　二、《續太史公書》的篇數 … 157
　　三、史學編纂發明 … 160
　　四、小結 … 173
第十二章　班彪其他著作考 … 175
　　一、《別錄》 … 175
　　二、《覽海賦》 … 176
　　三、《北征賦》 … 177
　　四、《冀州賦》 … 177
　　五、《悼離騷》 … 178
　　六、《王命論》 … 178
　　七、奏疏 … 178
　　八、書箋 … 179

第十三章　補《太史公書》與續《太史公書》……… 180
一、楊惲 ……… 181
二、褚少孫 ……… 185
三、劉向 ……… 188
四、揚雄 ……… 189
五、劉歆 ……… 191
六、馮商 ……… 192
七、馮衍與史岑 ……… 193
八、其他 ……… 194

第三篇　良史班固

第十四章　青年時代 ……… 196
一、生在河西 ……… 196
二、洛陽讀書 ……… 198

第十五章　著述蘭臺 ……… 205
一、繼承父業 ……… 205
二、蘭臺著史 ……… 209
三、皇家史官 ……… 219

第十六章　辭賦大家 ……… 223
一、《幽通賦》 ……… 223
二、《兩都賦》 ……… 228
三、《答賓戲》 ……… 230
四、對屈原及其《離騷》的批評 ……… 234
五、五言詩《詠史》 ……… 241

第十七章　白虎觀會議與《白虎通義》……… 245
一、漢代儒學之發展 ……… 245
二、石渠閣會議 ……… 250

三、白虎觀會議 ………………………………… 252
四、《白虎通義》 ……………………………… 253

第十八章　文學侍臣 ………………………… 258
一、《神雀頌》 ………………………………… 258
二、天子巡狩 …………………………………… 259
三、改訂禮樂 …………………………………… 263

第十九章　議《對北匈奴策》 ……………… 267

第二十章　勒功燕然 …………………………… 275
一、決戰到來 …………………………………… 275
二、大將軍竇憲 ………………………………… 281
三、雷霆萬鈞 …………………………………… 282
四、千秋功罪 …………………………………… 291

第二十一章　憲府文章 ………………………… 292
一、班固 ………………………………………… 292
二、崔駰 ………………………………………… 294
三、傅毅 ………………………………………… 294
四、齊聚竇幕 …………………………………… 295
五、曲終人散 …………………………………… 299

第二十二章　竇憲案與班固之死 ……………… 303
一、皇帝、宗室與外戚 ………………………… 303
二、竇氏兄妹 …………………………………… 308
三、朝臣抵制竇氏的鬥爭 ……………………… 314
四、西巡長安 …………………………………… 322
五、京城驚變 …………………………………… 326
六、清算竇黨 …………………………………… 337
七、智及之而不能守 …………………………… 341

第二十三章　班固著述考 ……………………… 345
一、《白虎通義》 ……………………………… 346

二、《東觀漢記》與《建武注記》 …………………… 346
三、辭賦 ……………………………………………… 347
四、詩、歌 …………………………………………… 348
五、頌 ………………………………………………… 350
六、銘 ………………………………………………… 351
七、奏記、議、疏 …………………………………… 351
八、論 ………………………………………………… 352
九、書信 ……………………………………………… 352
十、其他 ……………………………………………… 354

第四篇　《漢書》發微

第二十四章　班固的哲學思想 ……………………… 360
　一、班固的世界觀 …………………………………… 360
　二、五德三統説 ……………………………………… 362
　三、五行災異 ………………………………………… 371
　四、福禍報應 ………………………………………… 375

第二十五章　班固的理想社會 ……………………… 376
　一、殷周盛世烏托邦 ………………………………… 376
　二、殘酷的現實社會 ………………………………… 381
　三、現實社會通向理想國的道路 …………………… 393
　四、抑商的目的在於重農 …………………………… 402
　五、班固與司馬遷的分歧 …………………………… 407
　六、對平糴均輸政策的肯定 ………………………… 411

第二十六章　班固的政治法律主張 ………………… 417
　一、戰爭的正義性 …………………………………… 417
　二、維護統一，反對分裂 …………………………… 420
　三、對游俠的批判 …………………………………… 424

四、重視吏治 …………………………………… 429
　　五、反對固守經術 ……………………………… 436
　　六、主張輕刑罰、復肉刑 ……………………… 438
第二十七章　班固的史學發明 ………………………… 444
　　一、研究歷史的目的……………………………… 444
　　二、對歷史發展規律的觀察……………………… 447
　　三、班固的歷史編纂學發明……………………… 451
　　四、"厚今薄古"的歷史觀點 …………………… 458

第五篇　功封定遠

第二十八章　投筆從戎………………………………… 468
　　一、釵於盦中……………………………………… 468
　　二、大將竇固……………………………………… 474
　　三、初露鋒芒……………………………………… 489
第二十九章　不入虎穴，焉得虎子…………………… 490
　　一、西域諸國……………………………………… 490
　　二、出使鄯善……………………………………… 511
　　三、出使于闐……………………………………… 516
　　四、招撫疏勒……………………………………… 519
第三十章　一定西域…………………………………… 522
　　一、大軍出關……………………………………… 522
　　二、重建都護府…………………………………… 529
　　三、凱旋而歸……………………………………… 535
第三十一章　風雲變幻………………………………… 540
　　一、烏雲壓城……………………………………… 540
　　二、全面反撲……………………………………… 543
　　三、孤軍奮戰……………………………………… 549

第三十二章　再定西域 … 551
一、時機來臨 … 551
二、援軍來了 … 556
三、降服莎車 … 563

第三十三章　但願生入玉門關 … 567
一、對北匈奴的最後一擊 … 567
二、大月氏之戰 … 568
三、都護西域 … 572
四、征討焉耆 … 574
五、封侯定遠 … 577
六、甘英使大秦 … 579
七、葉落歸根 … 582
八、將門虎子 … 584

第三十四章　以荷析薪 … 587
一、都護任尚 … 587
二、西域再絕 … 596
三、朝堂之爭 … 599
四、長史班勇 … 606
五、最後一戰 … 611
六、《西域風土記》 … 614

第六篇　萬世女則

第三十五章　班昭生平考 … 616
一、班昭生卒年考 … 616
二、婚後生活 … 620

第三十六章　踵成《漢書》 … 625
一、奉詔續書 … 625

二、馬氏兄弟 ……………………………………… 627
三、《漢書》八表與《史記》十表 ……………… 638
四、《外戚恩澤侯表》 …………………………… 642
五、《百官公卿表》 ……………………………… 644
六、《古今人表》 ………………………………… 646
七、《天文志》 …………………………………… 650

第三十七章 宮廷教師"曹大家" ……………… 659
一、後宮授徒 ……………………………………… 659
二、宮廷辭臣 ……………………………………… 663
三、皇后鄧綏 ……………………………………… 663
四、兄妹情深 ……………………………………… 670

第三十八章 輔佐女主 …………………………… 674
一、太后臨朝 ……………………………………… 674
二、與聞政事 ……………………………………… 677
三、再立新帝 ……………………………………… 679
四、上書太后 ……………………………………… 683
五、君臣相得 ……………………………………… 687
六、江河日下 ……………………………………… 690

第三十九章 女性教育第一人 …………………… 699
一、《列女傳》注及續 …………………………… 699
二、《女誡》 ……………………………………… 704
三、《女孝經》 …………………………………… 711

第四十章 班昭著作 ……………………………… 713
一、賦頌 …………………………………………… 713
二、《幽通賦》注 ………………………………… 719
三、奏疏 …………………………………………… 720
四、其他 …………………………………………… 720

第一篇
班氏淵源

楚國祖先的傳說
貨殖起家
初登仕籍
班彪與班固故里考證
班倢伃
班伯兄弟
今、古文學派的對立與班氏家學

第一章　楚國祖先的傳說

據班固稱，班氏祖先出於楚之王族，爲楚國令尹子文的後裔。《叙傳上》①云：

> 班氏之先，與楚同姓，令尹②子文之後也。子文初生，棄於瞢③中，而虎乳之。楚人謂乳"穀"，謂虎"於檡"，故名穀於檡，字子文。楚人謂虎"班"，其子以爲號④。秦之滅楚，遷晉、代⑤之間，因氏焉。

令尹子文爲鬥伯比之子，楚王若敖之孫。按説子文實爲私生子。《春秋左傳注·宣公四年》稱：

> 初，若敖娶於䢵⑥，生鬥伯比。若敖卒，從其母畜⑦於䢵，淫於䢵子之女，生子文焉。䢵夫人使棄諸夢中。虎乳之，䢵子田，見之，懼而歸。夫人以告，遂使收之。

---

① 爲簡潔起見，本書引《漢書》只注明篇名，其他文獻注明書名和篇名。
② 令尹，楚國最高官職，兼有中原諸侯國相、將的權力，一般由楚王親族出任。
③ 顏師古注："瞢，雲瞢澤也。"按："瞢"同夢，雲瞢澤即雲夢澤，爲中國歷史上最大的淡水湖，位於今湖北省江漢平原，推斷面積最廣時達四萬平方公里。今多已成陸地，僅留零星水體如洪湖。顏師古，字籀，琅邪臨沂人。唐代經學家、史學家，奉太子李承乾（李世民長子）之命注釋《漢書》。
④ 顏師古注："子文之子鬥班，亦爲楚令尹。"
⑤ 代是春秋末期之少數民族諸侯國，故地爲今河北蔚縣。
⑥ 䢵爲春秋時諸侯國，國君子爵，後滅於楚。位於今湖北省䢵縣。
⑦ 杜預注："畜，養也。"杜預，字元凱，京兆杜陵（今陝西西安）人，西晉政治家、軍事家、學者。著有《春秋經傳集解》。

據《史記·楚世家》載楚之世系如下：

鬻熊，帝顓頊①高陽氏之苗裔，事周文王②。其子熊麗。熊麗子熊狂，熊狂子熊繹。

熊繹當周成王③之時被封於楚，子爵。姓羋氏（"羋"音"米"），居丹陽。熊繹五世孫爲熊渠。熊渠當周夷王④之時，甚得江、漢間民和，乃興兵伐庸、楊粵，至於鄂⑤，於是楚國勢力範圍大增。自熊渠八傳至熊儀，是爲若敖。

若敖二十年（前 771），周幽王⑥爲犬戎所殺，周室東徙於洛陽，是爲東周之始。若敖子熊坎繼位，是爲霄敖。霄敖子熊眴繼位，是爲蚡冒。若敖、蚡冒對楚國之開發，實有大功。故《春秋左傳注疏·宣公十二年》載：

若敖、蚡冒，篳路藍縷以啟山林。

據班固説，因子文以私生子被弃於野、爲虎所乳，故名"穀於菟"，意爲"乳虎"。子文之子名"鬬班"，其後裔居於晋、代間之一支遂以班爲氏。然而此説頗成問題。

按《春秋左傳注疏·宣公四年》載：

---

① 顓頊（音"專需"）是歷史傳説人物，五帝之一。父親爲昌意，相傳是黄帝與嫘祖的次子，封於若水，娶蜀山氏之女昌僕爲妻，生顓頊。顓頊性格深沉而有謀略。十五歲時就輔佐少昊，治理九黎地區，封於高陽（今河南杞縣東），故又稱其爲高陽氏。黄帝死後，因顓頊有聖德，立爲帝。參見《史記·五帝本紀》。
② 周文王，姬姓，名昌，季歷之子，商末周部落首領。任用太顛、散宜生等能人，施行裕民政策，國力日盛，却爲商王紂所忌，因之於羑里（今河南湯陰，"羑"音"有"）。因禁期間，寫下《周易》一書。姬昌臨死時囑其次子姬發早圖滅商。姬發繼位後，秉承父志，發兵滅商并建立周朝，定都鎬京（今陝西西安西南），自立爲武王，并追封其父姬昌爲文王。參見《史記·周本紀》。
③ 周成王，名誦，西周第二代君主。
④ 周夷王，名燮，西周第九代君主。
⑤ 庸國，伯爵，地約今湖北竹山縣。楊粵，當指楊水（漢水中游一帶）的粵（越）人。鄂，今湖北鄂州地方。
⑥ 周幽王，名宫涅。周宣王之子，西周第十二代君王。

及令尹子文卒，鬭般爲令尹。（杜預注："般，子文之子子揚。"

又云：

其孫箴尹克黃。（杜預注："箴尹，官名；克黃，子揚之子。"）

則鬭般之名，似并無繼承傳襲之迹。故班氏之先出於楚王族之説，應該衹是一種依託。

蓋秦漢時期依託之風頗盛，若王莽所稱："王氏虞帝之後也，出自帝嚳[①]；劉氏堯之後也，出自顓頊。"（《王莽傳中》）固不待論，韋賢[②]亦謂："肅肅我祖，國自豕韋[③]。"（《韋賢傳》）揚雄[④]則稱："其先出自有周伯僑[⑤]者，以支庶初食采於晋之揚，因氏焉。"（《揚雄傳上》）

諸如此類，不勝枚舉。又司馬遷謂項籍云：

舜目蓋重瞳子，又聞項羽亦重瞳子。羽豈其苗裔邪？何興之暴也！（《史記·項羽本紀》）

班固稱杜周[⑥]云：

張湯、杜周並起文墨小吏，致位三公，列於酷吏。而俱有良子，德器自過，爵位尊顯，繼世立朝，相與提衡，至於建武[⑦]，杜氏爵乃獨絶。

[①] 嚳（音"酷"），五帝之一。姬姓，名俊，號高辛氏，殷人稱夒（音"猱"）。嚳少有德行，爲顓頊選爲助手，有功，封於有辛（今河南商丘）。繼顓頊爲帝。見《史記·五帝本紀》。

[②] 韋賢，字長孺，昭帝劉弗陵大臣。

[③] 豕韋氏，古部落名。彭姓，爲商湯所滅。故地在今河南省滑縣。《左傳·昭公二十九年》："夏后嘉之，賜氏曰御龍，以更豕韋之後。"又《左传·襄公二十四年》："在商爲豕韋氏。"杜預注："豕韋，國名，東郡白馬縣東南有韋城。"

[④] 揚雄，字子雲，蜀郡成都（今四川成都郫縣）人。本書第二篇有詳細介紹。

[⑤] 伯僑爲晋武公之子，獻公之弟。歐陽修《新唐書·宰相世系表》："伯僑生文，文生突，羊舌大夫也。"

[⑥] 杜周、張湯均爲武帝時著名的酷吏。

[⑦] 建武爲東漢開國皇帝光武帝劉秀的年號，自建武元年（25）至建武三十二年（56）。

迹其福祚，元功①儒林之後，莫能及也。自謂唐杜苗裔②，豈其然乎？（《杜周傳》）

司馬遷與班固都認爲一人之功業與地位，與其祖宗的"福祚"是有關繫的，他們從這樣的觀念出發，以之解釋歷史人物的功業，又以之杜撰出他們自己家族的歷史。班固説班氏之先出於楚之王族，且以此在其《幽通賦》中炫耀：

系高頊之玄胄兮，氏中葉之炳靈。③（《叙傳上》）

這與司馬遷稱司馬氏爲重黎之後，且稱：

昔在顓頊，命南正重以司天，北正黎以司地。唐虞之際，紹重黎④之後，使復典之，至於夏商，故重黎氏世序天地。（《史記·太史公自序》）

其攀附之意，如出一轍。

按此稿完成後，翻閲《史通》，劉知幾⑤亦有類似見解。兹録其言於下：

又近古人倫，喜稱閥閲。其蓽門寒族，百代無聞，而駢角挺生。一朝暴貴，無不追述本系，妄承先哲。至若儀父⑥、振鐸⑦，并爲曹氏之

---

① 元功，即功臣。
② 顔師古注："謂在周爲唐杜氏也。"唐杜氏，據《左傳·襄公二十四年》范宣子曰："昔匄之祖，自虞以上爲陶唐氏，在夏爲御龍氏，在商爲豕韋氏，在周爲唐杜氏。"杜預注："唐、杜，二國名。殷末豕韋國於唐，周成王滅唐，遷之於杜，爲杜伯。杜，今京兆杜縣。"
③ 應劭注："系，連也。胄，緒也。言己高陽顓頊之連緒也。顓頊北方水位，故稱玄。中葉，謂令尹子文也。虎乳，故曰炳靈。"應劭，字仲瑗，汝南南頓人，約東漢靈帝光和元年前後在世。著有《漢書集解音義》二十四卷。
④ 重黎，即祝融。《史記·楚世家》："高陽生稱，稱生卷章，卷章生重黎。重黎爲帝嚳高辛居火正，甚有功，能光融天下，帝嚳命曰祝融。"《晋書·宣帝紀》："其（司馬氏）先出自帝高陽之子重黎，爲夏官祝融。"
⑤ 劉知幾，字子玄，彭城（今江蘇徐州）人，唐代史學家，官至左散騎常侍。
⑥ 儀父，春秋時邾國國君。邾（音"朱"），亦稱邾婁，曹姓子爵諸侯國。
⑦ 曹叔振鐸，姬姓，名振鐸，是周武王的同母弟，曹國的開國君主。

初;淳維①、李陵②,俱稱拓拔之始。河南馬祖,遷、彪之説不同③;吴興沈先,約、炯之言有異④。斯皆不因真律,無假寧楲,直據經史,自成矛盾。則知揚姓之寓西蜀,班門之雄朔野,或冐纂伯僑,或家傳熊繹,恐自我作故,失之彌遠者矣。(《史通削繁·卷二·序傳》)

---

① 淳維爲夏桀的兒子,傳説匈奴是淳維北逃所建:"匈奴,其先祖夏后氏之苗裔也,曰淳維。"(《史記·匈奴列傳》)

② 李陵,字少卿,隴西成紀(今平涼市静寧縣西南)人,漢武帝時將領,與匈奴作戰失敗後投降,留在匈奴并取單于公主。

③ 清浦起龍《史通通釋》:"《太史公自序》及《晋書》帝紀,同以漢初河内司馬爲祖。《史通》謂彪説不同,是司馬彪《九州春秋》叙姓别有所祖也。"河内郡,位於今河南、河北、山東三省交界處。河内是司馬氏的郡望。

④ 意爲關於沈姓祖先本於吴興,沈約、沈炯的説法不一。沈約,字休文,吴興武康(今浙江德清縣)人,南朝史學家、文學家。作有《宋書》。沈炯,字初明。南朝梁武康(今浙江德清縣)人。

第二章　貨殖起家

班氏之族，有譜系可按，始於漢初。《敘傳上》云：

> 始皇之末①，班壹避墜於樓煩②，致馬、牛、羊數千群。值漢初定，與民無禁。當孝惠、高后時③，以財雄邊，出入弋獵，旌旗鼓吹。年百餘歲，以壽終，故北方多以"壹"爲字者。

班壹因秦末戰亂，避禍遷居樓煩。據《地理志》以及《後漢書・郡國志》，樓煩屬雁門郡，地在今山西雁門關北。

但班彪《北征賦》云：

> 過泥陽而太息兮，悲祖廟之不脩。

據《地理志》，泥陽屬北地郡，故城在今甘肅寧縣東南。班氏有祖廟在泥陽，當是在班壹之後，班氏曾徙居於此。後世或稱"北地班固"（如明張溥《班蘭臺集》④，丁福保《班孟堅集》⑤，俱題北地班固），皆由此而來。

---

① 秦始皇死於前 210 年。
② 顏師古注："墜，古地字。樓煩，雁門之縣。"秦雁門郡，治約今山西地方。今山西太原市轄有婁煩縣。
③ 高后，即漢高祖劉邦皇后呂雉；孝惠，惠帝劉盈，劉邦與呂雉之子，漢朝第二位皇帝。劉盈生性懦弱，執政期間其母呂后實際秉權。孝惠、高后時，指惠帝登基（前 195）至呂后去世（前 180）這段時期。
④ 張溥，字天如，江蘇太倉人。明崇禎四年（1631）進士，復社發起人之一。作有《七錄齋集》，輯有《漢魏六朝百三家集》，《班蘭臺集》即在其中。
⑤ 丁福保，字仲祜，號疇居士，江蘇無錫人。近代藏書家、書目專家。編輯刊印有《漢魏六朝名家集初刻》等數部叢書。

自班壹遷居樓煩并於此經營畜牧業，至孝惠、高后時，前後二三十年，漸而致"馬、牛、羊數千群"，漸而"以財雄邊"，可見他是一位貨殖高手。

秦漢之際，像班壹這樣以畜牧業起家者并非少見。如秦始皇時有烏氏倮：

> 烏氏倮①畜牧，及衆斥賣，求奇繒物，間②獻遺戎王。戎王什倍其償，與之畜，畜至用谷量馬牛③。秦始皇帝令倮比封君，以時與列臣朝請④。而巴寡婦清，其先得丹穴⑤，而擅其利數世，家亦不訾。清，寡婦也，能守其業，用財自衛，不見侵犯。秦皇帝以爲貞婦而客之，爲築女懷清臺。夫倮鄙人牧長，清窮鄉寡婦，禮抗萬乘，名顯天下，豈非以富邪？（《史記·貨殖列傳》）

漢初有橋姚：

> 塞之斥也⑥，唯橋姚已致馬千匹，牛倍之，羊萬頭，粟以萬鍾⑦計。（同前引）

---

① 韋昭注："烏氏，縣名，屬安定。倮，名也。""倮"，音"裸"。韋昭，字弘嗣。吳郡雲陽（今江蘇丹陽）人，東吳史學家。著有《漢書音義》。
② "閒"同"間"，間或之意。
③ 谷量馬牛：謂以山谷計算牛馬等牲畜數量。
④ 朝請，指朝見皇帝。《集解》引孟康曰："律，春曰'朝'，秋曰'請'，如古諸侯朝聘也。"《説文》："請，謁也。"段玉裁注："周禮，春朝秋覲，漢改爲春朝秋請。"按：《集解》即《史記集解》，南朝宋人裴駰采九經諸史并《漢書音義》等以注解《史記》，共八十卷。本書後面引用《史記集解》逕稱《集解》。
⑤ 丹穴，即丹砂礦。丹砂又稱硃砂，古人以之入藥、煉丹，或製顔料。
⑥ 《索引》孟康云："邊塞主斥候之卒也。"斥候，即偵察兵。斥候分騎兵和步兵，由行動敏捷之軍士擔任。孟康，字公休，安平人。三國曹魏官員、學者。其《漢書音義》在訓詁、考據方面均有較高的成就，常常被各種古代典籍援引，今已散佚。
⑦ 《左傳·昭公三年》："釜十則鍾。"杜預注："六斛四斗。"即一鍾爲六斛四斗。漢承秦制，一斛爲十斗，一斗爲十升。據出土秦漢量器實測，一升約200毫升。據此，一鍾大致相當於現代128公升。此處"萬鍾"極言其多，非實指。

蓋當時經營畜牧業爲致富的一種重要手段。故司馬遷説：

> 富者，人之情性，所不學而俱欲者也。……農、工、商賈、畜長，固求富益貨也。此有知盡能索耳，終不餘力而讓財矣。諺曰："百里不販樵，千里不販糴。"居之一歲，種之以穀；十歲，樹之以木；百歲，來之以德。德者，人物之謂也。今有無秩禄之奉，爵邑之入，而樂與之比者，命曰"素封"①。封者食租税，歲率户二百。千户之君則二十萬，朝覲聘享出其中。庶民農、工、商賈，率亦歲萬息二千②，百萬之家則二十萬，而更傜租賦出其中。衣食之欲，恣所好美矣。故曰陸地牧馬二百蹄③，牛蹄角千④，千足羊，澤中千足彘⑤，水居千石魚陂⑥，山居千章之材。安邑千樹棗；燕、秦千樹栗；蜀、漢、江陵千樹橘；淮北、常山已南，河、濟之間千樹萩；陳、夏千畝漆；齊、魯千畝桑麻；渭川千畝竹；及名國萬家之城，帶郭千畝畝鍾之田⑦，若千畝卮茜⑧，千畦薑、韭⑨：此其人皆與千户侯等。（同前引）

當時，利於畜牧之地，多在北方邊地：

---

① 《正義》："言不仕之人自有園田收養之給，其利比於封君，故曰'素封'也。"按《正義》即《史記正義》，唐張守節撰，共三十卷。與《史記索隱》和《史記集解》合稱《史記》三家注。本書後面引用《史記正義》徑稱《正義》。
② 即每年一萬錢利息收入有兩千。
③ 《索隱》案："馬有四足，二百蹄有五十匹也。"《索隱》即《史記索隱》，唐司馬貞撰，共三十卷。本書後面引用《史記索隱》徑稱《索隱》。
④ 《漢書音義》："百六十七頭也。馬貴而牛賤，以此爲率。"按：牛二角四蹄，蹄角千則百六十七頭。
⑤ 《集解》引韋昭曰："二百五十頭。"
⑥ 《正義》："言陂澤養魚，一歲收得千石魚賣也。"
⑦ 王充《論衡·率性》："魏之行田百畝，鄴獨二百，西門豹灌以漳水，成爲膏腴，則畝收一鍾。"
⑧ 《集解》徐廣曰："卮音支，鮮支也。茜音倩，一名紅藍，其花染繒赤黄也。"按茜草廣泛分布於我國黄河和長江流域，在古代用做紅色染料。
⑨ 《説文解字》：田五十畝曰畦。

龍門、碣石①北多馬、牛、羊、旃裘②、筋角。(《通典·卷十一》)

又云：

天水、隴西、北地、上郡與關中同俗，然西有羌中之利，北有戎翟之畜，畜牧爲天下饒。(《史記·貨殖列傳》)

所以當時在北方從事畜牧業而白手起家之人應該不少。

由烏氏倮、橋姚以及班壹等人的經歷來看，可知他們原來或系"避地"逃亡，或系"邊塞主斥候之卒"，或系"鄙人牧長"，均非統治階級出身。他們居於邊塞水草豐盛之地，且與邊疆少數民族接近，遂牧養馬、牛、羊等，使之孳生繁息，及衆則斥賣以獲利。除畜牧業外，他們也兼營土地，囤積糧食，以至"粟以萬鍾計"。及其致富，以財雄起，甚至爲皇帝所尊禮，逐漸取得較高的社會地位。

唯此等人之起家致富手段，不甚明白。《後漢書·馬援列傳》云：

援③三兄況、余、員，並有才能，王莽時皆爲二千石④。援年十二而孤，少有大志，諸兄奇之。嘗受《齊詩》⑤，意不能守章句⑥，乃辭況，欲就邊郡田牧。況曰："汝大才，當晚成。良工不示人以朴，且從所好。"會況卒，援行服朞年，不離墓所；敬事寡嫂，不冠不入廬。後

---

① 《正義》："龍門山在絳州龍門縣。碣石山在平州盧龍縣。"絳州郡，治在今山西南部；龍門縣在今山西省河津市；平州郡，治在今河北省北部。今河北省有盧龍縣。
② "旃"音"詹"，通氈。獸毛制成的衣服。《史記·匈奴列傳》："自君王以下，咸食畜肉，衣其皮革，被旃裘。"
③ 馬援，字文淵，右扶風茂陵縣（今陝西省興平市東北）人，東漢著名軍事家。光武帝時拜爲伏波將軍，封新息侯，世稱"馬伏波"。
④ 二千石，指郡守級官員。秦、漢時期，地方郡一級長官郡守，每年薪俸爲二千石糧食，故以"二千石"來代指地方郡守一級的官員。
⑤ 《詩經》今文學派之一，漢初齊人轅固所傳。景帝時立爲博士，成爲官學。
⑥ 章句，即章句之學，是漢儒治學之法。漢儒在研究經典時，往往把重點放在對其篇章字句的詳細解讀上。這裏是說馬援不願把精力花在死讀經書上。

爲郡督郵①，送囚至司命府，因有重罪，援哀而縱之，遂亡命北地。遇赦，因留牧畜，賓客多歸附者，遂役屬數百家。轉游隴漢間，常謂賓客曰："丈夫爲志，窮當益堅，老當益壯。"因處田牧，至有牛馬羊數千頭，穀數萬斛。既而歎曰："凡殖貨財產，貴其能施賑也，否則守錢虜耳。"乃盡散以班昆弟故舊。

馬援亡命北地牧畜，其所役使之勞動力爲"賓客"，至"役屬數百家"之多，故"處田牧，至有牛、馬、羊數千頭，穀數萬斛"。王莽末，馬援往天水依隗囂②，"囂甚敬重之，以援爲綏德將軍，與決籌策。"會隗囂遣其子隗恂爲質於劉秀，馬援隨行并留在洛陽：

> 援因將家屬隨恂歸洛陽，居數月而無它職任。援以三輔③地曠土沃，而所將賓客猥多，乃上書求屯田上林苑中，帝許之。(《後漢書·馬援列傳》)

按馬援與其"賓客"的關繫，當屬人身附庸關繫。時爲西漢之末，如以此揆班壹而無誤，則班壹之起家致富，似亦采取這種封建剝削方式，而其本人則爲封建畜牧主。

班壹之子名班孺，爲任俠：

> 壹生孺。孺爲任俠，州郡歌之。(《叙傳上》)

任俠之風，當秦漢之際，承六國之餘緒，其勢尚盛。《史記》所記游俠，如魯之朱家，楚之田仲，洛陽劇孟，河內郭解等，適與班孺同時。當時所謂游俠之流，是指有如下品格者：

---

① 督郵，郡一級重要官吏，平時由郡太守派出巡視郡內屬縣的各個地方官是否稱職；掌管郡內驛站，還可以案驗刑獄，檢核非法。

② 隗囂，字季孟，天水成紀（今甘肅靜寧）人。是王莽末年佔據天水一帶的地方割據大豪。本書第八章《班彪的生平》第二節《避地西州》有詳細介紹。

③ 三輔是漢代負責京畿長安附近地方行政事務的京兆尹、左馮翊、右扶風的合稱，也用來指稱長安一帶的地區。

> 其言必信，其行必果。
> 已諾必誠，不愛其軀，
> 赴士之阨困，既已存亡死生矣，
> ……
> 雖時扞當世之文罔①，然其私義廉絜退讓，有足稱者。(《史記·游俠列傳》)

班孺幼年或尚爲鄙之牧人，及其長，其家當已"以財雄邊"。班孺之作風，或未可與朱家、郭解之流倫比，然由其"州郡歌之"來看，應該屬尚非魚肉鄉里的地方豪強一類人物。

至於班固在《幽通賦》中稱頌其祖云：

> 繇②凱風而蟬蛻兮，雄朔野以颺聲。(《敘傳上》)

則班固以有祖先如是而感到自豪。由此亦可推斷，班壹雖以畜牧起家，至於"以財雄邊"，逐漸由勞動人民步入剝削階級。然其個人作風，自應分別對待，未可盡非。

---

① 文罔，意爲法網、法禁。《索隱》："違扞當代之法網，謂犯法禁也。"
② "繇"通"由"。

第三章　初登仕籍

班氏家族自班儒之子以下，始有入仕者。《叙傳上》云：

> 孺生長，官至上谷守①。長生回，以茂材爲長子令②。回生況，舉孝廉爲郎，積功勞，至上河農都尉③，大司農奏課連最④，入爲左曹越騎校尉⑤。成帝⑥之初，女爲倢伃，致仕就第，貲累千金。

由班回以茂材爲長子縣令，班況初舉孝廉爲郎，可知他們都是初登仕籍。班回之父班長，官至上谷守，其出身亦應如此。班況位至左曹越騎校尉，據《百官公卿表》，越騎校尉，掌越騎（由越人組成的騎兵部隊）。武帝初置，所屬有丞、司馬，秩二千石，相當於地方郡守級。班固稱班況"積功勞""奏課連最"云云，蓋因班況之獲得高位，固非借其女爲倢伃之力。迨其女爲倢伃，班況已致仕就第。

班氏之先以貨殖起家，自班長以至班況，乃登上政治舞臺，并逐漸成爲統治階級官僚機構中的有力人物。

---

① 上谷郡，治約今河北張家口市一帶。上谷守，即上谷郡太守。
② 茂材，即秀才，東漢時爲避光武帝劉秀之諱改。漢代以之稱從民間選拔出的人才。長子，據顏師古注："上黨之縣。"今山西長治市有長子縣。
③ 顏師古注："上河，地名。農都尉者，典農事。"又《馮參傳》顏師古注："上河在西河富平，（參）於此爲農都尉。"據此上河應在今陝西富平縣境。
④ 奏課，即將對官吏的考績上報朝廷。連最，屢次考績皆最優。
⑤ 校尉始置於秦朝，爲中級軍官。西漢置中壘、屯騎、步兵、越騎、長水、胡騎、射聲、虎賁八校尉，分統禁軍，位次諸將軍。越騎校尉掌輕騎兵。
⑥ 漢成帝，名劉驁，西漢第十二位皇帝，元帝劉奭長子，母王政君（王莽姑母）。在位二十七年（前33—前7）。

班況之女班姬，爲成帝倢伃，一度相當受寵。班氏一門，也隨之騰達。

除班姬外，班況尚有三子：班伯、班斿（音"游"）、班穉（音"稚"）。班穉即班彪之父，班固祖父。

班況徙居昌陵。班況以前居於何處不詳，也許就是他曾任職農都尉的上河（今陝西富平）。

成帝初營延陵，亦葬於延陵①，但他一度改變心意，大興土木，另造昌陵。《楚元王傳》云：

> 久之營起昌陵，數年不成，復還歸延陵，制度泰②奢。

《成帝紀》載：鴻嘉元年（前20）二月：

> 壬午，行幸初陵，赦作徒。以新豐戲鄉爲昌陵縣，奉初陵，賜百户牛酒。

按漢之新豐縣在京城長安東面，爲直屬京兆尹管轄的十二縣之一。《地理志上》載：

> 新豐，驪山在南，故驪戎國。秦曰驪邑。

故昌陵當在今陝西西安城東之臨潼區。

成帝於經營昌陵的同時，又徙天下富民充實昌陵，置邑。《成帝紀》鴻嘉二年（前19）載：

> 夏，徙郡國豪傑訾五百萬以上五千户於昌陵。賜丞相、御史、將軍、列侯、公主、中二千石③冢地、第宅。

---

① 《成帝紀》：建始二年（前31）"閏（正）月，以渭城延陵亭部爲初陵。"又綏和二年（7）三月："丙戌，帝崩於未央宮。……四月已卯，葬延陵。"按：延陵在今咸陽市西北。
② 泰，通"太"。
③ 漢官秩名。《宣帝紀》："潁川太守黄霸以治行尤异，秩中二千石。" 顏師古注："漢制，秩二千石者，一歲得一千四百四十石，實不滿二千石也。其云中二千石者，一歲得二千一百六十石，舉成數言之，故曰中二千石。中者，滿也。"漢制九卿秩皆中二千石，故又用爲九卿的代稱。《霍光傳》："遂召丞相、御史、將軍、列侯、中二千石、大夫、博士會議未央宮。"

班況即當於此時徙居昌陵。

然而昌陵終未建成。《成帝紀》永始元年（前16）又載：

> 秋七月，詔曰："朕執德不固，謀不盡下，過聽將作大匠萬年①言昌陵三年可成。作治五年，中陵、司馬殿門内尚未加功；天下虛耗，百姓罷勞，客土疏惡，終不可成。朕惟其難，怛然傷心。夫'過而不改，是謂過矣。'其罷昌陵，及故陵勿徙吏民，令天下毋有動搖之心。"

永始二年（前15）又載：

> 十二月，詔曰："前將作大匠萬年知昌陵卑下，不可為萬歲居，奏請營作，建置郭邑，妄為巧詐，積土增高，多賦斂繇役，興卒暴之作。卒徒蒙辜，死者連屬，百姓罷極，天下匱竭。常侍閎②前為大司農中丞，數奏昌陵不可成。侍中③衛尉④長⑤數白宜早止，徙家反故處。朕以長言下閎章，公卿議者皆合長計。長首建至策，閎典主省大費，民以康寧。閎前賜爵關内侯，黄金百斤。其賜長爵關内侯，食邑千户，閎五百户。萬年佞邪不忠，毒流衆庶，海内怨望，至今不息，雖蒙赦令，不宜居京師。其徙萬年敦煌郡。"

昌陵雖罷修，但已經遷居昌陵之人并未"徙家返故處"，故《叙傳上》又說：

> （況）訾累千金，徙昌陵。昌陵後罷，大臣名家皆占數⑥於長安。

---

① 顔師古注："過，誤也。萬年，解萬年也。"將作大匠，即將作監長官。《百官公卿表》："將作少府，秦官，掌治宫室，有兩丞、左右中候。景帝中六年更名將作大匠。"
② 王閎，王莽叔父平阿侯王譚之子，哀帝時為中常侍。
③ 漢時侍中主要是加官，授予已有其他官職者，為侍中則可入禁中，成為得到皇帝信任的標誌之一。
④ 衛尉，戰國時代開始設置，秦漢相沿，為九卿之一，秩禄中二千石。掌管宫門警衛，西漢時主管駐守未央宫的南軍，北軍由中尉主管。
⑤ 淳于長，字子鴻，魏郡元城（今河北大名）人。大司馬王鳳之外甥，成帝時著名佞臣。
⑥ 落籍長安之意。

第四章　班彪與班固故里考證

《後漢書·班彪列傳》稱：

　　彪字叔皮，扶風安陵人也。

又《班超傳》載：

　　超字仲升，扶風平陵人，彪之少子也。

趙翼①《二十二史劄記》、周壽昌②《後漢書補注》皆云：

　　《班彪傳》：扶風安陵人，《班超傳》：扶風平陵人，當有一誤。

今按：未必盡然。據《地理志》《後漢書·郡國志》，安陵、平陵皆屬右扶風。據《地理志》，安陵爲"惠帝置，莽曰嘉平。"東漢後復故名。又《惠帝紀》七年載：

　　秋八月戊寅，帝崩於未央宮。九月辛丑，葬安陵。

安陵在今陝西咸陽市渭城區。

據《地理志》，平陵爲："昭帝③置，莽曰廣利。"又《昭帝紀》元平元年載：

---

① 趙翼，字雲崧，號甌北，江蘇陽湖（今武進市）人。乾隆二十六年（1761）探花。清代文學家、史學家。
② 周壽昌，字應甫，號友生。湖南長沙人。道光二十五年（1845）進士。
③ 漢昭帝，名劉弗陵，西漢第八位皇帝（前87—前74在位），武帝劉徹幼子，母親鈎弋夫人。

夏四月癸未，帝崩於未央宫，六月壬申葬平陵。

　　平陵位於今陝西咸陽市秦都區。

　　班彪祖父班况徙居昌陵而籍隸長安，至班彪則應已遷至安陵。更始^①末（25）班彪出游西州，後投奔時任張掖屬國都尉的竇融^②，而班固、班超皆生於此期間。建武十二年（36）班彪舉家遷至洛陽。班彪後宦游徐縣^③、望都^④。及班彪卒，始歸鄉里，此時所居則應在平陵。《後漢書》載班彪及班超鄉里不同，當就其本人實居而言。

　　據嘉慶《扶風縣志》，在今陝西扶風縣境有班氏故居，名"班家臺，在縣西南。俗呼蘭臺，亦曰班家谷。"有"蘭臺令史班固墓，在縣東一十八里驛路側。"^⑤皆系後人附會。

　　按漢代之右扶風與京兆尹、左馮翊并稱三輔，治所長安（今西安市西北）。今之扶風縣當漢之美陽，爲右扶風所領之一縣。《地理志》載：右扶風屬縣二十一：渭城（在今咸陽東北）、槐里（在今興平縣境）、鄠（音"户"，今西安市鄠邑區一帶）、扈（今西安市鄠邑區一帶）、盩厔（音"周至"，今周至縣）、斄（音"台"，今武功縣南）、郁夷（在今隴縣固關鎮）、美陽、郿（今眉縣東北）、雍（今鳳翔縣南）、漆（今彬縣）、栒邑（今旬邑縣一帶）、隃麋（今千陽縣東）、陳倉（在今寶雞市）、杜陽（今麟游縣招賢鎮）、汧（今隴縣一帶）、好時（在今乾縣東）、虢（今寶雞虢鎮）、安陵、茂陵（今興平縣東北）、平陵、武功，其治域頗廣。而安陵、平陵皆在今咸陽市境内。故今之扶風縣，非漢之右扶風，今扶

---

① 更始爲劉玄年號，共計 3 年（23—25）。23 年綠林軍擁立劉玄爲帝，年號更始。同年九月王莽爲赤眉軍所殺，新朝滅亡。更始三年九月，赤眉軍攻入長安，劉玄逃走，其政權滅亡。赤眉軍另立劉盆子爲帝。同年六月，劉秀稱帝，國號漢，是爲東漢，年號建武。

② 張掖屬國原屬張掖郡。漢武帝置屬國都尉，以主蠻夷降者，即今甘肅張掖市。竇融，字周公，扶風平陵人。王莽末割據河西，後歸附劉秀。

③ 屬臨淮郡，地約今蘇北泗洪縣南。

④ 屬中山國，地約今河北保定市望都縣。

⑤ 宋世犖嘉慶《扶風縣志》卷八《古迹》、卷七《陵墓》。

風縣之班氏故居、班固墓非真甚明。清人畢沅①説：

> 今之扶風爲漢之美陽，右扶風所領之一縣也。漢無扶風縣，班、范書中所謂扶風者皆省文去"右"字，爲一郡而言，匪②即今之扶風縣也。然以今縣沿三輔之正名，人物衆多，與其闕漏，不如詳備，一概存之，籍資省覽③。

畢沅辨明今之扶風與漢之右扶風之區別，而其認爲可以"存之籍資省覽"者，即後人附會建造之僞古迹也。

---

① 畢沅，字纕蘅，號秋帆。江蘇鎮洋縣（今太倉市）人。乾隆二十五年（1760）狀元，清代官僚、學者。
② "匪"同"非"。
③ 嘉慶《扶風縣志》卷十八，舊志序。

第五章　班倢伃

一、班姬身世

班固《幽通賦》述其家世，有：

> 皇十紀①而鴻漸兮，有羽儀於上京。②（《叙傳上》）

即謂其祖姑爲成帝倢伃事。班氏在仕途上的發展與班况之女被選爲倢伃，確有相當關繫。

《外戚傳》有班倢伃小傳。傳載：

> 孝成班倢伃，帝初即位選入後宫。始爲少使，蛾而③大幸，爲倢伃，居增成舍④，再就館⑤，有男，數月失之。

班倢伃，名不可考，或稱之爲班姬，如鍾嶸⑥《詩品》稱"漢倢伃班姬"。然

---

① 顔師古注引應劭曰："十紀，漢十世也。"指漢成帝劉驁（按劉驁實爲西漢第十二位皇帝。班固這裏未計入惠帝劉盈去世後太后吕雉所立之兩位少帝劉恭、劉弘）。
② 鴻漸、羽儀，出自《易·漸》："鴻漸於陸；其羽可用爲儀。"孔穎達疏："處高而能不以位自累，則其羽可用爲物之儀表，可貴可法也。"鴻，鴻鵠。即身居高位而有才德之人，爲人尊重，堪爲楷模。顔師古注引張晏曰："成帝時，班况女爲倢伃，父子并在京師爲朝臣也。"
③ 蛾而，即"俄而"，"不久後"之意。
④ 顔師古注："後宫有八區，增成第三也。"
⑤ 蘇林注："外舍産子也。"蘇林，東漢末年學者。
⑥ 鍾嶸，字仲偉，潁川長社（今河南長葛西）人。作《詩品》（原名《詩評》，北宋後改稱爲《詩品》），品評自漢至梁122位五言詩作家，是一部專論五言詩的古典文學批評名著。

"姬"是古代對婦女的美稱，班氏非一定名"姬"。

漢承秦制，宮人有"少使"之稱號。顔師古注云："主供使者"。武帝定其爵位，"少使視四百石，比公乘。"班氏始爲少使，地位原甚低微。後得寵愛，位乃至倢伃。"倢伃視上卿，比列侯。"(《外戚傳下·班倢伃》)

元帝竟寧元年（前33）六月，成帝即位，次年改元建始。班姬入宮，當在此年。若以其十五歲進宮（路放按：史無記載，姑據李白《怨歌行》），則她當生於元帝初元三年（前46）左右。班姬卒年不詳。《外戚傳下·班倢伃》云：

> 至成帝崩，倢伃充奉園陵。薨，因葬園中。

成帝死於綏和二年（前7），此時班姬尚在世。又平帝即位（元始元年，公元1年），王莽秉政。元始五年班姬之弟班穉以絶嘉應獲罪（參看第二篇第一章），太后①對王莽說："後宮賢家，我所哀也。"可知此時班姬仍在。

所謂"一人得道，雞犬升天"，成帝年間，班況父子顯赫一時。以至於谷永②曾上疏云：

> 建始、河平之際③，許④、班之貴，傾動前朝，熏灼四方，賞賜無量，空虛內臧，女寵至極，不可上矣。(《谷永杜鄴傳》)

谷永所譏非爲無因。班固曾叙及此事，然謂：

> 初，成帝性寬，進入直言，是以王音、翟方進等繩法舉過，而劉向、杜鄴、王章、朱雲之徒肆意犯上，故自帝師安昌侯、諸舅大將軍⑤兄弟及公卿大夫、後宮外屬史許之家有貴寵者，莫不被文傷詆。唯谷永嘗言："建始、河平之際，許、班之貴，傾動前朝，熏灼四方，賞賜

---

① 即王政君，元帝劉奭皇后，王莽姑母。
② 谷永，字子雲，長安人。漢成帝時歷任光祿大夫、安定郡太守，涼州刺史，太中大夫、光祿大夫給事中，北地郡太守，大司農。
③ 建始、河平，爲成帝劉驁的頭兩個年號，時間從前32年至前25年。
④ 指成帝許皇后娘家一族。
⑤ 指王鳳，即前述太后王政君之長兄。

無量,空虛内臧,女寵至極,不可尚矣;今之後起,天所不饗,什倍於前。"永指以駁譏趙、李①,亦無間云。(《敘傳上》)

他一則強調谷永此言意在趙、李,再則強調劉向、杜鄴等人亦未論及班姬,似對其姑祖有所回護。

班姬於成帝初即入宮,鴻嘉三年(前18)得罪,在位不過十餘年。且班姬之子夭折,遂終身不得復起。《外戚傳下·班倢伃》云:

> 自鴻嘉②後,上稍隆於内寵。倢伃進侍者李平,平得幸,立爲倢伃。上曰:"始衛皇后亦從微起。"乃賜平姓曰衛,所謂衛倢伃也。
>
> 其後趙飛燕③姊弟亦從自微賤興,踰越禮制,寖盛於前。班倢伃及許皇后皆失寵,稀復進見。
>
> 鴻嘉三年,趙飛燕譖告許皇后、班倢伃挾媚道,祝詛後宮,詈及主上。許皇后坐廢。考問班倢伃,倢伃對曰:"妾聞'死生有命,富貴在天。'修正尚未蒙福,爲邪欲以何望?使鬼神有知,不受不臣之愬;如其無知,愬之何益?故不爲也。"上善其對,憐憫之,賜黄金百斤。
>
> 趙氏姊弟驕妒,倢伃恐久見危,求共養④太后長信宮,上許焉。

班倢伃失寵以後,班氏亦隨之失勢。

班倢伃有三個弟弟:班伯、班斿、班穉。當班倢伃初廢時,班伯爲光禄大夫⑤、侍中,即稱病隱退。《敘傳上》云:

> 會許皇后廢,班倢伃供養東宫,進侍者李平爲倢伃,而趙飛燕爲

---

① 意爲谷永借明説當時已經被廢的許皇后和失寵的班倢伃,實指新上位之皇后趙飛燕、趙合德姊妹、倢伃李平等人的娘家。
② 鴻嘉,成帝劉驁的第四個年號,共四年(前20年至前17)。
③ 趙飛燕,成帝第二任皇后,哀帝皇太后。趙飛燕出身平民,後爲陽阿公主府歌妓。適成帝微服出遊,見到趙飛燕後爲其着迷,遂招入宫中,大爲寵幸。後又將其妹趙合德也招入宫中,於是趙氏姐妹"俱爲倢伃,貴傾後宫"。趙氏姊妹事迹載《外戚傳·孝成趙皇后》。
④ "共養",即"供養"。
⑤ 光禄大夫秩比二千石,爲掌議論之官。

皇后，伯遂稱篤。久之，上出過臨①候伯，伯惶恐，起視眠事②。

成帝雖未許班伯引退，然以班伯以至班斿皆早卒，故終其身，尚未獲咎。

二、班倢伃的文學思想

班倢伃長於詩賦，其所作抒情短賦，對漢賦的發展有着進步的、革新的意義。在中國文學史上，賦曾作爲主要文學形式統治文壇數百年之久。《藝文志》稱：

古者諸侯、卿、大夫交接鄰國，以微言相感，當揖讓之時，必稱《詩》以諭其志，蓋以別賢不肖而觀盛衰焉。故孔子曰"不學《詩》，無以言"也。春秋之後，周道寖壞，聘問歌詠不行於列國，學《詩》之士逸在布衣，而賢人失志之賦作矣。

賦原起於社會下層，爲失志文人發抒其抑鬱之情而作。賦是一種具有充沛生命力的文學體裁，其興起和《詩》中之風、雅之類的詩歌有着類似的地方。

及至漢代，尤其是西漢時期，由於統一大帝國的建立，封建皇朝的統治地位基本上鞏固了下來，社會經濟也逐步繁榮。皇帝、藩王、貴族憑藉權勢安享富貴，自然心安理得。他們不僅追求豪華奢侈的物質生活，而且提倡文章藝術，以之歌功頌德。而賦既可形之吟誦，亦可被之管弦，可長可短，表現力豐富，因而很快流行起來。《賈鄒枚路傳·枚皋》稱：

皋③不通經術，詼笑類俳倡，爲賦頌，好嫚戲，以故得媟黷貴幸，……皋爲賦善於朔④也。從行至甘泉、雍、河東，東巡狩、封泰山，塞決河宣房，游觀三輔離宮館，臨山澤，弋獵射馭狗馬蹵鞠刻鏤，上有所感，輒使賦之。爲文疾，受詔輒成，故所賦者多。司馬相如善爲文而遲，故所作少而善於皋。皋賦辭中自言爲賦不如相如，又言爲賦乃

---

①過臨，即拜望。
②眠事，即處理政務、辦公。《王莽傳上》："宜遣大司徒、大司空持節承制，詔公亟入眠事。"
③枚皋，字少孺，淮陰人，枚乘庶子。武帝文學侍從，善賦。
④朔，指東方朔。武帝時辭臣。

俳，見視如倡，自悔類倡也。故其賦有詆娸東方朔，又自詆娸。其文
骫骳①，曲隨其事，皆得其意，頗詼笑，不甚閑靡。

又《王褒傳》稱：

> 上②令褒③與張子僑等並待詔，數從褒等放獵，所幸宮館，輒為歌
> 頌，第其高下，以差賜帛。議者多以為淫靡不急，上曰："不有博弈
> 者乎，為之猶賢乎已！"辭賦大者與古詩同義，小者辯麗可喜。辟如
> 女工有綺縠，音樂有鄭、衛，今世俗猶皆以此虞說④耳目，辭賦比之，
> 尚有仁義風諭，鳥獸草木多聞之觀，賢於倡優博弈遠矣。"

由此可見當時統治者對待文學藝術及文人的態度。他們并非真懂文藝，而
祗是將文藝作為無聊時的消遣，將文人以倡優處之。每當出行或游山逛水之時，
則帶着這些文人吟詩作賦，歌功頌德。

漢賦演變至此，便決定了其內容之貧乏與形式之呆板，當然也就少有藝術
價值了。正如劉勰⑤所稱：

> 然逐末之儔，蔑棄其本，雖讀千賦，愈惑體要。遂使繁華損枝，膏
> 腴害骨，無貴風軌，莫益勸戒，此揚子所以追悔於雕虫⑥，貽誚於霧縠
> 者也。（《文心雕龍・卷二・詮賦第八》）

西漢迨元、成以後，統治階級日益腐化，皇帝耽於聲色不理政事，貴族封
君多是窮奢極欲，荒淫無恥；整個地主階級及其官僚政府亦唯亟亟於兼并聚斂，
對人民加緊剝削和壓迫。因之社會經濟日趨衰退，階級矛盾日益尖銳，正處於

---

①顏師古注："骫，古委字也。骫骳，猶言屈曲也。"
②上，指漢宣帝。宣帝原名病已，字次卿，即位後改名詢。西漢第十位皇帝。武帝曾孫，史
皇孫劉進的長子，生母王翁須。
③王褒，字子淵。蜀資中（今四川資陽）人。漢代辭賦家，作有《洞簫賦》等。
④顏師古注："虞與娛同。說讀曰悅。"
⑤劉勰，字彥和。原籍東莞郡莒縣（今屬山東日照市莒縣），世居京口（今江蘇鎮江）。南朝
梁文學理論批評家，著有《文心雕龍》。
⑥揚子，指揚雄。揚雄晚年嘗悔其於辭賦上用功過多。

大動蕩的前夜。在這種情勢下，從知識分子階層中出現了一種社會批判的聲音，漢賦也開始由專以鋪陳誇張爲能事的大賦轉變爲便於批評和抒情的短賦。

抒情短賦筆始於元、成之際而盛行於東京時期①。班倢伃的《自悼賦》，實爲這種轉變之濫觴。厥後如張衡的《歸田賦》、趙壹的《刺世嫉邪賦》、蔡邕的《述行賦》都是此類賦中的佼佼者。這些作品，或以清新的字句抒寫個人恬淡的志趣，或以激烈的情緒批判統治階級的腐朽荒淫，或以憤懣的筆調暴露社會的黑暗。

這些作品都是以短小的篇幅、淺顯易懂的詞句、充沛的情感發抒個人的見聞和見解。由於漢賦的這一革新，賦這種文體得以延長了壽命。下迄魏晉，降及唐宋，賦在文壇上雖然已經不是主導形式，但是依然爲人們所喜好，時有佳章出現，如曹植的《慰子賦》王粲的《登樓賦》潘岳的《秋興賦》陸機的《豪士賦》陶潛的《歸去來辭》和《閑情賦》，以及歐陽修的《秋聲賦》蘇東坡的《赤壁賦》，這些都是膾炙人口的優秀作品。由此可見，元、成之際漢賦的革新在文學史上的重要作用，而班倢伃的短賦在這次革新中實有不可忽視的歷史意義。

漢賦由流於"虛詞濫說"的空洞無物的宏篇大製而轉變爲有生氣、有感情的抒情短賦，既是一種進步，亦是一種解放，恢復了其本來應有之述志抒情的作用。在這個過程中，班倢伃之所以能首先感其風氣，寫出代表性的作品，即在於其個人的際遇。

《隋書·經籍志》著録《班倢伃集》一卷，今已不傳。現在能看到的班倢伃的短賦有《自悼賦》和《搗素賦》兩篇。

《自悼賦》載於《外戚傳下·班倢伃》：

> 承祖考之遺德兮，何性命之淑靈。
> 登薄軀於宮闕兮，充下陳於後庭。
> 蒙聖皇之渥惠兮，當日月之盛明。
> 揚光烈之翕赫兮，奉隆寵於增成。
> 既過幸於非位兮，竊庶幾乎嘉時。

---

① 即東漢時期，因其京城洛陽在長安以東得名。

每寤寐而累息兮，申佩離以自思①。
陳女圖以鏡監兮，顧女史而問詩。
悲晨婦之作戒兮，哀褒、閻之爲郵②。
美皇、英之女虞兮，榮任、姒之母周③。
雖愚陋其靡及兮，敢舍心而忘茲？
歷年歲而悼懼兮，閔蕃華之不滋。
痛陽祿與柘館④兮，仍繈褓而離災。
豈妾人之殃咎兮？將天命之不可求。
白日忽已移光兮，遂晻莫而昧幽。
猶被覆載之厚德兮，不廢捐於罪郵。
奉共養於東宮兮，託長信之末流。
共洒埽於帷幄兮，永終死以爲期。
願歸骨於山足兮，依松柏之餘休。
重曰：
潛玄宮兮幽以清，應門閉兮禁闥扃。
華殿塵兮玉階苔，中庭萋兮綠草生。
廣室陰兮帷幄暗，房櫳虛兮風泠泠。
感帷裳兮發紅羅，紛綷縩兮紈素聲。
神眇眇兮密靚處，君不御兮誰爲榮？
俯視兮丹墀，思君兮履綦⑤。
仰視兮雲屋，雙涕兮橫流。

---

①顏師古注：“累息，言懼而喘息也。離，袿衣之帶也。女子適人，父親結其離而戒之，故云自思也。累，古累字。”
②顏師古注：“《小雅》刺幽王之詩曰‘赫赫宗周，褒姒滅之’，‘閻妻煽方處’，故云爲郵。郵，過也。”
③顏師古注：“任，太任，文王之母；姒，太姒，武王之母也。”古人認爲二人是賢慧后妃的典範。
④服虔注：“二館名也，生子此館，皆失之也。”顏師古注：“二觀并在上林中。仍，頻也。離，遭也。”服虔，字子慎，滎陽（今河南省滎陽縣）人。著有《春秋左氏傳解誼》一書。
⑤孟康注：“丹墀，赤地也。”師古曰：“綦，履下飾也。言視殿上之地，則想君履綦之迹也。”

> 顧左右兮和顏，酌羽觴①兮銷憂。
> 惟人生兮一世，忽一過兮若浮。
> 已獨享兮高明，處生民兮極休。
> 勉虞②精兮極樂，與福祿兮無期。
> 《綠衣》兮《白華》③，自古兮有之。

班姬於被弃之後，悲其遭遇，乃"作賦自傷悼"。《自悼賦》可分爲兩大段，第一段叙述她自入宮至被弃的過程。在這一段中，首先寫她入宮受到寵愛，和她在這時候對自己的期許。其次寫她一連串不幸的遭遇：兒子夭折，色衰愛弛，獲罪受刑，最後僅得供養太后，幽囚終身。

第二段叙述她被遺弃後的生活。在這一段中，首先寫她居住的"玄宮"重門禁錮，苔蘚滿庭，她寢處的臥室，極其寂静，甚至稍一轉動便會聽到衣服摩擦的聲音！讀之令人毛骨悚然。

其次寫她長期被幽禁在這種環境中的心情，俯仰環顧，無可奈何，自己感到孤單無助，只有延挨時光。

班姬在這篇賦中，通過她自己的感受，寫出了深處皇宮中被弃女子的悲慘遭遇。

《古文苑》載有班倢伃《搗素賦》。然讀其文，頗不類班姬作品。附之於次：

> 測平分以知歲，酌玉衡之初臨。
> 見禽華以麃色，聽霜鶴之傳音。
> 佇風軒而結睇，對愁雲之浮沉。
> 雖松梧之貞脆，豈榮彫其異心。
>
> 若乃廣儲懸月，暉水流清；
> 桂露朝滿，涼袗夕輕。
> 燕姜含蘭而未吐，趙女抽簧而絕聲。

---

① 孟康注："羽觴，爵也，作生爵形，有頭尾羽翼。"
② 顔師古注："此虞與娛同。"
③ 顔師古注："《綠衣》，《詩·邶風》刺妾上僭夫人失位。《白華》《小雅》篇，周人刺幽王黜申后也。"

改容飾而相命，卷霜帛而下庭。
曳羅裙之綺靡，振珠佩之精明。

若乃盼睞生姿，動容多製，
弱態含羞，妖風靡麗。
皎若明魄之升崖，煥若荷華之昭晰；
調鉛無以玉其貌，凝朱不能異其唇；
勝雲霞之邁日，似桃李之向春。
紅黛相媚，綺組流光。
笑笑移妍，步步生芳。
兩靨如點，雙眉如張。
頹肌柔液，音性閑良。

於是投香杵，扣玟砧，擇鸞聲，爭鳳音。
梧因虛而調遠，柱由貞而響沉。
散繁輕而浮捷，節疎亮而清深。
含笙摠築，比玉兼金；
不塤不篪，匪瑟匪琴。
或旅環而紆鬱，或相參而不雜。
或將往而中還，或已離而復合。
翔鴻爲之徘徊，落英爲之颯沓。
調非常律，聲無定本；
任落手之參差，從風飆之遠近。
或連躍而更投，或暫舒而長卷。
清寡鸞之命群，哀離鶴之歸晚。
苟是時也，鐘期改聽，伯牙弛琴；
桑間絕響，濮上傳音；
蕭史編管以擬吹，周王調笙以象吟。

若乃窈窕姝妙之年，幽閑貞專之性，

符皎日之心，甘首疾之病。
歌采綠之章，發東山之詠。
望明月而撫心，對秋風而掩鏡。

閱絞練之初成，擇玄黃之妙匹。
準華裁於昔時，疑形異於今日。
想嬌奢之或至，許椒蘭之多術，
薰陋製之無韻，慮蛾眉之爲愧。
懷百憂之盈抱，空千里兮飲淚！

侈長袖於妍袂，綴半月於蘭襟。
表纖手於微縫，庶見跡而知心。
訊汎路之遲復，怨芳菲之易泄。
書既封而重題，笥已緘而更結。
憨行客而無言，還空房而掩咽。
（《古文苑·卷三漢臣賦》）

　　第一節言時當仲秋，物象淒涼，當此時節，深宮怨女，臨軒懷舊。第二、三、四、五節言宮女相邀濯素染彩，縫製新衣，以貽舊人。二、三節專描繪宮女之姿，四、五節專形容搗素之聲。第六節謂思慕的殷切和堅貞的心意。第七節謂濯染已畢，着手裁製，但分別既久，形體或异，又不免躊躇起來。第八節謂新衣終成，袖長至袂以明志終守其夫，襟繡半月希望團圓。然最後怕泄露秘密，終於沒有寄出。

　　這篇《搗素賦》，一是內容空虛，情感貧乏；二是搗素裁衣，以貽舊人，擬事不真；三是文字纖弱無力，達意模糊不清；四是以大段文字描繪宮女姿態，形容搗素音韻，趣味低級，毫無意義；五是徒事鋪陳，熱衷駢麗。故而絕非班姬作品，應爲後世無名酸腐所爲而托名班姬者。

三、《怨歌行》與五言詩

　　漢代詩歌，其來源可分兩種，一種是文人對《詩經》《楚辭》的模擬，另一種是采自民間的歌謠。前者藝術價值參差不齊，既有《自悼賦》這樣的佳章，也有歌功頌德的應景之作。而後者則是具有新生命的創作。漢武帝時曾設立樂府官署，擔任收集民歌的工作。《禮樂志》稱：

> 至武帝定郊祀之禮，……乃立樂府，采詩夜誦。有趙、代、秦、楚之謳。

《藝文志》稱：

> 自孝武立樂府而采歌謠，於是有代趙之謳，秦楚之風，皆感於哀樂，緣事而發，亦可以觀風俗，知薄厚云。

漢王朝設立樂府，收集民歌，并以民歌入樂，其目的在於采集素材，爲"制禮作樂"的準備。

樂府采集民歌，成績斐然。查《藝文志》所載民歌，計有：

吳楚汝南歌詩十五篇。
燕代謳雁門雲中隴西歌詩九篇。
邯鄲河間歌詩四篇。
齊鄭歌詩四篇。
淮南歌詩四篇。
左馮翊秦歌詩三篇。
京兆尹秦歌詩五篇。
河東蒲反歌詩一篇。
黃門倡車忠等歌詩十五篇。
雜各有主歌詩十五篇。
雜歌詩九篇。
雒陽歌詩四篇。
河南周歌詩七篇。
河南周歌聲曲折七篇。
周謠歌詩七十五篇。
周謠歌詩聲曲折七十五篇。

諸神歌詩三篇。

　　送迎靈頌歌詩三篇。

　　周歌詩二篇。

　　南郡歌詩五篇。

　　至哀帝時，始"罷樂府官"，裁撤官員四百四十一人（《禮樂志》）這是因爲此時樂府的使命已基本完成了。樂府采集民歌、被之管弦的行動，對於當時後世詩壇的影響非常大。經過樂府的提煉，文人的效法，於是出現了詩歌體裁的革命。

　　漢代樂府所采集的大量民歌，多數已經散佚。然借《樂府詩集》所保留下來的小部分仍可供後人研究當時詩歌革命之參考。漢代樂府所收集的民歌各種形式都有，有四言歌，有五言歌，亦有長短句。其中五言詩歌由於形式整齊優美，"窮情寫物"亦容易發揮，於是喜歡這種格式的作者和讀者越來越多，逐漸成爲古典詩歌的主要形式。

　　關於五言詩的起源問題，歷來爭論不休。有人說源於枚乘[1]，有人說源於李陵、蘇武[2]。更有人將戚夫人詩（見《外戚傳·呂后》）、李延年《佳人歌》（《外戚傳·李夫人》）《鐃歌》中的《上陵》（《樂府詩集·鐃歌》）、成帝時的民謠（《五行志》）等可以考定年代的五言詩歌排隊比較，凡是較這些標準更整齊、優美的詩歌都推之於東漢以後，較之"更不成熟"的作品則可提前，企圖從此解決五言詩的起源問題。最後這種意見似乎比前二種"科學"，實則存在同樣的問題，那就是忽略了五言詩歌産生於民間、亦存在於民間的問題。難道凡是優美的五言詩歌都不是民間的創作嗎？現存的一、二篇五言歌謠就能作爲漢代樂府所采集的大量民歌的代表嗎？文人唯獨作五言這一體制的詩歌就一定"質木無文"嗎？五言詩的形式一定是先從含有五字句的雜言再過渡到純粹的五言嗎？這些問題的答案顯然不會都是肯定的。

---

[1] 枚乘，字叔，淮陰（今屬江蘇省淮安市）人，西漢辭賦家。舊傳《古詩十九首》中之《行行重行行》等爲枚乘作，不可靠。

[2] 李陵，字少卿，隴西成紀（今甘肅天水市）人，西漢將領李廣之孫。蘇武，字子卿，杜陵（今陝西西安市）人。曾出使匈奴，被困北海牧羊19年。世傳李陵、蘇武互贈五言詩七首。亦有人認爲這些詩歌爲東漢人假托。

班倢伃的五言詩寫得也很好，現存的只有一首《怨歌行》了。《怨歌行》又名《團扇歌》，并見於《文選》①《玉臺新詠》②和《樂府詩集》③。其主要思想和她的短賦差不多，都是抒寫宮中女子的思想感情：

> 新裂齊紈素，皎潔如霜雪。
> 裁爲合歡扇，團團似明月。
> 出入君懷袖，動搖微風發。
> 常恐秋節至，涼風奪炎熱。
> 棄捐篋笥中，恩情中道絕。
>
> （《文選·卷二十七》）

女子的命運，決定於丈夫的賢與不肖，這原是在封建制度下廣大婦女共同的不幸。但對被迫入宮的女子來說，就更加突出。一得寵幸，便可舉家顯赫；不得寵則如終生廢棄。當然，得寵的總是少數，即使已經得寵的，也要防着被遺棄的可能。她們再沒有另外的出路，她們除了幻想和不安之外，再沒有任何辦法不去聽受這種命運的裁判。班倢伃的《怨歌行》正道出了這些女子們的焦急惶恐的心情，并反映了她們不幸的生活遭遇。

古人對班姬之詩評價很高，例如鍾嶸稱：

> 夏歌曰："鬱陶乎予心。"楚謠曰："名予曰正則。"雖詩體未全，然是五言之濫觴也。逮漢李陵，始著五言之目矣。古詩眇邈，人世難詳，推其文體，固是炎漢之製，非衰周之倡也。自王、揚、枚、馬之徒④，詞賦競爽而吟詠靡聞。從李都尉迄班倢伃，將百年間，有婦人焉一人而已。（《文章辨體彙選·詩品序》）

---

① 《文選》，又稱《昭明文選》，是我國現存最早的一部詩文總集，由南朝梁武帝的長子蕭統組織文人共同編選。蕭統死後諡"昭明"，此書以此得名。
② 《玉臺新詠》，輯者不詳，一説爲南朝徐陵所編，凡十卷，共收錄東周至梁時的詩歌共769篇，有五言詩八卷，歌行一卷，五言四句詩一卷。其中僅《越人歌》一首爲東周作品，其餘皆漢以後詩作。
③ 《樂府詩集》爲宋郭茂倩編纂，收錄先秦歌謠以及漢至唐、五代的樂府詩，共一百卷。
④ 指王褒、揚雄、枚乘、司馬相如，俱是西漢著名辭賦家。

又：

> 漢倢伃班姬，其源出於李陵。《團扇》短章，詞旨清捷，怨深文綺，得匹婦之致。侏儒一節①，可以知其工矣。(《詩品·上》)

又：

> 漢上計秦嘉、嘉妻徐淑②，夫妻事既可傷，文亦悽怨。爲五言者，不過數家，而婦人居二。徐淑叙別之作③，亚於《團扇》矣。(《詩品·中》)

班姬之詩，自不必源於李陵，然由鍾嶸對《怨歌行》所作的評價，亦可見班姬在詩歌上所占的地位。

關於班姬五言詩的真僞問題，首見於劉勰。他寫道：

> 漢初四言，韋孟首唱，匡諫之義，繼軌周人。孝武愛文，柏梁列韻④；嚴、馬之徒⑤，屬辭無方。至成帝品錄，三百餘篇，朝章國采，亦云周備。而辭人遺翰，莫見五言，所以李陵、班倢伃見疑於後代也。按《召南·行露》，始肇半章；孺子《滄浪》，亦有全曲。《暇豫》優歌，遠見春秋；《邪徑》童謠，近在成世：閱時取證，則五言久矣。(《文心雕龍·卷二明詩第六》)

---

①喻指從局部可體現事物全貌。語出桓譚《新論·道賦》引諺語："侏儒見一節，而長短可知。"

②秦嘉，字士會，隴西（今甘肅省東部）人，東漢桓帝時爲郡吏，後爲郡上計簿使，赴洛陽。秦嘉妻徐淑因病回娘家，未能當面告別，作詩爲贈。在洛陽時，秦嘉擔任黃門郎，夫婦相互贈答，寄托情意。

③徐淑《答秦嘉》："妾身兮不令，嬰疾兮來歸。沈滯兮家門，歷時兮不差。曠廢兮侍覲，情敬兮有違。君今兮奉命，遠適兮京師。悠悠兮離別，無因兮叙懷。瞻望兮踴躍，佇立兮徘徊。思君兮感結，夢想兮容輝。君發兮引邁，去我兮日乖。恨無兮羽翼，高飛兮相追。長吟兮永嘆，泪下兮霑衣。"

④《古文苑》卷八：漢武帝元封三年（前108），作柏梁臺，詔群臣二千石有能爲七言詩乃得上。

⑤指嚴助、司馬相如。嚴助，武帝大臣，亦是著名辭賦家。

劉勰於此并未提出"見疑"者足够的理由，祇是說"辭人遺翰，莫見五言。"緊接着，劉勰從民歌的發展方面，論證了五言詩久已產生和存在的事實。然由民歌的發展論證五言詩久已存在，却無疑是對因"辭人遺翰，莫見五言"而見疑《怨歌行》的有力駁斥。

班姬之詩對後世的影響很大。自魏晋以後，摹擬其詩作的人很多。唐人吴競云：

> 右爲漢成帝班倢伃作也。倢伃，徐令彪之姑，況之女，美而能文。初爲帝所寵愛，後幸趙飛燕姊娣，冠於後宫，倢伃自知恩薄，懼得罪，求供養皇太后於長信宫。因爲賦及《紈扇詩》以自傷。後人傷之，爲《倢伃怨》及擬其詩。（《樂府古題要解·卷下》）

今《樂府詩集》存此類詩頗多。現錄李白一首如下：

> 十五入漢宫，花顏笑春紅。
> 君王選玉色，侍寢金屏中。
> 薦枕嬌夕月，卷衣戀春風。
> 寧知趙飛燕，奪寵恨無窮。
> 沈憂能傷人，緑鬢成霜蓬。
> 一朝不得意，世事徒爲空。
> 鸐鸃換美酒，舞衣罷鵾籠。
> 寒苦不忍言，爲君奏絲桐。
> 腸斷弦亦絶，悲心夜忡忡。
>
> （《樂府詩集·卷第四十二·相和歌辭》）

李白在這裏把班姬不幸的遭遇歸咎到"飛燕奪寵"上去了，其實趙飛燕又何嘗不可憐呢？

四、班倢伃在班氏家學中的地位

班姬的抒情短賦和五言詩歌，在中國文學發展史上具有重要的意義，不但別開生面，推波助瀾，發揮了革新的作用，而且對後世的影響，亦頗深遠。班姬兄弟以及其侄、孫輩，在經學、文學，尤其是史學方面，都有卓越的成就。班氏家學有着光輝的歷史，而班姬在其家學中，具有首創意義，亦對其後輩具有重大影響。

班姬之賦，在體制上比較短小明麗，在文字上也淺顯易懂，在内容上就表現得感情丰富而生動有力，既無某些漢賦的冗繁而艱澀的毛病，也無某些漢賦的空洞而乏味的感覺。西漢至今已兩千餘年，語言文字自然有不少變化，但班姬之文，今日讀之，依然親切易解而真摯動人。班姬此種文章風格，在讀班彪的《覽海賦》《北征賦》《冀州賦》時，猶可體會得到，讀班昭《東征賦》時也有類似的感覺。

按鍾嶸的分析，班姬之後，"詩人之風，頓已缺喪。東京二百載中，惟有班固《詠史》，質木無文。"則五言詩未得中絶，班固之《詠史》一詩，實爲承先啓後之作。

在學術思想方面，於班氏家學中也可以看出班姬的影響，或表現出一致的觀點。

班姬的詩賦具有樸實的風格。這種"寫實"的文學思想，亦曾經在她與其侄輩的信中，明確地揭示出來：

> 記言屬見元帝所賜趙倢仔書以相比，元帝①被病無惊，但鍛煉後宫貴人書也，類多華辭。至如成帝，則推誠寫實，若家人夫婦相與書矣，何可比也？故略陳其長短，今汝曹自評之。(《太平御覽②·卷第一百四十四皇親部十·倢仔》)

從班姬的《傷悼賦》中可以看出，當她得到君王寵愛時，她不願意做褒姒、閻妻一流人物，祗顧私人歡樂享受而影響國家大事。她願意學女英、娥皇、太妊、太姒等歷代賢妃，能够協助丈夫齊家治國平天下。她這種對自己的勉勵和

---

① 漢元帝，名劉奭，西漢第十一位皇帝。宣帝劉詢長子，生於民間，母爲恭哀皇后許平君。劉詢死後繼位，在位16年（前49—前33）。竟寧元年（前33）病死於長安未央宫，終年四十二歲。
② 《太平御覽》是北宋初年李昉等奉宋太宗趙光義之旨編寫的一部類書，保存了五代以前大量文獻，凡1000卷。

期望，表現了她的儒家思想。《外戚傳·班倢伃》云：

> 成帝遊於後庭，嘗欲與倢伃同輦載，倢伃辭曰："觀古圖畫，賢聖之君皆有名臣在側，三代末主乃有嬖女，今欲同輦，得無近似之乎？"上善其言而止。太后聞之，喜曰："古有樊姬①，今有班倢伃。"

她的這種行動，和她的思想是一致的。

班姬的寫實主義在班彪和班固的史學、社會學的成就上也體現出來，而班姬的儒家思想，則更爲明顯地貫徹在班伯以下的班氏家族成員每一個人的政治思想和學術思想之中。

---

① 劉向《新序》載：樊姬，楚國之夫人也。楚莊王罷朝而晏，問其故。莊王曰："今日與賢相語，不知日之晏也。"樊姬曰："賢相爲誰？"王曰："爲虞丘子。"樊姬掩口而笑。王問其故。曰："妾幸得執巾櫛以侍王，非不欲專貴擅愛也，以爲傷王之義，故能進與妾同位者數人矣。今虞丘子爲相十數年，未嘗進一賢，知而不進，是不忠也；不知，是不智也。不忠不智，安得爲賢？"明日朝，王以樊姬之言告虞子，虞丘子稽首曰："如樊姬之言。"於是辭位，而進孫叔敖相楚，國富兵強，莊王卒以霸，樊姬與有力焉。

第六章　班伯兄弟

除有女班姬外，班況尚有三子：班伯、班斿、班穉。班穉即班彪之父。班伯、班斿仕途通達，然皆早卒。

一、班伯的生平、經學師承與政治思想

班伯，班況之長子，生於元帝初元四年（前45），卒於成帝綏和元年（前7），得年三十八歲。

路放按：據《叙傳上》載："……丞相方進復奏，富平侯竟就國。會伯病卒，年三十八。"則班伯去世與富平侯張放被遣就國同時。查《張湯傳》："……丞相方進復奏放，上不得已，免放，賜錢五百萬，遣就國。數月，成帝崩。"是張放被遣就國在成帝劉驁去世之前數月。

又據《成帝紀》，劉驁死於綏和二年（前8）三月丙戌，則張放被遣就國與班伯去世應在綏和元年（前7）。是年班伯三十八歲，則他應生於元帝初元四年（前45），少於班姬一歲。

《叙傳上》後文稱："王莽少與穉兄弟同列友善，兄事斿而弟畜穉。"則班斿應年長於王莽。然王莽亦生於元帝初元四年（前45）："王莽篡位，自説之曰：'初元四年，莽生之歲也。'"（《五行志中之下》）又《王莽傳》載："……上遂擢爲大司馬。是歲，綏和元年也，年三十八矣。"故王莽應與班伯同歲。若《漢書》這幾處記載均無誤，則祇能假定班伯、班斿和王莽均生於同一年，祇是月份有差而已。

班伯少受《詩》於師丹①,後又受《尚書》於鄭寬中②、許商③,學《論語》於張禹④。《叙傳上》云:

> 伯少受詩於師丹。大將軍王鳳薦伯宜勸學,召見宴昵殿。容貌甚麗,誦説有法,拜爲中常侍⑤。時上方鄉⑥學,鄭寬中、張禹朝夕入説《尚書》《論語》於金華殿中,詔伯受焉。既通大義,又講異同於許商,遷奉車都尉。

師丹治《詩》出於齊人轅固。《儒林傳》云:

> 轅固,齊人也。以治《詩》,孝景時爲博士,……後上以固廉直,拜爲清河太傅,疾免。武帝初即位,復以賢良徵。諸儒多嫉毁,曰:"固老",罷歸之。時固已九十餘矣。諸齊以《詩》顯貴,皆固之弟子也。昌邑太傅夏侯始昌最明,自有傳。
>
> 后蒼字近君,東海郯人也。事夏侯始昌。始昌通五經,蒼亦通《詩》《禮》,爲博士,至少府⑦,授翼奉、蕭望之、匡衡⑧。……衡授琅邪師丹、伏理斿君、潁川滿昌君都。由是齊詩有翼、匡、師、伏之學。(有節略)

---

① 師丹,字仲公,琅邪東武人。哀帝時爲大司馬,被封爲高樂侯,後爲大司空。治《詩經》。
② 鄭寬中,右扶風平陵人。《尚書》博士,曾"以博士授太子"。成帝即位後,以帝師賜其關内侯,食邑八百户。
③ 許商,字長伯。長安人,擅長算術,著有《五行論》《算术》,亦是著名經學家,治《尚書》。
④ 張禹,字子文,河内軹縣人。元帝時,教太子劉驁《論語》。成帝劉驁繼位,以帝師爲關内侯、諸吏散騎光禄大夫、給事中,與大將軍王鳳領尚書事。
⑤ 中常侍,西漢時僅有虚銜,多爲皇帝愛倖之宦臣,無定員,凡列侯、將軍、卿大夫等,得此加銜,可出入禁中。武帝時東方朔曾爲常侍郎。始稱爲"常侍",或稱常侍郎。元帝時改稱中常侍。
⑥ 顔師古注:"鄉讀曰嚮。"嚮學:好學,專意學問。上,指成帝。
⑦ 少府爲九卿之一,負責徵收山海地澤收入和管理手工業製造,所領諸事均爲皇帝私人財政事項。
⑧ 匡衡,字稚圭,東海郡承縣(今山東棗莊市一帶)人,元帝時位至宰相。匡衡於《詩》成就很高,時有"無説詩,匡鼎來;匡語詩,解人頤"之説。

時有夏侯勝、夏侯建均習今文《尚書》，因夏侯建爲夏侯勝從兄之子，故稱爲大、小夏侯。鄭寬中治《尚書》出於夏侯建，即所謂小夏侯者。而大、小夏侯皆出於濟南伏生。《儒林傳》云：

> 伏生，濟南人也，故爲秦博士。……秦時禁書，伏生壁藏之，其後大兵起，流亡。漢定，伏生求其書，亡數十篇，獨得二十九篇，即以教於齊、魯之間。齊學者由此頗能言《尚書》。山東大師亡①不涉《尚書》以教。伏生教濟南張生及歐陽生。張生爲博士，……。

> 夏侯勝，其先夏侯都尉，從濟南張生受《尚書》，以傳族子始昌，始昌傳勝。勝又事同郡簡卿。簡卿者，倪寬門人。勝傳從兄子建，建又事歐陽高。勝至長信少府，建太子太傅，自有傳。由是尚書有大小夏侯之學。

> 張山拊字長賓，平陵人也。事小夏侯建，爲博士，論石渠，至少府。授同縣李尋、鄭寬中少君、山陽張無故子儒、信都秦恭延君、陳留假倉子驕。……由是小夏侯有鄭、張、秦、假、李氏之學。（有節略）

許商治《尚書》出於夏侯勝，即所謂大夏侯者。《儒林傳》云：

> 周堪字少卿，齊人也。與孔霸俱事大夏侯勝。霸爲博士，堪譯官令。論於石渠，經爲最高。後爲太子少傅，……及元帝即位，……乃擢堪爲光祿勳，……堪授牟卿及長安許商長伯。……由是大夏侯有孔、許之學。（有節略）

張禹治《論語》出於琅邪王陽、膠東庸生，雜含齊、魯二家之説。《藝文志》云：

> 《論語》者，孔子應答弟子時人及弟子相與言而接聞於夫子之語也。當時弟子各有所記。夫子既卒，門人相與輯而論篹，故謂之《論語》。漢興，有齊、魯之説。傳《齊論》者，昌邑中尉王吉、少府宋畸、御史大夫貢禹、尚書令五鹿充宗、膠東庸生，唯王陽名家。傳《魯論語》

---

① "亡"通"無"。

者，常山都尉龔奮、長信少府夏侯勝、丞相韋賢、魯扶卿、前將軍蕭望之、安昌侯張禹，皆名家。張氏最後而行於世。

《匡張孔馬傳·張禹》云：

> 張禹字子文，河内軹人也，……從沛郡施讎受《易》，琅邪王陽、膠東庸生問《論語》，既皆明習，有徒衆，舉爲郡文學。甘露中，諸儒薦禹，有詔太子太傅蕭望之問。禹對《易》及《論語》大義，望之善焉，奏禹經學精習，有師法，可試事。奏寢①，罷歸故官。久之，試爲博士。初元中，立皇太子，而博士鄭寬中以《尚書》授太子，薦言禹善《論語》。詔令禹授太子《論語》，由是遷光祿大夫。數歲，出爲東平内史。元帝崩，成帝即位，徵禹、寬中，皆以師賜爵關内侯。

又云：

> 初，禹爲師，以上難數對己問經，爲《論語》章句獻之。始魯扶卿及夏侯勝、王陽、蕭望之、韋玄成皆說《論語》，篇第或異。禹先事王陽，後從庸生，采獲所安，最後出而尊貴。諸儒爲之語曰："欲爲《論》，念張文。"由是學者多從張氏，餘家寖微。

班伯之師承如此。

班伯的蒙師爲師丹，所以師丹對其影響亦較深刻。

師丹，字仲公，琅邪東武人，從匡衡學《詩》，初舉孝廉爲郎。元帝末爲博士，免，成帝建始中②州舉茂材，復補博士。出爲東平王太傅。以丞相翟方進、御史大夫孔光舉薦，徵入爲光祿大夫，丞相司直③。數月，爲少府、光祿勳④、侍中，甚見尊重。

成帝末年，立定陶王劉欣爲皇太子，以師丹爲太子太傅。劉欣即位，是爲

---

①顏師古注："寢謂不下也。"
②建始，成帝劉驁的第一個年號，共計4年2個月（前32—前28）。建始五年三月改元河平。
③丞相司直爲丞相屬官，武帝元狩五年（前118）始設置，官秩比二千石，輔佐丞相糾舉不法。
④光祿勳，戰國時始置，稱郎中令。秦代相沿，爲九卿之一，掌管宿衛侍從之官。初大夫、僕射、郎中、侍郎、常侍都是郎中令的屬官。武帝時改爲光祿勳。

哀帝。以師丹爲左將軍，賜爵關內侯，食邑，領尚書事。遂代王莽爲大司馬。師丹乃上限田、限奴之議：

> 古之聖王莫不設井田，然後治乃可平。孝文皇帝承亡周亂秦兵革之後，天下空虛，故務勸農桑，帥以節儉。民始充實，未有幷兼之害，故不爲民田及奴婢爲限。今累世承平，豪富吏民訾數巨萬，而貧弱俞困。蓋君子爲政，貴因循而重①改作，然所以有改者，將以救急也。亦未可詳，宜略爲限。（《食貨志上》）

師丹的建言，得到劉欣的同意。劉欣詔有司制定條例而爲限禁。於是丞相孔光、大司空何武條奏：

> 諸王、列侯得名田國中，列侯在長安及公主名田縣道，關內侯、吏民名田，皆無得過三十頃②。諸侯王奴婢二百人，列侯、公主百人，關內侯、吏民三十人。年六十以上，十歲以下，不在數中。賈人皆不得名田、爲吏，犯者以律論。諸名田畜奴婢過品，皆没入縣官。（《哀帝紀》）

師丹的限田、限奴建言，顯然是對貴族大地主的嚴重打擊。實行之初，還收到一定效果，史稱："時田宅、奴婢賈爲減賤"（《食貨志上》），但在當時貴族大地主勢力日益抬頭的情形下是很難堅持下去的，結果以"丁、傅用事③，董賢④隆貴，皆不便也。詔書且須後，遂寢不行。"（《食貨志上》）

由師丹建言限田、限奴以及此建言的終不能行，反映了西漢末年不但勞動人民與統治階級之間的階級矛盾日益尖鋭，在統治階級內部，皇室與貴族，中央與地方封建勢力的矛盾亦日益擴大。師丹以及孔光、何武等人站在皇室的立場，企圖加強皇室和中央的權力，對外戚、貴族以及與之相應的地方封建勢力

---

① 師古曰："重，難也。"
② 如淳曰："名田國中者，自其所食國中也，既收其租税，又自得有私田三十頃。名田縣道者，令甲，諸侯在國，名田他縣，罰金二兩。今列侯有不之國者，雖遥食其國租税，復自得田於他縣道，公主亦如之，不得過三十頃。"
③ 丁、傅，指哀帝劉欣祖母丁太后、母親傅太后的娘家。
④ 董賢，字聖卿，西漢雲陽（今陝西淳化）人，漢哀帝的男寵。董賢二十二歲官至大司馬，操縱朝政，其父、弟及妻父等幷官至公卿，幷聚斂了大量財富。

以抑制。當然這對於當時非常尖銳的階級矛盾也會有一定的緩和作用。但是這一企圖是失敗了，這種改良政策，在西漢末年階級矛盾和封建分裂勢力日益擴大的情況下，已經不能發生效用。

班伯的政治觀點和他老師師丹的觀點是一致的。年輕時的班伯在打擊地方豪强方面曾經大顯身手。《叙傳上》稱：

> 家本北邊，志節忼慨，數求使匈奴。河平中，單于來朝，上使伯持節迎於塞下。會定襄大姓石、李群輩報怨，殺追捕吏①。伯上狀，因自請願試守期月。上遣侍中中郎將王舜馳傳代伯護單于，并奉璽書印綬，即拜伯爲定襄太守。
>
> 定襄聞伯素貴，年少，自請治劇，畏其下車作威，吏民竦息。伯至，請問耆老父祖故人有舊恩者，迎延滿堂，日爲供具，執子孫禮。郡中益弛。諸所賓禮皆名豪，懷恩醉酒，共諫伯宜頗攝錄盜賊，具言本謀亡匿處。伯曰："是所望於父師矣。"乃召屬縣長吏，選精進掾史，分部收捕，及它隱伏，旬日盡得。郡中震慄，咸稱神明。

在當時，郡國大姓殺人報怨，抗拒緝捕的情勢是非常囂張、相當普遍的，定襄石、李大姓不過其中之一例而已。這種地方豪强兼并土地、奴役與壓迫農民，不但使階級矛盾愈加尖銳，而且也危害了中央集權專制主義和皇權的利益，形成統治階級内部的激烈鬥争。

班伯亦曾反對某些貴族、"佞臣"的花天酒地。《叙傳上》云：

> 自大將軍②薨後，富平、定陵侯張放、淳于長等始愛幸，出爲微行，行則同輿執轡；入侍禁中，設宴飲之會，及趙、李諸侍中皆引滿舉白③，談笑大噱。時乘輿幄坐張畫屏風，畫紂醉踞妲己作長夜之樂。上以伯新起，數目禮之，因顧指畫而問伯："紂爲無道，至於是虖？"伯對曰："《書》云：'乃用婦人之言'④，何有踞肆於朝？所謂衆惡歸之，不如

---

① 師古注："報私怨而殺人，吏追捕之，又殺吏。"
② 即太后王政君之長兄王鳳。
③ 服虔注："舉滿桮，有餘白瀝者，罰之也。"
④ 顔師古注："今文《尚書·泰誓》之辭。"

是之甚者也。"上曰："苟不若此，此圖何戒？"伯曰："'沈湎于酒'，微子所以告去也①；'式號式謼'，《大雅》所以流連也②。《詩》《書》淫亂之戒，其原皆在於酒。"上乃謂然歎曰："吾久不見班生，今日復聞讜言！"……富平侯且就國。

如張放、淳于長輩，亦都是貴族大地主，占有大量土地和奴隸，據《佞幸傳》：

> 貴傾公卿，外交諸侯牧守，賂遺賞賜亦纍巨萬。多畜妻妾，淫於聲色，不奉法度。

從根本上說，他們的利益和中央集權的皇室的利益是相對立的。

師丹爲班伯蒙師，後師丹爲光祿大夫，班伯爲水衡都尉，并侍中。打擊張放、淳于長輩與針對董賢、丁、傅一流人物提出的限田限奴隸的建言，性質是一樣的。兩者思想自有其淵源與繼承關繫。

二、班斿、班嗣父子

班況次子班斿。班斿博學有才，左將軍史丹③舉賢良方正，以對策爲授議郎，遷諫大夫、右曹中郎將。班斿曾與劉向同校秘書，《叙傳上》云：

> 與劉向校祕書，每奏事。斿以選受詔進讀羣書。上器其能，賜以祕書之副。時書不布，自東平思王以叔父求《太史公》、諸子書，大將軍白不許。④

---

① 顏師古注："微子，殷之卿士，封於微，爵稱子也。殷紂錯亂天命，微子作誥，告箕子、比干而去紂。其誥曰：'用沈酗於酒，用亂敗厥德於下。我其發出狂，吾家耄遜於荒。'事見《尚書·微子》篇。"

② 顏師古注："《大雅·蕩》之詩曰：'式號式謼，俾晝作夜。'言醉酒號呼，以晝爲夜也。流連，言作詩之人嗟歎，而泣涕流連也。而説者乃以流連爲荒亡，蓋失之矣。大雅所以流連，不謂飲酒之人也。"

③ 史丹，字君仲，魯人，徙杜陵（今西安市東南）。元帝寵臣。

④ 顏師古注："此言東平王求書不得，而斿獲賜秘書，明見寵异。"

所謂秘書，即皇家秘藏圖書。自秦始皇焚書坑儒以來，漢朝秉續秦之禁書政策，圖書皆收藏於皇家，并不公開。前文提到成帝劉驁叔父、東平王劉宇求閱"諸子及《太史公書》"，竟不獲准一事，《宣元六王傳》記載較詳：

> （宇）後年來朝，上疏求諸子及《太史公書》，上以問大將軍王鳳，對曰："臣聞諸侯朝聘①，考文章，正法度，非禮不言。今東平王幸得來朝，不思制節謹度，以防危失，而求諸書，非朝聘之義也。諸子書或反經術，非聖人；或明鬼神，信物怪；《太史公書》有戰國從橫權譎之謀，漢興之初謀臣奇策，天官災異，地形阨塞，皆不宜在諸侯王，不可予。不許之辭宜曰：'《五經》聖人所制，萬事靡不畢載。王審樂道，傅相皆儒者，旦夕講誦，足以正身虞意。夫小辯破義，小道不通，致遠恐泥，皆不足以留意。諸益於經術者，不愛於王。'"對奏，天子如鳳言，遂不與。

以皇帝叔父想讀《史記》、諸子而不得，當時一般人讀書之難可以想見。因此，班斿得獲賜"秘書之副"，實屬异數。而班家所藏這批皇室秘書副本，也正是後來班彪、班固父子修撰《漢書》的基礎。

班斿亦早卒。

班斿之子班嗣以學問"顯明當世"。班嗣爲班彪從兄，少年時曾一起游學，所交皆當世著名學者。父黨如揚雄，朋輩有桓譚等，莫不傾心與交。班彪專心史學，而班嗣則好老莊之術。班氏之學，至班嗣、班彪兄弟而別開生面。班嗣的老莊思想，表現在他的《與桓譚書》中。桓譚嘗欲借班家所藏老、莊之書（想必就在那批"秘書之副"中），而班嗣答之云：

> 若夫嚴子②者，絕聖棄智，修生保真，清虛澹泊，歸之自然。獨師友造化，而不爲世俗所役者也。漁釣於一壑，則萬物不奸③其志；棲遲

---

①朝聘，即朝請。
②指莊周。此處係避東漢明帝劉莊之諱，改"莊"爲"嚴"。
③顏師古注："奸，犯也，音干。"

於一丘，則天下不易其樂。不綟聖人之罔，不饜驕君之餌，蕩然肆志，談者不得而名焉，故可貴也。今吾子已貫仁誼之羈絆，繫名聲之韁鎖，伏周、孔之軌躅，馳顏、閔之極摯，既繫攣於世教矣，何用大道為自眩曜？昔有學步於邯鄲者，曾未得其髣髴，又復失其故步，遂匍匐而歸耳！恐似此類，故不進。（《叙傳上》）

班嗣持論如此，行亦如此，一生未嘗出仕。觀其責桓譚"伏周、孔之軌躅，馳顏、閔之極摯"、"繫攣於世教矣"云云，可知他對當時占統治地位的儒家思想，持有反對的態度。又云："不爲世俗所役""萬物不奸其志""不嗅驕君之餌"云云，以及其不仕的行爲來看，可知他對當時的政治與"驕君"，亦頗反感。

三、班穉及其反對讖緯的思想

班況幼子班穉。班穉年少後進，然在成帝崩後，即以黃門郎中常侍調外任：

> 穉少爲黃門郎中常侍，方直自守。成帝季年，立定陶王爲太子，數遣中盾①請問近臣，穉獨不敢答。哀帝即位，出穉爲西河屬國都尉，遷廣平相。（《叙傳上》）

據《百官公卿表》：少府有黃門令。《漢舊儀》卷上載："黃門郎屬黃門令，日暮入對青瑣門拜，名曰夕郎。"又《後漢書·百官志》云："黃門令一人，六百石。"是黃門令秩本不高。然加中常侍，則秩又稍增。《百官公卿表》云："中常侍，得入禁中。"《後漢書·百官志》云："中常侍千石。"

第一代定陶王劉康系元帝劉奭次子，母爲傅昭儀。劉康初封濟陽王，後徙山陽王、定陶王。陽朔二年（前23）劉康去世，王后無子，以妾侍丁姬所生之劉欣嗣定陶王。其時成帝劉驁無子，遂向朝中近臣徵求意見，立劉欣爲太子。班穉當時未明確表示擁戴之意，這必然惹得劉欣不高興。迨成帝去世，太子劉欣即位，是爲哀帝。

劉欣甫登基，班穉即被外放爲西河屬國都尉。西河屬國都尉治美稷，在今

---

① 顏師古注："盾讀曰允。《百官表》云詹事之屬官也，主徼巡宮中。"

內蒙古自治區准格爾旗西北納林村古城。

據《百官公卿表上》，典屬國有屬國都尉：

> 典屬國，秦官。掌蠻夷降者。武帝元狩三年昆邪王降，復增屬國，置都尉。

又據《地理志》：安定、天水、上郡、西河、五原等郡皆置屬國都尉。農都尉、屬國都尉皆比郡都尉。《百官公卿表上》載：

> 郡尉，秦官。掌佐守典武職甲卒，秩比二千石。……景帝中二年更名都尉。

又據《百官公卿表上》，王國有相：

> 諸侯王，高帝初置。……有太傅輔王，內史治國民，中尉掌武職，丞相統衆官，群卿大夫都官如漢朝。

後來景帝、武帝逐漸減損王國權力，"令諸侯王不得復治國，天子爲置吏，改丞相曰相"，省其官員。至成帝時，僅留相、中尉，且"綏和元年省內史，更令相治民，如郡太守①，中尉如郡都尉"。（同前引）

班穉何時遷廣平相？按廣平故屬巨鹿郡，景帝中六年（前144）分置廣平郡。武帝征和二年（前91）置平干國，宣帝五鳳二年復爲郡。哀帝建平三年（前4），更置廣平國。《地理志》載："廣平，侯國。"治所在今河北省雞澤縣東二十里的舊城營村。

又《後漢書·班彪列傳》云：

> 父稚②，哀帝時爲廣平太守。

可知班穉由西河屬國都尉初遷廣平郡太守，後乃改爲廣平王國相。其時當在哀帝建平三年更郡置國之前。故班穉於哀帝建平元年出任西河屬國都尉，次年（建平二年，前5年）即遷廣平郡太守。建平三年乃轉爲廣平王國相。

---

①《百官公卿表》："郡守，秦官，掌治其郡，秩二千石。……景帝中二年，更名太守。"
②班稚：稚通穉，班稚即班穉也。

屬國都尉、王國相雖位秩高於"黃門郎中常侍",然遠離權力中心的京城長安,故此次外放,實寓貶黜之意。

元壽二年(前1)劉欣去世,無嗣,以堂弟劉衍入繼大統,是爲漢平帝。

平帝即位時年僅八歲,朝政爲大司馬王莽把持。其時班穉不趨媚權貴、巴結王莽,遂以"嫉害聖政"之罪名由廣平相罷爲延陵園郎。

班穉獲罪,在平帝元始五年(5)。《叙傳上》載:

> 平帝即位,太后臨朝,莽秉政,方欲文致太平,使使者分行風俗采頌聲,而穉無所上。

據《王莽傳上》載,元始四年(4)四月,王莽:

> 遣大司徒司直陳崇等八人分行天下,覽觀風俗。

至元始五年(5)五月:

> 風俗使者八人還,言天下風俗齊同,詐爲郡國造歌謠,頌功德,凡三萬言。莽奏定著令。(同前引)

班穉不上嘉瑞及歌謠,因而得罪。故《資治通鑒·卷第三十六》記此事於元始五年五月是正確的:

> 時廣平相班穉獨不上嘉瑞及歌謠;琅邪太守公孫閎言災害於公府。甄豐遣屬馳至兩郡,諷吏民,而劾"閎空造不祥,穉絶嘉應,嫉害聖政,皆不道。"穉,班倢伃弟也。太后曰:"不宣德美,宜與言災者異罰。且班穉後宮賢家,我所哀也。"閎獨下獄,誅。穉懼,上書陳恩謝罪,願歸相印,入補延陵園郎①;太后許焉②。

計班穉以哀帝建平二年(前5)至廣平,平帝元始五年(5)罷相,前後在廣平十年。

廣平國轄縣及侯國十六:廣平、張縣、朝平縣、南和縣、列人縣、斥章、任

---

① 延陵,成帝劉驁陵,位於今陝西省咸陽市周陵鄉。
② 《資治通鑒》卷三十六,《漢紀·孝平皇帝下》,元始五年。

縣、曲周縣、南曲縣、曲梁侯國、廣鄉縣、平利縣、平鄉縣、陽臺侯國、廣年縣、城鄉縣。

廣平舊治在今河北雞澤縣東二十里。

平帝元始年間（1—5），即班穉治廣平時，廣平國户口數爲：户二萬七千九百八十四，口十九萬八千五百五十八。比起附近的趙國、中山國、信都國、淄川國、膠東國來説，是較爲貧瘠的諸侯封國①。廣平王劉漢，是景帝劉啟之子、中山靖王劉勝後裔，對當時的皇帝來説是比較疏遠的宗室②。由班穉的表現來看，不阿附權貴，稱頌符瑞；不掩飾民間疾苦，誇張個人政績。與同時的其他西漢諸王相比較，廣平王劉漢也并無顯著的荒淫和殘暴行爲，亦可説明班穉在廣平相任内有相當政績。

班氏雖屬外戚，以能謙冲自持，得不至夷滅。然當鴻嘉中許后獲罪死，班倢伃待罪考問，其時存危亦間不容髮。故當百年之後，班固寫《外戚傳下》，言之猶覺凛然！他寫道：

《易》著吉凶而言謙盈之效，天地鬼神至於人道靡不同之。夫女寵之興，繇③至微而體至尊，窮富貴而不以功，此固道家所畏，禍福之宗也。序自漢興，終於孝平，外戚後庭色寵著聞二十有餘人，然其保位全家者，唯文、景、武帝太后及邛成后四人而已。至如史良娣、王悼后、許恭哀后身皆夭折不幸，而家依託舊恩，不敢縱恣，是以能全。其餘大者夷滅，小者放流，烏嘑！鑒兹行事，變亦備矣。

外戚雖與皇室有極其密切的關繫，然其間仍存在着極大的矛盾。外戚與皇

---

① 據《地理志下》：趙國：户八萬四千二百二，口三十四萬九千九百五十二，縣四；中山國：户十六萬八百七十三，口六十六萬八千八十，縣十四；信都國：户六萬五千五百五十六，口三十萬四千三百八十四，縣十七；淄川國：户五萬二百八十九，口二十二萬七千三十一，縣三；膠東國：户七萬二千二，口三十二萬三千三百三十一，縣八。
② 據《諸侯王表·中山靖王勝》：廣平王名劉漢，爲中山靖王劉勝之後。劉勝爲漢景帝劉啟之子，景帝前元三年（前154）封爲中山靖王。至宣帝年間，中山王嗣絶國除。哀帝建平三年（前4）紹封劉漢（《景十三王傳》作劉廣漢）爲廣平王。劉漢在位十三年，遇王莽篡位，貶爲公，明年廢。
③ 顔師古注："繇與由同。"

室的根本矛盾乃是土地國有制與貴族封建主占有土地的矛盾。所謂"繇至微而體至尊，窮富貴而不以功"，正是外戚成長的過程。及其已經"富貴"，矛盾亦隨之趨於尖銳。鬥爭的結果，不是外戚被夷滅流放，土地財產被沒收，則是外戚勢力膨脹，威脅皇室，甚或取而代之。

班穉之思想面貌由其行動可窺見一斑。西漢末年，讖緯之學①盛行，統治者以及各路政治野心家經常用來作爲鞏固統治或達到某種政治陰謀的工具。哀、平之際，王莽一方面借政治權利施加壓力，誅除异己分子；另一方面又强制國人獻符瑞，歌功頌德，自行製造民意天命，以達到篡奪政權的目的。當時統治階級內部大小人物在他的壓力之下，莫不承意獻媚，唯恐奔競之不暇。而班穉則置之不顧，頗顯風骨。

班穉之絕嘉應，可能有兩種思想在支配：一爲不信讖緯，看穿了符命的虛僞。一爲反對王莽，不滿意他的政治措施，故以沉默態度表示抗議。然而後者的行動亦應以前者之認識作爲基礎，二者是相互關聯的。

---

① 讖緯，是"讖書"和"緯書"的合稱。"讖"亦稱籤，是秦、漢間巫師、方士編造的預示吉凶的隱語。後來民間發展到廟宇或道觀裏求神問卜，或求籤。"緯"是漢代附會儒家經義衍生出來的一類書，東漢以後被稱爲"內學"，而原本的經典反被稱爲"外學"。讖緯的目的是對未來做出政治預言。例如秦末陳勝、吳廣的大澤鄉起義時之"大楚興，陳勝王"就是一條讖語。

漢代是讖緯之學最興盛的時期，尤以西漢末年及東漢末年最盛。如王莽稱帝就利用讖語製造輿論，製作了"告安漢公莽爲皇帝"的石碑。之後光武帝劉秀也是利用"赤伏符"（見第十章"班彪的社會思想與歷史觀點"第一節"班彪的政論"）即位。中元元年（56）劉秀宣布圖讖於天下，使之合法化。建初四年（79），章帝還主持召開了一次全國經學討論會，即白虎觀會議，會議記錄由班固整理成《白虎通德論》，以法令形式將讖緯之學定形，和正統經書具有同等地位。

魏晋以後，隨着玄學的興起，對儒家傳統經學有了全新的解釋，於是宣揚宿命論的讖緯之書漸遭毀禁；至宋歐陽修作《論刪去九經正義中讖緯札子》後，讖緯學説更是式微，其書籍文獻多散失不傳。

讖緯之學的內容很龐雜，其內容包括天人感應、星象預測吉凶以及報應説，即人之善惡能够影響其壽算等；更有昆崙山是神仙所在之地、西王母則是指引修行的神仙之類的荒誕無稽之説。

與班穉表現同樣態度者，還有桓譚。桓譚不信讖緯，致遭劉秀之斥逐。《後漢書·桓譚馮衍列傳》載：

> 當王莽居攝篡弒之際，天下之士，莫不竟褒稱德美，作符命以求容媚，譚獨自守，默然無言。

桓譚既常造班宅，當與班穉相善。桓譚在哀、平間爲郎，居京師。其時班穉已貶官家居，時間上亦頗相合。反對讖緯之思想與態度，二人當有相互間之影響。

第七章　今、古文學派的對立與班氏家學

武帝"罷黜百家，表章《六經》"(《武帝紀》)，自此儒家學説在中國興盛了兩千年，爲歷代統治者所提倡。所謂"六經"，其實衹有五部，即《詩》《尚書》《易》《禮記》《春秋》，還有一部《樂經》，早已失傳。五經即儒家經典，是歷代儒生治學之本。

秦始皇焚書坑儒，又經過秦末大動蕩，儒家經典散亡不少。即如《尚書》，經孔子編定的版本原有百篇之多。秦始皇焚書時，博士伏生將《尚书》藏於壁中。後兵禍大起，伏生流亡，待他重新安定下來時，发现所藏已"亡数十篇"而僅餘二十九篇了。

自戰國以至漢代，文字也發生了很大變化。"戰國時秦用籀文，六國用古文"(王國維語)，各國所用文字并不一致。至秦滅六國，推行"書同文，車同軌"，遂統一爲小篆。至漢代，小篆又進一步簡化爲隸書。

經由儒生們師徒相傳至漢代的經書，在抄錄過程中當然會使用當時的流行文字，即小篆或隸書，故稱"今文經"。

自武帝始，有鑒於圖書典籍的散佚，乃向民間徵求書籍。《藝文志》載：

昔仲尼没而微言絶，七十子喪而大義乖。故《春秋》分爲五①，《詩》

---

① 韋昭注："謂《左氏》《公羊》《穀梁》《鄒氏》《夾氏》也。"按：傳授《春秋》諸家，現僅《左氏傳》《公羊傳》《穀梁傳》三家著作尚存，《鄒氏傳》《夾氏傳》漢代即已亡佚。

分爲四①,《易》有數家之傳。戰國從衡②,真僞分爭,諸子之言紛然殽亂。至秦患之,乃燔滅文章,以愚黔首。漢興,改秦之敗,大收篇籍,廣開獻書之路。迄孝武世,書缺簡脫,禮壞樂崩,聖上喟然而稱曰:"朕甚閔焉!"於是建藏書之策,置寫書之官,下及諸子傳說,皆充祕府。至成帝時,以書頗散亡,使謁者陳農③求遺書於天下。

新徵集的書籍中,當然會有這些儒家經典。仍以《尚書》爲例:

古文《尚書》者,出孔子壁中。武帝末,魯共王壞孔子宅,欲以廣其宮,而得《古文尚書》及《禮記》《論語》《孝經》凡數十篇,皆古字也。共王往入其宅,聞鼓琴瑟鍾磬之音,於是懼,乃止不壞。孔安國者,孔子後也,悉得其書,以考二十九篇,得多十六篇④。(同前引)

這些新發現的經書,因其是用古代文字所書寫,故稱古文經。

自漢興以至武帝時,經過"文、景之治",封建經濟得到迅速發展,社會秩序安定,國力大大增強。在此基礎上,儒學傳播出現了一個空前昌盛的局面。博士官學中不但經學博士完備,而且由於經學師承的不同,往往一經兼有數家,各家屢有分合興廢。宣帝甘露三年(前51),詔蕭望之、劉向、韋玄成、薛廣德等儒生,在長安未央宮北的石渠閣舉行會議,講論五經異同,由宣帝親自裁定評判。經過這次會議,博士員中《易》增立"梁丘",《書》增立"大小夏侯",《春秋》增立"穀梁"。到了宣帝末年,五經共有十二家博士(見王國維《漢魏博士考》)。博士就是經師,他們的任務是記誦和闡釋儒家經典。他們解經繁密駁雜,有時一經的解釋竟可達百餘萬言。博士有弟子,武帝時博士弟子五十人,以後遞增,成帝時多至三千人,東漢順帝時甚至達到三萬人。經學昌盛和博士弟子

---

① 韋昭注:"謂毛氏、齊、魯、韓。"按西漢初年,傳授《詩經》的主要有魯人申培、齊人轅固、燕人韓嬰以及魯人毛亨等四家。但是前三家著作除《韓詩外傳》十卷外皆不存,現今僅《毛詩》一家獨傳於世。
② 從衡,交錯擾攘,紛亂之貌。宋玉《高唐賦》:"巖嶇參差,從橫相追。"
③ 據《百官公卿表》,謁者爲郎中令之屬官,"掌賓贊受事,員七十人,秩比六百石。"陳農其人在史書中僅此一見,其他事迹不詳。
④ 指孔安國用二十九篇今文《尚書》校對新發現的古文經,發現多出來十六篇。

衆多，主要是由於經學從理論上爲漢朝的封建統治進行了辯護，因此統治者對儒生實行了廣開"禄利之路"(《儒林傳》)。

由於新發現的古文經與現存的今文經不盡相同，因而導致了經學內部今文經學和古文經學的區分和兩派的爭論。

今文經學和古文經學不僅字體不同，篇章多少不同，相同篇章亦有異文。更重要的是，治今文經學和治古文經學的學者們對經學內容的解釋也有很大差異。今文經學解釋經義，主要在於"通經致用"，着重章句推衍，結合陰陽五行災异和刑名學説來發揮經文的微言大義，提倡大一統、尊君抑臣、正名分等思想。古文經學解釋經義，主要在於"通經識古"，詳於訓詁，把儒學經典視爲古代歷史資料，主張實事求是，反對借題發揮，在辨認、解釋先秦文字的過程中，建立了系統的訓詁學基礎。由於今文經學出現較早，董仲舒以治今文《春秋公羊傳》得到漢武帝的賞識。在他的建議下，今文經學陸續被立爲學官。如《詩》有魯、齊、韓三家；《書》有歐陽、大小夏侯；《易》有施、孟、梁丘、京；《禮》有大、小戴；《春秋》有嚴、顏（均爲《公羊》家）等，都先後被立爲博士。古文經晚出，遭到今文經派的排斥，長期不得立於學官。

西漢末年，劉歆"欲建立《左氏春秋》及《毛詩》《逸禮》《古文尚書》皆列於學官"，以與今文博士相抗衡。哀帝命他與五經博士討論，"諸博士或不肯置對"，以沉默表示反對。劉歆於是著《讓太常博士書》，他一方面攻擊今文經、傳是"因陋就寡"，"抱殘守缺"，"信口説而背傳記，是末師而非往古"，而殘缺的原因是由於秦始皇"燔經書，殺儒士，設挾書之法，行是古之罪"的緣故；另一方面則竭力宣傳古文經傳的可靠，認爲它可以補充現有經傳的殘缺、校補現有經傳的錯誤，較現有經傳爲可信。如劉歆以爲"左丘明好惡與聖人同，親見夫子，而公羊、穀梁注在七十子後，傳聞之與親見之，其詳略不同"。由於劉歆言詞激切，遭到今文學家和當權官員們的怨恨和猛烈攻擊。時任大司空的師丹，對於劉歆的主張極力反對，向哀帝表奏劉歆"改亂舊章，非毀先帝所立"。劉歆"由是忤執政大臣，爲衆儒所訕，懼誅，求出補吏。"從此離開長安到外地任職，這次爭論以無結果而告終。此後，經學出現了今文和古文兩個派別，爭論异常激烈。

實則自武帝采納董仲舒的建議，實行"罷黜百家，獨尊儒術"之後，通曉儒家的"五經"，就成爲讀書人仕進的主要途徑。武帝還接受了董仲舒的建議，

"興太學，置明師，以養天下之士"（《董仲舒傳》）。當時所建立的學官，大抵是今文經學家。由於今文經學家的學説受到了國家法令的提倡，士子們當然趨之若鶩，國家選拔官吏，也大都以這些學説爲準則。久而久之，朝廷中的大臣自然也以今文經學的信徒爲主。這些人一旦進入仕途，自然要極力維護自己信奉的學派。門户之見與利禄之爭交織在一起，鬥爭非常激烈。

平帝時，王莽當權。由於託古改制的需要，劉歆借機把《左氏春秋》《古文尚書》《逸禮》《毛詩》立於學官，後又立《樂經》爲博士，《周官經》六篇也立爲博士，古文經學逐漸成爲官學。

東漢光武帝即位，聚集四方學者於京師洛陽，又廢除了王莽時所立的古文經學博士，復立今文經學十四博士。

建武年間，大司徒韓歆又提出爲《費氏易》《左氏春秋》立博士，再次引起一場爭論，最後由光武帝決定立《左氏春秋》爲博士，因"群議讙譁"，不久又廢。章帝時，曾在洛陽北宫白虎觀，召集群儒講論《五經》異同。章帝親臨主持，并作結論。白虎觀會議的結果，由班固纂成《白虎通義》一書，集中了今文經學的基本觀點。終漢之世，古文經没有再立於學官。可是由於古文經學在内容上勝過今文經學，再加上東漢時期古文經學中出了幾位大師，如賈逵、服虔、馬融、鄭玄等，他們都是古文經學家，或兼通今古。馬融是馬太后（明帝劉莊之皇后）的侄子，其外戚地位足以維護他的經師地位。他學問廣博，精通各經，門下有好幾千名學生。因此，古文經地位因之而提高。其學生鄭玄，名望尤高。在馬融、鄭玄兼采今古文注經的影響下，今古文漸趨於混同。漢末，經過董卓之亂，博士失官守近三十年，今文經學遂日益衰微。

班伯所學，《詩》出於轅固，《書》出於小夏侯，《論語》則出於張禹，皆是今文家説。雖其時今、古文之爭初起，壁壘不嚴，然班伯之蒙師師丹竭力反對劉歆倡立的古文經學，故可推知班伯對今、古文經學之爭所抱之態度，亦必相當嚴正。

班穉對今、古文經學的態度，從他的政治思想上可以看出來。王莽治古文，《後漢書·鄭范陳賈張列傳·陳元》云：

> 陳元字長孫，蒼梧廣信人也。父欽，習《左氏春秋》，事黎陽賈護，與劉歆同時而别自名家。王莽從欽受《左氏》學，以欽爲厭難將軍。

王莽又引用劉歆，故自王莽秉政以至稱帝，大力提倡古學，并傅會圖讖製造符瑞，摹仿周禮進行改制。班穉對此种政治把戲，表現了鄙弃的態度。時班穉爲廣平國相，不但"絶嘉應"，"不宣德美"，而且"歸相印"，自是"班氏不顯莽朝"（《叙傳上》），斷然采取不合作的態度。因之，班穉傳經，雖無所聞，而其反對古文經學派的態度，已灼然可見。

第二篇
班彪與《續太史公書》

班彪的生平
班彪的交游
班彪的社會思想與歷史觀點
《續太史公書》考
班彪其他著作考
補《太史公書》與續《太史公書》

第八章　班彪的生平

一、班彪的家庭

班彪，字叔皮，其父班稚，祖父班況。母親金氏，是衛尉金敞之女。

《元帝紀》贊曰："臣外祖兄弟爲元帝侍中。"應劭注："元、成帝紀皆班固父彪所作，臣則彪自説也，外祖金敞也。"

金敞爲少數民族，乃匈奴休屠王子金倫之孫、金安上之子。金日磾即金倫之兄。《霍光金日磾傳》云：

> 金日磾字翁叔，本匈奴休屠王太子也。武帝元狩中，票①騎將軍霍去病將兵擊匈奴右地，多斬首，虜獲休屠王祭天金人。其夏，票騎復西過居延，攻祁連山，大克獲。
>
> 於是單于怨昆邪、休屠居西方多爲漢所破，召其王欲誅之。昆邪、休屠恐，謀降漢。休屠王後悔，昆邪王殺之，并將其衆降漢。封昆邪王爲列侯。日磾以父不降見殺，與母閼氏、弟倫俱没入官，輸黃門養馬。
>
> ……
>
> 本以休屠作金人爲祭天主，故因賜姓金氏云。

金日磾兄弟日後騰達，朝廷士大夫未嘗不以异族相待：

> （日磾）拜爲馬監，遷侍中駙馬都尉②光禄大夫。日磾既親近，未

---

①票，通"驃"。
②駙馬都尉負責皇帝出游時隨駕車馬，俸禄二千石，一般由皇室、諸侯、外戚及世族子弟擔任。

嘗有過失，上①甚信愛之，賞賜累千金，出則驂乘，入侍左右。貴戚多竊怨，曰："陛下妄得一胡兒，反貴重之！"上聞，愈厚焉。

> 日磾母教誨兩子，甚有法度。上聞而嘉之。病死，詔圖畫於甘泉宮，署曰："休屠王閼氏。"日磾每見畫常拜，鄉之涕泣，然後乃去。（《霍光金日磾傳》）

而他們亦未嘗不以少數民族自居：

> 及上病，屬霍光以輔少主，光讓日磾。日磾曰："臣外國人，且使匈奴輕漢。"於是遂為光副。（同前引）

金倫字少卿，為黃門郎，早卒。其子金安上，字子侯，少為侍中。宣帝時，封都成侯，至建章衛尉。安上有四子：

> 常、敞、岑、明。岑、明皆為諸曹中郎將②，常光祿大夫。元帝為太子時，敞為中庶子③，幸有寵，帝即位，為騎都尉光祿大夫、中郎將、侍中。元帝崩，故事④近臣皆隨陵為園郎，敞以世名忠孝，太后⑤詔留侍成帝，為奉車水衡都尉，至衛尉。（同前引）

班氏"家本北邊"，班彪又有少數民族血統。班彪以及班固之為人，或不免受此種氣質之影響。

據《後漢書‧班彪列傳》載，班彪卒於光武帝建武三十年（54），時年五十二歲。據此班彪生年當在西漢平帝元始三年（3）。

是年，班彪的父親班稺尚在廣平國任廣平相。故班彪應生於廣平（今河北省雞澤縣東二十里）。至元始五年（5），班稺由廣平相罷為延陵園郎，時班彪三

---

① 指武帝劉徹。
② 中郎將之職為統領禁宮、皇室的護衛，分左中郎將、右中郎將、五官中郎將，後又設立了專管虎賁、羽林部隊的虎賁中郎將和羽林中郎將。各中郎將品秩都是比二千石，略低於諸將軍和校尉。
③ 東宮屬官。據《後漢書‧百官志四》："太子中庶子，六百石。"
④ 故事，即舊例之意。
⑤ 元帝皇后王政君，成帝劉驁之母、王莽姑母。

歲，隨父回長安。

班彪在長安居住二十年。

班彪家居讀書，有良好的條件。其伯父班斿與劉向共校秘書，成帝曾賜以"秘書之副"。在當時，這是很難得的事情。

《藝文志》云：

> 戰國從衡，真偽分争，諸子之言紛然殽亂。至秦患之，乃燔滅文章，以愚黔首。

秦且定"挾書律"，除醫藥、卜筮、种樹之書外，敢有藏書者，處以族滅之罪①。王充②亦稱：

> 始皇前歎韓非之書，後惑李斯之議；燔《五經》之文，設挾書之律。《五經》之儒，抱經隱匿，伏生之徒，竄藏土中。（《論衡·佚文篇·卷第二十》）

可見秦、漢之際一些有思想性的書籍，被嚴厲禁絕，且幾瀕於完全散佚。迨惠帝四年（前191），始"除挾書律"（《惠帝紀》）。雖然自武帝始，政府即開始大力搜羅圖書：

> 迄孝武世，書缺簡脱，禮壞樂崩，聖上喟然而稱曰："朕甚閔焉！"於是建藏書之策，置寫書之官，下及諸子傳説，皆充秘府。至成帝時，以書頗散亡，使謁者陳農求遺書於天下。（《藝文志》）

但終西漢之世，書籍之流通，仍不甚廣；諸子百家之言，更不許刊布。迨西漢之末，"王莽無道，漢軍雲起，臺閣廢頓，文書弃散。"（《論衡·佚文篇·

---

① 《史記·秦始皇本紀》云：丞相李斯曰："……臣請史官非《秦記》皆燒之。非博士官所職，天下敢有藏《詩》《書》百家語者，悉詣守、尉雜燒之。有敢偶語《詩》《書》者弃市。以古非今者族。吏見知不舉者與同罪。令下三十日不燒，黥爲城旦。所不去者，醫藥卜筮種樹之書。若欲有學法令，以吏爲師。"制曰："可。"

② 王充（27—97），字仲任，會稽上虞人，東漢哲學家，班彪學生。著有《論衡》。第九章《班彪的交游》對其有詳細介紹。

卷第二十》）書籍又遭受一次厄難，能夠讀到書的人就更少了。

班彪家有賜書，不但有書可讀，而且諸如"反經術，非聖人"，或"明鬼神，信怪物"的諸子；載有"戰國縱橫權譎之謀"和"漢興之初謀臣奇策，天官災異，地形阨塞"的《太史公書》，以及一般人所不易見到的書籍、典冊，皆可恣意研究。這對於班彪的學問來說，無論其造詣之深，或博覽之廣，皆有很大關繫。

班彪的父親班稺早逝，未知其是否能得及其父的親自教誨？

《敘傳上》云：

> 彪字叔皮，幼與從兄嗣共遊學，家有賜書，內足於財，好古之士自遠方至，父黨揚子雲以下莫不造門。

可知班彪此時經常在一起的學友是他的從兄班嗣。更重要的是當時一些學者亦常出入班家，這對他的為人和學習，應有很大幫助。父黨揚雄等往來，應與他父親班稺有關繫。由此可推知班稺不會死得太早，班彪應能得到他父親的教誨。桓譚也是班嗣、班彪的朋友，由桓譚和班嗣往來的書信上可知（參看本書第六章《班伯兄弟》第二節《班斿、班嗣父子》）。

西漢末年的政治，早已引起班稺的不滿。他曾試圖反抗而遭到貶斥。被貶斥後的班稺，放棄了政治活動，閉戶閑居。可以想見班彪也會受到他父親這種政治觀點的影響。

二、避地西州

地皇三年（22），班彪年二十歲。此時正是新莽末年，天下大亂。王莽以太師王匡、更始將軍廉丹將兵十萬攻打赤眉軍，大敗；綠林軍由王匡、王鳳[①]等率領，北上攻打宛地（今河南省南陽市）；宛地豪強劉秀[②]等人起兵響應。

[①] 此王匡非前述之王莽新朝太師王匡，乃綠林軍首領。此綠林軍首領王鳳與王莽叔父、大將軍王鳳同名。

[②] 劉秀，字文叔，南陽郡蔡陽縣（今湖北省棗陽市西南）人，東漢皇朝之建立者，廟號世祖，諡號光武皇帝。劉秀為劉邦九世孫，其父為南頓令劉欽，世居蔡陽，屬地方豪族。新莽末年國家動蕩，各地寇盜蜂起。地皇三年（22），劉秀在宛起兵，25年稱帝，改元建武，國號為"漢"，史稱東漢。

次年，緑林軍擁立劉玄爲帝，改元更始。劉玄，字聖公，南陽郡蔡陽縣（今湖北棗陽市西南）人，本是西漢皇族，是景帝劉啓之後、劉秀的族兄。劉玄起初以宛城爲都，後遷都至洛陽。十二月，緑林軍攻入長安，王莽在混亂中被杀，新朝灭亡。劉玄隨之進入長安。

隨後緑林軍與赤眉軍火并，至更始三年（25）九月，赤眉軍攻入長安，更始帝劉玄逃走，不久被殺。赤眉軍另立劉盆子①爲帝。劉秀於同年六月即位於鄗②，是爲東漢開國皇帝（謚號光武），改更始三年爲建武元年，至十月遷都洛陽。

是年班彪二十三歲。由於三輔大亂，班彪乃決定離開長安，去天水投奔隗囂。班彪離開長安當在是年九月至十二月之間。故《資治通鑒》於建武元年十二月紀事云：

> 隗囂歸天水，復招聚其衆，興修故業，自稱西州上將軍。三輔士大夫避亂者多歸囂，囂傾身引接，爲布衣交；以平陵范逡爲師友，前涼州刺史河南鄭興爲祭酒，茂陵申屠剛、杜林爲治書，馬援爲綏德將軍，楊廣、王遵、周宗及平襄行巡、阿陽王捷、長陵王元爲大將軍，安陵班彪之屬爲賓客，由此名震西州，聞於山東。

《北征賦》是班彪初離長安時的作品，表現了他"遠游"的態度和他這時的政治思想。他寫道：

> 余遭世之顛覆兮，罹填塞之阸災。
> 舊室滅以丘墟兮，曾不得乎少留。
> 遂奮袂以北征兮，超絶迹而遠游。
> （《文選·北征賦》）③

現實既不容許他安定地生活下去，乾脆擺脱這個舊環境，在遥遠的地方，另

---

① 劉盆子，高祖劉邦之孫城陽景王劉章之後。然至新莽時家境早已衰敗，劉盆子以牧牛爲生。赤眉軍爲號召群衆，欲立劉氏後人，以抽籤方式選中劉盆子爲帝。建武三年（27），赤眉軍敗於劉秀，劉盆子等投降。

② 在今河北省柏乡县北。

③ 《文選》李善注引《流別論》曰："更始時，班彪避難涼州，離長安至安定，作《北征賦》也。"

外開闢新的天地。在此表現了青年班彪的勇敢和富於理想。他又寫到：

> 乘陵崗以登降，息郇邠之邑鄉。
> 慕公劉之遺德，及行葦之不傷。
> 彼何生之優渥，我獨罹此百殃？
> 故時會之變化兮，非天命之靡常。

班彪借周之先王公劉的時代和他的時代做了一個對比，指出他所以"罹此百殃"，乃是當時統治者不行像公劉那樣的德政所致，并非天命如此。又説：

> 登赤須之長阪，入義渠之舊城。
> 忿戎王之淫狡，穢宣后之失貞①。
> 嘉秦昭之討賊，赫斯怒以北征。

他在這裏又借秦宣太后的故事，指出荒淫無道的統治者，會遭人人唾弃，人人憤怒而應加以征討。可以想見，班彪之離開長安，非止是單純的"避難"，而是具有一定的抱負的。

正是由於班彪有理想和抱負，所以在離開長安時對故鄉不免有所依戀：

> 朝發軔於長都兮，夕宿瓠谷之玄宮。
> 歷雲門而反顧，望通天之崇崇。

行行且止，反復徘徊。甚至對前途亦有所憂懼。然而最終他戰勝内心的留戀和軟弱，毅然繼續前行。所以他在《北征賦》的最後寫道：

> 亂曰夫子固窮游藝文兮，樂以忘憂惟聖賢兮？
> 達人從事有儀則兮，行止屈申與時息兮？
> 君子履信無不居兮，雖之蠻貊何憂懼兮？

---

① 秦宣太后，芈（音"米"）姓，战国时秦国王太后，秦惠文王之妾，秦昭襄王之母，出自楚王室。《西羌傳》載："昭王立，義渠王朝秦，遂與昭王母宣太后通，生二子。至王赧四十三年，宣太后誘殺義渠王於甘泉宮，因起兵滅之，始置隴西、北地、上郡焉。"義渠，是東周時活躍於今涇水北部至河套地區的古代少數民族部落，有出於羌和狄兩種説法。後滅於秦。

班彪初至天水依附於隗囂。

隗囂，字季孟，天水成紀（今甘肅靜寧縣）人。出身隴右大族，在州郡爲官，國師劉歆聞其賢，舉薦他爲國士。劉歆死後，隗囂回到家鄉。王莽被殺後，隗囂趁勢起兵，先後攻占了隴西、武都、金城、武威、張掖、酒泉、敦煌等郡縣。更始二年（24），隗囂歸順劉玄去長安，被封爲右將軍，遷御史大夫。次年，隗囂"說更始歸政於光武"，劉玄不聽，隗囂乃與王匡、張卬等謀劫劉玄東歸在洛陽的劉秀，事敗後逃迴天水。於是隗囂復召舊部，自稱西州大將軍。及劉玄敗，三輔大亂。時隴西一帶稍安，流民多避居其地："三輔耆老士大夫皆奔歸囂，囂素謙恭愛士，傾身引接，爲布衣交。"（《後漢書·隗囂公孫述列傳》）故班彪亦因之而至隴西。①

時劉秀建都洛陽，盧芳②據五原、朔方、雁門諸郡，而公孫述③稱帝於蜀、漢。其他割據勢力尚多，大者連州郡，小者據縣邑。隗囂初起兵即以光復漢室相號召。

起初隗囂與劉秀的關繫不錯。赤眉軍尚在三輔時，隗囂曾配合劉秀夾擊。如建武二年（26），劉秀大將鄧禹西擊赤眉，屯兵雲陽。其裨將馮愔叛，引兵西向天水。隗囂迎擊，破之於原州高平（今寧夏固原），盡獲輜重。及赤眉軍兵敗離開長安欲西奔隴西，隗囂又遣軍迎擊。隗囂亦曾與劉秀合擊公孫述。

劉秀也曾多方拉攏隗囂，建武二年（26）大司徒鄧禹遣使持節任命隗囂爲西州大將軍，得專制涼州、朔方等郡事務。次年，劉秀致以手書，願與隗囂并肩作戰對付公孫述，遏制其擾亂漢中、三輔，而得以全力征服關東。建武四年（28）劉秀復約隗囂夾攻公孫述，進兵成都。"囂欲持兩端，不願天下統一"（《後漢書·隗囂公孫述列傳》），以爲東周末年戰國并爭局面或可重新出現，企圖據

---

① 班彪之所以往依隗囂，亦是時勢所迫。蓋其時東行道路已因戰亂斷絕。《後漢書·鄭范陳賈張列傳·鄭興》云："時赤眉入關，東道不通，興乃西歸隗囂，囂虛心禮請而興恥爲之屈，稱疾不起。"鄭興如此，班彪亦然。

② 盧芳，字君期，涼州安定郡三水县（位於今寧夏同心縣境内）人。兩漢間割據群雄之一，曾在北方边境一度稱帝。爲劉秀所敗後投奔匈奴。

③ 公孫述，字子陽，扶風茂陵（今陝西興平）人。兩漢間政治人物。曾經割據蜀郡，并自稱"白帝"。建武十二年（36）爲劉秀所滅。

險自守，實行割據，故而推言三輔單弱，盧芳在邊，未宜謀蜀。又拒絕到洛陽朝見劉秀，以退爲進，表示待四方平定，即退伏閭里。

當時在隗囂陣營內部亦具有兩種意見，一部分人反對隗囂的態度，以爲根據戰爭發展形勢，不會形成分裂局面，而劉秀具有統一全國的條件，應放棄割據企圖。持這种意見者以班彪爲代表：

> 隗囂問於班彪曰："往者周亡，戰國並爭，數世然後定。意者從橫之事復起於今乎？將承運迭興，在於一人也？"彪曰："周之廢興，與漢殊異。昔周爵五等，諸侯從政，本根既微，枝葉彊大，故其末流有從橫之事，勢數然也。漢承秦制，改立郡縣，主有專己之威，臣無百年之柄。至於成帝，假借外家，哀、平短祚，國嗣三絶，故王氏擅朝，因竊號位，危自上起，傷不及下，是以即真①之後，天下莫不引領而歎。十餘年間，中外騷擾，遠近俱發，假號雲合，咸稱劉氏，不謀同辭。方今雄桀帶州域者，皆無七國世業之資，而百姓謳吟思漢。漢必復興，已可知矣。"
>
> 囂曰："生言周、漢之勢可也，至於但見愚人習識劉氏姓號之故，而謂漢復興，疎矣！昔秦失其鹿，劉季逐而掎之，時民復知漢乎？"彪乃爲之著《王命論》以風切②之。(《資治通鑒・光武皇帝上之下》)

另一部分人則以爲：

> 方今豪傑競逐，雌雄未決，當各據土宇，……高可爲六國，下不失尉陀③。(同前引)

持後种意見者，以王元④爲代表。王元説隗囂曰：

---

① 謂由攝政或監國而正式即皇帝位。《王莽傳上》："莽即滅翟義，自謂威德日盛，獲天人助，遂謀即真之事矣。"
② 風，通"諷"。諷切，勸誡之意。
③ 尉陀，即尉佗，亦作尉他，本名趙佗。因其曾任秦南海郡尉，故稱尉佗。真定（今石家庄市東古城）人。後自立爲南越王。《史记・南越列傳》："南越王尉佗者，真定人也，姓趙氏。"《索隱》："尉，官也；他，名也。"《三国志・吳志・陸瑁傳》："昔尉佗叛逆，僭号稱帝。"
④ 王元，杜陵人（今陝西西安市東南），隗囂部下大將。

> 昔更始西都，四方響應，天下喁喁，謂之太平。一旦敗壞，大王幾無所厝。今南有子陽①，北有文伯②，江湖海岱，王公十數。而欲牽儒生之說，棄千乘之基，羈旅危國，以求萬全，此循覆車之軌，計之不可者也。今天水完富，士馬最強，北收西河、上郡，東收三輔之地，案秦舊迹，表裏河山。元請以一丸泥爲大王東封函谷關，此萬世一時也。若計不及此，且畜養士馬，據隘自守，曠日持久，以待四方之變，圖王不成，其弊猶足以霸。要之，魚不可脫於淵，神龍失埶，即還與蚯蚓同。（《後漢書·隗囂公孫述列傳》）

上文"欲牽儒生之說，弃千乘之基"下李賢注云："儒生謂馬援說囂歸光武。"《資治通鑒》胡三省③注云：

> 賢④曰："儒生謂馬援說囂歸光武。"余謂儒生，指鄭興、班彪等。

由此可知當時在隗囂陣營內部，不同政見的兩派人物，大抵武將主張割據，文士主張投靠劉秀。然而"囂心然元計"，"於是游士長者稍稍去之"⑤，這其中就包括班彪：

> （彪）知隗囂終不寤，乃避墜⑥於河西。河西大將軍竇融嘉其美德，訪問焉。（叙傳上）

班彪離開天水至河西，爲竇融禮遇，《資治通鑒》繫之於建武五年（29）夏四月。計班彪以更始三年（25）冬至天水，居隴西共三年有餘。

---

①公孫述，字子陽。
②盧芳自稱武帝曾孫劉文伯。
③胡三省，字身之，號梅澗，寧海（今浙江寧海縣）人。宋元之際歷史學家，浙東史學派的代表人物之一，代表作爲《資治通鑒音注》294卷，《通鑒釋文辯誤》12卷。
④賢，即上文中的李賢。賢字明允，係唐高宗李治與武則天之子，封章懷太子。曾召集學者注《後漢書》。
⑤《資治通鑒》卷四十一，光武帝建武五年。
⑥顏師古注："'墜'，古'地'字。"

此時河西爲竇融的勢力範圍。竇融，字周公，扶風平陵人，與班彪同鄉。據《後漢書·竇融列傳》，竇融卒於永平二年（59），得年七十八歲，故可推知其生於永始元年（前16），長於班彪十九歲。竇融爲文帝竇皇后弟竇廣國之後，早孤，王莽時數從王匡、王邑征戰有功，拜爲波水將軍。後降更始帝劉玄，劉玄以之爲張掖屬國都尉。

竇氏在河西地方原有一定勢力。竇融高祖父爲張掖太守，從祖父爲護羌校尉，從弟爲武威太守。由於竇氏累世居河西，故竇融頗知其地土俗。既至張掖屬國，即結納有一定勢力的地方人士，如酒泉太守梁統、金城太守庫鈞、張掖都尉史苞、酒泉都尉竺曾、敦煌都尉辛肜等，皆與之友善。

追劉玄敗，梁統等共推竇融行河西五郡①大將軍事，而梁、史、竺、辛、庫等人，仍分任河西諸郡太守。竇融居屬國領都尉事如故，置僚屬以監察五郡。

張掖屬國都尉治於何處，《漢書》不載。宋王應麟以爲治日勒，他寫道：

> 《武紀》②元狩二年秋，匈奴昆邪王降，置五屬國以處之。注：不載五屬國之名。《表》云三年。考之《地理志》，屬國都尉，安定治三水，上郡治龜茲，天水治勇士，五原治蒲澤，張掖治日勒③。此武帝初置也。若金城、西河、北地屬國，置於宣帝時，不在五屬國之數。（《困學紀聞卷十二·考史》）

竇融在河西的治績頗有可述。《後漢書·竇融列傳》云：

> 河西民俗質樸，而融等政亦寬和，上下相親，晏然富殖。修兵馬，習戰射，明烽燧之警，羌胡犯塞，融輒自將與諸郡相救，皆如符要，每輒破之。其後，匈奴懲义，稀復侵寇，而保塞羌胡皆震服親附，安定、北地、上郡流人避凶饑者，歸之不絕。

在當時戰爭頻仍、殺人如麻的時候，河西能有此一處"政亦寬和，上下相親，晏然富殖"的土地，使"流人避凶饑者，歸之不絕"，是很難得的。

---

① 即武威、張掖、酒泉、敦煌、金城五郡。
② 指《漢書·武帝紀》。
③ 今甘肅山丹縣東南。

竇融與隗囂不同，并無割據的野心：

> 融等遙聞光武即位，而心欲東向，以河西隔遠，未能自通。時隗囂先稱建武年號，融等從受正朔，囂皆假其將軍印綬。（同前引）

及隗囂謀自立，遂遣使游説竇融等各據州郡，與隴、蜀合縱，造成六國割據局勢。竇融及諸郡太守各有賓客，議論或同或异，未能一定。正在此時，班彪來到河西，極得竇融重視：

> 河西大將軍竇融以爲從事①，深敬待之，接以師友之道。彪乃爲融畫策事漢，總西河以拒隗囂。（《後漢書·班彪列傳上》）

是年夏，竇融遂遣使至洛陽，奉書獻馬，表示贊成統一。劉秀遂任命竇融爲涼州牧②。

這時正當劉秀與公孫述相持的時候，隗囂又志在觀望，於是竇融的態度便顯得非常重要，大有當年蒯通所稱韓信的地位："與楚即楚勝，與漢即漢勝。"這種情勢在劉秀與竇融之信中亦可看出：

> 制詔行河西五郡大將軍事、屬國都尉：勞鎮守邊五郡，兵馬精彊，倉庫有蓄，民庶殷富，外則折挫羌胡，内則百姓蒙福。威德流聞，虚心相望，道路隔塞，邑邑何已！長史所奉書獻馬悉至，深知厚意。
>
> 今益州有公孫子陽，天水有隗將軍，方蜀漢相攻，權在將軍，舉足左右，便有輕重。以此言之，欲相厚豈有量哉！
>
> 諸事具長史所見，將軍所知。王者迭興，千載一會。欲遂立桓、文③，輔微國，當勉卒功業；欲三分鼎足，連衡合從，亦宜以時定。天下未

---

①三公及州郡長官自辟之僚屬，多以從事相稱。
②武帝將全國地方劃分爲十三個刺史部，如其中冀州轄境相當今河北省中南部、山東省西端及河南省北端。每州派一名刺史，職責爲巡行所部監察地方官員和豪強，歲終至京師向御史中丞稟報。刺史初爲監察官，秩六百石，較郡守的秩比二千石爲低。成帝時改刺史爲州牧。東漢初年刺史職權加重，逐漸演變成郡守的上司。但畢竟刺史治官不治民，不參與地方行政，所以州仍屬於監察區，不算是地方一級行政機構。
③春秋五霸中齊桓公与晋文公的并称。

并，吾與爾絕域，非相吞之國。今之議者，必有任囂①效尉佗制七郡之計；王者有分土，無分民，自適己事而已。

今以黃金二百斤賜將軍，便宜輒言。（《後漢書·竇融列傳》）

結果竇融集團選擇與劉秀合作的道路。

竇融的選擇有其一定的思想基礎。這由建武六年（30）竇融責讓隗囂的一封信中，即可看出：

伏惟將軍國富政修，士兵懷附。親遇尬會之際，國家不利之時，守節不回，承事本朝；後遣伯春②委身於國，無疑之誠，於斯有效。融等所以欣服高義，願從役於將軍者，良爲此也。而忿悁之間，改節易圖，君臣分爭，上下接兵。委成功，造難就，去從義，爲橫謀。百年累之，一朝毀之，豈不惜乎？殆執事者貪功建謀，以至於此，融竊痛之！

當今西州地埶局迫，人兵離散，易以輔人，難以自建。計若失路不反，聞道猶迷，不南合子陽，則北入文伯耳。夫負虛交而易強禦，恃遠救而輕近敵，未見其利也。融聞智者不危衆以舉事，仁者不違義以要功，今以小敵大，於衆何如？弃子徼功，於義何如？且初事本朝，稽首北面，忠臣節也；及遣伯春，垂涕相送，慈父恩也；俄而背之，謂吏士何？忍而弃之，謂留子何？

自兵起以來，轉相攻擊，城郭皆爲丘墟，生人轉於溝壑。今其存者，非鋒刃之餘，則流亡之孤。迨今傷痍之體未瘳，哭泣之聲尚聞。幸賴天運少還，而將軍復重於難，是使積痾不得遂瘳，幼孤將復流離，其爲悲痛，尤足愍傷，言之可爲酸鼻！庸人且猶不忍，況仁者乎？

融聞爲忠甚易，得宜實難。憂人大過，以德取怨，知且以言獲罪也。區區所獻，惟將軍省焉。（《後漢書·竇融列傳》）

---

①任囂，秦朝將領。與趙佗率軍入嶺南，於秦始皇三十三年（前214）統一嶺南。首任南海郡尉，并節制嶺南南海、象郡、桂林三郡，以番禺（今廣州）爲郡治。後中原戰亂，加上病重，與趙佗共商割據嶺南以避戰亂，并委以其代理南海郡郡尉，不久病故，葬於番禺。
②伯春爲隗囂長子隗恂之字。隗恂此時在洛陽爲人質。

这封信,首责隗嚣与刘秀作对,不过出于纵横割据之志,而其部将、属吏贪图功利,从而加以怂恿,遂至于此。其次分析利害,西州地势局迫,不足以敌刘秀。如结公孙述、卢芳以为援,是"负虚交而易强御,恃远救而轻近敌,未见其利也。"最后,也是主要的,他从当时民众的生活着眼,以为当时由于军阀割据,互争帝位的结果,已经给民众带来了莫大的苦难,再不能侥幸于个人的地位,而以民众为孤注,拖延战争,"复重于难"。

这封信,很可能出于班彪之谋,在当时很具有说服力,故曾传颂一时。在一封刘秀给窦融的信中,曾提及此事:

> 从天水来者写将军所让隗嚣书,痛入骨髓。畔①臣见之,当股慄憯愧,忠臣则酸鼻流涕,义士则旷若发矇,非忠孝慈诚,孰能如此?岂其德薄者所能剋堪!(同前引)

后窦融去洛阳,刘秀问及窦融谁为其草章奏,窦融对以"皆从事班彪所为。"刘秀因之召见班彪,拜为徐令,当与此事有关系。但是此信即使并非出于班彪之手,但班彪曾预其事,则是完全可能的。

这一封信代表了当时窦融集团内部主张与刘秀合作的人们的政治观点。他们选择与刘秀合作的道路,除了从他们本身的利益出发外,还考虑到了战乱时民众的疾苦,他们所选择的道路是全国统一的道路,在客观上对当时民众是有利的,对社会的发展也是有利的。

而隗嚣的下场正如这封信所预言。建武六年(30),公孙述进犯南郡,刘秀下诏隗嚣从天水讨伐,隗嚣拒绝。于是刘秀派建威大将军耿弇②伐蜀,意在剪除隗嚣,隗嚣谢罪。但其始终对刘秀存有异心,与汉军时有摩擦,与公孙述亦未断绝往来③。

建武八年(32)春,刘秀派来歙④袭取隗嚣控制下的略阳(今甘肃秦安陇城镇),隗嚣派王元出战,为刘秀联合窦融而攻灭,隗嚣携家奔西城(今天水市西

---

① 畔,通"叛"。
② 耿弇,字伯昭,右扶风茂陵人。光武帝功臣,云台二十八将第四位。
③ 如《后汉书·马援传》载,公孙述于成都称帝,隗嚣派马援与之商讨割据事。
④ 来歙,字君叔,南阳郡新野(今河南省新野县)人。光武帝大将。死于平定公孙述之役。

南）。劉秀殺掉人質隗恂，并派兵包圍西城，隗囂爲公孫述援軍救出。

建武九年（33），隗囂憂憤而死，王元等立隗囂少子隗純爲王，漢軍來歙攻破洛門，隗純投降。

而反觀竇融，内附劉秀後煊赫一時。後來竇氏一門貴寵，稱"一公、兩侯、三公主（竇融子竇穆尚内黄公主、孫竇勳尚沘陽公主、侄竇固尚涅陽公主）、四二千石"，奴婢以千計，當時貴戚功臣都無法與之相比。

建武十二年（36）九月，竇融率部下詣洛陽。《後漢書·竇融列傳》云：

> 及隴、蜀平，詔融與五郡太守奏事京師，官屬賓客相隨，駕乘千餘兩（輛），馬、牛、羊被野。融到，詣洛陽城門，上涼州牧、張掖屬國都尉、安豐侯印綬，詔遣使者還侯印綬。引見，就諸侯位，賞賜恩寵，傾動京師。數月，拜爲冀州牧，十餘日，又遷大司空。融自以非舊臣，一旦入朝，在功臣之右，每召會進見，容貌辭氣卑恭已甚，帝以此愈親厚之。

由於竇融此次到洛陽，"官屬賓客相隨，駕乘千餘兩（輛）"，班彪及其眷屬亦應在其中。故《後漢書·班彪列傳上》云：

> 及融徵還京師，光武問曰："所上章奏，誰與參之？"融對曰："皆從事班彪所爲。"帝雅聞彪才，因召入見，舉司隸茂才，拜徐令。

竇融被徵還洛陽，據本傳稱爲"及隴、蜀平"，未確指年月。據《後漢書·梁統列傳》云：

> 十二年，統與融等俱詣京師，以列侯奉朝請，更封高山侯，拜太中大夫。

又袁宏《後漢記》云："建武十二年九月，竇融與五郡太守詣京師。"由此可知班彪離開河西至洛陽當在此時。

總計班彪自建武元年（25）由長安北征，至是凡十一年。在隴西三年多，在河西七年多。

班彪在此十餘年中，以一布衣身份，先後爲割據大豪隗囂、竇融之幕僚，無論何處，均見重用，足見其才幹過人。他反對封建割據，擁護劉秀的統一事業，亦顯示出其卓越的政治遠見。

三、專心史籍

班彪在建武十二年（36）九月間由河西到達東漢帝國的新都洛陽，不久即被劉秀召見，并拜爲徐令①。

班彪究竟何時被召見，又在何時赴徐縣任職，史書記載不詳。但可以推測：竇融等初至洛陽，大受劉秀恩寵，既封爲安豐侯，且"數月拜冀州牧，十餘日，又遷大司空""賞賜恩寵，傾動京師"倍加籠絡；而竇融初至洛陽，受寵若驚，故雙方在短期間應該不會考慮到一位小小的"從事"身上來。

是年冬，吳漢②、臧宮③等大破公孫述於成都，公孫述受傷而死，蜀地悉平。次年，吳漢自蜀還洛陽。因各地割據勢力基本上已被平定，全國統一，劉秀乃大饗將士，封賞功臣。《後漢書·光武帝紀下》云：

（建武十三年④）夏四月，大司馬吳漢自蜀還京師，於是大饗將士，班勞策勳。功臣增邑更封，凡三百六十五人。其外戚恩澤封者四十五人。

班彪自然不入劉秀功臣之林，但在這種空氣影響下，對竇融可能有所啓發。故班彪被"舉司隸茂才，拜徐令"當在此期間。如果班彪被發表徐令不久即動身赴徐縣任職，則他此次居住洛陽在一年左右。

班彪幼年，游學長安，便敏學好古熱衷歷史。及離長安，奔走西州、洛陽之際，周旋於隗囂、竇融、劉秀等政治野心家之間。大約見多了這些高層人物之間的陰謀權術，且大亂之後重建的東漢統一政權，與他的理想亦有相當距離。故班彪任徐令時，年纔三十五歲，便表現了厭棄官吏生活的情緒。他在《覽海賦》中説：

---

① 徐縣屬臨淮郡，爲臨淮郡郡治所在。其地當今江蘇泗洪縣東南之半城鎮。
② 吳漢，字子顏、南陽郡宛（今河南省南陽市）人。光武帝大將，雲臺二十八將第二位，《後漢書》有傳。
③ 臧宮，字君翁，潁川郡郟人。光武帝大將，雲臺二十八將第十四位，《後漢書》有傳。
④ 建武十三年爲公元 37 年。

> 余有事於淮浦，覽滄海之茫茫。
> 悟仲尼之乘桴，聊從容而遂行。

又云：

> 松喬坐於東序，王母處於西箱。
> 命輯衆與岐伯，講神篇而校靈章。
> 願結旅而自託，因離世而高遊。
> 聘飛龍之駿駕，歷八極而廻周。
> （《藝文類聚·卷八·山部下水部上》）

孔子云："道不行，乘桴浮於東海。"（《論語·公冶長》）班彪此時亦有退隱之志。實際上，他任徐令的時間亦不久，僅一兩年的時間，便"以病免"。（《後漢書·班彪列傳上》）

班彪由徐縣卸任以後，便回到洛陽。這時，他力圖擺脫官場應酬的生活，而專心於史學的研究。《叙傳上》云：

> 爲徐令，以病去官。後數應三公之召，仕不爲祿，所如不合①；學不爲人，博而不俗；言不爲華，述而不作。

《後漢書·班彪列傳上》亦云：

> 拜徐令，以病免。後數應三公②之命，輒去。彪既才高而好述作，遂專心史籍之間。

可見班彪回洛陽後，公府長官曾數加延攬，而班彪皆不願久留。兩《漢書》記班彪厭倦仕途之後，皆專心接叙其史籍的治學態度。

此後班彪曾任教於太學，見《後漢書·王充王符仲長統列傳·王充》：

> 王充字仲任，會稽上虞人也，其先自魏郡元城徙焉。充少孤，鄉

---

① 颜師古注："如，往也。不苟得祿，故所往之處，不合其意。"
② 東漢初年之三公，仍與西漢相同，爲大司馬、大司徒、大司空。此處應爲虛指，意指朝廷高官。

里稱孝。後到京師，受業太學，師事扶風班彪。

班彪任教太學時間，由下述之事可推知：

> 固年十三，王充見之，拊其背謂彪曰："此兒必記漢事。"（《後漢書·班彪列傳上·班固》）

班固生於建武八年（32），年十三則當建武二十年（45），此時王充見班彪父子，則王充已至京師而班彪時任教於太學。王充生於建武三年（27），長班固五歲，此時十八歲。

《後漢書·班彪列傳上》於"彪復辟司徒王況府"下記云："時東宮初建，諸王國并開，而官屬未備，師保多闕。彪上言"云云，考其上言內容，宜爲講學太學時所上。李賢注云："建武二十三年王況爲司徒，十九年建明帝爲太子，十七年封諸王。"所以班彪上疏時間應在建武十九年，"建明帝爲太子"之後，二十三年"王況爲司徒"之前。

又《北堂書鈔·卷第八十三》引班超奏云：

> 臣聞師曰："太學明堂辟雍者，禮樂之府、詩書之林也。"

則此奏亦應是班彪在太學時所上。

由此可見，班彪曾講學太學，時間在建武二十年（44）前後。又可能時間下限在建武二十二年，上限在建武二十年前，計約三、四年時間。

路放按：班彪并無博士之職，故其任教太學可能是以其他名義。東漢太學學生衆多[①]，而博士員額僅十四個，且其職責并不僅限太學講學，尚要參與朝議。故太學中還應有助教之類教師[②]。又班彪當時未任博士應是年資不夠。《後漢書·儒林列傳下·楊仁》載：

[①] 西漢末年太學學生規模在千人左右，東漢時規模更大，一度曾達三萬人之多。參看《儒林傳》及《後漢書·儒林列傳上》。

[②] 按：助教一職見諸史籍始於西晉，《晋书·职官志》載："咸宁四年（278），武帝初立国子学，定置国子祭酒、博士各一人，助教十五人以教生徒。"此爲正式官職，東漢時太學或有他種名目之教師。

楊仁字文義，巴郡閬中人也。建武中，詣師學習《韓詩》，數年歸，靜居教授。仕郡爲功曹，舉孝廉，除郎。太常上仁經中博士，仁自以年未五十，不應舊科，上府讓選。

"不應舊科"下李賢注："《漢官儀》曰：博士限年五十以上。"而此時班彪年僅四十出頭，尚不夠格。

建武二十三年（47）班彪應大司徒王況①辟②，爲掾。《後漢書·光武帝紀下》："（建武二十三年）夏五月丁卯，大司徒蔡茂薨……九月辛未陳留太守王況爲大司徒。"

司徒掾，秩僅百石。《後漢書·百官志》載司徒屬官："長史一人，千石。掾屬三十一人。令史及御屬三十六人。"東漢太尉、司徒、司空爲三公，太尉屬官注引於《漢書音義》曰："正曰掾，副曰屬。"又本注曰：

> 《漢舊注》：東西曹掾比四百石，餘掾比三百石，屬比二百石，故曰：公府掾，比古元士三命者也。或曰：漢初掾史辟皆上言之，故有秩比命士，其所不言，則爲百石屬。其後皆自辟除，故通爲百石云。

班彪任司徒掾在東漢之初，其秩當爲百石。

班彪初不應三公之命，而後又就王況之辟的原因，或與生計有關。班彪二子班超、班固，此時僅十五六歲（此時幼女班昭尚未出生，見第三十章《班昭生平考》第一節《班昭生卒年考》）。班彪不仕則家計無着，掾屬雖秩卑祿薄，然尚可借以爲生。《後漢書·班梁列傳·班超》云：

> 爲人有大志，不修細節，然內孝謹，居家常執勤苦，不恥勞辱。

班超青年孝養母親，須常執勤苦，且事皆常人所以爲"恥""辱"者，其時之家庭生活情況可見一斑。又云：

> 永平五年，兄固被召詣校書郎，超與母隨至略陽。家貧，常爲官

---

①王況（"王"音"肅"），字文伯，京兆杜陵（今陝西西安市東南）人。初爲陳留太守，建武二十三年（47）任大司徒，卒於建武二十七年（51）。
②徵辟之意。《後漢書·荀韓鍾陳列傳·鍾皓》："前後九辟公府，皆不就。"

傭書①以供養。……久之，顯宗②問固："卿弟安在？"固對："爲官寫書，受直③以養老母"。

永平五年（62），班彪已卒六年，長子班固且已爲校書郎管理官府圖書，其家猶貧窮如是。常執勤苦的班超，還需爲官府抄寫文書以奉養老母。由此可知，班彪雖出仕之後，其家庭生活仍然相當貧困，這可能也是班彪以五十二歲之盛年早卒的原因。

建武二十七年（51）王況卒，以大司農馮勤繼任。自是年改大司徒爲司徒。《後漢書·光武帝紀下》：

二十七年夏四月戊午，大司徒王況薨。五月丁丑，詔曰："昔契作司徒，禹作司空，皆無'大'名，其令二府去'大'。"……大司農馮勤爲司徒。

司徒府長官易人，而班彪爲掾屬如故，由次年班彪上言仍自稱司徒掾可知：

二十八年，北匈奴復遣使詣闕，貢馬及裘，更乞和親，并請音樂，又求率西域諸國胡客與俱獻見。帝下三府議酬答之宜。司徒掾班彪奏曰：……帝悉納從之。（《後漢書·南匈奴列傳》）

蓋司徒長官易人，其親近重要僚屬自然隨之改組，若班彪之類小吏則仍可留任。

班彪在公府，曾數次參與朝廷大議。建武二十五年（49）烏桓來附，班彪建議宜復置烏桓校尉，加以總領。《後漢書·烏桓鮮卑列傳》稱：

二十五年，遼西烏桓大人赦旦等九百二十二人率衆向化④，詣闕朝貢，獻奴婢、牛、馬及弓、虎豹貂皮。是時，四夷朝賀，絡驛而至，天

---

①受僱爲官府抄寫文書。
②漢明帝，名劉莊，字子麗，東漢第二位皇帝，廟號顯宗。劉秀第四子，母爲陰麗華。
③直，通"值"。受值，收取報酬之意。
④向化，歸服之意。《後漢書·鄧寇列傳》："今始至上谷而先墮大信，沮向化之心，生離畔之隙，將復何以號令它郡乎？"按："向化"特指少數民族歸附內地中央政權，化者，開化也。

子乃命大會勞饗，賜以珍寶。烏桓或願留宿衛，於是封其渠帥爲侯王君長者八十一人，皆居塞内，布於緣邊諸郡，令招來種人，給其衣食，遂爲漢偵候，助擊匈奴、鮮卑。時司徒掾班彪上言：……帝從之，於是始復置校尉於上谷寧城，開營府，并領鮮卑，賞賜質子，歲時互市焉。

建武二十八年（52）北匈奴乞和親，班彪參與三府議酬答之事宜。至於建武九年（33）班彪曾上言宜復置護羌校尉：

> 王莽末，四夷内侵，及莽敗，衆羌遂還據西海爲寇。更始、赤眉之際，羌遂放縱，寇金城、隴西。隗囂雖擁兵而不能討之，乃就慰納，因發其衆與漢相拒。建武九年，隗囂死，司徒掾班彪上言：……光武從之，即以牛邯爲護羌校尉，持節如舊。（《後漢書・西羌傳》）

然此時班彪尚在河西竇融處爲從事，并非司徒掾。《後漢書》此處稱"司徒掾班彪上言"，應是范曄誤記。由於班彪熟悉邊事，所以在如何正確對待和戒備周邊的少數民族部族問題上，有其卓越見解。故每當他觀察到或朝廷議及邊事時，便竭誠陳述己見，而其邊議，又多被采用實行。這也充分表現了班彪勇於建言的風格。

建武二十九年（53）班彪以察廉①被任命爲望都長②，遂離開司徒府而就新職。班彪在司徒府前後共六年。次年即卒於望都長任内。《後漢書・班彪列傳上》云：

> 後察司徒廉爲望都長，吏民愛之。建武三十年，年五十二，卒官。

建武二十八年班彪猶議事三府，建武三十年即卒於望都任所，其爲望都長當在建武二十九年。望都，據《後漢書・郡國志》屬冀州中山國，故城在今河北望都縣西北三十里。

班彪至望都，作《冀州賦》。賦中云：

---

① "察廉"即察舉廉吏。"廉吏"是漢代歲舉常科，被長官舉爲"廉吏"者，限於"斗食"至"六百石"之吏員，被舉後，按原職升補。
② 望都初名慶都，堯母以此而得名，爲帝堯放勳誕生之地。漢代改名爲望都，治當今河北望都縣。據《百官公卿表》："縣令、長，皆秦官，掌治其縣。萬户以上爲令，秩千石至六百石。減萬户爲長，秩五百石至三百石。"

>　　夫何事於冀州，聊託公以遊居。
>　　歷九州而觀風，亦哲人之所娛。
>　　望常山之峨峨，登北嶽而高遊。
>　　建封壇於岱宗，瘞玄玉於此丘。
>　　徧五嶽與四瀆，觀滄海以周流。
>
>（《藝文類聚・卷六・地部州部郡部》）

　　班彪此時五十一歲，應已完成了他的偉大的著作；且數年來迫於吏事，侷蹐案頭，今復得爲政一縣，與諸父老接近，故頗有輕鬆愉快之感。

　　班彪在望都雖僅一年左右，但治績卓著，故吏民愛之。

　　班彪致力史學，主要是寫《續太史公書》的工作。《漢書》中所見班彪所作論贊，多署"司徒掾班彪曰"字樣，故其完成《續太史公書》在任司徒掾職內可知。雖《續太史公書》定稿於其司徒掾任內，即建武二十七至建武二十九年（51—53）之間，但此書的寫作，幾乎占盡了班彪後半生所有的精力。

第九章　班彪的交游

一、天水隴西時期

建武元年（25）班彪避戰亂而至天水，投奔隗囂。是年班彪二十三歲。

班彪在天水時期的交游，據《後漢書·隗囂公孫述列傳》和《資治通鑑》記載，可見一斑：

> 更始敗，三輔耆老士大夫皆奔歸囂。囂素謙恭愛士，傾身引接爲布衣交。以前王莽平河大尹長安谷恭爲掌野大夫，平陵范逡爲師友，趙秉、蘇衡、鄭興爲祭酒，申屠剛、杜林爲持書，楊廣、王遵、周宗及平襄人行巡、阿陽人王捷、長陵人王元爲大將軍，杜陵、金丹之屬爲賓客。由此名震西州，聞於山東。（《後漢書·隗囂公孫述列傳·隗囂》）

《資治通鑑·世祖光武皇帝上之上》建武元年載：

> 隗囂歸天水，復招聚其衆，興修故業，自稱西州上將軍。三輔士大夫避亂者多歸囂，囂傾身引接，爲布衣交；以平陵范逡爲師友，前涼州刺史河南鄭興爲祭酒，茂陵申屠剛、杜林爲治書，馬援爲綏德將軍，楊廣、王遵、周宗及平襄行巡、阿陽王捷、長陵王元爲大將軍，安陵班彪之屬爲賓客，由此名震西州，聞於山東。

王元、王捷、楊廣、行巡、周宗等人，主張隗囂拒漢固守實行割據，與班彪政治見解相左，不具論。杜林、鄭興、申屠剛、馬援、范逡、趙秉等皆主張不可背漢，謀求統一，與班彪政治態度一致，且皆先後去隗囂而歸劉秀，相互間在思想上當有一定之影響。其中杜林、鄭興在學術思想上頗有可觀,述之如次。

　　杜林,字伯山,扶風茂陵（今陝西興平）人,其父杜鄴曾任涼州（治在今甘肅張家川回族自治縣）刺史。杜林幼而好學,爲人深沉。初爲郡吏,王莽末,與其弟杜成避戰亂於河西。隗囂很看重他,列師友之位,以爲持書平①。後杜平借口有病,辭還祿食。建武六年（30）以爲其弟辦喪事爲借口東歸。隗囂大怒,派刺客楊賢去殺他。楊賢見杜林用鹿車推着亡弟的靈柩,感念其友孝,嘆到:"當今之世,誰能行義? 我雖小人,何忍殺義士?"遂不忍殺之。杜林至洛陽後,爲劉秀徵拜爲侍御史。後官至大司徒司直②。建武十一年（35）司直官罷,爲光禄勳,建武二十二年（46）爲大司空,次年去世。

　　杜林好學,治古文經。起初,東海衛宏亦長於古文學,及其見杜林,闇然而服,"遂從林受古文《尚書》,爲作訓旨。時濟南徐巡師事宏,後從林受學,亦以儒顯,由是古學大興。"（《後漢書·儒林列傳下·衛宏》）

　　鄭興,字少贛,河南開封人。更始帝劉玄時爲諫議大夫、涼州刺史,後坐事免官。會赤眉軍入關,東道不通,鄭興乃西歸隗囂,然不屑於在隗囂手下爲官,稱疾不起。建武六年（30）隗囂遣子隗恂去劉秀處爲人質,鄭興乘機請求歸葬父母,遂東至洛陽。這時杜林已經在光武朝廷任侍御史,經杜林推薦,遂徵鄭興爲太中大夫。建武九年（33）作爲監軍與監征南將軍岑彭出征,會岑彭爲刺客所殺,於是鄭興領其軍與大司馬吴漢一起攻打公孫述。公孫述死後,鄭興留屯成都。後因"奉使私買奴婢"被人參奏,被貶爲蓮勺令③,後以事免官。遂客居閺鄉④講學,不復出仕。

　　鄭興善《左氏傳》,爲古文學家。《後漢書·鄭范陳賈張列傳·鄭興》云:

---

①官名,司理書簿。北宋劉攽《東漢書刊誤》:"案文多一'平'字。蓋舊作'治書',讀者以'平'音'治'字,章懷已改,作'持',後人又妄留'平'字也。"唐柳宗元《同劉二十八院長述舊言懷》詩:"執簡寧循枉,持書每去邪。"《集注》引孫汝聽曰:"漢有治書侍御史,後曰持書。"

②東漢時不設丞相,設置"司直"官,屬司徒府,稱"司徒司直"。負責協助司徒督録州郡上奏,考察官員是否稱職。建武十一年（35）裁撤。

③蓮勺縣屬左馮翊,治今陝西渭南市北下郊鎮東北。

④閺鄉縣,位於今河南省靈寶市境内。"閺"音"聞"。

少學《公羊春秋》，晚善《左氏傳》，遂積精深思，通達其旨，同學者皆師之。天鳳中，將門人從劉歆講正大義，歆美興才，使撰條例、章句、傳詁，及校《三統歷》。

又云：

興好古學，尤明《左氏》《周官》，長於曆數，自杜林、桓譚、衛宏之屬，莫不斟酌焉。世言《左氏》者多祖於興，而賈逵自傳其父業，故有鄭、賈之學。

鄭興有天人感應的觀點。建武七年（31）三月晦日食，鄭興上書謂：

《春秋》以天反時爲災，地反物爲妖，人反德爲亂，亂則妖災生。往年以來，讁咎連見，意者執事頗有闕焉。

又云：

夫國無善政，則讁見日月，變咎之來，不可不慎，其要在因人之心，擇人處位也。

又云：

天於賢聖之君，猶慈父之於孝子也。丁寧申戒，欲其反政，故災變仍見，此乃國之福也。（《後漢書·鄭范陳賈張列傳·鄭興》）

由此表現出他的唯心主義思想。
但鄭興不信讖緯之説。《後漢書·鄭范陳賈張列傳》云：

帝嘗問興郊祀事，曰："吾欲以讖斷之，何如？"興對曰："臣不爲讖。"帝怒曰："卿之不爲讖，非之邪。"興惶恐曰："臣於書有所未學，而無所非也。"帝意乃解。興數言政事，依經守義，文章温雅，然以不善讖，故不能任。

按讖緯之學當時非常流行，劉秀亦以此起家，復常以此決事。故鄭興以不通讖緯而不得其重用。

建武五年（29），因主張附漢，與隗囂意見不合，班彪離開天水，轉投竇融。

在隴西與班彪同時的人物有五郡太守：武威太守梁統、張掖太守史苞、酒泉太守竺曾、敦煌太守辛肜、金城太守庫均。由於身份、地位之懸殊，在思想上這些人對班彪的影響可能不大。唯梁統的法律觀點，頗與班彪之子班固相合。

梁統，字仲寧，安定烏氏（今甘肅平涼市西北）人，性剛毅而好法律。初在更始帝劉玄朝爲官，更始二年（24）召補中郎將，拜酒泉太守。更始政權被推翻後，梁統與竇融及河西諸郡郡守起兵保境，共推竇融爲河西大將軍，以梁統爲武威太守。梁統"爲政嚴猛，威行鄰郡。"建武十二年與竇融等同至洛陽，封高山侯，拜太中大夫。晚年出爲九江太守，定封陵鄉侯。"統在郡亦有治迹，吏人畏愛之。"

梁統之子梁竦，習《孟氏易》。著書數篇，名曰《七序》。班固見而稱贊曰：

> 孔子著《春秋》而亂臣賊子懼，梁竦作《七序》而竊位素餐者慚。（《後漢書·梁統列傳》）

《後漢書·梁統列傳》云：

> 統在朝廷，數陳便宜。以爲法令既輕，下姦不勝。宜重刑罰，以遵舊典。

梁統并上書曰：

> 臣竊見元哀二帝輕殊死之刑以一百二十三事，手殺人者減死一等。自是以後，著爲常準，故人輕犯法，吏易殺人。臣聞立君之道，仁義爲主，仁者愛人，義者政理，愛人以除殘爲務，政理以去亂爲心。刑罰在衷，無取於輕。

劉秀令尚書詳查案情，梁統對曰：

> 《春秋》之誅，不避親戚，所以防患救亂，全安衆庶，豈無仁愛之恩？貴絕殘賊之路也。……刑輕之作，反生大患；惠加奸軌，而害及良善也。

《漢書·刑法志》所表現出的法律觀點，與梁統的"重刑"觀點，有一致的地方。

建武十二年（36），劉秀詔竇融及河西五郡太守奏事京師，班彪亦隨之抵達京城洛陽。

班彪在洛陽期間，曾先後爲大司徒王況、司徒馮勤辟於公府。王況字文伯，京兆杜陵人，性聰敏，通五經。曾爲陳留太守，建武二十三年（47）爲大司徒。

馮勤，字偉伯，魏郡繁陽（今河南省内黃縣北）人，初在魏郡太守銚期①屬下任功曹，有高能之稱。後除爲郎中，給事尚書。因其行事精勤，被拜爲尚書僕射職事。建武十五年（39）以勤勞賜爵關内侯，遷尚書令，拜大司農，建武二十七年（51）遷司徒。

起初班彪入王況府，同時被徵辟的還有虞延。虞延，字子大，陳留東昏（今河南蘭考縣北二十里）人。年輕時曾在家鄉任户牖②亭長。建武初，在執金吾府做下級官員。後來擔任細陽③令，在任期間很得百姓擁戴。後去官還鄉里。建武二十三年（47），與班彪同時入司徒王況府，但隨即爲劉秀召拜爲公車令④，次年更遷洛陽令。後來升任南陽太守。虞延官運亨通，官至太尉、司徒，歷位二府十餘年而無异政績。但他後來牽連進楚王劉英⑤謀反案中，爲明帝劉莊下詔責備而自殺。

王況、馮勤爲班彪上官，地位懸殊，不可言交。班彪雖與虞延同時入司徒王況府，但虞延很快就就任公車令而離開公府，所以相處時間也不長。因此這幾人雖曾與班彪有過往，然友誼不篤，影響亦不甚大。

---

①銚期，字次況，潁川郡郟縣（今屬河南省平頂山市）人。更始元年（23），劉秀至潁川郡，召銚期爲賊曹掾（主盜賊事的官吏），屬鄧禹部下。鄧禹欣賞他，命爲偏將軍。作戰勇猛，攻城克地，爲劉秀得天下立下汗馬功勞。劉秀即位後，封銚期爲安成侯，魏郡太守。爲雲臺二十八將之一。
②户牖，東昏縣下的一個鄉。
③細陽縣，屬汝南郡，故城在今安徽太和縣。
④衛尉手下負責守衛宫門的官吏。
⑤劉英，楚王，爲光武帝劉秀和許美人所生。後因爲圖謀取代明帝劉莊被廢去王位，隨即自殺。

二、劉向、劉歆父子

　　班彪祖父班況官至左曹越騎校尉，成帝初，著籍長安。班彪伯父班伯、班斿及父親班穉皆曾居官京師，其姑母且爲成帝倢伃，故班氏親戚、朋友、門生、故吏在長安者必衆，其中當亦不乏宿學大儒，在學術思想上應對班彪有所影響。今舉劉向、劉歆父子，揚雄、桓譚，述之於次。

　　劉向，字子正，本名更生，成帝初改名爲向。劉向爲楚王劉交（高祖劉邦同父少弟）玄孫。向父劉德，昭帝時爲宗正①，參與立宣帝劉詢②，以定策賜爵關內侯，食邑。地節中（前69—前66）封爲陽城侯。

　　劉向生於昭帝元鳳二年（前79），地節三年（前68）十二歲，任爲輦郎③。神爵二年（前60）以品行修飭擢爲諫大夫。

　　劉德曾審理淮南王劉安謀叛一案，從而得到了劉安所藏之《枕中鴻寶苑秘書》。該書載有神仙使鬼物煉金之法，劉向幼時讀到，以爲神奇，於是上奏説他可煉成黄金。宣帝劉詢居然相信了，令劉向典尚方鑄作事。然費皆甚多，而其方不驗。於是劉向作僞鑄黄金，獲罪下獄，當死。其兄陽城侯劉安民上書願將其封地戶口之半上交，以贖劉向之罪，得免死。

　　後朝廷增設《穀梁春秋》博士，徵劉向學習《穀梁》。甘露三年（前51）劉向與諸儒講論《五經》於石渠閣，參與議論《公羊》《穀梁》同异，發揮出色，於是拜爲郎中，給事黄門，又升任散騎、諫議大夫、給事中。

---

①宗正爲管理皇族事務的官員，爲九卿之一，一般由劉氏同族出任。
②漢宣帝，原名劉病已，字次卿，即位後改名詢，漢朝第十位皇帝。劉詢是武帝的曾孫，祖父爲衛太子劉據。祖母史良娣，生劉進，號史皇孫，即劉病已之父。征和二年（前91），"巫蠱之禍"爆發，起因是太子劉據被佞臣江充、宦官蘇文等誣陷以巫蠱詛咒其父武帝。劉據被迫發兵起事誅殺江充，導致武帝以爲兒子企圖謀反而派兵鎮壓，兩方對戰導致長安城中死傷過萬，最後太子劉據兵敗後自縊而死。全家包括皇后衛子夫以及劉病已之祖母、父母均被殺，剛出生數月的劉病已也被投入大牢。五年後方遇赦出獄。元平元年（前74），昭帝薨，無嗣。大司馬霍光擁立昌邑王劉賀爲帝，但僅27天即被廢。時任光禄大夫的邴吉向霍光推薦劉病已爲帝，承嗣昭帝，是爲宣帝，明年改元本始。
③宫廷中引御輦的官。

元帝初元元年（前48），經由前將軍蕭望之、光祿大夫周堪推薦，劉向得擢爲散騎、宗正、給事中，與侍中金敞分任左右拾遺，成爲元帝近臣。四人同心輔政，苦於外戚許、史①在位放縱，而宦官弘恭、石顯弄權。蕭望之、周堪和劉向商議，欲稟元帝罷免他們，但事不機密，反被許、史、弘恭、石顯等誣告。於是蕭、周、劉被罷官下獄。蕭望之終自殺，劉向出獄後免爲庶人。由是廢弃十餘年。

成帝即位，石顯等失勢，於是劉向復進用，以故九卿的身份召拜爲中郎將，領護三輔都水。經過數次上奏國事後，遷光祿大夫。此時外戚王鳳秉權，專擅國政，兄弟七人都封爲列侯。其時天下多有灾异，劉向以爲是外戚貴盛，王鳳兄弟專權的罪過。而此時成帝正潛心《詩》《書》，詔令劉向領按校中《五經》秘書。劉向作《洪範五行傳論》，集合上古以來之符瑞灾异之記載加以研究，"推迹行事，連傳禍福，著其占驗，比類相從，"進於成帝，以諷王氏外戚之所爲。成帝感其誠，但因王氏勢力過大，已無可奈何。遂和元年（前8）劉向卒，年七十二。

劉向一生爲鞏固封建中央集權制度、爲維護劉漢皇室的利益而和地方豪强、宦官外戚集團作鬥争。雖然劉向曾遭遇長期的廢弃，不能參與政治，但是無論在朝在野，他的這種政治思想是始終不渝。

劉歆，字子駿，爲劉向少子。生當元帝永光初年（前43）左右，建始（前32—前27）中，因其通《詩》《書》，能作文章爲成帝召見，待詔宦者署，爲黃門郎。河平三年（前26），劉歆受詔與其父劉向一起領校秘書，研究六藝、諸子、詩賦、數術、方技，無所不究。

哀帝初即位，大司馬王莽舉薦劉歆爲有才德之宗室，被任命爲侍中、太中大夫，遷騎都尉、奉車光祿大夫，地位尊貴深受寵幸。哀帝覆令劉歆負責《五經》，完成其父的事業。劉歆乃匯集六藝群書，分類編排爲《七略》。

劉歆父子開始皆治《易》及劉歆校秘書，見到古文《春秋左氏傳》，非常喜歡，遂從丞相史尹咸及翟方進學習《左氏春秋》，質問大義。

劉歆奏請立《左氏春秋》及《毛詩》《逸禮》《古文尚書》於學官。哀帝令

---

①指宣帝皇后許平君娘家和祖母史良娣娘家子侄。如大司馬、車騎將軍史高，即史良娣的兄弟史恭的長子（宣帝表叔）。

劉歆與五經博士講論其義旨，但諸儒生博士守舊，劉歆的言辭得罪了這些儒生以及他們背後的朝中大臣們。

劉歆怕遭受報復，於是要求外放，出任河內太守。旋因"宗室不宜典三河"而轉爲五原太守，隨後又轉任涿郡，短短數年，歷任三郡太守。後以病免官。

元壽二年（前1）劉歆復起，任安定屬國都尉。不久哀帝崩，王莽持政。王莽、劉歆年輕時同爲黃門郎，感情很好，於是向太后王政君推薦劉歆。太后於是任命劉歆爲右曹太中大夫，遷中壘校尉。平帝元始元年（1），又設置了一個羲和官，秩二千石，由劉歆任職，負責修建明堂辟雍①。元始五年（5）名堂辟雍建成，劉歆被封爲紅休侯。

劉歆多才多藝，當時朝廷曾徵召"天下通知鍾律者"百餘人，由劉歆領著編《鍾律書》，他還考訂曆法，著《三統曆譜》。

元壽二年（前1）哀帝劉欣②無嗣而終，由太皇太后王政君掌管傳國玉璽，任王莽爲大司馬，兼管軍令及禁軍。王莽立元帝之孫、中山孝王劉興之子劉衎爲帝，是爲平帝。元始三年（3）立王莽長女爲后。元始五年（5）平帝崩③，王莽又立年僅兩歲的孺子嬰爲皇太子，太皇太后命王莽代天子朝政，稱"假皇帝"或"攝皇帝"，明年改元居攝。居攝三年（8）王莽受孺子嬰禪讓後稱帝，改國

---

① 辟雍是古代貴族子弟學堂，四面環水。《禮記·王制》："大學在郊，天子曰辟雍，諸侯曰泮宮。"《五經通義》："天子立辟雍者何？所以行禮樂，宣教化，教導天下之人，使爲士君子，養三老，事五更，與諸侯行禮之處也。"元始五年（5）建成之明堂辟雍，位於長安（今陝西西安市）南門外大道東側。

② 哀帝，名劉欣，漢朝的第十三位皇帝。劉欣是元帝劉奭庶孫，成帝劉驁弟定陶恭王劉康之子，母丁氏。劉欣三歲繼承定陶王，喜好文辭法律。成帝在位多年無子，於綏和元年（前8）立劉欣爲太子。次年成帝去世，劉欣繼位，是爲哀帝。哀帝在位七年，死後葬於義陵（今陝西咸陽市西北）。

③ 《王莽傳》："平帝疾，莽作策，請命於泰時，戴璧秉圭，願以身代。藏策金滕，置於前殿，敕諸公勿敢言。十二月，平帝崩。"認爲平帝是病死。《資治通鑒·孝平帝下》元始三年（3）："冬十二月，莽因臘日上椒酒，置毒酒中。帝有疾，莽作策，請命於泰時，願以身代，藏策金滕，置於前殿，敕諸公勿敢言。丙午，帝崩於未央宮。"認爲王莽鴆殺平帝。又《後漢書·隗囂公孫述列傳》載隗囂討王莽檄云："故新都侯王莽，慢侮天地，悖道逆理。鴆殺孝平皇帝，篡奪其位。……"則王莽鴆殺平帝之說當時即已流傳。

號爲"新"，改元始建國。王莽開中國歷史上通過篡位做皇帝的先河。

始建國元年（9）王莽以劉歆爲國師、嘉新公。不久劉歆的兩個兒子劉棻和劉泳因捲入甄尋造作命符案①而被殺。

地皇四年（23）衛將軍王涉、大司馬董忠、司中大贅孫伋②與劉歆謀劫王莽降更始帝劉玄。因孫伋告密事情敗露，董忠被殺，劉歆、王涉自殺。劉歆得年六十餘。

元帝初，劉向與蕭望之、周堪、金敞同輔政，共謀逐外戚史高、宦官弘恭、石顯輩，此金敞即班彪之外祖。成帝河平中，劉向受詔領校中五經秘書，而班斿遷諫大夫、右曹中郎將同時受詔校書，與劉向分工任事，關繫至爲密切。

劉歆與班斿生年相若，建始中班斿爲議郎而劉歆爲黃門郎。當班斿之受詔與劉向同校中秘書，劉歆亦曾參與其事。班穉年稍少於劉歆，當劉歆爲黃門郎時，班穉亦爲黃門郎中常侍，同列相友善。

當劉向六十歲左右，班斿即卒；而劉向卒之年，班穉約三十餘，尚未出任西河屬國都尉。劉歆卒時，班彪二十一歲，後九年而班固生。

劉向、劉歆父子與班斿、班穉兄弟關繫固頗密切，然在晚期，班穉、班彪父子與劉歆政治觀點不同，關繫亦日以疏遠。當哀帝即位，劉歆方貴幸，而班穉則出相西河屬國；平帝元始五年（5）劉歆方封紅休侯，不久且遷國師、嘉新公，而班穉則以"不宣德美"見譴，自此班氏遂不仕莽朝。雖然如此，在學術思想上，劉氏父子對班氏的影響，特別是對班彪、班固父子的影響還是很大的。

作爲宗室貴戚、朝堂高官，劉向、劉歆父子的歷史觀點是爲其政治立場服務的。劉向爲今文學派，劉歆爲古文學派；劉向忠於漢室，劉歆則是王莽代漢的功臣，其學術派別和政治立場雖有不同，但以"五德三統"之説各爲其政治立場敷陳理論典據則是一致的。

---

①甄尋，更始將軍甄豐之子，受封茂德侯。因王莽熱衷讖緯之學，甄尋遂假造符命，建議將陝邑（今河南三門峽市）一分爲二，以甄豐和太傅平晏分治，王莽祇好照辦，以甄豐爲右伯，平晏當左伯。甄尋又僞造符命，説希望娶平帝寡后（王莽長女，後被王莽封爲黃皇室主）爲妻，王莽怒曰："黃皇室主天下母，此可謂也！"遂下令逮捕甄尋。此案牽連甚廣，誅殺數百人。

②司中大贅，王莽所設官名。

所謂"五德""三統"之説，皆由陰陽五行學説中敷衍出來。五行説①和陰陽説起源很早，初期都是一種樸素的唯物主義。在春秋戰國之際，這兩種學説爲唯心主義所利用，結合在一起，産生了新的陰陽五行説。當時，齊國鄒衍②從陰陽五行説出發，提出"五德終始"的社會歷史觀點。《史記·封禪書》云："自齊威、宣之時，騶子之徒論著終始五德之運。"

《史記·孟子荀卿列傳》云：

> 騶衍睹有國者益淫侈不能尚德，若大雅整之於身，施及黎庶矣。乃深觀陰陽消息而作怪迂之變，《終始》《大聖》之篇十餘萬言。其語閎大不經，必先驗小物，推而大之，至於無垠。先序今以上至黄帝，學者所共術，大並世盛衰。(《索隱》言：其大體隨代盛衰，觀時而説事。) 因載其禨祥度制，推而遠之，至天地未生，窈冥不可考而原也。

可知鄒衍五德終始之説是以黄帝爲中心，先序其時（周朝）以上至黄帝，再由黄帝推而遠之至天地未生，所有王朝的興替都符應其"五德轉移"的規律。

那麽所謂五德轉移的規律是什麽呢？《史記·封禪書》云："鄒衍以陰陽主運。"《集解》引如淳曰："今其書，有主運。五行相次轉用事，隨方面爲服。"意爲帝王之興，皆按照土、木、金、火、水五行，轉相承運。五行中每一行都有其特殊標誌，如服制、顔色、數目等，主某一行之運的帝王便須依照某一行所要求的標誌行事。關於五行"相次轉用事"的次序，劉向説：

> 鄒子有終始，五德從所不勝。木德繼之，金德次之，火德次之，水德次之。（《文選·卷六》）

---

①五行是中國古代一種物質觀，廣泛用於哲學、醫學和占卜方面。五行説認爲大自然由金、水、木、火、土五種要素所構成，隨着這五個要素的盛衰，使得大自然産生變化，不但影響到人的命運，同時也使宇宙萬物循環不已。如果説陰陽是一種古代的對立統一學説，則五行可以説是一種原始樸素元分形集的普通系統論。五行概念始見於《尚書·洪範》："五行，一曰水、二曰火、三曰木、四曰金、五曰土"。《大禹謨》："水、火、金、木、土、穀，惟修"。

②鄒衍，齊國人，主要學説是"五德終始説"和"大九州説"，是戰國時期陰陽家學派創始者與代表人物。

又《史記·封禪書》集解引如淳曰：

  今其書有五德終始，五德各以所勝爲行。秦謂周爲火德，滅火者水，故自謂水德。

據此，鄒衍所謂五德轉移，是按照五行相勝的規律，即金勝木，故代木者金。火勝金，故代金者爲火。水勝火，故待火者爲水。土勝水，故代水者爲土。木勝土，故代土者爲木。

照鄒衍學派的說法，五德轉移的規律在中國歷史上的具體表現是黃帝爲土德，木勝土，夏爲木德，故夏繼黃帝而興；金勝木，商爲金德，故商繼夏而興；火勝金，周爲火德，故周繼商而興。以往的王朝興替是按照這一規律進行，未來的王朝亦必適應這一規律。例如水勝火，其繼承周者，必爲水德。

某一王朝據五行中某行而興，其制作亦必按照某行的特殊性質實行改制。例如土色黃，據土行而興的王朝，必須崇尚黃色；木色青，據木行而興的王朝必須尚青色。其他如數字、曆法等等都有相應的規定。

國家是階級矛盾不可調和的產物，是一個階級壓迫另一個階級的工具。五德終始之說不是從客觀存在的階級矛盾，找出王朝興替的原因和規律，而是主觀地將自然界"五行相勝"的現象，附會社會歷史的發展。顯然，這種歷史觀點，屬於唯心主義的範疇。

五德終始說出現以後，便對古代社會政治發生了很大的影響。秦始皇帝嬴政第一次將五德終始說搬用在政治上，他以爲周爲火德，秦代周，德從所不勝，故秦應爲水德。於是根據水行要求，實行改制。

《史記·封禪書》云：

  秦始皇既并天下而帝，或曰："黃帝得土德，黃龍地螾見。夏得木德，青龍止於郊，草木暢茂。殷得金德，銀自山溢。周得火德，有赤烏之符。今秦變周，水德之時。昔秦文公出獵，獲黑龍，此其水德之瑞。"於是秦更命河曰"德水"，以冬十月爲年首，色上①黑，度以六爲名，音上大呂，事統上法。

---

①上，通"尚"，崇尚之意。下同。

又《史記·秦始皇本紀》云：

> 始皇推終始五德之傳，以爲周得火德，秦代周德，從所不勝。方今水德之始，改年始，朝賀皆自十月朔。衣服旄旌節旗皆上黑。數以六爲紀，符、法冠皆六寸，而輿六尺，六尺爲步，乘六馬。更名河曰德水，以爲水德之始。剛毅戾深，事皆決於法，刻削毋仁恩和義，然後合五德之數。

漢初，關於五德終始之傳，頗有爭論。高帝劉邦，自以爲獲水德之瑞，因襲秦之正朔服色等制度。《史記·曆書》云：

> 是時獨有鄒衍，明於五德之傳，而散消息之分，以顯諸侯。而亦因秦滅六國，兵戎極煩，又升至尊之日淺，未暇遑也。而亦頗推五勝，而自以爲獲水德之瑞，更名河曰"德水"，而正以十月，色上黑。然曆度閏餘，未能睹其真也。漢興，高祖曰："北畤待我而起"，亦自以爲獲水德之瑞。雖明習曆及張蒼等，咸以爲然。是時天下初定，方綱紀大基，高后女主，皆未遑；故襲秦正朔服色。

時張蒼爲計相，善履曆，頗贊成其說，因推五德傳，考訂制度。迨文帝四年（前176）張蒼爲丞相，其事乃完備。《史記·張丞相列傳》云：

> 四年，丞相灌嬰卒，張蒼爲丞相。自漢興至孝文二十餘年，會天下初定，將相公卿皆軍吏。張蒼爲計相時，緒正律曆。以高祖十月始至霸上，因故秦時本以十月爲歲首，弗革。推五德之運，以爲漢當水德之時，尚黑如故。吹律調樂，入之音聲，及以比定律令。若百工，天下作程品。至於爲丞相，卒就之，故漢家言律曆者，本之張蒼。

其後賈誼、公孫臣等頗有异議，咸以爲漢繼秦，當爲土德，宜按土德改制。此議首先由賈誼提出。《史記·屈原賈生列傳》云：

> 賈生以爲漢興至孝文二十餘年，天下和洽，而固當改正朔，易服色，法制度，定官名，興禮樂。乃悉草具其事儀法，色尚黃，數用五，爲官名，悉更秦之法。孝文帝初即位，謙讓未遑也。

文帝十三年，公孫臣又上書言之。《史記·封禪書》云：

> 魯人公孫臣上書曰："始秦得水德，今漢受之，推終始傳，則漢當土德，土德之應黃龍見。宜改正朔，易服色，色上黃。"是時丞相張蒼好律曆，以爲漢乃水德之始，故河決金隄，其符也。年始冬十月，色外黑内赤，與德相應。如公孫臣言，非也。罷之。後三歲，黃龍見成紀，文帝乃召公孫臣，拜爲博士，與諸生草改曆服色事。

是時丞相張蒼還堅持漢爲水德之說，反對賈誼、公孫臣等的意見。故雖有文帝的支持，然終未能實行。

武帝時，發現所用顓頊曆誤差越來越大，需要改進修正。是時天文學也有了一定的進步，經過天文學家唐都、落下閎等的研究，制出新曆，付諸實行，是爲太初曆。在改革曆法的同時遂照土德改制，賈誼、公孫臣等的意見，至此實現。《史記·曆書》云：

> 至今上①即位，招致方士，唐都分其天部；而巴落下閎運算轉曆，然後日辰之度與夏正同。乃改元，更官號，封泰山。

《史記·孝武本紀》云：

> 夏，漢改曆，以正月爲歲首，而色上黃，官名更印章以五字②。因爲太初元年。

與武帝改制的同時，董仲舒等人又提出了"三統"之説。董仲舒，廣川人，治《春秋公羊傳》，爲今文經大師，與古文孔安國齊名。

董仲舒早年用功讀書，"三年不窺園"，以研讀《公羊春秋》出名。孝、景時爲博士。武帝即位後，舉賢良文學之士，董仲舒以賢良對策，建議"諸不在六藝之科、孔子之術者，皆絶其道，勿使并進"，主張更化善治，"獨尊儒術，罷黜百家"，"前德而後刑"，爲武帝劉徹所采納，使儒學成爲中國社會正統思想，

---

① 指武帝劉徹。
② 《集解》張晏曰："漢據土德，土數五，故用五爲印文也。若丞相曰'丞相之印章'，諸卿及守相印文不足五字者，以'之'足也。"

影響長達二千多年。

董仲舒認爲"天"是有意識的,自然界的萬物以及人類的生成,都是天的有目的之創造。既然"人受命於天",而人也是有意識的,所以"天人相應"。董仲舒一方面接受了鄒衍學派的五德終始說,又從其本人神的天道觀出發,於是導引出了他的"三統說"的社會歷史觀點。他寫道:

> 天子命無常,唯命是德慶。故《春秋》應天作新王之事。時王黑統,正魯,尚黑,絀夏,親周。故宋樂宜親招武,故以虞錄親樂製宜商,合伯、子、男爲一等。
>
> 然則其略說奈何?曰:三正以黑統初。正日月朔於營室,斗建寅。天統氣始通化物,物見萌達,其色黑。故朝正服黑,首服藻黑,正路輿質黑,馬黑,大節緩憤尚黑,旗黑,大寶玉黑,郊牲黑。犧牲角卵,冠於阼,昏禮逆於庭,喪禮殯於東階之上。祭黑牲,薦尚肝,樂器黑質。法不刑有懷任新產,是月不殺,聽朔廢刑發德,具存二王之後也。親赤統,故日分平明,平明朝正。
>
> 正白統奈何?曰:正白統者,歷正日月朔於虛,斗建丑。天統氣始蛻化物,物始芽,其色白,故朝正服白,首服藻白,正路輿質白,馬白,大節緩憤尚白,旗白,大寶玉白,郊牲白。犧牲角繭,冠於堂,昏禮逆於堂,喪事殯於楹柱之間。祭牲白牡,薦尚肺。樂器白質。法不刑有身懷任,是月不殺,聽朔廢刑發德,具存二王之後也。親黑統,故日分鳴晨,鳴晨朝正。
>
> 正赤統奈何?曰:正赤統者,大節緩憤尚赤,旗赤,大寶玉赤。郊牲騂,犧牲角栗。冠於房,昏禮逆於户,喪禮殯於西階之上。祭牲騂牡,薦尚心。樂器赤質。法不刑有身,重懷藏以養微,是月不殺。聽朔廢刑發德,具存二王之後也。親白統,故日分夜半,夜半朝正。
>
> 改正之義,奉元而起。古之王者受命而王,改製稱號。正月,服色定,然後郊告天地及羣神,近遠祖禰,然後布天下。諸侯廟受,以告社稷宗廟山川,然後感應一其司。三統之變,近夷遐方無有生煞者,獨中國然而。三代改正,必以三統天下。曰:三統五端,化四方之本也,天始廢始施,地必待中,是故三代必居中國。法天奉本,執端要

以統天下，朝諸侯也。(《春秋繁露·卷七》)

由此可知三統說和早先出現的五德終始說相仿佛，而其實質都同樣是唯心主義的循環論。

三統說以爲歷代王朝各占黑、白、赤三統中之一統，依次循環，周而復始。例如夏爲黑統，商爲白統，周爲赤統，其繼周之王朝仍爲黑統。各統都有一定的服色制度，改朝更統，必須改制。三統之間的關繫，爲黑統親赤統，赤統親白統，白統親黑統。同一統則相絀，例如黑統之王朝則絀夏，意爲同時不可能有兩個同是正統的王朝并存。

三統與五德二說并不相背，而是互相補充的，例如漢爲水德，則色尚黑，爲土德則尚黃，此文帝時張蒼、公孫臣等所爭執而不得解決者，如漢爲土德，復爲黑統，二說便可統一起來。又如照太初曆，應改建寅，可是在五德說中并無根據，但却符合黑統的要求。由此可見，三統說不過是五德的仿制和補充物而已。三統說與五德說的調和迹象，在漢代的一些制度中，還可以看出來。如武帝時，已確定漢爲土德并據之改制，色尚黃，但在西漢末年，漢室服制，仍尚黑色。《元后傳》云：

自莽篡位後，知太后怨恨，求所以媚太后無不爲，然愈不說。莽更漢家黑貂，著黃貂，又改漢正朔伏臘日。太后令其官屬黑貂，至漢家正臘日，獨與其左右相對飲酒食。

劉向少年時好鄒衍之說及言神仙之書。《楚元王傳》云：

淮南有枕中《鴻寶苑祕書》，書言神僊使鬼物爲金之術，及鄒衍重道延命方，世人莫見。而更生父德[①]武帝時治淮南獄得其書。更生幼而讀誦，以爲奇。

當然此事結果很糟糕，不但他自己險些喪命，還連累其兄陽城侯劉安民大大破其財（見前述）。

劉向、劉歆父子對董仲舒皆予以過高的推崇：

---

① 劉向原名更生，其父爲劉德。

> 劉向稱董仲舒有王佐之材，雖伊呂亡以加，筦晏之屬，伯者之佐，殆不及也。至向子歆以爲伊、呂乃聖人之耦，王者不得則不興，故顏淵死，孔子曰：噫！天喪余。唯此一人爲能當之，自宰我、子贛、子游、子夏不與焉。（《董仲舒傳》）

劉向、劉歆之所愛好、所推崇如此，已可見其對前人哲學繼承上之端倪。劉向著有《洪範五行傳論》，《漢書·楚元王傳》劉向一節云：

> 詔向領校中《五經》祕書，向見《尚書·洪範》箕子爲武王陳五行陰陽休咎之應。向乃集合上古以來歷春秋六國至秦漢符瑞災異之記，推迹行事，連傳禍福，著其占驗，比類相從，各有條目，凡十一篇，號曰《洪範五行傳論》。

劉歆著有《三統曆譜》，《漢書·楚元王傳·劉歆》云：

> 典儒林史卜之官，考定律曆，著《三統曆譜》。

劉歆之《三統曆譜》乃據劉向《五紀論》一書推究而成。所謂"五紀"，亦即《尚書·洪範》之內容，洪範九疇，其四曰協用五紀，一曰歲，二曰月，三曰日，四曰星辰，五曰曆數。《律曆志》之"曆"一部分即根據《三統曆譜》寫成。

又《五行傳》稱：

> 孝武時，夏侯始昌通五經，善推五行傳，以傳族子夏侯勝，下及許商皆以教所賢弟子，其傳與劉向同，唯劉歆傳獨異。

又云：

> 宣、元之後，劉向治《穀梁春秋》，數其禍福，傳以《洪範》。至向子歆治《左氏》，傳其《春秋》，意亦已乖矣；言《五行傳》，又頗不同。

是劉歆亦有《五行傳》之作。

觀劉向、劉歆父子著書內容，可知其宇宙觀皆屬唯心論。劉向、劉歆皆爲天文學家，但由於他們的唯心主義觀點，在他們的研究及著作中，都滲透著天人感應的色彩。

劉向《五紀論》和劉歆《三統曆譜》《藝文志》均未著錄。然當屬"術數略曆譜家"。《藝文志》著錄"劉向《五行傳》記十一卷"（即《洪範五行傳論》）於六藝略尚書家，實亦術數五行家之流。

《藝文志》論曆譜與五行云：

> 曆譜者，序四時之位，正分至之節，會日月五星之辰，以考寒暑殺生之實。故聖王必正曆數，以定三統服色之制，又以探知五星日月之會。凶阨之患，吉隆之喜，其術皆出焉。此聖人知命之術也，非天下之至材，其孰與焉！

> 五行者，五常之形氣也。《書》云："初一曰五行，次二曰羞用五事"，言進用五事以順五行也。貌、言、視、聽、思心失，而五行之序亂，五星之變作，皆出於律曆之數而分爲一者也。其法亦起五德終始，推其極則無不至。

可見當時言曆譜、五行者，大都是天人感應論者，從而他們的社會歷史觀點與五德、三統之說是分不開的。

在劉向的奏疏中明顯地表現了天人感應論與五德三統的歷史觀點。

他在元帝時上疏稱：

> 臣聞舜命九官，濟濟相讓，和之至也。衆賢和於朝，則萬物和於野。故簫《韶》九成，而鳳皇來儀；擊石拊石，百獸率舞……武王、周公繼政，朝臣和於內，萬國驩於外……諸侯和於下，天應報於上，故周頌曰："降福穰穰"。又曰："飴我釐麰"。釐麰，麥也，始自天降。此皆以和致和，獲天助也。

> 下至幽、厲之際，朝廷不和，轉相非怨……衆小在位……當是之時，日月薄蝕而無光……天變見於上，地變動於下，水泉沸騰，山谷易處……霜降失節，不以其時……此皆不和，賢不肖易位之所致也。

> 由此觀之，和氣致祥，乖氣致異；祥多者其國安，異衆者其國危，天地之常經，古今之通義也……今賢不肖渾殽，白黑不分，邪正雜糅，

忠讒並進……夫乘權藉勢之人，子弟鱗集於朝，羽翼陰附者衆，是以日月無光，雪霜夏隕，海水沸出，陵谷易處，列星失行，皆怨氣之所致也。初元以來六年矣，案《春秋》六年之中，災異未有稠如今者也……此天地之所以先戒，災異之所以重至者也。

今以陛下明知，誠深思天地之心，迹察兩觀之誅……考祥應之福，省災異之禍，以揆當世之變，放遠佞邪之黨，壞散險詖之聚，杜閉群枉之門，廣開衆正之路，決斷狐疑，分別猶豫，使是非炳然可知，則百異消滅，而衆祥並至，太平之基，萬世之利也。（《楚元王傳》，引文有刪節）

劉向歷述自舜以來的歷史事實，都是"和氣致祥，乖氣致異"。因之要求時君"恩天地之心"，"考祥應之福"，"杜閉群枉之門，廣開衆正之路"，"則百異消滅，而衆祥并至，太平之基，萬世之利也。"其宇宙觀爲唯心者無疑。

劉向在成帝時上疏，開宗明義便說：

故賢聖之君，博觀終始，窮極事情，而是非分明。王者必通三統，明天命所授者博，非獨一姓也。（同前引）

由此可見，劉向繼承了鄒衍、董仲舒之徒的五德三統的社會歷史學說，要求君主提高警惕、改善政治，爲鞏固封建政權的統治地位服務。

對五德三統之說，劉歆予以進一步的發展。鄒衍之徒提出的五德說，乃是根據五行相勝的道理，而劉歆則依照五行相生的道理加以改變。《律曆志》引《世經》云：

太昊帝 《易》曰："炮犧氏之王天下也。"①言炮犧繼天而王，爲百王先，首德始於木，故爲帝太昊。作罔罟以田漁，取犧牲，故天下號曰炮犧氏。

《祭典》曰："共工氏伯九域。"言雖有水德，在火木之間，非其序

---

①顏師古注："炮，與'庖'同。"

也。任知刑以强，故伯而不王。秦以水德，在周、漢木火之間①。周人櫽其行序，故易不載。

炎帝 《易》曰："炮犧氏没，神農氏作。"言共工伯而不王，雖有水德，非其序也。以火承木，故爲炎帝。教民耕農，故天下號曰神農氏。

黄帝 《易》曰："神農氏没，黄帝氏作。"火生土，故爲土德。與炎帝之後戰於阪泉，遂王天下。始垂衣裳，有軒冕之服，故天下號曰軒轅氏。

少昊帝 《考德》②曰："少昊曰清。"清者，黄帝之子清陽也，是其子孫名摯立。土生金，故爲金德，天下號曰金天氏。周櫽其樂，故《易》不載，序於行。

顓頊帝 《春秋外傳》曰："少昊之衰，九黎亂德，顓頊受之，乃命重黎。"蒼林昌意之子也。金生水，故爲水德。天下號曰高陽氏。周櫽其樂，故《易》不載，序於行。

帝嚳 《春秋外傳》曰："顓頊之所建，帝嚳受之。"清陽玄囂之孫也。水生木，故爲木德。天下號曰高辛氏。帝摯繼之，不知世數。周櫽其樂，故《易》不載。周人禘之。

唐帝 《帝系》曰："帝嚳四妃，陳豐生帝堯，封於唐。"蓋高辛氏衰，天下歸之。木生火，故爲火德，天下號曰陶唐氏。讓天下於虞，使子朱處于丹淵，爲諸侯。即位七十載。

虞帝 《帝系》曰："顓頊生窮蟬，五世而生瞽叟，瞽叟生帝舜，處虞之媯汭。"堯嬗以天下，火生土，故爲土德。天下號曰有虞氏。讓天下於禹，使子商均爲諸侯。即位五十載。

伯禹 《帝系》曰："顓頊五世而生鯀，鯀生禹。"虞舜嬗以天下。土生金，故爲金德。天下號曰夏后氏。繼世十七王，四百三十二歲。

成湯 《書經·湯誓》："湯伐夏桀。"金生水，故爲水德。天下號曰商，後曰殷。

---

①顔師古注："《志》言秦爲閏位，亦猶共工不當五德之序。"
②顔師古注："《考德》者，考五帝德之書也。"

> 武王 《書經·牧誓》:"武王伐商紂。"水生木,故爲木德。天下
> 號曰周室……周凡三十六王,八百六十七歲。
>
> 漢高祖皇帝。著《紀》,伐秦繼周。木生火,故爲火德。天下號曰
> 漢。(《律曆志下》引《世經》,引文有删節)

相勝說在歷史發展上,更確切地說,是在王朝更替上,還意味着有"革命"的意義;相生說,則意味着是和平演化的意義。這就爲王莽篡漢創造了理論依據。試看他將帝堯和漢列爲火德,將帝舜列爲土德。以此與"漢承堯運,莽爲舜裔"聯繫起來;漢帝禪位於王莽就成爲既定的"天之曆數"了。

劉歆繼董仲舒之後,將五德和三統之間的關繫,也做了進一步系統的整理。《三統曆譜》稱:

> 三代各據一統,明三統常合,而迭爲首,登降三統之首,周還五行
> 之道也。故三五相包而生。天統之正,始施於子半,日萌色赤;地統受
> 之於丑初,日肇化而黄,至丑半,日牙化而白。人統受之於寅初,日孳
> 成而黑,至寅半,日生成而青。天施復於子,地化自丑畢於辰,人生自
> 寅成於申。故曆數三統,天以甲子,地以甲辰,人以甲申,孟仲季迭用
> 事爲統首。三微之統既著,而五行自青始,其序亦如之。五行與三統相
> 錯。《傳》曰:"天有三辰,地有五行",然則三統五星可知也。《易》曰:
> "參五以變,錯綜其數。通其變,遂成天下之文;極其數,遂定天下之
> 象。"太極運三辰五星於上,而元氣轉三統五行於下。其於人,皇極統
> 三德五事。故三辰之合於三統也,日合於天統,月合於地統,斗①合於
> 人統。五星之合於五行,水合於辰星,火合於熒惑,金合於太白,木
> 合於歲星,土合於填星。②三辰五星而相經緯也。(《律曆志上》引劉歆
> 《三統曆譜》)

王莽爲白位,白統"親黑統",王莽爲土德,火生土。在這樣修正過的五德三統說中,把王莽受漢禪的運數,安排得停停當當。由此可見,劉歆的歷史理

---

① 斗,原意爲北斗七星,此處泛指星辰。
② 辰星、熒惑、太白、歲星、填星,即水星、火星、金星、木星和土星。

論，是爲新莽政治服務的。

以現代人的角度看"五德終始""三統更替"等學説會覺得很荒誕、很難嚴肅對待，或許會因之懷疑古人的智慧。實際上，古人造作出這些理論祇是用來爲他們的政治主張服務的。這些理論，辭藻很華麗，邏輯却很含混，爲了便於附會某些特定政治訴求而隨意解釋，因此在同一個"理論"之中，也可能顛之倒之，互異其説，爭得不亦樂乎。初看似乎大家都在研究學問，其實不過是爲自己所擁護的政治主張尋找理論制高點。王莽、劉秀篤信讖緯，董仲舒、劉歆們的五德三統理論，莫不如此。

在班彪的一些著作中，也反映了五德終始的歷史觀點，《王命論》是其中的代表作品。爲班彪所闡述的五德終始説，屬於五行相生的體系，他承認"唐①據火德而漢紹之"（《叙傳上》引《王命論》）。班固在撰述《漢書》時，承襲了這種觀點。班固明確表示，他不同意漢爲土德之説，《賈誼傳》贊曰：

> 及欲改定制度，以漢爲土德，色上黃，數用五……其術固以疏矣。

他認爲漢紹堯運，以火德王。這從《叙傳上》中述其作《高紀》《成紀》之意可知：

> 皇矣漢祖，纂堯之緒，實天生德，聰明神武。秦人不綱，周漏於楚，爰兹發迹，斷蛇奮旅。神母告符，朱旗乃舉，粵蹈秦郊，嬰來稽首。革命創制，三章是紀，應天順民，五星同晷。項氏畔換，黜我巴、漢，西土宅心，戰士憤怨。乘釁而運，席卷三秦，割據河山，保此懷民。股肱蕭、曹，社稷是經，爪牙信、布，腹心良、平，龔行天罰，赫赫明明。述高紀第一。
>
> …………
>
> 孝成煌煌，臨朝有光，威儀之盛，如圭如璋。壺闈恣趙，朝政在王，炎炎燎火，亦允不陽。述成紀第十。

由此可見，班彪、班固父子的這種歷史觀點，是受到劉歆的影響的。

班固對劉向、劉歆父子非常推崇，《劉歆傳》贊曰：

---

①唐，指陶唐氏，即帝堯。

> 仲尼稱"材難不其然與！"自孔子後，綴文之士衆矣，唯孟軻、孫況、董仲舒、司馬遷、劉向、揚雄。此數公者，皆博物洽聞，通達古今，其言有補於世。傳曰："聖人不出，其間必有命世者焉"，豈近是乎？劉氏《洪範論》發明《大傳》①，著天人之應；《七略》剖判藝文，總百家之緒；《三統曆譜》考步日月五星之度。有意其推本之也。嗚虖！向言山陵之戒，于今察之，哀哉！指明梓柱以推廢興，昭矣！豈非直諒多聞，古之益友與！

他稱許劉向爲"博物洽聞，通達古今"，并引之爲"直諒多聞，古之益友"，可見其服膺之誠了。

在贊語中又稱引劉向、劉歆的著作，如《洪範五行論》《三統曆譜》《七略》等。這些著作，均被班固之《漢書》所引用，例如《律曆志上》"曆"一部分參考《三統曆譜》：

> 至孝成世，劉向總六曆，列是非，作《五紀論》。向子歆究其微眇，作《三統曆》及譜以說《春秋》，推法密要，故述焉。（師古曰："自此以下，皆班氏所述劉歆之說也。"）

其"律"部分亦取劉歆之義，故《律曆志上》又云：

> 元始中王莽秉政，欲燿名譽，徵天下通知鐘律者百（餘）餘人，使羲和②劉歆等典領條奏，言之最詳。故刪其偽辭，取正義，著於篇。

《五行志上》除采劉向《洪範五行傳》外，又雜采董仲舒、劉歆等人之說：

> 景、武之世，董仲舒治《公羊春秋》，始推陰陽，爲儒者宗。宣、元之後，劉向治《穀梁春秋》，數其旤福，傳以《洪範》，與仲舒錯。至向子歆治《左氏》傳，其春秋意亦已乖矣；言《五行傳》，又頗不同。是以攬仲舒，別向、歆，傳載眭孟、夏侯勝、京房、谷永、李尋之徒

---

① 《尚書大傳》。
② 平帝元始元年置羲和官（掌天地四時之官），秩二千石。

所陳行事，託於王莽，舉十二世，以傅春秋，著於篇。（《五行志上》）

《藝文志》所本之《七略》，亦劉歆所爲，但其基礎則據其父之《別錄》：

> 至成帝時，以書頗散亡，使謁者陳農求遺書於天下。詔光祿大夫劉向校經傳、諸子、詩賦，步兵校尉任宏校兵書，太史令尹咸校數術①，侍醫李柱國校方技②。每一書已，向輒條其篇目，撮其指意，錄而奏之。會向卒，哀帝復使向子侍中奉車都尉歆卒父業。歆於是總羣書而奏其《七略》。故有輯略，有六藝略，有諸子略，有詩賦略，有兵書略，有術數略，有方技略。今刪其要，以備篇籍。

由班固對劉向、劉歆父子爲人的稱許和對他們作品引用方面，都可看出劉向、劉歆父子對班固的影響。對理解《漢書》的思想，明了這一點是非常重要的。

三、揚雄

揚雄字子雲，蜀郡成都人。《揚雄傳》云："年七十一，天鳳五年卒。"由天鳳五年（18）逆計之，則揚雄生於宣帝甘露元年（前53）。揚雄五世祖揚季，武帝時爲廬江太守，有田百畝，宅一區，世以農桑爲業。至揚雄，家境已可謂清貧："家產不過十金，乏無儋石之儲"，然揚雄處之晏如。成帝元延元年（前12），揚雄抵長安。蜀人有楊莊者，爲郎，向成帝推薦揚雄，得待詔承明殿。次年正月，隨成帝前往甘泉宮，作《甘泉賦》以諷勸成帝之鋪張。後來又作《羽獵賦》，仍然以勸諫爲主題。因此被授黃門郎，與王莽、劉歆等爲同僚。元延三年（前10）揚雄又作《長楊賦》，内容依然以勸誡成帝之鋪張奢侈爲主。

王莽居攝元年（6），以揚雄耆老，始由黃門侍郎轉爲中散大夫。天鳳五年（18）揚雄卒，年七十一。

揚雄家素貧而嗜酒，性淡泊而好學問，以至很少有客人上門。然其與班穉往還頗密。

---

① 顏師古注："占卜之書。"
② 顏師古注："醫藥之書。"

當揚雄初爲黃門郎，适班穉亦爲黃門郎、中常侍，與揚雄同列。迨綏和二年（前7）班穉出爲西河屬國都尉。平帝元始五年（5）班穉罷廣平相，歸補延陵園郎。而揚雄仍一直宦居長安，故班穉於揚雄相處頗久。班彪與從兄班嗣共游學，應得及向揚雄問學。

揚雄以儒學爲業，由以下幾點可説明：

第一，非諸子。他説：

> 或曰："刑名非道邪？何自然也？"曰："何必刑名，圍棋、擊劍、反目①、眩形②，亦皆自然也。由其大者，作正道；由其小者，作姦道。"
>
> 或曰："申、韓之法非法與？"曰："法者，謂唐、虞、成周之法也。如申、韓！如申、韓！"莊周、申、韓不乖寡聖人而漸諸篇，則顏氏之子、閔氏之孫其如台③。
>
> 或曰："莊周有取乎？"曰："少欲。""鄒衍有取乎？"曰："自持。至周罔君臣之義，衍無知於天地之間，雖鄰不覩也。"（《法言集注・揚子法言・問道・卷第四》）

又稱：

> 莊、楊蕩而不法，墨、晏儉而廢禮，申、韓險而無化，鄒衍迂而不信。（《法言集注・揚子法言・卷第六》）

從此可以看出，他對墨、法、道、名、陰陽諸家皆有所批評。

第二，重孔子。他寫道：

> 或問："公孫龍詭辭數萬，以爲法，法與？"曰："斷木爲棊，捖革爲鞠，亦皆有法焉。不合乎先王之法者，君子不法也。"
>
> 觀書者譬諸觀山及水，升東嶽而知衆山之峛崺也，況介丘乎？浮滄海而知江河之惡沱也，況枯澤乎？舍舟航而濟乎瀆者，末矣；捨五

---

① 汪榮寶《法言義疏》認爲"目"爲身之誤。"反身"即反身倒挂之術，猶如今之雜技。
② 幻朮：變戲法。眩，通"幻"。
③ 《經傳釋詞》云："如台，猶奈何也。《書・湯誓》：'夏罪其如台'，《史記・殷本紀》作'有罪，其奈何。'"

經而濟乎道者，末矣。弃常玲而嗜乎異饌者，惡睹其識味也；委大聖而好乎諸子者，惡睹其識道也。山硜之蹊，不可勝由矣，向牆之户，不可勝入矣。曰："惡由入？"曰："孔氏。孔氏者，户也。"曰："子户乎？"曰："户哉！户哉！吾獨有不户者矣。"（《法言集注·揚子法言·卷第二》）

或問"治己。"曰："治己以仲尼。"或曰："治己以仲尼，仲尼奚寡也？"曰："率馬以驥，不亦可乎。"（《法言集注·揚子法言·卷第二》）

他以爲"孔氏者，户也"，"治己以仲尼"，顯然在以孔子爲自己的皈依師法。第三，是孟子。他寫道：

古者楊、墨塞路，孟子辭而辟之，廓如也。後之塞路者有矣，竊自比於孟子。

或曰："人各是其所是而非其所非，將誰使正之？"曰："萬物紛錯則懸諸天，衆言淆亂則折諸聖。"或曰："惡睹乎聖而折諸？"曰："在則人，亡則書，其統一也。"（《法言集注·揚子法言·卷第二》）

或問："孟子知言之要，知德之奥。"曰："非苟知之，亦允蹈之。"或曰："子小諸子，孟子非諸子乎？"曰："諸子者，以其知異於孔子者也。孟子異乎？不異。"（《法言集注·揚子法言·卷第八》）

揚雄所以"自比於孟子"者，端在於"其知"不异於孔子也。
第四，肯定儒學。他寫道：

或曰："仲尼之術，周而不泰，大而不小，用之猶牛鼠也。"[①] 曰："仲尼之道，猶四瀆也，經營中國，終入大海。他人之道者，西北之流也，綱紀夷貉，或入於沱，或淪於漢。"（《法言集注·揚子法言·君子·卷第十二》）

或問："魯用儒而削，何也？"曰："魯不用儒也。昔在姬公用於周而四海皇皇，莫枕於京。孔子用於魯，齊人章章，歸其侵疆。魯不

---

① 李軌注："使牛捕鼠，雖大無施。" 李軌，字弘範，江夏人，東晉祠部郎中，都亭侯。（據唐陸德明《經典釋文》卷一《序録》）

用真儒故也。如用真儒，無敵於天下，安得削？"(《法言集注·揚子法言·卷第五》)

他認爲"仲尼之道"凌駕一切"他人之道"之上，如用儒學，則"無政於天下！"

揚雄雖宗儒學，然在個別問題上亦對儒者進行批判，如區別"真儒"與"非真儒"，不同意晏子之儒，反對孟子的五百年必有王者興的歷史循環論等等。揚雄雖非諸子，但對諸子的長處亦頗肯定，如謂莊子"少欲"，鄒子"自持"。特別是老子的學說，對揚雄頗有影響。揚雄嘗稱：

> 觀大易之損益兮，覽老氏之倚伏。
> 省憂喜之共門兮，察吉凶之同域。(《全上古三代秦漢三國六朝文·全漢文·卷五十二》)

在《太玄賦》中更多地反映了老子的思想。班彪服膺孔氏，而班嗣好老莊之術，揚雄之所以常造班氏之門，且以忘年交於班彪、班嗣兄弟，非爲無因。

揚雄仕於莽朝，其著史"錄宣帝以至哀、平"，不能不涉及對王莽的態度。班彪曾經對揚雄歷史著作中"美新"的政治態度提出了尖銳的批評。所謂揚雄"美新"，於他的《劇秦美新》中表現得最爲淋漓盡緻；然在《法言》《太玄賦》等著作中也有反映，例如在《法言》最後寫道：

> 或問"勞功"。曰："日一日勞，考載曰功。"或曰："君逸臣勞，何天之勞？"曰："於事則逸，於道則勞。"周公以來，未有漢公之懿也，勤勞則過於阿衡。漢興二百一十載而中天，其庶矣乎？[1]辟廱以本之，校學以教之，禮樂以容之，輿服以表之。復其井、刑，勉人役，唐矣夫。[2](《法言集注·揚子法言·孝至·卷十三》)

班彪對揚雄的批評，是由於他們的政治立場不同。揚雄的"美新"，亦猶之班彪的"美漢"，《王命論》豈非美漢的典型著作？班固的《典引》更是《劇秦

---

[1] 李軌注：言人民衆多富盛也。
[2] 李軌注：言若盡此諸美以儕勉人者，無羡唐、虞之世也。

《美新》一文的仿製。但與揚雄類似的一些歷史觀點，常亦可見於班彪的文字：如在歷史發展的動力中天人并舉以及其間關繫之論點、對游俠一類人物的評價、對司馬遷著作中不與聖人同是非的觀點的責難等，都是很明顯的例子。

揚雄的《續太史公書》已不復可見，然其對漢事漢人之評論，於其流傳下來的《揚子法言》等著作中猶可窺見一二。以之核校《漢書》，雖亦有所不同（最顯著者如楊王孫①），然亦有所采納（最顯著者如東方朔）由此亦可知揚雄之書當爲班氏父子著史時之參考。

四、桓譚

桓譚，字君山，沛國相縣人。生於成帝陽朔二年（前23）前後，其父成帝時爲太樂令。成帝綏和二年（前7）爲奉車郎。少時好《離騷》，及長，博學而遍習儒家五經，善於訓詁大義，而不重視章句字義。尤好古文，常與劉歆、揚雄等辨析疑异。桓譚爲人低調而不修威儀，又喜歡非毀俗儒，因此多見排詆。哀帝時，董賢爲大司馬，慕桓譚之名，欲與之結交；而桓譚則先上奏書於董賢，講了一套修身治國的大道理。董賢自知桓譚不能爲之所用，遂死心。

居攝元年（6），王莽以桓譚爲諫大夫。次年九月，東郡太守翟義起兵反對王莽，立嚴鄉侯劉信爲帝，傳檄各郡國，聚衆至十餘萬。王莽懼，遣兵鎮壓，并仿《大誥》作策，遣桓譚等頒布於天下，以表明自己祇是代皇帝攝位，待孺子嬰②長大後，就會歸政於他。

---

①楊王孫，武帝時人，名貴，漢中成固人，寓居京兆長安（今西安市）。主張厚養薄葬，其事迹見《楊胡朱梅云傳》："楊王孫者，孝武時人也。學黃老之術，家業千金，厚自奉養生亡所不致。及病且終，先令其子，曰：'吾欲臝葬，以反吾真。必亡易吾意。死則爲布囊盛尸，入地七尺。既下，從足引脱其囊，以身親土。'"
②孺子嬰，西漢末代皇帝，是楚孝王劉囂曾孫、廣戚侯劉顯子、宣帝劉詢玄孫。元始五年（5）平帝死後，王莽從漢朝宗室中挑選了時年二歲的劉嬰爲其繼承人。因其年齡太小，并未正式即位，僅爲"皇太子"，而王莽自稱"攝皇帝"。初始元年（8），王莽改稱"假皇帝"；後又迫使劉嬰禪位給他，建國號"新"，尊太皇太后王政君爲皇太后，封劉嬰爲定安公。至此，立國211年的西漢王朝結束。更始二年（24），王莽新朝覆没後，劉嬰爲劉玄部將所殺。

桓譚在更始朝拜爲太中大夫。光武帝劉秀即位後，徵桓譚爲待詔，不久即因其"上書言事失旨"而未得重用。建武四年（28），因大司空宋弘的推薦，桓譚被拜爲議郎、給事中。

劉秀篤信讖緯，遇事不決則以讖定之，而桓譚則上疏議論讖記之妄，劉秀很不高興，貶桓譚爲六安郡丞。建武三十二年（56），桓譚病死於上任途中，終年七十餘歲。

桓譚與班嗣年相若，而長於班彪二十七歲左右。班彪幼時與從兄班嗣游學長安，而桓譚與之友善。當桓譚去世之時，班彪已逝二年。此時班固二十四歲，班昭八歲，其兄妹猶應有機會向桓譚求教。

桓譚的宇宙觀有唯物主義成分，這從他所著《新論》一書中可以看到。他説：

　　天下有鸛鳥，郡國皆食之，而三輔俗獨不敢取之。取或雷霆靂起。原夫天不獨左彼而右此，其殺取時，適與雷遇耳。（《全上古三代秦漢三國六朝文·全後漢文·卷十五》）

　　余與劉子駿①言養性無益，其兄子伯玉曰："天生殺人藥，必有生人藥也。"余曰："鉤吻不與人相宜，故食則死，非爲殺人生也。譬若巴豆毒魚，礜石賊鼠，桂害獺，杏核殺豬，天非故爲作也。"（《全上古三代秦漢三國六朝文·全後漢文·卷十五》）

桓譚以人獵殺鸛鳥而遭雷擊爲喻，批判了天有意識，而"左彼而右此"的説法。又以"天生殺人藥"爲喻，批判了天有目的"故爲作"的觀點。舉例非常淺顯，却有力地抨擊了天道的目的論。

桓譚又指出人能長生不死的虛妄。他寫道：

　　草木五穀，以陰陽氣生於土，及其長大成實，實復入土，而後能生，猶人與禽獸昆蟲，皆以雄雌交接相生，生之有長，長之有老，老之有死，若四時之代謝矣。而欲變易其性，求爲異道，惑之不解者也。（《弘明集·卷第五》）

　　劉子駿信方士虛言，謂神仙可學。嘗問人言："人誠能抑嗜欲，閉

---

①劉歆，字子駿。後文之伯玉爲其侄，事迹不詳。

耳目,可不衰竭乎?余見其庭下有大榆樹,久老剝折。指謂曰:"彼樹無情欲可忍,無耳目可闚,然猶枯槁朽蠹;人雖欲愛養,何能使不衰?"(《全上古三代秦漢三國六朝文‧全後漢文‧卷十五》)

余嘗過故陳令同郡杜房,見其讀《老子》書,言:"老子用恬淡養性,致壽數百歲,今行其道,寧能延年却老乎?"余應之曰:"雖同形名,而質性才幹乃各異度,有强弱堅脆之姿焉。愛養適用之,直差愈耳。譬猶衣履器物,愛之則完全乃久。"余見其旁有麻燭,而炧垂一尺所,則因以喻事,言:"精神居形體,猶火之然燭矣。如善扶持,隨火而側之,可毋滅而竟燭。燭無,火亦不能獨行於虛空,又不能後然其炧。炧,猶人之耆老,齒墮髮白,肌肉枯腊,而精神弗爲之能潤澤内外周遍,則氣索而死,如火燭之俱盡矣。(《弘明集‧卷第五‧新論形神》)

余與劉伯師夜坐,燈中脂炷燋禿將滅,余謂伯師曰:"人衰老亦如彼禿炷矣。"伯師曰:"人衰老應自續。"余曰:"益性可使白髮更生黑,至壽極亦死耳。"(《太平御覽‧卷八百七十‧火部三》)

桓譚以燭火喻形神,以爲精神之居形體,猶如火之燃燭,燭盡,火不能獨行於虛空;人老而形體枯腊,氣索而死,精神亦不可獨存。桓譚又以草木五穀喻人與禽獸昆蟲之生命。人和禽獸昆蟲以及草木五穀等自然界的其他生物一樣,都有生長、衰老、死亡的階段,欲變異此種自然之性,乃是惑之不可解的異道。這是對靈魂不滅説的一個相當有力駁斥。

桓譚的社會觀點則是唯心主義的。桓譚較之同時代人更清醒,他不信讖緯之説:

讖出《河圖》《洛書》,但有兆朕而不可知,後人妄復加增依託,稱是孔丘,誤之甚也。(《全上古三代秦漢三國六朝文‧全後漢文‧卷十四》)

但當時光武帝劉秀篤信讖記,平時遇事不決則以讖定之。桓譚乃上疏,揭露讖記的虛偽:

凡人情忽於見事而貴於異聞,觀先王之所記述,咸以仁義正道爲本,非有奇怪虛誕之事。蓋天道性命,聖人所難言也。自子貢而下,不得而聞，況後世淺儒，能通之乎？

今諸巧慧小才伎數之人，增益圖書，矯稱讖記，以欺惑貪邪，詿誤人主，焉可不抑遠之哉！臣譚伏聞陛下窮折方士黃白之術，甚爲明矣；而乃欲聽納讖記，又何誤也。其事雖有時合，譬猶卜數隻偶之類。陛下宜垂明聽，發聖意，屏羣小之曲說，述《五經》之正義，略雷同之俗語，詳通人之雅謀。（《後漢書·桓譚馮衍列傳上》）

他指出讖記衹是一種欺騙之術，即使偶有應驗，也不過如"卜數隻偶之類"，乃是一種偶合，實不足信。由於桓譚反對讖緯，竟因此而忤光武帝意，獲罪被黜，淪落而死。《後漢書·桓譚馮衍列傳上》云：

有詔會議靈臺所處，帝謂譚曰："吾欲以讖決之，何如？"譚默然良久，曰："臣不讀讖。"帝問其故，譚復極言讖之非經。帝大怒曰："桓譚非聖無法！"將下斬之。譚叩頭流血，良久乃得解。出爲六安郡丞，意忽忽不樂，道病卒。

就反對讖緯這一點來說，桓譚之死，可謂爲真理而殉。

但是桓譚相信符瑞。他寫道：

維四月，太子發上祭於畢，下至孟津之上。此武王已畢三年之喪，欲卒父業。升舟而得魚，則地應也，掩祭降鳥，天應也①。二年，聞紂殺比干、囚箕子，太師、少師抱樂器奔周。甲子，日月若連璧，五星若連珠，昧爽，武王朝至於商郊牧野，從天以討紂，故兵不血刃而定天下。（《太平御覽·三百二十九兵部六十徵應》）

他以爲武王渡河白魚入舟、祭祀之時天降赤烏，乃是天命歸周的符應；日月聯璧、五星連珠，乃是武王勝紂的徵兆，故有"從天以討紂，故兵不血刃而定天下"的事實出現。

---

① 《尚書大傳》："八百諸侯俱至孟津，白魚入舟。"《史記·周本紀》："武王渡河，中流，白魚躍入王舟中，武王俯取以祭。既渡，有火自上復於下，至於王屋，流爲烏，其色赤，其聲魄云。是時，諸侯不期而會盟津者八百諸侯。諸侯皆曰：'紂可伐矣。'"

桓譚又云：

>夫異變怪者，天下所常有，無世而不然。逢明主賢臣、智士仁人則脩德善政，省職慎行以應之，故咎殃消亡，而禍轉爲福焉。昔大戊①遭桑穀生朝之怪，獲"中宗"之號；武丁②有雊雉升鼎之異，身享百年之壽；周成王遇雷風折木之變，而獲反風歲熟之報；宋景公有熒惑守心之憂，星爲徙三舍。由是觀之，則莫善於以德義精誠報塞之矣。故《周書》曰："天子見怪則脩德，諸侯見怪則脩政，大夫見怪則脩職，士庶見怪則脩身，神不能傷道，妖不能害德。"及衰世薄俗，君臣多淫驕失政，士庶多邪心惡行，是以數有災異變怪；又不能內自省視，畏天戒而反外者謗議，求問厥故，惑於佞愚而以自詿誤，而令患禍遂得就，皆違天逆道者也。（《新論·譴非第六》，輯自《群書治要·卷四十四》）

於此桓譚依然認爲與"符瑞"相反的"災异變怪"現象與人的行爲有關，且這種現象可由人之"德義精誠"而轉移，可使"禍轉爲福"。桓譚的這種觀點，與當時流行的五德終始的歷史觀點也是一致的。

桓譚重視民衆的力量。他寫道：

>昔秦王見周室之失統，喪權於諸侯，自以當保有九州，見萬民碌碌，猶羣羊聚豬，皆可以竿而驅之，故遂自恃，不任人封立諸侯。及陳勝、楚、漢，咸由布衣，非封君有土，而并共滅秦，遂以敗也。（《全上古三代秦漢三國六朝文·全後漢文·卷十三》）

但桓譚并不認爲民衆是封建帝王可依賴、可信任的力量，而認爲"賢智大才"纔是治國之本。所以他繼續寫道：

>更始帝見王翁以失百姓心亡天下，既西到京師，恃民悅喜，則自

---

① 大戊或作太戊，姓子名密，商王。《尚書古文序》："伊尹大戊毫有祥，桑穀共生於朝。"《史記·殷本紀》："帝太戊立伊陟爲相。毫有祥桑穀共生於朝，一暮大拱。帝太戊懼，問伊陟。伊陟曰：'臣聞妖不勝德，帝之政其有闕與？帝其修德。'"
② 武丁，子姓名昭，商王。《史記·殷本紀》："帝武丁祭成湯，明日，有飛雉登鼎耳而呴，武丁懼。祖己曰：'王勿憂，先修政事。'"

安樂，不聽納諫臣謀士，赤眉圍其外，而近臣反城，遂以破敗。

　　由是觀之，夫患害奇邪不一，何可勝爲設防量備哉？防備之善者，則唯量賢智大材，然後先見豫圖，過將救之耳。（《羣書治要·卷第四十四》）

　　治國者，輔佐之本，其任用咸得大才。大才乃主之股肱羽翮也。王公大人則嘉得良師明輔，品庶凡民則樂畜仁賢哲士，皆國之柱棟，而人之羽翼。（《全上古三代秦漢三國六朝文·全後漢文·卷十三》）

由此可見，桓譚特别重視大才、仁賢、哲士等精英人物的力量，過高地誇大了個别人物在社會發展中的作用。而這種歷史觀點的產生，則是由其非勞動人民的階級立場所决定的。

桓譚反對讖緯之説，并非獨在晚年仕於光武帝時期，而是一貫如此。他於莽朝爲官時，就已經表現出來：

　　當王莽居攝纂弑之際，天下之士，莫不競襃稱德美，作符命以求容媚，譚獨自守，默然無言。（《後漢書·桓譚馮衍列傳上》）

桓譚的這種表現，與當時班穉的態度一致。班穉反對讖緯，獲罪於王莽之前，桓譚亦反對讖緯，獲罪於劉秀之後。

反對讖緯，但却相信符瑞，在班彪也是如此。

桓譚主張重農抑商，他曾給劉秀上疏，陳時政所宜，其中談到這一點：

　　夫理國之道，舉本業而抑末利，是以先帝禁人二業，鍋商賈不得官爲吏，此所以抑并兼長廉恥也。今富商大賈，多放錢貨，中家子弟，爲之保役，趨走與臣僕等勤，收税與封君比入，是以眾人慕效，不耕而食。至乃多通侈靡，以淫耳目。今可令諸商賈自相糾告，若非身力所得，皆以臧界告者。如此則專役一己，不敢以貨與人，事寡力弱，必歸功田畝。田畝修，則穀入多而地力盡矣。（《後漢書·桓譚馮衍列傳上》）

桓譚主張重農抑商，其目的在於"穀入多而地力盡"，表現出他是站在維護封建皇室統治的立場看問題的。這種政治觀點，和班氏父子特别是班固如出一轍。

如上所舉數例，可以看出桓譚和班氏在思想上的一致之處。當然這并不必然意味着這是他們之間的直接影響，也可能是同一時代、同一社會經濟基礎下封建士大夫的共同反映。然由此亦有助於使我們進一步了解桓譚與班氏的關繫。

《溝洫志》中記載了桓譚一個小故事：

> 王莽時，徵能治河者以百數，其大略異者，長水校尉平陵關並言："河決率常於平原、東郡左右，其地形下而土疏惡。聞禹治河時，本空此地，以爲水猥，盛則放溢，少稍自索，雖時易處，猶不能離此。上古難識，近察秦漢以來，河決曹、衛之域，其南北不過百八十里者，可空此地，勿以爲官亭民室而已。"大司馬史長安張戎言："水性就下，行疾則自刮除成空而稍深。河水重濁，號爲一石水而六斗泥。今西方諸郡，以至京師東行，民皆引河、渭山川水溉田。春夏乾燥、少水時也，故使河流遲，貯淤而稍淺；雨多水暴至，則溢決。而國家數隄塞之，稍益高於平地，猶築垣而居水也。可各順從其性，毋復灌溉，則百川流行，水道自利，無溢決之害矣。"御史臨淮韓牧以爲"可略於《禹貢》九河處穿之，縱不能爲九，但爲四五，宜有益。"大司空掾王橫言："河入勃海，勃海地高於韓牧所欲穿處。往者天嘗連雨，東北風，海水溢，西南出，寖數百里，九河之地已爲海所漸矣。禹之行河水，本隨西山下東北去。《周譜》云定王五年河徙，則今所行非禹之所穿也。又秦攻魏，決河灌其都，決處遂大，不可復補。宜卻徙完平處，更開空，使緣西山足乘高地而東北入海，乃無水災。"沛郡桓譚爲司空掾，典其議，爲甄豐言："凡此數者，必有一是。宜詳考驗，皆可豫見，計定然後舉事，費不過數億萬，亦可以事諸浮食無產業民。空居與行役，同當衣食；衣食縣官，而爲之作，乃兩便，可以上繼禹功，下除民疾。"王莽時，但崇空語，無施行者。

若關并、張戎、韓牧、王橫輩，大言炎炎，說起治水，必稱大禹。然所提出之方案，多屬空談，并無可行者。惟桓譚建議由官府出資，雇傭貧民治水之策，却頗合實際。雖當時并未實行，然後世各朝時有采用，可說是"以工代賑"、治水兼賑災策之濫觴。

桓譚也是一位音樂家，既工於樂器，又深於樂理。《後漢書·桓譚馮衍列傳上》云：

> 父成帝時爲太樂令。譚以父任爲郎，因好音律，善鼓琴。

又云：

> 性嗜倡樂（李賢注：“倡，俳優也”），簡易不修威儀。

桓譚不但能鼓琴，且能治新曲。《新論》云：

> 揚子云大才而不曉音，余頗離雅摻而更爲新弄。子云曰：“事淺易善，深者雖誠，卿不好《雅》《頌》，而悦鄭聲①，宜也。”（《後漢書補注·卷八》）

> 帝嘗問弘通博之士，弘乃薦沛國桓譚才學洽聞，幾能及揚雄、劉向父子。於是召譚拜議郎、給事中。帝每讌，輒令鼓琴，好其繁聲。弘聞之不悦，悔於薦舉。伺譚内出，正朝服坐府上，遣吏召之。譚至，不與席而讓之曰：“吾所以薦子者，欲令輔國家以道德也，而今數進鄭聲以亂《雅》《頌》，非忠正者也，能自改邪？將令相舉以法乎？”譚頓首辭謝，良久乃遣之。後大會羣臣，帝使譚鼓琴，譚見弘，失其常度。帝怪而問之。弘乃離席免冠謝曰：“臣所以薦桓譚者，望能以忠正導主，而令朝廷耽悦鄭聲，臣之罪也。”帝改容謝，使反服。其後遂不復令譚給事中。（《後漢書·伏侯宋蔡馮趙牟韋列傳》）

此所謂鄭聲，應是擺脱陳舊格調而自度之新聲，故廣受歡迎。然在被桓譚所非毁之俗儒所看來，却是以鄭聲亂《雅》《頌》，就是罪過。

桓譚晚年著有《琴道》一篇，"《琴道》未畢，但有發首一章"（《後漢書》本傳注引《東觀記》），復收入《新論》：

> 初，譚著書言當世行事二十九篇，號曰《新論》，上書獻之，世祖②善焉。《琴道》一篇未成，肅宗③使班固續成之。（《後漢書·桓譚馮

---

① 鄭聲，原指春秋時鄭國的音樂。因其與孔子等提倡的雅樂不同，故受儒家排斥。此後凡與雅樂相背的音樂，甚至一般的民間音樂，均爲崇"雅"黜"俗"者斥爲"鄭聲"。《論語·衛靈公》："放鄭聲，遠佞人。鄭聲淫，佞人殆。"劉寶楠《正義》："《五經異義·魯論》說鄭國之俗，有溱、洧之水，男女聚會，謳歌相感，故云鄭聲淫。"
② 劉秀廟號世祖。
③ 漢章帝，名劉炟，明帝劉莊第五子，東漢第三位皇帝，廟號肅宗，謚孝章皇帝。在位 13 年，享年 31 歲。

衍列傳》）

由班固續《琴道》來看，班固對音律當亦有所習。而班固從桓譚學音律，亦當屬可能。

五、尹敏

班彪居洛陽時，最相得的朋友爲尹敏。《後漢書·儒林列傳上·尹敏》云：

> 與班彪親善，每相遇，輒日旰忘食，夜分不寢，自以爲鐘期伯牙，莊周惠施之相得也。

尹敏，字幼季，南陽堵陽（今河南方城縣老城區）人。光武初年拜爲郎中，任職於大司空府。然官運不佳，久而不得遷轉。後爲長陵令，不久又因事免官。永平十一年（68）復起，復爲郎中，遷諫議大夫。不久去世。

關於尹敏之學術及政治思想，由《後漢書·儒林列傳上·尹敏》，可見一般：

> （敏）少爲諸生。初習《歐陽尚書》，後受《古文》，兼善《毛詩》、《穀梁》、《左氏春秋》。建武二年，上疏陳《洪範》消災之術。時世祖方草創天下，未遑其事。

尹敏爲古文學家，據其"陳《洪範》消災之術"云云，知其相信天人感應之説。但是他却不信讖緯。《後漢書·儒林列傳上·尹敏》云：

> 帝以敏博通經記，令校圖讖，使蠲去崔發①所爲王莽著録次比。敏對曰："讖書非聖人所作，其中多近鄙别字，頗類世俗之辭，恐疑誤後生。"帝不納。敏因其闕文增之曰："君無口，爲漢輔。"②帝見而怪之，召敏問其故。敏對曰："臣見前人增損圖書，敢不自量，竊幸萬一。"帝深非之，雖竟不罪，而亦以此沈滯。

尹敏這種旗幟鮮明地反對圖讖的態度頗不合於當時之政治氛圍，何况他竟

---

① 崔發，涿郡（治今涿州）人。西漢末以明經任騎都尉。王莽執政後詔事攀附，承王莽之意解説符命。
② 此尹敏調侃光武帝，自造讖記。按君字無口，"尹"也。

當著皇帝的面,直率地拆穿讖緯的虛妄,又以開玩笑的方式譏諷劉秀信仰讖緯并以讖緯作爲思想統治工具的幼稚,無怪乎要"以此沈滯"了。

尹敏既久沈滯,復以永平五年(62)因周慮事件,牽連入獄。《後漢書·儒林列傳上》云:

> 永平五年,詔書捕男子周慮。慮素有名稱,而善於敏,敏坐繫免官。及出,歎曰:"瘖聾之徒,真世之有道者也。何謂察察而遇斯患乎?"

尹敏一生,僕僕於爲當時之封建統治者效勞,但又出之異端而事察察,至此乃思"瘖聾之徒,真世之有道者也",又是一幅封建時代悲劇性人物的寫照。

六、王充

在班彪學生中,較知名者有王充。王充,字仲任,會稽上虞(今浙江上虞)人,生於建武三年(27)。小時聰慧,六歲由其父啓蒙,八歲入學館讀書,十八歲至洛陽受業太學,師事班彪。後歸鄉里,屏居教授。王充一生仕途艱難,曾在地方出任一些功曹①、從事之類的佐雜職務。如章帝元和三年(86)充徙揚州,爲刺史董勤辟爲從事,轉治中②,次年即辭職還家。至晚年,曾有友人舉薦:

> 友人同郡謝夷吾上書薦充才學,肅宗特詔公車徵,病不行。年漸七十,志力衰耗,乃造養性書十六篇,裁節嗜欲,頤神自守。永元中病卒於家。(《後漢書·王充王符仲長統列傳》)

然而他終未能發達而病没於家。

王充著有《論衡》一書,書中表現了其樸素的唯物主義觀點。王充認爲天是永遠存在的物質實體:

> 夫天,體也,與地無異。(《論衡·變虛篇》)③

---

① 功曹爲郡守、縣令的主要佐吏。主管選署功勞,職責大致相當於現代的秘書。
② 治中爲地方官下屬之文吏,職責爲管理治理政事的文書檔案。《周禮·春官宗伯》:"凡官府鄉州及都鄙之治中,受而藏之,以詔王察羣吏之治。" 鄭玄注引鄭司農曰:"治中,謂其治職簿書之要。"孫詒讓《正義》引江永曰:"凡官府簿書謂之中,故諸《官》言'治中''受中',《小司寇》:'斷庶民訟獄之中',皆謂簿書,猶今之案卷也。"
③ 以下引文祗注篇名者,均引自《論衡》。

> 天有形體，所據不虛。猶此考之，則無恍惚，明矣。(《論衡·談天篇》)

王充反對目的論的天道觀。他以爲：

> 天地不故生人也。(《論衡·物勢篇》)
>
> 萬物之生，含血之類，知飢知寒，見五穀可食，取而食之，見絲麻可衣，取而衣之。或說以爲天生五穀以食人，生絲麻以衣人，此謂天爲人作農夫桑女之徒也，不合自然，故其義疑，未可從也。(《論衡·自然篇》)

王充反對天"故"生人，和天"故"生五穀以食人，"故"生絲麻以衣人的說法，與桓譚反對天有意識、天有目的類似論點頗有相通之處。

王充在批判天道的目的論的時候，提出"自然"觀點。他寫道：

> 天動不欲以生物，而物自生，此則自然也。施氣不欲爲物，而物自爲，此則無爲也。謂天自然無爲者何？氣也。(《論衡·自然篇》)

他把萬物的生成，解釋爲"自然"，解釋爲"物自爲"，天生成萬物是没有意識的。

王充提出了"天自然無爲"的命題後，又對自然和人的關繫加以闡述，他以爲：

> 然雖自然，亦須有爲輔助。耒耜耕耘，因春播種者，人爲之也；及穀入地，日夜長大，人不能爲也；或爲之者，敗之道也。(《論衡·自然篇》)

人可以因自然之規律而加以"輔助"，使自然爲人服務，但是不能違背自然的規律。違背自然規律而行，則"敗之道也"。這種論點，又顯然與揚雄有一致的地方。

王充批判了天人感應的論點，他以爲"人有是非，陰爲德害，天輒知之，又輒應之"(《論衡·談天篇》)的說法是不正確的："謂天聞人言，隨善惡爲吉凶，誤矣！"(《論衡·變虛篇》)

王充批判了陰陽災异説，他説古無"災异""譴告"之説：

> 譴告之言生於今者，人以心准況之也。
> 然則氣變之見，殆自然也。變自見，色自發，占候之家，因以言也。（《論衡·自然篇》）

王充對這種陰陽災异的批判，自以爲"雖違儒家之説，合黄老之義也。"可見王充的唯物論觀點，是吸取了自先秦以來的道家學説中的合理成分。

王充對歪曲陰陽五行之説的鄒衍加以指責，他説："齊有二鄒子（按原文作三鄒衍，依黄暉先生①改）之書，瀁洋無涯，其文少驗，多驚耳之言。"并無任何事實根據。司馬遷將鄒衍與商鞅、管仲合紀，王充以爲"不可并言"（《論衡·案書篇》）。

王充主張人類歷史是進化的、發展的。歷史發展的動力是什麽呢？關於這個問題，首先他反對世之治亂決定於聖君賢相的"德化"。他寫道：

> 世謂古人君賢，則道德施行，施行則功成治安；人君不肖，則道德頓廢，頓廢則功敗治亂。古今論者，莫謂不然。何則？見堯、舜賢聖致太平，桀、紂無道致亂得誅。如實論之，命期自然，非德化也。（《論衡·治期篇》）

王充以爲世之治亂在於民衆有否安定的生活，民衆是"溫飽"還是"飢寒"。他以爲"穀足食多，禮義之心生；禮豊義重，平安之基立矣。""穀食互絶"，則"賊盗衆多，兵革并起，民弃禮義，負畔其上"。這就把歷史從天的意志，帝王的"德化"中解放出來，試圖從客觀的社會内部尋求其發展的原因。這種觀點含有歷史唯物主義的傾向，在古代唯心主義史學觀盛行之時，王充的看法可謂獨樹一幟。

王充一方面認識到社會發展的客觀因素，將歷史從天的意志和帝王將相的行動中解放出來，但另一方面却又把歷史的發展説成是"命期自然"，以爲：

---

① 黄暉，字政庵，安徽桐城人。早年曾就讀國立中國大學，與胡適、劉文典等時相過從。1950年應西北大學校長侯外廬之邀任教西大歷史系，教授中國通史、中國近代史等課程。代表作爲《〈論衡〉校釋》。

> 善惡之行，不在人質性，在於歲之飢穰。
>
> 案穀成敗，自有年歲。年歲水旱，五穀不成，非政所致，時數然也。（《論衡·治期篇》）

這雖然有些宿命論的味道，但在生產力低下、農業收成嚴重依賴於環境氣象的古代，却也是無奈之論。

王充師事班彪，對其人推崇備至，對其書亦評價甚高。他寫道：

> 讖書云："董仲舒，亂我書"，蓋孔子言也……孔子曰："師摯之始，《關雎》之亂，洋洋乎盈耳哉！"亂者，於孔子言也。孔子生周，始其本；仲舒在漢，終其末。盡也皮《續太史公書》，蓋其義也；《賦頌篇》下其有"亂曰"章，蓋其類也。（《論衡·案書篇》）

董仲舒的學術及政治地位，在當時來說，是非常高的，而王充以爲班彪《續太史公書》可與董仲舒、孔子之言比肩。他又寫到：

> 或曰："聖人作，賢者述。以賢而作者，非也。《論衡》《政務》，可謂作者。"非曰作也，亦非述也，論也。論者，述之次也。《五經》之興，可謂作矣；太史公《書》、劉子政《序》、班叔皮《傳》，可謂述矣；桓山君《新論》、鄒伯奇《檢論》，可謂論矣。今觀《論衡》《政務》，桓、鄒之二論也，非所謂作也。（《論衡·對作篇》）

他以爲班彪著作乃賢者之流所著，地位居於五經之次。他又寫道：

> 俗好高古而稱所聞。前人之業，菜果甘甜；後人新造，蜜酪辛苦……天稟元氣，人受元精，豈爲古今者差殺哉？優者爲高，明者爲上，實事之人，見然否之分者，睹非，却前退置於後；見是，推今進置於古：心明知昭，不惑於俗也。
>
> 班叔皮《續太史公書》百篇以上，記事詳悉，義淺理備。觀讀之者以爲甲，而太史公乙。子男孟堅爲尚書郎，文比叔皮，非徒五百里也，乃夫周、召、魯、衛之謂也。苟可高古，而班氏父子不足紀也。（《論衡·超奇篇》）

他以爲班彪以及其子班固的文章氣象宏偉，有洋洋大國之風，"非徒五百里也，乃夫周、召、魯、衛之謂也！"尤其班彪所著之《續太史公書》"記事詳悉，義淺理備"，超越司馬遷《史記》之上。

在《論衡》中，論述班彪其書其人之處頗多，祇有推許而絕無貶辭。并且以爲班彪著書"不爲恩撓"，雖鄉里戚舊之惡，亦不避諱，直書史册。表現出古代史家"直筆"記事的優良傳統。王充著《論衡》，堅持"疾虛妄"的寫作精神，自期以此追蹤《續太史公書》。

班彪與王充誼屬師生，他們之間的關繫尤其是思想感情是很融洽的，相互間的影響應該也是很大的。

考查王充思想對《漢書》的影響，不應僅僅注意通過班彪所起的作用，亦應考察王充與班固的直接互動。由於王充師事班彪，過從頗密，所以很早就結識了班固：

> 固年十三，王充見之，拊其背謂彪曰："此兒必記漢事。"（《後漢書·班彪列傳上》，注引謝承書）

不但班固幼年爲王充所器重，及長，其才學道德亦深爲王充所推許：

> 《易》曰："聖人之情見於辭。"文辭美惡，足以觀才。永平中，神雀羣集，孝明詔上《神爵頌》，百官頌上，文皆比瓦石，唯班固、賈逵、傅毅、楊終、侯諷五頌金玉，孝明覽焉。夫以百官之衆，郎吏非一，唯五人文善，非奇而何？（《論衡·佚文篇》）

他以爲班固等五人之文章如金玉，而與之同時百官的文章，則直如瓦石，"文辭美惡，足以觀才"，於此王充肯定了班固才學出衆。

有人以爲班固輩文史，雖"名香文美"，然能力有限，無大用於世。王充又爲之辯解道：

> 或曰："通人之官，蘭臺令史，職校書定字，比夫太史、太祝，職在文書，無典民之用，不可施設。是以蘭臺之史，班固、賈逵、楊終、傅毅之徒，名香文美，委積不紲，（無）大用於世。"
>
> 曰：此不繼（然）。周世通覽之人，鄒衍之徒，孫卿之輩，受時王之寵，尊顯於世。董仲舒雖無鼎足之位，知在公卿之上。周監二代，漢

監周、秦；然則蘭臺之官，國所監得失也。以心如丸卵，爲體內藏；眸子如豆，爲身光明。令史雖微，典國道藏，通人所由進，猶博士之官，儒生所由興也。委積不紲，豈聖國微遇之哉？殆以書未定而職未畢也。（《論衡·別通篇》）

他以爲班固的官職雖小，但其任務的意義是非常重要的。"蘭臺之官，國所監得失也。""令史雖微，典國道藏"，猶之"心如丸卵，爲體內藏；眸子如豆，爲身光明。"并且他肯定班固之所以尚未被人重視，是"殆以書未定而職未畢也"。他又寫道：

才有淺深，無有古今；文有僞真，無有故新。廣陵陳子迴、顏方，今尚書郎班固，蘭臺令楊終、傅毅之徒，雖無篇章，賦頌記奏，文辭斐炳：賦象屈原、賈生，奏象唐林、谷永，並比以觀好，其美一也。當今未顯，使在百世之後，則子政、子雲之黨也。①（《論衡·案書篇》）

王充以爲班固之"賦頌記奏，文辭斐炳"，許以屈原、賈誼，"并比以觀好，其美一也"。班固所著《漢書》，此時尚未成功，王充亦未及見，然却預言班固及其著作後世定會受到人們的重視。

王充之所以如此襃美班固，亦因其治學態度以至學術思想有相同之處。

王充主張編纂當代的歷史，使漢帝國的成就垂之後世。"漢德不休，亂在百代之間，强筆之儒不著載也！"這是當世文人的一個重大責任。王充自己，即《論衡》之人，爲此畢精，故有《齊世》《宣漢》《恢國》《驗符》諸篇之作，而班固亦抱有同一理想。例如：

船車載人，孰與其徒多也？素車朴船，孰與加漆采畫也？然則鴻筆之人，國之船車采畫也。農無强夫，穀粟不登；國無强文，德闇不彰。漢德不休，亂在百代之間，强筆之儒不著載也。高祖以來，著書非不講論漢。司馬長卿爲《封禪書》，文約不具。司馬子長紀黃帝以至孝武，揚子雲錄宣帝以至哀、平，陳平仲紀光武，班孟堅頌孝明，漢家功德，頗可觀見。今上即命，未有襃載，《論衡》之人，爲此畢精，

---

①子政爲劉向之字，子雲爲揚雄之字。

故有《齊世》《宣漢》《恢國》《驗符》。(《論衡·須頌篇》)

在王充看來，事實上班固的一些著述，已起到了這種作用。故他又説：

> 能致太平者，聖人也，世儒何以謂世未有聖人？天之稟氣，豈爲前世者渥，後世者泊哉！周有三聖，文王、武王、周公並時猥出。漢亦一代也，何以當少於周？周之聖王，何以當多於漢？漢之高祖、光武，周之文、武也。文帝、武帝、宣帝、孝明、今上①，過周之成、康、宣王。非以身生漢世，可襃增頌歎，以求媚稱也；核事理之情，定説者之實也。俗好襃遠稱古，講瑞（則）上世爲美，論治則古王爲賢，睹奇於今，終不信然。使堯、舜更生，恐無聖名。獵者獲禽，觀者樂獵，不見漁者之心不顧也。是故觀於齊不虞魯，游於楚不懽宋、唐、虞、夏、殷同載在二尺四寸②，儒者推讀，朝夕講習，不見漢書，謂漢劣不若，亦觀獵不見漁，游齊、楚不願宋、魯也。使漢有弘文之人，經傳漢事，則《尚書》、《春秋》也，儒者宗之，學者習之，將襲舊六③爲七，今上、上王至高祖皆爲聖帝矣。觀杜撫、班固等所上《漢頌》，頌功德符瑞，汪濊深廣，滂沛無量，踰唐、虞，入皇域，三代隘辟，厥深洿沮也。殷監不遠，在夏后之世。且舍唐、虞、夏、殷，近與周家斷量功德，實商優劣，周不如漢。(《論衡·宣漢篇》)

王充初見班固即認爲"此兒必記漢事"，且在其《論衡》之中，每論及"經傳漢事"，常再三致意班固。王充恒對"千世之後""不見漢書，謂漢劣不若"深表關切，而班固也終不負朋友的期許。

---

① 指東漢章帝劉炟。
② 漢時普通文書用一尺長竹簡，而儒家經典則寫於二尺四寸長竹簡上，因用以指代儒家經典。
③ 指原有之儒家六經。

第十章　班彪的社會思想與歷史觀點

一、班彪的政論

　　班彪最早的政論，是《王命論》，發表於建武五年（29）前後，此時班彪二十七歲左右。

　　《王命論》的發表，有其一定的社會背景。它所表現的思想反映了當時占統治地位的社會意識，即五德三統之説。除了了解班彪本人在學術思想上的淵源和承繼以外，還必須了解這種學説在當時社會上，尤其是在政治上的作用，纔能了解《王命論》發表的客觀原因以及它在班彪思想上所占的地位。

　　五德三統之説，起於鄒衍，完成於董仲舒，自董仲舒以陰陽五行解經，又使由來已久的圖、讖一類性質的東西得到發展的機會；至王莽、劉歆以五德、讖緯作爲謀奪政權的工具，於是二者結合起來，發展到高潮。

　　元始五年（5）十二月臘日，平帝劉衎被王莽以毒酒鴆殺（據《資治通鑒》《漢書》載劉衎爲病死）。

> 是月，前輝光①謝囂奏武功長孟通浚井得白石，上圓下方，有丹書著石，文曰：'告安漢公莽爲皇帝。'符命之起，自此始矣。(《王莽傳上》)

---

①前輝光，郡名，王莽置。《元帝紀》："（元始四年）分京師置前輝光、後丞烈二郡。"《資治通鑒》胡三省注："前輝光蓋領長安以南諸縣，後丞烈蓋領長安以北諸縣也。"謝囂應爲前輝光郡守。

於是王莽自稱"攝皇帝"。孺子嬰初始元年（8）又有廣饒侯劉京奏齊郡新井①，車騎將軍千人扈雲奏巴郡石牛，太保屬臧鴻奏扶風石文等符命，於是王莽乃去"攝"，稱"假皇帝"。接著梓潼人哀章獻"天帝行璽金匱圖"與"赤帝行璽某傳予黃帝金策書"，"書言莽爲真天子"，於是王莽改漢爲"新"，代劉嬰做真皇帝了。

王莽在正式即帝位時，曾下詔稱：

> 予以不德，託于皇初祖考黃帝之後，皇始祖考虞帝之苗裔，而太皇太后之末屬。皇天上帝隆顯大佑，成命統序，符契圖文、金匱策書，神明詔告，屬予以天下兆民。赤帝漢氏高皇帝之靈，承天命，傳國金策之書，予甚祗畏，敢不欽受！以戊辰直定，御王冠，即真天子位，定有天下之號曰"新"。其改正朔，易服色，變犧牲，殊徽幟，異器制。以十二月朔癸酉爲建國元年正月之朔，以雞鳴爲時。服色配德上黃，犧牲應正用白，使節之旄幡皆純黃，其署曰"新使五威節"，以承皇天上帝威命也。（《王莽傳上》）

由此詔所言，可知王莽奪取漢室政權，是以五德三統之説爲其受命的基礎理論，以圖書、讖緯之説爲其行動的策略步驟。二者首次結合的產物，便是新朝的出現。

王莽篡漢後，又大力宣傳五德三統以及讖緯之説：

> 遣五威將王奇等十二人班《符命》四十二篇於天下。……其文爾雅依託，皆爲作説，大歸言莽當代漢有天下云。（《王莽傳中》）

這種宣傳，且不止遍於國中，并"外及匈奴、西域，徼外蠻夷"。王莽在正式遣人宣傳《符命》的前後，又以各種政治、經濟法令，附會五德讖緯之説。因此這些學説的社會影響，逐漸擴大和深入。

王莽末年，農民大起義，推翻了新王朝的統治。乘機而起的各路政治野心

---

① 《王莽傳上》："居攝三年，宗室廣饒侯劉京上書稱，'七月中，齊郡臨淄縣昌興亭長辛當一暮數夢，曰："吾，天公使也。天公使我告亭長曰：'攝皇帝當爲真。'即不信我，此亭中當有新井。"亭長晨起視亭中，誠有新井，入地且百尺。'"

家在爭奪帝位的時候，爲收服人心，搶占正統，有兩個主要手段：一是利用民衆痛恨新朝，思念漢室的心理。有能力、有聲望的劉氏宗室當然堂堂皇皇地打出"光復漢室"的旗幟，如劉秀、梁王劉永①、鍾期侯劉望②；如果自己不姓劉，也不妨給自己找個姓劉的祖宗，如王朗③冒充成帝之子劉子輿，起兵邯鄲；盧芳詐稱武帝曾孫劉文伯，割據安定。當然，更方便的還是找個劉氏子孫爲傀儡，如翟義起兵擁護嚴鄉侯劉信④，方望⑤起兵，復立劉嬰。

各路農民起義軍亦是如此，如綠林軍立劉玄爲帝，而赤眉軍則立劉盆子爲帝。劉玄固爲懦夫，地皇四年（23）正月，綠林軍破王莽前隊大夫甄阜、屬正梁丘賜，聲勢大振：

> （以）衆雖多而無所統一，諸將遂共議立更始爲天子。二月辛巳，設壇場於淯水上沙中，陳兵大會。更始即帝位，南面立，朝羣臣。素懦弱，羞愧流汗，舉手不能言。（《後漢書·劉玄劉盆子列傳》）

劉盆子亦不過一無知頑童，當赤眉軍已迫近長安，方望利用齊巫以鬼神宣傳，并建議農民軍領袖樊崇等"不如立宗室，挾義誅伐。以此號令。"遂立劉盆

---

① 劉永，梁郡睢陽人，新末年群雄之一。劉永爲漢宗室，梁孝王劉武八世孫。更始元年（23）劉玄即位後封劉永爲梁王，以洛陽爲都。更始三年（25），劉玄敗於赤眉，劉永遂自稱天子。建武三年（27）爲劉秀所殺。
② 劉望，新末群雄之一。劉望爲漢宗室。更始元年（23）劉望起兵，攻打汝南郡各縣，同年八月稱天子，與更始帝劉玄分庭抗禮，兵敗戰死。
③ 王郎，本名王昌，趙國邯鄲人，新末群雄之一，割據河北。初以卜相爲業，後詐稱自己是成帝之子劉子輿，以圖大事。更始元年（23）宗室劉林和大豪李育等擁立王郎爲漢帝，以邯鄲爲都。史稱王郎政權爲趙漢，以區別於更始帝劉玄的玄漢、劉盆子的赤眉漢。次年五月，劉秀破邯鄲，王郎兵敗出逃，途中被殺。
④ 劉信，漢宗室，其曾祖宣帝，祖父東平思王劉宇。建平二年（前5）被封爲嚴鄉侯。平帝駕崩，王莽自封爲攝皇帝，東郡太守翟義不滿，聯合武平侯劉璜、東郡都尉劉宇等起兵討伐王莽，并推戴劉信爲天子，翟義爲大司馬、柱天大將軍。劉信、翟義等向各郡國發佈王莽用毒酒殺害平帝的檄文。後被王莽軍剿滅，翟義被殺，劉信下落不明。
⑤ 方望，平陵人。隗囂起事，請爲軍師。更始二年（24）隗囂應劉玄徵召，方望旋即辭官而走，與安陵人弓林聚衆數千立劉嬰爲天子，旋被劉玄派兵擊破。

子爲帝，"諸將乃皆稱臣拜。盆子時年十五，被髮徒跣，敝衣赭汗，見衆拜，恐畏欲啼。"（《後漢書·劉玄劉盆子列傳》）

另一手段則是向王莽學習，利用五德讖緯學說將自己打扮成天命所歸之正統。建武元年（25）四月，公孫述在成都稱帝。《後漢書·隗囂公孫述列傳》云：

> 述夢有人語之曰："八厶子系，十二爲期。"覺，謂其妻曰："雖貴而祚短，若何？"妻對曰："朝聞道，夕死尚可，況十二乎！"會有龍出其府殿中，夜有光耀，述以爲符瑞，因刻其掌，文曰："公孫帝"。建武元年四月，遂自立爲天子，號成家，色尚白。建元曰龍興元年。

公孫述以爲漢爲火德，火生土，王莽代漢爲土位，土生金，故自己應據金德以代王氏得其正序。

同年六月，劉秀在鄗（今河北柏鄉縣北）稱帝。由於王莽的宣傳，他不能再以漢爲水德或土德，而承認了火德之說，遂有赤伏符再受命之事。《後漢書·光武帝紀上》云：

> 光武先在長安時同舍生强華自關中奉赤伏符，曰："劉秀發兵捕不道，四夷雲集龍鬥野，四七之際火爲主"。羣臣因復奏曰："受命之符，人應爲大，萬里合信，不議同情，周之白魚，曷足比焉？今上無天子，海內淆亂，符瑞之應，昭然著聞，宜荅天神，以塞羣望。"光武於是命有司設壇場於鄗南千秋亭五成陌。六月己未，即皇帝位。

劉秀在即位時的"祝文"中亦引用了此赤伏符。至次年正月"壬子，起高廟，建社稷於洛陽，立郊兆於城南，始正火德，色尚赤。"（《後漢書·光武帝紀上》）於此表現得非常清楚，劉秀做皇帝的把戲，與公孫述并無二致，都是五德與讖緯雜糅的玩藝。

二帝不可并立，固然可以兵戎相見，但在當時更重要的是天命誰屬，正統何在的問題。名不正，則不能爭取更多的群衆，所以雙方在未問軍旅之事以前，先須展開文字上的論戰。《後漢書·隗囂公孫述列傳》稱：

> 述亦好爲符命鬼神瑞應之事，妄引讖記，以爲孔子作《春秋》，爲赤制而斷十二公，明漢至平帝十二代，歷數盡也，一姓不得再受命。又

引《錄運法》曰:"廢昌帝,立公孫。"《括地象》曰:"帝軒轅受命,公孫氏握。"《援神契》曰:"西太守,乙卯金。"謂西方太守而乙絕卯金也。五德之運,黃承赤而白繼黃,金據西方爲白德而代王氏,得其正序。又自言手文有奇,及得龍興之瑞,數移書中國,冀以感動衆心。

> 帝患之,乃與述書曰:"圖讖言'公孫',即宣帝也①。'代漢者,當塗高'②,君豈高之身邪?乃復以掌文爲瑞,王莽何足效乎!君非吾賊臣亂子,倉卒時人皆欲爲君事耳,何足數也。君日月已逝,妻子弱小,當早爲定計,可以無憂。天下神器,不可力爭,宜留三思。"署曰"公孫皇帝"。述不答。

又是一次赤帝、白帝的鬥爭,結果,依然赤帝得到勝利。無論王莽還是劉秀,以及其他大大小小的野心家、軍閥,無不利用五德三統學説和讖緯來造作輿論。蓋五德三統與讖緯之説,在當時已成爲占統治地位的社會意識。

班彪以更始三年(25)至隴西投靠隗囂,時年二十三歲。班彪主張隗囂應審時度勢,投降劉秀,助其統一全國;反對其心存觀望、乘亂實行封建割據的想法。班彪嘗試與隗囂爭論此事,《叙傳上》記載了其經過。班彪對當前政治局勢的推斷,事實証明是正確的,然而當時并未被隗囂所接受。

> 囂曰:"先生言周、漢之勢可也,至於但見愚民習識劉氏姓號之故,而謂漢家復興,疏矣!昔秦失其鹿,劉季逐而掎之,時民復知漢乎!"

隗囂肯定了班彪對形勢發展的分析,但不相信劉氏的復興。班彪企圖進一步説服隗囂,於是寫下了《王命論》:

> 彪既疾囂言,又傷時方艱,乃著《王命論》。以爲漢德承堯,有靈命之符;王者興祚,非詐力所致。欲以感之,而囂終不寤。(《後漢書·班彪列傳上》)

---

① 似指宣帝之公孫倢伃。公孫倢伃生東平思王劉宇,即前述嚴鄉侯劉信之祖父。
② 這是當時極有名的讖語,至東漢末年袁術、曹操、曹丕、闕宣、李傕等人都利用其造輿論,認爲自己是那個"當塗高"。

所謂"愍狂狡之不息""傷時方艱"云云，表現了《王命論》的強烈的現實意義。班彪在冀以"感寤"隗囂這位頑強的政治野心家時，搬出了在當時最流行的，也是最具有說服力的五德三統理論。

進一步分析《王命論》的思想，應該和《王命論》的政治意義結合起來。班彪在《王命論》中寫道：

> 世俗見高祖興於布衣，不達其故，以爲適遭暴亂，得奮其劍，游說之士至比天下於逐鹿，幸捷而得之，不知神器有命，不可以智力求也。悲夫！此世所以多亂臣賊子者也。若然者，豈徒闇於天道哉？又不覩之於人事矣！
>
> 夫饑饉流隸，飢寒道路，思有短褐之襲，儋石之畜，所願不過一金，然終於轉死溝壑。何則？貧窮亦有命也。況虖天子之貴，四海之富，神明之祚，可得而妄處哉？故雖遭罹阸會，竊其權柄，勇如信、布，彊如梁、籍，成如王莽，然卒潤鑊伏質，亨醢分裂，又況么麼，尚不及數子，而欲闇奸天位者虖！是故駑蹇之乘不騁千里之途，燕雀之疇不奮六翮之用，槃樠之材不荷棟梁之任，斗筲之子不秉帝王之重。《易》曰："鼎折足，覆公餗"，不勝其任也。
>
> 當秦之末，豪桀共推陳嬰①而王之，嬰母止之曰："自吾爲子家婦，而世貧賤，卒富貴不祥，不如以兵屬人，事成少受其利，不成禍有所歸。"嬰從其言，而陳氏以寧。王陵②之母亦見項氏之必亡，而劉氏之將興也。是時陵爲漢將，而母獲於楚，有漢使來，陵母見之，謂曰："願告吾子，漢王長者，必得天下，子謹事之，無有二心。"遂對漢使

---

① 陳嬰，秦朝東陽（今安徽天長）令史。秦末東陽民衆起義，推舉陳嬰爲首領，幷欲立其爲王，爲其母所止。後率衆投奔項梁。項羽死後陳嬰投劉邦，劉邦封之爲堂邑侯。陳嬰曾孫女爲武帝陳皇后。

② 王陵爲沛縣豪族，劉邦起兵攻陷咸陽，王陵集合數千兵占據南陽。劉邦與項羽作戰，王陵之母在項羽營中，爲使王陵歸順劉邦伏劍自殺。王陵於是歸順劉邦，被封爲安國侯。惠帝六年，曹參去世後，王陵爲右丞相。惠帝死後，呂后要以呂氏一族爲王。王陵説："高皇帝刑白馬而盟曰：'非劉氏而王者，天下共擊之'。今王呂氏，非約也。"

伏劍而死，以固勉陵。其後果定於漢，陵爲宰相封侯。夫以匹婦之明，猶能推事理之致，探禍福之機，而全宗祀於無窮，垂策書於春秋，而況大丈夫之事乎！是故窮達有命，吉凶由人，嬰母知廢，陵母知興，審此四者，帝王之分決矣。

蓋在高祖，其興也有五：一曰帝堯之苗裔，二曰體貌多奇異，三曰神武有徵應，四曰寬明而仁恕，五曰知人善任使。加之以信誠好謀，達於聽受，見善如不及，用人如由己，從諫如順流，趣時如嚮赴；當食吐哺，納子房之策；拔足揮洗，揖酈生之説；寤戍卒之言，斷懷土之情；高四皓之名，割肌膚之愛；舉韓信於行陳，收陳平於亡命，英雄陳力，群策畢舉：此高祖之大略，所以成帝業也。若乃靈瑞符應，又可略聞矣。初劉媼任高祖而夢與神遇，震電晦冥，有龍蛇之怪。及其長而多靈，有異於衆，是以王、武感物而折券，呂公覩形而進女；秦皇東游以厭其氣，呂后望雲而知所處；始受命則白蛇分，西入關則五星聚。故淮陰、留侯①謂之天授，非人力也。

班彪的《王命論》系統地説明了爲什麽他認爲隗囂集團應該歸附劉秀的原因，即天下歸劉氏乃是天命所定，并非他人可以覬覦。昔日劉邦以布衣而興，并非偶然，亦非任意一個草莽豪傑皆可效仿之，這從劉邦祖先之高貴、體貌之奇异、神武而有符應這三點就可以看出來；當然，劉邦的個人魅力也很高："四曰寬明而仁恕，五曰知人善任"，但這些都不如前三條來得重要，因爲這兩條是很多人都可能擁有、也可以學習的，但前三條就祇能説明是"天命所歸"了。你隗囂有嗎？

在這套冠冕堂皇的説辭背後，實際上當然仍是現實的考量：你隗囂的實力祇有河西諸郡，無法與劉秀抗衡；你隗囂不姓劉，號召力不足；且民心思漢，反對分裂，統一有利於黎民百姓過上安定的生活。據此，割據很難有好結果，望你審時度勢，好自爲之。五德三統、讖緯、符瑞等以現代眼光看來雖有些愚昧可笑，但在當時乃是主流話語表達方式。

---

①指淮陰侯韓信、留侯張良。

二、關於漢與匈奴關繫問題的觀點

關於漢與匈奴關繫的問題，班彪主張和平共處，屬於比較保守的一派，這與當時漢帝國的民族政策相一致。

兩漢時期，尤其是西漢及東漢前期的民族問題，主要是防禦北方匈奴的侵略。當時在帝國的周圍，雖然還有其他部族，如羌族、烏桓族等，他們也時常侵犯大漢疆土，殺掠百姓，破壞生產。但是這些部族的擾害，并不像匈奴那麼嚴重和經常，而且他們的擾害又大都與匈奴有着密切的關繫。

漢帝國對匈奴的政策，可分作四個不同的時期。漢初高、惠、文、景時期，爲了挽救秦末乃至戰國以來由於連綿不斷的戰爭對社會經濟的破壞，實行休養生息、恢復生產的政策，所以對匈奴隱忍退讓，盡量避免戰爭。

高帝七年（前200）匈奴大舉入侵攻太原，圍困劉邦於平城（今山西大同縣）。漢廷與之和親，"輸饋匈奴甚厚。"然終高帝世，匈奴仍數次侵擾北方。惠帝四年（前192），冒頓單于遺書呂后，以下流語言侮辱她，但呂后還是忍受了下來。文帝三年（前177），匈奴右賢王進犯河套以南，文帝下令命丞相灌嬰進擊，僅迫使其退出塞外而止；文帝十四年（前166）匈奴十四萬騎由朝那①和蕭關②進犯，殺北地郡都尉孫卬，燒安定郡的回中宮③，其巡邏騎兵竟進至雍甘泉④。漢帝國調集大兵保衛京師，匈奴留塞內月餘退回。景帝時，實行和親政策，然終景帝世，匈奴仍數入盜邊。這些事件，都表現了漢政府的被動防守政策。此爲第一時期。

經過幾近七十年的休養生息，漢帝國的經濟狀況有了很大的好轉，國家財政充實了，民衆生活水平也有所提高。於是漢帝國的對外政策也隨之改變。前141年武帝劉徹即位，一變之前屈辱的對外政策，開始強硬地反擊。

---

①朝那縣屬北地郡，位於今寧夏彭陽縣。
②漢之蕭關位於今寧夏固原之東南方。
③這時匈奴冒頓單于已死，正當其子志上單于在位期間。
④約今陝西鳳翔一帶。

武帝抗擊匈奴的戰爭，首先是收復河南①和河西的失地。元朔二年（前127），衛青統軍由云中郡②出擊，沿黃河北岸西進，然後南下隴西，實行大包抄戰，匈奴白羊王、樓煩王逃走，於是收復河南。河南郡自秦末被匈奴占據，歷經八十餘年又重新歸於漢族中央政府治下。河西自古是內地和西域交通的要道，匈奴占有之後一面借以控制和奴役西域諸國，一面和羌族聯合，威脅和侵襲漢帝國的西部國防。元狩二年（前121）霍去病先後兩次沿祁連山進襲，匈奴休屠王、昆邪王慘敗，產生内訌。昆邪王殺休屠王降漢，於是河西復歸漢朝。

　　為了徹底解決匈奴的進犯，非摧毀其根據地不可。元狩三年（前120）武帝遣大將軍衛青、驃騎將軍霍去病分道伐匈奴。衛青出定襄③，大破伊穉斜單于，一直追至寘顏山趙信城（今鄂爾渾河以南）；霍去病由代郡、右北平④進軍，大敗匈奴左賢王於狼居胥山。兩路都大獲全勝。

　　匈奴在北方失敗之後，西域對其就愈顯重要，不但人力財富可以取給於此，且可以此為基地，繼續進犯內地。所以當時稱西域為匈奴右臂。不斷匈奴右臂，仍不能保證漢帝國的安全。武帝於建元三年（前138）、元鼎二年（前115）兩次派遣張騫出使西域，爭取大月氏以及烏孫、大宛、康居等國的友好，又於元豐三年（前108）、太初元年（前104）派遣趙破奴⑤、李廣利統兵征伐親匈奴的樓蘭和大宛等國，結果樓蘭王被俘，大宛兵敗。極大地消弱了匈奴在西域的勢力。

---

① 河南郡，舊稱三川郡。高帝二年（前205）三川郡改稱河南郡，與河東郡、河內郡合稱三河，治所在雒陽（今河南洛陽）。
② 戰國趙地，秦置雲中郡，統陰山以南，今自山西之懷仁、左雲、右玉以北、綏遠綏遠首各縣、蒙古鄂爾多斯左翼、喀爾喀右翼、四子部落各旗，皆其地，西漢分秦雲中郡之東北部置定襄郡，西南部仍為雲中郡，治雲中縣，即今內蒙古托克托縣，亦即趙故城。
③ 定襄郡，西漢初年分雲中郡置，治所在成樂縣。其地大致相當於今內蒙古清水河縣、和林格爾縣、卓資縣一帶。
④ 代郡，今河北蔚縣一帶。右北平，漢郡。轄地大致相當於今河北北部、遼寧西部以及内蒙古赤峰市一帶。
⑤ 趙破奴，太原人，西漢將領。元狩二年（前121）出征匈奴，大勝，被封侯，後因罪而削爵。元封元年（前110）破樓蘭。太初元年（前104）征匈奴失利被俘，後逃回。因牽涉巫蠱之禍而被殺。

於抗禦匈奴戰爭獲得勝利的同時，漢帝國亦推行了一系列鞏固西北邊防的措施：修築長城、移民屯墾、改置郡縣……經過長時期的努力，不但國防得以鞏固，不復再被匈奴所騷擾，且邊地荒涼之地也得到開發，民衆生活逐漸安定下來。這其中有些措施直至明代仍在發揮作用。

　　武帝抗擊匈奴的勝利，爲以後的外交取得了長期優勢。匈奴所奴役之其他部族亦紛紛起而反抗，脫離其統治或進而予以嚴重的打擊。匈奴統治階級內部也發生了矛盾，進行長期的內戰，加速了匈奴的沒落。武帝奮擊之威，對於匈奴及西北各少數民族部族一直是一種威懾力量。所以昭、宣、元之世不但在外交上取得了驚人的勝利，且出現了長期的和平局面。昭帝始元六年（前81）匈奴送還了羈留十九年的漢使蘇武、馬宏。宣帝本始元年（前73）匈奴入侵烏孫，漢室公主求援，於是烏、漢聯軍大破匈奴。宣帝神爵二年（前60），匈奴鎮守西域的日逐王先賢撣降漢。

　　神爵四年（前58），因匈奴衍朐鞮單于"暴虐，好殺伐"，部分匈奴貴族及左地①貴人擁立稽侯狦爲呼韓邪單于，并出動左地兵數萬人進攻握衍朐鞮單于，握衍朐鞮單于兵敗自殺。此後匈奴內部發生了爭奪王位的戰爭，五單于爭立。其中以呼韓邪之兄呼屠吾斯最強，自稱郅支單于。火并之餘，呼韓邪爲郅支所敗。宣帝甘露元年（前53）呼韓邪降漢。至元帝建昭三年（前36），西域副校尉陳陽矯制發兵擊殺郅支單于於康居。竟寧元年（前33）呼韓邪再入朝，願代漢保衛邊地。以匈奴制匈奴的策略果然有效，出現了"北邊自宣帝以來，數世不見煙火之警，人口熾盛，牛馬布野"的局面，此爲第二時期。

　　西漢末年，皇室貴族日趨腐敗，土地兼并嚴重，階級矛盾日益尖銳化。哀、平之後，王莽專政。王莽爲人虛僞，從篡權到施政，完全是一套欺騙、陰謀手段。王莽時期階級矛盾更加尖銳，社會動蕩不安，給當時民衆帶來很大痛苦。

　　王莽對匈奴的態度，是與其政治手段一致的。他遣使匈奴，傲慢狂妄，要求更改單于之名、之璽、稱號；又以賄賂手段，離間匈奴內部，要求匈奴北徙；并徵調大量兵員，征伐匈奴。

　　由於中央政府的腐敗屠弱、政治不安定、社會動蕩，給匈奴的東山再起提

---

① 漢代匈奴左賢王轄下的上谷以東地區。《匈奴傳上》："時'握衍朐鞮'單于已立二歲，暴虐殺伐，國中不附。及太子、左賢王數譖左地貴人，左地貴人皆怨。"

供了契機。匈奴一方面向西域伸展勢力，一方面寇擾北邊各郡，擊殺地方長官，劫掠人畜。天鳳三年（16）王莽發兵征西域，大敗而歸，西域與内地之聯繫又因此斷絕。地皇二年（21）王莽再次準備征匈奴，然其時社會秩序大亂，農民起義風起，導致新莽政權很快被推翻。

此後各路政治野心家紛紛起兵，實行割據。匈奴亦乘虛而入，蠶食邊地。更有某些地方豪强，爲一己之利，勾結匈奴，如彭寵、盧芳輩，邊郡因之大受其害。後來這些地方豪强、割據軍閥雖爲劉秀一一擊破、收服，國家重歸一統，但長城以南大片國土，却又被匈奴所占。

劉秀建立了東漢政權，注意恢復生産，繁榮社會經濟，以鞏固新建帝國，所以對匈奴也采取了保守政策。建武二十四年（48）匈奴内部復有王位之争，呼韓邪單于日逐王比與蒲奴單于并立，分匈奴爲南北二部。建武二十六年（50）南單于日逐王比降漢，并親自入朝，成爲漢帝國的藩屬。

自是東漢帝國始將前此所徙自雲中、五原、朔方、北地、定襄、雁門、上穀、代八郡人民，歸於本土。又以南單于不堪北單于的襲擊，准其南遷，居於西河郡的美稷，分其兵於八郡。

由西漢成、哀、平，新莽，以至東漢光武帝，由漢與匈奴關繫惡化、匈奴入侵到東漢帝國休養實力，采取保守政策，爲第三時期。

明帝初，經過三十餘年的休養，國民經濟逐漸恢復，國家財政也充實起來。史稱：明帝時"天下安平，人無徭役，歲比登稔，百姓殷富，粟斛三十（文），牛羊被野。"（《後漢書·明帝紀》）又稱："自中興以後，逮於永元，雖頗有弛張，而俱存不擾，是以齊民歲增，闢土世廣。"（《後漢書·和帝紀》）但這時匈奴的侵略，并未少歇。如明帝永平五年（62）北匈奴由五原大舉入侵，永平八年（65）北匈奴且侵入黃河以南，焚掠河西諸郡，謀與南匈奴叛變勢力策應，大規模入寇。

東漢帝國爲了謀求長治久安，乃決定采取更積極的防禦政策。至永平十六年（73）命竇固、耿秉等分四路伐北匈奴，竇固出敦煌，破北匈奴兵呼衍王至蒲類海，大獲全勝。竇固又派班超出使西域南道諸國。班超在鄯善、于闐諸國的活動取得了卓越成績，使其重新脱離匈奴的羈絆而與漢和好。

和帝永元元年（89）命竇憲、耿秉等分三路伐匈奴，大敗北匈奴於稽落山（今蒙古人民共和國額布根山）。漢兵追擊匈奴，降者達二十餘萬。竇憲、耿秉登燕然山（今杭愛山）勒石紀功，凱旋而歸。至永元三年（91）竇憲再出兵河西，命耿夔輕騎進擊，破北匈奴於金微山（今新疆阿爾泰山）。北匈奴自此遠遁，不復爲患中國。

之後東漢帝國另立降漢的匈奴貴族右谷蠡王於除鞬爲單于，統其遺民，和南匈奴一樣成爲漢的屬國。終漢之世，南北匈奴雖仍叠有叛服，但由其勢力衰弱，終未成大患。

由明、章、和對北匈奴的進擊勝利以及由此取得的直至漢末的相對安定的局面爲第四時期。

班彪一生，經歷了西漢末年、王莽新朝和東漢初年。其時西漢帝國已由強盛走向衰亡：一方面是皇朝政治腐敗，外戚專權導致王莽篡漢；另一方面土地兼并加劇，形成階級矛盾的尖銳化，終於在新莽末年爆發農民大起義，推翻了新莽，然而隨之而來的是各路割據軍閥的混戰。在這種情況下匈奴又趁機作亂入侵，北方各郡的防禦問題進一步惡化。迨至東漢初年，各路軍閥割據勢力基本已經被消滅，社會秩序也重新安定下來。但是由於社會經濟的殘破，百廢待舉，東漢帝國的實力不足，對待匈奴日益猖獗的入侵，一時仍祗能采取消極防守的策略。班彪對民族問題的觀點，受制於當時客觀環境的影響，也是比較保守的，有時甚至流露出消極退讓思想。

然而在對待匈奴問題上，班固的思想就恰與其父班彪相反。蓋班固一生，主要是在東漢明、章、和時期度過的，即相當於漢帝國對外政策的第四時期。其時國民經濟獲得了充分的恢復和發展，國力相當充足，所以對匈奴的侵擾有了采取積極抗擊手段的基礎。同時，在漢帝國對匈奴的幾次勝利戰役中，班固又是直接參加者，所以他在这方面表現的態度是進取的和積極的。

建武二十六年（50）呼韓邪單于比降漢，北匈奴蒲奴單于勢單惶恐，且欲離間漢與南匈奴的關繫，遂於次年"遣使詣武威求和親"，二十八年（52）"復遣使詣闕，貢馬及裘，更乞和親，并請音樂，又求率西域諸國胡客與俱獻見。"劉秀將此事交三府討論。班彪時爲司徒椽，對此提出了自己的意見：

> 臣聞孝宣皇帝勅邊守尉曰："匈奴大國，多變詐。交接得其情，則却敵折衝；應對入其數，則反爲輕欺。"今北匈奴見南單于來附，懼謀其國，故數乞和親。又遠驅牛馬與漢合市，重遣名王，多所貢獻。斯皆外示富強，以相欺誕也。臣見其獻益重，知其國益虛，歸親愈數，爲

懼愈多。然今既未獲助南，則亦不宜絕北，羈縻之義，禮無不答。謂可頗加賞賜，略與所獻相當，明加曉告以前世呼韓邪、郅支行事。(《後漢書·南匈奴列傳》)

班彪於此明白揭露了北匈奴蒲奴單于的陰謀，但却主張行羈縻之策。一方面，"頗加賞賜，略與所獻相當"，另一方面，則又曉以利害，誠意歸附則受爵賞，陰謀叛變則受誅戮。之前北匈奴遣使至武威求和親時，光武帝亦曾召公卿廷議：

召公卿廷議，不決。皇太子①言曰：'南單于新附，北虜懼於見伐，故傾耳而聽，爭欲歸義耳。今未能出兵，而反交通北虜，臣恐南單于將有二心，北虜降者且不復來矣。'帝然之，告武威太守勿受其使。(同前引)

班彪的意見，即使與大約同時之劉莊的意見相較亦覺保守。

班彪對涉外戰爭的立場，是一以貫之的。非獨匈奴，即使對其他游牧民族的入侵，他也表現了比較溫和、務實的態度。王莽末，四境游牧民族時有內侵，西北羌族亦數寇邊境。更始時，西羌更加放縱，入侵金城、隴西。隗囂雖擁重兵却不願抵禦，反而與之接納，以利用其眾抗拒劉秀。建武九年(33)，隗囂死，班彪上疏請復置護羌校尉：

今涼州部皆有降羌，羌胡被髮左衽，而與漢人雜處，習俗既異，言語不通，數爲小吏黠人所見侵奪，窮恚無聊，故致反叛。夫蠻夷寇亂，皆爲此也。舊制：益州部置蠻夷騎都尉，幽州部置領烏桓校尉，涼州部置護羌校尉，皆持節領護，理其怨結，歲時循行，問所疾苦。又數遣使驛通動靜，使塞外羌夷爲吏耳目，州郡因此可得儆備。今宜復如舊，以明威防。(《後漢書·西羌傳》)

班彪於此首先揭發出西羌之所以"反叛"的原因，大都由於漢族"小吏、黠人"所引起的。所以他主張復置護羌校尉，"持節領護，理其怨結，歲時循行，問所疾苦。"他建言的角度是從及時消除民族間的矛盾，避免小的衝突導致大的

---

①即後來的明帝劉莊。

戰爭。這在當時是比較實際而合理的處置措施。

東漢之初，烏桓與匈奴聯合進犯，代郡以東，尤被其害。由於他們駐地距邊塞較近，朝發穹廬，暮至城郭，毗鄰五郡民衆受害極多，以至郡縣損壞，百姓流亡。朝廷亦數次遣將征伐，然效果不大。建武二十五年（49），遼西烏桓大人郝旦等率衆詣闕朝貢，并願留宿衛。劉秀乃封其渠帥爲侯、王、君長者八十餘人，皆留居塞內，布防於沿邊諸郡。班彪上疏請復置烏桓校尉，加以總領：

> 烏桓天性輕黠，好爲寇賊，若久放縱而無總領者，必復侵掠居人。但委主降掾史，恐非所能制。臣愚以爲宜復置烏桓校尉，誠有益於附集，省國家之邊慮。（《後漢書·烏桓鮮卑列傳》）

劫掠是游牧民族的一種生活方式，班彪説他們"天性輕黠，好爲寇賊"亦不爲錯。他的對策是留其居住塞內，布於緣邊諸郡，逐漸改變他們的生活方式。爲了協調遷居的烏桓人和當地居民的關繫，應該復置烏桓校尉，對其加以統領。

班彪的這種比較溫和的處理漢與周邊游牧民族關繫的觀點，與其對有關歷史問題的看法也是一致的，如他在《北征賦》裏寫到：

> 登鄣隧而遙望兮，聊須臾以婆娑。
> 閔獯鬻之猾夏兮，吊尉印於朝那①。
> 從聖文之克讓兮，不勞師而幣加。
> 惠父兄於南越兮，黜帝號於尉他。
> 降幾杖於藩國兮，折吳濞之逆邪。
> 惟太宗之蕩蕩兮，豈囊秦之所圖。

"閔獯鬻之猾夏兮，吊尉印於朝那"是指文帝"十四年冬，匈奴謀入邊爲寇，攻朝那塞，殺北地都尉卬。"（《史記·孝文本紀》）匈奴犯邊，班彪當然反對，但處理的方法，他不贊成武帝之強硬政策，而欣賞文帝的固守以至於厚賜加幣的辦法。當然，班彪這種不考慮具體情況，一味反對武力解決的思想也有偏頗之處。班彪之所以有這種思想，恐怕也與武帝好大喜功，窮兵黷武，以至國力過

---

① 朝那位於今之寧夏彭陽县

度浪費，至武帝末年社會動蕩不安，現出一片饑饉盜賊的亂象有關繫。

三、政治主張

武帝劉徹任用董仲舒輩，托古改制，"罷黜百家，獨尊儒術"，假孔子之名，而行桎梏思想之事；以利禄獎勉"儒者"，以繁瑣迂闊之儒術作爲思想統治的工具。

班彪對當時的儒者與儒術，提推出了責難。他在《元帝紀》中寫道：

> （元帝）少而好儒，及即位，徵用儒生，委之以政，貢、薛、韋、匡①迭爲宰相。而上牽制文義，優游不斷，孝宣之業衰焉。

班彪以爲"孝宣之業"所以衰敗，在於"徵用儒生，委之以政"，以及元帝之好儒術，斤斤於經典的文義，性格優柔寡斷所致。司馬遷稱："儒者博而寡要"，而班彪此論，正是一個具體的注釋。

班彪在《元帝紀》中還暴露了漢代所謂"獨尊儒術"的實質。他寫道：

> 孝元皇帝，宣帝太子也。母曰共哀許皇后，宣帝微時生民間。年二歲，宣帝即位。八歲，立爲太子。壯大，柔仁好儒。見宣帝所用多文法吏，以刑名繩下，大臣楊惲、蓋寬饒等坐刺譏辭語爲罪而誅。嘗侍燕從容言："陛下持刑太深，宜用儒生。"宣帝作色曰："漢家自有制度，本以霸王道雜之，奈何純任德教，用周政乎！且俗儒不達時宜，好是古非今，使人眩於名實，不知所守，何足委任！"乃歎曰："亂我家者，太子也！"

班彪以此説明，漢代自武帝已後，并非尊重真的儒術，實際是内法外儒。用儒者，任德教，不過是一個招牌，骨子裏仍然是尚刑罰霸道的。"俗儒不達時宜，好是古非今，使人眩於名實，不知所守"，這正是班彪對當時"俗儒"的一種批評。所謂"俗儒"，就《荀子·儒傚》的講法：

---

①貢禹、薛廣德、韋賢、匡衡，俱爲元帝大臣。

隨其長子，事其便辟，舉其上客，億然若終身之虜而不敢有他志，是俗儒者也。

桓譚"遍習五經"，"伏周、孔之軌躅，馳顔、閔之極摯"（《叙傳上》），然"憙非毁俗儒"（《後漢書·桓譚馮衍列傳》）；王充"受《論語》《尚書》"，出於儒學，而有"問孔""刺孟"之作。前賢後學、師友之間頗有其因果關繫。

班彪的政治思想，對君主專制是肯定的，但他并不以爲天子生而聖明。他以爲天子和一般人一樣，可以做好事，也可以做壞事。但是平常的人做壞事影響還小，而天子做壞事則影響很大。所以他主張太子以及諸王都應該受教育，應該常常和好人接近，以便改造與培養自己。這種觀點，表現在他《宜爲東宫及諸王選置師保官屬疏》中。他寫道：

> 孔子稱"性相近，習相遠也"。賈誼以爲"習與善人居，不能無爲善，猶生長於齊，不能無齊言也；習與惡人居，不能無惡，猶生長於楚，不能無楚言也。"①是以聖人審所與居而戒慎所習。
>
> 昔成王之爲孺子，出則周公、邵公、太公、史佚，入則大顛、閎夭、南宫括、散宜生，左右前後，禮無違者。故成王一日即位，天下曠然太平。是以《春秋》："愛子教以義方，不納於邪。驕奢淫佚，所自邪也。"②《詩》云："詒厥孫謀，以宴翼子。"③言武王之謀遺子孫也。
>
> 漢興，太宗使鼂錯導太子以法術，賈誼教梁王以詩書，及至中宗，亦令劉向、王褒、蕭望之、周堪之徒，以文章儒學保訓東宫以下，莫不崇簡其人，就成德器。
>
> 今皇太子諸王，雖結髮學問，脩習禮樂，而傅相未值賢才，官屬多闕舊典。宜博選名儒，有咸重明通政事者，以爲太子太傅，東宫及諸王國，備置官屬。（《後漢書·班彪列傳上》）

---

① 賢注："賈誼上疏之詞。"
② 李賢注："《左傳》：衛大夫石碏諫衛莊公之辭也。"
③ 李賢注："《詩·大雅》也。詒，遺也。宴，安也。翼，敬也。言文王遺其孫以善謀，武王以安敬之道遺其子。子謂成王也。"

班彪企圖通過教育改變統治者的個性和提高他們擔當其社會職責的能力，企圖通過教育培養出"好皇帝"，作爲一個封建士大夫，班彪的這種願望無可厚非。後來竇憲亦有類似建議：

　　和帝①即位，富於春秋，侍中竇憲自以外戚之重，欲令少主頗涉經學，上疏皇太后曰："《禮記》云：'天下之命，懸於天子；天子之善，成乎所習。習與智長，則切而不勤；化與心成，則中道若性。'……孝昭皇帝八歲即位，大臣輔政，亦選名儒韋賢、蔡義、夏侯勝等入授於前，平成聖德。近建初元年，張酺、魏應、召訓亦講禁中。臣伏惟皇帝陛下，躬天然之姿，宜漸教學，而獨對左右小臣，未聞典義。……宜令郁、方②並入教授，以崇本朝，光示大化。"（《後漢書·桓榮丁鴻列傳》）

如果對漢代帝王、皇子的殘酷和淫亂有所了解，那麼班彪加強對太子及諸王教育的主張，就更顯重要。現舉《景十三王傳》爲例：

江都王劉建爲江都易王劉非之子，景帝劉啓之孫。

　　建爲太子時，邯鄲人梁蚡持女欲獻之易王，建聞其美，私呼之，因留不出。蚡宣言曰："子乃與其公爭妻！"建使人殺蚡。……

　　易王薨未葬，建居服舍，召易王所愛美人淖姬等凡十人與姦。建女弟徵臣爲蓋侯子婦，以易王喪來歸，建復與姦。

　　建游章臺宮，令四女子乘小舩，建以足蹈覆其舩，四人皆溺，二人死。後游雷波，天大風，建使郎二人乘小舩入波中。舩覆，兩郎溺，攀舩，乍見乍沒。建臨觀大笑，令皆死。

　　宮人姬八子有過者，輒令裸立擊鼓；或置樹上，久者三十日乃得衣；或髠鉗以鈆杅舂，不中程，輒掠；或縱狼令齧殺之，建觀而大笑；

――――――――――

① 漢和帝劉肇，章帝劉炟第四子。母貴人梁氏，皇后竇氏（即竇憲之妹）將其收爲養子。東漢第四位皇帝，廟號穆宗，諡孝和皇帝。在位17年，得年27歲。章和二年（88）劉炟死，劉肇即位，時年十歲，由竇太后執政，實際掌權者爲竇憲。竇氏一門顯赫，專橫跋扈，永元四年（92）劉肇聯合宦官鄭衆將竇氏一網打盡。

② 桓郁、劉方。

或閉不食，令餓死。凡殺不辜三十五人。建欲令人與禽獸交而生子，彊令宮人贏而四據，與羝羊及狗交。

膠西于王劉端，景帝子：

（劉端）遂爲無訾省①，府庫壞漏，盡腐財物，以巨萬計。終不得收徙②。

劉彭祖太子劉丹：

太子丹與其女弟及同産姊姦。江充告丹淫亂，又使人椎埋攻剽③，爲姦甚衆。武帝遣使者發吏卒捕丹，下魏郡詔獄，治罪至死。……久之，竟赦出。

劉彭祖孫繆王劉元：

元前以刃賊殺奴婢，……病先令，令能爲樂奴婢從死，迫脅自殺者凡十六人，暴虐不道。

廣川繆王劉齊，景帝孫，"與同産奸。"
劉齊之子劉去：

去悖虐，聽后昭信讒言，燔燒亨煑，生割剥人，距師之諫，殺其父子。凡殺無辜十六人，至一家母子三人，逆節絶理。

劉去之侄劉海陽：

坐畫屋爲男女贏交接，置酒請諸父姊妹飲，令仰視畫；又海陽女弟爲人妻，而使與幸臣姦；又與從弟調等謀殺一家三人，已殺。

繆王元嗣，二十五年薨。大鴻臚禹奏："元前以刃賊殺奴婢，子男殺謁者，爲刺史所擧奏，罪名明白。病先令，令能爲樂奴婢從死，迫

---

①顔師古注：訾，財也。省，視也。言不視訾財也。
②顔師古注：不收，又不徙置他處。
③顔師古注：椎殺人而埋之，故曰：椎、埋。剽，劫也。

脅自殺者凡十六人，暴虐不道。故《春秋》之義，誅君之子不宜立。元雖未伏誅，不宜立嗣。"

其他如廣陵盧王劉胥的兒子南利侯劉寶的淫亂（《武五王傳》）等，類似例子，在《漢書》中還能找到許多。

這些人或殘酷殺人，或淫亂敗倫，或奢靡浪費，都達到了滅絕人性的程度。皇室貴族之所以如此，一是缺少制衡，當時法律對他們非常寬容；另一方面也是由於不受教育，愚昧無知的結果。《景十三王傳》中說：

> 昔魯哀公有言："寡人生於深宮之中，長於婦人之手，未嘗知憂，未嘗知懼。"信哉斯言也！雖欲不危亡，不可得已。是故古人以宴安爲鴆毒，亡德而富貴，謂之不幸。漢興，至於孝平，諸侯王以百數，率多驕淫失道。何則？沉溺放恣之中，居勢使然也。自凡人猶繫于習俗，而況哀公之倫乎！

作者以爲漢之諸侯王"率多驕淫失道"的原因，是"生於深宮之中，長於婦人之手"，"沉溺放恣"的結果，也有一定的道理，這正是班彪所以提出加強太子、諸王教育的重要意義。

班彪企圖通過教育改變統治者的"惡性"，培養出"賢君"或"賢王"，其目的當然是爲了鞏固封建皇朝的統治，其立場依然是統治階級的立場。但從其欲使統治者少做些壞事的一面來看，對當時的民衆也是有利的，應該肯定。

四、歷史觀點

秦始皇嬴政死後，秦王朝內部發生政變，趙高與嬴政少子胡亥陰謀奪取政權，廢太子扶蘇。胡亥遣使殺扶蘇及大將蒙恬、蒙毅。其時扶蘇及蒙氏兄弟皆在北邊防禦匈奴，修築長城。《史記·蒙恬列傳》載：

> 蒙恬喟然太息曰："我何罪於天，無過而死乎？"良久，徐曰："恬罪固當死矣。起臨洮屬之遼東，城壍萬餘里，此其中不能無絕地脈哉？此乃恬之罪也。"乃吞藥自殺。

蒙恬所謂因破掘地脉，應遭天譴，當然是陰陽迷信的觀念，司馬遷就表示反對。《史記·蒙恬列傳》太史公曰：

> 吾適北邊，自直道歸，行觀蒙恬所爲秦筑長城亭障，塹山堙谷，通直道，固輕百姓力矣。夫秦之初滅諸侯，天下之心未定，痍傷者未瘳，而恬爲名將，不以此時强諫，振百姓之急，養老存孤，務修衆庶之和，而阿意興功，此其兄弟遇誅，不亦宜乎？何乃罪地脉哉？

就蒙氏兄弟的命運，班彪和太史公所見略同。他在《北征賦》中説到：

> 越安定以容與兮，遵長城之漫漫。
> 劇蒙公之疲民兮，爲强秦乎築怨。
> 舍高、亥之切憂兮，事蠻狄之遼患。
> 不耀德以綏遠，顧厚固而繕藩。
> 首身分而不寤兮，猶數功而辭怨。
> 何夫子之妄説兮，孰雲地脉而生殘。

據他們的看法，蒙氏兄弟阿意興功，助紂爲虐，殘害百姓，纔是其取死之道。寫史從百姓的角度出發，這纔是史家之良心所在。

然而作爲封建史學家，司馬遷、班彪輩著史依然是以統治者爲中心。班彪著《續太史公書》，采用紀傳體，叙事重點放在帝王將相的傳記上，着重於個人在歷史上的作用。

例如，班彪對元后王政君的評論：

> 三代以來，《春秋》所記，王公國君，與其失世，稀不以女寵。漢興，后妃之家吕、霍、上官，幾危國者數矣。及王莽之興，由孝元后歷漢四世爲天下母，饗國六十餘載，羣弟世權，更持國柄，五將十侯，卒成新都！位號已移於天下，而元后卷卷猶握一璽，不欲以授莽，婦人之仁，悲夫！（《元后傳》）

他以爲春秋時王公國君之失世亡國，多是由於"女寵"的關繫，并把王莽之篡漢，歸罪於其姑母王政君。王政君爲孝元皇后，歷元、成、哀、平四世，在位達六十年之久，而且王鳳、王音、王商、王根"羣弟世權，更持國柄"，其家五將十侯，勢力過大，終於造成王莽篡漢。

固然王莽奪取劉氏江山與王政君以及王氏勢盛有很大的關繫，但在分析其現象時，更應重視的是西漢末年的階級矛盾如何？社會需求如何？王莽所依靠的基本群衆是誰？他篡權的具體手段如何？等等。如果忽視了這些問題，單單歸之於王政君和由她所造成的影響，那就將一個重大的歷史問題簡單化了，不恰當地誇大了個人在歷史上的作用。

當然，作爲一個優秀的史學家，班彪并未完全忽視底層民衆的作用。如當他與隗囂討論時局時，便緊緊把握了歷史發展的趨勢和民衆的作用兩個主要命題進行分析。《叙傳上》稱：

> 王莽敗，世祖即位於冀州。時隗囂據壟擁衆，招輯英俊，①而公孫述稱帝於蜀漢。天下雲擾，大者連州郡，小者據縣邑。
>
> 囂問彪曰："往者周亡，戰國並爭，天下分裂，數世然後乃定。其抑者從橫之事，復起於今乎？將承運迭興在於一人也？願先生論之。"
>
> 對曰："周之廢興與漢異。昔周立爵五等，諸侯從政，本根既微，枝葉強大，故其末流有從橫之事，其勢然也。漢家承秦之制，並立郡縣，主有專己之威，臣無百年之柄。至於成帝，假借外家，哀、平短祚，國嗣三絕。危自上起，傷不及下。故王氏之貴，傾擅朝廷，能竊號位，而不根於民。是以即真②之後，天下莫不引領而歎，十餘年間，外內騷擾，遠近俱發，假號雲合，咸稱劉氏，不謀而同辭。方今雄桀帶州城者，皆無七國世業之資。《詩》云：'皇矣上帝，臨下有赫，鑒觀四方，求民之莫。'今民皆謳吟思漢，鄉仰劉氏，已可知矣。"

首先，他對周代與秦漢政權的社會基礎作了分析，他以爲周雖共主，實則諸侯分立，各有其獨立的經濟基礎與政權機構，"本根既微，枝葉強大"，至其末年形成列國紛爭的局面，則爲發展的必然趨勢。而秦漢以來實行郡縣制，無論是經濟基礎還是政權組織均已統一於強大的中央政府，"主有專己之威，臣無

---

① 壟，同隴。輯，同集。
② 謂由攝政或監國而正式即皇帝位。《王莽傳上》："莽即滅翟義，自謂威德日盛，獲天人助，遂謀即真之事矣。"

百年之柄。"與前代情況迥异。因此即使當前各路軍閥雲起,然"雄桀帶州城者,皆無七國世業之資",因之"縱橫之事,復起於今"是不可能發生的。

同時,他在分析當前局勢的時候,特別重視民衆的意志。他認爲劉氏之衰,"危自上起,傷不及下",王氏之興,"能竊號位,而不根於民"。他從是否有民衆基礎來判斷兩個政權的存廢,從而認定"今民皆謳吟思漢,鄉仰劉氏,已可知矣!"於此他肯定了民衆在歷史上的作用,并以之來判斷重大歷史事件的發展趨勢。

班彪在此所謂"下"、所謂"民",究竟指的是哪個階級或階層,也是值得考慮的問題。班彪出身於地主階級,又是爲封建地主階級的政權服務的,他所謂"下""民",主要指地主階級是不成問題的。問題在於他所謂的"下""民",是否也包括當時的勞動人民——自耕農、農奴、小手工業者。筆者認爲,這個問題的答案是肯定的,因爲西漢末年土地兼并嚴重,社會矛盾激化,而王莽新政更促進了社會動蕩,底層民衆生活難以爲繼,於是全國各地都爆發了農民起義,新莽政權正是被綠林軍所推翻。這個教訓,正是地主階級内部較有遠見的政治家所要考慮的。因此,改變當時的封建割據局面,平息各路政治野心家之間爭奪權利的戰爭,重新統一歸於和平,讓失掉土地流離失所的農民重新安定下來,符合當時社會各階級,也包括廣大勞動人民的利益;班彪雖然出身於地主階級,却并非是高高在上的貴族子弟,他經歷豐富,有機會接近底層民衆,因而能够更多地考慮他們的意見。

班彪具有良好的史學家素質,在觀察和分析問題時,頗重視發展的道理,能够從經濟的觀點分析歷史事件。例如他對王莽篡權這一事件進行分析時,就試圖探討事件背後的深層次原因:

(成帝)博覽古今,容受直辭。公卿稱職,奏議可述。遭世承平,上下和睦。然湛於酒色,趙氏①亂内,外家擅朝,言之可爲於邑!建始以來,王氏始執國命,哀、平短祚,莽遂篡位,蓋其威福所由來者漸矣!(《成帝紀》)

班彪認爲王莽篡漢之所以發生,并非一朝一夕之故,而是各種主觀客觀條

---

①指成帝皇后趙飛燕、倢仔趙合德姊妹。

件的促成，"由來者漸矣！"班彪所指之"漸"，不僅在於"哀、平短祚"，不僅在於"建始以來，王氏始執國命"，他甚至遠遠追溯到成帝之"湛於酒色，趙氏亂內，外家擅朝"等事件上去。由此可見他對歷史事件的分析，對於事件發展的因素，是相當重視的。

當然他的分析方法仍有過於看重皇帝個人作用的傾向。

班彪對某些政治和文化制度，表示可以"古今異制"，可以"因時制宜"。這種見解依然是與其重視發展因素的歷史觀點相聯繫的。他寫道：

> 漢承亡秦絕學之後，祖宗之制因時施宜。自元、成後學者蕃滋，貢禹毀宗廟，匡衡改郊兆，何武定三公，後皆數復，故紛紛不定。何者？禮文缺微，古今異制，各爲一家，未易可偏定也。考觀諸儒之議，劉歆博而篤矣。（《韋賢傳》）

班彪在"古今異制""因時施宜"的觀點的支配下，強調："漢承亡秦絕學之後"，"禮文缺微"的客觀條件；同時更積極主張諸派學者"各爲一家，未易可偏定"。班彪曾在對歷史事件的分析上，接觸到歷史發展的必然性問題。他在論述翟義①舉兵討伐王莽時寫道：

> 丞相方進以孤童攜老母，羈旅入京師，身爲儒宗，致位宰相，盛矣！當莽之起，蓋乘天威，雖有賁育奚益於敵？②義不量力，懷忠憤發，以隕其宗，悲夫！（《翟方進傳》）

王莽篡漢，既有其客觀條件，又有其發展過程，班彪已有所論述。很顯然他這裏所說的"天威"，是指歷史發展的必然性而言。他以爲王莽既具備了奪取政權的一切客觀條件，則在其當政之後，便有了一時不可抗禦之勢。在這種情勢下翟義起兵討伐王莽，失敗就有其必然性。

在班彪看來，翟義之討伐王莽，"懷忠憤發"，具有道義上的正當性，但是

---

① 翟義，汝南上蔡人，字文仲，翟方進之子。翟義歷任南陽郡都尉、弘農郡太守、河內郡太守、東郡太守。平帝死後，王莽居攝，翟義聯合東郡都尉劉宇、嚴鄉侯劉信起兵反王莽，立劉信爲皇帝，自任大司馬柱天大將軍，部下聚集十萬人，不久兵敗被殺。
② 顏師古注："賁謂孟賁，育謂夏育，皆古之勇士。言得之無益，不能敵莽也。"

他没有正確估計當前的形勢，不能預見歷史的必然，所以終歸於失敗。

班彪的史學，是爲其政治立場服務的。班彪主張統一，擁護封建專制的中央集權制度，曾寫出《王命論》。他於文章的結論中明確地寫道：

> 歷古今之得失，驗行事之成敗，稽帝王之世運，考五者之所謂，取舍不厭斯位，符瑞不同斯度，而苟昧權利，越次妄據，外不量力，内不知命，則必喪保家之主，失天年之壽，遇折足之凶，伏鈇鉞之誅。英雄誠知覺寤，畏若禍戒，超然遠覽，淵然深識，收陵、嬰之明分，絕信、布之觊覦，距逐鹿之瞽說，審神器之有授，毋貪不可幾，爲二母①之所咲，則福祚流於子孫，天祿其永終矣。（《敘傳上》）

於此可見，《王命論》的中心思想，是在維護統一、維護專制主義的中央集權制度，而反對封建割據，反對割據勢力爲私利進行的戰爭。

但是，在《王命論》中也反映了班彪的歷史局限性。如文章一開始就寫道：

> 昔在帝堯之禪曰："咨爾舜，天之歷數在爾躬。"舜亦以命禹。暨於稷契，咸佐唐虞，光濟四海，奕世載德，至於湯武，而有天下。雖其遭遇異時，禪代不同，至於應天順民，其揆一也。是故劉氏承堯之祚，氏族之世，著於《春秋》。唐據火德，而漢紹之。始起沛澤，則神母夜號，以彰赤帝之符。由是言之，帝王之祚，必有明聖顯懿之德，豐功厚利積纍之業，然後精誠通於神明，流澤加於生民。故能爲鬼神所福饗，天下所歸往。未見運世無本，功德不紀，而得崛起在此位者也。

所謂"劉氏承堯之祚，氏族之世著於春秋。唐據火德而漢紹之。始起沛澤，則神母夜號，以彰赤帝之符"云云，顯然是劉歆的五德終始說那一套。

班彪於此闡述了取得政權的兩個條件：其一，必須有"明聖顯懿之德"，然後"精誠通於神明"，能爲"鬼神所福饗"；其二，必須有"豐功厚利積累之業"，然後"流澤加於生民"，能爲"天下所歸往"。二者具備始謂"應天順人"。班彪所論一虛一實，"鬼神所福饗"爲虛，"天下所歸往"爲實。其虛正與當時最流行的五德三統、讖緯之說相結合，其實則是他和隗囂關於當前形勢辯論的中心

---

① 即《王命論》前文所述之陳嬰母與王陵母。

論點。

　　班彪并不認爲祇要"天之歷數在爾躬"就算萬事俱備，而是始終強調民衆的作用，強調必須爲民衆建立"豐功厚利"之業，"流澤加於生民"，纔有真正的民意基礎。而且"通於神明"者如是，"爲鬼神所福饗"者亦如是。但"五德終始"之説乃是一種神的天道觀，雖以五行疊相主運，但依然承認其上有一最高主宰者在支配。班彪於此采用五德説以支持自己的論點，是時代的局限。

　　班彪爲了打擊割據軍閥的野心，過分強調了劉邦取得政權是天命所歸，因之陷入了宿命論的窠臼。他寫道：

　　　　世俗見高祖興於布衣，不達其故，以爲適遭暴亂，得奮其劍。游説之士至比天下於逐鹿，幸捷而得之。不知神器有命，不可以智力求也。悲夫！此世所以多亂臣賊子者也。若然者，豈徒闇於天道哉？又不睹之於人事矣！

　　　　夫餓饉流隸，飢寒道路，思有短褐之襲，檐石之畜，所願不過一金，終於轉死溝壑。何則？貧窮亦有命也。況摩天子之貴，四海之富，神明之祚，可得而妄處哉？（《叙傳上》）

　　他在這裏不僅説"神器有命"，而"貧窮亦有命"。後來王充論"人命""國命"，更充分發揮了這種觀點：

　　　　凡人遇偶及遭累害，皆由命也。有死生壽夭之命，亦有貴賤貧富之命。自王公逮庶人，聖賢及下愚，凡有首目之類，含血之屬，莫不有命。命當貧賤，雖富貴之，猶涉禍患（失其富貴）矣；命當富貴，雖貧賤之，猶逢福善，（離其貧賤）矣。故命貴，從賤地自達；命賤，從富位自危。故夫富貴若有神助，貧賤若有鬼禍。命貴之人，俱學獨達，並仕獨遷；命富之人，俱求獨得，並爲獨成。貧賤反此，難達難遷，（難得）難成，獲過受罪，疾病亡遺，失其富貴，貧賤矣。

　　　　是故才高行厚，未必（可）保其必富貴；智寡德薄，未可信其必貧賤。或時才高行厚，命惡，廢而不進；知寡德薄，命善，興而超踰。故夫臨事知愚，操行清濁，性與才也；仕宦貴賤，治產貧富，命與時也。命則不可勉，時則不可力，知者歸之於天，故坦蕩恬忽。（《論衡·

命祿篇》）

  賢君之治國也，猶慈父之治家。慈父耐平教明令，（不）耐使子孫皆爲孝善。子孫孝善，是家興也；百姓平安，是國昌也。昌必有衰，興必有廢。興昌非德所能成，然則衰廢非德所能敗也。昌衰興廢，皆天時也。此善惡之實，未言苦樂之效也。家安人樂，富饒財用足也。案富饒者命厚所致，非賢惠所獲也。

  人皆知富饒居安樂者命祿厚，而不知國安治化行者歷數吉也。故世治非賢聖之功，衰亂非無道之致。國當衰亂，賢聖不能盛；時當治，惡人不能亂。世之治亂，在時不在政；國之安危，在數不在教。賢不賢之君，明不明之政，無能損益。（《論衡·治期篇》）

王充由個人之"遇偶"而推之於國家的"歷數"，班彪則由強調"王命"而承之以"貧窮亦有命也"。

班彪關於"國命""人命"的論點，亦反映於他的其他著作中。《悼離騷》云：

  夫華植之有零茂，故陰陽之度也；
  聖哲之有窮達，亦命之故也。

此班彪論人命。《北征賦》云：

  乘陵崗以登降，息郇邠之邑鄉。
  慕公劉之遺德，及行葦①之不傷。
  彼何生之優渥，我獨罹此百殃？
  故時會之變化兮，非天命之靡常。

他認爲漢末社會秩序大亂，乃是"時會之變化"，即所謂"哀、平短祚，國統三絕"，以至造成偶然性的政變。即不可由此推定"天命靡常"，此班彪論國命。

王充謂"世之治亂，在時不在政；國之安危，在數不在教。"班彪所稱之"時會"相當於王充所稱之"政""教"，班彪所稱之"天命"，相當於王充所稱之"時""數"。

---

① 《文選》李善注："《毛詩》序曰：行葦，忠厚也。《詩》曰：敦彼行葦，牛羊勿踐履。"

與宿命論相聯係的是符瑞和骨相學。符瑞本來是五德終始説的一個不可分割的環節,《吕氏春秋·明類篇》云:

> 凡帝王者之將興也,天必先見祥乎下民。黄帝之時,天先見大螾大螻,黄帝曰:"土氣勝。"土氣勝,故其色尚黄,其事則土。及禹之時,天先見草木秋冬不殺,禹曰:"木氣勝。"木氣勝,故其色尚青,其事則木。及湯之時,天先見金刃生於水,湯曰:"金氣勝。"金氣勝,故其色尚白,其事則金。及文王之時,天先見火,赤烏銜丹書集於周社,文王曰:"火氣勝。"火氣勝,故其色尚赤,其事則火。代火者必將水,天且先見水氣勝,水氣勝,故其色尚黑,其事則水。

班彪論漢爲火德,稱:"始起沛澤,則神母夜號,以彰赤帝之符。"這正如黄帝以土德"天先見大螾大螻";禹以木德"天先見草木秋冬不殺",湯以金德,"天先見金刃生於水"等等是一樣的過程。《王命論》中又談到一些"靈瑞符應":

> 若乃靈瑞符應,又可略聞矣。初劉媪妊高祖而夢與神遇,震電晦冥,有龍蛇之怪。及其長而多靈,有異於衆。是以王、武感物而折券,吕公睹形而進女;秦皇東游以厭其氣,吕后望雲而知所處。始受命則白蛇分,西入關則五星聚。故淮陰、留侯謂之天授,非人力也。

班彪在此所舉之"靈瑞符應",皆見於《史記》。其所謂"可略聞矣",當聞之於《史記·高祖本紀》:

> 劉媪嘗息大澤之陂,夢與神遇。是時雷電晦冥,太公往視,則見蛟龍於其上。已而有身,遂産高祖。

又云:

> 常從王媪、武負貰酒,醉卧,武負、王媪見其上常有龍,怪之。高祖每酤留飲,酒讎數倍。及見怪,歲竟,此兩家常折券棄責。

又云:

> 吕公者,好相人,見高祖狀貌,因重敬之,引入坐。……吕公曰:"臣少好相人,相人多矣,無如季相,願季自愛。臣有息女,願爲季箕帚妾。"

又云：

> 秦始皇帝常曰："東南有天子氣"，於是因東游以厭之。高祖即自疑，亡匿，隱於芒、碭山澤巖石之間。呂后與人俱求，常得之。高祖怪問之。呂后曰："季所居上常有雲氣，故從往常得季。"高祖心喜。沛中子弟或聞之，多欲附者矣。

又云：

> 高祖被酒，夜徑澤中，令一人行前。行前者還報曰："前有大蛇當徑，願還。"高祖醉曰："壯士行，何畏！"乃前，拔劍擊斬蛇。蛇遂分爲兩，徑開。行數里，醉，因臥。後人來至蛇所，有一老嫗夜哭。人問何哭，嫗曰："人殺吾子，故哭之。"人曰："嫗子何爲見殺？"嫗曰："吾子，白帝子也，化爲蛇，當道。今爲赤帝子斬之，故哭。"人乃以嫗爲不誠，欲告之，嫗因忽不見。後人至，高祖覺。後人告高祖，高祖乃心獨喜，自負。諸從者日益畏之。

《史記・天官書》云：

> 漢之興，五星聚於東井。

又《史記・張耳陳餘列傳》：

> 甘公曰："漢王之入關，五星聚東井。東井者，秦分也。先至必霸。楚雖強，後必屬漢。"

《史記》中這類符應迷信記載，被班彪繼承下來，成爲他五德三統論的内涵。在他晚年所寫的《冀州賦》中，仍然有類似的内容。他寫道：

> 遂發軔於京洛，臨孟津①而北屬。

---

① 孟津，又稱盟津，位於洛陽以北。據《史記・周本紀》，文王死後，武王曾"東觀兵，至於盟津"，"諸侯不期而會盟津者八百"。諸侯皆曰："紂可伐矣"。武王説："女未知天命，未可也"。乃還師歸。兩年後，"紂昏亂暴虐滋甚"。於是武王再次召諸侯會師孟津，作《太誓》，歷數商紂之罪，要求大家同他一起"共行天罰"。於是武王軍至商郊牧野，兩軍大戰。

> 想尚甫^①之威虞，號蒼兕^②而明誓。
> 既中流而歎息，美周武之知性。
> 謀人神以動作，享烏魚之瑞命^③。

班彪對周武王贊美不已的是其伐紂時的瑞應，即"烏、魚之瑞命"。事見《史記·周本紀》：

> 九年，武王上祭於畢。東觀兵，至於盟津。爲文王木主，載以車，中軍。武王自稱太子發，言奉文王以伐，不敢自專。乃告司馬、司徒、司空、諸節："齊栗，信哉！予無知，以先祖有德，臣小子受先功，畢立賞罰，以定其功。"遂興師。師尚父號曰："總爾衆庶，與爾舟楫，後至者斬。"武王渡河，中流，白魚躍入王舟中，武王俯取以祭。既渡，有火自上復於下，至於王屋，流爲烏，其色赤，其聲魄云。是時，諸侯不期而會盟津者八百諸侯。

班彪在《王命論》中列舉劉邦所以"成帝業"的條件，其一有云："體貌多奇异"，此即《史記·高祖本紀》所云"高祖爲人，隆準而龍顔，美須髯，左股有七十二黑子"的概括。這是一種骨相之説。又《元后傳》云：

> 初，李^④親任政君在身，夢月入其懷。及壯大，婉順得婦人道。嘗許嫁未行，所許者死。後東平王聘政君爲姬，未入，王薨。禁^⑤獨怪之，

---

① 尚甫，即尚父，指姜尚。姜尚，姜姓吕氏，一名望，字子牙，亦稱"吕望""姜子牙""尚父"。殷末東海上（今山東莒縣）人。周文王拜姜尚爲師，曾説："自吾先君太公曰：'當有聖人適周，周以興。'子真是邪？吾太公望子久矣。"故後人尊稱姜尚爲姜太公、太公望。文王死，武王仍以姜尚爲師，在牧野之戰中大敗商軍。《詩·大雅·大明》："牧野洋洋，檀車煌煌，駟騵彭彭。維師尚父，時維鷹揚。涼彼武王，肆伐大商。會朝清明。"

② 此指掌管舟楫的官。蒼兕，傳説中之水獸名，善奔突，能覆舟，故以此名官爲警。《史記·齊太公世家》："師尚父左杖黃鉞，右把白旄以誓，曰：'蒼兕蒼兕，總爾衆庶，與爾舟楫，後至者斬。'遂至盟津。"司馬貞《索隱》引馬融曰："蒼兕，主舟楫官名。"

③ 武王伐紂，渡河中有白魚躍入舟，又有火化爲烏。古人以爲祥瑞，見《史記·周本紀》。

④ 李氏，王政君之母。

⑤ 王禁，王政君之父。

使卜數者相政君，"當大貴，不可言。"禁心以爲然，乃教書，學鼓琴。

卜者相王政君之貌，即可知其"當大貴，不可言"，這與"呂公睹形而進女"云云，都屬於同一思想範疇。骨相之說至王充乃成爲比較完整的思想體系。《論衡·骨相篇》云：

> 人曰命難知。命甚易知。知之何用？用之骨體。人命稟於天，則有表候於體。察表候以知命，猶察斗斛以知容矣。表候者，骨法之謂也。
>
> ……
>
> 夫舉家皆（有）富貴之命，然後乃任富貴之事。骨法形體有不應者，擇必別離死亡，不得久享介福。故富貴之家，役使奴僮，育養牛馬，必有與衆不同者矣；僮奴則有不死亡之相，牛馬則有數字乳之性，田則有種蓺速熟之穀，商則有居善疾售之貨。是故知命之人，見富貴於貧賤，睹貧賤於富貴；案骨節之法，察皮膚之理，以審人之性命，無不應者。
>
> ……
>
> 以尺書所載，世所共見，准況古今，不聞者必衆多非一，皆有其實。稟氣於天，立形於地，察在地之形，以知在天之命，莫不得其實也。

當然，骨相說也是一種唯心主義的宿命論。

班彪認爲，史學應爲中央集權的國家服務，這一點在其對司馬遷的評論中，表現得最爲明顯：

> 務欲以多聞廣載爲功，論議淺而不篤。其論術學，則崇黃老而薄五經；序貨殖，則輕仁義而羞貧窮；道游俠，則賤守節而貴俗功。此其大敝傷道，所以遇極刑之咎也。
>
> 然善述序事理，辯而不華，質而不野，文質相稱，蓋良史之才也。誠令遷依五經之法言，同聖人之是非，意亦庶幾矣。（《後漢書·班彪列傳上》）

班彪在此提出三種觀點：
第一，司馬遷推崇黃老而鄙薄儒術；

第二，司馬遷獎勵貨殖致富，輕視務本安分；

第三，司馬遷肯定游俠而賤視守節。

他以為凡此都表示出司馬遷的膚淺。

關於這幾個問題，班彪和司馬遷有歧異的原因之一，是與時代和社會背景發生變化了有關繫。西漢初年，猶有戰國時期百家爭鳴之餘緒，且長期戰亂後重新統一，全國上下都需要安定和休養的機會。所以清净無為的"黄老之言"，便在政治上和學術上占了統治地位。

經過六十多年（前206—前140）的休養生息，社會生產力有了很大的提高，國家經濟也好轉起來。漢朝的各種制度、政策多因襲秦朝，并呆滯了幾十年，逐漸與現實之需求不符。武帝劉徹即位，形勢迫使他不得不有所更張，而他本人又是一位欲有所作為的人物，於是當他在位期間（前140—前88）無論對外政策，或對國內的政治經濟、文化的措施，都有重大的改革。在文化政策上，他罷黜百家而獨尊儒術，這也是一項重要的政治措施。

春秋戰國時期，百家爭鳴，處士橫議，這種社會風氣是與新興的封建土地私有制的興起相適應的。迨秦與西漢初年，雖在形式上建立起統一的政權，但皇室尚無強制社會思想歸於一宗的力量，所以百家爭鳴之風仍勁，如淮南等王國中心學術集團仍然很活躍。劉徹即位以後，中央集權的力量逐漸增強，封建割據勢力逐漸消弱。罷黜百家，獨尊儒術，便是從思想上加強封建中央集權，鞏固全國的統一的重要手段。

而班彪所處之東漢初年，承王莽末年社會動亂之後，雖然各路割據軍閥已被擊潰，但封建割據的思想基礎并未完全肅清，對於新建的統一帝國東漢來說，反對黄老清净無為、反對百家自由爭辯，獨尊儒術以加強與鞏固封建中央集權制度，又顯得特別重要了。

班彪批判司馬遷推崇黄老而鄙薄儒術，正是時代賦予他的歷史使命。

春秋戰國之際，工商業非常發達，貨殖名家蜂起，商人的社會地位也很高。其最著名者有范蠡、子貢等。

范蠡善於貨殖，越王勾踐用之，則：

> 修之十年，國富，厚賂戰士，士赴矢石，如渴得飲，遂報彊吴，觀兵中國，稱號'五霸'。（《史記·貨殖列傳》）

范蠡既施其術於國，復欲用之於家。乃乘扁舟浮於江湖，變名易姓，之陶，十九年之中，三致千金。

子貢爲孔子學生，亦爲著名商人：

> 子贛①既學於仲尼，退而仕於衞。廢著鬻財於曹、魯之閒，七十子之徒，賜最爲饒益。

以至於：

> 子貢結駟連騎，束帛之幣以聘享諸侯，所至，國君無不分庭與之抗禮。（《史記·貨殖列傳》）

秦及漢之初年，開關梁之業，馳山澤之禁，財貨暢通，故富商大賈，往往而出，以至"孝惠、高后之間，衣食滋殖。文帝即位，躬修儉節，思安百姓。時民近戰國，皆背本趨末。"（《食貨志上》）然同一時期，社會經濟的發展有了顯著的變化，新的封建生產關繫逐漸形成主導地位。由於漢代一直奉行重農抑商的政策，利用法律以限制和困辱商人，如"賈人不得衣絲乘車，重稅租以困辱之。""市井子孫亦不得爲官吏"（《食貨志下》）等等，商人的社會地位日趨下降。經濟基礎的變化，促使國家政治法律的變革，同時也改變了社會風氣和人們的思想觀點。

司馬遷的重商思想是春秋戰國以來變革中的社會經濟基礎的產物，而班彪對他提出異議，也是與其時社會思想的主流相一致的。

《史記》有《刺客列傳》，記錄了春秋戰國時期的五位著名刺客：曹沫、專諸、豫讓、聶政和荆軻。除曹沫外，其他四位出身不高，然"言必信，其行必果，已諾必誠，不愛其軀，赴士之阨困"，爲解決有權勢的"知己者"的難題而"殺身成仁"，正是韓非所說的"以武犯禁"之俠者。司馬遷在寫他們的故事時，感情充沛，神采飛揚，充分表現了他的浪漫主義寫作風格。

然後他在《游俠列傳》中又寫了兩個漢初的著名俠士朱家和郭解。

---

① 端木賜（前520—前446），複姓端木，名賜，字子貢（古同子贛）。春秋末年衞國人，孔子的得意門生。

朱家與高祖劉邦同時，魯國人。朱家以任俠聞名，養了衆多門客，"所藏活豪士以百數，其餘庸人不可勝言"，所謂"活豪士"者，大約就是亡命之徒，在關東勢力很大。劉邦即位後，他藏匿項羽的大將季布，并設法幫助季布脫罪，成爲漢朝的重要大臣。

郭解，河内軹縣（今河南軹城鎮）人，其外祖父許負以善相面稱。郭解之父也是任俠，文帝時被捕處死。郭解年輕時就心狠手辣，以小故殺過不少人。其他不法之事也做了不少。年長後，表面收斂了些，折節爲儉，以德報怨，厚施而薄望。於是聚集了一批不法之徒在身邊。

武帝修茂陵，強遷各地富豪移民。按資産，郭解尚不到搬遷標準，但軹縣縣令仍將郭解的名字報上去，因而郭解亦祇好遷至茂陵。郭解侄兒怨恨縣令，將其殺死。隨後縣令之父和家裏派去上訪告狀的人也被殺死。武帝得知後，下令嚴辦，郭解逃亡，很久以後方被抓住。

軹縣有位儒生招待查辦郭解的使者，客人在席間稱贊郭解，儒生便説："郭解專干違法亂紀的事情，怎麼能算是賢人？"郭解手下隨後殺此儒生并割其舌。官府追究此事，於是郭解被族誅。

如郭解者流，已是"游俠"之末路，其實與現代之黑社會無异。司馬遷説：

（郭解既族）自是之後，爲俠者極衆，敖而無足數者。……至若北道姚氏，西道諸杜，南道仇景，東道趙他、羽公子，南陽趙調之徒，此盜跖居民間者耳，曷足道哉！此乃鄉者朱家之羞也。（《史記·游俠列傳》）

清代全祖望亦云：

游俠至宣、元以後，日衰日陋，及巨君時，樓護、原涉之徒，無足稱矣。（《鮚埼亭集·經史問答》）

另一方面，游俠也愈來愈多地被豪門貴族豢養，作爲政治鬥争的工具。司馬遷就已經指出：

近世延陵、孟嘗、春申、平原、信陵之徒，皆因王者親屬，藉於有土卿相之富厚，招天下賢者，顯名諸侯。（《史記·游俠列傳》）

這是春秋戰國的情形，到了漢代，情形也差不多：

> 是故代相陳豨從車千乘，而吳濞、淮南皆招賓客以千數。外戚大臣魏其、武安之屬競逐於京師……
>
> 唯成帝時，外家王氏賓客爲盛，而樓護爲帥。（《游俠傳》）

由於時代的變革，游俠本身的性質以及他們在社會上的作風都有極大的變化，於是社會對其評價自然也就不同。班彪與司馬遷對游俠的評價有所軒輊，也是必然。

由上所述，由於班彪和司馬遷所處的時代不同，對社會問題的看法有異，自是一種自然現象。可以由他們的社會觀點，根據他們的時代，對他們本人做出一定的評價，但却不宜僅僅根據對某一問題的看法不同，脫離實際地加以對比，從而定出班、馬之優劣。

由班彪批評司馬遷推崇黃老而鄙薄儒術來看，可知班彪本人是尊重儒術的。儒術是當時占統治地位的學術以及政治思想，起着鞏固封建政權的作用。但班彪反對"俗儒"，反對迂闊堉屑不求實際的鄉愿式行事，"俗儒"雖外似迂闊，而其實質却是反動的。班彪尊重的是要求政治清明、實事求是的"通儒"。二者雖同爲儒術，其實却大相徑庭。

班彪批評司馬遷褒獎以貨殖而致富，輕視因務農而守貧。班彪此論實際上站在鞏固中央專制政權立場，中央專制政權需要的是被束縛在土地上、溫順而易於管理，能够提供穩定的賦稅的小農，在這一點上與大地主大貴族有着嚴重的矛盾。大貴族大地主對土地資源的兼并是中國歷代封建王朝的痼疾，會造成國家稅收來源枯竭和大量農民流離失所，是各皇朝末年社會動蕩的根本原因。

班彪批評司馬遷肯定游俠而賤視守節之士，實際上也是反對地方豪強和各種野心家的發展，而擁護中央專制，維持大一統的局面。終其一生，班彪都在堅持這種維護統一的中央政權的思想。

第十一章 《續太史公書》考

一、《續太史公書》正名

　　班彪最重要的一部歷史著作，名曰《續太史公書》。這部書一向被人稱之爲《〈史記〉後傳》，其實是有問題的。追根溯源，《續太史公書》之被稱作《〈史記〉後傳》，與《太史公書》被稱作《史記》是相關聯的。《後漢書·班彪列傳上》云：

　　　　武帝時，司馬遷著《史記》，自太初以後，闕而不錄。後好事者頗
　　或綴集時事，然多鄙俗，不足以踵繼其書。彪乃繼採前史遺事，傍貫
　　異聞，作《後傳》數十篇，因斟酌前史而譏正得失。

　　范曄於此首言司馬遷著《史記》，接著便說班彪作後傳，大約這就是《〈史記〉後傳》名稱的由來。實則司馬遷之書本不名《史記》，而班彪爲史亦不稱"後傳"。

　　司馬遷所著，本名《太史公書》。《史記·太史公自序》云：

　　　　凡百三十篇，五十二萬六千五百字，爲《太史公書序》。

　　此乃司馬遷自道。或稱之曰《太史公記》。《公孫劉田王楊蔡陳鄭傳》云：

　　　　惲母，司馬遷女也。惲始讀外祖《太史公記》，頗爲春秋。

　　或稱之爲"太史公傳"。《史記·龜策列傳》：

褚先生①曰：……竊好《太史公傳》。太史公之傳曰："三王不同龜，四夷各異卜，然各以決吉凶，略闚其要，故作龜策列傳。"

此則西漢末人之稱。

或簡稱《太史公》。《揚子法言·問神篇》云：

《淮南》《太史公》者，其多知與？何其雜也。

《藝文志·六藝略·春秋家》著錄：

《太史公》百三十篇。

此則東漢初班固所稱。

《太史公書》被稱作《史記》，以今日所知最早見於東漢靈帝時期。如《漢故執金吾丞武榮碑》②云：

闕幘傳講《孝經》《論語》《漢書》《史記》《左氏》《國語》，廣學甄微。靡不貫綜。

是碑無立碑年月，但因碑文有"遭孝桓大憂，屯守玄武。戚哀悲慟，加遇害氣，遭疾隕靈"之載，而桓帝崩於永康元年（167）十二月，則武榮之卒，當在靈帝初年。

又《東海廟碑》碑陰云：

闕者，秦始皇所立，名之秦東門闕，事在《史記》。（《隸釋·卷二》）

---

① 褚先生即褚少孫。褚少孫，元、成間博士，潁川（今河南禹縣）人。《史記》自司馬遷歿，有十篇散失，褚少孫補之。其所補述，據裴駰《史記集解》引三國張晏："遷歿之後，亡《景紀》《武紀》《禮書》《樂書》《律書》《漢興以來將相年表》《日者列傳》《三王世家》《龜策列傳》《傅靳蒯成列傳》。褚先生補闕……言辭鄙陋，非遷本意也。"但經歷代學者研究，褚少孫所補恐不祇十篇。

② 武榮碑現保存在濟寧市漢碑亭內。該碑文局部漫漶，碑額題刻"漢故執金吾丞武君之碑"。此處引文據《全後漢文·卷一百一》。

所謂事在《史記》者,乃《史記·秦始皇本紀》三十四年所載:

> 關中計宮三百,關外四百餘。於是立石東海上朐界中,以爲秦東門。

《東海廟碑》靈帝熹平元年立。

其他如蔡邕《獨斷》卷七,荀悦《漢紀》卷三十,應邵《風俗通義》(佚文,見《文選》卷十六《竟陵王行狀》李善注,盧文弨:《群書拾補》第二十八),穎容《春秋例序》(《太平御覽》卷六百二引),高誘《呂氏春秋》訓解(卷十六《先識覽》)和《戰國策》注(卷二《西周策》、卷三《秦策》以及卷八《齊策》)等,對遷史皆有"史記"之稱,時間亦都在靈、獻時期①。

班彪生當兩漢之際,其時司馬遷之書尚無《史記》之名,且班彪稱其書亦曰《太史公書》:

> 夫百家之書猶可法也,若《左氏》《國語》《世本》《戰國策》《楚漢春秋》《太史公書》,今之所以知古,後之所由觀前,聖人之耳目也。(《後漢書·班彪列傳上》)

因之,班彪所著書自不可能稱之爲《〈史記〉後傳》。

班彪自稱其書固有"後篇"之語:

> 今此後篇,慎覈其事,整齊其文,不爲世家,唯紀、傳而已。(同前引)

王充稱其書亦有"傳"目,見《論衡·對述作篇》:

> 太史公《書》、劉子政《序》、班叔皮《傳》,可謂述矣。

然此所謂"後篇",乃續書之義,"前篇"則《太史公書》。所謂《傳》者,乃就其體例而言,紀亦猶傳。決不可據此遽謂其書名"《後篇》"或"《後傳》"。

王充屢稱班彪所著書,名爲《續太史公書》。如《論衡·超奇篇》云:

> 班叔皮《續太史公書》百篇以上,記事詳悉,義淺理備。

---

① 參考楊明照《太史公書稱史記考》,載於《燕京學報》第二十六卷;陳直《太史公書名考》,載於《文史哲》1958年6月號。

又《佚文篇》云：

> 班叔皮《續太史公書》，載鄉里人以爲惡戒。

王充曾師事班彪，而稱其書如此，其名《續太史公書》可知。

班彪之前有補續司馬遷之書者，亦名"續太史公書"。如《藝文志》於"《太史公》百三十篇"之次，即著錄：

> 馮商所續《太史公》七篇。

顏師古注：

> 《七略》云：商，陽陵人，治《易》，事五鹿充宗。後事劉向，能屬文，後與孟柳俱待詔，頗序列傳，未卒，病死。

又《張湯傳》注：

> 如淳曰："班固目錄：馮商，長安人，成帝時以能屬書，待詔金馬門，受詔續《太史公書》十餘篇。"

馮商生於班彪前，而其所作名《續太史公書》。故班彪所著書其名《續太史公書》無疑。

至於劉知幾所稱：

> 遷乃鳩集國史，採訪家人，上起黃帝，下窮漢武，紀、傳以統君臣，書、表以譜年爵，合百三十卷。因魯史舊名，目之曰《史記》。自是漢世史官所續，皆以《史記》爲名。（《史通·六家》）

又云：

> 至建武中，司徒掾班彪以爲其言鄙俗，不足以踵前史，……於是採其舊事，旁觀異聞，作《後傳》六十五篇。（《史通外篇·古今正史》）

由前所述，遷史既非"因魯史舊名，目之曰《史記》""漢世史官所續"，亦非"皆以《史記》爲名"，且班彪所作，亦不名"後傳"。劉知幾因當時流俗之說以斷前史，蓋未加詳考之故。

由此可知司馬遷之書本名《太史公書》，班彪所作，則名《續太史公書》。迨遷史之名已更，續書之名亦不得不隨之而變，變更之際，習而不察，若范曄、劉知幾輩史學家已莫知其究竟。

二、《續太史公書》的篇數

《續太史公書》的篇數，《後漢書·班彪列傳》僅云"數十篇"，并未明言數目究竟多少。劉知幾稱有"六十五篇"（《史通外篇·古今正史》）。而師事班彪之王充，則謂"百篇以上"（《論衡·超奇篇》）。此書初成篇數，王充之說當爲可信。其後，本書漸就散佚，故言者又有不同。

《續太史公書》今已散佚不傳，但大部分應已爲班固采於《漢書》之中。《後漢書·班彪列傳上》云：

> 固以彪所續前史未詳，乃潛精研思，欲就其業。

班固在《幽通賦》中亦稱：

> 咨孤濛之眇眇兮，將圮絕而罔階。
> 豈余身之足殉兮？悼世業之可懷。
> 靖潛處以永思兮，經日月而彌遠。
> 匪黨人之敢拾兮，庶斯言之不玷。
>
> （《叙傳上》）

可知班固著書乃在"就其父業"的基礎上，再創作而成。《續太史公書》既被采用於《漢書》中，而《漢書》又青出於藍，此正爲其散佚之主要原因。

《漢書》中哪些篇章，尚仍《續太史公書》之舊，已不可盡知。《元帝紀》贊云："臣外祖兄弟爲元帝侍中，語臣曰：……""侍中"下應邵注："元、成帝紀皆班固父彪所作。'臣'，則彪自說也，'外祖'，金敞也。"《成帝紀》贊云："臣之姑充後宮爲倢伃，父子昆弟侍帷幄，數爲臣言：……""倢伃"下注引晉灼曰："班彪之姑也。"又《韋賢》《元后》《翟方進》三傳贊皆稱"司徒掾班彪曰"。凡此諸篇，都應當是或主要是《續太史公書》的舊章。

在《後漢書·班彪列傳上》中，録有班彪"斟酌前史而譏正得失"的一大段文字，此段文字當爲《續太史公書》中"叙傳"的一部分。班彪在其著述過程中，對前史特別是《史記》進行了深刻的研究，吸取前人的經驗，提出自己對著史之看法。最後并和對前史的評價以及自己著述的目的一起寫出來，這正是"叙傳"的主要內容。《史記·太史公自序》中，太史公與上大夫壺遂問答一段文字，即在評述"孔子何爲而作《春秋》"和標出自己"所論欲以何明"。且在此段文字之前，又記載了司馬談"論六家之要旨"。凡此正是司馬遷對前史的評論以及自己著述的目的。遷史、續書，叙傳的主要內容正相同，這也正是古代史家作叙傳的用意。

《後漢書》所錄班彪上述一段文字的末節又稱："今此後篇，慎核其事，整齊其文，不爲世家，唯紀、傳而已。"亦正是叙傳文字的語氣。後人或以爲這是班彪的一篇論文，故名之"《史記》論"或稱爲"略論"，皆不合適。

班固在寫《司馬遷傳》贊時，就直接採用了班彪上述文字中對《太史公書》的評論部分，未加損益。

如上所述，可見《續太史公書》之一斑。

顏師古《韋賢傳》注云：

> 《漢書》諸贊，皆固所爲。其有叔皮先論述者，固亦具顯以示後人，而或者謂固竊盜父名，觀此可以免矣。

於此，顏師古以爲《韋賢傳》等贊標有"司徒掾班彪曰"者，僅此贊語爲班彪所爲，整篇傳文仍爲班固所作，觀《元帝紀》贊應邵注，可知其非。顏師古此注，還有幾點錯誤，他以爲《韋賢傳》等贊標出"司徒掾班彪曰"，乃班固採用"叔皮先論述者"，有意"具顯以示後人"。果然如此，則元、成二帝紀亦爲"叔皮先論述者"，何以不"具顯以示後人"呢？

再者他認爲《漢書》諸贊，除標有"司徒掾班彪曰"字樣者外，"皆固所爲"，也有問題。如以《漢書》與《史記》對照，即可發現《漢書》許多贊語乃徑錄司馬遷原作，并非盡爲班固所爲。這些地方，有些標出"司馬遷曰"字樣，也有未標明的。由此可見，《漢書》標出"司徒掾班彪曰"或"司馬遷曰"等字樣，并非有意爲之，不過行文之便，自然之流露而已。

顏師古所以在此注中有以上諸誤，在於他爲班固辨正"竊盜父名"之説，而不得其要領。

後世譏班固"竊盜父名",或"剽襲遷史",此乃囿於個人名利之心,不明古人著述之意。古代史家記言記事,世守其官,歷代典章制度以至文化學術,莫不由史官所掌,其或排比纂輯,即所謂《尚書》《春秋》之類。當此之時,不但無盜竊剽襲之説,且亦無著者姓氏留下。即使稍後,史學昌明,如《史記》《漢書》等史學著述者出,亦皆因史之舊文,加以系統,律以義例,意在成就一代或一國之歷史,使一代或一國的文化著作存而不墮。其纂述意義絶非後世斤斤於爭版權要名利者可倫比,又何嘗有盜竊因襲之意存乎其間?班固在其父之作的基礎上完成其史學巨著,相得益彰,原無可非議之處。

《續太史公書》出,時人評價甚高。王充稱:

> 班叔皮續《太史公書》百篇以上,記事詳悉,義淺理備。觀讀之者以爲甲,而太史公乙。(《論衡·超奇篇》)

由此可見《續太史公書》在當時社會上的崇高地位。

《續太史公書》所以有超越遷史的評價,主要原因在於其能夠反映歷史之真實。王充稱:

> 揚子雲作《法言》,蜀富(賈)人貴錢千萬,願載於書。子雲不聽,(曰):"夫富無仁義之行,(猶)圈中之鹿,欄中之牛也,安得妄載?"班叔皮續《太史公書》,載鄉里人以爲惡戒。邪人枉道,繩墨所彈,安得避諱?是故子雲不爲財勸,叔皮不爲恩撓。文人之筆,獨已公矣。賢聖定意於筆,筆集成文;文具情顯,後人觀之,(見)以正邪,安宜妄記?足蹈於地,跡有好醜;文集於禮,志有善惡。故夫占跡以睹足,觀文以知情。"《詩》三百,一言以蔽之,曰:思無邪。"《論衡》篇以十數,亦一言也,曰:疾虚妄。(《論衡·佚文篇》)

《續太史公書》爲王充所稱許者,在於善善惡惡,直書無諱。尤其是着重於批判壞人壞事,如有惡迹,雖鄉里之人,亦不爲恩撓,書之以爲惡戒。班彪這種修史態度,亦即王充寫《論衡》時所自許之"疾虚妄"的態度。

三、史學編纂發明

《續太史公書》雖爲司馬遷《史記》之續編，但并非簡單的模仿，無論在歷史觀點上、編纂體例上以至文章風格上，都是獨樹一幟，自成系統。這種精神，在其叙傳中，表示得非常清楚。《續太史公書》在記載歷史事實方面可説是《太史公書》的續編，但在編纂體例方面則自成一家之言。

宋鄭樵曾稱：

> 善學司馬遷者莫如班彪，彪續遷書自孝武至於後漢，欲令後人之續己，如己之續遷，既無衍文，又無絶緒，世世相承，如出一手，善乎其繼志也。（《古文淵鑒·卷五十七》）

但歷史如果照這樣續下去是有問題的。即以班彪續書而言，僅在體例方面便不一致，《史記》分本紀、世家、列傳、書、表，而班彪續書則唯紀、傳而已。如此世世相承，怎麽能够"如出一手"？鄭樵之體會，恐非班彪本意。

班彪述其治史的態度，曾提出"平易正直"四字。他寫道：

> 傳曰："殺史見極，平易正直，《春秋》之義也。"（《後漢書·班彪列傳上》）

體會其意義，可分兩方面，所謂"平易"者，乃實事求是之謂，而非標新立异，或盲從前人。所謂"正直"者，乃據事直書之謂，而非是曲筆媚世，或矯情邀譽。今就此二者分析如下：

《續太史公書》之體例不同於《史記》，如班彪所稱：

> 今此後篇，慎覈其事，整齊其文，不爲世家，唯紀、傳而已。（同前引）

班彪所以不爲世家以及書、表諸體，亦自有其見解。關於世家，劉知幾曾有很好的説明，他寫道：

> 當漢氏之有天下也，其諸侯與古不同。夫古者諸侯皆即位建元，專制一國，綿綿瓜瓞，卜世長久。至於漢代則不然，其宗子稱王者，皆

受制京邑,自同州郡;異姓封侯者,必從官天朝,不臨方域。或傳國唯止一身,或襲爵才經數世。雖名班爵胙土,而禮異人君,必編爲世家,實同列傳。而馬遷強加別錄,以類相從,雖得畫一之宜,詎識隨時之義?蓋班《漢》知其若是,釐革前非。至如蕭、曹茅土之封,荆、楚葭莩之屬,並一概稱傳,無復世家,事勢當然,非矯枉也。(《史通·世家》)

劉知幾從歷史條件說明"世家"一體,在漢世已無意義。從而謂司馬遷"雖得畫一之宜",不如班氏父子之"識隨時之義"。班彪此舉,不但爲《漢書》所肯定,且對此後近二千年來正史的編纂,都有很大的影響,正如劉知幾所稱:

用使馬遷之目,湮没不行;班固之名,相傳靡易者矣。(同前引)

通史或斷代史是否需要表,自班彪以後歷代史學家的意見亦頗有不同。劉知幾在《史通·表曆》中寫道:

天子有本紀,諸侯有世家,公卿以下有列傳,至於祖孫昭穆,年月職官,各在其篇,具有其說,用相考核,居然可知。而重列之以表,成其煩費,豈非謬乎?

且表次在篇第,編諸卷軸,得之不爲益,失之不爲損。用使讀者莫不先看本紀,越至世家,表在乎其間,緘而不視,語其無用,可勝道哉!

既而班、《東》①二史,各相祖述,迷而不悟,無異逐狂。

必曲爲銓擇,強加引進,則列國年表或可存焉。何者?當春秋戰國之時,天下無主,群雄錯峙,各自年世,若申之於表以統其時,則諸國分年,一時盡見。如兩漢御曆,四海成家,公卿既爲臣子,王侯才比郡縣,何用表其年數以別於天子者哉!

又云:

---

① 謂《東觀漢記》。《東觀漢記》爲官修東漢史書,已佚。參看本書第十五章《著述蘭臺》第二節《蘭臺著史》。

> 當晉氏播遷，南據楊、越，魏宗勃起，北雄燕、代，其間諸僞十有六家，不附正朔，自相君臣。崔鴻著表，頗有甄明，比於《史》《漢》群篇，其要爲切者矣。

由此可見，劉知幾并非完全反對寫史作列表，而是主張具體問題具體分析，需要則作，如春秋戰國時期，"群雄錯峙，各自年世"便需要列表以爲對照。又如五胡十六國時，各國"不附正朔，自相君臣"，著表甄明，便非常切於實用。如實際情況無需作表（例如漢代），而祇是爲了互相"祖述"，襲其形式，則反而"成其煩費"，無益讀者。

紀傳体中的"書"或"志"，頗類今之專史，或單篇之學術論文，施之於通史或斷代史之中，是否合適，亦頗成問題。劉知幾曾就"天官書"或"天文志"一類東西"刊之國史"，表示"未見其宜"。他寫道：

> 夫兩曜百星，麗於玄象，非如九州萬國，廢置無恒。故海田可變，而景緯無易。古之天猶今之天也，今之天即古之天也，必欲刊之國史，施於何代不可也。但《史記》包括所及，區域綿長，故書有《天官》，讀者竟忘其誤，權而爲論，未見其宜。班固因循，復以《天文》作志，志無漢事而隸入《漢書》，尋篇考限，覩其乖越者矣。（《史通·書志》）

其實這并非祇是天文志的問題。

由於我國古史有書或志一體，因之不少有價值的古代文化資料得以保存。書志的功用，自不可盡没。關於保存重要文獻的問題，班彪似頗注意。例如：《韋賢傳》於韋賢及其子韋玄成之紀事已畢，又記元帝以來貢禹等討論宗廟存廢的問題，舉凡有關的詔令、奏議皆詳加詮次，予以刊載。蓋因韋玄成曾參與其事，故附之傳末。漢王朝宗廟存廢問題，雖非關繫重大國計民生問題，但可以此類推其他重要文化資料的保存。將重要文獻資料附之列傳之次，班彪當非無意之作。

《續太史公書》之體例，揆之後世諸史，多見採用。首先范曄《後漢書》陳壽《三國志》便是如此，鄭樵譏之：

> 江淹有言，修史之難，無出於志。誠以志者，憲章之所繫，非老於典故者不能爲也。不比紀、傳，紀以年包事，傳則以事繫年，儒學

之士皆能爲之。惟有志難，其次莫如表。所以范曄、陳壽之徒，能爲紀傳，而不敢作表、志。(《文獻通考·三四八卷》)

此論應未盡然，范、陳之史，正如班彪之書，亦紀、傳兼史之一體而已。班彪就編纂體例上，曾對《史記》提出批評：

> 司馬遷序帝王則曰本紀，公侯傳國則曰世家，卿士特起則曰列傳。又進項羽、陳涉而黜淮南、衡山①，細意委曲，條列不經。若遷之著作，採獲古今，貫穿經傳，至廣博也。一人之精，文重思煩，故其書刊落不盡，尚有盈辭，多不齊一。若序司馬相如，舉郡縣，著其字，至蕭、曹、陳平之屬，及董仲舒並時之人，不記其字，或縣而不郡者，蓋不暇也。今此後篇，慎覈其事，整齊其文，不爲世家，唯紀、傳而已。《傳》曰："殺史見極，平易正直，《春秋》之義也。"(《後漢書·班彪列傳上》)

班彪以爲司馬遷作史雖分有本紀、世家、列傳、書、表各體，但在實際寫作中，却有很多地方與其體例不盡相合。有的人物不應列於本紀如項羽，有的人物不應列於世家如陳涉，有的人物不應列於列傳如淮南王劉長、衡山王劉賜。班彪此論，頗爲後世史學家所注意。劉知幾寫道：

> 夫紀傳之興，肇於《史》《漢》。蓋紀者編年也；傳者列事也。編年者，曆帝王之歲月，猶《春秋》之經；列事者，錄人臣之行狀，猶《春秋》之傳。《春秋》則傳以解經，《史》《漢》則傳以釋紀。尋茲例草創，始自子長，而朴略猶存，區分未盡。如項王立傳，而以本紀爲名，非唯羽僭之盜，不可同於天子；且推其序，皆作傳言，求謂之紀，不可得也。或曰："遷紀五帝、夏、殷，亦皆列事而已。子曾不之怪，何獨尤於《項紀》哉？"對曰：不然。夫五帝之與、夏殷也，正朔相承，子孫遞及，雖無年可著，紀亦何傷？如項羽者，事起秦餘，身終漢始，殊夏氏之后羿，似黃帝之蚩尤。譬諸閏位，容可列紀；方之駢胇，難以成編。且夏、殷之紀，不引他事，夷、齊諫周，實當紂日，而

---

① 謂遷著《項羽本紀》。又陳涉起於甕牖，數月被殺，無子孫相繼，著爲世家，淮南、衡山，漢室之王胤，當世家而編之列傳，言進退之失也。

枿爲列傳，不入殷篇。《項紀》則上下同載，君臣交雜。紀名傳體，所以成媸。"（《史通·列傳》）

又稱：

> 項羽僭盜而死，未得成君。……況其名曰西楚，號止伯王者乎？霸王者，即當時諸侯。諸侯而稱本紀，求名責實，再三乖謬。（《史通·本紀》）

劉知幾對《史記》本紀、列傳的評論發揮了班彪的意見。關於項羽本紀，劉知幾從"紀者編年""正朔相承"的角度，就司馬遷所創之体論司馬遷所爲區分，以爲"項王宜傳"，有其一定道理。關於陳涉是否宜入世家的問題，劉知幾也表示了不同意見，他寫道：

> 案世家之爲義也，豈不以開國承家，世代相續？至如陳勝起自羣盜，稱王六月而死，子孫不嗣，社稷靡聞，無世可傳，無家可宅，而以世家爲稱，豈當然乎？（《史通·世家》）

劉知幾批評《史記》，可謂"以子之矛，攻子之盾"。以《史記》自定體例論之，列陳涉於世家，實有未當。豈止劉知幾，王安石亦曾以司馬遷列孔子於世家爲例，譏其"自亂其例"，"多所牴牾"：

> 孔子，旅人也，棲棲衰季之世，無尺土之柄，此列之以傳宜矣。曷爲世家哉！……處之世家，仲尼之道不從而大，置之列傳仲尼之道不從而小，而遷也自亂其例，所謂多所牴牾者也。（《臨川集·臨川先生文集卷第七十一》）

凡此，皆是班彪謂《史記》"條列不經"的發揮。

班彪著史，謹於史德，長於叙事。故云："今此後篇，慎核其事，整齊其文"。王充亦稱其《續太史公書》"記事詳悉，義浹理備"。迨至鄭樵，於此有進一步的論述：

> 其書不可得而見，所可見者，元、成二帝贊耳，皆於本紀之外，別記所聞，可謂深入太史公之閫奧矣。

凡《左氏》之有"君子曰"者，皆經之新意，《史記》之有"太史公曰"者，皆史之外事，不爲褒貶也。間有及褒貶者，諸先生之徒雜之耳。且紀傳之中既載善惡，足爲鑒戒，何必於紀傳之後更加褒貶？此乃諸生決科之文，安可施於著述，殆非遷、彪之意。(《古文淵鑒·卷五十七》)

鄭樵強調"紀傳之後更加褒貶""殆非遷、彪之意"實不盡然。然所謂元、成二贊"皆於本紀之外，別記所聞"確是班彪之長，此即劉知幾所謂"假贊論"。劉知幾云：

蓋叙事之體，其別有四：有直紀其才行者，有唯書其事跡者，有因言語而可知者，有假贊論而自見者。……如《史記·衛青傳》後，太史公曰："蘇建①嘗責大將軍不薦賢待士。"《漢書·孝文紀》末，其讚曰："吳王詐病不朝，賜以几杖。"此則紀之與傳，並所不書，而史臣發言，別出其事，所謂假讚論而自見者。(《史通·卷第六內篇》)

亦即劉知幾所稱道的叙事方法：

夫國史之美者，以叙事爲工。而叙事之工者，以簡要爲主。簡之時義大矣哉！歷觀自古，作者權輿，《尚書》發蹤，所載務於寡事，《春秋》變體，其言貴於省文。斯蓋澆淳殊致，前後異跡。然則文約而事豐，此述作之尤美者也。(同前引)

班彪亦曾對《史記》的叙事提出評論：

孝武之世，太史令司馬遷採《左氏》《國語》，刪《世本》《戰國策》，據楚、漢列國時事，上自黃帝，下訖獲麟②，作本紀、世家、列傳、書、表凡百三十篇，而十篇缺焉。遷之所記，從漢元至武以絶，則其功也。至於采經摭傳，分散百家之事，甚多疏略，不如其本。(《後

---

① 蘇建，杜陵（今陝西西安東南）人。武帝時將領，曾隨衛青出征匈奴，以功封平陵侯。其事跡見《李廣蘇建傳》。
② 李賢注：武帝太始二年，登隴首，獲白麟，遷作史記，絕筆於此年也。

漢書·班彪列傳上》）

又云：

若遷之著作，採獲古今，貫穿經傳，至廣博也。一人之精，文重思煩，故其書刊落不盡，①尚有盈辭，多不齊一。若序司馬相如，舉郡縣，著其字，至蕭、曹、陳平之屬，及董仲舒並時之人，不記其字，或縣而不郡者②，蓋不暇也。（同前引）

在叙事問題上，班彪對《史記》提出四點意見：第一，司馬遷之功，主要在對漢初至武帝一段歷史的編纂，漢以前的部分，則删定舊史而成。第二，而其删訂工作，即"采經撫傳，分散百家"之事，甚爲疏略；第三，文字繁蕪，盈辭刊落不盡；第四，務尚辭章而疏於史法，記事多不齊一。由此可以看出班彪重視創作，厚今薄古的歷史編纂思想。

第一點，班彪將《史記》分爲著作和删訂兩部分進行評價，切於實際。後世劉知幾亦謂：

遷雖叙三千年事，其間詳備者，唯漢興七十餘載而已。（《史通·雜説上》）

關於第二點，劉知幾則以爲司馬遷作《太史公書》所録之古史，僅限於《周書》《國語》《世本》《戰國策》之流，甚爲膚淺：

夫編年叙事，渾雜難辨；紀傳成體，區別異觀。昔讀《太史公書》，每怪其所採多是《周書》《國語》《世本》《戰國策》之流，近見皇家所撰《晉史》，其所採亦多是短部小書，省功易閲者，若《語林》《世説》《搜神記》《幽明録》之類是也。如曹、干兩氏《紀》，孫、檀二《陽秋》，則皆不之取。故其中所載美事，遺略甚多。若以古方今，則知太史公亦同其失矣！斯則遷之所録，甚爲膚淺，而班氏稱其勤者，何哉？

---

① 李賢注：刊，削也。謂削落繁蕪，仍有不盡。
② 李賢注：史記'衛青者，平陽人也'，'張釋之，堵陽人'，并不顯郡之類也。

(同前引)

關於《史記》疏略、牴牾之處，後世學者亦多有糾正，今略舉數條：

《鄭桓公世家》云"宣王庶弟"，《年表》云"宣王母弟"。《詩正義》曰："《世家》《年表》自乖異。"（《困學紀聞·卷十一》）

越王滅吳，誅太宰嚭①。《通鑑外紀》曰："《左傳》：哀二十四年閏月，哀公如越，季孫懼，因太宰嚭而納賂焉，在吳亡後二年也。嚭入越亦用事，安得吳亡即誅哉？"（同前引）

《孔子世家》：匡人拘孔子益急，孔子使從者爲甯武子臣於衛，然後得去。致堂胡氏曰："穆公末，武子之子相已與孫良夫將兵侵齊，武子非老則卒矣。穆公卒，歷定公、獻公，凡三十七年。至靈公三十八年，而孔子來。使有兩武子則可，若猶俞也，其年當百有五六十矣，何子長之疎也？"（同前引）

申生母，齊桓女也，同母女弟爲秦穆夫人。夷吾母，重耳母女弟也②。"案《傳》，申生之母，本是武公之妾。武公末年，齊桓始立，不得爲齊桓女也。虢射，惠公之舅；狐偃，文公之舅，二母不得爲姊妹也。皆馬遷之妄耳。"（《春秋左傳要義·卷十五》）

關於第三點，揚雄以爲《太史公書》病在雜而多贅：

或曰："《淮南》《太史公》者，其多知與？曷其雜也。"曰："雜乎雜，人病以多知爲雜。惟聖人爲不雜。"書不經，非書也。言不經，非言也。言、書不經，多多贅矣！（《揚子法言·問神卷第五》）

劉知幾稱：

兼其所載，多聚舊記，時採雜言，故使覽之者事罕異聞而語饒重出。此撰錄之煩者也。（《史通·六家》）

鄭樵亦以爲：

---

① 見《史記·吳太伯世家》："越王滅吳，誅太宰嚭，以爲不忠，而歸。"
② 見《史記·晉世家》卷三十九。

> 凡著書者，雖採前人之書，必自成一家言。左氏，楚人也，所見多矣，而其書盡楚人之辭。公羊，齊人也，所聞多矣，而其書皆齊人之語。今遷書全用舊文，間以俚語。良由採撫未備，筆削不遑。故曰："予不敢墮先人之言，乃述故事，整齊其傳，非所謂作也。"（《古文淵鑒·卷五十七·通志總序》）

劉知幾稱其"多聚舊記，時采雜言"，"事罕異聞而語饒重出"；鄭樵則稱其"全用舊文，間以俚語"，"採撫未備，筆削不遑"，當皆承襲班彪之說而來。揚雄爲班彪前輩，劉知幾、鄭樵均爲班彪之後之卓越史學評論家，其對司馬遷《太史公書》的評論，所見略同。

關於第四點，後世史家，亦有發揮。宋王應麟曾舉例而言曰：

> 《仲尼弟子傳》：子貢一出，存魯亂齊，破吳強晉，而霸越。《通鑒外紀》曰："戰國之時，齊、魯交兵者數矣，一不被伐，安能存哉？田氏弱齊，一當吳兵，安能亂哉？吳不備越而亡勝齊，安能破哉？四卿擅權，晉以衰弱，修兵休卒，安能強哉？越從吳伐齊，滅吳乃強，此安能伯哉？十年之中，魯、齊、晉未嘗有變，吳、越不爲是而存亡，遷之言華而少實哉！"（《困學紀聞·卷十一》）

班彪雖就體例、敘事以至史觀等各方面對遷史提出批評，但同時又肯定了其優點，至稱其：

> 然善述序事理，辯而不華，質而不野，文質相稱，蓋良史之才也。（《後漢書·班彪列傳上》）

我國古代史學家有秉筆直書的優良傳統，講究"史官記事，善惡必書"（《後漢書·蔡邕列傳》李賢注）。如春秋時晉之董狐，"書法不隱"，齊之太史，前死後繼，誓必直書，都是著名的"古之良史"（《左傳·宣公二年、襄公二十五年》）。其作用，不但在於真實地反映史實，亦以之暴露統治者的罪惡，如劉知幾所云："君主淫亂，苟直書其事，不掩其瑕，則穢跡彰於一朝，惡名被於千古。"（《史通評釋·卷七內篇》）

班彪《續太史公書》"不爲恩撓"的直筆，既深爲王充所襃許。據現在所能肯定的殘篇中，猶可窺見一斑。今舉班彪對成帝劉驁的描畫爲例。

劉驁無子，打算死後以其弟定陶共王劉康承繼帝位，於是劉康來朝後便留之京師。但大將軍王鳳別有异謀，迫使劉康返國。京兆尹王章素性剛直，揭發王鳳的陰謀與過惡，劉驁遂與王章策劃驅逐王鳳。後來劉驁反悔，反而殺了王章，并遠徙其妻子。《元后傳》云：

> 上即位數年，無繼嗣，體常不平。定陶共王來朝，太后與上承先帝意，遇共王甚厚，賞賜十倍於它王，不以往事爲纖介①。共王之來朝也，天子留，不遣歸國。上謂共王："我未有子，人命不諱，一朝有它，且不復相見。爾長留侍我矣！"其後天子疾益有瘳，共王因留國邸，旦夕侍上，上甚親重。大將軍鳳心不便共王在京師，會日蝕，鳳因言："日蝕，陰盛之象，爲非常異。定陶王雖親，於禮當奉藩在國。今留侍京師，詭正非常，故天見戒。宜遣王之國。"上不得已於鳳而許之。共王辭去，上與相對涕泣而決。

班彪先寫劉驁無嗣，勢孤無依，故親重其弟劉康，欲使其長留京師；後迫於王鳳之勢，不得已遣送歸國。臨別"上與相對涕泣而決"，寫盡劉驁的一副可憐相。

> 京兆尹王章素剛直敢言，以爲鳳建②遣共王之國非是，乃奏封事言日蝕之咎矣。天子召見章，延問以事，章對曰："天道聰明，佑善而災惡，以瑞異爲符效。今陛下以未有繼嗣，引近定陶王，所以承宗廟，重社稷，上順天心，下安百姓。此正義善事，當有祥瑞，何故致災異？災異之發，爲大臣顓政者也。今聞大將軍猥歸日蝕之咎於定陶王，建遣之國，苟欲使天子孤立於上，顓擅朝事以便其私，非忠臣也。且日蝕，陰侵陽，臣顓君之咎，今政事大小皆自鳳出，天子曾不一舉手。鳳不內省責，反歸咎善人，推遠定陶王。且鳳誣罔不忠，非一事也。前丞相樂昌侯商，本以先帝外屬，內行篤，有威重，位歷將相，國家柱

---

①顏師古注："往事，謂先帝時欲以代太子也。言無纖介之嫌怨。"
②顏師古注："建立其議也。"

石臣也。其人守正，不肯詘節隨鳳委曲，卒用閨門之事為鳳所罷，身以憂死，眾庶愍之。又鳳知其小婦弟張美人①已嘗適人，於禮不宜配御至尊，托以為宜子，內之後宮，苟以私其妻弟。聞張美人未嘗任身就館也。且羌胡尚殺首子以蕩腸正世②，況於天子而近已出之女也！此三者皆大事，陛下所自見，足以知其餘，及它所不見者。鳳不可令久典事，宜退使就第，選忠賢以代之。"自鳳之白罷商後遣定陶王也，上不能平。及聞章言，天子感寤，納之，謂章曰："微京兆尹直言，吾不聞社稷計！且唯賢知賢，君試為朕求可以自輔者。"於是章奏封事，薦中山孝王舅琅邪太守馮野王③："先帝時歷二卿，忠信質直，知謀有餘。野王以王舅出，以賢復人，明聖主樂進賢也。"上自為太子時，數聞野王先帝名卿，聲譽出鳳遠甚，方倚欲以代鳳。

班彪又寫京兆尹王章"素剛直敢言"，歷述王鳳之過，建言驅逐王鳳。劉驁受王鳳脅迫，意"不能平"，然無可奈何。聞王章言，遂以為"社稷計"，共謀以馮野王代王鳳。寫出王章態度光明磊落，而劉驁實為逐鳳主謀，辨明責任。

初，章每召見，上輒辟左右。時太后從弟長樂衛尉弘子侍中音④獨側聽，具知章言，以語鳳。鳳聞之，稱病出就第，上疏乞骸骨……其辭指甚哀，太后聞之為垂涕，不御食。上少而親倚鳳，弗忍廢。乃報鳳曰："朕秉事不明，政事多闕，故天變婁臻，咸在朕躬。將軍乃深引過自予，欲乞骸骨而退，則朕將何嚮焉！《書》不云乎？'公毋困我'。務專精神，安心自持，期於亟瘳，稱朕意焉。"於是鳳起視事。上使尚書劾奏章："知野王前以王舅出補吏，而私薦之，欲令在朝阿附諸侯；又知張美人體御至尊，而妄稱引羌胡殺子蕩腸，非所宜言。"遂下章吏。廷尉致其大逆罪，以為"比上夷狄，欲絕繼嗣之端；背畔天子，私為

---

①顏師古注："小婦，妾也。弟謂女弟，即妹也。"
②顏師古注："蕩，洗滌也。言婦初來所生之子或它姓。"
③馮野王，字君卿。上黨潞（今山西潞城東北）人。馮奉世之子，中山孝王劉興（成帝之庶弟，母馮昭儀）的舅舅。此時任琅邪太守。事跡見《馮奉世傳》。
④王音，王鳳堂弟，頗得王鳳器重，後為大司馬、車騎將軍。

定陶王。"章死獄中，妻子徙合浦。自是公卿見鳳，側目而視；郡國守相刺史皆出其門。又以侍中太僕音爲御史大夫，列於三公。

最後寫出劉驁反悔，反"使尚書劾奏章"，陷王章於"大逆罪"，殺王章，并遠徙其妻子。班彪寫劉驁其初的處境是如何可憐，其間對王章又是何等信賴，最後又是如此翻臉無情。前後形成鮮明的對比。強有力地説明劉驁原來是一個反復無常不可信賴的小人，暴露了統治者毫無信義，卑鄙無恥的行爲。千載之下，讀者猶覺十分生動，氣憤填膺。

劉驁卑鄙殘暴的行徑，又被寫進《翟方進傳》中。綏和二年（前 7）春，"熒惑守心"。星象家以爲天象凶惡，皇帝當死，劉驁非常恐懼。時有人獻策，言可以大臣當之。劉驁爲保自己性命，欣然同意。此時翟方進爲相已歷九年，本傳云：

  方進知能有餘，兼通文法吏事，以儒雅緣飭法律，號爲通明相，天子甚器重之，奏事亡①不當意。

劉驁立刻"召見方進"，迫使其自殺。"方進還歸，未及引決"，又下詔責問：

  皇帝問丞相：君有孔子之慮，孟賁之勇，朕嘉與君同心一意，庶幾有成。惟君登位，於今十年，災害並臻，民被飢餓，加以疾疫溺死，關門牡開，失國守備，盜賊黨輩。吏民殘賊，毆殺良民，斷獄歲歲多前。上書言事，交錯道路，懷姦朋黨，相爲隱蔽，皆亡忠慮，羣下兇兇，更相嫉妒，其咎安在？

  觀君之治，無欲輔朕富民便安元元之念。間者郡國穀雖頗熟，百姓不足者尚衆，前去城郭，未能盡還，夙夜未嘗忘焉。朕惟往時之用，與今一也，百僚用度各有數。君不量多少，一聽羣下言，用度不足，奏請一切增賦、稅城郭塢及園田、過更、算馬牛羊，增益鹽鐵，變更無常。朕既不明，隨奏許可，後議者以爲不便，制詔下君，君云賣酒醪②。後請止，未盡月，復奏議令賣酒醪。

---

① "亡"通"無"。
② 意爲提高酒税。

朕誠怪君，何持容容之計，無忠固意，將何以輔朕帥道羣下？而欲久蒙顯尊之位，豈不難哉！傳曰：'高而不危，所以長守貴也。' 欲退君位，尚未忍。君其孰念詳計，塞絕姦原，憂國如家，務便百姓以輔朕。

朕既已改，君其自思，強食慎職。使尚書令賜君上尊酒十石，養牛一，君審處焉！（同前引）

往日"奏事亡不當意"的"通明相"，現在做什麼都成了過錯。既云不許"久蒙顯尊之位"，又云"欲退君位尚未忍"；左一個"君其自思"，右一個"君其孰念詳計"；而且又賜下生祭的物品，那就祇有死路一條！翟方進祇得"即日自殺"。班彪筆下的封建君主就是如此：愛之則事事通明，封賞由己，惡之則動輒得咎，死而後已！

劉驁既逼死翟方進，却又給以優厚的"恩賜"：

遣九卿冊贈以丞相高陵侯印綬，賜乘輿秘器，少府供張，柱檻皆衣素。天子親臨弔者數至，禮賜異於它相故事。諡曰恭侯。（同前引）

寥寥數筆，即描盡一個內心陰狠毒辣，却又道貌岸然的偽君子。班彪既在上述列傳中揭露出劉驁的真面目，但在本紀中却稱他説：

……成帝善修容儀，升車正立，不內顧，不疾言，不親指，臨朝淵嘿，尊嚴若神，可謂穆穆天子之容者矣！（《成帝紀》）

前後合觀，完成了一副犀利的諷刺圖畫。班彪筆下的統治者，就是如此：內心是自私冷酷的豺狼，表面上却做作得派頭十足，此正所謂衣冠禽獸！

班彪作史，多記異辭逸事。如於《元帝紀》云：

臣外祖兄弟爲元帝侍中，語臣曰：元帝多材藝，善史書。鼓琴瑟，吹洞簫，自度曲，被歌聲，分刌節度，窮極幼眇。

又《韋賢傳》記韋孟詩二首，始記云：

（韋賢先人）韋孟，家本彭城，爲楚元王傅，傅子夷王及孫王戊。戊荒淫不遵道，孟作詩風諫。後遂去位，徙家於鄒，又作一篇。

詩末則稱：

> 或曰：其子孫好事，述先人之志而作是詩也。

既載其詩，又記傳聞之異辭。

又《元后傳》記王氏本系，而云：

> 莽自謂黃帝之後，其自本曰：黃帝姓姚氏，八世生虞舜……

"自謂""自本"云云，顯系班彪對此存疑之態度。

《翟方進傳》末記汝南鴻隙大陂被破壞事：

> 初，汝南舊有鴻隙大陂，郡以爲饒，成帝時，關東數水，陂溢爲害。方進爲相，與御史大夫孔光共遣掾行視，以爲決去陂水，其地肥美，省堤防費而無水憂，遂奏罷之。及翟氏滅，鄉里歸惡，言方進請陂下良田不得而奏罷陂云。王莽時常枯旱，郡中追怨方進，童謠曰：
> 壞陂誰？翟子威。
> 飯我豆食羹芋魁①。
> 反乎覆，陂當復。
> 誰云者？兩黃鵠。

所謂"汝南舊有鴻隙大陂，郡以爲饒"云云，可知史家認同民衆立場，但所謂"及翟氏滅，鄉里歸惡""郡中追怨方進"云云，則是不同意將此事完全歸咎於翟氏的説法。

班彪所記異辭逸事，雖或涉於瑣細，然此種義取存疑的方法，表現出一個優秀史家實事求是的態度。

四、小結

《續太史公書》是班彪最重要的一部歷史著作。司馬遷著《史記》，删削自

---

① 顏師古注：言田無溉灌，不生秔稻，又無黍稷，但有豆及芋也。豆食者，豆爲飯也。羹芋魁者，以芋根爲羹也。

黃帝到秦的歷史，復加纂輯漢初七十餘年間史迹，完成了一部有價值的通史。自司馬遷至西漢末，又將百年，其間亦曾有人私仿《史記》體例，續寫漢史，然限於水平，大多鄙俗簡陋，未可與《史記》相匹。

至班彪以其畢生精力，作《續太史公書》百編以上。事雖漢史續編，然在編纂體例上、文章風格上，以及歷史觀點上，都有其獨到之處，自成一家之言。故《續太史公書》一出，便廣泛獲得贊譽，甚至有人認爲其價值超越《史記》之上。

《續太史公書》雖已散佚，然而班固《漢書》便是在其基礎之上完成的，故其大部分應該還保存在《漢書》之中。就現在還可辨認出的《續太史公書》的鱗爪以及班彪的其他文章來看，班彪的史學觀點是唯心的，但是在相當一部分社會歷史問題上的看法，有進步因素，超越了他的時代。《史記》《漢書》都是我國著名的古典史學著作，而《續太史公書》則是這兩部書中間的橋梁，不但《漢書》的形式和材料大都脫胎於《續太史公書》，而《史記》亦因《續太史公書》和《漢書》的承繼發揚而奠定了此後兩千年的史學基礎，其影響後世頗巨。《史記》《續太史公書》《漢書》等，對當時社會以及我國文化寶庫都有極其卓越的貢獻。

班彪不但是一位出色的歷史學家，而且也是一位見解深刻的史學批評家，他對前史所做的評論，一直成爲此後兩千年間史學界所注意的問題。有很多史學後輩，如劉知幾之流，更繼承和發揮了他的見解。"我欲載之空言，不如見之於行事之深切著明也"（孔子語，見於《史記·太史公自序》），正因爲班彪能夠將其史學思想表現在他的著作之中，所以其對後世史學的影響，就更爲巨大。

第十二章　班彪其他著作考

除《續太史公書》外,班彪其他論著尚多。《後漢書》本傳云:"所著賦、論、書、記、奏事合九篇。"但據漢、晉、唐、宋以來專著、類書所載,或爲全篇,或係殘文,究其目録,不止九篇之數。意范曄所云九篇,乃時人傳頌之篇章,并非全集。

一、《别録》

《藝文志·春秋家》著録:"馮商所續《太史公》七篇"下注:"韋昭曰:馮商受《太史公》十餘篇,在班彪《别録》。"

路放按:世傳《别録》爲劉向所作。唐釋道宣①輯《廣弘明集》所載阮孝緒②《七録序》云:"昔劉向校書,輒爲一録,論其指歸,辨其訛謬,隨竟奏上,皆載在本書,時又别集衆録,謂之'别録',即今之《别録》是也。"

《藝文志》載:"光禄大夫劉向校經傳、諸子、詩賦,步兵校尉任宏校兵書,太史令尹咸校數術,侍醫李柱國校方技。每一書已,向輒條其篇目,撮其指意,録而奏之。"

據此,劉向等校書時,每完成一書,即作一篇校勘筆記,隨書奏上皇帝。《别録》即爲匯集這些評論而成,於南北朝梁時尚存,爲阮氏所見。《隋書·經

---

① 釋道宣,俗姓錢,江蘇丹徒人。唐代高僧,著有南山律宗五部論著,爲律宗開山始祖。
② 阮孝緒,字士宗,陳留尉氏(河南尉氏)人。南朝梁目録學家。其《七録》記録圖書六二八八種、四四五二六卷。

籍志》著録有"劉向撰《七略別録》二十卷。"遺憾的是,《別録》原書今已散佚,僅餘殘篇。

然韋昭此處所指班彪《別録》者何？據余嘉錫①《漢書藝文志索隱》選刊稿（序、六藝）下：

【索引】洪頤烜②曰："《張湯傳贊》：'馮商稱張湯之先與留侯同祖',如淳曰：'班固《目録》：馮商,長安人,成帝時以能屬書待詔金馬門,受詔續《太史公書》十餘篇。'《趙廣漢傳贊》：'馮商傳王尊',張晏曰：'劉向作《新序》,不道王尊。馮商續《史記》,爲作傳。'商書所見僅此。班彪《別録》、班固《目録》,疑是一書。或疑'《別録》'爲劉向《別録》之訛,非是。"按：洪説是也。劉向《別録》,《漢書敍録》亦謂之"目録"。班彪《別録》蓋彪所作《後傳》之《叙傳》,班固續成之,故又稱《目録》。《隋志》有"後漢徐令《班彪集》二卷",此當在彪集中。

班彪《別録》稱馮商所續十餘篇,而《藝文志》稱七篇,則班彪《別録》非劉向《別録》可知,而篇數不同則可能是因爲馮商在劉向校書之後又續作若干篇。余嘉錫猜測班彪《別録》是其所作《續太史公書·叙録》,且韋昭見之於《班彪集》,未知其所本。

二、《覽海賦》

《覽海賦》見於《藝文類聚·卷八·山部下水部上》：

後漢班叔皮《覽海賦》曰：余有事於淮浦,覽滄海之茫茫。悟仲尼之乘桴,聊從容而遂行。馳鴻瀨以縹鶖,翼飛風而迴翔。顧百川之分流,焕爛熳以成章。風波薄其裹裹,逸浩浩以湯湯。指日月以爲表,

---

①余嘉錫,字季豫,號狷庵。湖南常德人。近代著名學者。
②洪頤烜,字旌賢,號筠軒,浙江臨海（今臨海市）人。清代學者,著述甚豐。有《尚書洪範五行傳論集本》《漢志水道疏注證》《諸史考異》《臺州札記》《讀書叢録》等。

索方瀛與壺梁。曜金璆以爲闕，次玉石而爲堂。蕙芝列於階路，涌醴漸於中唐。朱紫彩爛，明珠夜光；松喬坐於東序，王母處於西箱。命韓衆與歧伯，講神篇而校靈章。願結旅而自託，因離世而高遊。騁飛龍之驂駕，歷八極而廻周。遂竦節而響應，忽輕舉以神浮。遵霓霧之掩蕩，登雲塗以凌厲。乘虛風而體景，超太清以增逝。麾天閽以啟路，闢閶闔而望余。通王謁於紫宮，拜太一而受符。

三、《北征賦》

《北征賦》，見《文選·卷九》。本書第八章於《北征賦》已多有引用。《北征賦》亦見於《藝文類聚·卷二十七》，然不全。

四、《冀州賦》

《冀州賦》見於《藝文類聚·卷六·州部》：

> 漢班彪《冀州賦》曰：夫何事於冀州，聊託公以遊居。歷九州而觀風，亦哲人之所娛。望常山之峨峨，登北嶽而高遊。建封壇於岱宗，瘞玄玉於此丘。徧五嶽與四瀆，觀滄海以周流。

唐《初學記·卷八》所載同此。又《藝文類聚·卷二十八·游覽》，有班彪之《遊居賦》：

> 後漢班彪《遊居賦》曰：夫何事於冀州，聊託公以遊居。歷九土而觀風，亦慼人之所虞。遂發軔於京洛，臨孟津而北屬。想尚甫之威虞，號蒼兕而明誓。既中流而歎息，美周武之知性。謀人神以動作，享烏魚之瑞命。瞻淇澳之園林，善綠竹之猗猗。望常山之峨峨，登北岳而高遊。嘉孝武之乾乾，親飾躬於伯姬。建封禪於岱宗，瘞玄玉於此丘。徧五岳與四瀆，觀滄海以周流，鄙臣恨不及事。陪後乘之下僚，今匹馬之獨征。豈斯樂之足娛，且休精於敝邑，聊卒歲以須臾。

當爲《冀州賦》之异名。其他《冀州賦》殘文尚有：

　　漱余焉乎洹泉，嗟西伯於牖城。

見《續漢書·郡國志》一注。

　　感鳧藻以進樂兮。

見《文選》顏廷之秋胡詩注。

　　過蕩陰而弔晉鄙，責公子之不臣。

見《水經注·卷九》注。

五、《悼離騷》

《悼離騷》見之於《藝文類聚·五十八》，應非全璧：

　　後漢班彪《悼離騷》曰：夫華植之有零茂，故陰陽之度也。聖哲之有窮達，亦命之故也。惟達人進止得時，行以遂伸。否則詘而坯蠖，體龍虵以幽潛。

六、《王命論》

《王命論》載於《漢書·叙傳上》。

七、奏疏

《宜復護羌校尉疏》，見《後漢書·西羌傳》。
《宜復置烏桓校尉疏》，見《後漢書·烏桓鮮卑列傳》。
《宜選置東宫及諸王國官屬疏》，見《後漢書·班彪列傳》。
《酬答北匈奴議》，見《後漢書·南匈奴列傳》。
《另有奏疏殘文六則》，分別見於《北堂書鈔》八十三引班彪奏：

臣聞師曰：太學明堂辟雍者，禮樂之府、詩書之林也。

《書鈔·十九》引班彪上事：

賜竽瑟箜篌。

以及《太平御覽》引四條：

元狩六年，罷太尉置司馬。時議以北軍中候有千人司馬，故加之爲大司馬，所以別小大司馬之號也。（《太平御覽·卷第二百九》）

可選師傅將相子孫有行好學者。以備絳衣舍人。（《太平御覽·卷第六百九十》）

官吏二千石。布襦羊裘。以白木杯飲食。飾虛。欲以求名于"于當作千"譽。（《太平御覽·卷第七百五十九》）

吏民葬埋。有馬被毛氎角蹄玫瑰。目眥以法禁之。（《太平御覽·卷第八百九》）

八、書箋

與京兆丞郭季通書（殘文）：

劉孟公藏器於身，用心篤固。實瑚璉之器、宗廟之寶也。後漢蘇竟傳注引《三輔決錄》注。（《全上古三代秦漢三國六朝文·全後漢文·卷二十三》）

與金兆卿書（殘文），見《文選》張華答何劭詩注：

遠在東垂，吏道迫促。

《淵鑒類函·卷九十八》，《太子中庶子三》引"衛太子家"下有：

班彪牋云：竊見國家故事，選公卿列侯子孫衛太子家爲中庶子。

第十三章　補《太史公書》與續《太史公書》

唐劉知幾《史通·古今正史》稱：

《史記》所書年止漢武，太初以後，闕而不錄。其後劉向、向子歆及諸好事者，若馮商、衛衡、揚雄、史岑、梁審、肆仁、晉馮、段肅、金丹、馮衍、韋融、蕭奮、劉恂等相次撰續，迄於哀、平間，猶名《史記》。

《後漢書·班彪列傳上》云：

武帝時，司馬遷著《史記》，自太初以後，闕而不錄。後好事者頗或綴集時事，然多鄙俗，不足以踵繼其書。（李賢注：好事者謂揚雄、劉歆、陽城衡、褚少孫、史孝山①之徒也。）

綜合劉知幾和李賢之説，可得出下列曾經參與增補或續寫《史記》的"好事者"名單：

劉向、劉歆、馮商、衛衡、揚雄、史岑、梁審、肆仁、晉馮、段肅、金丹、馮衍、韋融、蕭奮、劉恂、陽城衡、褚少孫。

劉知幾、李賢輩上距兩漢之際年代久遠，所悉皆傳聞之辭，所舉人物不盡可靠，亦未必全面。但彼等所記，畫出約略輪廓，按圖追究，亦可得出一簡單

---

① 按漢代兩史岑，一字子孝，王莽末以文章顯，見於《後漢書·文苑傳》。字孝山者於東漢安帝時（106—125）爲鄧騭拜大將軍而作《出師賦》，其他事迹不詳。李賢此處應是誤認此人爲前者。

發展情況。

從史記到漢書，在歷史編纂學方面的發展可分作三個階段：第一，補《太史公書》時期，以楊惲、褚少孫、劉向爲代表；第二，續《太史公書》時期，以揚雄、馮商、班彪爲代表；第三，斷代爲史，《漢書》成功時期，以班固爲代表。

一、楊惲

楊惲，字子幼，華陰人。其父楊敞於昭帝末年爲御史大夫，後代王訢爲丞相，封安平侯。楊惲之母爲司馬遷之女。《漢書·公孫劉田王楊蔡陳鄭傳》云：

> 宣帝即位月餘，敞薨，諡曰敬侯。子忠嗣，以敞居位定策安宗廟，益封三千五百戶。忠弟惲，字子幼，以忠任爲郎，補常侍騎。惲母，司馬遷女也。

昭帝元平元年（前74），楊敞卒，子楊忠嗣爵。楊惲補騎郎，當在其兄襲爵之初。又楊敞於始元六年（前81）以大將軍司馬爲大司農，元鳳四年（前77）遷御史大夫，元鳳六年（前75）爲丞相，楊惲皆未得以父任爲郎，蓋其時年紀尚幼。直至楊忠嗣爵，楊惲始以兄任爲郎。計其年齡，楊惲應生於武、昭之際（昭帝始元元年，前86）。

地節四年（前66），楊惲以左曹中郎舉發霍氏反謀[①]封侯。《漢書·公孫劉田王楊蔡陳鄭傳》云：

> 霍氏謀反，惲先聞知，因侍中金安上以聞，召見言狀。霍氏伏誅，惲等五人皆封[②]，惲爲平通侯，遷中郎將。

金安上之子金敞即班彪外祖。神爵元年（前61）以楊惲爲諸吏光祿勳。五鳳二年（前56）楊惲以"誹謗當世"免爲庶人。此時有人告楊惲驕奢不悔過，有怨言。於是下廷尉按驗，當大逆無道。五鳳四年（前54）腰斬楊惲，妻、子

---

① 地節四年（前66），霍光之子霍禹等謀反，爲宣帝劉詢所誅。
② 錢大昭注："案《功臣表》，是時同日封者，張章、董忠、金安上，及惲，有四人，其一人史高，在《外戚侯表》。"

徙酒泉郡。時年約三十歲。

楊惲少時即好史學，《公孫劉田王楊蔡陳鄭傳》云：

> 惲始讀外祖《太史公記》，頗爲春秋。以材能稱，好交英俊諸儒，名顯朝廷，擢爲左曹。

此所謂"頗爲春秋"者，當非指孔子所著之《春秋》而言，古人統稱史書爲《春秋》，如《墨子·明鬼篇》有"周之春秋""燕之春秋""宋之春秋""齊之春秋"等。孔子因魯史爲書，亦不過"魯之春秋"。因孔子所作得傳後世，又有諸注家發揚光大，且其他《春秋》皆不傳，故《春秋》遂成魯史專名。後於孔子書者尚有《虞氏春秋》《呂氏春秋》等書。班固說楊惲"頗爲春秋"，蓋謂楊惲始讀《太史公書》，培養和提高了史學興趣和修養，進而專心於諸史書之研究。

楊惲既好史學，又得《史記》稿本而讀之，故於《史記》頗有所闡述。班固云：

> 遷既死後，其書稍出。宣帝時，遷外孫平通侯楊惲祖述其書，遂宣布焉。(《司馬遷傳》)

所謂"祖述"者，當是楊惲根據司馬遷稿本加以整理補葺。所謂"宣布"者，蓋以定本傳寫公之於世。

漢末韋昭以爲《史記》中之"太史公曰"皆楊惲所加。《史記·孝武本紀》集解引韋昭曰：

> 說者以談爲太史公，失之矣。《史記》稱遷爲太史公者，是外孫楊惲所稱。

韋昭此說，海寧王國維曾予以發揮。他說：

> 公官爲太史令，《自序》具有明文。然全書中自稱及稱其父談皆曰"太史公"。其稱父爲公者，顏師古及司馬貞均謂遷自尊其父，稱之曰"公"。其自稱公者，桓譚《新論》謂："太史公造書成，示東方朔。朔爲平定，因署其下。"太史公者，皆東方朔所加之也。韋昭則以爲外孫

楊惲所稱。張守節《正義》則以爲遷所自稱。案東方朔卒年雖無可考，要當在《史記》成書之前。且朔與公友也，藉令有平定之事，不得稱之爲公。又秦漢間人著書，雖有以公名者，如《漢書·藝文志》：《易》家有《蔡公》二篇，陰陽家有《南公》三十一篇，名家有《黃公》四篇、《毛公》九篇，然此或後人所加，未必其所自稱。則桓譚、張守節二說均有所不可通。惟公書傳自楊惲，公於惲爲外王父，父談又其外曾祖父也，稱之爲公，於理爲宜。韋昭一說，最爲近之矣。（《觀堂集林·卷十一·太史公行年考》元豐三年）

從楊惲本人的言論中，亦可看出與《史記》贊語有相當一致的歷史觀。《公孫劉田王楊蔡陳鄭傳》云：

> 惲聞匈奴降者道單于見殺，惲曰："得不肖君，大臣爲畫善計不用，自令身無處所。若秦時但任小臣，誅殺忠良，竟以滅亡；親任大臣，即至今耳。古與今如一丘之貉。"

而《史記·秦始皇本紀》"太史公曰"贊語全錄賈生《過秦論·中篇》且大爲贊許，謂"善乎哉賈生之言也！"以楊惲之言與《史記·秦始皇本紀》之"太史公曰"合觀，論點相當一致。因此可知韋昭、王國維之說非爲無因。且韋昭距楊惲時代不遠，其言當有所本。

作爲對照，班固於此即有不同意見，在其《秦紀論》中曾專論此說：

> 賈誼、司馬遷曰："向使嬰有庸主之才，僅得中佐，山東雖亂，秦之地可全而有，宗廟之祀未當絕也。"秦之積衰，天下土崩瓦解，雖有周旦之材，無所復陳其巧，而以責一日之孤，誤哉！俗傳秦始皇起罪惡，胡亥極，得其理矣。復責小子，云秦地可全，所謂不通時變者也。

司馬遷著《史記》，必以稿本藏之於其家，以副本上於朝廷。故其《自序》云：

> 以拾遺補藝，成一家之言，厥協六經異傳，整齊百家雜語，藏之名山，副在京師，俟後世聖人君子。

在司馬遷的著述過程中，朝廷亦應可隨時取閱。衛宏《漢舊儀注》云：

> 司馬遷作《景帝本紀》，極言其短及武帝過，武帝怒而削去之。後坐舉李陵，陵降匈奴，故下蠶室。

《三國志·魏志·卷十三王肅傳》亦云：

> 司馬遷記事，不虛美，不隱惡。劉向、揚雄服其善叙事，有良史之才，謂之實録。漢武帝聞其述《史記》，取孝景及己本紀覽之，於是大怒，削而投之。於今此兩紀有録無書。後遭李陵事，遂下遷蠶室。

此雖後人之說，不一定可信，但當時司馬遷著書不得自秘可知。又《鹽鐵論·毀學篇》云：

> 大夫曰：司馬子有言："天下攘攘，皆爲利往。"

所引司馬子之言乃《史記·貨值列傳》語，而所謂大夫者爲桑弘羊①。鹽鐵會議在昭帝始元六年（前81），而桑弘羊稱之，可知當時官中已有《史記》。《藝文志》載："太史公百三十篇。"注云："十篇有録無書。"班彪亦稱：

> 孝武之世，太史令司馬遷采《左氏》《國語》，刪《世本》《戰國策》，據楚、漢列國時事，上自黃帝，下訖獲麟②，作本紀、世家、列傳、書、表凡百三十篇，而十篇缺焉。（《後漢書·班彪列傳上》）

班固在《司馬遷傳》中也說：

> 而十篇缺，有録無書。

此必劉向劉歆父子、班彪班固父子所見禁中秘書之《史記》原本。劉氏、班氏父子所謂"十篇有録無書"，據張晏稱，乃《景紀》《武紀》《禮書》《樂書》《兵書》《漢興以來將相年表》《日者列傳》《三王世家》《龜策列傳》《傅靳列傳》

---

①桑弘羊，武帝時主持推行鹽、鐵、酒專賣制度，因功昇爲大司農中丞，上任後又推行均輸法。昭帝始元六年（前81），桑弘羊與全國各地賢良文學之士激烈辯論其政策，由桓寬加以記載，即《鹽鐵論》。
②顏師古注："武帝太始二年，登隴首，獲白麟，遷作《史記》，絶筆於此年也。"

(《史記・太史公自序》裴駰《集解》引)。然元帝時褚少孫補《史記》所據之底本，十篇并不全缺（參考王鳴盛《十七史商榷・史記》"十篇有録無書"條。）此必當時民間所流行之本，亦即經楊惲所"祖述""宣布"者。

二、褚少孫

褚少孫，潁川人，寓居於沛。嘗從王式學《詩》，爲博士。《儒林傳・王式》云：

> 王式字翁思，東平新桃人也。事免中徐公及許生，式爲昌邑王師。昭帝崩，昌邑王嗣立，以行淫亂廢，……亦得減死論，歸家不教授。山陽張長安幼君先事式，後東平唐長賓、沛褚少孫亦來事式，問經數篇，式謝曰："聞之於師，具是矣，自潤色之。"不肯復授。唐生、褚生應博士弟子選，詣博士，摳衣登堂，頌禮甚嚴。試誦説，有法，疑者丘蓋不言。諸博士驚問：何師，對曰事式。皆素聞其賢，共薦式，詔除下爲博士，……遂謝病免歸，終於家。張生、唐生、褚生皆爲博士。張生論石渠，至淮陽中尉。唐生楚太傅。由是《魯詩》有張、唐、褚氏之學。

又《詩傳考・卷一・詩傳提要》云：

> 又王式受《詩》於免中徐公及許生，以授張生長安及唐長賓、褚少孫。

褚少孫下注云："沛人，爲博士。《褚氏家傳》云：即續《史記》褚先生。"
褚少孫與張生、唐生從王式學《詩》，應博士弟子選，皆爲博士。張生爲博士後，且得與論石渠。講論五經於石渠閣，事在宣帝甘露三年（前51），可知褚少孫爲《詩》博士，在宣帝時；且應在甘露三年以前。

褚少孫又曾以《春秋》爲郎。《史記・龜策列傳》褚先生曰：

> 臣以通經術，受業博士，治《春秋》，以高第爲郎，幸得宿衞出入宮殿中十有餘年。竊好《太史公傳》。

褚少孫"受業博士，治《春秋》"當在其爲《詩》博士之前。褚少孫受《詩》於王式，王式治《詩》，未聞其治《春秋》。則褚少孫受《春秋》之業師別爲一人。故《儒林傳》稱：

> 山陽張長安幼君先事式，後東平唐長賓、沛褚少孫亦來事式。

褚少孫事王式固較晚，事王式學《詩》之前已治《春秋》。由是觀之，褚少孫"爲郎"，應在其爲《詩》博士以至師事王式之前，約當宣帝初年。

褚少孫爲郎，設以十五歲計之，則其生當在昭帝之初（昭帝始元元年，前86年）。韋稜云：

> 褚顒家傳褚少孫，梁相褚大弟之孫，宣帝代爲博士，寓居於沛，事大儒王式，號爲"先生"，續《太史公書》，阮孝緒亦以爲然也。（《史記·孝武本紀》索隱·韋稜云）

褚少孫補《史記》時，已不爲郎，故述其爲郎時事，多追敘之辭。例如（《史記·日者列傳》）褚先生曰：

> 臣爲郎時，游觀長安中，見卜筮之賢大夫，觀其起居行步，坐起自動，誓正其衣冠而當鄉人也。有君子之風，見性好解婦來卜，對之顔色嚴振，未嘗見齒而笑也。

又《史記·外戚世家》褚先生曰：

> 臣爲郎時，問習漢家故事者鍾離生，曰：王太后在民間時所生子女者，父爲金王孫。王孫已死，景帝崩後，武帝已立，王太后獨在。而韓王孫名嫣，素得幸武帝。承間白言太后有女在長陵也。武帝曰："何不蚤言！"①乃使使往先視之，在其家。武帝乃自往迎取之。

又《史記·滑稽列傳》褚先生曰：

> 臣幸得以經術爲郎，而好讀外家傳語。竊不遜讓，復作故事滑稽

---

① 蚤，通"早"。

之語六章，編之於左。可以覽觀揚意，以示後世，好事者讀之，以游心駭耳。

又《史記·三王世家》褚先生曰：

> 臣幸得以文學爲侍郎，好覽觀《太史公》之列傳。傳中稱三王世家文辭可觀。求其世家終不能得。竊從長老好故事者取其封策書，編列其事而傳之，令後世得觀賢主之指意。

這種行文措辭，亦不得謂爲褚少孫爲郎時所作，與前追叙之辭仍屬一致。褚少孫補《史記》，述及宣帝時事，而稱曰"宣帝"云云。例如《三王世家》褚先生曰：

> 宣帝初立，推恩宣德，以本始元年中盡復封燕王旦兩子：一子爲安定侯；立燕故太子建爲廣陽王，以奉燕王祭祀。

褚少孫於《史記·建元以來侯者年表》補"孝昭以來功臣侯者"，計昭帝時十二人，曰："右孝昭時所封國名"；宣帝時二十九人，曰："右孝宣時所封"；元帝初元間所封一人，而不著孝元字樣。表中又稱："初元以來方盛貴用事"云云。可知其補《史記》當在元帝之世。

褚少孫於《史記》，僅限於補闕、附益，并非承《史記》別撰一書，以賡續前史。舉其較著者，如《史記·孝武本紀》《三王世家》（獨存司馬遷贊語）其餘皆亡，而爲褚少孫所補。《滑稽列傳》"褚先生曰，臣幸得以經術爲郎"以下，《外戚世家》"褚先生曰，臣爲郎時，問習漢家故事者鍾離生"以下，《日者列傳》末"褚先生曰：臣爲郎時游觀長安中"以下，《龜策列傳》末"褚先生曰：臣以通經術"以下，皆爲褚少孫附益。

今本《史記》補闕附益之處尚多，例如《漢興以來諸侯王年表》"應稱今皇帝而云孝武，應稱今王而輒云某諡，表止於太初，而濫及天漢以後"（張文虎①語）；《漢興以來將相名臣年表》自太初以後，爲後人所續；《張丞相列傳》末補

---

① 張文虎，字孟彪，號天目山樵，江蘇南匯（今上海南匯區）人。清代學者，著有《校刊史記集解索隱正義札記》八卷等。

車千秋、韋賢、魏相、邴吉、黃霸、于定國、韋玄成、匡衡等八人事迹，《平津侯主父列傳》末附太皇太后詔書一通等。

三、劉向

劉向，字子政，楚元王劉交玄孫。本書第九章有劉向生平介紹。作爲學者，劉向功績主要體現在目錄學方面，即他首倡之圖書整理方法，以及據之而編成的《七略別錄》。此書雖已不存，然其方法，對後世有一定的影響。古無史部，史籍即在經傳諸子之中，故劉向對史籍的整理曾經下過一番功夫。例如《戰國策》實爲一部歷史著作：

> 其事繼《春秋》以後，訖楚漢之起，二百四十五年間之事。(《戰國策》劉向序)

劉向對《戰國策》進行過整理：

> 所校中《戰國策》書，中書餘卷，錯亂相糅莒。又有國別者八篇，少不足。臣向因國別者，略以時次之，分別不以序者，以相補除復重，得三十三篇。(同前引)

所謂"略以時次之"，所謂"以相補除復重"，實無异於對原書重加編輯和補茸。所以《戰國策》一書，《隋志》乃稱"劉向錄"，《舊唐志》竟謂"劉向撰"，《新唐志》直書"劉向《戰國策》"。劉向當時校中秘書，便是如此方法，非如後世校勘字句而不動及原書可比。

《史記·匈奴列傳》，"使廣利得降匈奴"下《索引》引張晏注云：

> 自狐鹿姑單于已下，皆劉向、褚先生所錄，班彪又撰而次之，所以《漢書·匈奴傳》有上下兩卷。

即劉向於《匈奴傳》有所增補。由劉向同時代的人如楊惲、褚少孫等人補續《史記》的方法，以及劉向整理其他書籍，包括整理《戰國策》之類史籍的態度，可以斷定若劉向續《史記》，亦爲對《史記》加以增補和附益，并非繼《史記》而爲史。

在劉向的著作中間有記述漢事者，如《說苑》卷五《貴德篇》記于定國，卷六《復恩篇》記邴吉、袁盎，卷九《正諫篇》記枚乘，卷十一《善說篇》記虞丘壽王，卷十三《權謀》記徐福，卷十五《指武篇》記胡建，卷二十《反質篇》記楊王孫。在《新序》中卷七《節士篇》記蘇武，卷十《善謀篇》記陳恢、韓信、趙廝養卒、酈食其、蒯通、張良、婁敬、四皓、齊内史、韓安國、主父偃等人。劉向所記漢人漢事，并非有意繼司馬遷而著史書，乃是通過這些人物和故事，闡述其政治、倫理等觀點。班固著《漢書》，曾采劉向所記漢人漢事作爲史料，猶其是曾采劉向《別錄》而爲《藝文志》，亦不得以此謂劉向有意爲漢史，而爲班氏所剿襲。

四、揚雄

從《史記》到《漢書》的發展中，揚雄之續《太史公書》頗值一書。從揚雄以前諸人之"補"《史記》，如楊惲、褚少孫等之所爲，到揚雄以後諸人之"續"《史記》，如馮商、班彪等之所爲，在歷史編纂學上是一種飛躍。

揚雄字子雲，蜀郡成都人。本書第九章有揚雄生平介紹。揚雄續《太史公書》見之於王充《論衡》：

> 司馬子長紀黃帝以至孝武，揚子雲錄宣帝以至哀、平。(《論衡·須頌篇》)

王充此記，當屬可信。所謂"錄宣帝以至哀、平"，自非如楊惲、褚少孫之流於史記增補附益者可比。

揚雄在其《答劉歆書》中稱：

> 而雄始能草文，先作縣邸銘、玉佴頌、階闥銘、及成都城四隅銘。蜀人有揚莊者爲郎，誦之於成帝，成帝好之，以爲似相如，雄遂以此得外見。(《文選·甘泉賦》注引)

據此揚雄在被成帝召見之前，其作品皆"縣邸銘""玉佴頌""階闥銘""成都城四隅銘"等詠物雜賦，故著史當不在此一時期。揚雄以辭賦被召見，乃經常隨成帝劉鷔巡幸，或承制撰辭，或因諷獻賦，於是鋪采摛藻，若《甘泉》《河東》《羽獵》《長楊》等瑰麗大賦以出。當此時期，精力興趣亦必不在史學。及其既悟辭賦不足以諷勸，承詔適等於俳優，乃悔而不爲。於是慨然弃雕蟲小技，立志成名於後世，遂究心於《法言》《太玄》《訓纂》《虞箴》一類有關哲學、倫理學、文字學以及史學、地理之著述。此時他的賦作，如《太玄》《逐貧》《解嘲》《解難》等，亦隨興詠志，非復承詔應制之作可比。所以揚雄續《太史公書》，當作於晚年。所謂"録孝宣以至哀、平"，自可肯定并非自哀、平前陸續有作。相傳班彪曾譏其美新，蓋時代故使然，亦非無因之論。

桓譚説：

> 揚雄不貧，則不能作《玄》《言》。"（《桓譚新論·意林引》）

王充稱：

> 揚子雲作《法言》，蜀富人賫錢千萬[①]，願載於書，子雲不聽。夫富無仁義之行，圈中之鹿，欄中之牛也，安得妄載！（《論衡·卷第二十·佚文篇》）

由桓譚、王充所記，可知揚雄晚年著述亦屬發憤而作，這种右貧抑富之階級意識，於其史學著作中當有所申述。

揚雄好學，還表現在其興趣廣泛，不恥下問。桓譚稱：

> 揚子雲好天文，問之於黃門作渾天老工，曰："我少能作其事，但隨尺寸法度，殊不曉達其意，後稍稍益愈。到今七十，乃甫適知，已又老且死矣。今我兒子愛學作之，亦當復年如我乃曉知，已又且復死焉。"（《全上古三代秦漢三國六朝文·全後漢文·卷十五》）

從揚雄的著作中亦可看出他善於采集民間傳説。其《蜀王本紀》雖已散佚，但從現存的斷簡殘篇中，還可看出其中收納了豐富的民間傳説。例如"魚鳧田於湔山，得仙""蜀人思望帝而悲子鵑鳴""開明帝治水""五丁力士開蜀道""李冰治水"等傳説，都是很美麗的神話故事，非常生動地反映了"蜀"這個神秘的古老國度，也爲後世詩人貢獻了非常豐富的文化素材。

[①]疑爲十萬之誤。

五、劉歆

劉歆字子駿，劉向少子。本書第九章有劉歆生平介紹。劉歆補續《史記》，李賢、劉知幾輩嘗言之，然并無可靠的證據。而劉歆著漢史最戲劇性的記載見於《西京雜記》。其後序云：

> 洪家世有劉子駿《漢書》一百卷，無首尾題目，但以甲乙丙丁紀其卷數，先父傳之。歆欲撰《漢書》編錄漢事，未得締構而亡，故書無宗本，止雜記而已，失前後之次，無事類之辨。後好事者以意次第之，始甲終癸爲十秩，秩十卷，合爲百卷。洪家具有其書，試以此記考校班固所作，殆是全取劉書，有小異同耳。并固所不取，不過二萬許言。今抄出爲二卷，名曰《西京雜記》，以裨《漢書》之闕。爾後洪家遭火，書籍都盡，此兩卷在洪巾箱中，常以自隨，故得猶在。劉歆所記，世人希有；縱復有者，多不備足，見其首尾參錯，前後倒亂，亦不知何書罕能全錄。恐年代稍久，歆所撰遂没，并洪家此書二卷不知出所，故序之云爾。（《西京雜記·卷六》）

《西京雜記》自謂出於劉歆之筆，劉歆曾著漢史未成，後班固所述全襲劉書，其所不取，僅二萬許言，而此書即抄撮所遺而成。顯然此乃假托劉歆以自重。

《西京雜記》或言晉葛洪著，或謂梁吳均撰，然皆無實據。由著者不定一事，亦可斷定其抄撮一説爲虛造，不過托之"名人"，以實其事，以重其書。

《西京雜記》一書之僞之陋已爲前人所明辨，其事亦固昭昭。然而清末康有爲竟取《西京雜記》後序之言，爲其所謂劉歆遍僞群經之怪异之論作證。其言曰：

> 古學惑人最甚、移人最早者，莫若《漢書》。自馬融伏東閣受讀後，六朝、隋、唐傳業最盛。二千年來，學者披藝受學，即便誦習，先入人心，積習生常，於是無復置疑者，古學所以堅牢不可破也。余讀《史記·河間獻王魯共王世家》，怪其絕無獻王得書、共王壞壁事，與《漢書》絕殊。竊駭此關六藝大典，若誠有之，史公何得不叙？及讀《儒林傳》，又無《毛詩》《周官》《左傳》，乃始大疑。又得魏氏源《詩古

微》、劉氏逢祿《左氏春秋考證》，反覆證勘，乃大悟劉歆之作僞。而卒無以解《漢書》也，以爲班固校書，本從古學而然耳。今按葛洪《西京雜記》，謂："《漢書》本劉歆作，班固所不取不過二萬許言。"劉知幾《史通·正史篇》亦謂劉歆續《太史公書》，即作《漢書》也。蓋葛洪去漢不遠，猶見《漢書》舊本，乃知《漢書》實出於歆，故皆爲古學之僞説，聽其顛倒杜撰，無之不可。其第一事，則僞造河間得書、共王壞壁也。後人日讀古文僞經及《漢書》，重規疊矩，掩蔽無迹。故千載邈邈，羣盲同暗室，衆口争晝日，實無見者，豈不哀哉！（《新學僞經考·〈漢書·河間獻王魯共王傳〉辨僞第四》）

班固浮華之士，經術本淺，其修《漢書》全用歆書，不取者僅二萬許言，其陷溺於歆學久矣。（《新學僞經考·〈漢書·劉歆王莽傳〉辨僞》）

《新學僞經考》一書，如謂康氏在發表其政治言論，闡述其烏托邦思想，固可謂能逞其胸臆，敢想敢説。但不可以歷史學術論文相繩，蓋其論據實在非常之薄弱。一個優秀的政論家、思想家，其理論亦須建築在科學的基礎上，如此雖時代變遷，猶有其歷史光輝。但若急於建立學説，而對其依托之歷史資料不加分析研究，好奇立異，曲爲之説，如康氏之論，或可聳動一時聽聞，固不能取信於久遠。

班固著史曾參考劉歆著作以爲素材，如《律曆志》參考《三統曆譜》《鍾律書》，《藝文志》參考《七略》，《五行志》亦間取其《五行傳》。然不可以此認定劉歆曾著史，更不可謂班氏盡取劉歆之書。

六、馮商

馮商，字子高，里居及生卒年均不詳，約與揚雄同時。《藝文志·春秋家》著録馮商所續《太史公書》七篇：

馮商所續《太史公》七篇。

顏師古注：

韋昭曰："馮商受詔，續《太史公》十餘篇。在班彪《別録》。商字子高。"師古曰：《七略》云：商陽陵人，治《易》，事五鹿充宗，後事劉向，能屬文。後與孟柳俱待詔，頗序列傳。未卒，病死。

《趙尹韓張兩王傳》贊曰：

　　自孝武置左馮翊、右扶風、京兆尹，而吏民爲之語曰："前有趙、張，後有三王。"然劉向獨序趙廣漢、尹翁歸、韓延壽，馮商傳王尊，揚雄亦如之。

下張晏注：

　　劉向作新序，不道王尊。馮商續《史記》，爲作傳。雄作法言，亦論其美也。

是説馮商所續篇什中有王尊之傳。

又《藝文志·賦家》亦有"待詔馮商賦九篇。"

《張湯傳》云：

　　馮商稱張湯之先與留侯同祖而司馬遷不言，故闕焉。

可知班固曾參考馮商續書。

七、馮衍與史岑

　　馮衍，字敬通，京兆杜陵人，爲元帝劉奭大臣馮野王之孫。王莽末年，馮衍爲更始將軍廉丹辟爲掾，勸其擁兵自立。丹不聽，後死於與赤眉軍之戰。馮衍再投更始帝，拜立漢將軍。光武興兵，有人勸馮衍投之，不從。直到更始帝劉玄死於赤眉軍中之後，馮衍方歸順劉秀。因其此前的猶豫觀望，劉秀、劉莊父子對他都很冷淡（見《後漢書·桓譚馮衍列傳》）。馮衍有"博通群書"之名，著述甚豐，其本傳載：

　　所著賦、誄、銘、説、問交、德誥、慎情、書記説、自序、官錄說、策五十篇，肅宗①甚重其文。

史岑，字子孝，亦王莽時人，其事迹載於《後漢書·文苑列傳上》：

> 初，王莽末，沛國史岑子孝亦以文章顯，莽以爲謁者，著頌、誄、《復神》《說疾》凡四篇。

這二人本傳均未提及他們曾有續補《史記》之舉，然而鄭樵《通志·卷五下·前漢紀五下》，"景帝初元七年"下自注中提到：

> 臣謹按張晏曰：自景帝至平帝本紀，皆王莽時劉歆、揚雄、馮衍、史岑等所記。

張晏，字子博，中山（今陝西淳化）人。約活動於東漢末至三國初年，曾注《漢書》。張晏作注之際，必當博覽群書。其時上距馮衍、史岑諸人并不久遠，相應記載應尚存世間，他說這二人曾記漢史，應有所本。

八、其他

前述得之於劉知幾與李賢之續補《史記》者名單中，若衛衡、梁審、肆仁、晋馮、段肅、金丹、韋融、蕭奮、劉恂、陽城衡等人，其增補續寫《史記》之事迹并無足夠史料支持，故存而不論。

---

① 章帝劉炟諡肅宗

第三篇
良史班固

青年時代
著述蘭臺
辭賦大家
白虎觀會議與《白虎通義》
文學侍臣
議《對北匈奴策》
勒功燕然
憲府文章
竇憲案與班固之死
班固著述考

第十四章 青年時代

一、生在河西

　　班固，字孟堅，建武八年（32）生於張掖屬國的日勒城（約今甘肅山丹縣東南）①。建武元年（25）班固之父班彪離開長安躲避戰亂，先至天水隗囂處爲賓客。后因在是否應歸附劉秀的問題上與隗囂意見相左，遂於建武五年（29）離開天水至河西投靠時任行河西大將軍事、張掖屬國都尉的竇融，被其聘爲從事。班固、班超兄弟即生於這一期間。

　　當班彪於建武十二年（36）隨竇融東詣洛陽時，班固兄弟已是五歲了。對在河西時的經歷，應該也有些許記憶了吧。

　　班固後來寫《漢書》的時候，對於河西五郡給予了詳細記述和贊美。他寫道：

　　　　自武威以西，本匈奴昆邪王、休屠王地，武帝時攘之。初置四郡②，以通西域，鬲絕南羌、匈奴。其民或以關東下貧，或以報怨過當，或

---

① 據宋王應麟《困學紀聞・考史》，張掖屬國治日勒城。
② 即武威、張掖、敦煌、酒泉四郡。《武帝紀》元狩二年（前121）："秋，匈奴昆邪王殺休屠王，并將其衆合四萬餘人來降，置五屬國以處之。以其地爲武威、酒泉郡。"六年（前117）："遣浮沮將軍公孫賀出九原，匈河將軍趙破奴出令居，皆二千餘里，不見虜而還。乃分武威、酒泉地置張掖、敦煌郡，徙民以實之。"河西四郡約今甘肅西部之武威、金昌、張掖、酒泉、敦煌、嘉峪关等地，以及今内蒙古西部阿拉善盟一帶。《昭帝紀》始元六年（前81）："以邊塞闊遠，取天水、隴西、張掖郡各二縣置金城郡。"金城郡地約今兰州以西以及今青海之一部。

以詩逆亡道，家屬徙焉。習俗頗殊，地廣民稀，水中宜畜牧，故涼州之畜爲天下饒。保邊塞，二千石治之，咸以兵馬爲務；酒禮之會，上下通焉，吏民相親。是以其俗風雨時節，穀糶常賤，少盜賊，有和氣之應，賢於内郡。此政寬厚，吏不苛刻之所致也。(《地理志下》)

河西人民除一部分少數民族外，多是關東貧民和犯人家屬遷徙而去。人民生活富庶，"地廣民稀，水草宜畜牧，故涼州①之畜爲天下饒。"他們能夠在經濟上互相幫助，"風雨時節，穀糶常賤"。自發地遵守社會秩序，"少盜賊，有和氣之應"。因之階級矛盾緩和，"酒禮之會，上下通焉，吏民相親"。

班固列舉了許多優點之後，總結說："賢於内郡"！

相比之下，班固在洛陽住的時間很長，但他對洛陽的印象并不好：

周地，柳、七星、張之分野也②，今之河南雒陽、穀城、平陰、偃師、鞏、緱氏，是其分也。……

周人之失，巧偽趨利，貴財賤義，高富下貧，喜爲商賈，不好仕宦。(《地理志下》)

又如關中長安是其故鄉，他也曾在長安住過多時，但他對其地的印象是這樣的：

故秦地於《禹貢》時跨雍、梁二州，《詩·風》兼秦、豳兩國……漢興，立都長安，徙齊諸田，楚昭、屈、景及諸功臣家於長陵。後世世徙吏二千石、高訾富人及豪桀并兼之家於諸陵。蓋亦以彊幹弱支，非獨爲奉山園也。是故五方雜居，風俗不純，其世家則好禮文，富人則商賈爲利，豪桀則游俠通姦。瀕南山，近夏陽，多阻險輕薄，易爲盜

---

① 武帝元封五年（前106）分天下爲十三州，各置一刺史，史稱"十三部刺史"。在今甘肅置涼州刺史部，涼州之名自此始。意爲"地處西方，常寒涼也"，下轄隴西、天水、安定、北地、酒泉、張掖、敦煌、武威、金城、西海十郡，治在隴縣（今陝西隴縣），轄域約今甘肅、寧夏、青海三省區湟水流域，陝西定邊、吳旗、鳳縣、略陽等縣和内蒙古額濟納旗等地。
② 柳、七星、張，均爲二十八星宿中之星座。古代占星術認爲，天上星座與地上國土對應，稱爲"分野"。這裏是説，古代周（東周）地，即漢時洛陽一帶，與柳、星、張三宿對應。

賊，常爲天下劇。又郡國輻湊，浮食者多，民去本就末，列侯貴人車服僭上，衆庶放效，羞不相及，嫁娶尤崇侈靡，送死過度。（同前引）

似乎擠滿了達官貴人、富商大豪的京城長安，其民風尚不如少數民族雜居、多有流放犯人及其家屬的邊遠之地！

當然這是他個人對某一地區人性的看法，抑或有失偏頗，但亦可從中看出他對其幼時曾居住過的河西印象甚佳。

二、洛陽讀書

建武十二年（36），班固和父母以及弟弟班超一起來到洛陽。洛陽是新建立的東漢帝國的都城。此時劉秀已經平定了盤踞各地的割據勢力，全國統一，天下大致太平。比起河西來，作爲新都的洛陽要繁華得多。班固兄弟的青少年時代大多是在這裏度過的。

不久班彪被任命爲徐令。今天我們已無法知道班固兄弟是否隨父上任。但班彪這次任職時間并不長，不久即因病去職。此後班彪謝絕了數次高官的延攬，專心於其《續太史公書》的寫作。

少年班固愛讀書，作文詩賦樣樣精通：

年九歲，能屬文誦詩賦。（《後漢書·班彪列傳上》）

毋庸置疑，班固喜好讀書是受了其父班彪的影響。後來，班彪還曾任教於太學，他的學生中較著名的有王充。王充是具有唯物主義色彩的思想家，以《論衡》一書知名後世。當然，這時他還只是一個太學生。建武二十年（45），王充見到了班固：

固年十三，王充見之，拊其背謂彪曰："此兒必記漢事。"（《後漢書·班彪列傳上》注引謝承書）

設想當時情景，當是王充至班府拜訪，與班彪談到他正在撰寫的《續太史公書》篇章，而班固亦在場，且發表了一些有分量的看法，所以得到了王充的褒獎。這年班彪四十三歲，王充十八歲，班固十三歲。

許是家庭負擔較重的緣故，班彪在居家著述數年之後，於建武二十三年（47）

應大司徒王況之辟，出任司徒掾。司徒掾是大司徒的屬官，秩雖不高，但經常要參與議論朝廷大事。由於班彪在西北多年，熟悉邊地民情和少數民族事務，所以這一時期他曾就邊地少數民族事務多次上奏朝廷，如建議復置烏桓、護羌校尉，處理北匈奴乞求和親事宜等。

班固於此前後入太學讀書。

東漢洛陽太學，始建於建武五年（29）。《後漢書·光武帝紀上》建武五年冬十月載：

> 初起太學。（陸機《洛陽記》曰：太學在洛陽城故開陽門外，去宮八里，講堂長十丈，廣三丈。）

建武五年，正是帝國重建之初期，百廢待興。甚至各地的割據勢力都還未平定，西南西北俱在用兵。這時劉秀就已經在新都洛陽興建太學，足見其重視教育。其實，劉秀本人年輕時也曾在長安太學讀書，是中國古代難得的高學歷皇帝。《後漢書·光武帝紀上》載：

> 王莽天鳳中，乃之長安，受《尚書》，略通大義。（李賢注：《東觀記》①曰："受《尚書》於中大夫廬江許子威。資用乏，與同舍生韓子合錢買驢，令從者僦，以給諸公費。"）

劉秀是漢朝皇室後裔，其父劉欽爲南頓②令。但劉欽早亡，劉秀九歲就成了孤兒，依附其務農的叔父劉良生活。因爲愛幹農活，爲此還受到他哥哥的嘲笑。劉秀上過小學，二十歲時來到長安讀書。由於家境不好，於是與同舍同學合夥買驢出租賺取學費。

《後漢書·鄧寇列傳·鄧禹③》載：

---

①即《東觀漢記》，官修東漢史書。參看本書第十五章《著述蘭臺》第二節《蘭臺著史》。
②南頓，縣，屬汝南郡。今河南項城市有南頓鎮。
③鄧禹，字仲華，南陽新野（今河南新野）人。十三歲能背誦《詩經》，後至長安學習，與劉秀友善。更始元年（23），劉秀奉劉玄之命平定河北，鄧禹從新野星月趕赴河北追隨劉秀，提出"延攬英雄，務悦民心，立高祖之業，救萬民之命"的方略，劉秀遂"恃之以爲蕭何者"。在劉秀建立東漢的過程中，鄧禹"既定河北，復平關中"，厥功至偉，爲"雲臺二十八將"之首。

（禹）年十三，能誦詩，受業長安。時光武亦游學京師，禹年雖幼，而見光武知非常人，遂相親附，數年歸家。

後來劉秀的這位太學同學鄧禹成了他的得力大將，爲雲臺二十八將之首。又《後漢書·儒林列傳上》載：

及光武中興，愛好經術，未及下車，而先訪儒雅，採求闕文，補綴漏逸。先是四方學士多懷協圖書，遁逃林藪。自是莫不抱負墳策，雲會京師。

這樣一位愛好儒學、熱衷於搜羅人才和書籍的皇帝，重視教育、興修太學就無足怪了。太學修好後，劉秀還親自巡幸，獎勵師生：

車駕還宮，幸太學，賜博士弟子各有差。（《後漢書·光武帝紀上》）

在他的影響下，東漢其他皇帝們也都挺重視教育，如明帝劉莊還曾在太學親自講學，《後漢書·儒林列傳上》載：

饗射禮畢，帝正坐自講，諸儒執經問難於前，冠帶縉紳之人，圜橋門而觀聽者蓋億萬計。

劉莊講學，聽講者達億萬計是有些誇張，但也可說明其時教育普及，儒生衆多。東漢時期太學規模很大，校舍不斷擴建，學生越來越多，後來竟可達三萬餘人，甚至匈奴人也將孩子送來上學。

那麼都是誰能入太學讀書呢？據《四民月令》①所載：

農事未起，命成童以上入太學（謂年十五以上至二十也），學五經，師法求備，勿讀書傳。硯冰釋②，命幼童入小學，學書篇章（謂九歲以

---

① 《四民月令》，東漢崔寔撰。寔字子真，字元始。冀州安平（今河北安平一帶）人，曾任東漢大尚書。祖父崔駰曾與班固同學。
② 硯冰釋意爲天氣轉暖，硯墨冰解。

上十四以下篇章謂六甲①、九九②、《急就》③、三蒼④之屬)。命女工趨
織布典饋釀春酒。

即九歲至十四歲之四民子弟,可入小學啓蒙;十五歲至二十歲,可以入太
學讀書,學習五經。當然,這都指男童,至於女童,那就應該學習織布之類的
女紅,無需再進學校讀書了。

何謂四民？《春秋穀梁傳·成公第八》說:

> 古者有四民:有士民,有商民,有農民,有工民。

《食貨志上》:

> 士農工商,四民有業:學以居位曰士,闢土殖穀曰農,作巧成器
> 曰工,通財鬻貨曰商。

由此看來,漢時學校是向社會各階層開放的。當然,實際執行時還有個程
序問題,《儒林傳》載:

> 太常⑤擇民年十八以上儀狀端正者,補博士弟子。郡國縣官有好文
> 學、敬長上、肅政教、順鄉里、出入不悖,所聞,令相長丞上屬所二
> 千石。⑥二千石謹察可者,常與計偕,⑦詣太常,得受業如弟子。

---

①六甲,謂用天干地支相配計算時日。《食貨志上》:"八歲入小學,學六甲五方書計之事,始
知室家長幼之節。"王先謙《補注》引顧炎武曰:"六甲者,四時六十甲子之類。"又引周壽
昌曰:"猶言學數干支也。"
②乘法九九表,指算術。
③《急就篇》,元帝時黃門令史游作,學童識字課本。
④指漢代流行的《倉頡篇》《訓纂篇》和《滂喜篇》三種教學童識字的書。
⑤太常,掌宗廟禮儀,位列諸卿之首,秩中二千石。西漢時多以列侯任太常,至東漢時亦有
名儒如桓榮、丁鴻等擔任。兩漢時博士亦屬太常,對博士和博士弟子的考核薦舉都由太常
主持。故太常又成爲培養拔擢通經學的官吏人才之機構。
⑥顏師古注:"聞謂聞其部屬有此人也。令,縣令;相,侯相;長,縣長;丞,縣丞也。二千
石謂郡守及諸王相也。"
⑦顏師古注:"隨上計吏俱至京師。"

即京師學生由太常直接選拔，外地考生則需由地方官推薦至郡守或國相考察，考察合格者護送至京師見太常，然後入學。考察項目中并不包括家世門第、經濟狀況。實際上，像劉秀那樣的貧家子弟入太學讀書，并非個例，如曾與司馬遷等一同制定太初曆的兒寬，做農活時還不忘帶着經書：

> 兒寬，千乘人也。治《尚書》，事歐陽生。以郡國選詣博士，受業孔安國。貧無資用，嘗爲弟子都養。時行賃作，帶經而鉏，休息輒讀誦，其精如此。(《公孫弘卜式兒寬傳》)

又如成帝劉驁的丞相翟方進，幼年家庭也很貧窮：

> 翟方進字子威，汝南上蔡人也。家世微賤，至方進父翟公，好學，爲郡文學。方進年十二三，失父孤學，……因病歸家，辭其後母，欲西至京師受經。母憐其幼，隨之長安，織屨以給方進讀，經博士受《春秋》。(《翟方進傳》)

翟方進靠繼母編織草鞋供其讀書，終於有成，"舉明經，遷議郎"，後來一路遷轉，永始二年（前15）"擢方進爲丞相，封高陵侯，食邑千户。"可謂當時讀書人的偶像與榜樣。

路放按：《儒林傳》言博士子弟需滿十八歲，而《四民月令》言成童即可，這可能是東漢時太學扩充，入學條件放寬的緣故。

《後漢書·班彪列傳》云：

> （固）及長，遂博貫載籍，九流百家之言，無不窮究①。所學無常師，不爲章句，舉大義而已。性寬和容衆，不以才能高人，諸儒以此慕之。

這當是班固太學讀書時期的寫照。

班固在太學讀書時，同學崔駰、傅毅、李育等與之齊名，後來亦多有文名。且崔駰、傅毅等都與班固在不同時期共過事，茲簡介如下。

李育字元春，扶風漆（今陝西彬縣）人。《後漢書·儒林列傳下》載：

---

①李賢注："九流謂道、儒、墨、名、法、陰陽、農、雜、縱橫。"

（育）少習《公羊春秋》，沈思專精，博覽書傳，知名太學，深爲同郡班固所重。

李育後潛心學問，長於古學，易地教授，門徒達數百人。後來班固曾將他舉薦給驃騎將軍東平王劉蒼，一時洛陽貴戚，爭相交往。李育以舉方正入仕，爲議郎，復拜博士。在章帝建初四年（79）的白虎觀會議上，李育與賈逵辯論，"往返皆有理證，最爲通儒。"

傅毅，字武仲，右扶風茂陵（今陝西茂陵）人，素有文名。傅毅與班固淵源很深，章帝時兩人同任蘭臺令史、校書郎，永元初年又同入大將軍竇憲之幕，多次共事。

崔駰，字亭伯，涿郡安平（今河北安平）人。《後漢書·崔駰列傳》載：

駰，年十三能通《詩》《易》《春秋》，博學有偉才，盡通古今訓詁百家之言，善屬文。少游太學，與班固、傅毅同時齊名。

孔僖，字仲和，魯國人，孔子十九代孫，孔安國之後。家族世傳《古文尚書》《毛詩》。《後漢書·儒林列傳上》載：

僖與崔篆孫駰①復相友善，同遊太學，習《春秋》。

孔僖、崔駰兩位書呆子，讀《春秋》發感嘆，險些惹出一場官司：

因讀吳王夫差時事②，僖廢書嘆曰："若是，所謂畫龍不成反爲狗者。"駰曰："然。昔孝武皇帝始爲天子，年方十八，崇信聖道，師則先王，五六年間，號勝文、景。及後恣己，忘其前之爲善。"僖曰："書、傳若此多矣！"鄰房生梁郁儳和之曰："如此，武帝亦是狗邪？"僖、

---

① 崔駰祖父崔篆，王莽時爲郡文學，以明經征詣公車。後任建新大尹。莽改千乘郡曰建新，守曰大尹。（據《後漢書·崔駰列傳》）

② 李賢注："夫差伐越，敗之，越王句踐乃以甲兵五千人棲於會稽，使大夫種因吳太宰嚭而行成。吳王將許之，伍子胥諫曰：'今不滅，後必悔之。'吳王不聽。後句踐滅吳。吳王曰：'吾悔不用子胥之言！'遂自刎死。"

駰默然不對。郁怒恨之，陰上書告駰、僖誹謗先帝，刺譏當世。事下有司，駰詣吏受訊。僖以吏捕方至，恐誅，乃上書肅宗自訟曰……帝始亦無罪僖等意，及書奏，立詔勿問，拜僖蘭臺令史。

幸虧章帝劉炟①愛惜人才，無意追究，二人始躲過一劫。

建武二十九年（53 年）班彪轉任望都長，次年卒於任上。古時父母去世，子女需居家服喪三年（實爲二十七個月），稱爲"居憂"。《後漢書·班彪列傳上》云：

父彪卒，歸鄉里。

班固鄉里，在扶風平陵，於是班家即由洛陽又回到了故鄉長安。
《叙傳上》云：

（彪）有子曰固，弱冠而孤，作《幽通之賦》，以致命遂志。

班固以"致命"所欲遂之志者何？即繼承其父之事業，撰寫一部西漢史書。

---

① 漢章帝劉炟，明帝劉莊第五子，東漢第三位皇帝，廟號肅宗，謚孝章皇帝。在位十三年，享年三十一歲。劉炟爲太子時爲人寬容，喜好儒家學説，明帝亦器重他。即位後，勵精圖治，注重農桑，興修水利，減輕徭役，衣食樸素，實行"與民休息"，使得東漢經濟、文化得到很大的發展。然章帝過於放縱外戚，導致和帝初期外戚專權。劉炟還是一位書法家，其草書非常有名，被稱爲"章草"。

第十五章　著述蘭臺

一、繼承父業

建武三十年（54），班固年二十三歲，回鄉居憂，潛心於史籍，以繼承其父之事業。他在其《幽通賦》中説：

懿前烈之純淑兮，窮與達其必濟①；
咨孤矇之眇眇兮，將圮絶而罔階②。
豈余身之足殉兮？悼世業之可懷③。
靖潛處以永思兮，經日月而彌遠④；
匪黨人之敢拾兮，庶斯言之不玷⑤。

（《叙傳上》）

將自己那種父親剛剛去世，驟失依靠，自懼孤弱，恐怕不勝任其祖業的心情描繪得細緻入微。

此後數年班固均在家鄉服喪，閉門讀書。

---

①顔師古注："固自言美前人之餘業，窮則獨善，達能兼濟也。"
②顔師古注："眇眇，微細也。圮，毀也。固自言孤弱，懼將毀絶先人之迹，無階路以自成。"
③顔師古注："殉，營也。疐，是也。懷，思也。"
④《文選》引曹大家曰："言己安静長思，不欲毁絶先人之功迹，日月不居，忽復大遠。"曹大家即班固之妹班昭。
⑤顔師古引應劭注："拾，更也。自謙不敢與鄉人更進也。"

永平初，班固曾就東平王劉蒼之幕。劉蒼，光武帝劉秀之子，明帝劉莊的同母弟，建武十五年（39）受封東平公，十七年（41）受封東平王，都無鹽（山東東平縣）。劉蒼"少好經書，雅有智思"，永平元年（58年）劉莊任命其爲驃騎將軍，留京輔政，位在三公之上。劉蒼之將軍府編制甚大，"得置長史、掾史員四十人"，於是"開東閣、延英雄"，招攬人才。班固當於此時加入其幕府。在這期間，班固曾上奏記①於劉蒼，薦舉故司空掾桓梁、京兆祭酒晉馮、扶風掾李育、京兆督郵郭基、涼州從事王雍、弘農功曹史殷肅等"賢才"：

> 竊見故司空掾桓梁，宿儒盛名，冠德州里，七十從心，行不踰矩，蓋清廟之光暉，當世之俊彥也。京兆祭酒晉馮，結髮修身，白首無違，好古樂道，玄默自守，古人之美行，時俗所莫及。扶風掾李育，經明行著，教授百人，客居杜陵，茅室土階。京兆、扶風二郡更請，徒以家貧，數辭病去。溫故知新，論議通明，廉清修絜②，行能純備，雖前世名儒，國家所器，韋、平、孔、翟③，無以加焉。宜令考績，以參萬事。京兆督郵郭基，孝行著於州里，經學稱於師門，政務之績，有絶異之效。如得及明時，秉事下僚，進有羽翮奮翔之用，退有杞梁一介之死④。

---

① 漢代向公府長官陳述意見的文書。《朱博傳》："文學儒吏，時有奏記稱說云云。"南朝梁劉勰《文心雕龍·書記》："迄至後漢，稍有名品，公府奏記，而郡將奏箋。"姚華《論文後編·目錄上》："奏之爲言進也，於天子曰奏，於王公曰奏書，於公府曰奏記，於郡將曰奏箋，其他爲白事。"
② 絜，通"潔"。
③ 韋、平、孔、翟，即韋賢、平當、孔光、翟方進，均爲西漢丞相。
④ 杞梁，春秋齊大夫，名植，字梁。《左傳·襄公二十三年》："齊侯還自晉，不入，遂襲莒，門于且于，傷股而退，明日將復戰，期于壽舒，杞殖、華還，載甲夜入且于之隧，宿於莒郊。明日，先遇莒子於蒲侯氏，莒子重賂之，使無死，曰：'請有盟'。華周對曰：'貪貨弃命，亦君所惡也，昏而受命，日未中而弃之，何以事君。'莒子親鼓之，從而伐之，獲杞梁，莒人行成。齊侯歸，遇杞梁之妻於郊，使吊之。辭曰：'殖之有罪，何辱命焉？若免於罪，猶有先人之敝廬在，下妾不得與郊吊。'齊侯吊諸其室。"按：且于、壽舒、蒲侯氏，皆莒地。華周，齊大夫。行成，即議和。辭，辭謝之意。

涼州從事王雍，躬卞嚴之節①，文之以術藝，涼州冠蓋，未有宜先雍者也。古者周公一舉則三方怨，曰"奚爲而後己"②。宜及府開，以慰遠方。弘農功曹史殷肅，達學洽聞，才能絕倫，誦《詩》三百，奉使專對。

此六子者，皆有殊行絕才，德隆當世，如蒙徵納，以輔高明，此山梁之秋，夫子所爲歎也。③昔卞和獻寶，以離斷趾，④靈均納忠，終於沈身，⑤而和氏之璧，千載垂光，屈子之篇，萬世歸善。願將軍隆照徽之明，信日昃之聽，少屈威神，咨嗟下問，令塵埃之中，永無荆山、汨羅之恨。(《後漢書·班彪列傳上》)

先秦時代仕進之途有二：一是"世卿世祿"，父死子繼；一是作戰勇敢，以軍功進爵。至漢代僅以此二途已無法滿足統一大帝國對各級官吏的需求，於是建立了"察舉制"以選拔各級官員。高祖劉邦首下求賢詔，要求郡國推薦具有治國才能的賢士大夫，開"察舉制"之先河；至文帝十五年（前165）下詔：

---

① 卞嚴即卞莊子（"嚴"系爲避明帝劉莊之諱而改），春秋魯人。《韓詩外傳》卷十："卞莊子好勇。母無恙時，三戰而三北，交游非之，國君辱之，卞莊子受命，顏色不變。及母死三年，魯興師，卞莊子請從。至，見於將軍曰：'前猶與母處，是以戰而北也，辱吾身！今母沒矣，請塞責。'遂走敵而鬥，獲甲首而獻之，'請以此塞一北'。又獲甲首而獻之，'請以此塞再北。'將軍止之，曰：'足。'不止，又獲甲首而獻之，曰：'請以此塞三北。'將軍止之，曰：'足，請爲兄弟。'卞莊子曰：'夫北、以養母也，今母殁矣，吾責塞矣。吾聞之，節士不以辱生。'遂奔敵，殺七十人而死。"
② 《荀子·王制》："故周公南征而北國怨，曰：'何獨不來也？'東征而西國怨，曰：'何獨後我也！'"
③ 李賢注："秋猶時也。《論語》孔子曰：'山梁雌雉，時哉！'"
④ 李賢注："離，被也。斷趾，刖足也。"卞和故事，見《韓非子·和氏篇》："春秋林人卞和，得璞於荆山，卞和奉獻於楚厲王。楚厲王以爲石，楚厲王以卞和爲誑，刖其左足。楚武王即位，卞和複獻璞於武王，楚武王複以爲誑，刖其右足。後楚文王即位，卞和抱璞泣於荆山，泪泣盡繼之以泣血。楚文王見狀，使人問其泪泣盡繼之以泣血故。卞和答：'臣非悲刖。寶玉而題之以石，貞士而名之爲誑，所以悲也！'楚文王命匠剖之，果得寶玉，名爲'和氏之璧'。"
⑤ 李賢注："屈原字靈均，納忠於楚，終不見信，自沉於汨羅之水而死。"

> 諸侯王公卿郡守舉賢良能直言極諫者。上親策之，傅納以言。(《文帝紀》)

是賢良特舉策試制度正式確立；《武帝紀》元光元年（前134）載：

> 初令郡國舉孝廉各一人。

則是歲舉孝廉制度之始。無論特舉還是歲舉，都是自下而上地推選人才，與舊的世襲制和軍功制有根本區別，更有利於選拔出高質量人才以充實帝國官吏系統的各種崗位。漢代建立的察舉取士制度，一直使用了六七百年，直到隋朝以後方爲科舉制度所代替。

劉蒼時任東平王、驃騎將軍，正有舉薦賢士之責，班固這個奏記則是爲劉蒼的舉薦提供人選。

班固提名的六人之中，郭基、王雍二位因缺乏史料，姑存而不論；桓梁其時已過七旬，乃老成宿儒，建武年間曾爲大司空宋弘所薦，但亦不過爲其辟爲司空掾；晉馮、殷肅二位，據劉知幾《史通·古今正史》所説：

> 《史記》所書，年止漢武，太初以後，闕而不録。其後劉向、向子歆及諸好事者，若馮商、衛衡、揚雄、史岑、梁審、肆仁、晉馮、段肅①、金丹、馮衍、韋融、蕭奮、劉恂等相次撰續，迄於哀、平間，猶名《史記》。

則這二位曾與劉歆、揚雄等續撰《史記》，此時年紀應該也很大了。且以上數人均爲地方小吏，後來亦默默無聞，於史無載。祇有李育，曾與班固同學，年紀相仿，也確有真才實學，一經劉蒼舉薦，即"京師貴戚争往交之"，其後更拜爲博士，成爲一代大儒，入《後漢書·儒林列傳》。班固此舉，莫非專爲其同窗好友而爲乎？

劉蒼於永平五年（62年）歸東平國就藩，班固當於此時脱離其幕府。

無論是在家鄉居憂還是就東平王之幕，班固一直没有放弃修改、完善其父撰寫史書的事業。《後漢書》本傳云：

---

① 段肅，即殷肅，東漢初人。

固以彪所續前史未詳，乃潛精研思，欲就其業。

然而在那時，私自撰寫史書是一件風險很大的事。孔僖、崔駰不過閑談時稍稍涉及武帝劉徹的晚年過失，就已被人訐告，險些下獄。現班氏父子寫作整部西漢歷史，倘要秉筆直書，難免要對當今皇上的列祖列宗點評褒貶，如無官方授權，風險極大。果不其然，就有人上書明帝劉莊告狀：

> 既而有人上書顯宗，告固私改作國史者，有詔下郡，收固繫京兆獄①，盡取其家書。（同前引）

於是班固被捕下獄，其書稿亦被沒收。

二、蘭臺著史

班固很幸運，遇上個好皇帝，還有個好弟弟。
據《後漢書·顯宗孝明帝紀》：

> 帝生而豐下②，十歲能通《春秋》，光武奇之。……十九年立爲皇太子。師事博士桓榮，學通《尚書》。

如此劉莊本人亦可稱爲學問家了，必然愛才。劉莊登基之後，治國有方，吏治清明，境內安定。加之多次下詔招撫流民，以郡國公田賜貧人、貸種子、食物，并興修水利。因此，史書記載其時民安其業，戶口滋殖，是難得的明君。

班固弟弟班超亦是一個奇男子，日後馳騁疆場，爲東漢帝國鎮守西域三十餘年之久。此時班超擔心在長安獄中的班固受屈而難以自辯，於是直接趕到京城洛陽，求見皇帝。劉莊接見了他，班超於是爲其兄辯冤：

> 先是扶風人蘇朗偽言圖讖事，下獄死。固弟超恐固爲郡所覈考，不

---

① 京兆獄，設於長安。
② 李賢注："杜預注《左傳》云：'豐下，蓋面方也。'《東觀記》云：'帝豐下兌上，項赤色，有似於堯。'"是說劉莊面方項赤，天生福相。

能自明，乃馳詣闕上書，得召見，具言固所著述意，而郡亦上其書。（《後漢書·班彪列傳上》）

班超向劉莊所申訴的班固著述之意者何？

固以爲漢紹堯運，以建帝業，至於六世，史臣乃追述功德①，私作本紀，編於百王之末，厠於秦、項之列②，太初以後，闕而不錄，故探撰前記，綴集所聞，以爲漢書。（同前引）

班固的這個著史宗旨，要點有三：一是"漢紹堯運，以建帝業"，即强調劉漢政權的正統性；二是《史記》於武帝"太初以後，闕而不錄"，并非完璧，迨西漢末又是百年以上，這段歷史亟待續寫；三是《史記》乃通史，上起黄帝三代，而大漢之煌煌帝業被"編於百王之末，厠於秦、項之列"，未得到應有的重視，故他欲寫一部漢代的專史。

這個宗旨爲劉莊所認可，加之見到從班家搜出上繳的書稿，班固的史識、文采頗爲劉莊所賞識。於是雨過天晴，一場風波化於無形。班固且因禍得福，得以出仕：

顯宗甚奇之，召詣校書部，除蘭臺令史③。（同前引）

蘭臺令史之職責爲"掌書劾奏"，即對百官公卿的奏章進行審核管理。當時，班固同僚中之著名學者有劉復、賈逵、傅毅、楊終等人，俱是一時俊傑：

蘭臺之史，班固、賈逵、楊終、傅毅之徒，名香文美，委積不紲④，大用於世。（王充《論衡·別道篇》）

於此亦稍作介紹如下：

劉復，北海靖王劉興次子，受封臨邑侯⑤。劉復好學，能文章。永平年間，

---

①李賢注："六代謂武帝，史臣謂司馬遷也。"
②李賢注："史記起自黄帝，漢最居其末也。"
③李賢注引《漢官儀》曰："蘭臺令史六人，秩百石，掌書劾奏。"
④紲，音"泄"。委積不紲，遲滯不得重用之意。
⑤臨邑爲東郡之縣，即今山東臨邑縣。北海靖王劉興乃光武帝長兄劉縯之孫，嗣劉秀另一兄長劉仲之爵。

每當朝廷有講學之事，明帝總是讓劉復主持。劉復與班固、賈逵一起撰寫漢史，傅毅等人以其爲師輩。

與班固父子一樣，劉復也對漢帝國之邊防事務頗有心得。章帝建初二年（77）長水校尉耿恭①上疏諫臨邑侯劉復云：

> 臨邑侯劉復素好邊事，明略卓異，反以微過歸國。宜令以功自效，令復將烏桓兵②，所向必剋。（《後漢記·後漢孝章皇帝紀上·卷十一》）

賈逵，字景伯，扶風平陵（今陝西省咸陽市西北）人，是班固同鄉。賈逵乃賈誼③九世孫，曾祖父賈光爲常山太守，宣帝時以吏二千石自洛陽徙平陵。其父賈徽爲潁陰令④，也是著名古文派學者，曾師從劉歆、塗惲、謝曼卿等大儒，作《左氏條例》二十一篇。

賈逵生於建武五年（29），長班固三歲。賈逵深得乃父之傳，弱冠而能誦《左傳》《五經》，賈徽以《大夏侯尚書》相教授，亦兼通五家《穀梁》之說⑤。賈逵在太學讀書時刻苦努力，不問世事，諸儒生皆稱之曰："問事不休賈長頭⑥。"賈逵性情和樂平易，多智深思，爲人卓異不凡而有大節。

明帝時，賈逵出任校書郎，與班固共事，共校秘書。

章帝劉炟即位，特好《古文尚書》《左氏傳》。建初元年（76），詔賈逵入講洛陽北宮白虎觀、南宮雲臺。劉炟善其說，命賈逵進一步說明《左氏傳》優於

---

① 耿恭，字伯宗，右扶風茂陵（今陝西興平市東北）人。東漢名將，多次與匈奴作戰。明帝末，他駐守西域疏勒城（在今新疆奇臺縣境），爲匈奴圍攻。城中糧盡，煮弓弩、鎧甲，食其筋革，和部屬堅守不屈。建初元年（76），漢軍來援救，耿恭率領堅持到最後的二十六人和援軍會合，又奮戰三個月。回到玉門關時，所部僅餘十三人。時人稱之爲節過蘇武（見第二十八章"風雲變幻"第二節"全面反撲"）。長水校尉：掌駐紮在長水等地由匈奴等胡人組成的騎兵。
② 路放按：據此則劉復曾任烏桓校尉，後被罷免。
③ 賈誼（前200—前168），河南洛陽人。文帝時著名文學家、思想家，主張重農抑商。著有《過秦論》。
④ 潁陰縣屬潁川郡，故治在今河南許昌市區。
⑤ 李賢注："五家謂尹更始、劉向、周慶、丁姓、王彥等，皆爲《穀梁》。"
⑥ 賈逵身高八尺二寸（約1.89米），故有此稱。

其他二傳之處。賈逵上奏説"臣謹摘出左氏三十事尤著明者，斯皆君臣之正義，父子之紀綱"，得到劉烜嘉獎：

> 賜布五百匹，衣一襲，令逵自選《公羊》嚴、顔諸生高才者二十人，教以《左氏》（李賢註："公羊高作《春秋》傳，號曰《公羊春秋》。嚴彭祖、顔安樂俱受《公羊春秋》，故《公羊》有嚴、顔之學。"），與簡、紙經傳各一通。（《後漢書·鄭范陳賈張列傳》）

按《左氏傳》是古文經，賈逵爲古文經學大師，而《公羊》屬今文經學。劉烜不僅力挺《左氏傳》和賈逵，且要賈逵教習《公羊》的儒生改習《左氏傳》，開創了太學講授古文經之先例，可説是漢代今古文經學之争中古文學派的一次重大勝利。

劉烜對古文學派的支持尚不止此：

> 逵數爲帝言《古文尚書》與經、傳、《爾雅》詁訓相應，詔令撰歐陽、大小夏侯《尚書》古文同異。逵集爲三卷，帝善之。復令撰齊、魯、韓《詩》與毛氏異同。并作《周官解故》。①遷逵爲衛士令②。八年③，乃詔諸儒各選高才生，受《左氏》《穀梁春秋》《古文尚書》《毛詩》，由是四經遂行於世。皆拜逵所選弟子及門生爲千乘王國郎④，朝夕受業黄門署，學者皆欣欣羡慕焉。（同前引）

至此古文經學派取得了壓倒性的勝利，不僅打破了西漢以來太學只講今文經學的舊制，且古文經弟子亦可拜官。由"學者皆欣欣羡慕焉"亦可看出劉烜這些舉措對當時讀書人的影響之大。

賈逵後來也參加了白虎觀會議，大出風頭。

---

① 李賢註："轅固，齊人也，爲《齊詩》；申公，魯人也，爲《魯詩》；韓嬰爲《韓詩》；毛萇爲《毛詩》。故謂事之指意也。"
② 李賢註："北宮衛士令一人，掌南、北宮，秩比六百石，見《續漢志》也。"
③ 建初八年（83）。
④ 章帝長子劉伉，建初四年（79）封千乘王。據《後漢書·百官五》，王國設郎中，無定員，秩二百石。

賈逵曾上疏劉炟，頗可窺見賈逵之政治思想：

《五經》家皆無以證圖讖明劉氏爲堯後者，而《左氏》獨有明文。①《五經》家皆言顓頊代黃帝，而堯不得爲火德。②《左氏》以爲少昊代黃帝，即圖讖所謂帝宣也。③如令堯不得爲火，則漢不得爲赤。其所發明，補益實多。

陛下通天然之明，建大聖之本，改元正歷，垂萬世則。是以麟鳳百數，嘉瑞雜遝。猶朝夕恪勤，遊情六藝，研機綜微，靡不審覈。若復留意廢學，以廣聖見，庶幾無所遺失矣。(《後漢書·鄭范陳賈張列傳》)

賈逵在此奏疏中，極力論證劉氏爲堯後，漢爲火德。他又相信符瑞，稱頌劉炟"麟鳳百數，嘉瑞雜遝。"不難看出，這是五德終始的歷史觀點。

賈逵在上劉炟奏疏中，附會圖讖，以《左氏傳》之少昊爲《河圖》之朱宣。又云："臣以永平中上言《左氏傳》與圖讖合者，先帝不遺芻蕘，省納臣言，寫其傳詁，藏之秘書。"所謂永平上言云云，即本傳所載：

(逵)尤明《左氏傳》《國語》，爲之解詁五十一篇④，永平中，上疏獻之。顯宗重其書，寫藏祕館。(同前引)

因此，賈逵之明《左氏傳》者，不過用以謀取名望爵祿，而明、章二帝所以重其書者，爲其於漢室統治地位有所補益。於此范曄曾論之曰：

鄭、賈之學，行乎數百年中，遂爲諸儒宗，亦徒有以焉爾。⑤桓譚

---

①李賢注："春秋晋大夫蔡墨曰：'陶唐氏既衰，其後有劉累，學擾龍事孔甲，范氏其後也。'范會自秦還晋，其處者爲劉氏。明漢承堯後也。"
②李賢注："《史記》曰：'黃帝崩，其孫昌意之子立，是爲帝顓頊。'當時五經家同爲此說。若以顓頊代黃帝以土德王，即顓頊當爲金德，高辛爲水德，堯爲木德。漢承堯後，自然不得爲火德也。"
③李賢注："《左氏傳》曰：'黃帝氏以雲紀，少昊氏以鳥紀。'是以少昊代黃帝也。《河圖》曰：'大星如虹，下流華渚，女節意感，生白帝朱宣。'宋均注曰：'朱宣，少昊氏也。'"
④李賢注："左氏三十篇，國語二十一篇也。"
⑤李賢注："言賈、鄭雖爲儒宗，而不爲帝所重，故曰：'亦徒有以焉爾'。"

以不善讖流亡，鄭興以遜辭僅免，賈逵能附會文致，最差貴顯。世主以此論學，悲矣哉！（《後漢書·鄭范陳賈張列傳》）

范曄之所以感慨，反映了封建時代知識分子的悲哀：不媚世主，則不能"顯貴"，堅持真理，則祇好"流亡"。但於此又可考驗出其品德之高下。後世學者如錢大昕者流，以桓譚出仕莽朝而過加貶責。其實無論王莽還是劉姓皇朝，在壓迫剝削勞動人民一面，都是一丘之貉，如何可以以此論人！桓譚敢於在劉秀面前揭露讖緯之虛妄，據理相爭，較之賈逵的馬屁山響，要好得多了。

賈逵還是一個優秀的天文學家。他倡導用黃道坐標測量日月行度，并對月行遲疾規律有深刻認識，主張歷法必須不斷改進，并提出冬至點移動的問題。永元年間賈逵製造黃道銅儀①，并提出月球運行速度不平均，即"月行有遲疾"，"乃由月所行道有遠近出入所生，率一月移故所疾處三度，九歲九道一復。"（《後漢書·律曆志中》）

和帝劉肇即位後，以賈逵爲左中郎將，遷侍中、領騎都尉，成爲劉肇近臣，甚見信用。永元十三年（101）卒，終年七十二歲。

楊終，字子山，蜀郡成都人。十三歲即爲郡小吏，太守愛才，送他到京師上學，習《春秋》。明帝劉莊時被徵詣蘭臺，拜校書郎，成爲班固的同事。

章帝建初元年（76），天下大旱，糧價高漲。楊終認爲廣陵、楚、淮陽、濟南等地大案牽連過廣，被流放邊遠地區者數以萬計，饑民遍野，吏民怨曠，於是上疏劉炟，認爲刑罰過重，要求罷徙罪民屯邊的政策：

> 臣聞"善善及子孫，惡惡止其身"，百王常典，不易之道也。秦政酷烈，違忤天心，一人有罪，延及三族。高祖平亂，約法三章。太宗至仁，除去收孥。萬姓廓然，蒙被更生，澤及昆蟲，功垂萬世。陛下

---

① 《隋書·天文志》："漢孝和帝時，太史揆候，皆以赤道儀，與天度頗有進退。以問典星待詔姚崇等，皆曰《星圖》有規法，日月實從黃道。官無其器。至永元十五年，詔左中郎將賈逵乃始造太史黃道銅儀。至桓帝延熹七年，太史令張衡更以銅制，以四分爲一度，周天一丈四尺六寸一分。亦於密室中以漏水轉之，令司之者，閉戶而唱之，以告靈臺之觀天者。"按《後漢書》賈逵本傳載其卒於永元十三年（101），時年七十二。故疑《隋書·天文志》此處記載賈逵造黃道儀之時間有誤。

聖明，德被四表。今以比年久旱，災疫未息，躬自菲薄，廣訪失得，三代之隆，無以加焉。臣竊案《春秋》水旱之變，皆應暴急，惠不下流。自永平以來，仍連大獄，有司窮考，轉相牽引，掠考冤濫，家屬徙邊。加以北征匈奴，西開三十六國，頻年服役，轉輸煩費。又遠屯伊吾、樓蘭、車師、戊己，民懷土思，怨結邊域。《傳》曰："安土重居，謂之眾庶。"昔殷民近遷洛邑，且猶怨望，何況去中土之肥饒，寄不毛之荒極乎？且南方暑濕，障毒互生。愁困之民，足以感動天地，移變陰陽矣。陛下留念省察，以濟元元①。（《後漢書·李翟應霍爰徐列傳》）

劉炟將楊終的奏章發下朝臣討論，司空第五倫②也站在楊終一邊。但是太尉牟融、司徒鮑昱、校書郎班固等非難第五倫，認爲現行刑法施行既久，且孝子無改父之道，先帝所建，不宜更改云云。楊終於是再上書爭辯：

> 秦築長城，功役繁興，胡亥不革，卒亡四海。故孝元弃珠崖之郡③，光武絶西域之國④，不以介鱗⑤易我衣裳。魯文公毀泉臺，《春秋》譏之曰：'先祖爲之而已毀之，不如勿居而已'，以其無妨害於民也。⑥襄公作三軍，昭公舍之，君子大其復古，以爲不舍則有害於民

---

①元元，百姓，庶民之意。
②第五倫，字伯魚，東漢京兆長陵（今陝西咸陽東北）人。先世爲戰國田氏，遷移西漢園陵，以遷移次第爲氏。早年務農，爲京兆尹閻興召爲主簿，任鑄錢掾。後舉孝廉，任會稽（浙江）、蜀郡（四川）太守。建武年間官至司空，爲官以清廉著稱。章帝時，揭發外戚馬氏諸多惡行。元和三年（86）辭官。
③武帝元鼎六年（前111），漢滅南越，於海南島設置珠崖、儋耳二郡，昭帝時儋耳郡又并入珠崖郡。因當地少數民族人民多次起義反抗，西漢政府無力鎮壓，遂於元帝初元三年（前46）廢珠崖郡，放弃海南島。
④西域諸國於王莽年間與内地失去聯繫，光武年間曾聯係東漢政府，意欲歸附，但爲劉秀拒絶（參看本書第二十六章《不入虎穴，焉得虎子》之第一節《西域諸國》。
⑤介鱗，本意指甲蟲與魚類，此處借指少數民族，與"蠻夷"同義。
⑥李賢注："《公羊傳》曰：'毀泉臺何以書？譏爾。築之譏，毀之譏，先祖爲之而己毀之，勿居而已'也。"按泉臺位於泉宫，爲春秋時魯莊公（魯文公祖父）所建。

也。^①（同前引）

劉炟聽從了楊終的意見，聽任被徙居邊郡者返鄉，廢除了邊屯政策。在這場辯論中，牟融、鮑昱、班固等站在楊終和第五倫的對立面，反對罷屯邊之策。然而就班固而言，這也并非完全是堅持"孝子無改父之道"之類封建倫理，而是和他一貫重視邊郡開發，重視邊地國防的思想相一致。

雖然這次班固與楊終政治立場不同，但并未影響他們之間的友誼。後來楊終有難時，班固仍施以援手：

> 會終坐事繫獄，博士趙博、校書郎班固、賈逵等，以終深曉《春秋》，學多異聞，表請之，終又上書自訟，即日貰出。（同前引）

值得一提的是，楊終是白虎觀會議的首倡者和參加者，正是他向章帝劉炟上奏，才促成了該會議的召開。

由於蘭臺乃皇家藏書之所在，故令史之職亦頗利於班固之著史事業。他赴任後的第一個任務，便是爲光武帝劉秀作傳：

> 與前睢陽令陳宗、長陵令尹敏、司隸從事^②孟異共成《世祖本紀》。（《山堂考索·前集卷十三正史門》）

這几人中，尹敏實與班固之父班彪關繫極好，《後漢書·儒林列傳上》云：

> （敏）與班彪親善，每相遇，輒日旰忘食，夜分不寢，自以爲鐘期、伯牙、莊周、惠施之相得也。

---

① 李賢注："《公羊傳》曰：'襄公十一年作三軍。三軍者何？三卿也。'昭公五年《傳》曰：'捨中軍。捨中軍者何？復古也。'言捨之與留，量時制宜也。"按：魯國襄公、昭公時三家大夫孟孫、叔孫、季孫把持國政，魯國公室漸衰。所謂"作三軍""捨中軍"，均是三家削弱公室的手段。楊終以此舉例，似比擬不倫。

② 司隸校尉爲漢代官職，職責爲監督朝内大臣與皇親國戚，以及京都附近諸郡的官員。東漢時，司隸校尉部成爲正式行政區，治所在首都洛陽，管轄範圍包括今天的河北南部、河南北部、山西南部和陝西渭河平原，是東漢十三州之一。東漢司隸校尉秩比二千石。屬官有從事、假佐等。

陳宗，字平仲。王充《論衡·卷第二十·須頌篇》曾提到他：

> 陳平仲紀光武，班孟堅頌孝明。漢家功德，頗可觀見。

孟異生平不詳。

這篇《世祖本紀》完成後，大約頗得劉莊賞識，於是班固升官了：

> 遷爲郎①，典校秘書。（《後漢書·班彪列傳上》）

西漢成帝時，班固之伯祖班斿亦曾"典校秘書"，且獲賜"秘書之副"，而這正是班彪、班固父子致力於漢史撰述之本。班固今又任此職，當然要大顯身手：

> 固又撰功臣、平林、新市、②公孫述事，作列傳、載記二十八篇，奏之。（同前引）

這些篇章，并非《漢書》所記載的西漢歷史，而是相對晚近之當代歷史，被收入《東觀漢記》。

《東觀漢記》，初名《漢記》，系紀傳體之東漢史書，也是中國第一部官修當代史。《東觀漢記》記事起於光武帝劉秀，終於靈帝劉宏③，因修史地點爲洛陽南宮之東觀④藏書閣而得名。三國以後，《東觀漢記》與《史記》《漢書》并舉，

---

① 漢之郎官無定員，文武兼有。諸郎"掌守門戶，出充車騎"，有議郎、中郎、侍郎、郎中之分。議郎秩比六百石。多由士人出任。中郎秩比六百石。分屬五官中郎將、左中郎將、右中郎將統領。侍郎秩比四百石。郎中秩比三百石。分屬車郎中將、戶郎中將、騎郎中將統領。班固所任之校書郎屬何類別已不可考。

② 新莽末年，王匡、王鳳率領荊州地區饑民，以綠林山爲基地起兵，故稱綠林軍。後來綠林軍之一部北上南陽，稱新市兵。新市兵進攻隨縣時，有平林人陳牧等參加，故又稱平林軍。後西漢宗室劉玄投奔平林軍，被立爲更始帝。故此處平林、新市，應是記載綠林軍及劉玄更始政權之歷史。

③ 漢靈帝劉宏（156—189），東漢第十二位皇帝，在位22年，謚號孝靈皇帝。桓帝劉志無嗣，死後堂姪劉宏即位。靈帝即位後，天下水旱蝗災、瘟疫仍頻，民不聊生，怨聲載道。加之宦官外戚爭權奪利，政治極其腐敗。靈帝末年，巨鹿（今河北平鄉縣）人張角兄弟三人以"蒼天已死、黃天當立、歲在甲子、天下大吉"爲口號舉事，史稱"黃巾之亂"，從此東漢王朝名存實亡。

④《後漢書·安帝紀》李賢注："《洛陽宮殿名》曰：'南宮有東觀。'"

合稱"三史",但唐以後漸爲范曄《後漢書》所取代,以致散亡殆盡。《東觀漢記》前後經過四次修纂,班固等參加的這是第一次。

撰寫這些當代史篇章,對班固來說更像是一場考試。明帝劉莊讀了這些篇章之後,認可了班固的才華,於是命他繼續撰寫《漢書》。

  帝乃復使終成前所著書。(同前引)

從此班固所著之《漢書》,就從私家著述一變而成奉旨修撰的官方史書。

這大約是永平五年(62)左右的事情,班固時年三十一歲。此後二十餘年,班固一直在蘭臺任校書郎,修撰《漢書》。

除了撰寫《漢書》,班固的日常工作也包括奉旨參與其他與史書編纂有關的事務。例如永平十五年(72)班固與馬嚴等共同審定《建武注記》。《後漢書·馬援列傳》載:

  永平十五年,皇后①勅使移居洛陽。顯宗召見,嚴進對閑雅,意甚異之,有詔留仁壽闥,與校書郎杜撫、班固等雜定《建武注記》。

馬嚴,字威卿,係伏波將軍馬援兄馬余之子。馬嚴少年失怙,好擊劍,習騎射。後來棄武就文,專心於古典著作,能通《左氏春秋》。因其博覽百家群言,又好結交賢士,在京師頗有名氣。馬援死後,馬嚴與其弟馬敦回到老家安陵。後來馬援之女馬氏入宮,成爲明帝劉莊皇后。馬嚴爲了避嫌,遂遷居北地郡②,謝絕賓客。這次是奉馬皇后之命移居洛陽。

按此所謂注記,應是漢代帝王日常起居記錄,類似後世之實錄。《後漢書·鄧皇后紀》說:

  平望侯劉毅以太后多德政,欲令早有注記。

後文劉毅上書中亦說:

---

①即明帝馬皇后,伏波將軍馬援之女。
②北地郡,秦昭襄王三十六年(前271)滅義渠後所置,爲秦初三十六郡之一,郡治義渠縣(在今甘肅慶陽市西南)。漢代北地郡治馬嶺縣(在今甘肅慶陽市環縣東南的馬嶺鎮)。

漢之舊典，世有注記。

故《建武注記》應是劉秀當朝的實錄，由於是流水賬式的逐筆記錄，故需要馬嚴、班固等整理定稿。

三、皇家史官

又兩年後，劉莊將班固、賈逵、傅毅等召到云龍門①，問他們關於《史記·秦始皇本紀》的意見：

> 臣固言：永平十七年，臣與賈逵、傅毅、杜矩、展隆、郗萌等，召詣雲龍門。小黃門趙宣持《秦始皇帝本紀》問臣等曰："太史遷下贊語中，寧有非耶？"臣對："此贊貫誼《過秦篇》雲，向使子嬰有庸主之才，僅得中佐，秦之社稷未宜絕也。此言非是。"即召臣入，問："本聞此論非耶？將見問意開寤耶？"臣具對素聞知狀。詔因曰："司馬遷著書成一家之言，揚名後世，至以身陷刑之故，反微文刺譏，貶損當世，非誼士②也。司馬相如污行無節，但有浮華之辭，不周於用，至於疾病而遺忠，主上求取其書，竟得頌述功德，言封禪事，忠臣效也。至是賢遷遠矣。"臣固常伏刻誦聖論，昭明好惡，不遺微細，緣事斷誼，動有規矩，雖仲尼之因史見意，亦無以加。（《文選·典引》）

這段對話很有意思。劉莊先使宦官趙宣問諸人，司馬遷的贊語中，有錯誤嗎？班固回答說：司馬遷引用賈誼之說，如果子嬰爲庸主，即使輔佐之人才智中等，那秦也不會二世而亡，這話不對。於是劉莊將班固單獨召進去，問道："你是以前就覺得此說不對，還是故意投我所好？"班固當然否認，答道："我以前就是這觀點。"

劉莊於是教導他："司馬遷著書成一家之言，揚名後世，但因犯法被刑，心生怨望，所以其《史記》對武帝語帶刺譏，有虧於君臣大義。你看司馬相如，雖

---

①云龍門係洛陽宮南門。
②誼士，即義士。劉良注："譏刺朝廷，貶損漢世，非義士也。"

然浮誇無行，祇是一個弄臣。但他死後留下的遺書却歌頌武帝的功德，值得忠臣效法，這就比司馬遷强多了。"

司馬遷具體如何"貶損當世"，現在已經很難知道了，因爲《史記·孝武本紀》在西漢時就已經佚失，現在可見到的《史記·孝武本紀》是後人截取《史記·封禪書》而成，僅在開頭添加了六十個字。不過，司馬遷對劉漢皇朝諸帝缺乏那種誠惶誠恐的恭敬却是無疑的，如《史記·孝武本紀》載：

> 而方士之候祠神人，入海求蓬萊，終無有驗。而公孫卿之候神者，猶以大人跡爲解，無有效。天子益怠厭方士之怪迂語矣，然終羈縻弗絶，冀遇其真。

把儘管武帝也意識到神仙之事的虛妄，但還是期冀萬一某個方士真能弄到不死之药那種矛盾心理描繪得淋漓盡致。又如《張周趙任申屠傳》中載：

> 昌爲人强力，敢直言，自蕭、曹等皆卑下之。昌嘗燕①入奏事，高帝方擁戚姬，昌還走，高帝逐得，騎昌項上，問曰："我何如主也？"昌仰曰："陛下即桀紂之主也。"

司馬遷的文學功底深厚，這段描寫的確很生動，活脱脱表現出一個出身於市井無賴的劉邦，但就是怎麼看他也不似一代開國之君應有的風度。

司馬相如遺書封禪之事，見《史記·司馬相如列傳》：

> 相如既病免，家居茂陵。天子曰："司馬相如病甚，可往從悉取其書；若不然，後失之矣。"使所忠②往，而相如已死，家無書。問其妻，對曰："長卿固未嘗有書也。時時著書，人又取去，即空居。長卿未死時，爲一卷書，曰有使者來求書，奏之。無他書。"其遺札書言封禪事，奏所忠。忠奏其書，天子異之。

司馬相如在其遺書中，借封禪泰山之事，對武帝極盡吹捧之能事。劉莊提到這件事，意思是說是否良史不重要，甚至人品道德也不重要，重要的是要以

---

① 燕，退朝休息之時。
② 所忠，諫議大夫，武帝近臣。

絕對忠於劉漢皇室的態度來爲皇家記事記功，這也是對班固著史的要求。班固心領神會，大表忠心，表示他識得輕重，著史爲文會以皇權至上不可凜犯爲原則，"雖仲尼之因史見意，亦無以加。"事實上，班固在寫《漢書》時，也的確是按照這個原則行事的，他批評司馬遷"是非頗繆於聖人"，而自己則截然不同，筆下極力爲統治者塗脂抹粉、歌功頌德。這一點，比較一下《漢書》中因襲《史記》的那些篇章即很清楚。例如班固在《高帝紀》贊中特地爲劉氏編造了一套從陶唐氏、劉累以至劉邦祖父豐公的世係：

> 贊曰：《春秋》晉史蔡墨有言，陶唐氏既衰，其後有劉累，學擾龍，事孔甲，范氏其後也。而大夫范宣子亦曰："祖自虞以上爲陶唐氏，在夏爲御龍氏，在商爲豕韋氏，在周爲唐杜氏，晉主夏盟爲范氏。"范氏爲晉士師，魯文公世奔秦。後歸於晉，其處者爲劉氏。劉向云戰國時劉氏自秦獲於魏。秦滅魏，遷大梁，都於豐，故周市說雍齒曰："豐，故梁徙也"。是以頌高祖云："漢帝本系，出自唐帝。降及於周，在秦作劉。涉魏而東，遂爲豐公。"豐公，蓋太上皇父。

并說"漢承堯運，德祚已盛"，而《史記》中就沒有類似這樣的文字。《漢書》的這個特點，成爲後世官方正史的楷模，縱觀歷朝官家史書，無不皆如《漢書》般祇爲帝王將相而書史，處處有所忌諱。

不過，班固的觀點倒也并非個別。如東漢末年，董卓死後司徒王允①把持朝政。左中郎將蔡邕②因同情董卓下獄，太尉馬日磾爲此向王允求情，但王允說：

> 昔武帝不殺司馬遷，使作謗書，流於後世。方今國祚中衰，神器不固，不可令佞臣執筆在幼主左右。既無益聖德，復使吾黨蒙其訕議。

---

① 王允，字子師，并州祁（今山西祁縣）人。獻帝初任司徒、尚書令。其時董卓當政，獻帝只是傀儡。關東諸將不滿董卓跋扈，起兵討之，董卓於是遷都長安。初平三年（192）王允利用呂布刺殺董卓。但後來王允執意殺害名士蔡邕而大失民心，且不願寬恕董卓餘黨，爲其反撲。最終長安失守，王允被殺。

② 蔡邕，字伯喈，陳留圉人。蔡邕博學多才，好辭章、數術、天文，精通音律，尤擅書法。獻帝時拜左中郎將，故亦稱"蔡中郎"。蔡邕曾在東觀與盧植、韓說等撰補《漢記》。長女蔡琰（蔡文姬）亦有文才。

（《後漢書·蔡邕列傳》）

於是蔡邕冤死獄中。當然，王允此説是誅心之論，難以服人：蔡邕此前曾參與補續《東觀漢記》《朝會》《車服》等十志成稿俱在，如説蔡作謗書，盡可從中尋求証據。現空口無憑，如何服人？但由王允之話亦可見時人對《史記》的看法。

第十六章　辭賦大家

班固是辭賦大家，所作《兩都賦》等，膾炙人口，爲後世辭賦家競相仿效。此外，班固於詩、歌、頌等其他文學體裁亦頗有心得，多有佳作傳世。

一、《幽通賦》

《幽通賦》是班彪去世後，班固回鄉居喪時所做。《叙傳上》説：

> 有子曰固，弱冠而孤，作《幽通之賦》，以致命遂志。

即這是一篇述志之作。題目中之"幽通"，據《文選》李善注説：

> 賦云：'靚幽人之仿佛'，然幽通，謂與神遇也。

即賦中所云夢中遇神：

> 魂煢煢與神交兮，精誠發於宵寐；①
> 夢登山而迥眺兮，靚幽人之髣髴。②
> （《叙傳上》）

班固夢見自己登山遇神，神授他以葛藟，告誡他不要掉下深谷：

---

① 曹大家注："言人至晝所思想，夜爲之發夢，乃與神靈接也。"曹大家，即班固妹班昭。《幽通賦》曹大家注見《文選》李善注本。下同。
② 曹大家注："登山遠望，見深谷之中，有人仿佛欲來也。"

> 攬葛虆而授余兮，眷峻谷曰勿隧。①

他第二天早上起來，開始思索這夢的意義。聽説黃帝善於占夢，可惜年代久遠，無從問起。只好根據他留下來的讖書，自己求解：

> 吻昕寤而仰思兮，心蒙蒙猶未察。②
> 黃神邈而靡質兮，儀遺讖以臆對。③

登高遇神，説明自己將得道而不惑；從《周南·國風》"南有樛木"這首詩來看，夢到葛虆是吉兆，所謂"樂只君子，福履綏之"；但因爲還夢到了深谷，那就意味着還有危險，正如《小雅·小苑》所説："惴惴小心，如臨於谷"，提醒自己要小心：

> 曰乘高而迂神兮，道遐通而不迷。④
> 葛緜緜於樛木兮，詠《南風》以爲綏。⑤
> 蓋惴惴之臨深兮，乃《二雅》之所祇。⑥

---

① 顔師古注："攬，執取也。言入峻谷者當攀葛虆，可以免於顛墜，猶處時俗者當據道義，然後得用自立。故設此喻，託以夢也。葛虆，蔓也。"曹大家注："言夢臨深谷欲墜，見神持葛來授我也。"
② 孟康注："吻昕，早旦也。覺寤思念，未知其吉凶也。"曹大家注："吻昕，晨旦明也。言己旦仰思此夢，心中矇矇，未知其吉凶。"
③ 應劭注："黃帝善占夢，久遠無從得問，準其讖書，以意求其象也。賈誼曰'讖言其度'。"應劭曰："臆，胸臆也。"
④ 顔師古注："登山見神，故曰乘高也。迂，遇也。"曹大家注："迂，遇也。言己緣高而遇神，道術將通，不迷惑之象也。"
⑤ 曹大家注："《詩·周南·國風》曰：'南有樛木，葛虆纍之，樂只君子，福履綏之。'此是安樂之象也。"顔師古注："樛木，下垂之木也。綏，安也。"
⑥ 顔師古注："《詩·小雅·小宛》之篇曰：'惴惴小心，如臨於谷。'惴惴，恐懼之貌也。《小旻》篇曰：'戰戰兢兢，如臨深淵，如履薄冰。'言恐墜陷也。故云二雅之所祇。"曹大家注："祇，敬也。《大雅》曰：'人亦有言，進退維谷。'《小雅》曰：'惴惴小心，如臨於谷。'此皆敬慎之戒也。"

總之，這個夢就是説前途光明，但要謹慎言行。

> 既訊爾以吉象兮，又申之以炯戒。①

由這個夢開始，班固開始聯想到人生的意義，感慨天地無窮而人生有盡，世事艱難而命運莫測：

> 惟天墬之無窮兮，鼄生民之晦生；②
> 紛屯邅與蹇連兮，何艱多而智寡！③

上古聖人有大智慧，遇厄境得自解，但普通人哪能預知并化解自己遇到的灾難：

> 上聖寤而後拔兮，豈羣黎之所御！④

然後他列舉了許多古人禍福無定的例子，從衛成公兄弟、齊桓公與管仲的故事開始：

> 昔衛叔之御昆兮，昆爲寇而喪予。⑤
> 管彎弧欲斃讎兮，讎作後而成己。⑥
> 變化故而相詭兮，孰云豫其終始！⑦

楚國在城濮之戰中失敗，站在楚國一方的衛成公出逃楚國，留下弟弟叔武

---

① 《爾雅》曰："訊，告也。"曹大家注："炯，明也。登高爲吉象，深谷爲明戒也。"
② 曹大家注："言天地無窮極，民在其間，上壽一百二十年，少者亡幾耳。《莊子》曰：'天與地無窮，人死有時晦。'"
③ 《漢書音義》："世艱多智少，故遇禍也。"曹大家注："屯蹇，皆難也。"
④ 顔師古注："黎，衆也。言上聖之人猶遇紛難，睹機能寤，然後自拔。文王羑里，孔子於匡是也。至於衆庶，豈能豫禦之哉？"
⑤ 前632年晋楚城濮之戰，楚國戰敗。站在楚國一方的衛成公逃往楚國，命大夫元咺奉弟弟叔武參加晋文公主持的踐土之盟。這時有人告發元咺立叔武爲君。後來衛成公回國，叔武正洗澡，高興哥哥回來，抓着頭髮出來迎接。衛成公帶來的士兵射殺叔武，元咺逃到晋國。
⑥ 顔師古注："謂管仲射桓公中帶鈎，桓公反國，以爲相也。"
⑦ 曹大家注："詭，反也。事變如此，誰能預知其始終吉凶也。"

善後。叔武自以爲在幫哥哥的忙，没想到有人進讒衛成公説叔武要造反，結果衛成公回來後二話不説就殺了叔武；齊國公子小白、糾兄弟爭位，管仲輔佐公子糾，曾射過小白一箭，祇射中衣服上的帶鈎。後來小白即位，是爲齊桓公，他不計前嫌，啓用管仲爲相，終成一代霸業。事情的變化總是出乎意料，誰能猜到結果？

接下來班固又列舉了衆多古人例子，來説明世事無常，福禍莫測。然後他説：

> 神先心以定命兮，命隨行以消息。①
> 斡流遷其不濟兮，故遭罹而贏縮。②
> 三樂同於一體兮，雖移盈然不忒。③
> 洞參差其紛錯兮，斯衆兆之所惑。④

即人之命運早已爲神所定，也會有徵兆顯示，故個人遭厄，亦不一定都會解困。一般來説，"天命祐善灾惡"，然而果報并非局限於本人，如晉國大夫欒氏，父親欒書之善，及於其子欒黶，而欒黶之惡報，却報在兒子欒盈身上，蓋他們欒氏父子祖孫爲一體。上天的報應參差紛亂，不拘一格，普通人難免困惑。

接下來班固批判了莊周、賈誼"齊死生與禍福"的思想，認爲他們這是矯情之論：

> 周、賈盪而貢憤兮，齊死生與禍福；⑤

---

① 顔師古注："言神明之道，雖在人心之前已定命矣，然亦隨其所行，以致禍福。"曹大家注："言人之行，各隨其命，命者，神先定之，故爲徵兆於前也。雖然，亦在人消息而行之。"
② 師古曰："斡，轉也。言人之生，各有遭遇，不能必濟，免於困厄，各隨其所逢以致贏虧也。"
③ 應邵注："晉大夫欒書，書子黶，黶子盈。書賢而覆黶，黶惡而害盈也。"曹大家注："天命祐善灾惡，非有差也。然其道廣大，雖父子百葉，猶若一體也。《左氏傳》秦伯問士鞅曰：'晉大夫其誰先亡？'對曰：'其欒氏乎！欒黶汰虐已甚，猶可以免。其在盈乎！武子之德在人，如周人之思邵公，愛其甘棠，况其子乎？欒黶死，盈之善未能及人。武子所施没矣，黶之惡實彰，將於是乎在。'後晉果滅欒氏。"
④ 曹大家注："衆，庶也。兆，人也。報應參差不齊，紛亂錯謬，故迷惑不信天道也。"
⑤ 曹大家注："周，莊周。賈，賈誼也。貢，惑也。憤，亂也。盪，盪不知所守也。莊周、賈誼有好智之才，而不以聖人爲法，惑亂於善惡，遂成放蕩之辭。莊周曰：'生爲徭役，死爲休息。'賈誼曰：'忽然爲人，何足控揣？化爲異物，又何足患？'"

> 抗爽言以矯情兮，信畏犧而忌服。①

而班固推崇的則是：

> 所貴聖人之至論兮，順天性而斷誼。②
> 物有欲而不居兮，亦有惡而不避。③
> 守孔約而不貳兮，乃輶德而無累。④

即堅守聖人之道，不合道的富貴不取，爲大節而不畏死，盡人事、聽天命。班固再舉殷之"三仁"：微子、箕子、比干，以及伯夷、柳下惠等古代賢人的嘉德懿行，來說明精誠守志的通達幽明之道；

> 天造屮⑤昧，立性命兮，復心弘道，惟賢聖兮。
> 渾元運物，流不處兮，⑥保身遺名，民之表兮。
> 舍生取誼，亦道用兮，⑦憂傷夭物，忝莫痛兮！⑧
> 昊爾太素，曷渝色兮？⑨尚粵其幾，淪神域兮！⑩

《幽通賦》的主題圍繞對窮通壽夭、禍福幽明等人生問題的困惑與求解而展

---

①顏師古注："抗，舉也。爽，差也。謂二人雖舉言齊死生，壹禍福，而心實不然，是差謬也。"
②曹大家注："至論，謂五經六藝，所以貴之者，順天之性也，亦當以義斷之，不可貪苟生而失名。"
③顏師古注："言富貴人之所欲，不以其道則君子不居；死亡人之所惡，處得其節則君子不避也。"
④顏師古注："孔，甚也。輶，輕也。言守其甚約，執心不貳，舉德至輕，無所累惑，斯爲可矣。《詩·大雅·烝民》之篇曰：'德輶如毛，人鮮克舉之。'"
⑤屮，古同"草"。
⑥曹大家注："渾，大也。元，氣；運，轉也。物，萬物也。言元氣周行，終始無已，如水之流，不得獨處也。"
⑦《孟子·告子上》："生，亦我所欲也；義，亦我所欲也。二者不可得兼，舍生而取義也。"
⑧顏師古注："忝，辱也。言不達性命，自取憂傷，爲物所夭，既辱且痛，莫過於是。"
⑨曹大家注："皓，白也。素，質也。渝，變也。言人能篤信好學，守死善道，不漸染於流俗，是爲白爾，天質何有渝變之色也。"
⑩曹大家注：大素不染，神色不變，則庶幾於神道之幾微，而入於神明之域矣。

開，而最終的答案是"死生有命，富貴在天"的天命觀和"盡人事，聽天命"的處世態度。

二、《兩都賦》

班固任職蘭臺奉旨修史後，得遂平生抱負，一時間躊躇滿志、意氣風發。《兩都賦》便是他這一時期的得意之作。《兩都賦》通過兩位假想人物東都主人和西都賓之口，描述西都長安和東都洛陽的繁華富貴，歌頌大漢國勢，爲漢賦中之精品。關於《兩都賦》的緣起，《後漢書·班彪列傳上》説：

> 自爲郎後，遂見親近。時京師脩起宮室，濬繕城隍，而關中耆老猶望朝廷西顧。固感前世相如、壽王、東方之徒，造搆文辭，終以諷勸①，乃上《兩都賦》，盛稱洛邑制度之美，以折西賓淫侈之論。

《兩都賦》分《西都賦》《東都賦》兩篇。其《西都賦》開篇即説：

> 有西都賓問於東都主人曰："蓋聞皇漢之初經營也，嘗有意乎都河洛矣。輟而弗康，寔用西遷，作我上都。主人聞其故而觀其制乎？"②
> 主人曰："未也。願賓攄懷舊之蓄念，發思古之幽情，博我以皇道，弘我以漢京。"

接下來西都賓即大談西都長安的好處：地理上如何險要、土地如何豐腴，且"橫被六合，三成帝畿"；風景如何秀麗、交通如何方便，人民如何富庶；城市如何壯麗宏偉、宮殿如何寬廣輝煌、後宮如何奢侈華麗，總之天上仙境，人間長安。

贊美的話，西都賓都已經用到長安了，輪到東都主人又該如何呢？他不能

---

① 李賢注："相如作《上林》《子虛賦》，吾丘壽王作《士大夫論》及《驃騎將軍頌》，東方朔作《客難》及《非有先生論》，其辭并以諷喻爲主也。"
② 李賢注："高祖五年，劉敬說上都關中，上疑之。左右大臣皆山東人，多勸都洛陽，此爲有意都河洛矣。張良曰：'洛陽其中，小不過數百里，四面受敵，非用武之國。關中金城千里，天府之國也。'"

貶低長安，一來長安的確很美，二來長安是西漢都城，東漢王朝以繼承西漢皇室統緒爲標榜，并非簡單地改朝換代。但單純地誇洛陽，也很難誇出新意來。於是東都主人另辟蹊徑，改從制度體制上入手：

> 主人喟然而嘆曰："痛乎風俗之移人也。子實秦人，矜夸館室，保界河山，信識昭襄而知始皇矣，惡睹大漢之云爲乎？"（《東都賦》）

當然，這裏有一點策略上的考慮，東都主人只能以同以長安（咸陽）爲都的秦皇爲批評對象，而非西漢諸帝。在簡略追述了"大漢之開元"後，東都主人對東漢王朝之功業、禮制做了充分的鋪叙。接下來又説：

> 遷都改邑，有殷宗中興之則焉；即土之中，有周成隆平①之制焉。（同前引）

即遷都至洛陽，前有先例，盤庚遷殷②、周成王遷雒邑。《東都賦》以封建禮法爲準則，以"盛乎斯世"贊揚了建武、永平的繁榮富庶，對西都賓以欲抑先揚的手法予以批評，行文摇曳多姿，善於達意。接下來又直接比較兩都的地理形勢和民風習俗：

> 且夫辟界西戎，險阻四塞，脩其防禦，孰與處乎土中，平夷洞達，萬方輻湊？秦嶺九嵕，涇渭之川，曷若四瀆五岳，帶河泝洛，圖書之淵？建章甘泉，館御列仙，孰與靈臺明堂，統和天人？太液昆明，鳥獸之囿，曷若辟雍海流，道德之富？游俠踰侈，犯義侵禮，孰與同履法度，翼翼濟濟也？（同前引）

稱贊洛陽地利之便、形勢之險及禮俗之淳厚，建築、設置之合於王道。"統和天人""同履法度"，點出了《東都賦》的主題；"圖書之淵""道德之富"，是

---

① 周成王，姬姓，名誦，西周第二代君主，曾營造新都雒邑（即洛陽）以置九鼎，并將商朝遺民遷往雒邑；周平王，名宜臼，幽王廢太子。前771年，犬戎來襲，幽王被殺於驪山，西周覆亡。衆諸侯擁立宜臼即位，後迁都雒邑，即東周。

② 商朝君主盤庚從奄（今山東省曲阜市）遷都於殷（今河南省安陽市西北），史稱"盤庚遷殷"。盤庚遷殷後，繼續"行湯之政，然後百姓由寧，殷道復興"，經歷了一段繁盛時期。

《東都賦》着力鋪叙、宣揚之所在。接下來照應本篇開頭部分：

> 子徒習秦阿房之造天，而不知京洛之有制也；識函谷之可關，而不知王者之無外也。（同前引）

完全以一個新的尺度來衡量秦（實際上是代指西漢）和東漢王朝政教之得失。接着以西都賓的折服爲賦正文部分的收束。

《兩都賦》在結構與手法上完全仿效司馬相如《子虛賦》。《子虛賦》分《子虛》《上林》兩部分，《兩都賦》則分《西都》《東都》；《子虛賦》虛擬一位亡是公，針對楚之子虛、齊之烏有先生互相炫耀，而明天子之義；《兩都賦》則由東都主人針對西都賓之贊揚長安，望朝廷西顧，而盛稱洛邑制度，以折西賓淫侈之論；《子虛賦》前後兩部分轉接用亡是公聽然而笑曰，《兩都賦》則用東都主人喟然而嘆曰。兩相比較，如出一轍，但整個説來，班固的《兩都賦》開頭、結尾、過渡等章法更爲嚴謹、自然，且富於情態，長於韻味。

因爲《兩都賦》寫長安與洛陽兩都的形勝、制度、文物等，同《子虛》《上林》的僅寫田獵者相比，內容要更爲豐富、開闊，也更能集中地、多角度、多方面地展現一個時代政治、經濟、文化的發展狀況，因而後世時有人加以摹擬，形成"京都賦"的類型。

《兩都賦》所描述的具體內容，已并不全然像司馬相如那樣重在帝王宮苑、游獵，而是也借鑒了揚雄的《蜀都賦》，發展爲自山河形勢、表里布局的雄偉氣象，雖然亦有誇張渲染之病，但由於采用了不少實際的歷史地理資料，而不顯過分虛浮，有真切的現實感。

作爲一代辭賦大家，班固的作品對後世影響很深。後來張衡寫《二京賦》左思寫《三都賦》，都受到他的《兩都賦》影響。

三、《答賓戲》

修史工作固然是班固的理想與事業，然而蘭臺令史俸僅百石，即使後來遷爲校書郎，也不過數百石，用以養家，稍嫌微薄。是繼續堅持理想，甘於貧寒，"專篤志於儒學，以著述爲業"，以求流芳百世；還是另選他徑，"立功"仕途，以求富貴聞達？這是班固當時面臨的問題，其實也是所有傳統讀書人的兩難選擇。班固對這一問題思考的結果，是其名篇《答賓戲》。

《答賓戲》采用"設論"文體，即圍繞着一個問題，假設主客二人對話。在《答賓戲》中主客兩方分別代表兩種不同的價值觀：一種是汲汲於功名利禄，即"立功"；一種是沉潛於文章著述，即"立言"：

> 賓戲主人曰："蓋聞聖人有壹定之論，列士有不易之分，亦云名而已矣。故太上有立德，其次有立功。夫德不得後身而特盛，功不得背時而獨章。是以聖喆之治，棲棲皇皇，孔席不㬉，墨突不黔①。由此言之，取舍者昔人之上務，著作者前列之餘事耳②。今吾子幸游帝王之世，躬帶冕之服，浮英華，湛道德③，轡龍虎之文，舊矣④。卒不能攄首尾，奮翼鱗，振拔汙塗，跨騰風雲⑤，使見之者景駭，聞之者嚮震。徒樂枕經籍書，紆體衡門，上無所蔕，下無所根。獨攄意摩宇宙之外，銳思於毫芒之內，潛神默記，恆以年歲。然而器不貴於當己，用不效於一世，雖馳辯如濤波，摛藻如春華，猶無益於殿最。意者，且運朝夕之策，定合會之計，使存有顯號，亡有美謚，不亦優乎？"
>
> 主人逌爾而笑曰："若賓之言，斯所謂見勢利之華，闇道德之實，守突奧之熒燭，未卬天庭而覩白日也⑥。曩者王塗蕪穢，周失其御，侯伯方軌，戰國橫騖，於是七雄虓闞，分裂諸夏，龍戰虎爭。游説之徒，風颺電激，並起而救之，其餘猋飛景附，煜霅其間者，蓋不可勝載⑦。當此之時，搦朽摩鈍，鈆刀皆能壹斷，是故魯連飛一矢而蹶千金，虞

---

①顏師古注："孔，孔子；墨，墨翟也。突，灶突也。黔，黑也。言志在明道，不暇安居。"
②劉德注："取者，施行道德；舍者，守靜無爲也。"
③顏師古注："湛讀曰沈。英華，謂名譽也。言外則有美名善譽，內則履道崇德也。"
④孟康注："轡，被也。易曰'大人虎變，其文炳也'，言文章之盛久也。"
⑤顏師古注："攄，申也。汙，停水也。塗，泥也。以龍爲喻也。"
⑥應劭注："《爾雅》：東南隅謂之窔，西南隅謂之奧。"顏師古注："突、奧，室中之二隅也。熒燭，熒熒小光之燭也。卬讀曰仰。"
⑦顏師古注："猋，疾風也。煜霅，光貌也。"

卿以顧眄而捐相印也①。夫啾發投曲，感耳之聲，合之律度，淫㨲而不可聽者，非《韶》《夏》之樂也②。因勢合變，偶時之會，風移俗易，乖忤而不可通者，非君子之法也③。及至從人合之，衡人散之，亡命漂說，羈旅騁辭，商鞅挾三術以鑽孝公，李斯奮時務而要始皇④，彼皆躡風雲之會，履顛沛之勢，據徼乘邪以求一日之富貴，朝爲榮華，夕而焦瘁，福不盈眦，禍溢於世⑤，凶人且以自悔，況吉士而是賴虖⑥？且功不可虛成，名不可以僞立，韓設辯以徼君，呂行詐以賈國。《說難》既酋，其身乃囚；秦貨既貴，厥宗亦隤⑦。是故仲尼抗浮雲之志，孟軻養浩然之氣⑧。彼豈樂爲迂闊哉？道不可以貳也。方今大漢洒埽羣穢，夷險芟荒，廓帝紘，恢皇綱，基隆於義、農，規廣於黃唐；其君天下也，炎之如日，威之如神，函之如海，養之如春。是以六合之内，莫不同原共流，沐浴玄德，稟印太和，枝附葉著，譬猶中木之殖山林，鳥魚之毓川澤，得氣者蕃滋，失時者零落，參天墬⑨而施化，豈云人事之厚薄

---

① 應劭注："魯連，齊人也。齊圍燕，燕將保於聊城。魯連係帛書於矢射與之，爲陳利害。燕將得之，泣而自殺。譏切魏新垣衍，使不尊秦爲帝。秦時圍邯鄲，爲卻五十里，趙遂以安。趙王以千金爲魯連壽，不受。魏齊爲秦所購，迫急走趙，趙相虞卿與齊有故，然愍其窮，於是解相印，間行與奔魏公子無忌也。"
② 《韶》，舜乐；《夏》，禹乐。此處泛指优雅之古乐。李奇注："㨲，不正之音也。"顔師古注："啾發，啾啾小聲而發也。投曲，趣合屈曲也。感耳，動應衆庶之耳也。然而不合律度，君子所不聽也。淫㨲，非正之聲也。"
③ 顔師古注："雖偶當時之會，而不可以移風易俗。"
④ 應劭注："王、霸、富國强兵，爲三術也。"
⑤ 李奇注："當富貴之間，視不滿目，故言不盈眥也。"
⑥ 顔師古注："賴，利也。"
⑦ 應劭注："酋，雄也。《說難》，韓非書篇名也。呂不韋效千金於秦，立子楚爲王，封十萬户侯，以陰事自殺也。"顔師古注："呂不韋初見子楚在趙，而云'此奇貨可居'，故班氏謂子楚爲秦貨耳。安説效千金乎？應説失之矣。"
⑧ 張晏注："孔子云'不義而富且貴，於我如浮雲。'孟子曰：'我善養吾浩然之氣，而無害，則塞乎天地之間也。'"顔師古注："浩然，純壹之氣也。"
⑨ 顔師古注："墬，古地字。"

哉? 今子處皇世而論戰國,耀所聞而疑所覩,欲從窾啟而度高庠泰山,懷沉滷而測深廣重淵,亦未至也。"①

賓曰:"若夫鞅、斯之倫,衰周之凶人,既聞命矣。敢問上古之士,處身行道,輔世成名,可述於後者,默而已虖?"

主人曰:"何爲其然也! 昔咎繇謨虞,箕子訪周,言通帝王,謀合聖神;殷說夢發於傅巖,周望兆動於渭濱②,齊宵激聲於康衢,漢良受書於邳沂,皆俟命而神交,匪詞言之所信,故能建必然之策,展無窮之勳也。近者陸子優繇,新語以興;董生下帷,發藻儒林;劉向司籍,辯章舊聞;揚雄覃思,《法言》《太玄》:皆及肯君之門闈,究先聖之壺奧,婆娑虖術藝之場,休息虖篇籍之囿,以全其質而發其文,用納虖聖德,烈炳虖後人,斯非其亞與! 若乃夷抗行於首陽,惠降志於辱仕③,顏耽樂於簞瓢,孔終篇於西狩,聲盈塞於天淵,真吾徒之師表也。且吾聞之:壹陰壹陽,天墜之方;乃文乃質,王道之綱;有同有異,聖喆之常。故曰:慎修所志,守爾天符,委命共己,味道之腴,神之聽之,名其舍諸! 賓又不聞龢氏之璧韞於荆石,隨侯之珠藏於蜯蛤虖? 歷世莫眡,不知其將含景耀,吐英精,曠千載而流夜光也。應龍潛於潢汙,魚黿媟之,不覩其能奮靈德,合風雲,超忽荒,而躆顥蒼也。故夫泥蟠而天飛者,應龍之神也;先賤而後貴者,龢、隨之珍也;肯闇而久章者,君子之真也。若乃牙、曠清耳於管絃,離婁眇目於豪分④;逢蒙絕技於弧矢,般輸權巧於斧斤⑤;良、樂軼能於相馭,烏獲抗力於

---

①應劭注:"《爾雅》:前高曰垄丘,如覆敦者敦丘,側出曰汎泉,正出曰濫泉。"
②顏師古注:"說,傅說也。解已在前。望謂太公望,即吕尚也。釣於渭水,文王將出獵,卜之,曰:'所得非龍非螭、非豹非羆,乃帝王之輔。'果遇吕尚於渭陽,與語大悦,曰:'吾太公望子久矣。'故號曰太公望。"
③顏師古注:"夷,伯夷也。惠,柳下惠也。辱仕謂爲士師三黜也。"
④顏師古注:"牙,伯牙也。曠,師曠也。離婁,明目者也。眇,細視也。"
⑤顏師古注:"逢蒙,古善射者也。班輸即魯公輸班也。一說,班,魯班也,與公輸氏爲二人也,皆有巧藝也。古樂府云:'誰能爲此器。公輸與魯班。'權,專也,一曰競也。"

千鈞①；龢、鵲發精於鍼石，研、桑心計於無垠②。僕亦不任厠技於彼列，故密爾自娱於斯文。"（《叙傳上》）

懷才不遇是千古以來中國文人心中一痛。班固爲何説著述"立言"好？一方面他的確相信"立言"的價值，但另一方面他也有牢騷，才高而不遇，他也需要自我寬解。

班固假托之賓客，有其隱顯兩面。明面上，賓是被主人駁斥的對象，賓代表的功名利禄、投機牢騷，均爲主人所代表的正方立場——反駁批判，其道理正大光明，事實清楚可靠，將上古自漢之士人，分爲"凶人"與"吉士"、立功與立德、用世與待時，而肯定表彰後者，由此建立起儒家道德之人生意義。然而賓其實也是主人的另一人格，用以發泄牢騷、化解焦慮。《後漢書·班彪列傳下》傳説：

> 固自以二世③才術，位不過郎，感東方朔、揚雄自論，以不遭蘇、張、范、蔡④之時，作《賓戲》以自通焉。

即明言這篇作品是不滿待遇、發牢騷以自解之作。在《答賓戲》中班固明顯地將自己與戰國時那些亟亟於建功立業的投機之士區别開來，重建著述立言這一正統文人事業的正當地位。

四、對屈原及其《離騷》的批評

屈原歷來被當作中國古代最偉大的詩人，他的代表作《離騷》更是賦這一文體的開山之作，歷代詩人無不受其影響。在班固亦是如此，他的《幽通賦》無

---

①顔師古注："良，王良也。樂，伯樂也。軼與逸同。相，相馬也。馭，善馭也。烏獲，壯士也。"
②孟康注："研，古之善計也。桑，桑弘羊也。"顔師古注："龢，秦醫和也。鵲，扁鵲也。研，計研也，一號計倪，亦曰計然。"
③李賢注："二代謂彪及固。"
④即蘇秦、張儀、范雎、蔡澤，皆戰國時之縱横家。

論從結構還是遣詞都可看出明顯的騷體風格。

作爲學者，班固對《離騷》亦頗有研究，章帝時曾與賈逵并作《離騷經章句》，其經過見王逸①《楚辭章句·叙》：

> 至於孝武帝，恢廓道訓，使淮南王安作《離騷經章句》，則大義粲然。後世雄俊，莫不瞻慕，舒肆妙慮，纘述其詞。逮至劉向，典校經書，分爲十六卷。孝章即位，深弘道藝，班固、賈逵，復以所見，改易前疑，各作《離騷經章句》。

班固、賈逵所作《離騷經章句》今已不傳，但班固爲之所作《離騷贊序》却因王逸收入他的《楚辭章句》一書而得保存下來：

> 《離騷》者，屈原之所作也。屈原初事懷王，甚見信任。同列上官大夫妒害其寵，讒之王，王怒而疏屈原。以忠信見疑，憂愁幽思而作《離騷》。離，猶遭也。騷，憂也。明已遭憂作辭也。是時周室已滅，七國並爭。屈原痛君不明，信用羣小，國將危亡，忠誠之情，懷不能已，故作《離騷》。上陳堯、舜、禹、湯、文王之法，下言羿、澆、桀、紂之失以風②。懷王終不覺寤，信反間之説，西朝於秦。秦人拘之，客死不還。至於襄王，復用讒言，逐屈原。在野又作《九章》賦以風諫，卒不見納。不忍濁世，自投汨羅。原死之後，秦果滅楚。其辭爲衆賢所悼悲，故傳於後。

在這篇序文中，班固回顧了屈原的一生，以及他爲什麽要寫《離騷》："屈原痛君不明，信用羣小，國將危亡，忠誠之情，懷不能已，故作《離騷》。上陳堯、舜、禹、湯、文王之法，下言羿、澆、桀、紂之失以風。"

班固并對《離騷》的命名，給出了他的見解："離，猶遭也。騷，憂也。明已遭憂作辭也。"即班固認爲《離騷》是屈原抒寫自己遭受之憂患。在班固之前，司馬遷在《史記·屈原賈生列傳》中說：

---

① 《後漢書·文苑列傳上》有王逸小傳："王逸字叔師，南郡宜城人也。元初中，舉上計吏，爲校書郎。順帝時，爲侍中。著《楚辭章句》行於世。"
② 風，同"諷"。

> 離騷者，猶離憂也。

即"離騷"就是"離憂"。王逸的觀點與司馬遷類似，以"別愁"解"離騷"：

> 離，別也；騷，愁也。經，徑也。言己放逐離別，中心愁思，猶依道徑以諷諫君也。（《楚辭章句·離騷經序》）

路放按：現代學者多將"離騷"直接解爲"牢騷"，如范文瀾《文心雕龍注》說：

> 離騷即伍舉所謂"騷離"①，揚雄所謂"牢愁"，均即常語所謂牢騷耳。二字相接自成一詞，無待分訓也。

范氏對《離騷》的這種解讀，讀過《離騷》的人恐怕都會有同感。

對詩人屈原及其《離騷》，司馬遷的評價極高。他在《史記·屈原賈生列傳》中說：

> 屈平②疾王聽之不聰也，讒諂之蔽明也，邪曲之害公也，方正之不容也，故憂愁幽思而作《離騷》。……屈平正道直行，竭忠盡智以事其君，讒人間之，可謂窮矣。信而見疑，忠而被謗，能無怨乎？屈平之作《離騷》，蓋自怨生也。《國風》好色而不淫，《小雅》怨誹而不亂。若《離騷》者，可謂兼之矣。上稱帝嚳，下道齊桓，中述湯武，以刺世事。明道德之廣崇，治亂之條貫，靡不畢見。其文約，其辭微，其志絜③，其行廉，其稱文小而其指極大，舉類邇而見義遠。其志絜，故其稱物芳。其行廉，故死而不容。自疏濯淖汙泥之中，蟬蛻於濁穢，以浮游塵埃之外，不獲世之滋垢，皭然④泥而不滓者也。推此志也，雖與

---

①伍舉，春秋時楚大夫，伍員（即伍子胥）祖父。"騷離"之語見《國語·楚語上》伍舉與楚靈王對話："德義不行，則邇者騷離，而遠者距違。"韋昭注："騷，愁也。離，叛也。邇，境內。遠，鄰國。"

②屈原，芈姓（"芈"音"米"），屈氏，名平，字原，以字行。又《離騷》："名余曰正則兮，字余曰靈均"。生於楚國丹陽。楚國公室，曾任三閭大夫、司徒。

③絜，通"潔"。

④《集解》徐廣曰："皭，疏靜之貌。"

日月争光可也。①

司馬遷對屈原極盡推崇之能事，他認爲屈原其人"正道直行，竭忠盡智"；其《離騷》"明道德之廣崇，治亂之條貫，靡不畢見"，非僅爲個人苦悶的抒發，亦是憂國憂民之作；其風格"稱文小而其指極大，舉類邇而見義遠"；其人品高潔，出污泥而不染，"雖與日月争光可也"！

對司馬遷的這番熱情洋溢的贊美，班固認爲言過其實了。他説：

> 昔在孝武，博覽古文。淮南王安②叙《離騷傳》，以"《國風》好色而不淫，《小雅》怨悱而不亂，若《離騷》者，可謂兼之。蟬蜕濁穢之中，浮游塵埃之外，皭然泥而不滓；推此志，雖與日月争光可也。"斯論似過其真。又説："五子以失家巷，謂五子胥也。"③及至羿、澆、少康、貳姚、有娀佚女，皆各以所識有所增損，然猶未得其正也。④故博采經書傳記本文以爲之解。⑤且君子道窮，命矣。故潛龍不見是而無悶，《關雎》哀周道而不傷。蘧瑗持可懷之智⑥，甯武⑦保如愚之性，咸以全

---

① 《正義》：言屈平之仕濁世，去其汙垢，在塵埃之外。推此志意，雖與日月争其光明，斯亦可矣。
② 劉安，劉邦之孫，淮南王劉長之子，後襲封淮南王。劉安好文學，與其門客共同撰寫《鴻烈》（後世稱《淮南子》）。武帝時，劉安因被門客雷被、孫子劉建誣告謀反，畏罪自盡。又據傳劉安發明豆腐。《本草綱目》載："豆腐之法，始於淮南王劉安。"
③ 意爲劉安在其《離騷傳》中，解釋"啓《九辯》與《九歌》兮，夏康娱以自縱，不顧難以圖後兮，五子用失乎家巷。"之句時，誤以"五子"爲"伍子胥"。按"五子"應是指《五子之歌》，夏太康敗於後羿，其五位弟弟和母親被趕到洛河後作《五子之歌》，叙其失國之事，以示悔改。《史記·夏本紀》："帝太康失國，昆弟五人，須於洛汭，作《五子之歌》。"
④ 謂劉安之《離騷傳》在解釋《離騷》的這些典故時，以自己的認識發揮，但未能得其正解。劉安之書現已不存，故無法知道劉安的原文是什麼。
⑤ 這是班固説自己作《離騷章句》，是因劉安的《離騷傳》有所不足，故自己"博采經書傳記本文"，重新解説。
⑥ 蘧瑗，字伯玉，春秋時衛大夫。《莊子·則陽》："蘧伯玉行年六十而六十化，未嘗不始於是之而卒詘之以非也，未知今之所謂是之非五十九年非也。"是説他有自知之明，善於改過。
⑦ 甯武子，春秋時衛國卿。

命避害，不受世患。故《大雅》曰："既明且哲，以保其身。"斯爲貴矣。今若屈原，露才揚已，競乎危國羣小之閒，以離讒賊。然責數懷王，怨惡椒、蘭，①愁神苦思，强非其人，忿懟不容，沉江而死，亦貶絜狂狷景行之士。多稱崑崙、冥婚宓妃虛無之語，皆非法度之政、經義所載。謂之兼《詩》風雅，而與日月爭光，過矣！然其文弘博麗雅，爲辭賦宗。後世莫不斟酌其英華，則象其從容。自宋玉、唐勒、景差之徒，漢興，枚乘、司馬相如、劉向、揚雄，騁極文辭，好而悲之，自謂不能及也。雖非明智之器，可謂妙才者也。（王逸《楚辭章句》注）

和《離騷贊序》一樣，班固這篇《離騷序》也是借王逸的《楚辭章句》得以保存。不同的是，《離騷贊序》被王逸放在正文中，排列在《離騷章句》之後；而這篇《離騷序》則是以注文的形式附在王逸的《離騷章句》最後的《叙》之下。由於班固的《離騷章句》今已不存，所以我們已經無法知道這兩篇文章在班固自己的書中是怎樣排列的。

在這篇文章中，班固將"《國風》好色而不淫……與日月爭光可也"這一段話歸於淮南王劉安，後來的研究者遂據之認爲是司馬遷在寫《史記·屈原賈生列傳》時引用了劉安的《離騷傳》。當然，司馬遷既然引用了劉安這段話，說明他認同劉安對屈原以及《離騷》的評價，所以以之作爲司馬遷自己的觀點亦無不可。

班固説劉安的評價"斯論似過其真"，並提出了自己對屈原的看法："今若屈原，露才揚已，競乎危國群小之閒，以離讒賊。然責數懷王，怨惡椒、蘭，愁神苦思，强非其人，忿懟不容，沈江而死，亦貶絜狂狷景行之士。""雖非明智之器，可謂妙才者也。"以及他對《離騷》的評價："多稱崑崙、冥婚密妃虛無之語，皆非法度之政、經義所載。謂之兼《詩》風雅，而與日月爭光，過矣！""然其文弘博麗雅，爲辭賦宗。"

班固這篇文章，語氣激烈、評價刻薄，在後世引起了激烈的爭論。首先就

---

① 椒、蘭，指子椒、子蘭。子椒爲楚懷王令尹，子蘭爲楚懷王幼子。二人都參與了在楚懷王、楚頃襄王面前對屈原離間、誣陷，以致屈原被流放。

是王逸，他在《離騷章句·叙》中説：

> 今若屈原，膺忠貞之質，體清潔之性，直若砥矢，言若丹青，進不隱其謀，退不顧其命，此誠絶世之行，俊彦之英也。而班固謂之"露才揚己，競於羣小之中，怨恨懷王，譏刺椒蘭，苟欲求進，强非其人，不見容納，忿恚自沈。"是虧其高明，而損其清潔者也。昔伯夷、叔齊讓國守分，不食周粟，遂餓而死，豈可復謂有求於世而怨望哉！且詩人怨主，刺上曰："嗚呼小子，未知臧否，匪面命之，言提其耳！"① 風諫之語，於斯爲切。然仲尼論之，以爲大雅。引此比彼，屈原之詞，優游婉順，寧以其君不智之故，欲提攜其耳乎？而論者以爲"露才揚己""怨刺其上""强非其人"，殆失厥中矣。夫《離騷》之文，依託"五經"以立義焉："帝高陽之苗裔"，則"厥初生民，時惟姜嫄"也；"紉秋蘭以爲佩"，則"將翱將翔，佩玉瓊琚"也；"夕攬洲之宿莽"，則《易》"潛龍勿用"也；"駟玉虬而乘鷖"，則"時乘六龍以御天"也；"就重華而敶詞"，則《尚書》咎繇之謀謨也；"登崑崙而涉流沙"，則《禹貢》之敷土也。② 故智彌盛者其言博，才益多者其識遠。屈原之辭，誠博遠矣！自終没以來，名儒博達之士著造詞賦，莫不擬則其儀表，祖式其模範，取其要妙，竊其華藻，所謂金相玉質，百世無匹，名垂罔極，永不刊滅者矣。

針對班固的批評，王逸進行了全面的反駁。他説屈原"膺忠貞之質，體清潔之性"，班固之評則"虧其高明，而損其清潔"；而《離騷》"依託'五經'以立義""誠博遠矣"，以致"名儒博達之士著造辭賦，莫不擬則其儀表，祖式其模範，取其要妙，竊其華藻。"王逸對《離騷》評價，比之劉安、司馬遷，又更上到一個新的高度："所謂金相玉質，百世無匹，名垂罔極，永不刊滅者矣！"

---

① 出自《詩·大雅·抑》。
② "帝高陽之苗裔""紉秋蘭以爲佩""夕攬洲之宿莽"等語皆出自《離騷》；"厥初生民，時惟姜嫄"出《詩·大雅·生民》；"將翱將翔，佩玉瓊琚"出《詩·鄭風·有女同車》；"時乘六龍以御天"出《易·乾卦·蠱傳》。

還有一層意思，王逸没有明説，那就是其實班固本人也在那些"擬則其儀表，祖式其模範，取其要妙，竊其華藻"的"名儒博達之士"之列，他的賦作，一樣受《離騷》影響至深。

説來有趣，班固這篇文章，正是王逸爲了批駁的目的而收入自己的《叙》文之注中，纔得以保存下來。否則班固的觀點，恐怕要和其《離騷章句》一起消失了，也就不會在後世引起那麽多争論了。

當然，王逸的評論，也未免過於情緒化。班固説屈原"露才揚已，競乎危國群小之間"雖不免刻薄，但却是實情；而王逸説"夫《離騷》之文，依託'五經'以立義"云云，却純屬穿鑿附會，蓋《離騷》爲屈原抒發個人情感之作，與儒家"五經"何幹？

細讀二人對《離騷》的評論，可以發現一個共同之處，即雙方都是以儒家"五經"作爲評價《離騷》的標杆。漢代"罷黜百家，獨尊儒術"，文人學者們自己爲文，或是評價他人時，都要以儒家學説爲根據，故班固指出《離騷》多有"非法度之政、經義所載"之内容，以之爲缺點；而王逸要説《離騷》好，則稱其"依託'五經'以立義"。實則屈原生於戰國，約與孟軻同時，其時儒家理論尚在發展時期，衹是百家之一，其影響也主要限於中原地區。而處於南方楚國的詩人屈原在寫作《離騷》時，不會也不必以儒家"五經"來指導其文學創作。

至南朝劉勰，在其《文心雕龍·辨騷》中，始對《離騷》做出了較中肯的評價。他在比較了班固、王逸雙方論點之後，指出他們"褒貶任聲，抑揚過實，可謂鑒而弗精，玩而未核"，并提出了自己的文學評論原則，既"核其論，必徵言"，即立論要建立在文本研究之上：

> 其陳堯、舜之耿介，稱禹、湯之祗敬，《典·誥》之體也。譏桀、紂之猖狂，傷羿、澆之顛隕，規諷之旨也。虬龍以諭君子，雲霓以譬讒邪，比興之義也。每一顧而掩涕，歎君門之九重，忠怨之辭也。觀兹四事，同於《風》《雅》者也。至於託雲龍，説迂怪，豐隆求宓妃，鴆鳥媒娀女，詭異之辭也。康回傾地，夷羿弊日，木夫九首，土伯三目，譎怪之談也。依彭咸之遺則，從子胥以自適，狷狹之志也。士女雜坐，亂而不分，指以爲樂，娛酒不廢，沈湎日夜，舉以爲歡，荒淫之意也。摘此四事，異乎經典者也。故論其《典·誥》則以彼，語其

夸誕則如此。固知《楚辭》者，體慢於三代，而風雅於戰國，乃《雅》《頌》之博徒，而辭賦之英傑也。觀其骨鯁所樹，肌膚所附，雖取鎔經意，亦自鑄偉辭。故《騷經》《九章》，朗麗以哀志；《九歌》《九辯》，綺靡以傷情；《遠遊》《天問》，瓌詭而惠巧；《招魂》《大招》，燿豔而深華；《卜居》標放言之致，《漁父》寄獨任之才。故能氣往轢古，辭來切今，驚采絕豔，難與並能矣。……讚曰：不有屈原，豈見《離騷》。驚才風逸，壯志煙高。山川無極，情理實勞。金相玉式，豔溢錙毫。

劉勰指出，屈原之《離騷》，合於經典者有之，異於經典者亦有之，端看內容需要："諭其《典·誥》則以彼，語其誇誕則如此"，應用之妙，在於一心，"故能氣往轢古，辭來切今，驚采絕豔，難與并能矣。"

路放按：後世輿論對屈原與《離騷》的評價日趨高漲，近於神化。大部分《楚辭》愛好者都站在劉安、司馬遷、王逸一方，恨不能發明更多、更高級的形容詞，以表達他們對屈原和《離騷》的熱愛；而對班固"露才揚己"的批評和"雖非明智之器，可謂妙才者也"的定位恨之入骨，連帶著對劉勰的中肯評論都覺得不過癮，把他歸於班固一黨。蓋粉絲的狂熱，并非理性可以化解；他們對班固的強烈不滿，適足以說明班固對屈原及其《離騷》的批評正中要害。

五、五言詩《詠史》

班固《詠史》詩并見《史記·扁鵲倉公列傳》注引張守節《史記正義》引和《文選·卷三十六》，王融《永明九年策秀才文》李善注引：

> 三王德彌薄，惟後用肉刑。
> 太倉令①有罪，就逮長安城。
> 自恨身無子，困急獨煢煢。
> 小女痛父言，死者不可生。
> 上書詣闕下，思古歌雞鳴。

---

①漢有太倉令，管理漕穀的官員。淳于意是齊國太倉令。

> 憂心摧折裂，晨風揚激聲。
> 聖漢孝文帝，惻然感至情。
> 百男何憒憒，不如一緹縈。

緹縈救父事迹見《史記·扁鵲倉公列傳》。淳于意爲文帝時名醫，術頗精，"爲人治病，決死生多驗"。後來他任職齊國太倉令，犯法當受肉刑。他没有兒子，祇有五個女兒，這時都手足無措，圍着他哭泣。他生氣了，説："我没生個兒子，緊急時没人可用！"他的幼女緹縈聽了很傷心，於是陪他一起西行長安，并上書文帝：

> 文帝四年中，人上書言意，以刑罪當傳西之長安。意有五女，隨而泣。意怒，駡曰："生子不生男，緩急無可使者！"於是少女緹縈傷父之言，乃隨父西，上書曰："妾父爲吏，齊中稱其廉平，今坐法當刑。妾切痛死者不可復生，而刑者不可復續，雖欲改過自新，其道莫由，終不可得。妾願入身爲官婢，以贖父刑罪，使得改行自新也。"書聞，上悲其意。此歲中亦除肉刑法。

文帝爲緹縈的話所感動，於是廢除了肉刑。當時所謂肉刑者有三，即黥（面上刺字）、劓（割鼻）和刖（割足）。這三種刑法一經實施，影響終生，所以緹縈説"刑者不可復續"。

路放按：自此之後，黥、劓、刖三種肉刑即爲勞役（城旦舂，即男修城、女舂米，刑期四年）和笞刑（即竹板打屁股）所替代。笞刑雖也可以説是肉刑，但不致命致殘且可復原，又頗有懲戒效果，故爲後世官府所沿用，直到清末。

班固這首《詠史》，鍾嶸在其《詩品·卷下·漢令史班固》中説：

> 孟堅才流，而老於掌故。觀其《詠史》，有感歎之詞。

他首先肯定了班固的才華，其次指出了班固對歷史故事的熟悉。班固此詩以"詠史"爲題，自此借古人故事以自詠懷抱就成了文人詩歌的重要主題之一，而爲後世詩人所鍾愛。明人胡應麟《詩藪》曾説：

> 《詠史》之名，起自孟堅，但指一事。魏杜摯《贈毋丘儉》，叠用

八古人名，堆垛寡變。太沖①題實因班，體亦本杜，而造語奇偉，創格新特，錯綜震蕩，逸氣幹雲，遂爲古今絕唱。

鍾嶸所謂"有感歎之詞"，應是指最後一聯。班固這首詩作於何時不詳。但聯繫班固自身經歷，他晚年受不肖諸子之累而繫獄，想必"百男何憒憒，不如一緹縈"也是有感而發吧？

然而鍾嶸在《詩品·序》中，論及五言詩的發展時說：

> 自王、揚、枚、馬之徒，詞賦競爽，而吟詠靡聞。從李都尉迄班婕妤，將百年間，有婦人焉，一人而已。詩人之風，頓已缺喪。東京二百載中，惟有班固《詠史》，質木無文。

鍾嶸《詩品》專論五言，本無可厚非。然以漢代五言尚處於草創時期，佳作不多便遽下結論説"詩人之風，頓已缺喪"則未免過於偏頗。漢代詩歌主流作品爲辭賦，司馬相如、揚雄、班固、張衡等人的作品，都不是"吟詠"之作？

後世評論家論及班固《詠史》一詩，無不關於鍾嶸的"質木無文"之評，咸以爲班固此詩不佳。爲其辯解者祇能説班固《詠史》乃五言草創時期之作，粗糙難免；更有人據之斷定西漢的五言詩作都是後人僞托，理由竟是班固此詩都"質木無文"了，更早時期哪會有五言佳作？

實則無論作詩爲文，形式均應配合內容。觀班固《兩都賦》《幽通賦》等，其風格豈是"質木無文"？班固此詩，叙事清楚，文字樸實，感情真摯。緹縈救父的故事，本來就是既不宜富麗堂皇、也不宜纏綿悱惻；史家詠史，叙述本事理應清晰平實。如果此詩確爲班固晚年繫獄時所作，彼時心情，宜乎怨而不怒。且以"憂心摧折裂，晨風揚激聲"寫緹縈爲父憂難之心情，何得謂其"質木無文"？"百男何憒憒，不如一緹縈"的結句，亦是難得一見的點睛之作。

路放按：文學評論都有很強的個人偏好，所謂"文無第一，武無第二"，鍾

---

① 左思（約 250—305）字太沖，臨淄（今山東淄博）人，西晉著名詩人。其代表作爲《三都賦》與《詠史八首》。《晉書·文苑傳》載，左思作《三都賦》，"司空張華見而嘆曰：'班、張之流也。使讀之者盡而有餘，久而更新。'於是豪貴之家競相傳寫，洛陽爲之紙貴。"按：班即班固，張指張衡。

嶸在其《詩品》中强將詩人、詩歌依照自己的品味分爲上中下三品是很勉强的。即如被鍾嶸列爲上品的"魏陳思王"曹植，在其《精微篇》中，亦有一段用以歌詠緹縈救父的故事。其辭云：

　　太倉令有罪，遠徵當就拘。自悲居無男，禍至無與俱。
　　緹縈痛父言，荷擔西上書。盤桓北闕下，泣淚何漣如。
　　乞得並姊弟，没身贖父軀。漢文感其義，肉刑法用除。
　　其父得以免，辯義在列圖。多男亦何爲，一女足成居。

與班固《詠史》相較，曹詩出現得更晚，但其"質"其"木"似更有過之，"文"又何在？

第十七章　白虎觀會議與《白虎通義》

永平十八年（75），明帝劉莊去世，得年四十八歲。其子劉炟即位，是爲章帝。劉炟和乃父一樣，也是一個好風雅的皇帝，因此班固頗得寵幸：

> 及肅宗雅好文章，固愈得幸。數入讀書禁中，或連日繼夜。每行巡狩，輒獻上賦頌，朝廷有大議，使難問公卿，辯論於前，賞賜恩寵甚渥。

約在建初（76—84）初年，班固由校書郎遷爲玄武司馬。據班固本傳李賢注引《續漢志集解》：

> 宮掖門，每門司馬一人，比千石……玄武司馬，主玄武門。

當然，這比起校書郎的比三百石俸祿，是升遷了，但不知這時班固是實領守宮門的差事，還是依舊在蘭臺撰史？

章帝建初四年（79），劉炟下詔在白虎觀召開會議，討論《五經》之異同。這是中國儒學史上一次非常重要的會議。

一、漢代儒學之發展

漢初文、景之時崇尚黃老，奉行無爲而治，與民休養生息的政策，國家實力得到很大恢復。迨武帝即位，欲有所作爲，則改而崇儒。蓋儒家之大一統思想[①]和君臣倫理觀念更有利於強化劉漢皇室的中央集權統治。

[①]《春秋》隱公元年："春，王正月。元年者何？君之始年也。春者何？歲之始也。王者孰謂？謂文王也。曷爲先言王而後言正月？王正月也。何言乎王正月？大一統也。"又《詩·小雅·北山》之"溥天之下，莫非王土；率土之濱，莫非王臣。"均可見儒家天下一統的思想。

武帝甫登基，首先貶斥習法家申不害、商鞅、韓非，及習縱横家蘇秦、張儀之學説：

> 建元元年①冬十月，詔丞相、御史、列侯、中二千石、二千石、諸侯相舉賢良方正直言極諫之士。丞相綰奏："所舉賢良，或治申、商、韓非、蘇秦、張儀之言，亂國政，請皆罷。"奏可。(《武帝紀》)

是爲貶黜百家之始；建元五年（前136）春，又置五經博士。迨崇信黄老的太皇太后竇氏次年去世，武帝復啓用喜好儒術之田蚡②爲丞相，進一步推行其貶黜百家，獨尊儒術之政策：

> 武安侯田蚡爲丞相，絀黄老、刑名百家之言，延文學儒者數百人，而公孫弘③以《春秋》白衣爲天子三公，封以平津侯，天下之學士靡然鄉風矣。(《史記·儒林列傳》)

儒學自此不復僅是學術，而是在上則爲維護劉漢皇朝統治之思想武器，在下更成爲儒生們追求騰達之道。

元朔五年（前124），根據丞相公孫弘的建議，武帝在太學爲五經博士招收學生：

> 爲博士官置弟子五十人，復其身④……一歲皆輒課，能通一藝以上，補文學掌故缺；其高第可以爲郎中，太常籍奏。即有秀才異等，輒以名聞。其不事學若下材，及不能通一藝，輒罷之，而請諸能稱者。(《儒林傳》)

自此，在門第和軍功以外，入太學讀儒經又爲平民子弟開闢了一條仕進之

---

①建元元年爲公元前140年。
②田蚡，内史長陵（今陝西咸陽市東北）人，武帝劉徹的舅舅，封武安侯。劉徹登基後，田蚡拜太尉，并於建元二年（前139）、六年兩次爲相。田蚡好儒術，獨斷专横。
③公孫弘，字季，菑川薛（今山東滕縣南）人。儒生，習《春秋》。七十歲時以對策中武帝意得爲博士，元朔三年（前126）爲御史大夫，元朔五年爲丞相，封平津侯。
④免除其徭役。漢時徭役甚重，故這也是吸引貧家子弟入讀太學的重要政策。

途,儒學亦從此成爲兩漢之官方學術。博士弟子員額初僅五十人,後來不斷增加:

> 昭帝時舉賢良文學,增博士弟子員滿百人;宣帝末增倍之。元帝好儒,能通一經者皆復。數年,以用度不足,更爲設員千人,郡國置《五經》百石卒史。成帝末,或言孔子布衣養徒三千人,今天子太學弟子少,於是增弟子員三千人。歲餘,復如故。(《儒林傳》)

東漢時太學再度擴充,至其末年學生人數竟達三萬人之多。按武帝立五經博士之前,秦漢兩朝亦有博士之職。然此博士非彼博士。據《百官公卿表上》:

> 博士,秦官,掌通古今,秩比六百石。員多至數十人。

即博士爲秦官①,職責爲"掌通古今",即通曉文章典故以備皇帝咨詢。彼時之博士,或爲儒生,或習諸子之學,亦有私授門徒講授學問者,然就其本職來說并非任教太學且專以講授儒經。

《史記·秦始皇本紀》記載了當時博士的幾次活動:第一次是秦王政二十六年(前221)初并天下,嬴政稱帝,李斯等大臣與博士們商議爲嬴政擬尊號:

> 秦王初并天下,令丞相、御史曰:"……寡人以眇眇之身,興兵誅暴亂,賴宗廟之靈,六王咸伏其辜,天下大定。今名號不更,無以稱成功,傳後世。其議帝號。"丞相綰、御史大夫劫、廷尉斯等皆曰:"……臣等謹與博士議曰:'古有天皇,有地皇,有泰皇,泰皇最貴。'臣等昧死上尊號,王爲'泰皇'。命爲'制',令爲'詔',天子自稱曰'朕'。"王曰:"去'泰',著'皇',采上古'帝'位號,號曰'皇帝'。他如議。"

大臣博士們拟了"泰皇"的尊號,而嬴政尚嫌不足,自己改爲"皇帝"。第二次是始皇二十八年(前219)嬴政南巡至湘山祠,渡江遇大風,詢問博士遇上何方神聖阻道:

---

① 按:戰國時亦或有博士之設,如《史記·循吏列傳》載:"公儀休者,魯博士也,以高第爲魯相。"

逢大風，幾不得渡。上問博士曰："湘君何神？"博士對曰："聞之，堯女，舜之妻，而葬此。"於是始皇大怒，使刑徒三千人皆伐湘山樹，赭其山。（同前引）

第三次最有名，始皇三十四年（前213）嬴政做壽，大宴群臣：

始皇置酒咸陽宮，博士七十人前爲壽。僕射周青臣進頌曰："他時秦地不過千里，賴陛下神靈明聖，平定海内，放逐蠻夷，日月所照，莫不賓服。以諸侯爲郡縣，人人自安樂，無戰爭之患，傳之萬世。自上古不及陛下威德。"始皇悦。博士齊人淳于越進曰："臣聞殷周之王千餘歲，封子弟功臣，自爲枝輔。今陛下有海内，而子弟爲匹夫，卒有田常、六卿之臣，無輔拂，何以相救哉？事不師古而能長久者，非所聞也。今青臣又面諛以重陛下之過，非忠臣。"始皇下其議。丞相李斯曰："五帝不相復，三代不相襲，各以治，非其相反，時變異也。今陛下創大業，建萬世之功，固非愚儒所知。且越言乃三代之事，何足法也？異時諸侯並争，厚招游學。今天下已定，法令出一，百姓當家則力農工，士則學習法令辟禁。今諸生不師今而學古，以非當世，惑亂黔首。丞相臣斯昧死言：古者天下散亂，莫之能一，是以諸侯並作，語皆道古以害今，飾虛言以亂實，人善其所私學，以非上之所建立。今皇帝并有天下，別黑白而定一尊。私學而相與非法教，人聞令下，則各以其學議之，入則心非，出則巷議，夸主以爲名，異取以爲高，率羣下以造謗。如此弗禁，則主勢降乎上，黨與成乎下。禁之便。臣請史官非秦記皆燒之。非博士官所職，天下敢有藏《詩》《書》、百家語者，悉詣守、尉雜燒之。有敢偶語《詩》《書》者弃市。以古非今者族。吏見知不舉者與同罪。令下三十日不燒，黥爲城旦。所不去者，醫藥卜筮種樹之書。若欲有學法令，以吏爲師。"（同前引）

僕射周青臣拍嬴政馬屁，大贊其以郡縣制代分封，於是天下太平；而博士淳于越則發難欲復分封舊制。這兩個都是儒生，爲丞相李斯所鄙視："語皆道古以害今，飾虛言以亂實"，於是請嬴政下令燒毀包括《詩》《書》在内的儒家經典和諸子百家著作。

最後一次最有趣，始皇三十七年（前210）嬴政出巡，由海路北至琅琊：

> 始皇夢與海神戰，如人狀。問占夢，博士曰："水神不可見，以大魚蛟龍爲候。今上禱祠備謹，而有此惡神，當除去，而善神可致。"乃令入海者齎捕巨魚，而自以連弩候大魚出射之。

漢初之博士亦大致如此，如《高祖本紀》記劉邦稱帝時亦有博士參與上尊號；景、武時都有博士參加廷議的記載。

可以看出，秦和漢初的博士，并不限於儒生；除上述通曉神仙、善於占夢的博士外，秦時博士還有名家的一些特徵（《藝文志》），文帝時公孫臣以"明五德終始"爲博士，賈誼以"頗通諸子百家之書"爲博士（《史記·文帝紀》）。惟自武帝立五經博士，并在太學爲其置弟子後，博士則非精通儒家五經者不立，且其主要職責亦成爲在太學教授經書。當然，作爲朝廷官員，博士依然有備朝廷咨詢的職責。《後漢書·百官二》本注曰：

> 博士十四人，比六百石。本注曰：……掌教弟子。國有疑事，掌承問對。本四百石，宣帝增秩。

初期的太學規模不大，博士數人①，弟子五十人。然而重要的是從此儒生們有了制度化的仕途保證，只要"學問"做得好，讀經有成，即可入仕。於是：

> 自此以來，則公卿大夫、士、吏斌斌多文學之士矣。（《史記·儒林列傳》）

諸子百家遭黜，儒學獨大，而紛爭依然。蓋儒學内部之各個門派都欲分一杯羹。博士講經自然要有所發揮，否則何以定高下？故而經典雖然還是五部，但各家之解說却是越傳越多，越傳越繁瑣。《儒林傳》贊稱：

> 自武帝立五經博士，開弟子員，設科射策，勸以官祿。訖於元始，

---

① 武帝初立五經博士時，定員歷來有爭議。《儒林傳》載："初，《書》唯有歐陽，《禮》后，《易》楊，《春秋》公羊而已。"則祇四經四人。然《詩》早在武帝前即已立有博士，如《楚元王傳》："文帝時，聞申公爲《詩》最精，以爲博士"及《儒林傳》：轅固生"以治《詩》，孝景時爲博士"，《儒林傳》此處何以不提《詩》博士，引出後世學者各種猜測。

百有餘年，傳業者寖盛，支葉蕃滋，一經説至百餘萬言，大師衆至千餘人，蓋禄利之路然也。

其時儒學門派林立，各自傳承不同，故而各家對於儒家經典的版本、内容多有爭議，各門派的傳人及其支持者之間的鬥爭也日趨激烈。

二、石渠閣會議

甘露三年（前51），鑒於當時諸經分派分支太多，對經義的解釋亦各有差異的狀況，宣帝劉詢乃召開石渠閣①會議以解決這一問題。《儒林傳》載：

> （宣帝）乃召《五經》名儒太子太傅蕭望之等大議殿中，平《公羊》《穀梁》同異，各以經處是非。時《公羊》博士嚴彭祖、侍郎申輓、伊推、宋顯，《穀梁》議郎尹更始、待詔劉向、周慶、丁姓並論。《公羊》家多不見從，願請内侍郎許廣，使者亦並内《穀梁》家中郎王亥，各五人，議三十餘事。望之等十一人各以經誼對，多從《穀梁》。由是《穀梁》之學大盛。

《藝文志》列有《尚書議奏》四十二篇、《禮議奏》三十八篇、《論語議奏》十八篇、《五經雜議》十八篇，均注明爲"石渠論"，合計一百六十五篇，應該就是石渠閣會議的結果。在當時，這些文件直接決定了各個儒學門派的興衰，對那些相關的博士儒生可説是性命攸關的東西，所以他們看得很重。但時過境遷，後世人已很少會對這類經院式字句訓解感興趣，所以這些文獻早已全部散佚。

石渠閣會議的另一個結果是博士員額增加了。《後漢書·宣帝紀》載：

> 詔諸儒講五經同異，太子太傅蕭望之等平奏其議，上親稱制臨決焉。乃立梁丘《易》、大小夏侯《尚書》、穀梁《春秋》博士。

又《百官公卿表上》：

---

① 石渠閣位於未央宮前殿西北，爲西漢皇室最大的藏書閣。甘露三年（前51）宣帝劉詢於此召集會議，講論"五經"异同。

武帝建元五年初置《五經》博士，宣帝黃龍元年（前49）稍增員十二人。

至東漢時，博士員額又增至十四人。《後漢書·百官二》：

> 博士十四人，比六百石。本注曰：《易》四，施、孟、梁丘、京氏。《尚書》三，歐陽、大小夏侯氏。《詩》三，魯、齊、韓氏。《禮》二，大小戴氏。《春秋》二，《公羊》嚴、顏氏。

當然，石渠閣會議也祇是暫時解決了當時諸儒家學派紛爭的問題。至西漢末年哀帝時，劉歆於皇家藏書中發現一批古文經，大好之，遂與幾個同好一起鑽研，并上奏劉欣請在太學立古文經學官：

> 歆校祕書，見古文《春秋左氏傳》，歆大好之。時丞相史尹咸以能治《左氏》，與歆共校經傳。歆略從咸及丞相翟方進受，質問大義。初《左氏傳》多古字古言，學者傳訓故而已，及歆治《左氏》，引傳文以解經，轉相發明，由是章句義理備焉。……及歆親近，欲建立《左氏春秋》及《毛詩》《逸禮》《古文尚書》皆列於學官。哀帝令歆與《五經》博士講論其義。（《楚元王傳·劉歆》）

從而挑起了又一輪儒學今古文學派門戶之爭。這次由於今文派勢力依然非常強大，劉歆等人的挑戰失敗。但後來王莽秉政，終於立古文經博士於太學：

> 平帝時，又立《左氏春秋》《毛詩》逸《禮》、古文《尚書》，所以罔羅遺失，兼而存之，是在其中矣。（《儒林傳》）

但至東漢建武初年，光武帝劉秀又恢復了西漢的十四個今文博士之制：

> 立《五經》博士，各以家法教授，《易》有施、孟、梁丘、京氏，《尚書》歐陽、大小夏侯，《詩》齊、魯、韓，《禮》大小戴，《春秋》嚴、顏，凡十四博士。（《後漢書·儒林列傳上》）

然而劉秀本人實為古文經之支持者，當時著名的古文經學大師如杜林、鄭興、陳元、桓譚、衛宏等，皆在劉秀一朝任職，杜林且位至"三公"之大司空。

由於劉秀把讖緯正式確立爲東漢官方統治思想之一，而當時各儒學門派對此意見并不一致，因此需要一個權威出面將儒學和讖緯學說結合起來，建立統一的思想標準。

三、白虎觀會議

明帝劉莊始以讖緯說制定儒家五經。《後漢書·樊宏陰識列傳》載：

> （儵）永平元年①拜長水校尉，與公卿雜定郊祠禮儀，以讖記正《五經》異說。

迨章帝建初四年（79），先是議郎楊終奏議：

> 宣帝博徵羣儒，論定五經於石渠閣。方今天下少事，學者得成其業，而章句之徒，破壞大體。宜如石渠故事，永爲後世則。（《後漢書·楊李翟應霍爰徐列傳》）

劉炟采納了楊終的建議，決定仿照石渠閣故事，召集各地著名儒生，公開討論儒學經典五經之門派分歧。

《後漢書·肅宗孝章帝紀》建初四年（79）十一月壬戌載：

> 下太常、將、大夫、博士、議郎、郎官及諸生、諸儒會白虎觀，講議《五經》同異，使五官中郎將魏應承制問，侍中淳于恭奏，帝親稱制臨決，如孝宣甘露石渠故事，作《白虎議奏》。

這次會議的級別相當高，參加者從諸王、太常、大夫到諸生、諸儒，地點爲洛陽北宮之白虎觀。會議由五官中郎將魏應代表皇帝發問，其後各家儒生加以討論，形成共識後由侍中淳于恭奏上皇帝，然後劉炟親自決定對此答案是否滿意。會議舉行了數月之久②，會後班固奉旨對會議內容加以總結，寫成《白虎

---

① 永平元年爲公元 58 年。

② 《後漢書·儒林傳》敘：「建初中，大會諸儒於白虎觀，考詳同異，連月乃罷。肅宗親臨稱制，如石渠故事，顧命史臣，著爲《通義》。」

通義》①：

> 天子會諸儒講論五經，作《白虎通德論》，令固撰集其事。（《後漢書·班彪列傳下》）

作爲這次歷史性會議結果的《白虎通義》實際上是這次會議的記錄，又稱《白虎通德論》《白虎通》等。《白虎通義》的主要內容爲複述董仲舒學説之基本觀點，并有所發揮。書中除徵引六經傳記外，雜以讖緯，將今文經學與讖緯糅合一起，頗能體現出東漢官方統治思想的特點。

四、《白虎通義》

《白虎通義》記下的第一個問題，是什麼叫"天子"：

> 王者父天母地，爲天之子也。故《援神契》曰：天覆地載謂之天子，上法斗極。《鉤命決》曰："天子，爵稱也。"

又問：歷代的帝王，德行有好有壞，爲什麼都稱爲天子？回答是：

> 以其俱命於天，而王治五千里内也。《尚書》曰："天子作民父母，以爲天下王。"

接下來討論臣子的爵位等第：

> 爵有五等，以法五行也；或三等者，法三光也。或法三光，或法五行何？質家者據天，故法三光；文家者據地，故法五行。《含文嘉》曰："殷爵三等，周爵五等，各有宜也。"《王制》②曰："王者之制祿爵凡五等。"謂公、侯、伯、子、男。

---

① 按：《隋書·經籍志》載《白虎通義》六卷，不題撰人。《新唐書·藝文志》載《白虎通義》六卷，始題班固之名。《白虎通義》現通行本爲元大德中劉世常所藏四卷本，凡四十四篇。
② 《王制》，《禮記》篇名。

問：婦女爲什麼没有爵位？回答是：

> 陰卑無外事，是以有"三從"之義：未嫁從父，既嫁從夫，夫死從子。故夫尊於朝，妻榮於室，隨夫之行，故《禮·郊特牲》曰："婦人無爵，坐以夫之齒。"《禮》曰："生無爵，死無謚。"

前述幾段引文均出自《白虎通義·爵》。關於天地萬物生成，《白虎通義》也提供了一套宇宙起源理論：

> 天者何也？天之爲言鎮也，居高理下，爲人鎮也。地者，易也。言養萬物懷任，交易變化也。始起之天，始起先有太初，後有太始，形兆既成，名曰太素。混沌相連，視之不見，聽之不聞，然後剖判清濁。既分，精出曜布，度物施生。精者爲三光，號者爲五行。行生情，情生汁中，汁中生神明，神明生道德，道德生文章。故《乾鑿度》曰："太初者，氣之始也。太始者，形兆之始也；太素者，質之始也。陽唱陰和，男行女隨也。"（《白虎通德論·卷第八·天地》）

《白虎通義》在董仲舒學說的基礎上，對三統說作了更詳盡的發揮，認爲"三統"是"本於天"的：

> 正朔有三何？本天有三統，謂三微之月也。明王者當奉順而成之，故受命各統一正也，敬始重本也。朔者，蘇也，革也，言萬物革更於是，故統焉。《禮·三正記》曰："正朔三而改，文質再而復也。"（《白虎通德論·卷第七·三正》）

《白虎通義》全書大量引述緯書爲論斷根據，如《援神契》《鉤命決》《含文嘉》和《乾鑿度》均是緯書，其中《援神契》和《鉤命決》是《孝經》緯，《含文嘉》是《禮記》緯，《乾鑿度》是《易》緯。

從《白虎通義》所引的經、傳來看，它是盡其雜糅混合之能事，將《易》《詩》《書》《春秋》（包括各家的《序傳》）《禮》《樂》《論語》《孝經》以及各種逸文，和圖書讖緯混合在一起。

應該注意的是，《白虎通義》祇是班固執筆的會議記錄，并不能說全是他的一家之言。但以班固積極參與白虎觀會議并執筆《白虎通義》來看，他無疑是贊同會議的基本精神的。事實上，班固寫《漢書》，對維護劉漢皇室的正統性也是不遺餘力的。

除了前面已經提到的楊終、賈逵、李育外，現在可考定參加白虎觀會議的還有魏應、淳于恭、魯恭、丁鴻、成封、樓望、桓郁、張酺、召馴、劉羨等人，略作介紹於次。

魏應，字君伯，任城（今山東濟寧）人。建武初年入太學，習《魯詩》。明帝永平初年為博士，歷官侍中、大鴻臚、光祿大夫。章帝建初四年（79）拜五官中郎將。是年冬，在白虎觀會議中，由魏應秉承劉炟旨意發問。入《後漢書·儒林傳》。

淳于恭，字孟孫，北海淳于（今山東濰坊西南）人。善說《老子》，清靜不慕榮名。建初元年（76），劉炟下詔讚美淳于恭之德行，告郡賜帛二十匹，遣詣公車，除為議郎。後遷侍中騎都尉，禮待甚優。在白虎觀會議中，淳于恭負責將儒生們的討論結果上奏。《後漢書》有傳。

魯恭，字仲康，扶風平陵人。十五歲入太學，習《魯詩》。建初初年，魯恭始為郡吏，太傅趙憙聞而闢之。章帝劉炟召集諸儒於白虎觀，魯恭特以經明見召，得與其議。和帝時拜為《魯詩》博士。

丁鴻，字孝公。潁川定陵（今河南漯河市舞陽縣北）人。以蔭襲封陽陵侯。丁鴻年十三，從桓榮受《歐陽尚書》。建初四年（79），徙封魯陽鄉侯。是年底，參加白虎觀會議。《後漢書·桓榮丁鴻列傳》云：

> 肅宗詔鴻與廣平王羨及諸儒樓望、成封、桓郁、賈逵等，論定五經同異於北宮白虎觀，使五官中郎將魏應主承製問難，侍中淳于恭奏上，帝親稱制臨決。
>
> 鴻以才高，論難最明，諸儒稱之，帝數嗟美焉。時人嘆曰："殿中無雙丁孝公。"數受賞賜，擢徙校書。

丁鴻後來官至司徒、太尉兼衛尉。

劉羨，明帝劉莊次子。永平三年（60）封為廣平王，留京師。劉羨博涉經書，有威嚴，與諸儒在白虎殿講論。

成封，事迹不詳。《後漢書·桓榮丁鴻列傳》注提到他以少府①身份參加了白虎觀會議：

《東觀漢記》曰："與太常樓望、少府成封、屯騎校尉桓郁、衛士令賈逵等集議"也。

樓望，字次子，陳留雍丘人也。少習《嚴氏春秋》。永平十八年（75），代周澤爲太常。樓望"教授不倦，世稱儒宗，諸生著錄九千餘人。"入《後漢書·儒林列傳》。

桓郁，字仲恩，沛國龍亢人，太常桓榮之子。桓郁性格敦厚，篤於學問，盡得父親所傳業藝，作《尚書》教授，門徒常有數百人。桓榮死後，桓郁襲爵。章帝即位後，建初二年（77），桓郁遷任屯騎校尉。桓郁還是兩代帝師，章帝、和帝均從桓郁受過經書。《後漢書·桓榮丁鴻列傳》後附有《桓郁傳》。

張酺，字孟侯，汝南細陽（今安徽太和）人。少時從祖父張充習《尚書》，又師事太常桓榮。永平九年（66），明帝爲四姓（指樊、郭、陰、馬四家外戚）小侯在南宫開學，設置《五經》師傅，張酺於此教授《尚書》，又多次在御前講授。後被任爲郎，遂令入宫教授皇太子。章帝即位，遷張酺爲侍中、虎賁中郎將、東郡太守。張酺道德學問極得章帝劉炟贊賞，《後漢書·袁張韓周列傳》載：

> 自酺出後，帝每見諸王師傅，常言："張酺前入侍講，屢有諫正，閭閭惻惻，出於誠心，可謂有史魚②之風矣。"元和二年③，東巡狩，幸東郡，引酺及門生並郡縣掾史並會庭中。帝先備弟子之儀，使酺講《尚書》一篇，然後脩君臣之禮。賞賜殊特，莫不沾洽。

召馴字伯春，九江壽春人也……馴少習《韓詩》，博通書傳，以志義聞，鄉里號之曰："德行恂恂召伯春"。累仕州郡，辟司徒府。建初

---

① 漢沿秦制置少府，爲九卿之一。負責徵收山海池澤稅收以供養皇室。東漢時，兼管宫廷所用諸物。《後漢書·百官三》："少府，卿一人，中二千石。本注曰：掌中服御諸物，衣服寶貨珍膳之屬。"

② 李賢注："史魚，衛大夫，名鰌，字子魚。孔子曰：'直哉史魚，邦有道如矢，邦無道如矢'也。"

③ 元和二年爲公元 85 年。

元年（76），稍遷騎都尉，侍講肅宗。拜左中郎將，入授諸王。帝嘉其義學，恩寵甚崇。出拜陳留太守，賜刀劍錢物。入《後漢書·儒林列傳下》。

張酺、召馴與會白虎觀，本傳皆不載，見於《四庫總目·卷一百十八子部二十八·雜家類二·白虎通義四卷》曰：

　　時張酺、召馴、李育皆得與於白虎觀，蓋諸儒可考者十有餘人。

白虎觀會議後，班固繼續撰寫其《漢書》，直至章帝建初中（76—84）方纔完成。《後漢書·班彪列傳上》云：

　　固自永平中始受詔，潛精積思二十餘年，至建初中乃成。當世甚重其書，學者莫不諷誦焉。

此時他五十歲出頭，年富力強，作爲章帝劉炟之文學近臣隨侍左右。

第十八章　文學侍臣

明帝劉莊、章帝劉炟，都是好風雅的皇帝，身邊聚集了一批文學侍臣，包括班固、賈逵、崔駰等人。遇有祥瑞之事，或皇帝外出巡幸，輒令其做詩賦頌。

一、《神雀頌》

《後漢書·顯宗孝明帝紀》載，永平十七年（74），"神雀五色翔集京師。"五色神雀，據《後漢書·桓譚馮衍列傳下》李賢注："神雀，謂鳳也"。有鳳來朝，當然是盛世之祥瑞，於是驚動了明帝劉莊：

> 時有神雀集宮殿官府，冠羽有五采色，帝異之，以問臨邑侯劉復，復不能對，薦逵博物多識，帝乃召見逵，問之。對曰："昔武王終父之業，鸑鷟在岐，①宣帝威懷戎狄，神雀仍集，此胡降之徵也。"帝敕蘭臺給筆札，使作《神雀頌》，拜爲郎，與班固並校祕書，應對左右。（《後漢書·鄭范陳賈張列傳》）

看來賈逵也不純是書呆子，一通忽悠，龍心大悅，劉莊就給他了個校書郎的官做。

其實這個《神雀頌》乃命題作文，朝中百官都要作，相當於徵文比賽。最後結果是有五篇頌做得好，獲得劉莊垂青：

---

①李賢注："鸑鷟，鳳之別名也。周大夫內史過對周惠王曰：'周之興也，鸑鷟鳴於岐山。'事見《國語》也。"

> 永平中，神雀羣集，孝明詔上《神雀頌》。百官頌上，文皆比瓦石，唯班固、賈逵、傅毅、楊終、侯諷五頌金玉，孝明覽焉。（《論衡·佚文篇》）

當然這類應景頌聖之作，無論金玉瓦石，都沒有什麼文學價值，所以早已全部佚失了。

二、天子巡狩

在兩漢皇帝中，最愛出巡的是武帝劉徹，其次就要算章帝劉炟了。他在位十三年，共出巡八次。

天子出巡，稱爲"巡狩"，主要目的是彰示主權。《書·舜典》："歲二月，東巡守，至於岱宗。"《孔傳》："諸侯爲天子守土，故稱守。巡，行之。"

《孟子·梁惠王》：

> 天子適諸侯曰巡狩。巡狩者，巡所守也。

據劉炟在元和三年（86）二月的北巡詔書中所講，他出巡的目的是：

> 朕惟巡狩之制，以宣聲教，考同遐邇，解釋怨結也。今"四國無政，不用其良"，駕言出游，欲親知其劇易。前祠園陵，遂望祀華、霍，東紫岱宗，爲人祈福。今將禮常山，遂徂北土，歷魏郡，經平原，升踐隄防，詢訪耆老，咸曰："往者汴門未作，深者成淵，淺則泥塗"。追惟先帝勤人之德，底績遠圖，復禹弘業，聖跡滂流，至於海表。不克堂構，朕甚慙焉。《月令》，孟春善相丘陵土地所宜。今肥田尚多，未有墾闢。其悉以賦貧民，給與糧種，務盡地力，勿令游手。所過縣邑，聽半入今年田租，以勸農夫之勞。（《後漢書·肅宗孝章帝紀》）

作爲皇帝的文學侍臣，劉炟出巡，班固自然要跟隨。班固此時的職務爲玄武門司馬，皇帝在宮中，他負責宮門安全，皇帝出行，則他也跟着一起走，負責駐地保衛工作。

班固爲一代辭賦大家，跟皇帝出巡當然要露一手，所以頌聖辭賦一定很多。《後漢書·班固傳》說：

每行巡狩，輒獻上賦頌。

今天我們能看到班固隨章帝出巡時所做的賦頌不多，祇有兩篇，均非完璧，祇剩殘篇了。一篇是元和元年（84）所上的《南巡頌》，一篇是元和二年（85）的《東巡頌》。

關於元和元年這次南巡，《後漢書·肅宗孝章帝紀》載：

（八月）丁酉，南巡狩……（九月）辛丑，幸章陵，祠舊宅園廟，見宗室故人，賞賜各有差。冬十月己未，進幸江陵，詔廬江太守祠南嶽，又詔長沙、零陵太守祠長沙定王、舂陵節侯、鬱林府君。還，幸宛。十一月己丑，車駕還宫，賜從者各有差。

章陵，原名舂陵，位於今湖北棗陽，光武帝劉秀改名章陵。劉秀出自西漢景帝劉啓第六子長沙定王劉發，劉發之子劉買封舂陵侯，爲劉秀高祖，所以下文説章帝幸章陵"祠舊宅園廟，見宗室故人。""鬱林府君"指劉秀曾祖劉外，曾任鬱林太守。宛縣，屬南陽郡，即今河南南陽。

班固《南巡頌》（殘文）曰：

惟漢再受命，系葉十一。①帝典，協景和，則天經。郊高宗，光六幽，通神明。既禘祖於西都，②又將祫③於南庭。是時聖上運天官之法駕。建日月之旂旌，憑列宿而贊元。（《藝文類聚·卷三十九》）

崔駰在太學時曾"與班固、傅毅同時齊名"，但其人淡泊名利，《後漢書·崔駰列傳》説他：

常以典籍爲業，未遑仕進之事。時人或譏其太玄靜，將以後名失實。

---

①指西漢十一世皇帝。
②指章帝西巡長安祭祖。《後漢書·肅宗孝章帝紀》建初七年（82）載："冬十月癸丑，西巡狩，幸長安。丙辰，祀高廟，遂有事十一陵。"禘：天子或諸侯在始祖廟裏祭祀祖先。《禮·大傳》："王者禘其祖之所自出，以其祖配之。"
③祫：天子、諸侯宗廟祭禮，集合遠近祖先神主於太祖廟大合祭。《公羊傳》："大事者何？大祫也。大祫者何？合祭也。"按：禘、祫實爲同義詞。

旁人笑他空有虛名，沒有真本事，否則"胡爲嘿嘿而久沉滯也？"（《達旨》語）於是崔駰作《達旨》以自辯。他說：

> 夫君子非不欲仕也，恥誇毗以求舉；非不欲室也，惡登牆而摟處。叫呼衒鬻，縣旌自表，非隨和之寶也。暴智燿世，因以干祿，非仲尼之道也。游不倫黨，苟以徇己，汗血競時，利合而友。子笑我之沈滯，吾亦病子屑屑而不已也。先人有則而我弗虧，行有枉徑而我弗隨。（《後漢書·崔駰列傳》）

於此崔駰委婉地表達了自己并非不想出仕，祇是顧忌名聲，希望能有一條體面的進身之道。崔駰善辭賦，於是借劉炟出巡的題目而作《四巡頌》進獻。果然，崔駰的才華爲章帝劉炟所欣賞：

> 元和中，肅宗始修古禮，巡狩方岳。駰上《四巡頌》以稱漢德，辭甚典美，文多故不載。帝雅好文章，自見駰頌後，常嗟歎之，謂侍中竇憲曰："卿寧知崔駰乎？"對曰："班固數爲臣說之，然未見也。"帝曰："公愛班固而忽崔駰，此葉公之好龍也。試請見之。"（同前引）

雖有如此際遇，但崔駰運氣不好，劉炟還沒來得及提拔他自己就先死了。不過，這次崔駰得以結識竇憲，也算是不無收穫。和帝初年，竇憲伐北匈奴，拜爲大將軍，遂將崔駰網羅至其幕府。

崔駰所作《四巡賦》中，《南巡賦》也是爲章帝元和元年（84）這次南巡做的。其序云：

> 建初九年，①秋穀始登，猶期加時，舉先王之大禮。假於章陵，遂南巡楚路。臨江川以望衡山，顧九疑，歎虞舜之風。是時庶績咸熙，罔可黜陟。（《全上古三代秦漢三國六朝文·全後漢文·卷四十四》）

路放按：崔駰之《四巡頌》自唐以後即失傳，僅有一些殘文散見於《太平御覽》《初學記》等類書中。然而近年日本漢學家搜羅流落日本民間之中國古代典籍，輯有弘文本《文館詞林》，其中卷三四六收錄了崔駰《四巡頌》全文。該

---

① 按：建初九年即元和元年（84）。

書已有中華書局 2001 年校刊排印本。因原文較長，僅錄《南巡頌》首八句，以見崔駰賦作面貌之一斑：

> 惟林蒸之鴻德兮，允天覆而無遺。
> 班雲行之博惠兮，淑雨施於庶黎。
> 建皇極以制中兮，協乾元之大和。
> 體陶唐之晏晏兮，革歷載而承嘉。

班固之《東巡頌》作於元和二年（85）。《後漢書·肅宗孝章帝記》元和二年載：

> （二月）丙辰，東巡狩。己未，鳳皇集肥城。乙丑，帝耕於定陶……辛未，幸太山，柴告岱宗……進幸奉高。壬申，宗祀五帝於汶上明堂。癸酉，告祠二祖、四宗①，大會外内羣臣……戊寅，進幸濟南。三月己丑，進幸魯，祠東海恭王②陵。庚寅，祠孔子於闕里，及七十二弟子，賜襃成侯及諸孔男女帛。壬辰，進幸東平，祠憲王③陵。甲午，遣使者祠定陶太后、恭王陵④。乙未，幸東阿，北登太行山，至天井關。夏四月……乙卯，車駕還宮。

劉炟此次東巡的内容除祭祀劉氏列祖列宗外，還包括祭泰山、祀孔子，以及登太行山，花了足足兩個月。

班固這篇《東巡頌》，又名《岱宗頌》，寫劉炟這次東巡泰山的宏大排場。殘文包括序文一部，以及《岱宗頌》殘文若干：

> 竊見巡狩岱宗，柴望山虞，宗祀明堂，上稽帝堯，中述世宗，遵奉世祖。禮儀備具，動自聖心。是以明神屢應，休徵仍降。事大而瑞

---

① 二祖：高祖劉邦、世祖劉秀；四宗，謂文、武、宣、明四帝。
② 即劉秀嫡長子劉彊，生母郭聖通，初立爲太子。建武十七年（41）郭皇后被廢，劉彊改封爲東海王，謚號東海恭王。
③ 即東平憲王劉蒼。
④ 定陶太后，西漢元帝劉奭之傅昭儀，哀帝祖母。其子爲定陶恭王劉康。成帝劉驁無子，以劉康之子劉欣爲養子，封太子。成帝死後劉欣即位，爲哀帝。

盛，非一小臣所任頌述，不勝狂簡之情，謹上《岱宗頌》一篇。

曰若稽古，在漢迪哲。聿聿厥德，憲章丕烈。翻六龍，較五輅。齊百僚，練質素。命南重以司曆，歷中月之六辰。備天官之列衛，盛輿服而東巡。乘輿動色，輦后屏氣。萬騎齊鑣，千乘弭轡。（《全上古三代秦漢三國六朝文·全後漢文·卷二十六》）

按：崔駰《四巡頌》中之《東巡頌》也是記劉炟這次東巡，可與班固之作做一比較。其辭曰：

伊漢中興三葉，於皇維烈，允迪厥倫，纘王命，徹漢勳。矩坤度以範物，規乾則以陶鈞。於是考上帝以質中，總列宿於北辰。開太微，敞紫庭，延儒林，以咨詢岱嶽之事，於是典司耆耉。載華抱實，迪爾而造曰：盛乎大漢。既重雍而襲熙，世增其德，唯斯嶽禮，久而不脩，此神人之所慶幸，海內之所想思。頌有喬山之征，典有徂嶽之巡。時邁其邦，民斯攸勤，不亦宜哉。乃命太僕，訓六騶、閑路馬，戒師徒。於是乘輿登天靈之威路，駕太一之象車。升九龍之華旗，建翠霓之旌旄。三軍霆激，羽騎火烈。天動雷震，隱隱轔轔。躬東作之上務，始八正於南行。哀胡耉之元老，賞孝行之畯農。（《全上古三代秦漢三國六朝文·全後漢文·卷四十四》）

路放按：弘文本《文館詞林》卷三四六收錄《東巡頌》全文。上引《全後漢文》所輯，僅相當於其三分之一，辭句亦有差异。

三、改訂禮樂

元和年間，章帝劉炟意欲重訂禮樂事宜。所謂禮樂，即禮節與音樂。禮樂在古代社會實有重要作用，所謂：

聖人作樂以應天，制禮以配地，禮樂明備，天地官矣。（《禮記·樂記》）

早在西周時期，周公旦就已制禮作樂。孔子特別強調禮樂的重要性，說：

天下有道，則禮樂征伐自天子出；天下無道，則禮樂征伐自諸侯出。（《論語·季氏》）

班固在《禮樂志》中說：

《六經》之道同歸，而《禮》《樂》之用爲急。治身者斯須忘禮，則暴嫚入之矣；爲國者一朝失禮，則荒亂及之矣。人函天地陰陽之氣，有喜怒哀樂之情。天稟其性而不能節也，聖人能爲之節而不能絕也，故象天地而制禮樂，所以通神明，立人倫，正情性，節萬事者也。

劉邦甫定天下，即命叔孫通制定禮儀：

漢興，撥亂反正，日不暇給，猶命叔孫通制禮儀，以正君臣之位。高祖說①而歎曰："吾乃今日知爲天子之貴也！"以通爲奉常，遂定儀法，未盡備而通終。（同前引）

雖然叔孫通制定的禮儀尚未完備他就已死，但此後終西漢一朝，雖然時有修訂禮儀的提議，但都未付諸實行。於是章帝劉炟於元和二年（85）下詔，咨詢修訂禮儀之事：

肅宗欲制定禮樂，元和二年下詔曰："《河圖》稱'赤九會昌，十世以光，十一以興。'《尚書璇機鈐》曰：'述堯理世，平制禮樂，放唐之文。'予末小子，託於數終，曷以纘興，崇弘祖宗，仁濟元元？《帝命驗》曰：'順堯考德，題期立象。'且三五步驟，優劣殊軌，況予頑陋，無以克堪，雖欲從之，末由也已。每見圖書②，中心恧焉。"（《後漢書·張曹鄭列傳》）

劉炟此詔中所引之《尚書璇機鈐》《帝命驗》等都是緯書。章帝劉炟的想法，得到了博士曹褒的熱烈響應。

曹褒，字叔通，魯國薛（今山東滕縣南）人。其父曹充持《慶氏禮》，建武

---

①說，通"悅"。
②圖書，即《河圖》《洛書》。

中爲博士。曹充曾奉劉秀之命制定過一些儀禮，如封禪禮和"七郊、三雍、大射、養老禮儀"。後來，明帝劉莊又根據他的建議改革了太樂官。曹褒繼承了乃父的學問和志向，精研禮儀：

（褒）結髮傳充業，博雅疎通，尤好禮事。常感朝廷制度未備，慕叔孫通爲漢禮儀，晝夜研精。（《後漢書·張曹鄭列傳》）

曹褒後來也拜爲博士。此時劉炟有意制定禮樂，正中曹褒下懷，於是他上疏說：

昔者聖人受命而王，莫不制禮作樂，以著功德。功成作樂，化定制禮，所以救世俗，致禎祥，爲萬姓獲福於皇天者也。今皇天降祉，嘉瑞並臻，制作之符，甚於言語。宜定文制，著成漢禮，丕顯祖宗盛德之美。（同前引）

劉炟將曹褒的上疏發交朝臣討論，不想遭到了他們的反對。然劉炟并未輕言放棄，次年又下詔書，說：

朕以不德，膺祖宗弘烈。乃者鸞鳳仍集，麟龍並臻，甘露宵降，嘉穀滋生，赤草之類，紀於史官。朕夙夜祇畏，上無以彰於先功，下無以克稱靈物。漢遭秦餘，禮壞樂崩，且因循故事，未可觀省，有知其說者，各盡所能。（同前引）

劉炟說：近來鳳凰、麒麟都來了，甘露、嘉穀、赤草等祥瑞頻生，我自思身爲皇帝，還沒有什麽成就配得上這些祥瑞。我很想在制禮作樂方面有所作爲，你們有什麽建議？

於是曹褒再上疏，"具陳禮樂之本，制改之意"，這次劉炟拜曹褒爲侍中，帶着他一起南巡，好再討論改定禮制的細節。南巡回來後，先徵求班固的意見：

詔召玄武司馬班固，問改定禮制之宜。固曰："京師諸儒，多能說禮，宜廣招集，共議得失。"帝曰："諺言'作舍道邊，三年不成'。會禮之家，名爲聚訟，互生疑異，筆不得下。昔堯作《大章》，一夔足矣。"（同前引）

班固以茲事体大，建議劉炟多找些人商量。劉炟幹勁十足，害怕人多口雜，拖延時日，決定還是都交給曹襃一人制定新禮：

> 章和元年①正月，乃召襃詣嘉德門，令小黃門持班固所上叔孫通《漢儀》十二篇，敕襃曰："此制散略，多不合經，今宜依禮條正，使可施行。於南宮東觀盡心集作。"襃既受命，及次序禮事，依準舊典，雜以《五經》讖記之文，撰次天子至於庶人冠婚吉凶終始制度，以爲百五十篇，寫以二尺四寸簡。其年十二月奏上。（同前引）

看來上次劉炟找班固，主要目的是要他找出叔孫通的《漢儀》供曹襃參考，順便問了問他對此事的看法，實則決心已下。曹襃也不含糊，不到一年時間，就制定出了自"天子至於庶人冠婚吉凶終始制度"百五十篇。不過，劉炟知道人們對此事的反對態度，故他祇是收下了曹襃的《新禮》，並未再發交朝臣討論。不久劉炟去世，《新禮》之實施便拖了下去。到了永元四年（92）：

> 太尉張酺、尚書張敏等奏襃擅制《漢禮》，破亂聖術，宜加刑誅。帝雖寢其奏，而《漢禮》遂不行。（《後漢書·張曹鄭列傳》）

曹襃雖然免於處罰，然《新禮》便未再施行。

班固雖在章帝咨詢時持審慎態度，但其實他本人也是支持修訂禮儀的。他在《禮樂志第二》之末寫到：

> 今大漢繼周，久曠大儀，未有立禮成樂，此賈誼、仲舒、王吉、劉向之徒所爲發憤而增嘆也。

班固之所以提議要多找些通禮儒生一起討論，是因爲他深知修訂禮儀是件大事。自叔孫通以來二百餘年，提議修訂《漢禮》之聲陸續不絕，然始終未能成功，可見難度之大。這次劉炟提議修禮，之前朝廷大臣就多不贊成。劉炟如果要成就其事，實應多考慮各方意見，慎重行事，方有成功的希望。然而他操之過急，不顧各方反對意見，一意孤行，僅由曹襃一人閉門造車，故所作之《新禮》無人買賬。

---

①章和元年爲公元87年。

第十九章　議《對北匈奴策》

對匈奴與漢帝國的關繫，范曄曾有過簡明扼要的叙述。他寫道：

> 論曰："漢初遭冒頓①凶黠，種衆強熾。高祖威加四海，而窘平城之圍②。太宗③政鄰刑措，不雪憤辱之恥。逮孝武亟興邊略，有志匈奴，赫然命將，戎旗星屬，候列郊甸，火通甘泉④，而猶鳴鏑揚塵，出入畿內。至於窮竭武力，單用天財，歷紀歲以攘之。寇雖頗折，而漢之疲耗略相當矣。宣帝值虜庭分爭，呼韓邪⑤來臣，乃權納懷柔，因爲邊衛，罷關徼之儆，息兵民之勞。龍駕帝服，鳴鐘傳鼓於清渭之上，南面而朝單于，朔、易無復匹馬之蹤，六十餘年矣。後王莽陵篡，擾動戎夷，

---

①冒頓單于，漢初匈奴首領。
②平城之圍，亦稱白登之圍。高祖六年（前 200）劉邦被冒頓單于率領的匈奴軍隊圍困於白登山（今山西大同东北之馬鋪山）。《匈奴傳》："漢初定，徙韓王信於代，都馬邑。匈奴大攻圍馬邑，韓信降匈奴。匈奴得信，因引兵南踰句注，攻太原，至晉陽下。高帝自將兵往擊之。會冬大寒雨雪，卒之墮指者十二三，於是冒頓陽敗走，誘漢兵。漢兵逐擊冒頓，冒頓匿其精兵，見其羸弱，於是漢悉兵，多步兵，三十二萬，北逐。高帝先至平城，步兵未盡到，冒頓縱精兵三十餘萬騎圍高帝於白登七日，漢兵中外不得相救餉。匈奴騎，其西方盡白，東方盡駹，北方盡驪，南方盡騂馬。高帝乃使使間厚遺閼氏，閼氏乃謂冒頓曰：'兩主不相困。今得漢地，單于終非能居之。且漢主有神，單于察之。'冒頓與韓信將王黃、趙利期，而兵久不來，疑其與漢有謀，亦取閼氏之言，乃開圍一角。於是高皇帝令士皆持滿傅矢外鄉，從解角直出，得與大軍合，而冒頓遂引兵去。"閼氏，匈奴單于妻子稱號。
③太宗爲漢文帝劉恒廟號。
④甘泉，宮名。這兩句是説，武帝陳兵近郊，天子在甘泉宮。
⑤呼韓邪，西漢後期匈奴單于。曾兩次來長安朝覲，他向漢庭請求和親，元帝以王昭君遣嫁。

續以更始之亂，方夏幅裂。自是匈奴得志，狼心復生，乘閒侵佚，害流傍境。及中興之初，更通舊好，報命連屬，金幣載道，而單于驕踞益橫，內暴滋深。世祖①以用事諸華，未遑沙塞之外，忍愧思難，徒報謝而已。因徙幽、幷②之民，增邊屯之卒。及關東稍定，隴、蜀已清，其猛夫扞將，莫不頓足攘手，爭言衛、霍之事。帝方厭兵，閒修文政，未之許也。其後匈奴爭立，日逐③來奔，願修呼韓之好，以禦北狄之衝，奉藩稱臣，永爲外扞。天子總攬羣策，和而納焉。乃詔有司開北鄙，擇肥美之地，量水草以處之。馳中郎之使，盡法度以臨之。制衣裳，備文物，加璽綬之綬，正單于之名。於是匈奴分破，始有南北二庭焉。讎釁既深，互伺便隙，控弦抗戈，覘望風塵，雲屯鳥散，更相馳突，至於陷潰創傷者，靡歲或寧，而漢之塞地晏然矣。後亦頗爲出師，并兵窮討，命竇憲、耿夔之徒，前後並進，皆用呆謫，設奇數，異道同會，究掩其窟穴，躡北追奔三千餘里，遂破龍祠，焚罽幕，阬十角，梏閼氏，銘功封石，倡呼而還。單于震懾屏氣，蒙氈遁走於烏孫之地，而漠北空矣。（《後漢書·南匈奴列傳》）

范曄於此將漢帝國與匈奴的關繫大體分作七個階段。第一階段爲漢初至文、景時期，采取屈辱退讓政策；第二階段爲武帝時期，始實行強硬抗擊手段；第三階段爲宣帝至西漢末年，獲得初步安定局面；第四階段爲王莽、更始之際，匈奴復乘虛內侵；第五階段爲東漢之初，以至章、和時期，單于驕橫，而漢庭忍辱求和而已；稍后，雖匈奴內部分裂，南匈奴內附，仍實行"羈縻"；第六階段爲和帝時期，始振旅窮討，以攻爲守，將匈奴實力基本摧毀；第七階段起自和帝以後，終漢之世，漢與匈奴之間雖時有糾紛，但已不受其威脅。

---

①即東漢光武帝劉秀。
②幽州、幷州，皆漢代所置刺史部。幽州刺史部治薊縣，範圍約今之河北北部、北京；天津、遼寧、吉林之一部，以及北朝鮮大部分。幷州刺史部約當今之山西大部，以及河北、內蒙部分地區。
③即匈奴日逐王比，爲烏珠留若鞮單于長子，初爲右日逐王，領匈奴南边八部及烏桓之众。建武二十二年（46），蒲奴單于立，比懷憤恨。建武二十四年，比自立爲呼韓邪單于，稱爲南匈奴，匈奴自此一分爲二。後敗於北匈奴，遂率衆南下附漢，被漢朝安置在河套地區。

漢與匈奴關繫的發展過程，如以西漢東漢兩個時期對照，進退盛衰之際，似有類似之發展過程：王莽、更始之際，匈奴内侵，猶之其於秦末乘危而入；高、惠、文、景，方之光武、昭、章。不有衛、霍遠征，竇、耿北伐，兩漢之際，或皆不得相安。然此種相類，絕非"歷史之重演"。蓋當公元前後四個世紀期間，世界東方漢與匈奴相鄰兩大帝國，如孿生兄弟，其興衰發展，幾相與終始。兩漢封建王朝政權之興衰固存其一定客觀規律：當皇朝初建，爲鞏固其政權計，必實行休養生息之策略，社會經濟因之得到較迅速之發展。及社會繁榮之後，統治階級對民衆遂肆無忌憚地加重其壓迫與剝削，使階級矛盾日益尖銳化，形成社會危機，皇權隨之衰落，直至天下大亂而皇朝覆亡。此所以形成一封建皇朝興衰之軌迹，以及皇朝間遞嬗頻仍之原因。而匈奴帝國乃游牧民族，不善農耕，無法自給，所以將劫掠和對他民族之征服視爲當然之生產方式。而較爲富饒繁榮之漢帝國，在地理條件上遂成爲匈奴侵掠最方便之對象。當漢帝國强盛時，猶可拒敵於國門之外；及其衰時，敵遂因勢乘便蹈虛而入。是故兩漢時期所受匈奴之威脅，有相類起伏之迹存乎其間。

　　經過西漢末年戰亂之後，東漢統一政權雖逐漸鞏固，然匈奴之侵掠，迨未嘗稍衰。如建武三年（27）"彭寵反畔於漁陽，單于與共連兵"；五年，盧芳割據五原勾結匈奴，漢兵擊之，則迎入匈奴；漢兵退則送之入塞。《後漢書·王劉張李彭盧列傳》載：

　　　　（盧芳）掠有五原、朔方、雲中、定襄、鴈門五郡①，並置守令，與胡通兵，侵苦北邊。

　　嗣後，匈奴越來越猖獗，至諸邊郡無復寧歲：

---

① 五原郡，郡治九原縣（今内蒙包頭市九原區），轄境大致相當於今内蒙古包頭市市區、固陽縣、烏拉特前旗、達拉特旗以及準格爾旗東北部；朔方郡治所朔方縣（今内蒙古鄂爾多斯杭錦旗北），轄境大致相當於今内蒙古河套西北部及後套一帶（鄂爾多斯西部及巴彦淖爾西南部）；雲中郡治所雲中縣（今内蒙古自治區托克托縣東北），轄境約今内蒙古自治區土默特右旗以東，大青山以南，卓資縣以西，黄河南岸及長城以北；定襄郡，郡治成樂縣，漢初分雲中郡而置。雁門郡，治所在善無縣（今山西右玉縣南）。轄境約當今山西河曲、五寨、寧武以北，恒山以西，内蒙古黄旗海、岱海以南地區。

（建武）九年，遣大司馬吳漢等擊之，經歲無功，而匈奴轉盛，鈔暴日增。十三年，遂寇河東，州郡不能禁。於是漸徙幽、并邊人於常山關、居庸關①以東，匈奴左部遂復轉居塞內。朝廷患之，增緣邊兵郡數千人，大築亭候，修烽火。

……………

二十年，遂至上黨、扶風、天水。②二十一年冬，復寇上谷、中山③，殺略鈔掠甚衆，北邊無復寧歲。（《後漢書·南匈奴列傳》）

建武二十四年（48）匈奴分裂爲南北二部，南匈奴附漢，漢廷將其遷入塞內定居。然北匈奴仍爲邊害。如永平五年（62）：

冬，北匈奴六七千騎入於五原塞，遂寇雲中，至原陽④。（同前引）

且有時北匈奴與南匈奴之叛亂者相勾結入侵，如永平六年（63）：

時北匈奴猶盛，數寇邊，朝廷以爲憂。會北單于欲合市⑤，遣使求和親，顯宗冀其交通，不復爲寇，乃許之。八年，遣越騎司馬鄭衆北使報命。而南部須卜骨都侯等知漢與北虜交使，懷嫌怨欲畔⑥，密因北使，令遣兵迎之。

鄭衆出塞，疑有異，伺候果得須卜使人⑦，乃上言宜更置大將，以防二虜交通。由是始置度遼營，以中郎將吳棠行度遼將軍事，副校尉

---

①常山關又名鴻上關，即今河北唐縣西北、太行山東麓的倒馬關；居庸關位於北京西北部，距北京市約六十公里。居庸關設於太行山餘脉之軍都山峽谷之間，兩側均有高山聳立，縱深約二十公里，地勢險要。

②上黨郡在今山西境內；右扶風爲長安三輔之一；天水位於甘肅南部。此言匈奴勢力猖獗，已侵入內地。

③上谷、中山二郡均位於今河北中部。

④雲中郡，治所在雲中縣（今內蒙古托克托縣東北）。原陽，雲中下轄之縣。

⑤合市，又稱"互市"，定期邊境貿易。

⑥畔，通"叛"。

⑦伺候，即偵察。鄭衆經過偵察捉住了南部須卜骨都侯派往北匈奴的使者。

來苗、左校尉閻章、右校尉張國將黎陽虎牙營士，屯五原曼柏，又遣騎都尉秦彭將兵屯美稷①。

其年秋，北虜果遣二千騎候望朔方，作馬革船，欲度迎南部畔者，以漢有備，乃引去。復數寇鈔邊郡，焚燒城邑，殺略甚衆，河西城門晝閉，帝患之。（同前引）

匈奴對北方邊郡的侵擾殺略，不但使東漢皇朝引以爲患，更重要的是使勞動人民，尤其是北方緣邊諸郡的人民不能生活下去，引起了他們的憤激與敵愾。

由於東漢初年，中國社會經濟尚未獲得恢復，人民需要修養生息，所以對匈奴的侵掠，東漢皇朝多采取容忍退讓的綏靖政策。如建武六年（30）：

始令歸德侯劉颯使匈奴，匈奴亦遣使來獻，漢復令中郎將韓統報命，賂遺金幣，以通舊好。而單于驕踞，自比冒頓，對使者辭語悖慢，帝待之如初。（同前引）

建武九年（33）由於匈奴的進襲，"徙雁門吏人於太原"（《後漢書·光武本紀》），十五年（39）又徙邊郡吏民於關內：

吳漢、馬武又徙雁門、代郡、上谷、關西縣吏民六萬餘口，置常山關、居庸關以東，以避胡寇。（《後漢書·天文志上》）

這樣，長城以內大塊國土，遂爲匈奴所侵占。

光武帝末年，國內統一力量加強，社會經濟已有相當恢復，因之對待匈奴的進攻，已可適當地采取強硬政策。例如祭肜守遼東，一方面破壞烏桓、鮮卑與匈奴的侵略聯盟，使其自相攻擊，一面集中兵力實行各個擊破。結果取得了一定的勝利。

匈奴既受到相當的懲創，又因"匈奴中連年旱蝗，赤地數千里，草木盡枯，人畜饑疫，死耗太半。"於是出現了南北匈奴分裂，南匈奴內附的局面。

建武末年，北單于亦表示願與漢媾和，求和親。北單于求和的目的何在？

---

① 美稷縣，治所在今內蒙古準格爾旗西北納林村古城。建武二十六年（50）南匈奴單于徙居於此，也是漢庭使匈奴中郎將治所。

如何對待？於是在漢廷引起一番議論：

> （建武）二十七年①，北單于遂遣使詣武威求和親，天子召公卿廷議，不決。皇太子②言曰："南單于新附，北虜懼於見伐，故傾耳而聽，爭欲歸義耳。今未能出兵，而反交通北虜，臣恐南單于將有二心，北虜降者且不復來矣。"帝然之，告武威太守勿受其使。（《後漢書·南匈奴列傳》）

當時所以"廷議不決"者，不外兩端，一則對北單于求和的實質認識不清，一則是軟弱的表現；允之則怕南單于復叛，拒之則怕北單于來攻。而劉莊於此便采取了果決的態度，一則指明其求和之非誠意，一則主張斷然拒絕。在當時條件之下，劉莊此一主張，有強硬的意義。

明帝劉莊即位後，隨着社會經濟的進一步恢復與發展，對待匈奴侵掠的態度亦日趨強硬。《後漢書·耿弇列傳》載：

> （秉③）數上言兵事，常以中國虛費，邊陲不寧，其患專在匈奴，以戰去戰，盛王之道。顯宗既有志北伐，陰然其言。永平中，召詣省闥，問前後所上便宜方略，拜謁者僕射，遂見親幸。每公卿會議，常引秉上殿，訪以邊事，多簡帝心。

耿秉是劉莊強硬外交政策的支持者，他所提出的"以戰去戰"的口號和明帝之"有志北伐"，都反映了漢廷外交政策的轉變。劉莊在位期間，漢與北匈奴之間仍時有衝突，然因北匈奴依然比較強大，戰爭互有勝負。如永平十六年（73），劉莊征討北匈奴：

---

① 建武二十七年爲公元 51 年。
② 太子劉莊，即後來的明帝，廟號顯宗。
③ 耿秉，右扶風茂陵（今陝西興平東北）人。字伯初，雲臺二十八將耿弇弟耿國之子。明帝時耿秉任駙馬都尉，永平十七年（74）與竇固率軍在車師擊敗北匈奴，章帝時拜爲征西將軍。永元元年（89）耿秉和竇憲各率四千騎兵聯合南匈奴出擊北匈奴，兵鋒一直抵達燕然山，重創北匈奴，功封美陽侯。

（永平）十六年，乃大發緣邊兵①，遣諸將四道出塞，北征匈奴。南單于遣左賢王信隨太僕祭肜及吳棠出朔方高闕，攻皋林温禺犢王於涿邪山②。虜聞漢兵來，悉度漠去。肜、棠坐不至涿邪山免，以騎都尉來苗行度遼將軍。其年，北匈奴入雲中，遂至漁陽，太守廉范擊卻之。詔遣使者高弘發三郡兵追之，無所得。（《後漢書·南匈奴列傳》）

匈奴乃游牧民族，多騎兵，行動迅速。漢庭大兵一至，則直奔大漠而去；大兵回防，則匈奴進犯騷擾。非有足够之兵力、糧草支持，很難完全將其消滅。

章帝建初八年（83），北匈奴復來議和兼求親。與上次類似，劉炟下詔問群臣意見。有人欲師劉莊當年故事，提議不予理睬：

時北單于遣使貢獻，求欲和親，詔問羣僚。議者或以爲"匈奴變詐之國，無內向之心，徒以畏漢威靈，逼憚南虜，故希望報命，以安其離叛。今若遣使，恐失南虜親附之歡，而成北狄猜詐之計，不可"。（《後漢書·班彪列傳下》）

而班固則意見相反：

竊自惟思，漢興已來，曠世歷年，兵纏夷狄，尤事匈奴。綏御之方，其塗③不一，或脩文以和之，或用武以征之，或卑下以就之，④或臣服而致之。⑤雖屈申無常，所因時異，然未有拒絕弃放，不與交接者也。故自建武之世，復脩舊典，數出重使，前後相繼，⑥至於其末，始乃暫絕。永平八年⑦，復議通之。而廷爭連日，異同紛回，多執其難，

---

①即與匈奴接境諸郡軍隊。
②古山名。一作涿涂山。爲今蒙古國境內滿達勒戈壁附近一帶，阿爾泰山東脉。
③塗，通"途"。
④李賢注："文帝與匈奴通關市，妻以漢女，增厚其賂也。"
⑤李賢注："宣帝時，匈奴稽首臣服，遣子入侍。"
⑥李賢注："建武二年（26），日逐王遣使詣漁陽請和親，使中郎將李茂報命。二十六年（50），遣中郎將段郴授南單于印綬。"
⑦永平八年爲公元65年。

少言其易。先帝聖德遠覽，瞻前顧後，遂復出使，事同前世。①以此而推，未有一世闕而不修者也。今烏桓就闕，稽首譯官，康居、月氏，自遠而至，匈奴離析，名王來降，三方歸服，不以兵威，此誠國家通於神明自然之徵也。臣愚以爲宜依故事，復遣使者，上可繼五鳳、甘露至遠人之會，②下不失建武、永平羈縻之義。虜使再來，然後一往，既明中國主在忠信，且知聖朝禮義有常，豈可逆詐示猜，孤其善意乎？絕之未知其利，通之不聞其害。設後北虜稍彊，能爲風塵，③方復求爲交通，將何所及？不若因今施惠，爲策近長。（同前引）

班固首先回顧了漢與匈奴的交往，歷史上無論是戰是和，是屈是伸，却從來沒有放弃過交涉。永平八年（65）北單于遣使求和，朝廷上爭議也很大，但先帝（指明帝劉莊）瞻前顧後，還是向匈奴派出了使節。現在烏桓、康居、月氏都來通好，匈奴内部分崩離析，不用興兵，就有匈奴明王來歸附，這簡直就是天佑大漢。哪能亂加猜忌，拒絶其好意呢？即使從長計議，現在也應與其修好。劉炟采納了班固的意見，於是北匈奴三木樓④部投降：

北匈奴三木樓訾大人稽留斯等，率三萬八千人、馬二萬四、牛、羊十餘萬，款五原塞降。（《後漢書·南匈奴列傳》）

班家世居邊地，班彪又久居河西，故班氏父子對匈奴問題的看法比較切於實際，并非一味主和或主戰。這次班固主張與北匈奴通好，是形式使然；六年後班固贊成對匈奴用兵并隨大將軍竇憲出征，也是形勢使然。

---

①李賢注："先帝謂明帝也。永平八年，遣越騎司馬鄭衆報使北匈奴。"
②李賢注："宣帝五鳳三年（前55），單于名王將衆五萬餘人來降，稱臣朝賀。甘露元年（前53），匈奴呼韓邪遣子右賢王入侍。"
③李賢注："相侵擾則風塵起。"
④按：三木樓山在今蒙古人民共和國境内，永平十六年（73）漢軍伐匈奴至此。清顧祖禹《讀史方輿紀要》："三木樓山在鎮東北塞外。後漢永平十六年，分遣耿秉、秦彭出張掖居延塞，伐北匈奴。絕幕六百里，擊匈奴句林王於三木樓山。建初八年（83），北匈奴三木樓山部落款五原塞降。蓋匈奴保聚處也。"鎮，指甘肅鎮，明代九邊之一，治在張掖。

第二十章　勒功燕然

章和二年（88）二月劉炟去世，享年三十三歲。年僅十歲的太子劉肇①繼位，是爲和帝，次年改年永元。由於新帝劉肇尚在冲齡，故太后竇氏臨朝聽政。

一、決戰到來

歷經明、章三十年的和平時期，當時社會經濟有了進一步的發展。據史書記載：

> （永平十二年②）是歲，天下安平，人無徭役，歲比登稔，百姓殷富，粟斛三十，牛羊被野。（《後漢書·顯宗孝明帝紀》）

> 薛瑩《漢紀》贊曰：章帝以繼世承平，天下無事。敬奉神明，友於兄弟。息省徭賦，綏静兆民。除苛法，蠲禁錮，抑有仁賢之風矣。是以陰陽洽和，而百姓安樂。（《太平御覽·卷九十一》）

> 自中興以後，逮於永元，雖頗有弛張，而俱存不擾。是以齊民歲增，闢土世廣。（《後漢書·孝和孝殤帝紀》）

史官所云，不免對封建統治者歌頌過當，然由此亦可反映當時社會生産力發展情況。社會實力有所增長，則對匈奴的侵犯殺掠，自不復容忍。

---

①漢和帝劉肇，東漢第四位皇帝。劉肇爲章帝劉炟第四子，母爲梁貴人。皇后竇氏無出，遂養劉肇爲己子。建初七年（82）劉炟廢太子劉慶，改立劉肇爲太子。章和二年（88）劉炟去世，劉肇即位，是爲和帝。因當時他祇有十歲，故由其養母竇太后執政。元興元年（106）劉肇去世，得年二十七歲。劉肇謚號爲孝和皇帝，廟號穆宗，葬於慎陵。
②永平十二年爲公元69年。

又其時匈奴境內天災人禍相接，危機四起。《後漢書·南匈奴列傳》元和二年（85）載：

> 北匈奴大人車利、涿兵等亡來入塞，凡七十三輩。時北虜衰耗，黨衆離畔①，南部②攻其前，丁零③寇其後，鮮卑擊其左，西域侵其右，不復自立。

《後漢書·南匈奴列傳》章和元年（87）載：

> 鮮卑入左地擊北匈奴，大破之，斬優留單于，取其匈奴皮而還。北庭大亂，屈蘭、儲卑、胡都須等五十八部，口二十萬，勝兵八千人，詣雲中、五原、朔方、北地降。

路放按：王先謙《後漢書集解》於"匈奴皮"下注云：

> 劉攽曰："案匈奴一種，安能盡取其皮。明多匈奴二字。"或云取其胸皮。

即劉攽和王先謙皆認爲此匈奴皮爲割取之人皮。我覺得也許鮮卑軍沒有那麼無聊。此匈奴皮者，應即是匈奴、烏桓等北方游牧民族特產之馬、牛皮革製品，用於貿易和納稅。《匈奴傳下》曾記載匈奴與烏桓因皮布稅而起糾紛：

> （漢）護烏桓使者告烏桓民，毋得復與匈奴皮布稅。匈奴以故事遣使者責烏桓稅，匈奴人民婦女欲貴販者皆隨往焉。烏桓距④曰："奉天子詔條，不當予匈奴稅。"匈奴使怒，收烏桓酋豪，縛倒懸之。酋豪昆弟怒，共殺匈奴使及其官屬，收略婦女馬牛。單于聞之，遣使發左賢王兵入烏桓責殺使者，因攻擊之。烏桓分散，或走上山，或東保塞。匈

---

① 畔，通"叛"。
② 指南匈奴。
③ 丁零，古代游牧民族，又稱敕勒、鐵勒、高車、狄歷、阿至羅等。丁零是古代赤狄的後裔，匈奴人稱其爲丁零，鮮卑人稱其爲敕勒，因其使用車輪高大的車子，又稱之爲高車，據《史記》載丁零初游牧於貝加爾湖以東、以南附近。
④ 距，通"拒"。

奴頗殺人民，毆婦女弱小且千人去，置左地，告烏桓曰："持馬畜皮布來贖之。"烏桓見略者親屬二千餘人持財畜往贖，匈奴受，留不遣。

則皮革製品在游牧民族為主要財產，當然會被當作戰利品掠走。《後漢書·南匈奴列傳》章和二年（88）載：

> 時北虜大亂，加以飢蝗，降者前後而至。

這種情勢，為徹底根絕歷史性的匈奴之禍提供了良好條件。尤其值得注意的是其時"南單于將并北庭"。會章帝去世，竇太后臨朝，南單于屯屠何①遂上言稱：

> 臣與諸王骨都侯及新降渠帥雜議方略，皆曰宜及北虜分爭，出兵討伐，破北成南，并為一國。……已勅諸部嚴兵馬，訖九月龍祠，悉集河上。唯陛下哀省察（《後漢書·南匈奴列傳》）

形勢逼人，若漢帝國罔顧有利時機，轉守為攻，仍遷延苟安，則有利時機轉瞬即逝，待北匈奴度過難關以後，可能繼續為患北方邊地。於是在朝廷上，又一次就對北匈奴政策展開辯論。保守派以司徒袁安②、司空任隗③等為首，他們

---

① 休蘭尸逐侯鞮單于，攣鞮氏，名屯屠何，為南匈奴醢落尸逐鞮單于之子，章和二年（88）伊屠於閭鞮單于死後由其繼位。屯屠何多次出兵配合東漢軍隊大敗北匈奴，俘獲極多，又大量接納北匈奴降眾，故南匈奴在其在位期間得到空前發展。永元五年（93）屯屠何去世。其事跡見《後漢書·南匈奴列傳》。

② 袁安，字邵公，汝南汝陽（今河南商水）人。少習《孟氏易》，舉孝廉，任陰平長及任城令，有賢名。永平十三年（70）楚王劉英謀反事敗，牽連甚廣。次年袁安出任楚郡守，頂著壓力解脫了一批受牽連的人。後任河南尹，為政嚴明，京師肅然，名重朝廷。元和二年（85），武威太守孟雲上書："北虜既已和親，而南部復往抄掠，北單于謂漢欺之，謀欲犯邊。宜還其生口（俘虜），以安慰之。"當時朝廷公卿皆以為不可，祇有袁安同意孟雲的處理方法，為此得罪太尉鄭弘和司空第五倫，但章帝最終采納了袁安的意見。次年袁安即代第五倫為司空，章和元年（87）復拜司徒。章帝死後，袁安與司空任隗堅持與權勢熏人的外戚竇氏抗爭。永元四年（92）三月去世。

③ 任隗，字仲和，南陽宛（今河南南陽）人，雲臺二十八將任光之子。任隗少好黃老之學，常以俸祿接濟族人，收養孤寡。明帝聞之，擢奉朝請（定期參加朝會），遷羽林左監、虎賁中郎將，又遷長水校尉。章帝即位後任將作大匠，章和元年（公元87）拜司空。和帝即位，大將軍竇憲擅權，專作威福，任隗和司徒袁安與之抗爭。永元四年（公元92）去世。

的主張，大致有下列幾點：

（一）以爲北單于不犯我，不應主動出兵，仍應行"羈縻"政策。《後漢書·袁張韓周傳》載：

> 和帝即位，竇太后臨朝，后兄車騎將軍憲北擊匈奴。安與太尉宋由、司空任隗及九卿詣朝堂上書諫，以爲匈奴不犯邊塞，而無故勞師遠涉，損費國用，徼功萬里，非社稷之計。書連上輒寢。宋由懼，遂不敢復署議，而諸卿稍自引止。唯安獨與任隗守正不移，至免冠朝堂固爭者十上，太后不聽。衆皆爲之危懼，安正色自若。

（二）認爲即使伐匈奴得勝，得其人其地亦無所用。議郎樂恢①上書云：

> 春秋之義，王者不理夷狄。得其地不可以墾發，得其人無益於政，故明王之於夷狄，羈縻而已。孔子曰：'遠人不服，則修文德以來之。'以漢之盛，不務修舜、禹、周公之德，而無故興干戈，動兵革，以求無用之物，臣誠惑之。（《後漢書·朱樂何列傳》）

（三）以爲聽任南單于還都北庭，會失去北方屏障。尚書②宋意上書云：

> 臣察鮮卑侵伐匈奴，正是利其抄掠，及歸功聖朝，實由貪得重賞。今若聽南虜還都北庭，則不得不禁制鮮卑。鮮卑外失暴掠之願，內無功勞之賞，豺狼貪婪，必爲邊患。今北虜西遁，請求和親，宜因其歸附，以爲外扞，巍巍之業，無以過此。若引兵費賦，以順南虜，則坐失上略，去安即危矣。（《後漢書·第五鍾離宋寒列傳》）

路放按：其實宋意此論也有合理之處，即若果真以南匈奴北上占據北匈奴

---

① 樂恢，字伯奇，京兆長陵（陝西咸陽東北）人。因爲反對竇憲出征匈奴，爲朝廷大佬看重，遷尚書僕射（《後漢書·百官三·少府》："尚書僕射一人，六百石。本注曰：署尚書事，令不在則奏下衆事。"）。後因得罪竇氏去官自殺。

② 《後漢書·百官三·少府》："尚書六人，六百石。本注曰：成帝初署尚書四人，分爲四曹：常侍曹尚書主公卿事，二千石曹尚書主郡國二千石事，民曹尚書主凡吏上書事，客曹尚書主外國夷狄事。世祖承遵，後分二千石曹，又分客曹爲南主客曹、北主客曹，凡六曹。"

地盤，無异"前門驅虎，後門進狼"，後患無窮。故北伐成功後，漢庭幷未准許南匈奴北遷。

（四）以爲北匈奴無罪，乘其虛弱而伐之爲不義。侍御史魯恭①上疏云：

> 夫戎狄者，四方之異氣也。蹲夷踞肆，與鳥獸無別，若雜居中國，則錯亂天氣，汙辱善人，是以聖王之制，羈縻不絕而已。今邊境無事，宜當脩仁行義，尚於無爲，令家給人足，安業樂産。夫人道義於下，則陰陽和於上，祥風時雨，覆被遠方，夷狄重譯而至矣。……今匈奴爲鮮卑所殺，遠臧②於史侯河西，去塞數千里，而欲乘其虛耗，利其微弱，是非義之所出也。（《後漢書·卓魯魏劉列傳》）

魯恭之説爲典型的書生論兵。與屢屢犯邊、虎狼邊地百姓的北匈奴講究"仁義"，迹近東郭先生，迂腐不堪。

（五）侍御史③何敞④反對征伐匈奴的理由最可笑：匈奴野蠻，當年"平城之圍，嫚書之恥"⑤，高祖、吕后何等人物都容忍了，如今匈奴還没有那麽囂張，不如咱們也忍忍？

> 臣聞匈奴之爲桀逆久矣，平城之圍、嫚書之恥，此二辱者，臣子所爲捐軀而必死，高祖、吕后忍怒還忿，舍而不誅。伏惟皇太后秉文母之操，陛下履晏晏之姿，匈奴無逆節之罪，漢朝無可慙之恥，而盛春東作，興動大役，元元怨恨，咸懷不悦。（《後漢書·朱樂何列傳》）

---

①魯恭，字仲康，扶風平陵人。其祖爲魯頃公，魯亡於楚，遂遷居下邑，改姓魯。魯恭後爲一代大儒，拜《魯詩》博士，位至三公。八十一歲時在家中去世。

②臧，通"藏"。

③《後漢書·百官三·少府》："侍御史十五人，六百石。"本注曰："掌察舉非法，受公卿群吏奏事，有違失舉劾之。凡郊廟之祠及大朝會、大封拜，則二人監威儀，有違失則劾奏。"

④何敞，字文高，扶風平陵人。元和中，闢太尉宋由府，深得宋由與司徒袁安的重視，主持了調查竇憲殺宗室劉暢的案件，遂以高第拜侍御史。何敞爲和帝初年反對竇氏專權最力者之一。

⑤"平城之圍，嫚書之恥"，是指冒頓單于遺書吕后挑釁："陛下獨立，孤僨獨居，兩主不樂，無以自娛，願以所有，易其所無。"孤僨，冒頓自請。

不難看出，這些人或援以過往舊例，或者曉以仁義道德，或動以利害分析，或以耗費巨大説事，但其願望同爲一個，即是希望保持現狀；至於當前的有利形勢和時機與事態的可能發展則絕不考慮。

主戰派以竇憲、耿秉等爲代表。當南單于提出"破北成南，并爲一國"的請求之後，耿秉即表示了自己的態度：

> 秉上言："昔武帝單極天下，欲臣虜匈奴，未遇天時，事遂無成。宣帝之世，會呼韓邪來降，故邊人獲安，中外爲一，生人休息六十餘年。及王莽篡位，變更其號，耗擾不止，單于乃畔①。光武受命，復懷納之，緣邊壞郡得以還復。烏桓、鮮卑咸脅歸義，威鎮四夷，其效如此。今幸遭天授，北虜分爭，以夷伐夷，國家之利，宜可聽許。"秉因自陳受恩，分當出命效用。(《後漢書·南匈奴列傳》)

耿秉爲抗擊匈奴的宿將，永平十七年(74)即與竇固一起率一萬四千騎兵，在車師②擊敗北匈奴，章帝時拜爲征西將軍。他的意見比較全面地表明了主戰派的考慮：

(一)時機不可失。武帝以"未遇天時，事遂無成"，而今"幸遭天授"，絕不應放棄。

(二)應善於利用形勢。可以聽許南單于之請，但必須争取主動，反賓爲主，"以夷伐夷，國家之利"。

如果在光武帝時期，保守政策還有其一定的意義，在某種程度上符合客觀實際。但在明、章之世，尤其在和帝初年的客觀形勢下，保守政策無疑已成爲反動政策，已經不符合社會發展和民衆的利益訴求。所以這次關於伐匈奴的廷議，雖然在表面上看來保守派的力量相當强大，而其意見終被否決，主戰派的主張終於勝利。漢庭於是決定舉兵伐北匈奴。

---

①畔，通"叛"。
②車師(讀如"居師")，西域國家，都交河(今新疆吐魯番西北)。東南通往敦煌，向南通往鄯善，向西通往焉耆，西北通往烏孫，東北通往匈奴，正當漢通西域的要道。永平十七年(74)，竇、固等出擊車師，車師前、後王俱降。

二、大將軍竇憲

竇憲爲竇融曾孫。王莽末年戰亂，竇融割據河西。"河西民俗質樸"，竇融"政亦寬和"，治理有方，"上下相親，晏然富殖"（《後漢書·竇融列傳》）。光武帝劉秀平定隴右後，竇融上表要求放弃割據，於建武五年（29）率領部下内附。竇氏累世經營邊地，抗擊少數民族的内侵，建立了很高的聲望。建初年間長水校尉耿恭上言稱：

> 安豐侯竇融懷集羌胡，聞其歡心，子孫於今樂聞竇氏。大鴻臚固① 前擊白山、盧水，胡聞固至，三日而兵合，卒剋白山、盧水之力也。 （《後漢書補注·卷七·列傳第十三》）

竇氏累世在東漢國防上所建立的聲望和威信，對於永元之初竇憲得任爲北伐匈奴戰争統帥是一雄厚的政治資本。

竇憲祖父爲竇融長子竇穆，尚内黄公主②，爲城門校尉；其父竇勛尚東海恭王劉彊之女沘陽公主。章帝建初三年（78），竇憲之妹被立爲皇后。竇憲以外戚拜爲郎，後來更遷侍中、虎賁中郎將。

和帝劉肇即位後，尊竇后爲皇太后。因劉肇年幼，故竇太后臨朝聽政，重用竇氏兄弟。竇憲既得專擅朝政，又爲主戰派中堅，其自請兵北伐，遂獲得朝廷批准。

關於竇憲主動請纓北伐，其本傳另有一段故事：

---

① 竇固，字孟孫，右扶風平陵（今陝西咸陽西北）人，東漢一代名將。竇固係竇融弟竇友之子，尚光武帝女涅陽公主。竇固少時好讀書，喜兵法。中元元年（56）嗣爵顯親侯。永平十五年（72）冬，竇固被封爲奉車都尉，與謁者仆射耿秉等屯兵凉州。次年分兵四路征伐匈奴。竇固軍出酒泉，以班超爲假司馬，出擊北匈奴至天山（今新疆吐魯番西），大敗呼衍王，追其至蒲類海（今新疆巴里坤湖）和屯田伊吾（今新疆哈密）。竇固又派班超出使西域，勸説鄯善歸附。永平十七年（74），竇固率軍再出玉門，擊敗北匈奴在車師一帶的勢力。章帝時歷任大鴻臚、光禄勛、衛尉等要職。

② 内黄公主之父史書不載，疑爲光武帝劉秀之兄弟。

> 齊殤王子都鄉侯暢①來弔國憂，暢素行邪僻，與步兵校尉鄧疊親屬數往來京師，因疊母元自通長樂宮，得幸太后，被詔召詣上東門。憲懼見幸，分宮省之權，遣客刺殺暢於屯衛之中，而歸罪於暢弟利侯剛，乃使侍御史與青州刺史雜考剛等。後事發覺，太后怒，閉憲於內宮。憲懼誅，自求擊匈奴以贖死。（《後漢書·竇融列傳》）

竇憲跋扈，草菅人命，這次刺殺了"得幸太后"的宗室劉暢，竇太后震怒，有性命之憂。於是自請出征，有些戴罪立功的意思。當然，這很可能是促成竇憲請纓北伐的具體理由之一，但竇憲以其顯貴身份、家族聲望，本就應是出征匈奴統帥的不二人選。

路放按：有論者以這段記載為據，以為此次北伐匈奴本無必要，乃竇太后為解竇憲之困境強行發動。然此次北伐成果輝煌，一舉解決了困擾大漢二百年的匈奴之患。揣測當時漢庭最終決定北伐僅是出於竇氏私人利害考慮，可謂"小人之心"。若竇憲北伐僅為解個人之困境，則當其人破北匈奴於稽落山，隨後受封大將軍，聲望如日中天之時即可收手，安享尊榮。何至於有後來幾次出征，一直打到天山以西，必欲將北匈奴徹底消滅而後快？以至於當永元四年劉肇發動政變之前不久方班師回洛陽，被年僅十四歲的少年皇帝打了個措手不及？

三、雷霆萬鈞

章和二年（88）十月，漢庭以竇憲為車騎將軍，北伐匈奴。《後漢書·孝和孝殤帝紀》章和二年載：

> 冬十月乙亥，以侍中竇憲為車騎將軍，伐北匈奴。

竇憲原來的職務為侍中、虎賁中郎將，此時拜為車騎將軍。據《後漢書·百官一》：

---

① 劉暢，東漢宗室，其曾祖劉縯為光武帝劉秀之兄，封齊武王。

> 將軍，不常置。本注曰：掌征伐背叛。比公者四：第一大將軍，次驃騎將軍，次車騎將軍，次衛將軍。又有前、後、左、右將軍。

即將軍爲非常設職務，凡有"背叛"，則設將軍以"征伐"之，戰事結束以後此職務即撤銷。竇憲初出兵時拜車騎將軍，第一次班師後遷爲大將軍，永元四年（92）竇憲被免職，此大將軍職位即被撤銷：

> 和帝即位，以舅竇憲爲車騎將軍，征匈奴，位在公下；還復有功，遷大將軍，位在公上；復征西羌，還免官，罷。（同前引）

竇憲既爲北伐統帥，乃檢選執金吾①耿秉爲其副手，并召集各路大軍。《後漢書·竇融列傳》載：

> 乃拜憲車騎將軍，金印紫綬，官屬依司空，以執金吾耿秉爲副，發北軍五校②、黎陽、雍營、緣邊十二郡騎士，③及羌胡兵出塞。

時前宣武司馬班固適居母喪在家，竇憲遂任命其爲中護軍，參加北伐。《後漢書·班固傳》稱：

> 永元初，大將軍竇憲出征匈奴，以固爲中護軍，與參議。

---

① 執金吾，率禁兵保衛京城和宮城的官員，"掌宮外戒司非常水火之事"（《後漢書·百官四》本注），與巡行宮内的衛尉互爲表裏。執金吾秩中二千石，據《漢官》，"執金吾緹騎二百人，持戟五百二十人，輿服導從，光滿道路，群僚之中，斯最壯矣。"劉秀當年未發跡時，在長安看到執金吾耀武揚威的樣子，遂嘆曰："仕宦當作執金吾。"
② 李賢注："漢有南、北軍，（北軍）中候一人，六百石，掌臨五營。"《通鑒》胡三省注："北軍五校，屯騎、越騎、步兵、長水、射聲五校尉所掌宿衛兵也。黎陽營，注見前。扶風校尉部在雍縣，以涼州近羌，數犯三輔，將兵衛護園陵，故俗稱雍營。緣邊十二郡，上郡、西河、五原、雲中、定襄、雁門、朔方、代郡、上穀、漁陽、安定、北地也。"《資治通鑒·和帝永平八年》三月黎陽虎牙營下注："《漢官儀》曰：光武以幽、冀兵克定天下，故於黎陽立營，以謁者監領，兵騎千人。"
③ 李賢注：《漢官儀》曰：光武中興，以幽、冀、并州兵騎克定天下，故於黎陽立營，以謁者監之。又曰：扶風都尉部在雍縣，以涼州近羌，數犯三輔，將兵衛護園陵，故俗稱雍營。

路放按：班固時年已五十七歲，年過半百而初披戰袍。如果這是他自己請纓的結果，想來心情應該不錯，未知是否曾作辭賦以抒發豪情？

據《後漢書·百官一》，將軍府的編制爲：

> 長史、司馬皆一人，千石。本注曰：司馬主兵，如太尉。從事中郎二人，六百石。本注曰：職參謀議，掾屬二十九人。令史及御屬三十一人。本注曰：此皆府員職也。又賜官騎三十人及鼓吹。

"職參謀議"下注：

> 《東觀書》曰："大將軍出征，置中護軍一人。"

按：此中護軍與漢官護軍中尉（陳平曾任此職）之類軍職不同，應是竇憲自聘之幕僚，故排列在從事中郎之屬。班固此前職務爲玄武門司馬，又係先帝老臣，文名卓著，自非一般從事可比。故竇憲發表以中護軍名義，略如後世之"高級參議"。沈約《宋書·百官下》云：

> 秦時護軍都尉，漢因之。陳平爲護軍中尉，盡護諸將……東京省，班固爲大將軍中護軍，隸將軍莫府，非漢朝列職。

按：此處"東京省"之"省"應爲"時"之誤，"將軍莫府"，"莫"字衍。

班固在此次北伐中，一直參議軍機，後來更直接領兵出使敵壘，成爲此次北伐匈奴的中堅人物之一。

耿秉本人爲身經百戰的名將，爲竇憲所借重那是理所當然；然班固以一文學侍臣，未有從軍經歷，何以也被竇憲招納帳下？

蓋班氏之先，生長北邊，故其子孫氣質強毅。班固伯祖班伯於成帝世數請出使匈奴，會呼韓邪來朝，遂以班伯迎之塞上。祖班穉於哀帝初爲西河屬國都尉。父班彪居西州十餘年，爲竇憲曾祖竇融所看重，事必訪問。舉凡竇融拒隗囂事漢、抗擊匈奴、羌種、固守西垂，以至書札交聘等大小事宜，多爲班彪所策畫。光武時，以班彪習於邊事，凡有關大議，班彪恒參與之，而所謀議，輒得付諸實行。

班固之弟班超，亦是當世抗擊匈奴的名將，永平年間隨竇固西征，破匈奴軍於蒲類海；後又以三十六人通西域，立功邊疆。而此時班超正在西域將兵長史任上。

正是由於班固習於邊事的家世、其弟班超在當時國防上的地位，以及他個人在對外政策尤其是在對待匈奴問題上的觀點，班固得以從一個從未典兵的書生而受命參加北伐大軍。

北伐軍在章和二年（88）開始部署，調集部隊、徵收糧草、徵募僚屬以組建指揮部，都需要一定時間。班固亦當於時爲竇憲舉薦爲中護軍，加入北伐軍。《後漢書·班彪列傳》所謂"永元初，大將軍竇憲出征匈奴，以固爲中護軍，與參議"者，應是指班固抵達部隊的時間。

北伐戰事進展得非常順利。據竇憲本傳，永元元年（89）六月北伐軍開始出擊，於稽落山大破北匈奴：

> 憲與秉各將四千騎及南匈奴左谷蠡王師子萬騎出朔方雞鹿塞①。南單于屯屠何，將萬餘騎出滿夷谷；度遼將軍鄧鴻及緣邊義從②羌胡八千騎，與左賢王安國萬騎出稒陽③塞，皆會涿邪山。憲分遣副校尉閻盤、司馬耿夔、耿譚將左谷蠡王師子、右呼衍王須訾等，精騎萬餘，與北單于戰於稽落山，大破之。（《後漢書·竇融列傳》）

涿邪山位於今阿爾泰山東脈，稽落山位於今蒙古人民共和國西南，爲汗呼赫山脈之一部。這一戰，虜獲極爲豐富：

> 虜衆崩潰，單于遁走。追擊諸部，遂臨私渠比鞮海，斬名王以下萬三千級，獲生口④馬牛羊橐駝百餘萬頭。於是溫犢須、日逐、溫吾、夫渠王柳鞮等八十一部率衆降者，前後二十餘萬人。（同前引）

---

① 李賢注："今在朔方窳渾縣北。闞駰《十三州志》云：'窳渾縣有大道，西北出雞鹿塞。'"按：漢窳渾縣在今内蒙古磴口縣境内。
② 義從，志願從軍者，與應徵士兵有别。關於兩漢兵制度，可參看第二十九章《再定西域》第二節《援軍來了》。
③ 李賢注："稒陽縣，屬五原郡，故城在今勝州銀城縣界。"按：今内蒙古包头市有固陽縣。
④ 生口即俘虜。

旗開得勝，竇憲和耿秉等遂登上燕然山①，刻石紀功。這篇銘文，便出自班固之手：

憲、秉遂登燕然山，去塞三千餘里，刻石勒功，紀漢威德，令班固作銘。（同前引）

班固的銘文中說：

惟永元元年②秋七月，有漢元舅曰車騎將軍竇憲，寅亮聖明，登翼王室，納於大麓，惟清緝熙。乃與執金吾耿秉，述職巡御，理兵於朔方。鷹揚之校，螭虎之士，爰該六師，暨南單于、東烏桓、西戎氐羌侯王君長之羣，驍騎三萬。元戎輕武，長轂四分，雲輜蔽路，萬有三千餘乘。勒以八陣，莅以威神，玄甲耀日，朱旗絳天。遂陵高闕，下雞鹿，經磧鹵，絕大漠，斬溫禺以釁鼓，血尸逐以染鍔。然後四校橫徂，星流彗埽，蕭條萬里，野無遺寇。於是域滅區單，反斾而旋，考傳驗圖，窮覽其山川。遂踰涿邪，跨安侯，乘燕然，躡冒頓之區落，焚老上之龍庭。上以攄高、文之宿憤，光祖宗之玄靈；下以安固後嗣，恢拓境宇，振大漢之天聲。茲所謂一勞而久逸，暫費而永寧者也。乃遂封山刊石，昭銘上德。其辭曰：

鑠王師兮征荒裔，剿凶虐兮截海外。
敻其邈兮亘地界，封神丘兮建隆嵑。
熙帝載兮振萬世。（同前引）

班固的文采果然不俗，好一個"上以攄高、文之宿憤，光祖宗之玄靈；下以安固後嗣，恢拓境宇，振大漢之天聲！"

初戰有功，竇憲於是班師：

憲乃班師而還。（同前引）

竇憲此次班師，應衹是將部隊撤回塞內，他本人并未回到洛陽。因爲戰事

---

①燕然山，位於蒙古高原西北，即今蒙古人民共和國中部之杭愛山，距雁門關約 1800 公里。
②永元元年爲公元 89 年。

尚未結束，所以他把指揮部設在五原郡（郡治九原縣在今内蒙古包頭市九原區）。

繼軍事打擊之後，仍需要在外交方面乘勝追擊。竇憲於班師之初，即以軍司馬吳汜、梁諷①出使北匈奴，企圖通過外交途徑，使其稱臣於漢，和南匈奴一樣成爲大漢藩屬。《後漢書·竇融列傳》云：

> 遣軍司馬吳汜、梁諷，奉金帛遺北單于，宣明國威，而兵隨其後。時虜中乖亂，汜、諷所到，輒招降之，前後萬餘人。遂及單于於西海上，宣國威信，致以詔賜，單于稽首拜受。諷因説宜修呼韓邪故事，保國安人之福。單于喜悦，即將其衆，與諷俱還。

竇憲的命令，是要北單于率衆歸附，如南匈奴一樣，在關内另外劃地安置。然而北單于仍存僥幸之心，一看漢軍已經班師，遂遲疑觀望，僅遣其弟奉貢獻去洛陽，意圖仍舊盤踞漠北，以圖日後：

> 到私渠海，聞漢軍已入塞，乃遣弟右温禺鞮王奉貢入侍，隨諷詣闕。（同前引）

而在漢廷看來，北單于自己并未親身來洛陽，是没有誠意的表現，很可能有後患，於是繼續備戰。《後漢書·竇融列傳》説：

> 詔使中郎將持節即五原拜憲大將軍。

次年即永元二年（90）五月，竇憲再派兵取伊吾，是爲此次北伐的第二戰役：

> 遣副校尉閻磐②討北匈奴，取伊吾盧地。……車師前後王並遣子入侍。（《後漢書·孝和孝殤帝紀》）

---

①梁諷，北地弋居（今甘肅寧縣）人，歷任州宰。永元初隨竇憲出征匈奴，任軍司馬，令先繼金帛使北單于，宣國威德，其歸附者萬餘人。後忤竇憲，爲其貶至武威郡，後被殺。其子梁慬，延平元年（106）拜西域副校尉，適西域諸國反叛，梁慬平定龜兹（本書第三十一章《以荷析薪》第二節《西域再絶》有介紹）。軍司馬吳汜《後漢書》僅此一見，其他事迹不詳。

②磐，通"盤"。

這次戰役《資治通鑒》記載略詳：

> 竇憲遣副校尉閻盤將二千餘騎掩擊北匈奴之守伊吾者，復取其地。車師震懾，前、後王各遣子入侍。

伊吾在今新疆哈密附近，是匈奴通往西域的要道。漢軍奪取伊吾，對西域諸國頗有震懾，此前投靠北匈奴的車師便又重新歸附於漢。永元二年（90）七月，竇憲駐兵涼州①：

> 秋七月乙卯，大將軍竇憲出屯涼州。（《後漢書·孝和孝殤帝紀》）

北匈奴在漢軍的威脅下，再次作臣服的表示，漢庭遂派班固為外交使臣，進行交涉。《後漢書·孝和孝殤帝紀》永元二年載：

> 九月，北匈奴遣使稱臣。冬十月，遣行中郎將班固報命南單于。

《後漢書·竇融列傳》的記載：

> （憲）遂將兵出鎮涼州，以侍中鄧疊行征西將軍事為副。北單于以漢還侍弟，復遣車諧儲王等款居延塞，欲入朝見，願請大使。憲上遣大將軍中護軍班固行中郎將，與司馬梁諷迎之。

《後漢書·班彪列傳》稱：

> 北單于聞漢軍出，遣使款居延塞②，欲脩呼韓邪故事，朝見天子，請大使。憲上遣固行中郎將事，將數百騎與虜使俱出居延塞迎之。

路放按：此言竇憲派班固"行中郎將事"者，即以中郎將的身份對北匈奴進行交涉。

然而班固此次的交涉使命未能完成，蓋正當班固出塞往迎北匈奴使節之時，

---

①涼州為漢代十三刺史部之一，轄域約今甘肅、寧夏一帶，包括隴西、天水、安定、北地、酒泉、張掖、敦煌、武威、金城諸郡。
②居延塞屬張掖郡，武帝時築於居延海（古代內蒙地區高原湖泊，今已基本乾涸）上，位於今內蒙古額濟納旗一帶。

南單于方面又主動出擊。

> 會北單于爲南匈奴所破，被創遁走，固至私渠海而還。（《後漢書·竇融列傳》）

這次戰役，《後漢書·南匈奴列傳》記述較詳：

> 南單于復上求滅北庭，於是遣左谷蠡王師子等將左右部八千騎出雞鹿塞，中郎將耿譚遣從事將護之。至涿邪山，乃留輜重，分爲二部，各引輕兵兩道襲之。左部北過西海至河雲①北，右部從匈奴河水西繞天山，南度甘微河。二軍俱會，夜圍北單于。單于大驚，率精兵千餘人合戰。單于被創，墮馬覆上，將輕騎數十遁走，僅而免脱。得其玉璽，獲閼氏及男女五人，斬首八千級，生虜數千口而還。

此次南匈奴軍出擊，并非南匈奴自行行事，而是在竇憲統一指揮下的北伐戰爭的第三次戰役。"中郎將耿譚遣從事將護之"，此中郎將耿譚正是竇憲的部下，此前亦參加了稽落山之戰。

這時北匈奴已成強弩之末，只待最後一擊。次年二月，竇憲乃復遣軍北上，以竟全功：

> （永元三年②）復遣右校尉耿夔、司馬任尚、趙博等將兵擊北虜於金微山，大破之，克獲甚衆。北單于逃走，不知所在。（《後漢書·竇融列傳》）

金微山，即今阿爾泰山。金微山之戰是北伐的第四次戰役，也是最后一戰。此次戰役之後，北匈奴殘部遂被迫西遷，逃亡烏孫③。《後漢書·袁張韓周列傳》云：

> 北單于爲耿夔所破，遁走烏孫，塞北地空，餘部不知所屬。

---

① 河雲位於今蒙古人民共和國烏布蘇諾爾省沃勒吉附近。
② 永元三年爲公元 91 年。
③ 烏孫是兩漢時期西域的少數民族國家，位於巴爾喀什湖東南、伊犁河流域，約今之哈薩克斯坦和新疆北部地區。

於是這場打了三年的北伐戰爭,以漢軍的徹底勝利而告結束。爲患大漢北方各郡二百餘年的北匈奴被徹底打垮,降的降,逃的逃,已不再是東漢國防的重點。

以下簡單介紹一下竇憲北伐之後匈奴問題的餘波。

> 竇憲死後,已降漢的北匈奴單于於除鞬率部北逃,爲漢軍追殺。永元六年(94),降漢北匈奴十五部二十萬人,又擁立南匈奴日逐王逢侯爲單于,叛出塞外。元初四年(117)逢侯部爲鮮卑破,部衆歸附鮮卑。次年逢侯再次降漢。(《後漢書·南匈奴列傳》)

西逃烏孫的北匈奴之一部後來又繼續西遷至康居①,但具體時間不詳。《魏書·西域傳》載:

> 悦般國在烏孫西北,去代一萬九百三十里。其先匈奴北單于之部落也。爲漢車騎將軍竇憲所逐,北單于度金微山西走康居,其羸弱不能去者,住龜兹北。地方數千里,衆可二十餘萬,涼州人猶謂之單于王。

順帝時,盤踞西域的北匈奴人和漢軍時有衝突,班超之子班勇曾與之作戰。《後漢書·西域傳》桓帝元嘉元年(151)載:

> 呼衍王將三千餘騎寇伊吾,伊吾司馬毛愷遣吏兵五百人於蒲類海東與呼衍王戰,悉爲所没,呼衍王遂攻伊吾屯城。夏,遣敦煌太守司馬達將敦煌、酒泉、張掖屬國吏士四千餘人救之,出塞至蒲類海,呼衍王聞而引去,漢軍無功而還。

這是北匈奴人最後一次出現在中國史籍中。

路放按:四世紀中葉,匈奴人又出現於西方史籍,他們首先滅掉了位於今頓河以東的阿蘭聊(Alani)國,然後繼續西進,相繼征服了第聶伯河以西至德涅斯河以東的東哥特人和德涅斯河以西至喀爾巴阡山之間的西哥特人,從而推動了歐洲的民族大遷徙。453年,在匈牙利平原上建立起强大帝國的匈奴單于阿提拉暴亡,其帝國隨後很快解體,後來北匈奴人也逐漸與當地民族融合而不復

---

① 康居爲古代游牧民族活動範圍,主要在今哈薩克斯坦南部及錫爾河中下游,當在烏孫以西。

存在。

而入塞附漢的南匈奴人，爲東漢政府安置在河套地區。靈帝中平五年（188），於扶羅單于乘黃巾之亂起兵，後又參加中原軍閥混戰，爲曹操所降服。西晋八王之亂時，匈奴人劉淵建立後漢政權，於316年滅亡西晋，中國進入南北朝時期。隨着進入中原後生活習性的改變，匈奴人由最初的游牧生活逐步轉爲農耕生活，再加上對中原文化上的認同，到隋唐統一中國時，匈奴人已完全融入中原社會，不再有獨立的匈奴民族存在了。

四、千秋功罪

在漢、匈關繫發展史上，以竇憲爲主帥的北伐戰役，具有劃時代的意義。竇憲等北伐將士的功績，亦一向爲史學家所肯定。例如范曄曾論及竇憲北伐的功績：

> 衛青、霍去病資强漢之衆，連年以事匈奴，國耗太半矣，而猾虜未之勝，所世猶傳其良將，豈非以身名自終邪！竇憲率羌胡邊雜之師，一舉而空朔庭，至乃追奔稽落之表，飲馬比鞮之曲，銘石負鼎，薦告清廟。列其功庸，兼茂於前多矣，而後世莫稱者，章末釁以降其實也。是以下流①，君子所甚惡焉。（《後漢書·竇融列傳》）

論之意猶未足，又贊之曰：

> 惆惆安豐②，亦稱才雄。提挈舁河右，奉圖歸忠。孟孫明邊③，伐北開西。憲實空漠，遠兵金山。聽笳龍庭，鏤石燕然。雖則折鼎，王靈以宣。（同前引）

竇憲的功業是爲范曄所肯定的。爲其遺憾者是竇憲之未以"身名終"。如以歷史主義的態度，而非以當世之成敗論，竇憲之"折鼎"、之"未以身名終"，其中委曲，尚不無可斟酌之處。

---

① 李賢注："《論語》曰：'紂之不善不如是之甚也，是以君子惡居下流，天下之惡皆歸焉。'"
② 竇融封安豐侯。
③ 竇固，字孟孫。

第二十一章　憲府文章

竇憲本人附庸風雅，喜與文人交接。他原本就與班固關繫密切，章帝時又結識了崔駰；然而身爲朝臣，這種交往祇能是私人情誼，範圍有限。章和二年（88）他拜爲車騎將軍，北伐匈奴。據《後漢書·百官一》，將軍府的編制爲：

> 長史、司馬皆一人，千石。本注曰：司馬主兵，如太尉。從事中郎二人，六百石。本注曰：職參謀議，掾屬二十九人。令史及御屬三十一人。本注曰：此皆府員職也。

有了編制，竇憲遂網羅了當時最有才華的一班文人騷客在自己幕中，隨其出征。《後漢書·文苑列傳上》載：

> 永元元年①，車騎將軍竇憲復請毅爲主記室，崔駰爲主簿。及憲遷大將軍，復以毅爲司馬，班固爲中護軍。

一、班固

班固與竇憲爲世交。早在更始末年（25），全國各地戰亂不斷，時任張掖屬國都尉的竇融被推舉行河西五郡②大將軍事。班固之父班彪當時爲躲避戰亂避地河西，即爲竇融聘爲幕僚，極得其信任。班固、班超兄弟亦生於河西。建武十二年（36），竇融內附劉秀，班彪一家遂一起來到洛陽。

永平十六年（73），奉車都尉竇固出擊匈奴，以班固的弟弟班超爲假司

---

① 永元元年爲公元89年。
② 河西五郡：張掖、酒泉、金城、敦煌、并州。

馬①。班超先是帶兵與北匈奴人戰於浦類海，後又收復伊吾城（今新疆哈密地區伊吾縣）。戰後奉竇固之命出使西域，自此開始了他縱橫西域的傳奇生涯。

竇固，字孟孫，係竇融弟竇友之子，尚劉秀女兒涅陽公主。永平十五年（73）拜爲奉車都尉，出屯凉州。次年將兵大舉進攻北匈奴，有功。章帝初年回朝。

建初八年（83），班超拜西域將兵長史。竇憲出征前一年，即章和元年（87），班超征莎車國，龜茲王遣兵五萬救援。班超大敗龜茲援軍，自此威震西域。

竇、班兩家既爲世交，而班固與竇憲之私人交往亦頗爲密切。如班固在給班超的一封信中提到：

> 竇侍中遺仲升楚騰陵錯横刀臯削一枚，金錯半垂刀一枚。（《太平御覽·卷三百四十五》）

即竇憲通過班固贈送班超禮物。又下兩封信：

> 竇侍中前寄人錢八十萬。市得雜罽②十餘張。（《太平御覽·卷八百一十六》）

> 竇侍中令載雜綵③七百匹，白素三百匹。欲以市月氏馬、蘇合香④、氍氀⑤。（《全上古三代秦漢三國六朝文·全後漢書·卷二十五》）

這兩封信均應寫於章帝年間，時任侍中的竇憲通過班超在西域采辦一些當地特産。

永元初，竇憲拜車騎將軍，北征匈奴，適班固因母喪居家，即引其入幕府：

> 永元初，大將軍竇憲出征匈奴，以固爲中護軍，與參議。（《後漢書·班彪列傳下》）

下面這封信，應是在班固奔赴軍中之前與竇憲的通信：

---

① 據《後漢書·百官一》，此"假司馬"乃是"副貳"之職，即副司馬。
② 罽，音"紀"，毛氈。
③ 各色有花紋綢緞。
④ 蘇合，金縷梅科喬木，原産小亞細亞。樹脂稱"蘇合香"，可制香油或入藥。
⑤ 氍氀，音"踏登"，羊毛織成之地毯。

明將軍哀憐，賜固手札，告以軍中宜鮮明。乃賜以玉躬①所喜駮犀、瑇瑁簪、絳紗單衣。以魯縞之質，被服鷙鳳之飾。（《全上古三代秦漢三國六朝文・全後漢文・卷二十五》）

竇憲告訴班固，任職軍中服裝要鮮明，且贈班固若干衣飾。於此可見竇憲與班固之關繫的確非同一般。

二、崔駰

崔駰善辭賦，曾作《四巡頌》，爲章帝劉炟所贊賞，并將崔駰推薦給竇憲。竇憲後來在自己家裏接待崔駰：

駰由此候憲。憲屣履迎門，笑謂駰曰："亭伯，吾受詔交公，公何得薄哉？"遂揖入爲上客。（《後漢書・崔駰列傳》）

不久，章帝劉炟到竇憲家裏做客，正好崔駰也在：

居無幾何，帝幸憲第，時駰適在憲所，帝聞而欲召見之。憲諫，以爲不宜與白衣會。帝悟曰："吾能令駰朝夕在傍，何必於此！"適欲官之，會帝崩。（同前引）

遺憾的是章帝不久後去世，未能來得及提拔崔駰。然崔駰仍爲竇憲之座上客。這次竇憲出征，遂延攬崔駰入其帳下。《後漢書・崔駰列傳》云：

憲爲車騎將軍，辟駰爲掾。憲府貴重，掾屬三十人，皆故刺史、二千石，唯駰以處士年少，擢在其間。

三、傅毅

建初中，傅毅爲蘭臺令史、校書郎，是班固的同事。班固對傅毅很贊賞，曾

---

①書信用語，對對方之尊稱。

在給班超的信中稱讚他：

> 傅武仲以能屬文爲蘭臺令史，下筆不能自休。(《全上古三代秦漢三國六朝文・全後漢文・卷二十五》)

路放按：不過，也有人說班固此信有鄙薄傅毅之意，如曹丕《典論・論文》："夫文人相輕，自古而然。傅毅之於班固，伯仲之間耳，爾固小之，與弟超書曰：'武仲以能屬文爲蘭臺令史，下筆不能自休。'夫人善於自見，而文非一體，鮮能備善。是以各以所長，相輕所短。里語曰：'家有弊帚，享之千金。'斯不自見之患也。"曹丕此說流傳甚廣。不過僅就此信而言，最多祇能說班固語帶調侃，若據此斷定班固看不起傅毅，甚或"文人相輕"，似證據不足。

明帝馬皇后之弟馬防拜車騎將軍征羌，請傅毅爲司馬，待以師友之禮。建初八年（83），因馬防侄子馬豫犯事，連累馬廖、馬防、馬光兄弟被免職，詔令就國①，於是傅毅也被免官。迨竇憲出征，遂將傅毅亦延攬至其幕中。《後漢書・文苑列傳上》載：

> 永元元年②，車騎將軍竇憲，復請毅爲主記室，崔駰爲主簿。及憲遷大將軍，復以毅爲司馬，班固爲中護軍。

四、齊聚竇幕

班固、崔駰、傅毅三位當世最有文才的文人騷客齊聚竇憲帳下，於是：

> 憲府文章之盛，冠於當世。(《後漢書・文苑列傳上》)

竇憲一介武夫，帶著一班文人去打仗，圖的是什麼？

作爲將軍帶兵出征，當然首先是要打勝仗；但是光打勝仗是不夠的，還要做好輿論工作，這又分爲兩個方面。一是草擬奏章上報皇帝和朝廷。撰寫奏章

---

①見《後漢書・馬援傳》。
②永元元年爲公元89年。

之際，遣詞造句大有講究，既要讓皇帝和衆朝臣充分認識到你的功績，又要保持謙冲爲懷的態度，免得別人以爲你恃功而驕。如果出征的部隊不止你這一路，那就更有講究了，既不能令其他將領冒功而去，同時也要照顧到同僚情緒。

二是對外宣傳。班固、傅毅、崔駰，素有文名，他們的作品，膾炙人口，流傳很廣，是最佳的輿論工具。即如班固所作《封燕然山銘》，氣勢雄渾，文辭典雅，其"振大漢之天聲"之句，即使今天讀來，猶使人血脉噴張，迴腸蕩氣。

在跟隨竇憲出征時期，除了《封燕然山銘》外，班固的作品還有《竇將軍北征頌》：

> 車騎將軍，應昭明之上德，該文武之妙姿，蹈佐歷，握輔策。①翼肱聖上，作主光輝。資天心，謨神明，規卓遠，圖幽冥。親率戎士，巡撫疆埸。勒邊御之永設，奮轒櫓之遠徑，閔遐黎之騷狄，念荒服之不庭。乃總三選，簡虎校，勒部隊，明誓號，援謀夫於末言，察武毅於俎豆，取可杖於品象，拔所用於仄陋。料資器使，采用先務，民儀響慕，羣英影附。羌戎相率，東胡爭鶩，不召而集，未令而諭。於是雷震九原，電曜高闕，金光鏡野，武旂冒日。雲黯長霓，鹿走黃磧。輕選四縱，所從莫敵。馳飆疾，踵蹊迹，探梗莽，採嶮陑。斷溫禺，分尸逐，電激私渠，星流霰落，名王交手，稽顙請服。乃收其鋒鏃、干鹵、甲冑，積象如丘阜，陳閱滿廣野，載戴連百兩，散數累萬億。放獲驅孥，揣城拔邑，擒馘之倡，九谷謠諺，響聒東夷，埃塵戎域。然而唱呼鬱憤，未逞厥願。甘平原之酣戰，矜訊捷之累筭。何則？上將崇至仁，行凱易，弘濃恩，降溫渾，同庖廚之珍饌，分裂室之纖帛，勞不御輿，寒不施襌。行無偏勤，止無兼役。悝蒙識而憬戾順，貳者異而懦夫奮。遂蹄涿邪，跨祁連，籍庭蹈就，疆獮靖嵦，轢幽山，趨凶河，臨安候，軼焉居與虞衍，顧衛、霍之遺迹，賊伊袟之所邀。師横鶩而庶御，士怫愲以爭先。回萬里而風騰，劉殘寇於沂根。糧不賦而師贍，役不重而備軍。行戎醜以禮教，炘鴻校而昭仁。文武炳其竝隆，威德兼而兩信。清乾釣之攸冒，拓畿略之所順。橐弓鏃而戢戈，回雙

---

①輔策，即手杖。

麾以東運。於是封燕然以隆高，禮廣鞬以弘曠，銘靈陶以勒崇，欽皇祇之祐覭。宣惠氣，盪殘風，軔泰幽，嘉凝陰，飛雪瀼庶，其雨洒淋。榛枯一，握興嘉，卉始濃，土膏含養，四行分任。於是三軍稱曰：

亹亹將軍，克廣德心。

光光神武，弘昭德音。

超分首天瀇，眇分與神參。（《全上古三代秦漢三國六朝文·全後漢文·卷二十六》）

以及《涿邪山祝文》。該祝文祇有四句殘文保留下來：

眈眈將軍，大漢元輔。

仗節擁旄，鉦人伐鼓。（同前引）

按：涿邪山即稽落山之戰前各部隊的集合地點（參看第二十章《勒功燕然》），班固此祝文當是用於出發前祈祝神明保佑出戰勝利。

崔駰亦有《北征頌》以歌詠竇憲此次出征。可惜現在我們看到的也祇有四句殘文了：

人事協兮皇恩得，金精揚兮水靈伏。

順天機兮把刑德，戈所指兮罔不剋。（《全上古三代秦漢三國六朝文·全後漢文·卷四十四》）

稽落山大捷以後，竇憲班師退回塞內，駐五原郡。南單于屯屠何拍他的馬屁，將一個挖掘出來的古鼎送給他，即仲山甫鼎。仲山甫爲周宣王時賢臣，該鼎爲仲山甫家之傳家寶。古鼎重現於世，古人視爲祥瑞。得了這樣一件寶物，竇憲不敢自己享用，於是進獻於皇帝：

南單于於漢北遺憲古鼎，容五斗，其傍銘曰："仲山甫鼎，其萬年子子孫孫永保用"，憲乃上之。（《後漢書·竇融列傳》）

竇憲此時剛取得稽落山大捷，聲望如日中天，朝廷遣使至五原拜其爲大將軍，封武陽侯，食邑二萬户。當此之時，崔駰仿作《仲山父鼎銘》，勸誡竇憲"在滿戒溢"。其文曰：

> "鼎耳革，其行塞，雉膏不食。
> 方雨，虧，悔。終吉。"①
> 有福。
> 足勝其任，公餗乃珍。
> 於高思危，在滿戒溢。
> 可以永年，天之大律。(《藝文類聚·卷七十三》)

按：仲山甫鼎原有銘文，故崔駰此文祇是仿銘文的體裁而作，并非真的要鐫刻到原鼎上。該銘文籍用《易·鼎》爻辭勸誡竇憲，犯了錯（指殺劉暢被譴）不要緊，祇要改弦易轍，戒驕慎行，就可保富貴永年。

路放按：崔駰的勸告是很適時的，提醒竇憲不要被眼前的勝利衝昏頭腦。竇憲接受了大將軍的任命，但辭謝了武陽侯的封爵，未知是否即爲崔駰勸告的效果？

次年竇憲遣兵攻克伊吾城之後，傅毅作《竇將軍北征頌》。該詩保存得相當完整：

> 逮漢祖之龍興，荷天符而用師。
> 曜神武於幽、冀，遇白登之重圍。
> 何獯鬻之桀虐，自弛放而不羈？
> 哀昏庆之習性，阻廣漢之荒垂。
> 命竇侯之征討，躡衛、霍之遺風。
> 奉聖皇之明策，奮無前之嚴鋒。
> 採伊吾之城壁，蹈天山而遙降。
> 曝名烈於禹跡，奉旗鼓而來旋。
> 聖上嘉而褒寵，典禁旅之戎兵。
> 內雍容以詢謨，外折衝於無形。
> 惟倜儻以弘遠，委精慮於朝廷。(《藝文類聚·卷五十九》)

永元二年（90）秋，竇憲出屯涼州。崔駰、傅毅都有頌、賦之作記此行。而

---

① 引文出自《易·鼎》九三爻卜辭。大意爲："用鼎烹野雞，在端出去的路上鼎耳脫落，祇好停下來。天正下雨，美味被毀，後悔。然雉肉還可重新烹製，終爲吉。"

班固因爲這段時間"行中郎將事"迎北匈奴使節，獨自行事，故没有相應的紀行詩留下。

傅毅之《西征頌》，僅剩四句殘文：

愠昆夷之匪協，咸矯於戎事。
干戈動而後戢，天將祚而隆化。（《太平御覽·卷第三百五十一》）

崔駰的《大將軍西征賦》（并序）：

主簿駰言：愚聞昔在上世，義兵所克，工歌其詩，賢陳其頌，書之庸器，列在明堂，所以顯武功也。
於是襲孟秋而西征，跨雍、梁而遠蹤。
陟隴阻之峻城，升天梯以高翔。
旗旐翼如游風，羽毛紛其覆雲。
金光皓以奪日，武鼓鏗而雷震。（《藝文類聚·卷五十九》）

實則班固等人在跟隨竇憲征北匈奴期間所作辭賦、頌等當遠不止此，祇是大部分已經隨着時間的流逝而遺失了。

五、曲終人散

由於班固、崔駰、傅毅等人的加盟，竇憲幕府文名重於一時。然而"天下無不散的筵席"，隨着傅毅、崔駰等人的離世或離開，盛極一時的"憲府文章"也有終結的一天。

首先是傅毅，於竇憲征北匈奴期間去世。《後漢書·竇融列傳》於永元三年（91）金微山大捷後還提到傅毅，而傅毅本傳說其早卒，且竇憲一案誅連甚廣而未提及傅毅，故其應卒於永元三年至永元四年之間。

崔駰是一個很有趣的人物。他在竇憲手下，一直扮演着一個屈原式的忠臣，不停地進諫其主人竇憲。早在章帝劉炟剛去世，竇太后臨朝，竇憲得以小皇帝舅舅的身份初得重用，崔駰就勸誡竇憲說：

駰聞交淺而言深者，愚也；在賤而望貴者，惑也；未信而納忠者，謗也。三者皆所不宜，而或蹈之者，思効其區區，憤盈而不能已也。竊见足下体淳淑之姿,躬高明之量,意美志属,有上贤之风。骃幸得充下馆,序后陈,①是以竭其拳拳,敢进一言。

《传》曰:"生而富者骄,生而贵者傲。"生富贵而能不骄傲者,未之有也。今宠禄初隆,百僚观行,当尧舜之盛世,处光华之显时,岂可不庶几夙夜,以永众誉,弘申伯之美,致周、邵之事乎?②语曰:"不患无位,患所以立。"③昔冯野王以外戚居位,称为贤臣,④近阴卫尉克己复礼,终受多福。⑤郑氏之宗,非不尊也;⑥阳侯之族,非不盛也。重侯累将,建天枢,执斗柄。⑦其所以获讥於时,垂愆於后者,何也?盖在满而不抱,位有餘而仁不足也。汉兴以後,迄于哀、平,外家二十,保族全身,四人而已。⑧《书》曰:"鉴於有殷。"⑨可不慎哉!

窦氏之兴,肇自孝文。⑩二君以淳淑守道,成名先日;⑪安豐以佐命

---

①李贤注:"陈,列也。"
②李贤注:"申伯,周宣王之元舅。周公、邵公皆辅佐周室也。"
③李贤注:"《论语》孔子之言也。言但患立身不处於仁义也。"
④李贤注:"《前书》曰,冯野王字君卿,妹为元帝昭仪,野王为左冯翊。御史大夫缺,上使尚书选中二千石,而野王行能第一。"
⑤阴卫尉,指光武帝阴皇后同母弟阴兴。以行事谨慎得光武帝亲幸。
⑥李贤注:"史丹封郯,故云郯氏。《前书》:史丹字君仲,鲁国人也。祖父恭有女弟,武帝时为卫太子良娣。成帝即位,擢丹为长乐尉,迁右将军,封为武阳侯,封东海郯之武强聚,以旧恩见褒赏,赐累千金。"
⑦李贤注:"王氏九侯五大司马。春秋运斗枢曰:'北斗七星,第一名天枢,第二至第四为魁,第五至第七为杓。'杓即柄。《前书》:'斗运中央,制临四海'。"
⑧李贤注:"外家,当为后家也。二十者,谓高帝吕后产、禄谋反诛,惠帝张皇后废,文帝母薄太后弟昭被杀,孝文帝窦皇后从昆弟子婴诛,景帝薄皇后、武帝陈皇后并废,卫皇后自杀,昭帝上官皇后家族诛,宣帝祖母史良娣为巫蛊死,宣帝母王夫人弟子商下狱死,霍皇后家破,元帝王皇后弟子莽篡位,成帝许皇后赐死,赵皇后废自杀,哀帝祖母傅太后家属徙合浦,平帝母卫姬家属诛,昭帝赵太后忧死是也。四人者,哀帝母丁姬,景帝王皇后,宣帝许皇后、王皇后,其家族并全。"
⑨出自《尚书·周书·诏诰》:"我不可不监於有夏,亦不可不监於有殷。"
⑩李贤注:"《前书》曰,窦婴字王孙,孝文皇后从兄子也。孝文时为吴相,孝景时为詹事也。"
⑪李贤注:"窦太后之弟长君、少君,退让君子,不敢以富贵骄人,故云淳淑守道也。"

著德,顯自中興。①內以忠誠自固,外以法度自守,卒享祚國,垂祉於今。夫謙德之光,《周易》所美;滿溢之位,道家所戒。②故君子福大而愈懼,爵隆而益恭。遠察近覽,俯仰有則,銘諸几杖,刻諸盤杅。③矜矜業業,無殆無荒。如此,則百福是荷,慶流無窮矣。(《後漢書·崔駰列傳》)

看來崔駰的勸誡并沒有生效,以致於有不久後的刺殺都鄉侯劉暢事件發生。後來竇憲出征,仍聘崔駰於其幕府,崔駰還是老脾氣,無論什麼事看不順眼,就開始勸諫:

憲擅權驕恣,駰數諫之。及出擊匈奴,道路愈多不法,駰為主簿,前後奏記數十,指切長短。(同前引)

現在我們還能看到崔駰給竇憲的一封信,勸他要遠離可能為其惹禍的趨炎附勢之徒:

主簿崔駰言:今旦漢陽太守棱吏卒數十人,皆臂鷹牽狗,陳于道側,云欲上幕府。駰聞《傳》曰:禽獸之皮,不足以備器用,其肉不可以將獻養,則公不舉焉。④禮,公矦非麋咒射。且以服猛,為民除害,因以登臨器械也。故晉唐叔射兕於徒林,以為大甲。夫鷹犬所獲,不過雉兔,而有歷險阻之難,斯乃細人匹夫之事,非王公大人所為要資也。駰幸得充下館,序在眾賢後乘,是以竭其惓惓,敢進一言。(《全上古三代秦漢三國六朝文·全後漢文·卷四十四》)

---

①竇融封為安豐侯。
②李賢注:"《易》曰:'謙尊而光,卑而不可逾。'《老子》曰:'富貴而驕,自遺其咎。功成名遂而身退,天之道也。'"
③李賢注:"《太公金匱曰》:武王曰:'吾欲造起居之誡,隨之以身。'几之書曰:'安無忘危,存無忘亡,孰惟二者,必後無凶。'杖之書曰:'輔人無苟,扶人無咎。'《墨子》曰:'堯、舜、禹、湯書其事於竹帛,琢之盤盂。'杅亦盂也。"
④見《春秋左傳·隱公五年》,原文為:"鳥獸之肉,不登於俎;皮革齒牙、骨角毛羽,不登於器,則公不射,古之制也。"

此時竇憲位高權重，已聽不進這些逆耳忠言。於是竇憲借口崔駰察舉高第，給崔駰找了個長岑長的職務，將他打發得遠遠地：

> 憲不能容，稍疎之，因察駰高第，出爲長岑長。（《後漢書‧崔駰列傳》）

長岑縣屬樂浪郡，原是朝鮮國地方。前109年，武帝滅衛氏朝鮮，將其地改置四郡：樂浪郡、玄菟郡、真番郡及臨屯郡。崔駰知道這是得罪竇憲了，又不願去那麼遠的地方做一個小小的縣官，遂放棄官位回家：

> 駰自以遠去，不得意，遂不之官而歸。（同前引）

崔駰爲涿郡安平（今河北安平）人。崔駰回鄉後，不久即去世：

> 永元四年，卒於家。（同前引）

而班固則一直與竇憲往來密切。這裏有一封班固給竇憲的信：

> 昨上以寶刀賜臣曰："此大將軍少小時所服，今以賜卿。"固伏念大恩，且喜且慙。(《全上古三代秦漢三國六朝文‧全後漢文‧卷二十五》)

觀其內容，此信應作於竇憲失寵之前，和帝劉肇將竇憲少時所用寶刀賜給班固以爲攏絡。

永元四年（92）竇憲倒臺後，班固受到牽連，瘐死獄中。

第二十二章　竇憲案與班固之死

北伐匈奴之前，漢廷曾就其展開激烈的辯論，結果激進派勝利，於是有了以竇憲爲統帥的北伐戰爭。北伐戰爭獲得空前勝利，因之在政治上激進派抬頭，而保守派頓感失勢。這場論戰和這場戰爭，將漢庭臣工區分成兩個對立的政治派別，進而在戰後形成了兩個政治集團，對匈奴問題的討論也就轉變爲兩個集團之間的政治鬥爭。於是出現了"竇憲逆案"。所謂"竇憲逆案"，不過是東漢統治階級内部矛盾醖釀過程中的又一次爆發形式。

一、皇帝、宗室與外戚

外戚專政、不利皇室，以及結交賓客、擴張個人勢力，這是當時保守派攻擊竇憲的兩個主要罪狀。而這兩條正是劉漢皇室最爲恐懼和引爲戒備的問題，也是當時漢廷政治上存在的嚴重矛盾。

歷史上，秦是最早建立的統一的中央集權的封建帝國，但在其社會經濟内部仍然存在着封建分裂的因素。所以至秦二世時，隨着陳勝、吳廣領導的農民起義爆發，潛伏醖釀的封建分裂勢力亦隨之而起，很快地就在全國範圍内形成了分裂割據的局面。雖然最終劉邦再次統一了全國，然而分裂因素并未也不可能徹底消除，所以在漢帝國的政治建築中始終存在着分裂勢力的隱患。西漢初年的"七國之亂"，新莽之後的割據戰爭，祇是當時社會内部分裂因素較顯著的表現形式。分裂勢力的根源是封建制度，即前代皇帝分封的諸王，如果勢力過大，會反過來危及剛剛繼位、根基尚淺的新皇帝，這在新帝年幼的情況下尤其明顯。

戰國時期，盛行"游俠""門客"。這種社會現象至兩漢時期并未稍歇，祇是在形式、數量上有所變化。發動"七國之亂"的吳王劉濞、淮南王劉安以及西漢末年的王氏五侯都養有大量"賓客"。故地方封建諸侯，包括皇室諸王和外戚勛侯，如果大量豢養"賓客"或"俠客"，就會爲當時皇帝所忌諱。長平、冠軍不招士則武帝信用，魏其、武安原賓客則天子切齒①，代表統一極權力量的皇室對這種權貴招納"門客"的潛在危害是十分清楚的。

"殷鑒不遠，在夏侯之世"，"前車之覆，後車之鑒"，東漢皇室對諸王、外戚豢養賓客非常警惕，處置也相當嚴厲。建武中，"諸王既長，各招引賓客"（《後漢書·樊宏陰識列傳》）勢力逐漸膨脹，遂有沛王劉輔一案②。《後漢書·光武十王列傳》云：

> （建武）二十年③，復徙封沛王。時禁網尚疏，諸王皆在京師，競脩名譽，爭禮四方賓客。壽光侯劉鯉，更始子也，得幸於輔。鯉怨劉盆子害其父，因輔結客，報殺盆子兄故式侯恭，輔坐繫詔獄，三日乃得出。自是後，諸王賓客多坐刑罰。

劉輔本人下詔獄雖僅三日，然"及沛王輔事發，貴戚子弟多見收捕。"（《後漢書·樊宏陰識列傳》）這一案對諸王賓客之屠戮，據廣陵思王劉荆④說，情況是非常殘酷的：

---

① 見《史記·衛青霍去病列傳》太史公曰："蘇建語余曰：'吾嘗責大將軍至尊重，而天下之賢大夫毋稱焉，願將軍觀古名將所招選擇賢者，勉之哉。大將軍謝曰："自魏其、武安之厚賓客，天子常切齒。彼親附士大夫，招賢絀不肖者，人主之柄也。人臣奉法遵職而已，何與招士！"'驃騎亦放此意，其爲將如此。"這段話裏提到的大將軍爲衛青，驃騎指驃騎將軍霍去病。魏其、武安指魏其侯竇嬰和武安侯田蚡，長平、冠軍指長平侯衛青和冠軍侯霍去病。

② 劉輔，光武帝劉秀次子，生母爲廢后郭聖通。建武十七年（41）郭皇后被廢爲中山太后，立劉輔爲中山王。建武十九年（43）劉輔改封沛王，建武二十八年（52）就國。劉輔廣交門客，與更始帝劉玄之子壽光侯劉鯉關繫匪淺。劉鯉怨恨劉盆子害其父劉玄，故借劉輔門客之手殺劉盆子之兄故式侯劉恭，劉輔因而被牽連下獄。路放按：劉鯉此舉頗爲無理，當年赤眉立時年十五歲的劉盆子而逐劉玄，劉盆子不過一傀儡耳，做不得主。後劉玄死於赤眉軍謝禄之手，亦與劉盆子無關。劉輔好經書，作《五經論》，號稱《沛王通論》。劉輔後來"在國謹節，終始如一"，稱爲賢王。

③ 建武二十年爲公元 44 年。

④ 劉荆爲光武帝劉秀之子，生母陰麗華。

及太后①尸柩在堂，洛陽吏以次捕斬賓客，至有一家三尸伏堂者，痛甚矣！（《後漢書·光武十王列傳》）

雖有這次屠戮，而諸王養賓客之風并未稍息。如濟南王劉康②，建武二十八年（52）就國。其後廣交賓客，遭人告發謀議不軌：

> 康在國不循法度，交通賓客。其後，人上書告康招來州郡姦猾、漁陽顏忠、劉子產等，又多遺其繒帛，案圖書，謀議不軌。事下考，有司舉奏之，顯宗以親親故，不忍窮竟其事，但削祝阿、隰陰、東朝陽、安德、西平昌五縣。（同前引）

以諸王交通賓客而入罪，株連最廣的要算楚王劉英③案：

> 英少時好游俠，交通賓客。晚節更喜黃老，學為浮屠齋戒祭祀……英後遂大交通方士，作金龜玉鶴，刻文字以為符瑞。（建武）十三年④，男子燕廣告英與漁陽王平、顏忠等造作圖書，有逆謀，事下案驗。有司奏英招聚姦猾，造作圖讖，擅相官秩，置諸侯王公將軍二千石，大逆不道，請誅之。帝⑤以親親不忍，乃廢英，徙丹陽涇縣，賜湯沐邑五百戶……於是封燕廣為折姦侯，楚獄遂至累年，其辭語相連，自京師親戚、諸侯、州郡豪桀及考案吏，阿附相陷，坐死徙者以千數。（同前引）

楚王劉英案發生以後，又有阜陵王劉延⑥案：

> 永平中，有上書告延與姬兄謝弇、及姊館陶主婿駙馬都尉韓光招

---

① 指光武廢后郭聖通。
② 劉康為光武帝劉秀之子，生母郭聖通。
③ 劉英為光武帝劉秀之子，生母為許美人。劉英建武十五年（39）封為楚公，十七年進爵為王，二十八年（52）就國。
④ 建武十三年為公元37年。
⑤ 指明帝劉莊。
⑥ 劉延為光武帝劉秀子，生母郭聖通。

姦猾、作圖讖，祠祭祝詛。事下案驗，光、弇被殺，辭所連及，死徙者甚衆。有司奏請誅延。顯宗以延罪薄於楚王英，故特加恩，徙爲阜陵王，食二縣。（同前引）

由濟南王劉康及楚王劉英等案可知，在皇帝看來，宗室諸王交通賓客、擴張勢力，便是欲"謀議不軌""大逆不道"，如果"逆謀"未被發現，繼續發展下去，"七國之亂"便有可能重現於東漢初年。

除諸王外，外戚亦好結交各路豪傑，如建武中陰興、陰就①便有大量賓客。光武帝曾予以懲處，這由《後漢書·桓譚馮衍列傳上》可知：

衛尉陰興、新陽侯陰就以外戚貴顯，深敬重衍，衍遂與之交結，由是爲諸王所聘請，尋爲司隸從事。帝懲西京外戚賓客，故皆以法繩之，大者抵死、徙，其餘至貶黜。衍由此得罪，嘗自詣獄。

結果光武帝"使陰就歸國，徙廢陰興賓客。"（《後漢書·第五鍾離宋寒列傳》）章帝即位，時馬太后②約束其諸弟③甚嚴，劉炟欲封爵諸舅，而太后不許：

建初元年④，帝欲封爵諸舅，太后不聽。明年夏，大旱，言事者以爲不封外戚之故，有司因此上奏，宜依舊典。太后詔曰："凡言事者皆欲媚朕以要福耳。昔王氏五侯同日俱封⑤，其時黃霧四塞，不聞澍雨之應。又田蚡、竇嬰，寵貴橫恣，傾覆之禍，爲世所傳。故先帝防慎舅氏，不令在樞機之位。諸子之封，裁令半楚、淮陽諸國，常謂'我子不當與先帝子等'。今有司奈何欲以馬氏比陰氏乎！吾爲天下母，而身服大練，食不求甘，左右但著帛布，無香薰之飾者，欲身率下也。以爲外親見之，當傷心自勑，但笑言太后素好儉。前過濯龍門上，見外

---

①陰興、陰就爲光武帝皇后陰麗華之弟。
②即明帝劉莊馬皇后，系伏波將軍馬援幼女，有賢名。
③即馬廖、馬防、馬光，均爲明帝馬皇后兄弟。其中馬防爲東漢名將，曾帶兵平定西羌。
④建初元年爲公元76年。
⑤指西漢成帝同時封太后王政君的五個弟弟王譚、王商、王立、王根、王逢時爲關内侯一事。

家問起居者，車如流水，馬如游龍，倉頭衣綠褠，領袖正白，顧視御者，不及遠矣。故不加譴怒，但絕歲用而已，冀以默愧其心，而猶懈怠，無憂國忘家之慮。知臣莫若君，況親屬乎？吾豈可上負先帝之旨，下虧先人之德，重襲西京敗亡之禍哉！"固不許。(《後漢書·皇后紀上》)

直到建初四年（79），劉烜纔依制封馬氏諸舅爲列侯。馬氏兄弟辭讓，願意就封較低級別的關內侯，這樣便可留在繁華的京城洛陽，不必去關中封地。馬太后堅持要他們接受封爵，"退位歸第"：

天下豐稔，方垂無事，帝遂封三舅廖、防、光爲列侯。並辭讓，願就關內侯。太后聞之，曰："聖人設教，各有其方，知人情性莫能齊也。吾少壯時，但慕竹帛，志不顧命。今雖已老，而復'戒之在得'，故日夜惕厲，思自降損。居不求安，食不念飽。冀乘此道，不負先帝。所以化導兄弟，共同斯志，欲令瞑目之日，無所復恨。何意老志復不從哉？萬年之日長恨矣！"廖等不得已，受封爵而退位歸第焉（同前引）

然而馬太后甫去世，馬氏兄弟便張揚起來，大起宅邸、廣置賓客：

防兄弟貴盛，奴婢各千人已上，資產巨億，皆買京師膏腴美田。又大起第觀，連閣臨道，彌亙街路，多聚聲樂，曲度比諸郊廟。賓客奔湊，四方畢至，京兆杜篤之徒數百人，常爲食客，居門下。刺史、守、令多出其家。歲時賑給鄉閭，故人莫不周洽。防又多牧馬畜，賦斂羌胡。(《後漢書·馬援列傳》)

馬防、馬光廣交賓客的情況，亦見於時任司空的第五倫之上疏。他說：

而今之議者，復以馬氏爲言。竊聞衛尉廖以布三千匹，城門校尉防以錢三百萬，私贍三輔衣冠，知與不知，莫不畢給。又聞臘日亦遺其在洛中者錢各五千，越騎校尉光，臘用羊三百頭，米四百斛，肉五千斤。臣愚以爲不應經義，惶恐不敢不以聞。陛下情欲厚之，亦宜所以安之。臣今言此，誠欲上忠陛下，下全后家，裁蒙省察。(《後漢書·第五鍾離宋寒列傳》)

外戚大肆交通賓客，勢力過度膨脹，當然會引起皇帝的警惕。章帝於是免除了馬氏兄弟的職務，遣其就國：

> （馬防、馬光所爲）帝不喜之，數加譴勑，所以禁遏甚備，由是權勢稍損，賓客亦衰。（建初）八年①，因兄子豫②怨謗事，有司奏防、光兄弟奢侈踰僭，濁亂聖化，悉免就國。（《後漢書·馬援列傳》）

西漢末年外戚王氏勢力膨脹的結果，便是王莽篡政。"前事不忘，後事之師"，故東漢皇室對外戚畜養賓客，頗爲注意，每以此故對外戚削權、治罪。

二、竇氏兄妹

竇憲祖父竇穆爲竇融長子，尚内黄公主③；父竇勛尚東海恭王劉彊女沘陽公主。竇穆父子，仗着是皇親國戚，横行不法。永平年間，竇穆矯稱陰太后詔，硬逼六安侯劉盱休妻娶自己女兒，以圖侵占其封地。事發後，明帝劉莊免去竇穆等官職，將竇氏一門逐回原籍：

> 穆等遂交通輕薄，屬託郡縣，干亂政事。以封在安豐④，欲令姻戚悉據故六安國，遂矯稱陰太后詔，令六安侯劉盱去婦，因以女妻之。（永平）五年⑤，盱婦家上書言狀，帝大怒，乃盡免穆等官，諸竇爲郎吏者皆將家屬歸故郡，獨留融京師。穆等西至函谷關⑥，有詔悉復追還。（《後漢書·竇融列傳》）

遇赦後，竇穆等仍不自悔改，再次犯法，於是父子皆死於獄中：

---

① 建初八年爲公元83年。
② 兄子豫，指馬防兄馬廖之子馬豫，時任步兵校尉。馬太后去世後，馬氏失勢，馬豫投書怨誹，章帝遂遣諸馬就國。
③ 内黄公主之父史書不載，疑爲光武帝劉秀之兄弟。
④ 竇融爲安豐侯，封地在九江安豐（今安徽霍丘），與六安侯劉盱封地毗鄰。
⑤ 永平五年爲公元62年。
⑥ 竇氏故郡在右扶風平陵縣，自洛陽之三輔，需通過函谷關。

> 帝以穆不能修尚，而擁富貲，居大第，常令謁者一人監護其家。居數年，謁者奏穆父子自失埶，數出怨望語，帝令將家屬歸本郡，唯勳以沘陽主壻留京師。穆坐賂遺小吏，郡捕繫，與子宣俱死平陵獄，勳亦死洛陽獄。（同前引）

竇勳四子：竇憲、竇篤、竇景、竇瓌，以及兩個沒有留下名字的女兒①。祖父、父親被誅，竇憲兄弟姊妹就成了孤兒。不過，由於其祖母、母親均爲公主，天潢貴胄，所以竇氏兄妹還有翻身的日子。章帝建初二年（77），竇勳二女俱被選入宮中。《後漢書·皇后紀上》載：

> 勳尚東海恭王彊女沘陽公主，后其長女也。家既廢壞，數呼相工②問息耗，見后者皆言當大尊貴，非臣妾容貌。年六歲能書，親家皆奇之。建初二年，后與女弟俱以選例入見長樂宮，進止有序，風容甚盛。肅宗先聞后有才色，數以訊諸姬傅。及見，雅以爲美，馬太后亦異焉，因入掖庭，見於北宮章德殿。后性敏給，傾心承接，稱譽日聞。明年，遂立爲皇后，妹爲貴人。七年，追爵諡后父勳爲安成思侯。后寵幸殊特，專固後宮。

竇皇后不僅美貌，也是一個極有心計且心狠手辣的女子，長於宮廷内鬥。她緊緊抓住章帝劉炟的心，充分利用劉炟的寵愛作爲武器，以鞏固自己在後宮的地位。

宋貴人姊妹是明帝馬皇后遠親，她們二人在劉炟爲太子時即入宮侍候。其中大貴人建初三年（78）生劉慶，次年立爲太子。《後漢書·章帝八王傳》説：

> 清河孝王慶，母宋貴人。貴人，宋昌八世孫，扶風平陵人也。父楊，以恭孝稱於鄉閭，不應州郡之命。楊姑即明德馬后之外祖母也。馬

---

① 據《後漢書·皇后紀第十上·章德竇皇后》：章德竇皇后諱某，扶風平陵人，大司空融之曾孫也。祖穆，父勳。后其長女也。建初二年（77），后與女弟俱以選例入見長樂宮。明年，遂立爲皇后，妹爲貴人。兄憲，弟篤、景。（有節略）
② 相工，即以相面之術供官府之人。《史記·張丞相列傳》："韋丞相賢者，魯人也。以讀書術爲吏，至大鴻臚。有相工相之，當至丞相。"

后聞楊二女皆有才色，迎而訓之。永平末，選入太子宮，甚有寵。肅宗即位，並爲貴人。建初三年，大貴人生慶，明年立爲皇太子，徵楊爲議郎，褒賜甚渥。貴人長於人事，供奉長樂宮，身執饋饌，太后憐之。

這樣一個既得寵且生了太子還得太后喜歡的貴人，當然就成了竇氏的眼中釘、肉中刺，必欲去之而後快。建初四年（79），馬太后去世，竇氏便開始行動了：

> 太后崩後，竇皇后寵盛，以貴人姊妹並幸，慶爲太子，心内惡之。與母比陽主謀陷宋氏。外令兄弟求其纖過，内使御者偵伺得失。後於掖庭門邀遮①得貴人書，云"病思生菟②，令家求之"，因誣言欲作蠱道祝詛，以菟爲厭勝之術③，日夜毁譖，貴人母子遂漸見疏。慶出居承祿觀，數月，竇后諷④掖庭令⑤誣奏前事，請加驗實。（建初）七年⑥，帝遂廢太子慶而立皇太子肇。（同前引）

竇氏的手段無所不用其極，"外令兄弟求其纖過，内使御者偵伺得失"，終於叫她截到宋貴人一封家書，提到要家人找菟絲子爲藥。竇氏遂誣宋貴人欲以菟絲子爲"厭勝之術"。一次告不成，便日夜譖告，離間章帝和劉慶母子。不但自己誣告，還指使管事宦官誣告，終於使章帝廢掉劉慶，改立由竇氏撫養的劉肇爲太子。

---

① 邀遮，意爲攔阻。荀悦《漢紀·平帝紀》："如遇險阻，銜尾相隨。虜邀遮前後，危殆不測。"此處意爲竇后在宮門處攔截宋貴人之家書。

② 生菟，即菟絲子。一年生草本植物，莖細長，常纏繞在豆科植物上。菟絲子秋初開小花，子實入藥。

③ 厭勝又稱厭魅、魘魅，意即"厭而勝之"，系用法術詛咒或祈禱以達到制勝所厭惡的人、物或魔怪的目的。

④ 諷：暗示。

⑤ 《後漢書·百官三·少府》："掖庭令一人，六百石。本注曰：宦者。掌后宮貴人采女事。左右丞、暴室丞各一人。本注曰：宦者。暴室丞主中婦人疾病者，就此室治；其皇后、貴人有罪，亦就此室。"

⑥ 建初七年爲公元82年。

宋貴人姊妹的下場很悲慘：

> 遂出貴人姊妹置丙舍①，使小黃門蔡倫②考實之，皆承諷旨傅致其事③，乃載送暴室④。二貴人同時飲藥自殺。帝猶傷之，勑掖庭令葬於樊濯聚⑤。（同前引）

然後竇氏又將目光轉向了梁貴人。竇氏無子，遂將梁貴人所生的皇子劉肇奪來，作爲自己的兒子撫養；這會兒劉肇被立爲太子，竇氏又覺得太子有個生母在面前礙事，想方設法也要除掉她：

> 梁貴人者，褒親愍侯梁竦⑥之女也。少失母，爲伯母舞陰長公主⑦所養。年十六，亦以建初二年⑧與中姊俱選入掖庭爲貴人。四年，生和帝。后養爲己子。欲專名外家⑨而忌梁氏。八年，乃作飛書⑩以陷竦，竦

---

① 王先謙《集解》引胡三省曰："丙舍，宮中之室，以甲乙丙丁爲次也。" 即將宋貴人姊妹移至第三等宮室，以示懲戒。
② 《後漢書·宦者列傳·蔡倫》：蔡倫，字敬仲，桂陽人。永平末入宮，建初中爲小黃門。和帝即位後轉中常侍，豫參帷幄。永元九年（97），監作秘劍及諸器械，莫不精工堅密，爲後世法。自古書契多編以竹簡，其用縑帛者謂之爲紙。縑貴而簡重，并不便於人。倫乃造意，用樹膚、麻頭及敝布、魚網以爲紙。自是莫不從用焉，故天下咸稱"蔡侯紙"。（有節略）
③ 意爲蔡倫秉竇后之意，編造宋貴人姊妹的罪名。
④ 李賢注："《續漢志》曰'暴室，署名，主中婦人疾病'也。" 按暴室亦是安置待罪皇后、貴人的地方，參看前注。
⑤ 李賢注："在洛陽城北也。"
⑥ 梁竦，字步敬，光武重臣梁統次子，有文才。梁竦因其兄梁松事被牽連，貶逐到南方九真一帶，後被召還。班固評價梁竦："孔子著春秋而亂臣賊子懼，梁竦作《七序》而竊位素餐者慚。" 梁竦二女，爲章帝貴人。小貴人生和帝劉肇，梁竦封褒親愍侯。建初八年（83），竇皇后見梁家姐妹失寵，遂發出匿名函件，誣告梁竦謀反。梁竦入獄後，由漢陽太守拷問，不久身亡，家屬皆徙九真（今越南清化市）。
⑦ 又作舞陽長公主，即光武帝劉秀與皇后陰麗華之女劉義王，適陵鄉侯太仆梁松。梁松事迹可參看本書第二十五章《投筆從戎》第二節《大將竇固》。
⑧ 建初二年爲公元77年。
⑨ 意爲竇皇后恐梁家作爲劉肇生母娘家而分竇氏之勢力。
⑩ 李賢注："飛書，若今匿名書也。"

坐誅，貴人姊妹以憂卒。自是宮房慄息，后愛日隆。(《後漢書·皇后紀上》)

竇氏對付宋貴人、梁貴人及其家族的手段之冷血殘酷，令人髮指。由此亦可見當時宮廷鬥爭的殘酷。

竇氏立爲皇后以後，竇氏兄弟亦得鹹魚翻身，以外戚身份入朝爲官。《後漢書·竇融列傳》説：

> 建初二年，女弟立爲皇后，拜憲爲郎，稍遷侍中、虎賁中郎將；弟篤，爲黃門侍郎。兄弟親幸，並侍宮省。

由於竇后得寵，竇憲兄弟也就跟着水漲船高：

> 賞賜累積，寵貴日盛，自王、主及陰、馬諸家，莫不畏憚。①（同前引）

竇憲繼承了乃祖乃父一貫張揚的性格，如今親妹成了得寵的皇后，行事遂無所顧忌。謁者韓紆曾經審過竇勳的案子，竇憲就殺其子報復（此時韓紆本人已死）。《後漢書·竇融列傳》説：

> 憲性果急，睚眥之怨莫不報復。初，永平時，謁者韓紆嘗考劾父勳獄，憲遂令客斬紆子，以首祭勳冢。

竇憲"好士交結"，時任司空的第五倫上疏稱：

> 今承百王之敝，人尚文巧，咸趨邪路，莫能守正。伏見虎賁中郎將竇憲，椒房之親，典司禁兵，出入省闥，年盛志美，卑謙樂善，此誠其好士交結之方。(《後漢書·第五鍾離宋寒列傳》)

> 然諸出入貴戚者，類多瑕釁、禁錮之人，尤少守約安貧之節，士大夫無誌之徒更相販賣，雲集其門。衆煦飄山，聚蚊成雷，蓋驕佚所從生也。三輔論議者至云以貴戚廢錮，當複以貴戚浣濯之，猶解酲當以酒也。詖險趣勢之徒，誠不可親近。

---

① 意爲自宗室諸王、公主，到光武陰皇后娘家、明德馬皇后娘家等外戚，俱畏忌竇氏勢力。

> 臣愚願陛下中宮嚴勑憲等閉門自守，無妄交通士大夫，防其未萌，
> 慮於無形，令憲永保福祿，君臣交歡，無纖介之隙。此臣之至所願也。
> （同前引）

他指出竇憲"卑謙樂善""好士交結"，然所"交結"者"類多瑕釁、禁錮之人""諂險趣勢之徒"。如果任其發展，結果不可想象，故應"防其未萌，慮於無形。"本來身爲外戚而"好士交結"是很嚴重的過錯，然而當時竇氏"專固後宮"，聖眷日隆，所以竇憲并未得到任何處分。

到後來，竇憲甚至連皇室都不放在眼裏，連劉炟的姐妹，沁水公主①家的田也敢奪。這次劉炟發覺後大怒，痛斥竇憲：

> 憲恃宮掖聲勢，遂以賤直②請奪沁水公主園田，主逼畏，不敢計。
> 後肅宗駕出過園，指以問憲，憲陰喝不得對。後發覺，帝大怒，召憲
> 切責曰："深思前過，奪主田園時，何用愈趙高指鹿爲馬？久念使人驚
> 怖。昔永平中，常令陰黨、陰博、鄧疊三人更相糾察，故諸豪戚莫敢
> 犯法者，而詔書切切，猶以舅氏田宅爲言。今貴主尚見枉奪，何況小
> 人哉！國家棄憲如孤雛腐鼠耳。"（《後漢書·竇融列傳》）

當然，竇后的手腕還是很厲害的，即使竇憲鬧到這種地步，竇氏一求情，劉炟也沒能過得了美人關，治竇憲的罪。鬱悶之餘，祇能以不再重用竇憲安慰自己了：

> 憲大震懼，皇后爲毀服深謝，良久乃得解，使以田還主。雖不繩
> 其罪，然亦不授以重任。（同前引）

章和二年（88）二月劉炟去世。竇氏此時年紀不到三十歲，③青春守寡，成了太后。因太子劉肇年幼，故竇太后臨朝，竇氏弟兄更得重用：

---

①沁水公主名劉致，明帝劉莊之第五女，夫婿爲鄧禹之孫高密侯鄧乾。
②直，通"值"。賤直，即低價。
③若建初二年（77）竇氏入宮時十六歲（如梁貴人），則其應生於永平五年（62），章和二年（88）章帝劉炟去世時年二十七歲左右。

> 和帝卽位，太后臨朝，憲以侍中，內幹機密，出宣誥命。肅宗遺詔以篤爲虎賁中郎將，篤弟景、瓌並中常侍，於是兄弟皆在親要之地。（同前引）

竇氏兄弟雖然"皆在親要之地"，然終究資歷尚淺，所任均爲內廷職務，在國家大事上發言時分量不夠。於是竇憲兄妹又在朝中安插自己的代言人：

> 憲以前太尉鄧彪有義讓、先帝所敬，而仁厚委隨，故尊崇之，以爲太傅，令百官總己以聽。其所施爲，輒外令彪奏，內白太后，事無不從。又屯騎校尉桓郁，累世帝師，而性和退自守，故上書薦之，令授經禁中。所以內外協附，莫生疑異。（同前引）

鄧彪爲三朝老臣，早年曾任桂陽太守。明帝永平十七年（74）入朝爲太僕，後遷太尉，章帝元和元年（84）卽已退休。桓郁爲明帝劉莊老師桓榮之子，永平十五年（72）開始擔任時爲太子的章帝劉炟的老師。這二老一個"仁厚委隨"，一個"性和退自守"，便於操縱。以這兩位德高望重的前代老臣爲傀儡，竇憲遂得把持朝政。

三、朝臣抵制竇氏的鬥爭

永元初年竇氏當權，極易使人聯想到到西漢末年哀、平之際，太后王政君當政，王氏兄弟子侄秉國的局面。朝廷上下都在盯着竇氏兄弟，嚴防外戚勢力過大。當此之時，竇憲兄弟尚不知謙沖自抑，低調做人，故而引起了許多朝臣的抨擊，其中最強硬的要數何敞。

何敞，字文高，扶風平陵人，先祖在武帝時任廷尉正，與酷吏張湯同事。元和年間，何敞辟於太尉宋由府，爲宋由和司徒袁安所看重。

針對當時"竇氏專政，外戚奢侈，賞賜過制，倉帑爲虛"的情況，何敞勸宋由率先退回賞賜，奏請王、侯就國，節省費用。他說：

> 今明公位尊任重，責深負大，上當匡正綱紀，下當濟安元元，豈但空空無違而已哉！宜先正己以率羣下，還所得賜，因陳得失，奏王

侯就國，除苑囿之禁，節省浮費，賑卹窮孤，則恩澤下暢，黎庶悅豫，上天聰明，必有立應。使百姓歌誦，史官紀德，豈但子文逃祿①，公儀退食②之比哉！（《後漢書·朱樂何列傳·何敞》）

不知是因爲牽涉個人利益，還是覺得時機尚不成熟，宋由拒絕了何敞的建議。這時發生了都鄉侯劉暢一案。竇憲刺殺劉暢後，嫁禍於劉暢之弟利侯劉剛，派侍御史到齊地（劉剛的封地在齊）去辦案，考問劉剛。尚書令韓棱上疏指出殺人犯在京師洛陽，何得舍近問遠，"爲奸臣所笑"：

和帝即位，侍中竇憲使人刺殺齊殤王子都鄉侯暢於上東門，有司畏憲，咸委疑於暢兄弟，詔遣侍御史之齊案其事。棱上疏以爲賊在京師，不宜捨近問遠，恐爲姦臣所笑。竇太后怒，以切責棱，棱固執其議。（《後漢書·袁張韓周列傳·韓棱》）

時任太尉府賊曹③的何敞建議宋由嚴查幕後真凶，并自告奮勇願意親自出馬。他說：

劉暢宗室肺府，茅土藩臣，來弔大憂，上書須報④，親在武衛，致此殘酷。奉憲之吏，莫適討捕，蹤迹不顯，主名不立。敞備數股肱，職

---

① 李賢注引《國語》："昔楚鬭子文三登令尹，無一日之積。成王聞子文朝不及夕也，於是乎每朝設脯七束，糗一筐，以羞子文。成王每出子文之祿，必逃，王止而後復。人謂子文曰：'人生求富，子逃之，何也？'對曰：'從政者，以庇人也。人多曠者而我取富焉，是勤人以自封也，死無日矣。我逃死，非逃富也。'"
② 李賢注引《史記》："公儀休相魯，食茹而美，拔園葵而弃之，見布好而逐出其家婦，燔其機，云：'欲令農士女工安得奪其貨乎？'"
③ 《後漢書·百官一·太尉》："掾史屬二十四人。本注曰：《漢舊注》東西曹掾比四百石，餘掾比三百石……西曹主府史署用。東曹主二千石長史遷除及軍吏。户曹主民户、祠祀、農桑。奏曹主奏議事。辭曹主辭訟事。法曹主郵驛科程事。尉曹主卒徒轉運事。賊曹主盜賊事。決曹主罪法事。兵曹主兵事。金曹主貨幣、鹽、鐵事。倉曹主倉谷事。黃閤主簿錄省從事。"
④ 李賢注：須，待也。

典賊曹，①故欲親至發所，以糾其變，而二府以爲故事三公不與賊盜。②昔陳平生於征戰之世，猶知宰相之分，云"外鎮四夷，內撫諸侯，使卿大夫各得其宜。"今二府執事不深惟大義，惑於所聞，公縱姦慝，莫以爲咎。惟明公運獨見之明，昭然勿疑，敞不勝所見，請獨奏案。（《後漢書・朱樂何列傳・何敞》）

這次宋由采納了何敞的意見，派何敞會同司徒、司空府的典賊曹官員一同調查，終於查出了事件真相上報朝廷。於是竇太后將竇憲禁於宮中，竇憲不得不主動請纓北伐匈奴以將功贖罪。

竇憲借北伐匈奴脫困之後，始稍改行事作風。如稽落山大捷後，朝廷封竇憲爲武陽侯，竇憲固辭：

> 詔使中郎將持節即五原拜憲大將軍，封武陽侯，食邑二萬戶。憲固辭封，賜策許焉。（《後漢書・竇融列傳》）

《資治通鑒・卷第四十七・漢紀三十九・漢孝和皇帝上》的記載較詳：

> 九月庚申，以竇憲爲大將軍，中郎將劉尚爲車騎將軍。封憲武陽侯，食邑二萬戶；憲固辭封爵，詔許之。舊，大將軍位在三公下，至是，詔憲位次太傅下、三公上；長史、司馬秩中二千石。（胡三省注：太傅位上公，則憲亦班於上公矣。大將軍長史、司馬秩千石；今秩中二千石，則亦比九卿矣。）

竇憲此時權勢聲望達到頂峰，自己側身三公之列，連下屬也秩比九卿了。永元二年（90），朝廷又封爵竇氏兄弟，竇憲被封爲有兩萬戶食邑的冠軍侯③，這可是從前武帝時抗匈奴名將霍去病所得之封號，是極高的榮譽。然而竇憲再次辭謝不受：

---

① 李賢注："股肱謂手臂也。公府有賊曹，主知盜賊也。"
② 二府指司徒、司空二府。三公不與賊盜的故事見《後漢書・馬嚴傳》馬嚴奏摺語："舊，丞相、御史親治職事，唯丙吉以年老優游，不案吏罪，於是宰府習爲常俗，更共罔養，以崇虛名，或未曉其職，便復遷徙，誠非建官賦祿之意。宜敕正百司，各責以事。"
③ 冠軍侯國屬南陽郡（今河南鄧州西北），武帝時驃騎將軍霍去病曾得此封。

明年，詔曰："大將軍憲，前歲出征，克滅北狄，朝加封賞，固讓不受。舅氏舊典，並蒙爵土。其封憲冠軍侯，邑二萬户；篤郾侯，景汝陽侯，瓌夏陽侯，各六千户。"憲獨不受封。(《後漢書·竇融列傳》)

應該説，竇憲一再辭爵不受，實爲以退爲進的好策略；自此即使攻擊他的人亦不得不提到他"深執謙退"的"美德"。

然而竇憲雖然低調，奈何他的兄弟們又張揚起來：

是時篤爲衛尉，景、瓌皆侍中、奉車、駙馬都尉，四家競修第宅，窮極工匠。(同前引)

何敞此時爲侍御史，遂上疏説：

復爲衛尉篤、奉車都尉景繕修館第，彌街絶里。臣雖斗筲之人，①誠竊懷怪，以爲篤、景親近貴臣，當爲百僚表儀。今衆軍在道，朝廷焦唇，百姓愁苦，縣官無用，而遽起大第，崇飾玩好，非所以垂令德，示無窮也。宜且罷工匠，專憂北邊，愍人之困。(《後漢書·朱樂何列傳·何敞》)

當然，他的諫奏不會有什麼結果。後來何敞拜爲尚書，又上密奏彈劾竇憲。其奏章見於《後漢書·朱樂何列傳》：

昔鄭武姜之幸叔段，衛莊公之寵州吁，愛而不教，終至凶戾。由是觀之，愛子若此，猶飢而食之以毒，適所以害之也。伏見大將軍憲，始遭大憂，公卿比奏，欲令典幹國事。憲深執謙退，固辭盛位，懇懇勤勤，言之深至，天下聞之，莫不悦喜。今踰年無幾，大禮未終，卒然中改，兄弟專朝。憲秉三軍之重，篤、景總宫衛之權。而虐用百姓，奢侈僭偪，誅戮無罪，肆心自快。今者論議凶凶，咸謂叔段、州吁復生於漢。臣觀公卿懷持兩端，不肯極言者，以爲憲等若有匡懺之志，則己受吉甫褒申伯之功，如憲等陷於罪辜，則自取陳平、周勃順吕后之

---

① 李賢注："鄭玄注《論語》：'筲，竹器，容斗二升。'"

權，終不以憲等吉凶爲憂也。……雖知言必夷滅，而冒死自盡者，誠不忍目見其禍而懷默苟全。

他以爲竇憲兄弟"奢侈僭偪"而太后、皇帝姑息，類似過去"鄭武姜之幸叔段，衛莊公之寵州吁"，愛之適足以害之，終將釀成大禍，要求皇室重視。

當然，打老虎總是有危險的。因爲得罪了竇氏兄弟，何敞被外放爲濟南太傅。竇憲原想濟南王劉康"尊貴驕甚"，以何敞的性子肯定和他處不好，到時如果劉康不滿，便可借機處分何敞。不想何敞和劉康還處得不錯：

敞數切諫，言諸竇罪過，憲等深怨之。時濟南王康①尊貴驕甚，憲乃白出敞爲濟南太傅。敞至國，輔康以道義，數引法度諫正之，康敬禮焉。（《後漢書·朱樂何列傳·何敞》）

於是竇憲的計劃落空了。可是後來竇憲事敗後，何敞竟因其子與竇瓌關繫好而被當作竇黨，真是哭笑不得：

及竇氏敗，有司奏敞子與夏陽侯瓌厚善，坐免官。（同前引）

迨竇憲平定北匈奴後，聲望日隆，竇氏兄弟甚至親戚們都紛紛加官進爵，氣焰愈加高昂。《後漢書·竇融列傳》載：

篤進位特進，得舉吏，見禮依三公。景爲執金吾，瓌光祿勳，權貴顯赫，傾動京都。雖俱驕縱，而景爲尤甚，奴客緹騎依倚形勢，侵陵小人，強奪財貨，篡取罪人，妻略婦女。商賈閉塞，如避寇讎。有司畏懦，莫敢舉奏。太后聞之，使謁者策免景官，以特進就朝位。瓌少好經書，節約自修，出爲魏郡，遷潁川太守。竇氏父子兄弟並居列位，充滿朝廷。叔父霸爲城門校尉，霸弟褒將作大匠，褒弟嘉少府，其爲侍中、將、大夫、郎吏十餘人。

另一方面，朝臣們對竇氏兄弟的抨擊也越來越激烈。太尉袁安和司空任隗是彈劾竇氏的主力：

---

①劉康爲光武帝劉秀少子。

安乃劾景擅發邊兵，驚惑吏人，二千石不待符信而輒承景檄，當伏顯誅。又奏司隸校尉、河南尹阿附貴戚，無盡節之義①，請免官案罪。並寢不報②。憲、景等日益橫，盡樹其親黨賓客於名都大郡③，皆賦斂吏人，更相賂遺，其餘州郡，亦復望風從之。安與任隗舉奏諸二千石，又它所連及貶秩免官者四十餘人，竇氏大恨。但安、隗素行高，亦未有以害之。（《後漢書·袁張韓周列傳·袁安》）

袁安、任隗位列三公，"行高"位也高，竇氏一時倒也奈何他們不得。但一些反對他們的中級官員就沒有那麼幸運了。如議郎樂恢，曾是反對北伐的積極人物，因屢次上疏而得入爲尚書僕射④。這時樂恢上疏奏"諸舅干正王室"：

臣聞百王之失，皆由權移於下，大臣持國，常以勢盛爲咎。伏念先帝，聖德未永，早棄萬國。陛下富於春秋，纂承大業，諸舅不宜干正王室，以示天下之私。（《後漢書·朱樂何列傳·樂恢》）

上奏沒人理會，樂恢心灰意懶，再上疏告老，仍不忘提醒皇帝注意"諸舅寵盛，權行四方"。他説：

夫政在大夫，孔子所疾；世卿持權，春秋以戒。聖人懇惻，不虚言也。近世外戚富貴，必有驕溢之敗。今陛下思慕山陵，未遑政事；諸舅寵盛，權行四方。若不能自損，誅罰必加。臣壽命垂盡，臨死竭愚，惟蒙留神。（同前引）

樂恢屢次上疏，都指出目前"諸舅寵盛""權移於下""政在大夫""世卿持權"，對皇室不利，要皇帝"留神"。這樣的人，竇氏一黨當然不能放過。樂恢

---

① 李賢注："《續漢書》曰，安奏司隸鄭據、河南尹蔡嵩。"
② 意爲任安的奏摺被竇太后壓了下來，沒有發交朝臣討論。
③ 李賢注："袁山松書曰，河南尹王調，漢陽太守朱敞，南陽太守滿殷、高丹等皆其賓客。前書曰'十二萬户爲大郡'也。"前書，即《前漢書》。《漢書·元帝紀》載："户十二萬爲大郡。"
④ 《後漢書·百官三·少府》載："尚書僕射一人，六百石。本注曰：署尚書事，令不在則奏下衆事。"

回鄉後，遭到州郡官吏的逼迫，遂自殺。

與樂恢遭遇類似的還有尚書僕射郅壽。郅壽譏刺竇憲兄弟"并起第宅，驕奢非法"，竇憲怒，陷害郅壽，論罪當死。何敞爲郅壽辯護，改爲流放，而郅壽自殺。事見《後漢書·申屠剛鮑永郅惲列傳》：

> 壽字伯孝，善文章，以廉能稱。舉孝廉，稍遷冀州刺史，……三遷尚書令。朝廷每有疑議，常獨進見。……復徵爲尚書僕射。是時大將軍竇憲以外戚之寵，威傾天下。憲嘗使門生齎書詣壽，有所請託，壽即送詔獄。前後上書陳憲驕恣，引王莽以誡國家。是時，憲征匈奴，海内供其役費，而憲及其弟篤、景並起第宅，驕奢非法，百姓苦之。壽以府臧空虚，軍旅未休，遂因朝會議刺憲等，厲音正色，辭旨甚切。憲怒，陷壽以買公田誹謗，下吏當誅。侍御史何敞上疏理之曰："臣聞聖王闢四門，開四聰，延直言之路，下不諱之詔，立敢諫之旗，聽歌謠於路，爭臣七人，以自鑒照，考知政理，違失人心，輒改更之，故天人並應，傳福無窮。臣伏見尚書僕射郅壽坐於臺上，與諸尚書論擊匈奴，言議過差，及上書請買公田，遂繫獄考劾大不敬。臣愚以爲壽機密近臣，匡救爲職。若懷默不言，其罪當誅。今壽違衆正議，以安宗廟，豈其私邪？又臺閣平事，分爭可否，雖唐、虞之隆，三代之盛，猶謂謇謇以昌，不以誹謗爲罪。請買公田，人情細過，可裁隱忍。壽若被誅，臣恐天下以爲國家橫罪忠直，賊傷和氣，忤逆陰陽。臣所以敢犯嚴威，不避夷滅，觸死瞽言，非爲壽也。忠臣盡節，以死爲歸。臣雖不知壽，度其甘心安之。誠不欲聖朝行誹謗之誅，以傷晏晏之化，杜塞忠直，垂譏無窮。臣敞謬豫機密，言所不宜，罪名明白，當填牢獄，先壽僵仆，萬死有餘。"書奏，壽得減死，論徙合浦。未行，自殺。

郅壽、樂恢死後，"朝臣震慴"，再無人敢與竇氏作對：

> 於是朝臣震慴，望風承旨，無敢違者。袁安以天子幼弱，外戚擅權，每朝會進見及與公卿言國家事，未嘗不噴嗚流涕；自天子及大臣，皆恃賴之。（《資治通鑑·卷第四十七》）

路放按：范曄《後漢書》等記載於竇憲本人未免過於嚴苛。即以下引記述而論：

> 竇憲既立大功，威名益盛，以耿夔、任尚等爲爪牙，鄧疊、郭璜爲心腹，班固、傅毅之徒典文章，刺史、守、令，多出其門，競賦斂吏民，共爲略遺。（同前引）

耿夔、任尚、鄧疊爲竇憲部將，班固、傅毅爲其幕僚，郭璜爲其兒女親家，與竇憲關繫密切那是理所當然。若謂耿夔、任尚爲竇憲爪牙，助紂爲虐，則并無具體事例説明。任尚金微山大捷後遷烏桓校尉、戊己校尉，永元五年（93）、六年還率兵鎮壓北、南匈奴叛亂，永元十四年（102）更接替班超出任西域都護，并未受到竇憲一案的影響；耿夔雖在竇憲死後被免官奪爵，但後來又復出，爲長水校尉，拜五原太守、遷遼東太守，又遷度遼將軍征鮮卑，可見其於竇憲一案涉事不深。班固、傅毅一班文人，祇是竇憲的清客而已，更談不上有什麼嚴重的劣迹。而趨炎附勢之徒什麼朝代都有，非獨此時如此。

實際上，竇憲自章和二年（88）冬領軍出征後，便一直在西北邊地指揮作戰，直到永元四年（92）春天才回到京城，此前在洛陽飛揚跋扈的祇有他的弟弟們，這點細讀《後漢書》朝臣們劾奏諸竇的記載便可得知。

唯《後漢書·竇融列傳》於竇憲拜大將軍後又記：

> 振旅還京師。於是大開倉府，勞賜士吏，其所將諸郡二千石子弟從征者，悉除太子舍人①。

似乎稽落山大捷後竇憲曾班師回京城洛陽。然而這段記載是有問題的。一則竇憲此時駐軍五原，此後戰事、外交活動接連不斷；第二年他更西進屯兵涼州，應無時間往返奔波於洛陽與西北戰場。且戰事尚未結束就"大開倉府，勞賜士吏"，也極不合情理。故司馬光在編《資治通鑒》時，便没有采用這段記載。

當然，竇氏兄弟實際上是一體的，竇篤、竇景們以"秉三軍之重"的竇憲爲依靠，竇憲則以"總宫衛之權"的諸弟爲耳目。所以反對派將竇篤、竇景們的劣迹都算在竇憲賬上也是順理成章的。雖然説竇氏兄弟圖謀造反似乎還缺了

---

① 太子屬官。《后漢書·百官四》："太子舍人，二百石。本注曰：無員，更直宿衛，如三署郎中。"

點證據，但外戚強則皇權受到威脅，這可是前代血的教訓。所以竇憲功勞越大，權柄愈重，則朝臣、皇帝越不放心。因此竇氏兄弟被鏟除那是早晚的事，所需要的祇是一個時機。

四、西巡長安

永元三年（91），和帝劉肇十三歲。這年春天朝廷爲他舉行了加元服禮，這意味着從此他就可以親政了。《後漢書·孝和孝殤帝紀》載：

> （永元）三年春正月甲子，皇帝加元服，①賜諸侯王、公、將軍、特進，②中二千石、列侯、宗室子孫在京師奉朝請者黄金，③將、大夫、郎吏、從官帛。④賜民爵及粟帛各有差，大酺五日。

參加大典、得賜黃金者中當然有皇帝的竇氏諸舅，但應不包括竇憲，因爲此時他正在數千里之外的西北邊關，爲即將到來的金微山之戰做准備。

二月，竇憲遣兵出居延塞，圍北單于於金微山，大破之，其殘部遠遁西域。對北匈奴的戰爭以全面勝利而結束。

十月，劉肇出巡長安。這是少年天子親政後的第一次出巡。《後漢書·孝和孝殤帝紀》載：

> 冬十月癸未，行幸長安。詔曰："北狄破滅，名王仍降，西域諸國，納質内附，豈非祖宗迪哲重光之鴻烈歟？寤寐歎息，想望舊京。"

劉肇這次巡幸長安，除了祭祀西漢歷代先祖，一個重要的安排是與最近剛取得金微山大捷，此時正出屯武威（今甘肅武威）的大將軍竇憲會面。《後漢

---

① 李賢注："元，首也。謂加冠於首。《儀禮》：'冠者先筮日，後筮賓。'《東觀記》曰：'時太后詔袁安爲賓，賜束帛、乘馬。'"
② 李賢注引《漢官儀》曰："諸侯功德優盛，朝廷所敬异者，賜位特進，在三公下。"
③ 李賢注："奉朝請，無員，三公、外戚、宗室、諸侯多奉朝請。"
④ 李賢注："將謂五官及左右郎將也。大夫謂光禄、太中、中散、諫議大夫也。《十三州志》曰：'大夫皆掌顧問、應對、言議。'"

書·袁張韓周列傳》記錄了竇憲到達長安時的盛況：

> 會帝西祠園陵，詔憲與車駕會長安。及憲至，尚書以下議欲拜之，伏稱萬歲。棱正色曰："夫'上交不諂，下交不黷'①，禮無人臣稱萬歲之制。"議者皆慙而止。尚書左丞②王龍私奏記上牛酒於憲，棱舉奏龍，論為城旦。③

竇憲這年夏天徹底平定了北匈奴，聲望如日中天，一班趨炎附勢的小官吏視之如天神，故欲拜稱萬歲。然而"萬歲"為皇帝專用，竇憲再輝煌，他也是做臣子的，豈可僭越？所以侍御史韓棱（就是那個在竇憲殺人栽贓後指出"賊在京師，不宜捨近問遠"的韓棱）站出來制止了各位殷勤過頭的同僚。由於這事還在議論醞釀中，并未實行，也就過去了，應無人因此受到處分。另有一個名叫王龍的尚書左丞就沒有這麼幸運了，他拍竇憲馬屁過於熱心，又是寫奏記表忠心，又是以牛酒犒軍，結果為韓棱告發。你王龍一不是竇憲部下（奏記系下屬向長官陳述意見的文書），二不是負有勞軍責任的地方官，這麼巴結是想幹什麼？於是王龍被罰去修城牆四年。

當然，畢竟這兩個小插曲與竇憲本人關繫不大，即使傳到劉肇耳邊，也還不能說明竇憲本人對皇帝不敬。實際上，自章和二年（88）年底竇憲出征後，這還是甥舅兩人第一次見面。

很快，劉肇就對竇憲的行事作風有了更深的了解。這時北匈奴的大軍雖然已經被消滅，餘部逃走，但仍有一些投降的北匈奴部眾等待善後處理。《後漢書·孝和孝殤帝紀》載：

---

① 語出《易·繫辭下》："君子上交不諂，下交不瀆。"
② 《資治通鑒》胡三省注引《百官志》："尚書左丞、右丞各一人，掌錄文書期會，左丞主吏民章報及騶伯史，右丞假署印綬及紙筆墨諸財用庫藏，秩皆四百石。"蔡質《漢儀》曰："總典臺中綱紀，無所不統。"
③ 《史記·秦始皇本紀》："令下三十日不燒，黥為城旦。"裴駰《集解》引如淳曰："《律說》：論決為髡鉗，輸邊築長城，晝日伺寇虜，夜暮築長城。城旦，四歲刑。"

（永元）四年春正月，北匈奴右谷蠡王於除鞬自立爲單于，款塞乞降。遣大將軍左校尉耿夔授璽綬。

《後漢書·孝和孝殤帝紀》這段記載很簡略。《資治通鑒》綜合了《後漢書·袁張韓周列傳》《後漢書·南匈奴列傳》等記載，詳細地展現了圍繞如何善後北匈奴問題竇憲和司徒袁安等人的激烈爭論。竇憲欲立被殺的原北單于之弟於除鞬爲新單于，繼續駐在原北匈奴地方，新建一個和南匈奴類似的傀儡政權；袁安、仁隗則認爲應按當初和南單于屯屠何講好的條件，"破北成南，并成一國"，由南單于北遷，填補因北匈奴被殲而空出的地盤：

初，北單于既亡，其弟右谷蠡王於除鞬自立爲單于，將眾數千人止蒲類海，遣使欵塞。竇憲請遣使立於除鞬爲單于，置中郎將領護，如南單于故事。事下公卿議，宋由等以爲可許；袁安、任隗奏以爲："光武招懷南虜，非謂可永安內地，正以權時之筭，可得扞禦北狄故也。今朔漢既定，宜令南單于反其北庭，并領降衆，無緣復更立於除鞬以增國費。"事奏，未以時定①。

安懼憲計遂行，乃獨上封事②曰："南單于屯③先父舉衆歸德，自蒙恩以來四十餘年，三帝積累以遺陛下，陛下深宜遵述先志，成就其業，況屯首唱大謀，空盡北虜，輒而弗圖，更立新降；以一朝之計，違三世之規，失信於所養，建立於無功。《論語》曰：'言忠信，行篤敬，雖蠻貊行焉。'今若失信於一屯，則百蠻不敢復保誓矣。又，烏桓、鮮卑新殺北單于，凡人之情，咸畏仇讎，今立其弟，則二虜懷怨。且漢故事，供給南單于費直④歲一億九十餘萬，西域歲七千四百八十萬；今北庭彌遠，其費過倍，是乃空盡天下而非建策之要也。"詔下其議，安又與憲更相難折。憲險急負執，言辭驕訐，至詆毀安，稱光武誅韓歆、戴

---

①胡三省注："言其議雖已奏上，而上意從否未定也。"
②封事，即密奏。
③胡三省注："屯，即屯屠何。"
④直，通"值"。

涉故事①，安終不移；然上竟從憲策。(《資治通鑒·卷第四十七》)

且按下竇憲、袁安誰的方案更好不提，祇看雙方交鋒過程：起初朝堂上爭執不下，袁安即上密奏；劉肇做不了主，仍把袁安的密奏發交朝臣討論，於是再起爭辯。其時竇憲"險急負執，言辭驕訐"，就是一副非由我說了算的架勢。"兩軍相逢勇者勝"，最終劉肇還是依從了竇憲的意見。

不過，竇憲跋扈的形象，爲達目的而不惜威脅袁安的做法，一定在劉肇心裏留下了深刻的印象。

北匈奴問題此後的發展如下：僅僅兩年之後，按竇憲意見被立爲北單于的於除鞬復叛。《後漢書·南匈奴列傳》載：

> （永元）五年②，於除鞬自畔③還北，帝遣將兵長史王輔以千餘騎與任尚共追誘將還斬之，破滅其衆。

那麼，如果采納袁安、任隗的意見，讓南匈奴北上又會如何呢？雖説歷史不能假設，但看看南匈奴後來的發展，情況也并不樂觀。竇憲死後南匈奴內訌不斷，永元六年（94），南匈奴二十餘萬新降部衆反叛，擁立前單于屯屠何之子逢侯爲單于，重回漠北。漢軍不得不再次派兵征討：

> 亭獨尸逐侯鞮單于師子，永元六年立。降胡五六百人夜襲師子，安集掾王恬將衛護士與戰，破之。於是新降胡遂相驚動，十五部二十餘萬人皆反畔，脅立前單于屯屠何子奧鞬日逐王逢侯爲單于，遂殺畧吏人，燔燒郵亭廬帳，將車重向朔方，欲度漠北。於是遣行車騎將軍鄧鴻、越騎校尉馮柱、行度遼將軍朱徽將左右羽林、北軍五校士及郡國

---

① 韓歆之死見《資治通鑒·光武帝》建武十五年（39）："春正月辛丑，大司徒韓歆免。歆好直言，無隱諱，帝每不能容。歆於上前證歲將饑凶，指天畫地，言甚剛切，故坐免歸田里。帝猶不釋，復遣使宣詔責之；歆及子嬰皆自殺。"戴涉之死見《資治通鑒·光武帝》建武二十年（44）："夏四月庚辰，大司徒戴涉坐入故太倉令奚涉罪，下獄死。"胡三省注："無罪加之以罪曰入。《百官志》：'太倉令屬大司農，主受郡國漕轉穀，秩六百石。'"《後漢書·竇融列傳》："大司徒戴涉坐所舉人盜金下獄。"
② 永元五年爲公元93年。
③ 畔，通"叛"。

積射、緣邊兵。烏桓校尉任尚將烏桓、鮮卑，合四萬人討之。時南單于及中郎將杜崇屯牧師城，逢侯將萬餘騎攻圍之，未下。冬，鄧鴻等至美稷，逢侯乃乘冰度隘，向滿夷谷。南單于遣子將萬騎，及杜岸所領四千騎，與鄧鴻等追擊逢侯於大城塞，斬首三千餘級，得生口及降者萬餘人。馮柱復分兵追擊其別部，斬首四千餘級。任尚率鮮卑大都護蘇拔廆、烏桓大人勿柯八千騎，要擊逢侯於滿夷谷，復大破之。前後凡斬萬七千餘級。逢侯遂率衆出塞，漢兵不能追。七年正月，軍還。

（同前引）

匈奴人爲游牧民族，逐水草而居，所得不能自給，劫掠乃其生活方式之一部分。不改變其生活方式，却硬要將他們遷居局限於某一劃定之保留地，由漢廷派官監護，并不能解決根本問題。直到公元316年，匈奴人劉淵脫離西晋，復建漢國後，匈奴人逐漸移居中原，改從農業，纔最終融入了當地農耕民族。匈奴民族也因之消失。

永元三年（91）底，劉肇結束西巡，回到洛陽。

五、京城驚變

永元四年（92）三月，司徒袁安卒。自此竇氏兄弟完全把持了朝政，隔離了少年皇帝劉肇與群臣之間的聯繫。《資治通鑒·卷第四十七》載：

> 是時，憲兄弟專權，帝與內外臣僚莫由親接，所與居者閹宦而已。

這對於去年方才親政、雄心勃勃，并不甘於做竇氏傀儡的劉肇來說，是無法容忍的。但滿朝皆竇黨，後宮又有竇太后，十四歲的少年皇帝又能找誰商量呢？只有他身邊的宦官了。於是鉤盾令[①]鄭衆就此登上了歷史舞臺。

[①]《後漢書·百官三·少府》：鉤盾令一人，六百石。本注曰：宦者。典諸近池苑囿游觀之處。丞、永安丞各一人，三百石。本注曰：宦者。永安，北宮東北別小宮名，有園觀。苑中丞、果丞、鴻池丞、南園丞各一人，二百石。本注曰：苑中丞主苑中離宮。果丞主果園。鴻池，池名，在雒陽東二十里。南園在雒水南。濯龍監、直里監各一人，四百石。本注曰：濯龍亦園名，近北宮。直里亦園名也，在雒陽城西南角。

章帝劉炟還是太子時，鄭衆就在他家服役。後來鄭衆從小黃門、中常侍，一步步升遷到鈎盾令，這是一個忠於皇室的老太監。《後漢書·宦者列傳·鄭衆》說：

> 鄭衆字季産，南陽犨人也。爲人謹敏有心幾。永平中，初給事太子家。肅宗卽位，拜小黃門，遷中常侍。和帝初，加位鈎盾令。時竇太后秉政，后兄大將軍憲等並竊威權，朝臣上下莫不附之，而衆獨一心王室，不事豪黨，帝親信焉。

除了宦官鄭衆，劉肇的小團體裏還包括他的哥哥清河王劉慶。劉慶就是當年的廢太子。雖然劉肇取代了他的太子地位，但劉慶劉肇弟兄倆感情一向很好，且劉慶本人小心謹慎，這時也成了劉肇誅除竇氏的幫手。《後漢書·章帝八王傳·清河孝王慶》載：

> 太子特親愛慶，入則共室，出則同輿。及太子卽位，是爲和帝，待慶尤渥，諸王莫得爲比，常共議私事。

有了自己的小團體，於是劉肇開始計劃政變，鏟除竇氏，奪回旁落的大權：

> 帝以朝臣上下莫不附憲，獨中常侍鈎盾令鄭衆，謹敏有心機，不事豪黨，遂與衆定議誅憲。以憲在外，慮其爲亂，忍而未發。（《資治通鑒·卷第四十七》）

劉肇先和鄭衆商議除掉竇氏，但由於竇憲尚遠在西北邊郡且領有重兵，如果處治不當，逼得竇憲造反那就麻煩了。所以結論是暫時祇能等待。

機會很快就來了。

由於北匈奴被徹底打垮，其殘部西逃不知所終，竇憲北伐的任務已圓滿完成。故永元四年（92）四月，大將軍竇憲班師回朝。《後漢書·竇融列傳》載：

> 會憲及鄧疊班師還京師，詔使大鴻臚①持節郊迎，賜軍吏各有差。

---

① 大鴻臚爲九卿之一，掌諸侯與少數民族禮儀事務。《後漢書·百官二》："大鴻臚，卿一人，中二千石。本注曰：掌諸侯及四方歸義蠻夷。其郊廟行禮，贊導，請行事，既可，以命羣司。諸王入朝，當郊迎，典其禮儀。及郡國上計，匡四方來，亦屬焉。皇子拜王，贊授印綬。及拜諸侯、諸侯嗣子及四方夷狄封者，臺下鴻臚召拜之。王薨則使弔之，及拜王嗣。丞一人。比千石。"

大將軍得勝回朝，"詔使大鴻臚持節郊迎"。然後朝廷會有什麼安排呢？當然首先是按級別封賞有功將士，即"賜軍吏各有差"；然後還會有種種慶典、賞賜、大赦、恩典等，人人皆大歡喜。對小皇帝劉肇來說最重要的是，大將軍所率領的各部隊，此時便應該回歸原建制、原駐地了，於是竇憲就成了一個光杆大將軍。

劉肇這時開始布置鏟除竇憲一黨了。首先，由鄭眾出面要求竇太后將璽綬移交劉肇，這樣劉肇就有了發布諭旨的權力：

（眾白太后：）"帝當謹護璽綬。"（《後漢紀·後漢孝和皇帝紀上·卷十三》）

然後劉肇又要求劉慶通過他們的長兄，千乘王劉伉找來《漢書·外戚傳》閱讀。

會憲與鄧疊皆還京師。時清河王慶，恩遇尤渥，常入省宿止；帝將發其謀，欲得《外戚傳》，懼左右，不敢使，令慶私從千乘王求，夜，獨內之；又令慶傳語鄭眾，求索故事。（《資治通鑒·卷第四十七》）

路放按：《後漢書·章帝八王傳·清河孝王慶》"求索故事"下李賢注云："謂文帝誅薄昭，武帝誅竇嬰故事。"然查《外戚傳》，於此二人事迹語焉不詳，更不載其被誅之事。而《外戚恩澤侯表》第六載薄昭之死説：

（文帝前）十年，坐殺使者，自殺。

亦頗簡略。祇有《文帝紀》前十年（前170）所載

十年冬，行幸甘泉。將軍薄昭死。

下顏師古注引鄭氏注、如淳注說得比較詳細：

鄭氏曰："昭殺漢使者，文帝不忍加誅，使公卿從之飲酒，欲令自引分。昭不肯，使羣臣喪服往哭之，乃自殺。有罪，故言死。"如淳曰："一說昭與文帝博不勝，當飲酒，侍郎酌，爲昭少，一侍郎譴呵之。時此郎下沐，昭使人殺之，是以文帝使自殺。"師古曰："《外戚恩澤侯表》云坐殺漢使者自殺。鄭說是也。"

綜合以上各說，薄昭因與文帝博酒之故殺人，文帝令其自殺。惟《資治通

鑒·卷第十四》》司馬光論曰：

> 臣光曰：李德裕以爲："漢文帝誅薄昭，斷則明矣，於義則未安也。秦康送晉文，興如存之感；況太后尚存，唯一弟薄昭，斷之不疑，非所以慰母氏之心也。"臣愚以爲法者天下之公器，惟善持法者，親疏如一，無所不行，則人莫敢有所恃而犯之也。夫薄昭雖素稱長者，文帝不爲置賢師傅而用之典兵；驕犯上，至於殺漢使者，非有恃而然乎！若又從而赦之，則與成、哀之世何異哉！魏文帝嘗稱漢文帝之美，而不取其殺薄昭，曰："舅后之家，但當養育以恩而不當假借以權，既觸罪法，又不得不害。"譏文帝之始不防閑昭也，斯言得之矣。然則欲慰母心者，將慎之於始乎！

無論顏師古所引之《漢書》注家，還是李德裕、司馬光之言，均是説文帝舅舅薄昭犯法，而薄太后尚在。爲兩全太后感受和國法尊嚴，故文帝迫令薄昭自殺。這或可作爲劉肇處理竇氏兄弟時的參考。然而這些意見均是後世評論家們的看法，非劉肇當時所得及見。

又竇嬰之死，見《後漢書·竇田灌韓列傳》。竇嬰雖爲外戚，然并非竇憲一類跋扈之人。竇嬰與灌夫相善，一次酒席中灌夫對同爲外戚的丞相田蚡出言不遜，田蚡借口灌夫以前犯罪，遂逮捕灌夫并判其死刑。竇嬰爲救灌夫在朝會上與田蚡辯論，但因田蚡之姊王太后的壓力，灌夫仍被判爲族誅。竇嬰乃以曾受景帝遺詔"事有不便，以便宜論上"爲名，請求武帝再度召見。因竇嬰所受遺詔在宮中并無副本，遂被人彈劾"矯詔"，灌夫、竇嬰均被處死。

故劉肇讀《外戚傳》并向鄭衆"求索故事"，應非查看此二人之事迹。此時竇氏兄弟秉權，或可與呂后晚年重用諸呂可比。因此呂后去世後周勃、陳平誅除諸呂的故事，劉肇應可從中得到啓發？

當然，僅靠內宮宦官和少年親王，肯定辦不了這樣大的事，小皇帝劉肇還需要外援。找誰呢？

這個合適的人選就是時任司徒的丁鴻。丁鴻素以文名卓著，章帝劉炟召集白虎觀會議"議定五經同异"，當時丁鴻以"論難最明"而得到與會諸儒和章帝的稱贊。劉肇即位後，丁鴻升遷太常不久袁安去世，丁鴻又接任其司徒之位。前朝老臣、儒學名家，當然不會淺薄到去阿事竇氏，所以丁鴻可説是天然的竇黨對頭。

永元四年（92）六月初一，日食。

> 六月戊戌朔，日有食之。（《後漢書·孝和孝殤帝紀》）

日食，對古人來說，常常預示著重大人事變動。於是司徒丁鴻上封事（秘奏）說：

> 夫威柄不以放下，利器不可假人。覽觀往古，近察漢興，傾危之禍，靡不由之。是以三桓專魯，田氏擅齊，六卿分晉。諸呂握權，統嗣幾移；哀、平之末，廟不血食。故雖有周公之親，而無其德，不得行其勁也。
>
> 今大將軍雖欲勑身自約，不敢僭差，然而天下遠近皆惶怖承旨，刺史二千石初除謁辭，求通待報，雖奉符璽，受臺勑，不敢便去，久者至數十日。背王室，向私門，此乃上威損，下權盛也。
>
> 人道悖於下，效驗見於天。雖有隱謀，神照其情，垂象見戒，以告人君。閒者月滿先節，過望不虧，此臣驕溢背君，專功獨行也。陛下未深覺悟，故天重見戒，誠宜畏懼，以防其禍。（《後漢書·桓榮丁鴻列傳》）

丁鴻所言，大意與以前何敞、樂恢等人之觀點類似，不過丁鴻之奏章更爲聳人聽聞、更加激烈。所謂"諸呂握權，統嗣幾移；哀、平之末，廟不血食。"歷史的教訓值得記取；所謂"下遠近皆惶怖承旨，刺史二千石初除謁辭，求通待報，雖奉符璽，受臺勑，不敢便去，久者至數十日"云云，這種"背王室，向私門"的事例，又是最現實，使作爲皇帝的劉肇最不能接受、最感到威脅的事情。

看到丁鴻的密奏，君臣兩人一拍即合，遂定下鏟除竇氏的計劃。於是劉肇先以丁鴻兼任衛尉，掌管宮中守衛之權：

> 書奏十餘日，帝以鴻行太尉兼衛尉，屯南、北宮。（同前引）

六月二十三日，劉肇動手了。這天，劉肇移居北宮[①]，開始抓捕竇黨：

[①] 劉肇此前應是與竇太后俱居南宮，此時爲行事方便而移居北宮。《後漢書·五行志二》載："和帝永元八年（96）十二月丁巳，南宮宣室殿火。是時和帝幸北宮，竇太后在南宮。"

> 庚申，帝幸北宮，詔執金吾、五校尉勒兵屯衛南、北宮，①閉城門。（《資治通鑒·卷第四十七》）

> 庚申，幸北宮。詔收捕憲黨射聲校尉郭璜，璜子侍中舉，衛尉鄧疊，疊弟步兵校尉磊。皆下獄死。（《後漢書·孝和孝殤帝紀》）

這幾個竇氏死黨中，郭璜是光武帝劉秀之廢后郭聖通的姪子，尚劉秀女兒淯陽公主。郭璜的兒子郭舉，爲竇憲的女婿②。鄧疊是竇憲的部將，在竇憲出鎮涼州時即以侍中出任其副手，一直隨竇憲作戰，此前剛被封爲穰侯。鄧磊是鄧疊之弟，此時擔任步兵校尉。

黨徒既已伏誅，當然也不能放過元凶竇氏兄弟。不過，對他們的處理要復雜些。一則他們畢竟是皇帝的舅舅，不能簡單地一殺了之；二則畢竟竇氏經營多年，黨羽遍布，如果處理過於激烈則難免生變。劉肇的措施就很有策略，一步一步地來：

> 遣謁者僕射收憲大將軍印綬，更封爲冠軍侯。憲及篤、景、瓌皆遣就國。帝以太后故，不欲名誅憲，爲選嚴能相督察之。（《後漢書·竇融列傳》）

大將軍班師回朝，交出象徵兵權的印綬，是正常手續；竇憲戰功卓著，故再次封爲冠軍侯（竇憲此前曾辭謝過此封爵）。既然竇氏兄弟都是有封地的貴族，遣其就國也是順理成章。當然，斬草要除根，禍首們不能就這樣輕輕放過，劉肇還有後續措施：

> 憲、篤、景到國，皆迫令自殺。宗族、賓客以憲爲官者皆免歸本郡。（同前引）

這場轟轟烈烈的奪權鬥爭就這樣以和帝的全面勝利而告終。觀劉肇所以成功的原因，大致有這樣幾個方面：

---

①胡三省注：執金吾掌宮外戒司非常，北軍五校尉主五營士，故令勒兵屯衛。
②《後漢書·竇融列傳》說郭舉是竇憲女婿，《後漢書·天文志中》說郭舉是竇憲"女弟婿"，即妹夫。

（一）組織嚴密。忠於皇室的宦官鄭衆、爲竇太后陷害的廢太子劉慶，再加上密奏彈劾竇黨的太尉丁鴻，在"竇氏父子兄弟并爲卿、校，充滿朝廷"（《資治通鑒》）的情況下，能組織起這樣一個得力的班子，實屬不易。如果擇人不當，或稍漏口風，後果將不堪設想。

（二）措施得當。劉肇很沉得住氣，爲避免握有重兵的大將軍竇憲在外起兵造反，直到竇憲班師回洛陽後，各方面都安排妥當方才發動。首先將竇憲死黨一網打盡，然後再將竇氏兄弟遣送回其封地。爲避免夜長夢多，竇氏兄弟擇機東山再起，又迫令竇氏兄弟自殺，除掉後患。這些措施，環環緊扣、布置周密，顯示了少年皇帝劉肇清楚的頭腦和凌厲的手段。

（三）有群衆基礎。竇氏兄弟之作爲已是天怒人怨，群臣之諫已可見朝廷上下反對竇氏的情緒，同時也爲劉肇奪回權力做了輿論上的準備。因此整個政變過程幹净利落，并未引起朝野的恐慌與動蕩。

關於劉肇爲什麽要發動政變誅殺他的舅舅們，《後漢書》等還有一個說法，那就是竇憲謀逆：

> 竇憲潛圖弑逆。（《後漢書·孝和孝殤帝紀》）

具體事情經過是這樣的：

> （鄧）疊與其弟步兵校尉磊及母元，又憲女婿射聲校尉郭舉、舉父長樂少府璜，皆相交結。元、舉並出入禁中，舉得幸太后，遂共圖爲殺害。帝陰知其謀，乃與近幸中常侍鄭衆定議誅之。（《後漢書·竇融列傳》）

就是説，鄧氏兄弟的母親元是竇太后的閨中密友，經常出入宮中。元將郭舉帶到宮裏并介紹給竇太后，於是郭舉得到了竇太后的寵幸。故事讀到這裏，有點似曾相識的感覺吧？没錯，章帝去世後，也正是這個元將都鄉侯劉暢介紹給竇太后的！上一次竇憲顧慮劉暢得寵後可能影響到自己的勢力，於是把他殺了，事情鬧大以後祇能主動請纓北伐匈奴以將功贖罪。

竇太后寵幸郭舉，此事容或有之。竇氏當時三十出頭，正值盛年，找個男寵也不稀奇。稀奇的是爲什麼竇太后和郭舉要謀殺和帝劉肇。謀逆是族誅的大罪，没有充分的理由、極大的利益、謹慎的謀劃，誰也不會貿然打這個主意。現在不但打了，還叫劉肇發覺了，在被發覺以後他們又很沉得住氣，一直沒有行動，直待劉肇各方面布置好以後反將他們一網打盡。這也太離奇了，怎麼看都不像是真的。

路放按：退一萬步說，就算這事是真的，那也是竇太后和郭舉等人的事，和一直出征在外的竇憲沒有關繫啊？所以這更可能是和帝劉肇爲了使自己誅殺諸竇的行動看起來更合理、更具有正當性而製造出來的案子。無論古今中外，行大事前的輿論準備都很重要。就像1939年秋天，希特勒攻打波蘭前，先找了幾個囚犯穿上波蘭軍服，槍斃後放到德國一方，然後通知各國記者來參觀，宣稱遭到了波蘭軍方的進攻。於是德國出動早已準備好的數十萬機械化部隊大舉入侵波蘭，揭開了第二次世界大戰的序幕。

介紹一下這場政變中幾個主要人物的結局。

清河王劉慶，在劉肇鏟除了竇氏勢力以後，在京城洛陽有了自己的親王府邸。和帝劉肇對這個哥哥很不錯，賞賜非常豐厚：

> 及大將軍竇憲誅，慶出居邸，賜奴婢三百人。輿馬、錢帛、帷帳、珍寶、玩好充仞其第，又賜中傅以下至左右錢帛各有差。（《後漢書·章帝八王傳》）

劉慶身體不好，和帝於是關懷有加，而劉慶本人也很知趣，小心恭順，謹守本分：

> 慶多被病，或時不安，帝朝夕問訊，進膳藥，所以垂意甚備。慶小心恭孝，自以廢黜，尤畏事慎法。（同前引）

於是這兄弟兩人的情誼得以保持終生。

元興元年（106）十二月，和帝劉肇去世，年僅二十七歲。皇后鄧綏無子。其時劉肇有兩個兒子，長子劉勝體弱有疾，鄧綏遂決定立當時出生僅三個月的幼子劉隆爲帝，是爲殤帝。於是東漢朝廷再次出現太后臨朝的局面：

> 元興元年，帝崩，長子平原王有疾，而諸皇子夭沒，前後十數，後生者輒隱秘養於人間。殤帝生始百日，后乃迎立之。尊后爲皇太后，太后臨朝。（《後漢書·皇后紀上·和熹鄧皇后》）

劉肇生的皇子并不少，但多數都夭折了，搞得劉肇以爲宫裹有人專門暗害皇子，所以後來生的兒子都是送出宫養。

畢竟劉隆衹有三個月大，鄧綏害怕殤帝步其他夭折皇子的後塵，所以也準備了後手。當時清河王劉慶已就國①，鄧綏獨留時年已十三歲的劉慶長子劉祐於洛陽王府中：

> 鄧太后以殤帝襁抱，遠慮不虞，留慶長子祐與嫡母耿姬居清河邸。（《後漢書·章帝八王傳》）

結果八個月後，殤帝劉隆果然又夭折了：

> （延平元年②）八月辛亥，帝崩。癸丑，殯于崇德前殿。年二歲③。（《後漢書·孝和孝殤帝紀》）

於是鄧太后與其兄車騎將軍鄧騭商議立劉祐爲新皇帝，這就是漢安帝：

> 恭宗孝安皇帝諱祐，肅宗孫也。父清河孝王慶，母左姬。……（延平元年）八月，殤帝崩，太后與兄車騎將軍鄧騭定策禁中。其夜，使騭持節，以王青蓋車迎帝，齋於殿中。皇太后御崇德殿，百官皆吉服，羣臣陪位，引拜帝爲長安侯。皇太后詔曰："先帝聖德淑茂，早弃天下。朕奉皇帝，夙夜瞻仰日月，冀望成就。豈意卒然顛沛，天年不遂，悲痛斷心。朕惟平原王素被痼疾，④念宗廟之重，思繼嗣之統，唯長安侯祐質性忠孝，小心翼翼，能通《詩》《論》，篤學樂古，仁惠愛下。年已十三，有成人之志。親德係後，莫宜於祐。《禮》：'昆弟之子猶己子'；《春秋》之義，爲人後者爲之子，不以父命辭王父命。其以祐爲孝和皇帝嗣，奉承祖宗，案禮儀奏。"又作策命曰：……讀策畢，太尉奉上璽綬，卽皇帝位，年十三。太后猶臨朝。（《後漢書·孝安帝紀》）

---

① 東漢清河國治甘陵县（今山東临清東北），轄境位於今河北山東交界一帶。
② 延平元年爲公元106年。
③ 劉隆二歲是虛歲。劉隆卽位時生始百日，做皇帝僅八個月，死時尚不滿周歲。
④ 《後漢書·章帝八王傳·劉勝》："平原懷王勝，和帝長子也。不載母氏。少有痼疾，延平元年（106）封。立八年薨，葬於京師。無子。"

於是劉慶當年爲竇皇后算計奪去的皇位，此刻又還給了他的兒子。劉慶永初元年（107）去世，享年二十九歲。

鄧綏也是一個強勢太后，一直把持着朝政。直到建光元年（121）三月她去世後，年已二十八歲的安帝劉祜始得親政。親政伊始，他首先追尊自己的親生父母和祖母：

> 追尊皇考清河孝王曰孝德皇。皇妣左氏曰孝德皇后，祖妣宋貴人曰敬隱皇后。（同前引）

接下來就是爲親祖母宋貴人被害之事報仇。但元凶前代太后竇氏及其兄弟們都早已死了，祇剩下一個當年曾受竇后指使，對宋貴人姊妹落井下石的小宦官蔡倫。蔡倫這些年來發展不錯，他長於"監作秘劍及諸器械"，甚至還發明了紙張，此時任職長樂太僕①，也是九卿之一了。鄧太后在世時曾封蔡倫爲龍亭侯②，雖然食邑僅三百戶，但那也是侯爵，所以他發明的紙張當時被稱作蔡侯紙。這時劉祜命令蔡倫去廷尉③處報到，講清楚當年之事：

> 倫初受竇后諷旨，誣陷安帝祖母宋貴人。及太后④崩，安帝始親萬機，勑使自致廷尉。倫恥受辱，乃沐浴整衣冠，飲藥而死。（《後漢書·宦者列傳·蔡倫》）

蔡倫明帝永平末年即已經入宮，算起來這時也已經五十多歲了，頗知天命，不願再受辱，於是選擇自盡。

竇太后永元九年（97）去世，享年約三十六歲（見本章第二節）。去世後，劉肇生母梁貴人的姐姐梁嫕（"嫕"音"億"）上書，陳訴當年梁貴人受誣而死

---

① 《後漢書·百官二》："太僕，卿一人，中二千石。本注曰：掌車馬。天子每出，奏駕上鹵簿，用大駕則執御。"
② 漢代列侯分三等：縣侯、鄉侯、亭侯。列侯之下還有無封地的關內侯。
③ 《後漢書·百官二》："廷尉，卿一人，中二千石。本注曰：掌平獄，奏當所應。凡郡國讞疑罪，皆處當以報。"
④ 即和帝鄧皇后鄧綏。

的真相。於是朝臣們上奏説應撤銷竇太后的尊號，另葬他處：

> （永元）九年，太后崩，未及葬，而梁貴人姊嫕上書陳貴人枉歿之狀。太尉張酺、司徒劉方、司空張奮上奏，依光武黜吕太后故事，貶太后尊號，不宜合葬先帝。百官亦多上言者。帝手詔曰："竇氏雖不遵法度，而太后常自減損。朕奉事十年，深惟大義，禮，臣子無貶尊上之文。恩不忍離，義不忍虧。案前世上官太后①亦無降黜，其勿復議。"於是合葬敬陵。（《後漢書·皇后紀上·章德竇皇后》）

但劉肇以孝道爲由否決了，仍然將竇氏與章帝劉烜合葬於敬陵②。劉肇厚葬了梁貴人，并召回了被流放於九真（今越南清化）的梁氏家人。

宦官鄭衆因其在鏟除竇黨中的優秀表現，升官又發財，以後也是一路順風。據説東漢宦官弄權，自鄭衆始：

> 及憲兄弟圖作不軌，衆遂首謀誅之，以功遷大長秋。策勳班賞，每辭多受少。由是常與議事。中官用權，自衆始焉。（永元）十四年③，帝念衆功美，封爲鄛鄉侯，食邑千五百户。（《後漢書·宦者列傳·鄭衆》）

不過，鄭衆本人謙冲謹慎，即使參與朝廷政事，却也并無多少劣迹。不像東漢末年那些宦官，不但權勢熏人，甚至動輒廢立皇帝。

太尉丁鴻兩年後去世，身後哀榮過於常禮：

> （永元）六年④，鴻薨，賜贈有加常禮。（《後漢書·桓榮丁鴻列傳》）

當然，鏟除竇氏，收穫最大的要數和帝劉肇，他終於堂堂正正地成爲一國之主了：

---

① 即西漢昭帝劉弗陵皇后上官氏，其祖父爲上官傑，外祖父霍光。上官傑父子因反對霍光被殺，外家霍氏在宣帝劉詢時亦被滅門，獨上官太后（實爲太皇太后）得壽終正寢，與昭帝合葬平陵（位於今陝西咸陽市秦都區）。
② 敬陵位於洛陽西北的邙山上。
③ 永元十四年爲公元 102 年。
④ 永元六年爲公元 94 年。

自竇憲誅後，帝躬親萬機。(《後漢書·孝和孝殤帝紀》)

六、清算竇黨

竇案首犯既已伏誅，下來便是肅清餘黨了。首當其衝的便是太尉宋由。宋由原來也是主張抑制外戚竇氏的，反竇最得力的何敞就出自他門下，且在劉暢案中也是他同意何敞等辦案查出真相的。但時過境遷，宋由後來反對竇氏的立場沒有那麼堅定了，如當袁安、任隗率領朝臣在朝堂再三上書反對北伐匈奴時，太尉宋由未能堅持（見本章第一節）；又當北伐勝利，廷議善後北匈奴時，宋由等則站在竇憲一邊，認爲立於除鞬之計可行。及竇憲伏誅，宋由就被定爲竇氏一黨：

坐阿黨竇憲，策免歸本郡，自殺。(《後漢書·伏侯宋蔡馮趙牟韋列傳》)

其實就以這兩項罪名來說，宋由很可能是被冤枉的。是否支持北伐，如何善後北匈奴問題，均是關乎國家安危的朝堂之爭，不能簡單地認爲贊同竇憲意見的就是竇黨。就以善後北匈奴問題之爭來說，當初站在竇憲一方的還有時任太常的丁鴻等人：

憲日矜已功，欲結恩北虜，乃上立降者左鹿蠡王阿佟①爲北單于，置中郎將領護，如南單于故事。事下公卿議，太尉宋由、太常丁鴻、光祿勳耿秉等十人議可許。(《後漢書·袁張韓周列傳》)

而丁鴻此刻已是平定竇黨的大功臣，當然就不會有人說他也是"阿黨竇憲"了。

接下來被處分的便是首倡北伐匈奴的耿秉。耿秉是強硬國防政策的積極支持者與執行者，章和二年（88）拜征西將軍，作爲竇憲的副手一起出征北匈奴，功封美陽侯。永元二年（90）耿秉代桓虞爲光祿勳，次年夏天去世。耿秉死後由其長子耿沖嗣爵。但到竇案發作，耿秉之爵位即被褫奪：

---

①即於除鞬。

及竇憲敗，以秉竇氏黨，國除。(《後漢書·耿弇列傳》)

耿秉幼弟耿夔也是一員猛將，跟隨竇憲伐匈奴，屢建戰功。永元三年（91）春天的金微山之役，便是由耿夔指揮：

（夔）永元初，爲車騎將軍竇憲假司馬，北擊匈奴，轉（車）騎都尉。三年，憲復出河西，以夔爲大將軍左校尉。將精騎八百，出居延塞，直奔北單于廷，於金微山斬閼氏、名王以下五千餘級，單于與數騎脱亡，盡獲其匈奴珍寶財畜，去塞五千餘里而還。自漢出師所未嘗至也。乃封夔粟邑侯。（同前引）

但竇憲伏誅後，耿夔亦被免官奪爵：

及竇憲敗，夔亦免官奪爵土。（同前引）

此外，因竇憲案受牽連的還有馬光、馬棱。馬光爲伏波將軍馬援之子，與竇憲關繫不錯。竇憲死後，免官就封。馬棱爲馬援族孫，任漢陽①太守時爲竇憲大軍辦糧草，"侵賦百姓"，竇憲死後因此被治罪。

當年竇氏兄弟爲維護專權，在朝中及地方安插了大量黨羽，因此朝廷上下多有附臣與親信。當初和帝劉肇在長安召見竇憲，有朝臣甚至提議稱之爲"萬歲"，爲尚書韓棱制止。這一方面說明竇氏權勢之盛，另一方面也說明當時朝臣趨炎附勢的風氣。因而劉肇執掌政權後，立即清理竇氏餘黨。凡竇氏親朋故舊依仗竇家的關繫而做官的，統統被罷免回家：

竇氏宗族賓客以憲爲官者，皆免歸故郡。(《資治通鑒·卷第四十八》)

下面這兩個故事，可以說明當時竇憲一案牽連範圍之廣。李郃當時爲漢中郡户曹史②：

---

① 漢陽郡，永平年間改天水郡置，治冀縣（今甘肅甘谷縣東），屬涼州。轄境相當今甘肅定西、隴西、禮縣等市縣以東，静寧、莊浪等縣以西，黄河以南，嶓冢山以北地區。

② 《後漢書·百官一》：户曹主民户、祠祀、農桑。

時大將軍竇憲納妻，天下郡國皆有禮慶。郡亦遣使。郃進諫曰："竇將軍椒房之親，不修禮德，而專權驕恣，危亡之禍可翹足而待。願明府一心王室，勿與交通。"太守固遣之，郃不能止。請求自行，許之。郃遂所在留遲，以觀其變。行至扶風，而憲就國自殺，支黨悉伏其誅。凡交通憲者，皆爲免官，唯漢中太守不豫焉。(《後漢書·方術列傳上》)

無獨有偶，還有一個周章，也有李郃一般的見識：

周章字次叔，南陽隨人也。初仕郡爲功曹。時大將軍竇憲免，封冠軍侯就國。章從太守行春到冠軍，太守猶欲謁之。章進諫曰："今日公行春，豈可越儀私交。且憲椒房之親，執傾王室，而退就籓國，禍福難量。明府剖符大臣，千里重任，舉止進退，其可輕乎？"太守不聽，遂便升車。章前拔佩刀絶馬鞅，於是乃止。及憲被誅，公卿以下多以交關得罪，太守幸免，以此重章。(《後漢書·朱馮虞鄭周列傳》)

這兩位太守，以爲竇憲乃皇帝舅舅，難免有攀附之意。特別是南陽太守，竇憲都已免官就國，他還上趕着巴結，端是糊塗。虧得有明白下屬，方得免於日後被牽連。

可以説，竇憲一案處理還算是比較寬大的。就連竇氏兄弟，下場也不一樣。竇瓌是諸竇中比較潔身自好的，不像竇篤、竇景那樣張揚，於是暫時保住了性命：

初，河南尹張酺，數以正法繩治竇景，及竇氏敗，酺上疏曰："方憲等寵貴，羣臣阿附唯恐不及，皆言憲受顧命之托，懷伊、呂之忠，至乃復比鄧夫人①於文母。今嚴威既行，皆言當死，不顧其前後，考折厥衷。臣伏見夏陽侯瓌每存忠善，前與臣言，常有盡節之心，檢敕賓客，未嘗犯法。臣聞王政骨肉之刑，有三宥之義，過厚不過薄。今議者欲爲瓌選嚴能相，恐其迫切，必不完免，宜裁加貸宥，以崇厚德。"帝感其言，由是瓌獨得全。(《資治通鑒·卷第四十八》)

---

①據李賢注，鄧夫人即鄧疊、鄧磊之母元。

不過，當年竇后誣告梁貴人之父梁竦，梁竦自殺，其子梁棠等被流放九真。竇太后死後，梁氏兄弟遇赦回來，爲報殺父之仇，便不放過竇瓌：

  初，竇后之譖梁氏，憲等豫有謀焉，永元十年①，梁棠兄弟徙九真還，路由長沙，逼瓌令自殺。（《後漢書·竇融列傳》）

那個爲竇氏兄妹立爲傀儡的太傅鄧彪，得以告老：

  和帝即位，以彪爲太傅，錄尚書事，賜爵關內侯。永元初，竇氏專權驕縱，朝廷多有諫争，而彪在位修身而已，不能有所匡正。又嘗奏免御史中丞周紆，紆前失竇氏旨，故頗以此致譏，然當時宗其禮讓。及竇氏誅，以老病上還樞機職，詔賜養牛酒而許焉。（《後漢書·鄧張徐張胡列傳》）

跟隨竇憲出征的將士中，多數都没有受到竇案的牽連。就連被范曄指爲竇憲爪牙的任尚，金微山大捷後遷烏桓校尉、戊己校尉，以後一直在帶兵，也未受到竇憲一案的影響。就是耿夔，後來也起復了，依然帶兵征戰：

  後復爲長水校尉，拜五原太守，遷遼東太守。元興元年②，貊人③寇郡界，夔追擊，斬其渠帥。永初三年④，南單于檀反畔，使夔率鮮卑及諸郡兵屯鴈門，與車騎將軍何熙共擊之。熙推夔爲先鋒，而遣其司馬耿溥、劉祉將二千人與夔俱進。到屬國故城，單于遣奧鞬日逐王三千餘人遮漢兵。夔自擊其左，令鮮卑攻其右，虜遂敗走，追斬千餘級，殺其名王六人，獲穹廬車重千餘兩，馬畜生口甚衆。鮮卑馬多羸病，遂畔出塞。夔不能獨進，以不窮追，左轉雲中太守，後遷行度遼將軍事。（《後漢書·耿弇列傳》）

---

① 永元十年爲公元 98 年。
② 元興元年爲公元 105 年。
③ 貊人（"貊"音"陌"）是生活在今東北地區和朝鮮半島西北部的少數民族，從事農業，不同於游牧民族。
④ 永初三年爲公元 109 年。

總的來説，除了竇憲兄弟被迫自殺、主要幫凶鄧疊兄弟和郭璜父子伏誅外，其他涉案人員多是免官、奪爵，很少有送命的，除了班固。

七、智及之而不能守

班固和竇憲是世交，又是他的幕僚，關繫自非一般。所以竇憲出事後，被當作竇黨整肅幾乎是必然的。按其他涉案人員的遭遇看，班固應得的處分也就是免官。《後漢書・班彪列傳下》載：

> 及竇憲敗，固先坐免官。

然而班固運氣不好，遇到了仇家：

> 固不教學諸子，諸子多不遵法度，吏人苦之。初，洛陽令种兢嘗行，固奴干其車騎，吏椎呼之，奴醉罵，兢大怒，畏憲不敢發，心銜之。及竇氏賓客皆逮考，兢因此捕繫固，遂死獄中。時年六十一。（同前引）

班固當初追隨國舅竇憲，家人也都依仗竇氏權勢，橫行不法。甚至其家奴都狐假虎威，不把地方官放在眼裏，膽敢帶醉衝撞洛陽令种兢。种兢當時畏懼竇憲勢力不敢發作，現在竇憲倒了，遂捕班固入獄，以致其死在獄中。這當然是公報私仇，所以後來和帝劉肇下詔譴責种兢，并將致死班固的獄吏治罪：

> 詔以譴責兢，抵主者吏罪。（同前引）

班固作爲竇憲的親近幕僚，且"勒銘燕然"爲竇憲歌功頌德，以當時的標準來看，説他是竇黨并不冤枉，免官之罰也不算過當。他諸子不教，約束下人不力，得罪人而不自知，得有牢獄之災或可説是咎由自取，但於獄中被虐殺則是過分了。

東漢初年，光武帝劉秀廢除了西漢以來的二十六所中都官獄，僅留廷尉詔獄和洛陽詔獄。廷尉詔獄用於關押皇帝交辦案件之重要人犯；洛陽詔獄也稱洛陽寺，用於關押一般人犯。《後漢書・獨行列傳・陸續》載，陸續爲會稽太守尹興門下掾吏。明帝時，楚王劉英案發，尹興被牽連進去：

>　　是時，楚王英謀反，陰疏天下善士。及楚事覺，顯宗得其錄，有尹興名，乃徵興詣廷尉獄。續與主簿梁宏、功曹史駰勳及掾史五百餘人詣洛陽詔獄就考①。

即太守尹興入廷尉詔獄，其下屬們則被關進洛陽詔獄內拷問。這次洛陽令种兢爲報復班固將其收監，應即是將其關入洛陽獄中。

當時之監獄非常黑暗。獄吏爲了邀功，會對犯人百般刻薄，嚴刑考訊逼供。班固自己曾説過：

>　　孔子曰："古之知法者能省刑，本也；今之知法者不失有罪，末矣。"又曰："今之聽獄者，求所以殺之；古之聽獄者，求所以生之。"與其殺不辜，寧失有罪。今之獄吏，上下相驅，以刻爲明，深者獲功名，平者多後患。諺曰："鬻棺者欲歲之疫。"非憎人欲殺之，利在於人死也。今治獄吏欲陷害人，亦猶此矣。(《刑法志》)

如前述陸續等人入洛陽獄後，即遭到嚴刑拷問：

>　　諸吏不堪痛楚，死者大半。唯續、宏、勳掠考五毒，肌肉消爛，終無異辭。(《後漢書·獨行列傳·陸續》)

以班固得罪洛陽令种兢而入洛陽詔獄，則獄吏拷問時必當格外賣力，以討好長官。故而班固不耐折磨死在獄中。

班固爲司馬遷作傳，説他：

>　　烏呼！以遷之博物洽聞，而不能以知自全，既陷極刑，幽而發憤，書亦信矣。迹其所以自傷悼，《小雅·巷伯》之倫。夫唯《大雅》："既明且哲，能保其身"，難矣哉！(《司馬遷傳》)

即司馬遷不善於"明哲保身"，以致身受腐刑。這裏提到的《小雅·巷伯》一詩爲周幽王時寺人孟子所作，收入《節南山之什》，其中有：

>　　萋兮斐兮，成是貝錦。

---

① 考，通"拷"。就考，被拷問之意。

> 彼譖人者，亦已大甚。
>
> 哆兮侈兮，成是南箕。
>
> 彼譖人者，誰適與謀？

之句，頗有幽怨之意（路放按：寺人，即宦官）。《春秋左傳正義·附釋音春秋左傳注疏卷第十二》：

> 齊寺人貂始漏師於多魚。（杜預注：寺人，內奄官豎貂也。）

班固說，自從司馬遷受了腐刑之後，發憤著述，所以文章有自己傷悼之意，就像寺人孟子的詩一樣。不能不說，班固對司馬遷的這段評論并不厚道。聯繫到他自己的結局，就更有諷刺意味了。於是范曄爲《班固》作傳，評論說：

> 固傷遷博物洽聞，不能以智免極刑；①然亦身陷大戮，智及之而不能守之。②嗚呼，古人所以致論於目睫也！③（《後漢書·班彪列傳下》）

班固譏笑司馬遷不能以智免刑，自己却瘐死獄中；范曄又諷刺班固"目不見睫"，"智及之而不能守之"。

不過，譏笑、責備別人總是更容易些。其實范曄自己也未能比他的兩位前輩做得更好，預見到他那更爲悲慘的結局：因謀反而被族誅。

范曄，字蔚宗，南朝劉宋大臣。元嘉九年（432），范曄因"左遷宣城太守，不得志，乃刪衆家後漢書爲一家之作"，從而寫下了《後漢書》。此書簡明周詳，敘事生動，故而大行於市，逐漸取代了官修《東觀漢記》和各家私修的東漢史書。

宋文帝劉義隆的弟弟彭城王劉義康長期執政，因而受到劉義隆的猜忌。元嘉十七年（440），劉義隆以"合黨連群，陰謀潛計"的罪名貶劉義康爲江州刺史。劉義康不甘心被逐，遂謀劃政變奪權，范曄參與其中。是年十一月，謀反

---

① 李賢注："謂下蠶室。"指司馬遷受宮刑。

② 李賢注："《論語》孔子之言也。言有智而不能自守其身。"

③ 李賢注："《史記》齊使者至越，曰：'幸也越之不亡也。吾不貴其智之如目，見豪毛而不見其睫也。今越王知晉之失計，不自知越人之過，是目論也。'言班固譏遷被刑，而不知身自遇禍。"

事發，有人告密說范曄是政變主謀。於是宋文帝遣使責問范曄：

> 上在延賢堂，遣使問曄曰："以卿觕①有文翰，故相任擢，名爵期懷，於例非少。亦知卿意難厭滿，正是無理怨望，驅扇朋黨而已，云何乃有異謀？"曄倉卒怖懼，不即首款。上重遣問曰："卿與謝綜、徐湛之、孔熙先謀逆，並已答款，猶尚未死，徵據見存，何不依實。"曄對曰："今宗室磐石，蕃嶽張峙，設使竊發僥幸，方鎮便來討伐，幾何而不誅夷。且臣位任過重，一階兩級，自然必至。如何以滅族易此。古人云：'左手據天下之圖，右手刎其喉，愚夫不爲。'臣雖凡下，朝廷許其觕有所及，以理而察，臣不容有此。"上復遣問曰："熙先近在華林門外，寧欲面辨之乎？"曄辭窮，乃曰："熙先苟誣引臣，臣當如何！"熙先聞曄不服，笑謂殿中將軍沈邵之曰："凡諸處分，符檄書疏，皆范曄所造及治定。云何於今方作如此抵蹋邪。"上示以墨跡，曄乃具陳本末，曰："久欲上聞，逆謀未著。又冀其事消弭，故推遷至今。負國罪重，分甘誅戮。"（《宋書·卷六十九列傳第二十九·范曄》）

范曄起初不承認參與謀反，但在證據面前不得不認罪。元嘉二十二年（445），范曄因謀反而被族誅，時年四十八歲。同時被殺的還有他的三個兒子范藹、范遙、范叔蔞，以及孔熙先、其弟孔休先、孔景先、孔思先、兒子孔桂甫、孫子孔白民，謝綜及其弟謝約等人。

路放按：沈約著《宋書》，這段故事描畫范曄謀反被揭露後的百般狡賴，的確很生動，但還是囉嗦了些，不像史書，倒像是話本小説。且他説"熙先聞曄不服，笑謂殿中將軍沈邵之"云云，按孔熙先亦是這場謀反的同案犯，亦將被族誅（其兄弟兒孫同時被殺），不知此時何以笑得出來。沈氏史才，不如司馬遷、班固、范曄諸前輩遠矣。

---

① "觕"同"粗"。

第二十三章　班固著述考

除《漢書》外，班固其他作品尚多。《後漢書·班彪列傳下》說：

> 固所著《典引》《賓戲》《應譏》、詩、賦、銘、誄、頌、書、文、記、論、議、六言，在者凡四十一篇。

這是范曄得見之班固作品。《隋書·卷三十五志第三十·經籍四》載：

> 《後漢大將軍護軍司馬班固集》十七卷。

此十七卷本《班固集》早已佚失，然部分班固作品因爲《文選》《北堂書鈔》《藝文類聚》《初學記》①《古文苑》②等類書所收錄而得以保存。明代張溥③輯有《班蘭臺集》，錄班固作品四十一篇，收入《漢魏六朝百三名家集》中。清嚴可均④《全後漢文》卷二十四至二十六收入班固作品三十四篇。該書於收錄原文之後記有出處，方便讀者翻檢原書。清丁紹儀⑤《全漢詩》卷五收錄班固詩歌十一

---

① 《初學記》三十卷，唐徐堅編，原爲唐玄宗諸皇子作文時檢查事類之用。開元十六年（728）編成。
② 《古文苑》爲古代詩文總集，共收詩、賦、文等二百六十篇，編爲二十一卷。著者不詳，據傳爲北宋孫洙得自佛寺經龕中。
③ 張溥，字天如，太倉（屬今江蘇）人。勤奮好學。崇禎四年（1631）進士。復社發起人之一。著作甚豐，輯有《漢魏六朝百三家集》。
④ 嚴可均，字景文，號鐵橋。浙江烏程（現浙江湖州）人。嘉慶五年（1800）舉人。一生著作不輟，以二十七年之功，定稿《全上古三代秦漢三國六朝文》七百四十一卷，收錄三千餘家著作。
⑤ 丁紹儀，字杏齡，江蘇無錫人。晚清詩人、評論家。著有《東瀛識略》《聽秋聲館詞話》等。

首。各種類書、專集收錄班固作品多有重複，文字往往略有差异。由於本書并非校詁專著，故不一一指出。

一、《白虎通義》

《白虎通義》又稱《白虎通》《白虎通德論》。建初四年（79），章帝劉炟下詔在白虎觀召開會議，討論《五經》异同。會後班固奉旨整理會議内容，寫成《白虎通義》：

> 天子會諸儒講論五經，作《白虎通德論》，令固撰集其事。（《後漢書·班彪列傳下》）

《白虎通義》今傳本爲元代大德年間劉世常所藏，共四十四篇，四卷。現可見版本有《四庫全書》本、清盧文紹抱經堂校刻本，以及《四部叢刊》本等。

二、《東觀漢記》與《建武注記》

（一）《東觀漢記》。《後漢書·班彪列傳上》載：

> 與前睢陽令陳宗、長陵令尹敏、司隸從事孟異共成《世祖本紀》。……固又撰功臣、平林、新市、公孫述事，作列傳、載記二十八篇，奏之。

路放按：《東觀漢記》宋代已散佚。清康熙時，錢塘姚之駰始從《後漢書》李賢注等書籍中輯得八百餘條，厘爲八卷，稱《姚本》。至乾隆修《四庫全書》，復以《永樂大典》《太平御覽》等書所載補茸姚本，增加十分之六，刊入《武英殿聚珍叢書》，簡稱《聚珍本》。

（二）《建武注記》。《後漢書·馬援列傳》載：

> 顯宗召見，嚴進對閑雅，意甚異之，有詔留仁壽閣，與校書郎杜撫、班固等雜定《建武注記》。

路放按：顧侃如《中古文學紀年》永平十五年："錢大昭《補續漢書藝文志》、侯康《補後漢書藝文志》卷三，顧櫰三《補後漢書藝文志》卷四，姚振宗《後漢藝文志》卷二，均著録《注記》。"

三、辭賦

（一）《幽通賦》見《叙傳上》。《文選》卷十四選《幽通賦》，有班昭注。收入《班蘭臺集》及《全上古三代秦漢三國六朝文·全後漢文·卷二十四》。另《全後漢文》輯有其《序》殘文一段：

> 衛靈公太子蒯聵好帶劍，長一丈。公諫，乃作短劍，長一尺。公知不可以傳國，乃逐之。（《全上古三代秦漢三國六朝文·全後漢文·卷二十四》）

（二）《兩都賦》見《後漢書·班彪列傳上、下》。收入《文選》卷一、《班蘭臺集》及《全後漢文》卷二十四。

（三）《終南山賦》，見《初學記》卷五，《終南山》第八。收入《班蘭臺集》。按此賦亦非全璧，《全上古三代秦漢三國六朝文·全後漢文·卷二十四》尚收入另外二段殘文：

> 伊彼終南，歸藏嶙囷。槃青宮，觸紫辰。嶔崟鬱律，萃於霞雰。曖對①晻藹，若鬼若神。傍吐飛瀨，上挺修林。玄泉落落，密蔭沈沈。榮期綺季，此焉恬心。三春之季，孟夏之初，天氣肅清，周覽八隅。皇鸞鷔鷔，警乃前驅。爾其珍怪，碧玉挺其阿，蜜房溜其巔②；翔鳳哀鳴集其上，清水泌流注其前；彭祖宅以蟬蛻，安期饗以延年。唯至德之爲美，我皇應福以來臻。埽神壇以告誠，薦珍馨以祈仙。嗟茲介福，永鍾億年。（《全上古三代秦漢三國六朝文·全後漢文·卷二十四·終南山賦》）

> 流澤遂而成水，停積結而爲山。（《文選·卷五·魏都賦》注；又《游天臺山賦》注）

> 固儵靈之所遊集。（《文選·卷五十九·頭陁寺碑文》注）

路放按：陸侃如《中古文學紀年》認爲此賦應作於建武三十年（54）後班

---

① 原字爲日旁對，《康熙字典》："《集韻》：徒對切，音隊。茂也。"
② 嚴可均注："案：《文選·蜀都賦》注引班固《終南頌》有此語，或'頌'即'賦'之誤。"

固回鄉居喪期間。

（四）《竹扇賦》，見《古文苑》卷五《漢臣賦九首》。收入《班蘭臺集》和《全上古三代秦漢三國六朝文·全後漢文·卷二十四》。辭曰：

> 青青之竹形兆直，妙華長竿紛實翼。杳篠叢生於水澤，疾風時紛紛蕭颯。削爲扇翣成器美，託御君王供時有。度量異好有圓方，來風辟暑致清涼。安體定神達消息，百王傳之賴功力。壽考康寧累萬億。

（五）《覽海賦》，殘文。《全上古三代秦漢三國六朝文·全後漢文·卷二十四》載：

> 運之修短。不豫期也。（《文選》潘岳《西征賦》注。案此賦今見存者僅二語耳。《藝文類聚》所載，乃班彪作，張溥本①誤收。案張溥本有《遊居賦》，即《冀州賦》也，乃班彪所作，誤收。）

（六）《耿恭守疏勒城賦》，僅一句殘文。《全上古三代秦漢三國六朝文·全後漢文·卷二十四》：

> 班固《耿恭守疏勒城賦》：日兮月兮阤重圍。（《文選·潘岳關中詩》注）

（七）《白綺扇賦》，已佚。《全上古三代秦漢三國六朝文·全後漢文》卷二十四載：

> 《初學記》二十五引《班孟堅集》，佚。

四、詩、歌

（一至五）《明堂詩》《辟雍詩》《靈臺詩》《寶鼎詩》《白雉詩》見《後漢書·班彪列傳下》。收入《班蘭臺集》《全上古三代秦漢三國六朝文·全後漢文·卷二十四》《全漢詩·卷五》。

---

①張溥本即《班蘭臺集》。

（六）《詠史詩》，見《史記·倉公列傳》注引《正義》及《文選·卷三十六》，王融《永明九年策秀才文》李善注引。收入《班蘭臺集》和《全漢詩》卷五。

（七）《竹扇詩》，見《藝文類聚·卷六十九》《服飾部·扇》。收入《班蘭臺集》。辭曰：

> 供時有度量，異好有圓方。
> 來風堪避暑，靜夜致清涼。

（八）《靈芝歌》，見《初學記·卷十五》。收入《班蘭臺集》和《全上古三代秦漢三國六朝文·全後漢文·卷二十四》文曰：

> 因露寢兮產靈芝，象三德兮瑞應圖。延壽命兮光此都，配上帝兮象太微。參日月兮揚光輝。

清丁紹儀《全漢詩》卷五有序：

> 固爲漢頌，系此歌詩。《太平御覽》作《頌論功詩·靈芝歌》；《樂府》作古辭《靈芝歌》。廣《文選》同。《事類賦》作《漢傾論功歌詩·靈芝歌》。《詩紀》作《郊祀靈芝歌》。

（九）《嘉禾歌》，載於《太平御覽·卷第一·天部一》：

> 後土化育兮四時行，脩靈液養兮元氣覆。
> 冬同雲兮春霢霂，膏澤洽兮殖嘉穀。

清丁紹儀《全漢詩》卷五有注：

> 《御覽》一。逯案：此篇《詩紀》缺收，僅見《太平御覽》作《漢頌論功歌詩》。大抵固作漢頌中附論功歌詩若幹篇，各篇並有小題。此與上《靈芝歌》皆其佚遺也。姑依詩義補《嘉禾歌》三字。藉配上篇云爾。

（十）《長安何紛紛》，載於《太平御覽·卷第八百一十五·布帛部二》。入《全漢詩》卷五。

> 長安何紛紛，詔葬霍將軍。

刺繡被百領，縣官給衣衾。

（十一）《寶劍詩》，見《北堂書鈔·卷第一百二十二·武功部一》。入《全漢詩·卷五》。

寶劍值千金，指之乾樹枝。

（十二）《寶劍詩二》，見《太平御覽·卷第三百四十四·兵部七十五·劍下》。入《全漢詩·卷五》。

延陵輕寶劍。

五、頌

（一）《高祖頌》，見《高帝紀下》贊。收入《全上古三代秦漢三國六朝文·全後漢文·卷二十六》。文曰：

漢帝本系，出自唐帝。降及於周，在秦作劉。涉魏而東，遂爲豐公。

（二至三）《東巡頌》《南巡頌》，見諸《藝文類聚》《初學記》《太平御覽》各書，然互有參差。清嚴可均《全後漢文》卷二十六所載最全，應是掇拾各書所載連綴而成。入《班蘭臺集》。

（四）《竇將軍北征頌》，見《古文苑·卷十二》。《班蘭臺集》作《竇車騎北征頌》。《全後漢文·卷二十六》所載，係嚴可均參照《藝文類聚》改補。

（五）《安丰戴侯頌》，已佚。

《御覽》五百八十八，《文章流別論》："昔班固爲《安豐戴侯頌》。"《文心雕龍》："孟班（孟班之班當作堅）之頌。"戴侯文今佚。（《全上古三代秦漢三國六朝文·全後漢文·卷二十六》）

據《後漢書·竇融列傳》載：

（永平五年）融卒，時年七十八，諡曰戴侯。

故此頌應作於竇融去世後不久。

（六）《神雀頌》，已佚。

《御覽》五百八十八，永平中，神雀羣集，孝明詔上《神雀頌》。班固、賈逵、傅毅、楊終、侯諷五頌，文比金玉。今佚。(《全上古三代秦漢三國六朝文·全後漢文·卷二十六》)

六、銘

(一)《封燕然山銘并序》見《後漢書·竇融列傳·曾孫憲》。收入《班蘭臺集》和《全上古三代秦漢三國六朝文·全後漢文·卷二十六》。

(二)《高祖泗水亭碑銘》。收入《班蘭臺集》和《全上古三代秦漢三國六朝文·全後漢文·卷二十六》。文曰：

> 皇皇聖漢，兆自沛豐。乾降著符，縛感赤龍。承魁流裔，襲唐末風。寸木尺土，無俟斯亭。建號宣基，惟以沛公。揚威斬蛇，金精摧傷。涉關凌霸，係獲秦王。應門造勢，斗壁納忠。天期乘祚，受爵漢中。勒陳東征，劉擒三秦。靈神威佑，洪溝是乘。漢軍改歌，楚衆易心。誅項討羽，諸夏以康。陳張畫策，蕭勃翼終。出爵褒賢，列士封功。炎火之德，彌光以明。源清流潔，本盛末榮。叙時十八，贊述股肱。休勛顯祚，永永無疆。國窑家安，我君是升。根生葉茂，舊邑是仍。於皇舊亭，苗嗣是承。天之福祐，萬年是興。

(三)《十八侯銘》。見《古文苑》。收入《班蘭臺集》和《全上古三代秦漢三國六朝文·全後漢文·卷二十六》。嚴可均注云：

> 《通典》一百七十七引下四句，以爲《泗水亭高祖碑》，知此十八銘皆碑中語也。

七、奏記、議、疏

(一)《奏記東平王蒼》見《後漢書·班彪列傳上》。入《班蘭臺集》和《全後漢文·卷二十五》。

（二）《匈奴和親議》，見《後漢書·班彪列傳下》。入《班蘭臺集》和《全上古三代秦漢三國六朝文·全後漢文·卷二十五》。

（三）《爲第五倫薦謝夷吾疏》見《後漢書·方術列傳上·謝夷吾》。入《班蘭臺集》和《全上古三代秦漢三國六朝文·全後漢文·卷二十五》。

八、論

（一）《難莊論》殘文。《班蘭臺集》分作兩篇，一作《難嚴周》①。收入《全上古三代秦漢三國六朝文·全後漢文·卷二十五》。文曰：

> 太古之世，不車不舟。陸走以游，不棟不宇，巢穴而處。（《北堂書鈔一百五十八》）
>
> 衆人之逐世利，如青蠅之赴肉汁也。青蠅嗜肉汁而忘溺死，衆人貪世利而陷罪禍。（《藝文類聚九十七》）

（二）《功德論》，殘文。收入《班蘭臺集》和《全上古三代秦漢三國六朝文·全後漢文·卷二十五》。其文曰：

> 朱軒之使，鳳舉於龍堆之表。（《文選》陸機演連珠注）
> 今朝廷昭明，海内謐静。空令朱輪之使，風舉龍堆之表。（《北堂書鈔》四十。案：演連珠必辱鳳舉之使。彼注引作鳳舉，不誤。此作風舉，蓋所見本異也。）

（三）《秦紀論》，見《史記·秦始皇本紀》司馬貞《索引》："此已下是漢孝明帝訪班固評賈、馬贊中論秦二世亡天下之得失。後人因取其説，附之於末。"《全上古三代秦漢三國六朝文·全後漢文·卷二十五》題作《秦紀論》。

九、書信

與竇憲箋五通，均爲殘文。收入《班蘭臺集》與《全上古三代秦漢三國六

---

①嚴周即莊周，爲避明帝劉莊之諱而改。

朝文·全後漢文·卷二十五》。按此二書所收各箋文字頗有出入,《班蘭臺集》且分爲六箋。《全後漢文》所收各箋爲:

  明將軍哀憐,賜固手札,告以軍中宜鮮明。乃賜以玉躬所喜駮犀、瑇瑁簪、絳紗單衣。以魯縞之質,被服鷙鳳之飾。(《藝文類聚》八十四、《御覽》六百八十八,又六百九十、又八百七)

  昨上以寶刀賜臣曰:此大將軍少小時所服,今以賜卿。固伏念大恩,且喜且慙。(《書鈔》一百二十三)

  今月中舍以令賜固刀把曰:此將軍少小時所服,今賜固。伏念大恩,且喜且慙。(《御覽》三百四十六)

  固於張掖縣受賜所服物:虎頭繡鞶囊一雙、又遺身所服襪三其、錯鏤鐵一。(《御覽》四百七十八引《班固集》。又八百十五)

  復賜固犀毗金頭帶,此將軍所自服也。(《書鈔》一百二十九)

與弟班超書七通。收入《班蘭臺集》與《全後漢文·卷二十五》。按此二書所收文字頗有出入,《班蘭臺集》且分爲九通。《全後漢文》所收各書爲:

  得伯章書,稿勢殊工,知識讀之,莫不歎息。實亦藝由己立,名自人成。(張懷瓘《書斷》)

  傅武仲以能屬文爲蘭臺令史,下筆不能自休。(《文選·吳質答魏太子牋》注,又《典論·論文》)

  竇侍中前寄人錢八十萬,市得雜罽十餘張也。(《御覽》八百十六)

  竇侍中令載雜綵七百匹、白素三百匹,欲以市月氏馬蘇合香、氍毹。(《藝文類聚》八十五,《御覽》八百十四、九百八十二)

  月氏氍毹大小相雜,但細好而已。(《北堂書鈔》一百三十四,《御覽》七百八)

  今遺仲升玳瑁黑犀簪、虎頭金鞶囊、金鉤。(《御覽》六百八十八、又六百九十一)

  竇侍中遺仲升楚騰陵錯橫刀璏皁削一枚、金錯半垂刀一枚。(《御覽》一百四十五)

與陳文通書,殘文。《全上古三代秦漢三國六朝文·全後漢文·卷二十五》載:

泰國威靈，信志方外。(《文選》陳琳爲袁紹檄豫州，注)

十、其他

（一）《典引》見《後漢書・班彪列傳下》。序文本傳不載，見於《文選》卷四十八。收入《班蘭臺集》與《全後漢文・卷二十六》。

（二）《答賓戲》見《叙傳上》。收入《班蘭臺集》與《全後漢文・卷二十五》。

（三）《離騷序》見王逸《楚辭章句・卷一》。收入《全後漢文・卷二十五》。本書第十六章《辭賦大家》第四節《對屈原及其〈離騷〉的批評》全文引用。

（四）《離騷贊序》見王逸《楚辭章句・卷一》收入《全後漢文・卷二十五》。本書第十六章《辭賦大家》第四節《對屈原及其〈離騷〉的批評》全文引用。

（五）《奕旨》，載於《古文苑》。《藝文類類》《太平御覽》亦有收錄，不全。收入《班蘭臺集》與《全上古三代秦漢三國六朝文・全後漢文・卷二十六》。文曰：

大冠言博既終，或進則問之曰："孔子稱有博奕，今博行於世，而奕獨絶。博義既弘，奕義不述，問之論家，師不既説，其聲可問乎？"曰："學不廣博，無以應客。北方之人，謂棋爲奕，弘而説之，舉其大略，厥義深矣。局必方正，象地則也；道必正直，神明德也；棋有白黑，陰陽分也；駢羅列布，效天文也。四象既陳，行之在人，蓋王政也；成敗臧否，爲仁由己，道之正也。夫博懸於投，不專在行，優者有不遇，劣者有僥倖，踦挐相淩，氣勢力爭，雖有雄雌，未足以爲平也。至於奕則不然，高下相推，人有等級，若孔氏之門，回、賜相服；循名責實，謀以計策，若唐、虞之朝，考功黜陟。器用有常，施設無析，因敵爲資，應時屈伸，續之不復，變化日新。或虛設豫置，以自護衛，蓋象庖犧罔罟之制；隄防周起，障塞漏決，有似夏后治水之勢；一孔有闕，壞頹不振，有似瓠子汎濫之敗。一棋破寨，亡地復還，曹子之威；作伏設詐，突圍橫行，田單之奇；要厄相劫，割地取償，蘇、張之姿。固本自廣，敵人恐懼，參分有二，釋而不誅，周文之德，知者之慮也；既有過失，能量弱彊，逡巡需行，保角依旁，卻自補續，雖敗不亡，繆公之智，中庸之方。上有天地之象，次有帝王之治，中有五霸之權，下有戰國之事，覽其得失，古今略備。及其晏也，至於發憤忘食，樂以忘憂。推而高之，仲尼概也；樂而不淫，哀而不傷，質之《詩》《書》，《關雎》類也；繼專知柔，陰陽代至，施之養性，彭祖氣也。外若無爲默而識，淨泊自守以道意，隱居放言遠咎悔，行象虞仲信可喜。感乎大冠論未備，故因問者喻其事。"

路放按：這是一篇很有意思的文章，據稱是最早的圍棋理論著作。聯繫下條班固又爲桓譚續《琴道》，他真可說是多才多藝啊。

（六）《琴道》。桓譚著《新論》《琴道》一篇爲班固所續。《後漢書·桓譚馮衍列傳上》載：

《琴道》一篇未成，肅宗使班固續成之。

《新論》原書早佚，有清孫馮翼、嚴可均兩種輯本，其中嚴輯本見《全上古三代秦漢三國六朝文·全后漢文·卷十五·桓譚四·琴道第十六》：

昔神農氏繼宓義而王天下，上觀法于天，下取法于地，近取諸身，遠取諸物，于是始削桐爲琴，繩絲爲絃，以通神明之德，合天地之和焉。琴長三尺六寸有六分，象期之數；厚寸有八分，象三六數；廣六寸，象六律。上圓而斂，法天；下方而平，法地；上廣下狹，法尊卑之禮。隱長四寸五分，隱以前長八分。五絃：第一絃爲宮，其次商、角、徵、羽，文王、武王各加一絃。以爲少宮、少商。下徵七絃，總會樞要，足以通萬物而考治亂也。八音之中，惟絲最密，而琴爲之首。琴之言禁也，君子守以自禁也。大聲不震譁而流漫，細聲不湮滅而不聞。八音廣博，琴德最優。古者聖賢玩琴以養心，夫遭遇異時，窮則獨善其身。而不失其操，故謂之操。操似鴻雁之音，達則兼善天下，無不通暢，故謂之暢。堯暢經逸不存，舜操者，昔虞舜聖德玄遠，升天子。喟然念親，巍巍上帝之位，不足保。援琴作操，其聲清以微；（大）禹操者：昔夏之時，洪水，襄陵沈山。禹乃援琴作操，其聲清以溢，潺潺志在深河。微子操：微子傷殷之將亡，終不可奈何。見鴻鵠高飛，援琴作操，其清以淳。文王操者：文王之時，紂無道，爛金爲格，溢酒爲池，宮中相殘，骨肉成泥。璇室瑤臺，藹雲翳風。鐘聲雷起，疾動天地。文王躬被法度。陰行仁義。援琴作操。故其聲紛以檍。駭角震商。伯夷操、箕子操，其聲淳以激。

晉師曠善知音。衛靈公將之晉。宿于濮水之上。夜聞新聲。召師涓告之曰。爲我聽寫之。曰：臣得之矣。遂之晉，晉平公饗之。酒酣。靈公曰：有新聲，愿奏之。乃令師涓鼓琴。未終，師曠止之曰，此亡國之聲也。

路放按：上文爲嚴氏采衆多古籍引文連綴而成，并非全璧，但供窺見原文大意而已。

（七）《擬連珠》，見《藝文類聚·卷五十七·雜文部三·連珠》。收入《班蘭臺集》與《全上古三代秦漢三國六朝文·全後漢文·卷二十六》。其文曰：

擬連珠，臣聞公輸愛其斧，故能妙其巧，明主貴其士，故能成其治。臣聞良匠度其材而成大廈，明主器其士而建功業。

臣聞聽決價而資玉者，無楚和之名，因近習而取士者，無伯玉之功，故瓀璠之爲寶，非駔儈之術也，伊呂之佐，非左右之舊。

臣聞鷙鳳養六翮以凌雲，帝王乘英雄以濟民，《易》曰：鴻漸於陸，其羽可用爲儀。

臣聞馬伏阜而不用，則駑與良而爲羣，士齊僚而不職，則賢與愚而不分。

（八）《馬仲都哀辭》，僅餘其序文，見《太平御覽·卷五百九十六·文部十二·哀辭》。其文曰：

班固《馬仲都哀辭》曰：車騎將軍順文侯馬仲都，明帝舅也。從車駕於洛水浮橋，馬驚，入水溺死。帝謂侍御史班固，爲馬上三十步哀辭。

該哀辭亦收入《班蘭臺集》與《全上古三代秦漢三國六朝文·全後漢文·卷二十六》，詞句略有差异。

路放按：明帝劉莊之母爲光武帝劉秀的皇后陰麗華，其舅家爲陰氏。劉莊皇后馬氏，乃伏波將軍馬援之女，故這裏所說"明帝舅也"，應是指馬氏之兄弟，劉莊的妻舅。

據《後漢書·馬援列傳》，馬援四子，廖、防、光、客卿，幼子客卿早卒。其中馬防官拜車騎將軍。但馬防字江平，封潁陽侯。最重要的是，馬防死於永元十三年（101），在明帝劉莊和班固之後，劉莊當然不可能命班固爲其寫哀辭。其他幾個馬氏兄弟的情況類似，都死在和帝劉肇年間。即使認定文中之"帝"爲劉肇，也還是有問題，如馬光因涉竇憲案自殺，其時班固自己已身陷囹圄，當然亦不可能爲其寫哀辭。班固唯一有可能爲其寫哀辭的馬氏弟兄是馬廖，去世於永元四年（92）。如其死於六月之前，竇憲案尚未發作，則班固亦尚未得罪，有可能隨侍於劉肇左右而作此哀辭。然而馬廖字京平，封順陽侯，諡安侯，亦未聞其有車騎將軍之銜，這些都和這篇哀辭對不上，故懷疑這篇哀辭實爲後人僞托。

（九）《涿邪山祝文》，四句殘文。《全上古三代秦漢三國六朝文·全後漢文·卷二十六》：

> 晄晄將軍，大漢元輔。（《文選》顏延之《曲水詩》序注。又王儉《褚淵碑》文注）

> 仗節擁旄，鉦人伐鼓。（《文選》虞義《詠霍將軍北伐詩》注、又《宣德皇后令》注、又《丘遲與陳伯之書》注）

第四篇
《漢書》發微

班固的哲學思想
班固的理想社會
班固的政治法律主張
班固的史學發明

第二十四章　班固的哲學思想

一、班固的世界觀

世界觀的基本問題，是思維與存在、精神和物質之間的關繫。究竟何者在先？哪個是第一性的、決定性的？根據對這一基本問題的解答，可將哲學家們分爲兩大主要派別：唯物主義者與唯心主義者。唯物主義者認爲物質是第一性的，存在決定意識，物質先於精神。唯心主義者與此相反，他們認爲精神決定物質，并先於自然界而存在，因此世界是被創造出來的。

一個歷史學家的世界觀會影響到他對歷史事件和人物的記述。因此，探討班固的世界觀及其他哲學觀點，會有助於我們更深入地了解班固的歷史作品。當然，班固本人并非哲學家，他的哲學觀念大都來自於古代的哲學家們，特別是儒家學說，對他影響至深。

班固對宇宙的形成曾有所解釋。他在《典引》中說：

> 太極之元，兩儀始分，烟烟熅熅，有沈而奧，有浮而清。① 沈浮交錯，庶類混成。②（《後漢書·班彪列傳下》）

即世界本初祇有"太極之元"，乃一團"烟烟熅熅"之氣，其間成分有輕有重，"有沈而奧，有浮而清"，形成兩儀，即天地；在此"沈浮交錯"之際，世

---

① 李賢注："《易·繫詞》曰：'《易》有太極，是生兩儀。'又曰：'天地絪緼，萬物化醇。'蔡邕曰：'絪緼，陰陽和一相扶貌也。'奧，濁也。《易乾鑿度》曰：'清輕者爲天，濁沈者爲地。'"
② 李賢注："庶類，萬物也。混猶同也。《老子》曰：'有物混成，先天地生。'"

界萬物乃成。

他的這一世界生成學説，大體體現了中國古代哲人關於宇宙本源的思考。"太極"，是中國最古老的哲學概念之一，即"天地未分之前，元氣混而爲一"的狀態；"兩儀"即天地，"不言天地而言兩儀者指其物體"（《易·繫辭上》孔穎達《正義》）；"烟烟熅熅"，是運動、生長、變化的意思。照明末王夫之的解釋："天不聽物之自然，是故絪緼而化生。""理氣遇方則方，遇圓則圓，或大或小，絪緼變化，初無定質。"（《思問録·内篇》）

值得注意的是，在這樣一種宇宙生成理論中，并未引入一個"造物主"之類的角色，而是認爲這一過程是自發產生的。這可以看作是一種樸素的唯物主義世界觀。

班固作《幽通賦》以言志，於文後總結道：

> 天造中昧，立性命兮。復心弘道，惟聖賢兮。
> 渾元運物，流不處兮。保身遺名，民之表兮。
> 舍生取誼，亦道用兮。憂傷夭物，忝莫痛兮。
> 昊爾太素，曷渝色兮。尚粵其幾，淪神域兮。

他認爲萬物草創之後，乃有性命。性命即天地萬物生長發展的規律，亦即下文所謂"道"。又謂天地萬物，皆相互聯係吸引，成一整體，而運行不息。凡此對宇宙生成與規律（性命）之關繫、宇宙萬物間的相互關繫及其運動的思考，都是唯物主義的命題。

班固的人生觀也是積極的。他在《幽通賦》中列舉了許多歷史人物的遭遇以説明世事難測、個人的命運難以把握。但他的結論并未滑向消極淪落之途，而是選擇了積極進取的道路。他認爲憂傷淪喪是最恥辱的事情，"憂傷夭物，忝莫痛兮"。不僅如此，人且應該：

> 所貴聖人之至論兮，順天性而斷誼。
> 物有欲而不居兮，亦有惡而不避。

即堅守聖人之道，不合道的富貴不取，爲大節而不畏死，盡人事、聽天命。

二、五德三統説

班固畢竟是封建史家，且於劉漢皇室忠心耿耿。因此他的歷史觀也不可避免地受到這一立場的影響，如他對"五德三統"學説的熱衷。

自鄒衍首倡"五德終始"之説，其後張蒼、賈誼、董仲舒、劉歆等人從而敷衍增飾，此説遂成爲秦、漢時期學術界乃至現實政治中的主流歷史觀。

班固曾經扼要叙述"五德終始"説在秦、漢之間的流傳情況：

> 漢興之初，庶事草創，唯一叔孫生略定朝廷之儀。若乃正朔、服色、郊望之事，數世猶未章焉。至於孝文，始以夏郊，而張倉據水德，公孫臣、賈誼更以爲土德，卒不能明。孝武之世，文章爲盛，太初改制，而兒寬、司馬遷等猶從臣、誼之言，①服色數度，遂順黄德。彼以五德之傳從所不勝，②秦在水德，故謂漢據土而克之。劉向父子以爲帝出於《震》③，故包羲氏始受木德，其後以母傳子，終而復始，自神農、黄帝下歷唐虞三代而漢得火焉。故高祖始起，神母夜號，著赤帝之符，旗章遂赤，自得天統矣。④昔共工氏以水德間於木火，與秦同運，非其次序，故皆不永。由是言之，祖宗之制蓋有自然之應，順時宜矣。（《郊祀志·第五下》）

漢初張蒼論五德之傳，以漢爲水德；文帝之世，公孫臣、賈誼則以漢爲土德，降至孝武，兒寬、司馬遷輩猶從此説。迨西漢末季，劉向、劉歆父子倡五德相生説定漢爲火德，并以"赤帝之符，旗章遂赤"之事以爲佐證，得到班固的贊同。

班固既從劉歆之主張，遂在其著述之中多有發揮。

---

① 李奇注："公孫臣、賈誼。"
② 服虔注："五帝相承代，常以金木水火相勝之法，若火滅金，便以火代金。"
③ 震，《易》卦名。
④ 鄧展注："向父子雖有此議，時不施行，至光武建武二年，乃用火德，色尚赤耳。"向，指劉向。

永平十七年（74）班固做《典引》，獻上明帝劉莊以頌漢德。其中即引用劉歆之説以説明劉漢皇朝的正統性：

> 肇命民主，五德初始，①同於草昧，玄混之中。逾繩越契，寂寥而亡詔者，系不得而綴也②。厥有氏號，紹天闡繹，莫不開元於太昊③皇初之首，上哉夐乎，其書猶得而修也。亞斯之代，通變神化，函光而未曜。
>
> 若夫上稽乾則，降承龍翼④，而炳諸典謨以冠德卓絕者，莫崇乎陶唐⑤。陶唐舍胤而禪有虞，有虞亦命夏后，稷契熙載，越成湯武。股肱既周，天乃歸功元首，將授漢劉⑥。俾其承三季之荒末，值亢龍之災孽，⑦縣象暗而恒文乖，彝倫斁而舊章缺。故先命玄聖⑧，使綴學立制，宏亮洪業，表相祖宗，贊揚迪喆，備哉粲爛，真神明之式也。雖皋、夔、衡、旦密勿之輔，比兹褊矣⑨。是以高、光⑩二聖，宸居其域，時

---

①蔡邕注：“民主者，天子也。《尚書》曰：成湯簡代夏作民主。五德，五行之德。自伏羲已下，帝王相代，各據其一行，始於木，終於水，則復始也。”
②蔡邕注：“言結繩書契已往，其道寂漠亡聲，莫能以相告，故易系不得綴連也。”
③即伏羲氏。
④李善注：“翼，法也。言陶唐上能考天之則，下能承龍之法也。龍法，龍圖也。”
⑤陶唐氏，指堯。
⑥蔡邕注：“天有五行之序，堯與四臣各據其一行，而堯爲之正。四臣已遍，故歸功元首之子孫而授漢劉也。高祖始於沛公，起兵入關，後爲漢王，以即尊位，故遂曰漢也。《春秋左氏傳》曰：陶唐氏既衰，其後劉累者，在夏爲禦龍氏，在商爲豕韋氏，在周爲唐杜氏。成王滅唐，宣王殺杜伯，杜伯之子隰叔奔晋，其後士會奔秦而復歸，其子留秦者爲劉氏，以是明之，漢爲堯後。”
⑦李善注：“《國語》郭偃曰：‘夫三季王之亡，宜也。’韋昭曰：‘季，末也。三季王，桀、紂、幽王也。’《易》曰：‘亢龍有悔，窮之災也。’”
⑧李善注：“玄聖，孔子也。莊子曰：‘夫虛靜恬淡，玄聖素王之道也。’《春秋孔演圖》曰：‘玄丘制命，帝卯行也。’”
⑨蔡邕注：“兹，孔子也。”李善注：“謂皋陶、後夔、阿衡、周旦也。”
⑩高、光二聖，指高祖劉邦和光武帝劉秀。

至氣動，乃龍見淵躍。拊翼而未舉，則威靈紛紜，海内雲蒸，雷動電燻，胡繼莽分，尚不莅其誅。然後欽若上下，恭揖群后，正位度宗，有於德不台淵穆之讓，靡號師矢敦奮撝之容。蓋以膺當天之正統，受克讓之歸運，蓄炎上之烈精，蘊孔佐之弘陳云爾。(《文選·卷四十八·典引一首》)

篇中首云"五德初始""開元於太昊"，此爲劉歆之學甚明。次云"亞斯之代，通變神化，函光而未曜"，伏羲以下從略，意在突出堯的地位，故下文接"莫崇乎陶唐"云云。突出堯的目的，則在強調漢承堯運，所以歷數夏后湯武之後，即云"天迺歸功元首，將授漢劉。俾其承三季之荒末。"

在《典引》中班固還提到，當周之末季，一切倫理、綱紀已經敗壞，其受之於天的"赤統"已經結束。當赤統已盡，"黑統"未立之際，於是孔子出，爲漢立制。孔子有德無位，祇是一位輔佐角色，亦即其稱頌明帝劉莊"蓄炎上之烈精，蘊孔佐之弘陳"一句話的意思。這是引用董仲舒之三統説的内容。"五德"與"三統"爲同一學説系統，三統説是五德説的鋪張揚厲。

班固倡五德三統説，亦屢見於《漢書》。於《高帝紀》中班固轉襲《史記》之白帝子化蛇當道，爲赤帝子所斬的傳説，以及劉邦起兵稱沛公，旗幟皆赤的故事，表明漢爲火德早有應驗。又於贊中廣徵博引以實其説：

春秋晉史蔡墨有言，"陶唐氏既衰，其後有劉累，學擾龍，事孔甲，①范氏其後也。②"而大夫范宣子亦曰："祖自虞以上爲陶唐氏，③在夏爲御龍氏，④在商爲豕韋氏，⑤在周爲唐杜氏，⑥晉主夏盟爲范氏。"范

---

① 應劭注："擾，馴也，能順養得其嗜欲也。孔甲，夏天子也。"
② 顔師古注："晉司空士蒍之孫士會爲晉大夫，食采於范，因號范氏。"
③ 顔師古注："范宣子即士會之孫士匄也。"
④ 顔師古注："即劉累也。"
⑤ 顔師古注："豕韋，國名，在東郡白馬縣東南。"東郡，約今河南濮陽一帶。
⑥ 顔師古注："唐、杜，二國名也。殷末豕韋徙國於唐，周成王滅唐，遷之於杜，爲杜伯。杜伯之子隰叔奔晉。士會即隰叔之玄孫也。唐，太原晉陽縣也。杜，京兆杜縣也。"按：杜縣，在今陝西長安縣境内。

氏爲晉士師，①魯文公世奔秦。②後歸於晉，其處者爲劉氏。③劉向云"戰國時劉氏自秦獲於魏。④秦滅魏，遷大梁，⑤都於豐，故周市説雍齒曰：'豐，故梁徙也。'"是以頌高祖云："漢帝本系，出自唐帝。降及於周，在秦作劉。涉魏而東，遂爲豐公。⑥"豐公，蓋太上皇父。其遷日淺，墳墓在豐鮮焉。及高祖即位，置祠祀官，則有秦、晉、梁、荆之巫，⑦世祠天地，綴之以祀，豈不信哉！⑧由是推之，漢承堯運，德祚已盛，斷蛇著符，旗幟上赤，協於火德，自然之應，得天統矣。⑨（《高帝紀下》）

班固在叙其作《高帝紀》的宗旨時又強調説：

皇矣漢祖，纂堯之緒。
實天生德，聰明神武。
秦人不綱，罔漏於楚，⑩
爰兹發迹，斷蛇奮旅。
神母告符，朱旗乃舉，
粤蹈秦郊，嬰來稽首。

---

①顏師古注："言晉爲霸，主諸夏之盟，而范氏爲晉正卿。"
②顏師古注："文公六年，晉襄公卒，士會與先蔑如秦逆公子雍，欲以爲嗣。七年，以秦師納雍，而趙宣子立靈公，與秦師戰，敗之於刳首。先蔑奔秦，士會從之。"
③顏師古注："文十三年，晉人使魏壽餘僞以魏畔，誘士會而納之。秦之歸其帑，其別族留在秦者既無官邑，而乃復劉累之姓也。"
④文穎注："六國時，秦伐魏，劉氏隨軍爲魏所獲，故得復居魏也。"
⑤顏師古注："秦昭王伐魏，魏惠王棄安邑，東徙大梁，更號曰梁，非始皇滅六國之時。"
⑥晉灼注："涉猶入也。"
⑦應劭注："先人所在之國，悉致祠巫祝，博求神靈之意也。"文穎注："巫，掌神之位次者也。范氏世仕於晉，故祠祀有晉巫。范會支庶，留秦爲劉氏，故有秦巫。劉氏隨魏都大梁，故有梁巫。後徙豐，豐屬荆，故有荆巫也。"
⑧顏師古注："綴，言不絶也。"
⑨臣瓚注："漢承堯緒，爲火德。秦承周後，以火代木，得天之統序，故曰得天統。漢初因秦正，至太初元年始用夏正，不用十一月爲正也。"
⑩顏師古注："言秦失綱維，故高祖因時而起。罔漏於楚，謂項羽雖有害虐之心，終免於患也。一説，楚王陳涉初起，後又破滅也。"

革命創制，三章是紀。

應天順民，五星同晷。①

（《敘傳下》）

按漢爲堯後，董仲舒已有此説。《眭弘傳》云：

先師董仲舒有言，雖有繼體守文之君，不害聖人之受命。漢家堯後，有傳國之運。漢帝宜誰差天下，求索賢人，②襢以帝位，而退自封百里，如殷周二王後，以承順天命。（《眭兩夏侯京翼李傳》）

董仲舒之後，劉向、劉歆父子又申明其義，故有"漢帝本系，出自唐帝"之頌。迨王莽自稱其爲舜後，用之以爲奪取政權依據；劉秀因之，承認漢爲火德。建初元年（76）賈逵條奏《左氏傳》大義，謂：

明劉氏爲堯後者，而《左氏》獨有明文。③（《後漢書·鄭范陳賈張列傳》）

賈、班二人一從經學角度、一從史學角度，皆發明劉氏爲堯後、漢承火德之説，可謂異曲同工。於此可知在東漢初年一個相當長的時期内，關於五德三統説的討論仍是當時學術界和政治生活中的一個重要話題。

王莽篡奪西漢政權，自以爲黃帝、虞舜之後，是以土代火；劉秀推翻新朝，重建劉漢皇朝，且其承認漢爲火德，則在理論上應有所解釋。關於這一點班固是這樣説的：

及其竊位南面，處非所據，顛覆之勢險於桀紂，而莽晏然自以黃、虞復出也。乃始恣睢，奮其威詐，滔天虐民，窮凶極惡，流毒諸夏，亂延蠻貉，猶未足逞其欲焉。是以四海之内，囂然喪其樂生之心④，中外

---

①顏師古注："晷，景也。"
②顏師古注："誰，問；差，擇也。問擇天下賢人。"
③李賢注："《春秋》晉大夫蔡墨曰：'陶唐氏既衰，其後有劉累，學擾龍，事孔甲，范氏其後也。'范會自秦還晉，其處者爲劉氏。明漢承堯後也。"
④顏師古注："囂然，衆口愁貌也。"

憤怨，遠近俱發，城池不守，支體分裂，遂令天下城邑爲虛①，丘壠發掘，害徧生民，辜及朽骨，自書傳所載亂臣賊子無道之人，考其禍敗，未有如莽之甚者也。昔秦燔《詩》《書》以立私議，莽誦六藝以文姦言②，同歸殊塗，俱用滅亡，皆炕龍絶氣，非命之運③，紫色鼃聲，餘分閏位④，聖王之驅除云爾！⑤（《王莽傳下》）

在劉向、劉歆父子的五德終始之説中已經論及"昔共工氏以水德間於木、火，與秦同運，非其次序。"（《郊祀志下》）班固在此亦以王莽之行事與秦的暴政互相比較，以其"同歸殊途，俱用滅亡"，説明新莽亦是"餘分閏位"，不應屬五德正序。

五德三統説自戰國末年以後，一直籠罩着秦漢學術政治界，成爲一種統治思想。每當改朝换代之際，各路野心家和已經奪取政權的新朝統治者，無不拾起這套理論并加以修飾甚至篡改，以占據理論制高點。作爲東漢皇朝的御用史家，班固在其著述中自然也要引用這套"理論"，并對其加以尋繹鋪陳，爲統治者效勞。

五德三統説認爲人間帝王都是授命於天而統治人民的。帝王的好壞，與其能否得到上天的眷顧有直接關繫。好皇帝，能敬天愛民的皇帝，就可能得到上帝的佑助；坏皇帝，失掉天心民心的皇帝，則不能得到上帝的佑助。得不得"統"，改不改"運"，也都以帝王的統治成就作爲先決條件。這是早期五德終始説積極的一面。而班固筆下的五德三統説則突出了其"天人相助"、唯心主義目的論的一面。如《兩都賦》云：

往者王莽作逆，漢祚中缺，天人致誅，六合相滅。⑥於時之亂，生

---

①顔師古注："虛讀曰墟。"
②顔師古注："以六經之事文飾奸言。"
③服虔注："易曰：'亢龍有悔'，謂無德而居高位也。"蘇林注："非命，非天命之命也。"
④應劭注："紫，間色；鼃，邪音也。"服虔注："言莽不得正王之命，如歲月之餘分爲閏也。"
　顔師古注："鼃者，樂之淫聲，非正曲也。"
⑤蘇林注："聖王，光武也。爲光武驅除也。"
⑥李賢注："天人，謂天意人事共相誅也。"

民幾亡，鬼神泯絕，壑無完柩，郭無遺室，原野猒人之肉，川谷流人之血，秦、項之災猶不克半，書契已來未之或紀也。① 故下民號而上愬，上帝懷而降鑒，致命於聖皇。② 於是聖皇乃握乾符，闡坤珍，披皇圖，稽帝文，赫爾發憤，應若興雲，霆發昆陽，憑怒雷震。③ 遂超大河，跨北嶽，立號高邑，建都河洛。④ 紹百王之荒屯，因造化之蕩滌，體元立制，繼天而作。⑤ 系唐統，接漢緒，茂育羣生，恢復疆宇，勳兼乎在昔，事勤乎三五。⑥ 豈特方軌並迹，紛綸後辟，理近古之所務，蹈一聖之險易云爾哉？⑦

班固說，王莽時期的戰爭灾荒使百姓蒙受了很大的痛苦，於是人民號訴上帝。上帝對黎民百姓的悲慘處境非常同情，因而命劉秀來做皇帝。劉秀帶着上帝的符命，參考人間的興圖，替人民蕩滌灾難建立新的皇朝。這就是"躬行天罰，應天順人。"《兩都賦》又云：

---

① 李賢注："人者神之主。生人既亡，故鬼神亦絕也。揚子《法言》曰：'秦將白起長平之戰，坑四十萬人，原野猒人之肉，川谷流人之血'也。"
② 李賢注："上帝，天也。聖皇，光武也。懷猶愍念也。降，下也。鑒，視也。言上天愍念下人之上愬，故下視四海可以為君者，而致命於光武也。"
③ 李賢注："干符、坤珍謂天地符瑞也。皇圖、帝文謂圖緯之文也。霆，疾雷也。發於昆陽謂破王尋、王邑。憑，盛也。言盛怒如雷之震。協韻音真。"
④ 李賢注："跨，據也。言光武度河據北嶽，遂即位於鄗，而改鄗為高邑也。"
⑤ 李賢注："紹，繼也。屯，難也。高誘注《淮南子》云：'造化，天地也。'滌，除也。作，起也。杜預注《左傳》云：'凡人君即位，欲體元以居正。'《榖梁傳》曰：'為天下主者，天也；繼天者，君也。'"
⑥ 李賢注："《爾雅》曰：'系，繼也。緒，業也。'前書曰：'漢帝本系出唐帝。'言光武能繼唐堯之統業也。恢，大也。三五，三皇五帝也。"
⑦ 李賢注："軌，轍也。紛綸猶雜蹂也。《爾雅》曰：'後，辟，君也。'險易猶理亂也。言光武功德勤勞，兼於前代百王，非直一聖帝也。"

>及至大漢受命而都之也①，仰寤東井之精，俯協河圖之靈②，奉春建策，留侯演成③，天人合應，以發皇明，乃眷西顧，寔惟作京④。

意思是說西漢建都長安，一方面是上天顯示符瑞，示意劉邦當在西京稱帝；一方面是婁敬、張良獻策，以爲關中形勝之地，宜於建都。因而劉邦領會上帝心意，采納婁、張建議，"天人合應"，乃西都長安。

《兩都賦》對上帝的描繪，使其具有了人的意識，是一種唯心主義的目的論。

班固有時用"天"或"天時"一詞，來説明歷史發展的必然性。例如，他論述春秋戰國至秦、漢，由列國割據到全國統一這段歷史時寫道：

>周室既壞，至春秋末，諸侯耗盡⑤，而炎黄唐虞之苗裔尚猶頗有存者。⑥秦滅六國，而上古遺烈掃地盡矣。⑦楚漢之際，豪桀相王，唯魏豹、韓信、田儋兄弟爲舊國之後，然皆及身而絕。橫之志節，賓客慕義，猶不能自立，豈非天虖！韓氏自弓高後貴顯，蓋周烈近與！⑧
>（《魏豹田儋韓王信傳》）

---

①李賢注："龍興虎視，喻盛彊也。孔安國《尚書》序曰：'漢室龍興。'《易》曰：'虎視眈眈。'"
②李賢注："寤猶曉也。協，合也。高祖至霸上，五星聚於東井。又《河圖》曰：'帝劉季，日角戴勝，斗匈龍股，長七尺八寸。昌光出軫，五星聚井，期之興，天授圖，地出道，予張兵鈐劉季起。'東井，秦之分野，明漢當代秦都關中。"按："五星聚於東井"爲古代天文學（占星術）用語。東井，即井宿，二十八星宿之一，位於東方。五星，指水、火、木、金、土五大行星。關於古代天文學，可參看本書第三十三章《踵成〈漢書〉第七節"《天文志》。
③李賢注："奉春君，婁敬也。春者，四時之始。婁敬亦始建遷都之策，故以號焉。留侯，張良也。《蒼頡篇》曰：'演者引也。'"
④李賢注："天謂'五星聚東井'也。人謂婁敬等進説也。皇明謂高祖也。西顧謂入關也。"
⑤顏師古注："耗，減也，言漸少而盡也。"
⑥顏師古注："謂神農、黄帝、堯、舜之後。"
⑦顏師古注："烈，業也。"
⑧晉灼注："韓先與周同姓，其後苗裔事晉，封於韓原，姓韓氏，韓厥其後也，故曰周烈。"臣瓚注："案武王之子，方於三代，世爲最近也。"顏師古注："《左氏傳》云：'邢、晉、應、韓，武之穆也'。據如此贊所云，則韓萬先祖，武王之裔。而杜預等以爲出自曲沃成師，未詳其説。"

班固觀察到，自西周末年起，各諸侯封國之間即開始互相兼并。這種形勢發展得非常迅速，迨春秋末，所餘封國已寥寥無幾；降至戰國，終不免爲秦所統一。這種社會發展趨勢是社會生產力發展的結果，也是當時民心所向。故楚、漢之際"舊國之後"，一度起而相王，"然皆及身而絕"。雖然其中也有賢能如田橫者，能得麾下豪傑之心，亦終不能復其宗社。這種社會發展規律，班固稱之爲"天"，然而其中并無什麼人或神的意識，祇是歷史趨勢的借稱。

班固曾對王莽奪政權一事進行分析，他把王莽之所以能够篡奪劉漢江山的客觀條件與其成功的必然性，名之曰"天時"。他寫道：

> 王莽始起外戚，折節力行，以要名譽，宗族稱孝，師友歸仁。及其居位輔政，成、哀之際，勤勞國家，直道而行，動見稱述。豈所謂"在家必聞，在國必聞"，"色取仁而行違"者邪？莽既不仁而有佞邪之材，又乘四父歷世之權，遭漢中微，國統三絕，①而太后壽考爲之宗主，故得肆其姦慝，以成篡盜之禍。推是言之，亦天時，非人力之致矣。
> （《王莽傳下》）

班固這裏所列出的王莽成功的因素有：（一）王莽在執政之前，"折節力行"，取得宗族、師友間的稱譽；（二）成、哀之際，王莽爲大司馬輔政，以"勤勞國家，直道而行"，取得朝廷上下的稱頌。這是因王莽本人的主觀努力而創造出有利的條件。除此而外，客觀上的有力條件還有：（三）王莽叔父王鳳、王音、王商、王根相繼秉政，爲王莽秉政打下了基礎，既所謂"四父歷世之權"；（四）王莽秉政又當漢室中微，諸帝弱勢；（五）"太后壽考爲之宗主"，而這位太后王政君還是他姑媽。因此，王莽終於成功地奪取了劉漢皇室的政權。由此可見，班固所說的"天時"，實際上是指的客觀發展的必然性。此處所謂"天時"，正是前面所說"天"的注解。

班固對某些歷史事件和歷史現象從社會條件、從歷史發展的必然趨勢進行了分析，他在其著作中使用這種方法也并非偶然，這說明他對社會歷史的發展具有一定程度的認識。《漢書》雖然斷代爲史，但班固并未把有漢一代的歷史孤

---

① 成帝劉驁、哀帝劉欣和平帝劉衎都沒有子嗣。

立起來，而是作爲全部歷史中的一個環節。班固雖然沒有也不可能有辯證唯物主義關於社會發展規律的知識，但他在《漢書》的寫作中也曾試圖總結歷史的規律性。

三、五行災异

在漢代，儒學經術已被教條化乃至宗教化，且對現實政治產生了重大影響。統治階級人物多熱衷以經術附會五行災异，以爲聲政之資。《夏侯勝傳》云：

> 會昭帝崩，昌邑王嗣立，數出。①勝當乘輿前諫曰："天久陰而不雨，臣下有謀上者，陛下出欲何之？②"王怒，謂勝爲祅言，縛以屬吏。③吏白大將軍霍光，光不舉法。是時，光與車騎將軍張安世謀欲廢昌邑王。光讓安世以爲泄語。安世實不言。乃召問勝，勝對言："在《洪範傳》曰：'皇之不極，厥罰常陰，時則下人有伐上者。'惡察察言，④故云臣下有謀。"光、安世大驚，以此益重經術士。後十餘日，光卒與安世白太后，⑤廢昌邑王，尊立宣帝。光以爲羣臣奏事東宮，太后省政，⑥宜知經術，白令勝用《尚書》授太后。（《眭兩夏侯京翼李傳·夏侯勝》）

當時諸生之習經術，亦因其可附會陰陽灾异，爲現實政治服務，以之爲日後投身政治的進身之階：

> 始，勝每講授，常謂諸生曰："士病不明經術，經術苟明，其取青

---

①顔師古注："每出游戲也。"
②顔師古注："之，往也。"
③即昌邑王將夏侯勝綁送官府治其"祅言"，即"妖言"之罪。
④顔師古注："惡謂忌諱也。察謂爲計謀不敢明顯言之也。《五行志》曰：'不敢察察言'也。"
⑤顔師古注："卒，終也。"
⑥顔師古注："省，視也。"

紫①如俛拾地芥耳②。學經不明，不如歸耕。"（同前引）

其時臣工用之以束縛皇帝之行動，皇帝亦用之以鞏固其統治地位；不同政治集團之間更以之作爲誅除異己的手段、政治鬥爭的工具。相應事例，在《漢書》中處處可見，不勝枚舉。

班固著《五行志》，以五行災異附會西漢以來的政治事例，爲帝王、官僚解說現實政治提供了資料備覽。他著《五行志》的態度，在志首即已揭示：

> 漢興，承秦滅學之後，景、武之世，董仲舒治《公羊春秋》，始推陰陽，爲儒者宗。宣、元之後，劉向治《穀梁春秋》，數其旤福，傳以《洪範》，③與仲舒錯。④至向子歆治《左氏傳》其《春秋》意亦已乖矣；言《五行傳》又頗不同。是以攬仲舒，別向、歆，傳載眭孟、夏侯勝、京房、谷永、李尋之徒所陳行事，訖於王莽，舉十二世，以傳《春秋》，著於篇。（《五行志上》）

班固的寫作態度是謹慎的，《五行志》主要是整齊舊文、分類纂輯，不同之說并載，乖錯之意自見。其寫作方法也體現出了這種態度：

> 志先引經，是《尚書·洪範》文，次引傳，是伏生《洪範五行傳》文，又次引說，是歐陽、大、小夏侯等說，當時列於學官，博士所習者。以下歷引《春秋》及漢事証之，所采皆仲舒、向、歆說也，而歆說與傳說或不同，志亦或舍傳說而從歆。又采京房《易傳》甚多，今所傳《京氏傳》中無之，蓋非足本。間采眭、谷、李尋說。（《五行志上·王先謙補注引王鳴盛言》）

---

① 青紫，原指古時公卿印綬或服飾顏色。《文選》卷四十五，揚雄《解嘲》："紆青拖紫。"下李善注引《東觀漢記》："印綬，漢制公侯紫綬，九卿青綬。"又劉良注："青紫，并貴者服飾也。"此處代指官爵。

② 顏師古注："地芥謂草芥之橫在地上者。俛而拾之，言其易而必得也。青紫，卿大夫之服也。俛即俯字也。"

③ 顏師古注："以《洪範》義傳而說之。"

④ 顏師古注："錯，互不同也。"

班固本人對五行災異之說是持懷疑態度的，他認爲以陰陽災異附會時事政治者，率皆"假經設誼，依託象類"，牽强附會，即偶有言中，皆是巧合。例如西漢時期有些人大談"天道"，實際是不可靠的：

> 幽贊神明，①通合天人之道者，莫著乎《易》《春秋》。然子贛②猶云："夫子之文章可得而聞，夫子之言性與天道不可得而聞"已矣。③漢興推陰陽言災異者，孝武時有董仲舒、夏侯始昌；昭、宣則眭孟、夏侯勝；元、成則京房、翼奉、劉向、谷永；哀、平則李尋、田終術。此其納説時君著明者也。察其所言，仿佛一端。假經設誼，依托象類，或不免乎"億則屢中"。④仲舒下吏，夏侯囚執，眭孟誅戮，李尋流放，此學者之大戒也。(《眭兩夏侯京翼李傳》)

首先，"察其所言，仿佛一端"，其俗套淺薄可知；其次，"假經設誼，依托象類"，其牽强附會可知；至於他們有時言中，乃是因爲所言既多，"不免"偶然相合，哪裏有什麽奧妙的道術？

班固既指出五行災異學説的不可信，又列舉若干企圖以此納説時君之著名人物的悲慘下場，引以爲"學者之大戒"。班固對當時盛行之五行災異説的批判，爲明末王夫之在其對漢儒的批判中所繼承發揮。王氏説：

> 善言天者驗於人，未聞善言人者之驗於天也。宜於事之謂理，順於物之謂化。理化，天也；事物，人也；無以知天，於事物知之爾。知事物者，心也；心者，性之靈、天之則也。漢儒言治理之得失，一取驗於七政五行之災祥順逆，合者偶合也，不合者，挾私意以相附會，而邪妄違天，無所不至矣。(《讀通鑑論・卷七・和帝》)

---

① 顔師古注："幽，深；贊，明也。"
② 端木賜，複姓端木，字子貢 (古同子贛)，春秋末衞人。子貢爲孔子得意門生，孔子曾稱其爲"瑚璉之器"，在孔門十哲中以言語聞名。子貢曾任魯、衞兩國之相。子貢善經商，富致千金，爲孔子弟子中首富。
③ 顔師古注："性命玄遠，天道幽深，故孔子不言之也。此皆《論語》述子貢之言也。"
④ 顔師古注："《論語》稱孔子曰：'賜不受命，而貨殖焉，億則屢中'，故此贊引之，言仲舒等億度，所言既多，故時有中者耳，非必道術皆通明也。"

班固對五行災異之説的批判又反映在其《貨殖傳》中。《貨殖傳》的寫作參考了《史記》之《貨殖列傳》，但班固對《史記》中有關五行、星象的記載則加以刪削。如《史記·貨殖列傳》云：

> 計然①曰："知鬭則修備，時用則知物，二者形則萬貨之情可得而觀已。故歲在金，穰；水，毁；木，饑；火，旱。②旱則資舟，水則資車，物之理也。六歲穰、六歲旱，十二歲一大饑。夫糶，二十病農，九十病末。③末病則財不出，農病則草不辟矣。上不過八十，下不減三十，則農末俱利，平糶齊物，關市不乏，治國之道也。積著之理，務完物，無息幣。④以物相貿，易腐敗而食之貨勿留，無敢居貴。論其有餘不足，則知貴賤。貴上極則反賤，賤下極則反貴。貴出如糞土，賤取如珠玉。⑤財幣欲其行如流水。"

《漢書》將"故歲在金，穰；水，毁；木，饑；火，旱"一句及"六歲穰、六歲旱，十二歲一大饑"兩句完全刪去。《史記·貨殖列傳》又云：

> 白圭樂觀時變，故人弃我取，人取我與。夫歲孰取穀，予之絲漆；繭出取帛絮，予之食。太陰在卯，穰；⑥明歲衰惡。至午，旱；明歲美。至酉，穰；明歲衰惡。至子，大旱；明歲美，有水。至卯，積著率歲倍。欲長錢，取下穀；長石斗，取上種。能薄飲食，忍嗜欲，節衣服，與用事僮仆同苦樂。趨時若猛獸摯鳥之發。

《漢書》則將"太陰在卯，穰；明歲衰惡。至午，旱；明歲美。至酉，穰；

---

① 《集解》徐廣曰："計然者，范蠡之師也，名研，故諺曰：'研、桑心筭'。"筭，通"算"。
② 《索隱》："五行不説土者，土，穰也。"
③ 《索隱》："言米賤則農夫病也。若米斗直九十，則商賈病，故云'病末'。末謂逐末，即商賈也。"
④ 《索隱》："毋息弊。久停息貨物則無利。"
⑤ 《索隱》："夫物極貴必賤，極賤必貴。貴出如糞土者，既極貴，後恐其必賤，故乘時出之如糞土。賤取如珠玉者，既極賤，後恐其必貴，故乘時取之如珠玉。此所以爲貨殖也。"
⑥ 《正義》："太陰，歲後二辰爲太陰。"

明歲衰惡。至子，大旱；明歲美，有水。至卯。"一段全部刪去。這樣一來，班固便將社會問題從五行和星象支配人事的思想中解脫了出來。這當然不僅是文字上的修正，而且是歷史觀點的進步。

四、福禍報應

在《漢書》中，常可看到班固用禍福報應說來解釋某些歷史人物的窮通際遇：顯赫者乃其善行所感，落魄者爲其惡行所致。例如他說：

> 漢興以來，侯者百數，保國持寵，未有若富平者也。湯雖酷烈，及身蒙咎，其推賢揚善，固宜有後。安世履道，滿而不溢。賀之陰德，亦有助云。(《張湯傳》)

> 張湯、杜周並起文墨小吏，致位三公，列於酷吏。而俱有良子，德器自過，爵位尊顯，繼世立朝，相與提衡。至於建武，杜氏爵乃獨絕，迹其福祚、元功儒林之後莫能及也。自謂唐杜苗裔①，豈其然乎？(《杜周傳》)

他認爲富平侯張安世一家能夠"保國持寵"、歷久不衰，是因爲其父張湯"推賢揚善，固宜有後。"張安世兄張賀，曾收養戾太子劉昭之孫、武帝之曾孫劉詢（即宣帝），戾太子"無辜"死，而"皇曾孫""孤弱"，這種"陰德"，對張安世一家的興盛，也有所助。這也是天人相感的觀點。

---

① 顏師古注："謂在周爲唐杜氏也。"

第二十五章　班固的理想社會

一、殷周盛世烏托邦

每個史家心中都有一個理想社會，用作對其所叙述的時代的評估標杆。班固的理想社會，實際上是一幅農林公社的圖畫。他寫道：

> 《洪範》八政，一曰食，二曰貨。食謂農殖嘉穀可食之物，貨謂布帛可衣，及金刀龜貝，所以分財布利通有無者也。二者，生民之本，興自神農之世。"斲木爲耜，煣木爲耒，耒耨之利以教天下"而食足；"日中爲市，致天下之民，聚天下之貨，交易而退，各得其所"，而貨通。①食足貨通，然後國實民富，而教化成。（《食貨志上》）②

在他的理想社會中，以生產"嘉穀"爲主的農業和以生產"布帛"爲主的手工業，是"生民之本"。由於農業和手工業產品，即可衣可食之物已有剩餘，所以也產生了交換行爲，生活在這個社會中的人民，"食足貨通""各得其所"。這便是班固理想社會的一幅藍圖，而他將它托之於"神農之世"。

班固繼其神農之世的理想社會之後，又寫了"黄帝以下至堯、舜、禹"之世的社會情況，内容雖有簡繁不同，實際上仍是他的理想國面貌的展開。他説：

---

① 顔師古注："自'斲木爲耜'以至於此，事見《易上·繫辭》。"
② 爲簡潔起見，本章引文出自《漢書·食貨志》者不再一一注明。

> 黃帝以下"通其變，使民不倦。"①堯命四子以"敬授民時"②，舜命後稷以"黎民祖飢"③，是爲政首。禹平洪水、定九州、制土田，各因所生遠近，賦入貢棐④，楙遷有無，萬國作乂。⑤

至此更清楚地看出，在班固的理想社會中，是以"民"爲主人公的。其所謂"神農之世"固然如此：爲"天下之貨"者，爲"天下之民"，"可食""可衣"之物的生產和消費者都是"民"。至此他更作言，舉凡黃帝、堯、舜、禹等人，都是以民爲中心，授民時、設農官、平洪水、"通其變，使民不倦"，以民的利益"爲政首"。

當然，班固沒有天真到以爲在他的理想社會中沒有剝削。他寫道，民以年節禮品的方式孝敬他們的族長，即"國實民富"，則民"各因所生遠近，賦入貢棐。"

在《食貨志》中，班固將"殷周之盛"世是作爲另一個歷史階段敘述的。這一歷史階段，對於班固的時代是接近得多了，文獻資料也很多，不像神農之世或黃帝、堯、舜、禹之世那麼遙遠渺茫。但班固在叙述這一時期的社會狀況時，仍然賦予其很大的理想成分：

> 殷周之盛，《詩》《書》所述，要在安民，富而教之。故《易》稱："天地之大德曰'生'，聖人之大寶曰'位'；何以守位曰'仁'，何以聚人曰'財'。"⑥財者，帝王所以聚人守位，養成羣生，奉順天德，治國安民之本也。故曰："不患寡而患不均，不患貧而患不安；蓋均亡貧，

---

①李奇注："器幣有不便於時，則變更通利之，使民樂其業而不倦也。"
②顏師古注："四子謂羲仲、羲叔、和仲、和叔也。事見《虞書·堯典》也。"
③孟康注："祖，始也。黎民始飢，命弃爲稷官也。古文言阻。"顏師古注："事見《虞書·舜典》。"
④應劭注："棐，竹器也，所以盛。方曰筐，隋曰棐。"顏師古注："棐讀與匪同，《禹貢》所謂'厥貢漆絲，厥篚織文'之類是也。隋，圜而長也。"
⑤顏師古注："言勸勉天下，遷易有無，使之交足，則萬國皆治。"
⑥《易·下繫》之辭。

和亡寡，安亡傾。"①是以聖王域民，②築城郭以居之，制廬井以均之，③開市肆以通之，設庠序以教之；④士農工商，四民有業。學以居位曰"士"，闢土殖穀曰"農"，作巧成器曰"工"，通財鬻貨曰"商"。聖王量能授事，四民陳力受職，故朝亡廢官，邑亡敖民，地亡曠土。⑤

班固敘述殷周盛世，主要是通過對井田制度的描述體現出來。班固筆下的井田制度是這樣的：

> 理民之道，地著爲本。⑥故必建步立畝，正其經界。六尺爲步，步百爲畝，畝百爲夫，夫三爲屋，屋三爲井，井方一里，是爲九夫。八家共之，各受私田百畝，公田十畝，是爲八百八十畝，餘二十畝以爲廬舍。⑦出入相友，守望相助，疾病則（相）救，民是以和睦，而教化齊同，力役生產可得而平也。
>
> 民受田，上田夫百畝，中田夫二百畝，下田夫三百畝。歲耕種者爲不易上田；休一歲者爲一易中田；休二歲者爲再易下田，三歲更耕之，自爰其處。⑧農民户（一）人已受田，⑨其家眾男爲餘夫，亦以口受田如比。⑩士工商家受田，五口乃當農夫一人。此謂平土可以爲法者也。若山林藪澤原陵、淳鹵之地，⑪各以肥磽多少爲差。⑫有賦有税。税謂公

---

①顔師古注："《論語》載孔子之言。"按"亡"通"無"，下同。
②顔師古注："爲邦域。"
③顔師古注："井田之中爲屋廬。"
④庠序，即學校。
⑤顔師古注："敖謂逸游也。曠，空也。"
⑥顔師古注："地著，謂安土也。"
⑦顔師古注："廬，田中屋也。春夏居之，秋冬則去。"
⑧此處是説按田地好壞決定授田數量和休耕方法。上等田無需休耕，故每夫百畝，年年耕作；中等田需隔年耕作以恢復地力，故每夫授田二百畝，輪流耕作；下等田每收一季需休耕二年，故每夫授田三百畝，三田輪流耕作。
⑨"農民户一人"中之"一"字據王先謙《漢書補注》引王念孫意見補。
⑩顔師古注："比，例也。"
⑪晋灼注："淳，盡也，烏鹵之田不生五穀也。"
⑫顔師古注："磽，磽确也，謂瘠薄之田也。"

田什一及工商衡虞之入也。①賦共車馬甲兵士徒之役，充實府庫賜予之用。稅給郊社宗廟百神之祀，天子奉養百官祿食庶事之費。民年二十受田，六十歸田。七十以上，上所養也；十歲以下，上所長也；十一以上，上所強也。②種穀必雜五種，以備災害。③田中不得有樹，用妨五穀。力耕數耘，收穫如寇盜之至。④還廬樹桑，⑤菜茹有畦，瓜瓠果蓏，⑥殖於疆易。⑦雞豚狗彘毋失其時，女修蠶織，則五十可以衣帛，⑧七十可以食肉。

在壄曰廬，在邑曰里。⑨五家爲鄰，五鄰爲里，四里爲族，五族爲黨，五黨爲州，五州爲鄉。鄉，萬二千五百戶也。鄰長位下士，自此以上，稍登一級，至鄉而爲卿也。於是里有序而鄉有庠。序以明教，庠則行禮而視化焉。⑩春令民畢出在壄，冬則畢入於邑……所以順陰陽，備寇賊，習禮文也。春，將出民，里胥平旦坐於右塾，鄰長坐於（右）左塾，⑪畢出然後歸，夕亦如之。⑫入者必持薪樵，輕重相分，班白不提挈。⑬冬，

---

① 顏師古注："賦謂計口發財，稅謂收其田入也。什一，謂十取其一也。工、商、衡虞雖不墾殖，亦取其稅者，工有技巧之作，商有行販之利，衡虞取山澤之材產也。"衡虞，守護山林者。
② 顏師古注："勉強勸之，令習事也。"即尚未授田的少年得學習農事。
③ 顏師古注："歲月有宜，及水旱之利也。種即五穀，謂黍、稷、麻、麥、豆也。"
④ 顏師古注："力謂勤作之也。如寇盜之至，謂促遽之甚，恐爲風雨所損。"
⑤ 顏師古注："還，繞也。"
⑥ 應劭注："木實曰果，草實曰蓏。"顏師古注："茹，所食之菜也。"
⑦ 顏師古注："《詩·小雅·信南山》云：'中田有廬，疆場有瓜'，即謂此也。"
⑧ 按古時製衣，非絲帛則葛麻。葛衣粗糙，不如絲帛。
⑨ 顏師古注："廬各在其田中，而里聚居也。"
⑩ "於是里有序而鄉有庠"中"是"字據王先謙《補注》"宋祁曰"補。王先謙《補注》引《白虎通義》："古之教民者，里皆有師，里中之老有道德者爲里右師，其次爲左師，教里中之子弟以道藝、孝悌、仁義。"
⑪ 孟康注："里胥，如今里吏也。"顏師古注："門側之堂曰塾。坐於門側者，督促勸之，知其早晏，防怠惰也。"
⑫ 顏師古注："言里胥鄰長亦待入畢，然後歸也。"
⑬ 顏師古注："班白者，謂髮雜色也。不提挈者，所以優老人也。"

民既入，婦人同巷，相從夜績，女工一月得四十五日。①必相從者，所以省費燎火，同巧拙而合習俗也。②男女有不得其所者，因相與歌詠，各言其傷。③（《食貨志上》）

他叙述了授田、歸田的制度，勞動者生産活動、生産水平和生産技術，以至社會組織、教育方法等等。井田制度在中國古代是存在的，但是班固誇大了其作用，他把這一歷史時期中舉凡有關經濟基礎和上層建築的文獻和傳説都填塞到了井田制度中。同時班固美化了井田制度，他把授以田者和受田者，以及實際的勞動者描繪成一家人，從而以爲這些人的權利義務也是相等的。在他筆下的殷周之世，好像所有的人都是"出入相友，守望相助，疾病相扶持，則百姓親睦"；所有的老人，都是"輕重相分，班白不提挈""五十可以衣帛，七十可以食肉。"

班固在描述了井田社會的美好内容之後，强調説：

……此先王制土處民富而教之之大略也。故孔子曰："道千乘之國，敬事而信，節用而愛人，使民以時。"④故民皆勸功樂業，先公而後私。其《詩》曰："有渰淒淒，興雲祁祁，雨我公田，遂及我私。"⑤民三年耕，則餘一年之畜。⑥衣食足而知榮辱，廉讓生而争訟息。

因此，班固筆下的殷周盛世并非對商周社會的客觀描述，祇是借古代社會的軀殼，來抒寫其個人的烏托邦理想。

---

① 服虔注："一月之中，又得夜半爲十五日，凡四十五日也。"
② 顔師古注："省費燎火，省燎火之費也。燎所以爲明，火所以爲温也。"
③ 顔師古注："怨刺之詩也。"王先謙《補注》引《公羊傳》何注："男女有所怨恨，相從而歌，飢者歌其食，勞者歌其事。"
④ 顔師古注："《論語》載孔子之言。道，治也。舉事必敬，施令必信，不爲奢侈，愛養其民，無奪農時。"
⑤ 顔師古注："《小雅·大田》之詩也。渰，陰雲也。淒淒，雲起貌也。祁祁，徐也。言陰陽和，風雨時，民庶慶悦，喜其先雨公田，乃及私也。"
⑥ 顔師古注："畜讀曰蓄。"

路放按：以現代眼光來看班固筆下之殷周盛世，其實也沒有那麽引人入勝：農民猶如奴隸，集體居住、集體出工，出入都有里胥之流在門口點名監視，在田裏勞動一天後尚需負薪而歸。婦女白天幹活，晚上還得紡綫織布，一個月要干出四十五個勞動日！所得待遇，不過是五十歲方可衣帛，七十歲方可食肉。那他們養殖的"雞豚狗彘"，婦女點燈熬夜所修"鹽織"都哪裏去了？終日勞作而尚不得飽食，所以纔會有"男女有不得其所者，因相與歌詠，各言其傷"；而"雨我公田，遂及我私"之類僞民歌，又顯得那麽地虛假。

班固的理想社會，從社會發展歷史來衡量是不符合實際情況的。無論是他描寫的殷周盛世，抑或殷周以前的社會都帶有相當的理想色彩。但總的面貌是農林公社的影子，總的精神是以農民的利益爲旨歸。在他的理想社會中，農民是社會的主人，一切古聖先王都是爲農民服務的。他強調這不但是"先王"制土處民的大略，也是後之"王者"必由之道。由此可見，班固的理想社會是符合當時農民利益的，是當時廣大農民的共同理想和期望。

二、殘酷的現實社會

班固的理想社會，是對當時現實社會的反射，其實正是現實社會的對立面。

在兩漢時期，以自耕農爲核心的、包括中小地主在內的小土地私有者，在社會結構中占有很大的比重。農民和依附於農業生產的其他階層，如家庭手工業者，是當時社會的經濟基礎。

小自耕農經濟自戰國以來便逐漸發展起來。所謂：

李悝[①]爲魏文侯作盡地力之教。（《食貨志上》）

以及

---

① 李悝，戰國時魏相，主持變法。他推行"盡地力之教"，鼓勵農民精耕細作以提高糧食産量，并實行"善平糴"政策，即政府豐年以平價購入餘糧，荒年時以平價售出，以平抑糧價。李悝在政治上實行法治，廢除世卿世祿制度，按照功勞和能力提拔官吏。變法後，魏國國力大增，成爲戰國初期強國之一。其"重農"與"法治"結合的思想對商鞅、韓非等影響極大。

> 秦用商鞅之法，改帝王之制，除井田，民得賣買。(《通典·食貨一》)

均可視爲小自耕農經濟的濫觴。始皇二十八年（前219）的琅邪臺刻石稱：

> 上農除末，黔首是富。(《史記·秦始皇本紀》)

反映出秦政權的以農爲本，抑制商人的基本國策；而始皇三十一年（前216），"使黔首自實田"①的法令可視爲政府對土地私有制經濟所作的法律上的承認。

路放按：現代學者一般認爲該法令是命令黔首（民）向政府呈報自己占有的土地數額，以便確定賦稅，故該法令實際上意味着在法律上確立了土地私人所有制。如郭沫若説：該法令"意即命令有田的人向政府呈報占有土地的數額"，是"在戰國以來封建土地私有制發展的基礎上，進一步在統一的全國範圍内確認了封建土地私有權。"②范文瀾説："在這個法令下，地主和有田農民自動陳報所有土地實數，按定制繳納賦稅，取得土地所有權。""土地個人私有制也就是封建地主占有土地制以法律的形式確定下來了。"③

秦末長期戰亂，造成了户口鋭減，土地荒蕪，而這對於重新統一後的西漢初期小自耕農經濟的發展是有利的。高帝五年（前202），天下初定，劉邦即下詔：

> 民前或相聚保山澤，不書名數。④今天下已定，令各歸其縣，復故爵田宅。(《高帝紀下》)

至文、景時期則一再強調："理民之道，在於節用尚本"(《鹽鐵論》語)，而武帝劉徹數次制定與實行困辱商人的法令，都是爲了保護和發展中小土地所有制。漢代的中小土地所有者，包括自耕農和中小地主，是國家賦稅徭役的主要負擔者，保護和扶植他們正是爲了維護中央集權制國家的統治基礎。

---

① 《史記·秦始皇本紀》始皇三十一年裴駰《集解》引"徐廣曰"。
② 《中國史稿（第二册）》第二章：《從諸侯割據稱雄的封建國家到統一的封建專制主義國家》。
③ 《中國通史（第二編）》第一章：《專制主義的、中央集權的漢族統一國家成立時期——秦》。
④ 顔師古注："名數，户籍也。"

但在另一方面，大地主階層正在氣焰十足地大肆兼并土地，導致了小土地私有經濟逐步破産。這一方面使得日益增多的失掉了土地的民衆，被迫變成依附農民即佃農、奴婢，或失業流民，成爲社會不穩定因素的根源；另一方面導致了稅收勞役來源短缺，造成了中央政府的財政困難。

漢代之大地主階層大體有三個來源，一是從六國士族轉化而來的豪族地主。他們在鄉曲、閭里之中，通過家族關繫和歷代積累，擁有大量的土地和其他資源，并養有很多賓客或部曲，具有雄厚的勢力。董仲舒稱"邑有人君之尊，里有公侯之富"（《貨殖傳》），説的便是這等人物。他們是社會安定的一大隱患，爲漢朝歷代君主所重視。漢初，高祖劉邦聽從婁敬①之言，徙關東豪族十餘萬口於關中。婁敬云：

> 夫諸侯初起時，非齊諸田，楚昭、屈、景莫能興。今陛下雖都關中，實少人。北近胡寇，東有六國之族，宗强，一日有變，陛下亦未得高枕而臥也。臣願陛下徙齊諸田，楚昭、屈、景、燕、趙、韓、魏後，及豪桀名家居關中。無事，可以備胡；諸侯有變，亦足率以東伐。此强本弱末之術也。②（《史記·劉敬叔孫同列傳》）

武帝時主父偃③又建言徙天下豪族，他説：

> 茂陵初立，天下豪桀并兼之家，亂衆之民，皆可徙茂陵，内實京師，外銷姦猾，此所謂不誅而害除。（《史記·平津侯主父列傳》）

---

① 婁敬，又名劉敬，西漢初齊國盧（今山東濟南長清）人。婁敬初爲齊國戍卒，爲同鄉引薦給劉邦，他建議劉邦定都關中，得到張良的贊同，劉邦遂定都長安。婁敬建議徙六國後裔和强宗豪族十餘萬人至關中，成爲漢初之基本國策。
② 《索引》案，小顏云："今高陵、櫟陽諸田，華陰、好畤諸景，及三輔諸屈諸懷尚多，皆此時所徙也。"
③ 主父偃，武帝時大臣。臨淄人。出身貧寒，早年學縱橫之術。武帝采納主父偃的"推恩令"，使諸侯王分封子弟爲侯，王國封地被分割，諸侯權力大減。

元帝時，陳湯①又言：

> 天下民不徙諸陵三十餘歲矣，關東富人益衆，多規良田，役使貧民，可徙初陵，以彊京師，衰弱諸侯，又使中家以下得均貧富。(《傅常鄭甘陳段傳·陳湯》)

由此可知，以"齊諸田，楚昭、屈、景，燕、趙、韓、魏"爲代表的"豪傑名家"，在地方上的勢力很大，他們不但"多規良田，役使貧民"，且都是"并兼之家"，又具有相當的號召力量，在秦末，諸侯起兵，固然是"非齊諸田，楚昭、屈、景莫興"；至漢代，他們仍然是所謂"亂衆之民"和地方諸侯背後的支柱力量。

路放按：西漢襲秦故事置陵縣，徙六國士族、新貴大豪於關中，其作用有三：一是充實關中人口；二是加強對貴族豪族的控制，《地理志·第八下》說：

> 漢興，立都長安，徙齊諸田，楚昭、屈、景及諸功臣家於長陵，後世世徙吏二千石，高訾富人及豪傑并兼之家於諸陵，蓋亦以彊幹弱枝，非獨爲奉山園也。

三是易地而居的地主在原籍的土地和礦山等資源就要讓出來，便於地方政府管理。政府對徙居關中的貴族大豪采用贖買政策，賜田、賜居，封爵拜官，故這些人也樂於居住天子脚下。如班固曾祖班況，便是於成帝年間徙居昌陵，見第三章《初登仕籍》。

當然，也有自己不願遷徙的，如《游俠傳·郭解》載：

> 及徙豪茂陵也，解貧，不中訾。②吏恐，不敢不徙。衛將軍爲言：

---

① 陳湯，字子公，山陽瑕丘（今山東兗州東北）人。少時家貧好學，有大志，但是品行不端，不爲鄉里所稱。建昭三年（前36）陳湯出任西域都護府副校尉，遠征郅支單于，大捷。其上疏云："臣湯將義兵，行天誅，賴陛下神靈，陰陽并應，陷陣克敵，斬郅支首及名王以下。宜懸頭槁於蠻夷邸間，以示萬里，明犯強漢者，雖遠必誅！"成帝時，將作大匠解萬年謀劃遷移關東良民至關內，建立初陵邑，陳湯上疏贊同。陳湯貪，多次受賄，後被免官下獄。

② 顏師古注："中，充也，言訾財不充合徙之數也。"

"郭解家貧，不中徙。"上曰："解布衣，權至使將軍，此其家不貧！"①解徙，諸公送者出千餘萬。軹人楊季主子爲縣掾，舉之，②解兄子斷楊掾頭。解入關，關中賢豪知與不知，聞聲爭交驩。邑人又殺楊季主，季主家上書人又殺闕下。③上聞，乃下吏捕解。解亡。……軹有儒生侍使者坐，客譽郭解，生曰："解專以姦犯公法，何謂賢？"解客聞之，殺此生，斷舌。吏以責解，解實不知殺者，殺者亦竟莫知爲誰。吏奏解無罪。御史大夫公孫弘議曰："解布衣爲任俠行權，以睚眦殺人，解不知，此罪甚於解知殺之。當大逆無道。"遂族解。

"任俠"郭解是河內軹（地處今河南西北的軹城鎮）人，按其財産地位尚達不到徙陵的標準。不過，像郭解這樣草菅人命的惡霸，原籍地方官吏當然巴不得能禮送其離開。事實上，徙居關中後郭解氣焰依然，屢屢犯法殺人。然而天子脚下豈容得下這等不法之徒？郭解終被族誅。

其次是官僚大地主。如武帝時，董仲舒有感於官僚地主"廣其田宅，博其産業"，"與民爭利"，在其賢良對策中説：

> 身寵而載高位，家溫而食厚祿，因乘富貴之資力，以與民爭利於下，民安能如之哉！是故衆其奴婢，多其牛羊，廣其田宅，博其産業，畜其積委，④務此而亡已，以迫蹙民，民日削月朘⑤，浸以大窮。富者奢侈羨溢，貧者窮急愁苦；⑥窮急愁苦而上不救，則民不樂生；民不樂生，尚不避死，安能避罪！此刑罰之所以蕃而姦邪不可勝者也。故受祿之家，食祿而已，不與民爭業，然後利可均布，而民可家足。（《董仲舒傳》）

---

①顔師古注："將軍爲之言，是爲其所使也。"
②顔師古注："鬲塞其送，不令解得之也。鬲與隔同。"
③顔師古注："於闕下殺上書人。"
④顔師古注："畜讀曰蓄。"
⑤朘，減少。
⑥顔師古注："羨，饒也。"

這些受祿之家，憑藉權勢實行兼并，自然順暢無阻。如高帝時蕭何爲相，"置田宅必居窮處"，避免將來"爲勢家所奪"（《史記·蕭相國世家》）；武帝時，外戚田蚡爲相，"治宅甲諸第、田園極膏腴"（《史記·魏其武安侯列傳》）；而哀帝賜其寵臣董賢土地，一次即達二千餘頃之多（《王嘉傳》）。

第三則爲商人大地主。按説商人在漢代地位甚低，經常受到政府打壓限制。但從政府的這類政策中，亦可窺見當時富商巨賈經營土地的情況。武帝元光六年，"初算商車"①，元狩四年，再下詔"初算緡錢"②（《武帝紀》）。《食貨志下》載：

> 諸賈人末作貰貸③買賣，居邑貯積諸物，及商以取利者，雖無市籍，各以其物自占。④

由於商人"匿不自占，占不悉"，隱匿財產不報，故而政府出臺獎勵政策，如有人告發私匿財產不報，"以其半畀之"。於是：

> 楊可⑤告緡遍天下，中家以上大氐皆遇告。杜周治之，獄少反者。乃分遣御史廷尉正監分曹往，（往）即治郡國緡錢，得民財物以億計；奴婢以千萬數；田大縣數百頃，小縣百餘頃；宅亦如之。於是商賈中家以上大氐破。

在治郡國緡錢時，没入田地很多，"大縣數百頃，小縣百餘頃"，説明當時商賈多經營土地，往往是商人兼大地主。如卜式⑥經營畜牧業，"式入山牧，十

---

①李奇注："始税商賈車船，令出算。"即對商人所擁有的交通工具徵税。

②李斐注："緡，絲也，以貫錢也。一貫千錢，出算二十也。"顏師古注："謂有儲積錢者，計其緡貫而税之。"即對商人之財產進行徵税。

③顏師古注："貰，賒也。貸，假與也。"

④顏師古注："占，隱度也，各隱度其財物多少，而爲名簿送之於官也。"

⑤楊可爲當時主管告緡之官員，其他事迹不詳。

⑥卜式以牧羊爲業，經營致富。武帝時，因見匈奴入侵，卜式捐出半數家財以防衛邊關。武帝欲授以官職，卜式以"自小牧羊，不習仕宦"爲理由推辭。元鼎（前116—前111）年間，卜式出任御史大夫。後因反對官營鹽鐵，且不擅長文章，被貶爲太子太傅。曾著有《養豬羊法》，後失傳。

餘年，羊致千餘頭，買田宅"，亦爲地主（《卜式傳》）。

所謂"豪族地主""官僚地主""商人地主"，這不過僅就其起家致富的主要手段而論，實則其間并無嚴格區別，其身份亦可隨時轉換。例如舊豪族，也可以變成新官僚。如武帝時，汲黯爲主爵都尉，位列九卿，而其祖上世爲衛國之卿大夫：

> 其先有寵於古之衛君。至黯七世，世爲卿大夫。黯以父任，孝景時爲太子洗馬。（《史記·汲鄭列傳》）

又如昭、宣之際，田延年爲大司農，封陽城侯，其祖上即爲齊國諸田。《酷吏傳第六十·田延年》載：

> 先齊諸田也，徙陽陵。延年以材略給事大將軍莫府，霍光重之，遷爲長史。爲河東太守。

這些舊士族，或托祖蔭，或仗才略，遂得攀附而成爲漢帝國統治集團之成員。而朝廷官僚亦可能兼有商人身份。宣帝時，御史大夫貢禹認爲官員經商與民爭利不成體統，乃上疏云：

> 令近臣自諸曹、侍中以上，家亡①得私販賣，與民爭利，犯者輒免官削爵，不得仕宦。（《王貢兩龔鮑傳》）

武帝時，鬻鹽商人東郭咸陽、冶鑄大豪孔僅官至大農丞，領鹽鐵事：

> 於是以東郭咸陽、孔僅爲大農丞，領鹽鐵事，桑弘羊以計算用事，侍中。咸陽，齊之大煮鹽；孔僅，南陽大冶，皆至生累千金，故鄭當時進言之。弘羊，雒陽賈人之子。（《史記·平準書》）

及鹽鐵國營之後，更是：

> 除故鹽鐵家富者爲吏，吏道益雜，不選，而多賈人矣。（同前引）

---

① "亡"通"無"。

東漢初年，土地兼并土地之風更爲劇烈。東漢立國之初，各地存在着不少豪族地主，他們擁有大量的土地和勞動力，甚至武裝力量。劉秀在統一全國的過程中，爲了最大限度地加強自己的勢力，安定後方，曾多方拉攏和安撫這些地方豪族。例如建武四年（28），大司馬吳漢率軍平叛：

> 時鬲縣五姓共逐守長，據城而反。①諸將爭欲攻之，漢不聽，曰："使鬲反者，皆守長罪也。敢輕冒進兵者斬。"乃移檄告郡，使收守長，而使人謝城中。五姓大喜，即相率歸降。諸將乃服，曰："不戰而下城，非衆所及也。"（《後漢書·吳蓋陳臧列傳·吳漢》）

隨着東漢政權的建立，除舊有豪族地主外，一批新貴也開始置田買地，成爲新的地主。如《後漢書·吳蓋陳臧列傳·吳漢》載：

> 漢嘗出征，妻子在後買田業。漢還，讓之曰："軍師在外，吏士不足，何多買田宅乎！"遂盡以分與昆弟外家。

在跟隨劉秀的將士中乘機收購土地者當不止吳漢一人。因爲吳漢做得特別一些，把妻子經營的田宅"盡以分與昆弟外家"，所以史家纔特別把他提出來。此外，新朝皇親貴戚，亦借勢大肆兼并土地。如劉秀之子，濟南安王劉康，既食其封國租稅，猶不足欲，且：

> （康遂）多殖財貨，大修宫室，奴婢至千四百人，廐馬千二百匹，私田八百頃，奢侈恣欲，游觀無節。（《後漢書·光武十王列傳·濟南安王康》）

這種情況，在當時并非個例。如《後漢書·朱景王杜馬劉傅堅馬列傳·劉隆》就提到："河南帝城，多近臣，南陽帝鄉，多近親，田宅逾制。"

除新貴國戚外，一般商人地主的勢焰亦相當高漲。例如桓譚在給劉秀的上疏中稱：

---

① 李賢注："鬲，縣，屬平原郡，故城在今德州西北。五姓，蓋當土强宗豪右也。"

> 今富商大賈，多放錢貨，中家子弟，爲之保役，趨走與臣僕等勤，收稅與封君比入。(《後漢書·桓譚馮衍列傳》)

地主豪强大肆兼并土地的後果之一是大大影響了中央政府的稅賦收入和徭役儲備。於是在建武十五年（39），劉秀下詔度田。所謂度田，就是核實兩件事，一是有多少田地，一是有多少户口。這兩項數據，是政府稅收、徭役的基礎。《後漢書·光武帝紀》建武十五年六月載：

> 詔下州郡檢核①墾田頃畝，及户口年紀。

劉秀這次下詔度田的經過，《後漢書·劉隆傳》的記載較詳：

> 是時，天下墾田多不以實，又户口年紀互有增减。十五年，詔下州郡檢核其事，而刺史太守多不平均，或優饒豪右，侵刻羸弱，百姓嗟怨，遮道號呼。時諸郡各遣使奏事，帝見陳留吏牘上有書，視之，云："潁川、弘農可問，河南、南陽不可問。"帝詰吏由趣，吏不肯服，抵言②於長壽街上得之。帝怒。時顯宗爲東海公，年十二，在幄後言曰："吏受郡勑，當欲以墾田相方耳。"帝曰："即如此，何故言河南、南陽不可問？"對曰："河南帝城，多近臣，南陽帝鄉，多近親，田宅逾制，不可爲準。"帝令虎賁將詰問吏，吏乃實首服，如顯宗對。於是遣謁者考實，具知姦狀。明年，隆坐徵下獄，其疇輩十餘人皆死。帝以隆功臣，特免爲庶人。(《後漢書·朱景王杜馬劉傅堅馬列傳·劉隆傳》)

田畝、户口不實，當然是有意隱瞞。這又肯定不是升斗小民力所能及，祇有親貴、豪强方可辦到。劉秀的度田令，直接影響到這些人的既得利益，難怪會遇到阻力。

路放按：度田舉措在河南、南陽二郡推行時之弊端，戎馬半生、老於世故

---

① 核，檢驗、查核之意。
② 李賢注："抵，欺也。"

的劉秀不知情，却爲長在深宮中年僅十二歲的兒子劉莊來説破其中關節，多少有些奇怪，恐是史家獻諛之辭。

於是劉秀雷霆震怒，一氣誅殺十幾個度田不實的地方官。《後漢書·光武帝紀下》建武十六年（40）九月載：

> 河南尹張伋及諸郡守十餘人，坐度田不實，皆下獄死。①

時任南郡太守的劉隆，早年跟隨劉秀打天下，功封竟陵侯，此時亦被下獄。劉秀念其有功，免爲庶人。

劉秀鐵腕强力推行度田，結果又激起"郡國大姓"的暴動。《後漢書·光武帝紀下》建武十六年載：

> 郡國大姓及兵長、羣盜處處並起，②攻劫在所，害殺長吏。郡縣追討，到則解散，去復屯結。青、徐、幽、冀四州尤甚。冬十月，遣使者下郡國，聽羣盜自相糾擿，③五人共斬一人者，除其罪。吏雖逗留回避故縱者，皆勿問，聽以禽討爲效。其牧守令長坐界内盜賊而不收捕者，又以畏愞捐城委守者，皆不以爲負，④但取獲賊多少爲殿最，⑤唯蔽匿者乃罪之。於是更相追捕，賊並解散。徙其魁帥於它郡，賦田受稟，使安生業。自是牛馬放牧，邑門不閉。

清代趙翼在《廿二史劄記》卷四《〈後漢書〉間有疏漏處》條中指出這次民變係由度田令而引起：

> （建武）十六年之民變，必因十五年之檢覈户口田畝不均而起釁也。其解散，亦必非令盜賊自相捕斬遂能净盡，蓋因守令皆以檢核不實坐

---

① 李賢注引《東觀記》曰："刺史太守多爲詐巧，不務實核，苟以度田爲名，聚人田中，并度廬屋里落，聚人遮道啼呼。"
② 兵長，帶兵長官。
③ 擿猶發也。
④ 李賢注："委守謂弃其所守也。"
⑤ 李賢注："殿，後也。謂課居後也。最，凡要之首也。言課居先也。"

死，遣謁者爲更正，然後解散耳。而范《書》略不見起滅之由。

劉秀費了很大力氣，包括分化瓦解暴動隊伍、安撫執行不力的各級官吏、寬大處理暴動首領，終於平息了這次事件，但度田政策，仍然以阻力太大不能繼續執行。

路放按：劉秀度田政策歸於失敗，東漢朝廷向地方豪強勢力屈服是二十世紀五六十年代的史學界共識，最早由范文瀾提出："在解決土地問題上，漢光武帝完全失敗了。……從此以後，東漢朝廷向豪強勢力完全屈服，不再檢查墾田與户口的實數。"（范文瀾：《中國通史》第二卷）又郭沫若亦持此說："……東漢政府用很大力氣纔平定了這些叛亂，但度田令却因此擱淺了。從此以後，豪強地主對土地的兼并越來越厲害。"（《中國史稿》第二編）

近年來，陸續有學者指出劉秀度田令不但没有失敗，而且是大大地成功了。作爲一項政策，度田制度不僅有效地整頓了社會秩序，強化了政府對土地、人口的控制，且肅清了潛在的割據勢力，革除了秦漢以來在田稅徵收方式上的一些積弊，從而有效地穩定了東漢初年的政局。度田作爲一項制度且一直沿用到東漢末年。其討論可參看臧知非：《劉秀"度田"新探》，載蘇州大學學報（哲學社會科學版）1997年第2期；袁延勝：《東漢光武帝"度田"再論》，載《史學月刊》2010年第8期，以及小嶋茂稔：《建武度田政策始末考》，載《山形大學紀要》（社會科學）第三十三卷第一號。

在班固的理想社會藍圖裏，并没有提到那些喪失了人身自由，依附於主人生活的奴婢。漢代蓄奴之風極盛，有官奴婢、私奴婢之分。官奴婢屬官府所有，其主要來源是没入官府的罪犯及其家屬，以及没入官中的私奴婢；[①]而上至皇室貴人，下至富裕庶民都可蓄有私奴婢，有些達官貴人、巨商富豪蓄奴甚至可達

---

① 《武帝紀第六》應劭注："吳楚七國反時，其首事者妻子没入爲官奴婢，武帝哀焉，皆赦遣之也。"又《史記·平准書》：（楊可告緡後）"其没入奴婢，分諸苑養狗馬禽獸，及與諸官。諸官益雜置多，徒奴婢衆。"

數百人乃至千人以上。①私奴婢的來源主要是買賣，漢代市場上有專門的"奴市"，有時甚至將奴婢與牛馬同欄出售（據《王莽傳中》記載）。被賣爲奴婢的多系貧民及其子女，有的是自賣，也有的是被"略賣"，即由奴販出售。②另外，奴婢的子女仍爲奴籍，也是奴婢的重要來源。

官奴婢主要從事宮禁和官署中的各種勞役，如侍奉、灑掃、樂舞，也有在官府作坊中勞動或從事畜牧、營建和耕種公田的。③私奴婢多從事家務勞動，以及從事農業、手工業生產乃至經商活動。

路放按：漢代史籍中關於奴婢的記載多不勝數，説明其時奴婢制度在社會生活中的重要性。然而以人爲奴的做法，并不符合儒家倫理道德，奴婢的使用在當時是受到非難的。因此，當時許多政治家都曾提出積極建議，要求限制奴婢的使用或廢除奴婢制度，而政府也曾多次下令改善奴婢待遇、限制奴婢使用甚至直接釋放奴婢，如高祖劉邦、文帝、東漢光武帝等都曾發布過釋放奴婢的法令。但現實是殘酷的，直至清末，奴婢現象一直廣泛地存在。

不但自耕農日益喪失土地，所謂"中家"的中小土地所有者，亦岌岌可危。以自耕農爲中心的包括中小土地主在内的這一階層的經濟，日趨於破產的道路。破產的農民，可能變爲佃農、失業的流民，甚至可能喪失人身自由而淪爲奴婢。這些被剝削和被奴役的社會底層民衆，生活非常痛苦，生計以至生命都没有保障。

班固的時代，豪强兼并，土地集中在少數人手中，農民逐漸被排擠在土地

---

① 《西漢年紀·卷二十五·成底》：太中大夫張匡上疏云："今商宗族權勢，合貲鉅萬計，私奴以千數，非特劇孟匹夫之徒也。"又《漢書哀紀》綏和二年六月，詔曰："諸侯王、列侯、公主、吏二千石及豪富民多畜奴婢，田宅亡限，與民争利，百姓失職，重困不足。"又《後漢書·光武十王列傳·濟南安王康》："建初八年，肅宗復還所削地，康遂多殖財貨，大修宫室，奴婢至千四百人，廐馬千二百匹，私田八百頃，奢侈恣欲，游觀無節。"又《後漢書·竇融列傳》：竇氏"自祖及孫，官府邸第相望京邑，奴婢以千數，於親戚、功臣中莫與爲此。"

② 《嚴朱吾丘主父徐嚴終王賈傳·嚴助》：間者，數年歲比不登，民待賣爵贅子以接衣食。如淳注："淮南俗賣子與人作奴婢，名爲贅子，三年不能贖，遂爲奴婢。"

③ 《景帝紀·第五》如淳注："《漢儀》注太僕牧師諸苑三十六所，分布北邊、西邊。以郎爲苑監，官奴婢三萬人，養馬三十萬疋。"

之外，流亡轉徙，無食無衣，在飢寒死亡邊緣挣扎。針對這種現實，他提出了自己的理想。他的理想和現實社會形成鮮明的對比，其理想社會是對兩漢時期現實社會的否定。

三、現實社會通向理想國的道路

班固不滿意於他所處時代的社會現象。受到時代的限制，班固無法看到封建制度本身的問題，即人剥削人的制度是造成底層民衆貧困的根本原因，所以他祇能從限制大土地所有制的發展、安定和改善農民群衆的生活等方面提出自己的解決方案。他祇能從輕徭薄賦、厲行節約的角度把希望寄托在最高統治者身上，企圖通過改良政治、抑制統治階級的過度揮霍浪費來解決問題，以實現他的社會理想。

班固對"大地主進行土地兼并而使小土地所有者日益破産"的事實，總是以同情後者的態度進行論述的。這些論述集中體現於《食貨志》中。

在《食貨志》中班固首先説明，漢初，繼長期戰争之後，社會經濟遭受到嚴重地破壞：

> 漢興，接秦之敝，諸侯并起，民失作業，而大饑饉。凡米石五千，人相食，死者過半。高祖乃令民得賣子，就食蜀漢。天下既定，民亡蓋臧，①自天子不能具醇駟，②而將相或乘牛車。

班固認爲，漢初諸帝輕徭薄賦、厲行節約、鼓勵農耕的政策，目的是恢復國力，效果也很顯著。例如，他寫高祖劉邦減輕田税，節約用度：

> 上③於是約法省禁，輕田租，什五而税一，④量吏禄，度官用，以

---

①蘇林注："無物可蓋臧。"臧，通"藏"。
②顔師古注："醇，不雜也。無醇色之駟，謂四馬雜色也。"
③指高帝劉邦。
④古時田税税率爲十分之一，故劉邦改爲十五分之一算是减輕税賦。《穀梁傳·宣公十五年》："初税畝。初者，始也。古者什一，借而不税，初税畝，非正也。"釋文："什一音十，十税一也。"《集解》："鄭曰：'周法什一而税，謂之徹。徹，通也。爲天下之通法。'"

賦於民。而山川園池、市肆租稅之人，自天子以至封君湯沐邑，皆各爲私奉養，不領於天子之經費。①漕轉關東粟以給中都官②，歲不過數十萬石。

又寫文帝劉恒時，大臣賈誼、晁錯分別建言，以籍田③、貴粟、減稅等措施鼓勵農民種田：

> 文帝即位，躬修儉節，思安百姓。時民近戰國，皆背本趨末，④賈誼說上曰："……今毆民而歸之農，皆著於本，使天下各食其力，末技游食之民轉而緣南畝，則畜積足而人樂其所矣。"
>
> 於是上感誼言，始開籍田，躬耕以勸百姓。晁復說上曰："……方今之務，莫若使民務農而已矣。欲民務農，在於貴粟；貴粟之道，在於使民以粟爲賞罰。今募天下入粟縣官，得以拜爵，得以除罪。"
>
> 於是文帝從錯之言，令民入粟邊，六百石爵上造，稍增至四千石爲五大夫，萬二千石爲大庶長，各以多少級數爲差。晁錯復奏言："……邊食足以支五歲，可令入粟郡縣矣；足支一歲以上，可時赦，勿收農民租。如此，德澤加於萬民，民俞勤農。"
>
> 上復從其言，乃下詔賜民十二年租稅之半。明年，遂除民田之租稅。後十三歲，孝景二年，令民半出田租，三十而稅一也。

作爲漢初諸帝實行這些政策的直接結果，是武帝初年的富庶局面：

> 至武帝之初七十年間，國家亡事，非遇水旱，則民人給家足。都鄙廩庾盡滿，而府庫餘財。京師之錢累百巨萬，貫朽而不可校。⑤太倉

---

①顏師古注："言各收其所賦稅以自供，不入國朝之倉廩府庫也。經，常也。"
②顏師古注："中都官，京師諸官府也。"
③籍田，即每年春耕前，由天子、諸侯執末耜在籍田上象徵性地三推或一撥，稱爲"籍禮"，以示對農業的重視。
④意指百姓弃耕從商。
⑤顏師古注："累百巨萬，謂數百萬萬也。校謂計數也。"按漢代銅錢圓形而中有方孔，每千錢以繩貫之，謂之一貫。此言京師府庫存錢常期不用，貫錢繩索腐朽導致錢數無法統計。

之粟陳陳相因，充溢露積於外，腐敗不可食。衆庶街巷有馬，仟伯之間成羣，乘牸牝者擯而不得會聚。①守閭閻者食梁肉；爲吏者長子孫；②居官者以爲姓號。③人人自愛而重犯法，④先行誼而黜媿辱焉。

班固所描述的武帝初年的富庶和高帝初年的蕭條形成了鮮明的對比。在這一過程中，固然漢初諸帝的勸農貴粟政策起了很大的作用，但在這個經濟恢復的過程中，最重要的因素還是廣大農民的努力。從班固的叙述中，不難看出其所謂民，所謂"百姓"，主要是指中小地主、自耕農民在内的小土地所有者而言。他們有田可耕，有粟買爵。而且所謂"賜民十二年租税之半"或"除民田之租税"，則與他們的利益也有着直接關繫。

班固在叙述了漢初的社會經濟恢復過程之後，緊接着就揭露隨着經濟好轉而來的大地主兼并土地和統治者奢侈煩費的情況。他將土地兼并之初，追溯到春秋戰國之際：

周室既衰，暴君污吏慢其經界，繇役橫作，政令不信，上下相詐，公田不治。故魯宣公"初税畝"，⑤《春秋》譏焉。⑥

又説：

及秦孝公用商君，壞井田，開仟伯，⑦急耕戰之賞，雖非古道，猶

---

①牸牝，母馬。顔師古注："孟康曰：'皆乘父馬，有牝馬間其間則蹏齧，故斥出不得會同。'言時富饒，故恥乘牸牝，不必以其蹏齧也。"
②如淳注："時無事，吏不數轉，至於長生子孫而不轉職也。"
③如淳注："《貨殖傳》倉氏、庾氏是也。"
④顔師古注："重，難也。"
⑤按此爲廢除井田制，按田畝徵税之始。《春秋·宣公十五年》："初税畝。"《公羊傳》："初者何？始也。税畝者何？履畝而税也。"何休注："時宣公無恩信於民，民不肯盡力於公田。故履踐案行，擇其善畝穀最好者税取之。"
⑥孟康注："《春秋》謂之履畝，履踐民所種好者而取之，譏其貪也。"
⑦顔師古注："仟伯，田間之道也。南北曰仟，東西曰伯。"仟伯，亦作仟陌。據王先謙《補注》，開阡陌有二解，一謂井田原無阡陌，商鞅坏井田，開以阡陌；一謂井田原有阡陌以爲疆界，商鞅除之，則田不受限。

以務本之故，傾鄰國而雄諸侯。然王制遂滅，僭差亡度。庶人之富者累巨萬，而貧者食糟糠；有國強者兼州域，而弱者喪社稷。

即隨着井田制度衰敗，土地得以自由買賣，土地兼并即已開始。這正是班固將其理想國建築在井田制基礎上的由來。同時，班固將西漢統治者開始奢侈煩費推原於景帝末年。他說，其時：

始造苑馬以廣用，①宮室列館車馬益增修矣。

即當國家財政略有好轉，統治者即已經迫不及待地開始大肆鋪張浪費了。大地主兼并土地、統治者奢侈煩費，是《食貨志》始終貫徹的兩條主線。班固在推源正本之後，便沿着這兩條主線，徵引時論，蒐采前史，雙管齊下，分合錯綜，寓志於史，因史見意，以論證自己的基於小農經濟的社會理想。如他寫兼并：

於是罔疏而民富，役財驕溢，或至并兼豪黨之徒以武斷於鄉曲。②宗室有土，③公卿大夫以下爭於奢侈，室廬車服僭上亡限。

寫煩費：

是後，外事四夷，內興功利，役費並興，而民去本。……天下虛耗，人復相食。

漢朝初年，經濟凋敝，全賴廣大農民經過長期的辛勤勞動方得以恢復并有所發展，但由於兼并之徒的乘機掠奪，以及統治階級的奢侈煩苛，曾幾何時，又形成了"天下虛耗，人復相食"的局面。

班固在叙述漢初土地兼并的過程時，引用了晁錯和董仲舒的奏疏。在他們的上疏中，深刻有力地揭露了其時貧富不均的情況。如晁錯稱：

今農夫五口之家，其服役者不下二人，④其能耕者不過百畝，百畝之收不過百石。春耕夏耘、秋穫冬藏，伐薪樵、治官府、給繇役；春

---

① 顏師古注："苑馬，謂爲苑以牧馬。"
② 顏師古注："恃其饒富，則擅行威罰也。"
③ 顏師古注："有土，謂國之宗姓受封邑土地者也。"
④ 顏師古注："服，事也，給公事之役也。"

不得避風塵，夏不得避暑熱，秋不得避陰雨，冬不得避寒凍，四時之間亡日休息；又私自送往迎來，弔死問疾，養孤長幼在其中。勤苦如此，尚復被水旱之災，急政暴賦，①賦斂不時，朝令而暮改。當具有者半賈而賣，②亡者取倍稱之息，③於是有賣田宅、鬻子孫以償責者矣。

而商賈大者積貯倍息，小者坐列販賣，操其奇贏，④日游都市，乘上之急，所賣必倍。故其男不耕耘，女不蠶織，衣必文采，食必粱肉；亡農夫之苦，有仟伯之得。⑤因其富厚，交通王侯，力過吏勢，以利相傾；千里游敖，冠蓋相望，乘堅策肥，履絲曳縞。⑥此商人所以兼并農人，農人所以流亡者也。

董仲舒奏疏稱：

古者稅民不過什一，其求易共；⑦使民不過三日，其力易足。民財內足以養老盡孝，外足以事上共稅，下足以畜妻子極愛，故民説從上。⑧至秦則不然，用商鞅之法，改帝王之制，除井田，民得賣買，富者田連仟伯，貧者亡立錐之地。又顓川澤之利，管山林之饒，荒淫越制，踰侈以相高；邑有人君之尊，里有公侯之富，小民安得不困？又加月爲更卒，已，復爲正一歲，屯戍一歲，力役三十倍於古；⑨田租口賦，鹽鐵之利，二十倍於古。⑩或耕豪民之田，見稅什五。⑪故貧民常衣

---

①王先謙《補注》："政"讀爲"征"。
②顏師古注："本值千錢者，止得五百也。"
③如淳注："取一償二爲倍稱。"
④顏師古注："奇贏，謂有餘財而畜聚奇异之物也。"
⑤顏師古注："仟謂千錢，佰謂百錢也。"
⑥顏師古注："堅謂好車也。縞，皓素也，繒之精白者也。"
⑦顏師古注："共讀曰供。次下亦同。"
⑧顏師古注："説讀曰悦也。"
⑨顏師古注："更卒，謂給郡縣一月而更者也。正卒，謂給中都官者也。率計今人一歲之中，屯戍及力役之事三十倍多於古也。"
⑩顏師古注："既收田租，又出口賦，而官吏更奪鹽鉄之利。率計今人一歲之中，失其資産，二十倍多於古也。"
⑪顏師古注："言下户貧人，自無田而耕墾豪富家田，十分之中，以五輸本田主。"

牛馬之衣，而食犬彘之食。重以貪暴之吏，刑戮妄加，民愁亡聊，亡逃山林，轉爲盜賊，赭衣半道，斷獄歲以千萬數。漢興，循而未改。①

古井田法雖難卒行，宜少近古，限民名田，以澹不足，②塞并兼之路。鹽鐵皆歸於民。去奴婢，除專殺之威。③薄賦斂，省徭役，以寬民力。然後可善治也。

班固在《食貨志》中引用這兩篇奏疏并非率而操觚，而是因爲這兩段文字是對其反對土地兼并的論點的有力支持。需知東漢初期，即班固自身所處時代的中央政府，較之西漢初期之中央政府更多地依賴商人豪族大地主。西漢初期的中央政府猶經常采取較積極的手段抑制和打擊商人豪族地主的氣焰，且在政府官僚中亦不乏人提出建議和要求限制大地主的兼并行爲，但在東漢初年這種情況便很少能見到。東漢政府與豪族大地主狼狽爲奸，無疑慫恿和助長了土地兼并的行爲。班固在《食貨志》中借晁錯、董仲舒之口，揭露出當前的社會問題，用史家的筆法來提出自己的政見。他希望當時的統治者能"以史爲鑒"，采納"薄賦斂，省徭役，以寬民力"的做法，"然後可善治也。"

在《食貨志》中，還可看到班固對底層勞動人民寄以很大的同情。他引用了師丹限奴婢土地的建言：

> 孝文皇帝承亡周亂秦兵革之後，天下空虛，故務勸農桑，帥以節儉。民始充實，未有并兼之害，故不爲民田及奴婢爲限。今累世承平，豪富吏民訾數巨萬，而貧弱俞困。蓋君子爲政，貴因循而重改作，④然所以有改者，將以救急也。亦未可詳，宜略爲限。

師丹的建言獲得朝廷的批准，丞相孔光、大司空何武且制定出實施條例，然因阻力過大祇實行了很短時間。班固對這一事件加以按語稱：

---

① 王先謙《補注》引馬端臨云："史既言高祖省賦，而復言鹽鐵之賦仍秦者，蓋當時封國至多，山澤之利在諸侯王國者，皆循秦賦法取以自豐，非縣官經費所領也。"
② 顏師古注："名田，占田也。各爲立限，不使富者過制，則貧弱之家可足也。"
③ 服虔注："不得專殺奴婢也。按指主人不報官，不得私下殺奴婢。"
④ 顏師古注："重，難也。"

时田宅奴婢,賈爲減賤,丁、傅用事,董賢隆貴,皆不便也。①詔書:"且須後",遂寢不行。

從班固行文,可以看出他對於師丹之建言不能貫徹終始,是表示惋惜的。沿着兩條主線,試看班固再一次展示其論點。班固對漢初抑制商人的政策是肯定的:

天下已平,高祖乃令賈人不得衣絲乘車,重稅租以困辱之。②孝惠、高后時,爲天下初定,復弛商賈之律,然市井子孫亦不得爲官吏。

他認爲,這種政策正是文帝以前"未有并兼之害"的原因之一。班固對武帝時漢皇室與商人地主的逐步結合是持否定態度的:

於是以東郭咸陽、孔僅爲大農丞,領鹽鐵事,而桑弘羊貴幸。咸陽,齊之大煮鹽;孔僅,南陽大冶,皆致產累千金,故鄭當時進言之。弘羊,洛陽賈人之子。以心計,③年十三侍中。故三人言利事析秋豪矣。

富商大賈,夤緣政治,目的衹是在於獵取更大的利息回報。所以當元狩三年前後,"山東被水災,民多饑乏":

乃徙貧民於關以西,及充朔方以南新秦中,④七十餘萬口,衣食皆仰給於縣官。數歲,貸與產業,使者分部護,冠蓋相望,費以億計,縣官大空。而富商賈或蹛財役貧⑤,轉轂⑥百數,廢居居邑,⑦封君皆氐首

---

① 顔師古注:"丁、傅及董賢之家皆不便此事也。"按丁指哀帝劉欣之母丁氏娘家,傅指元帝劉奭之傅昭儀娘家。丁、傅爲外戚,董賢爲劉欣之男寵,都是大地主、大奴隸主,自然會阻擾限田、限奴的法令實施。
② 顔師古注:"欲令務農。"
③ 顔師古注:"不用籌算。"
④ 王先謙《補注》:"河南即朔方郡及北地、上郡之北境,名新秦中,今河套地也。"
⑤ 孟康曰:"蹛,停也。"晋灼注:"蹛音滯。"
⑥ 李奇注:"轂,車也。"
⑦ 據王先謙《補注》,此謂商賈囤積居奇。

仰給焉。①冶鑄煮鹽，財或累萬金，而不佐公家之急，黎民重困。

國家有急，正可乘時射利，人民被灾，始得壩財役貧，於此完全暴露出商人地主的本質。

班固在《食貨志》中，剪采《史記·平準書》中的有關文字，花了很大篇幅論述武帝劉徹的煩苛政策。劉徹剛愎自用、無視群言，造"腹誹"之法以鉗人口，好大喜功，一意孤行，造成了很大的社會危機。司馬遷的叙事之中，給其以很大的責難。繼劉徹之後，王莽罔顧時宜，更張煩瑣，致使人民無所適從，也同樣遭到了班固的批判。他説：

> 王莽因漢承平之業，匈奴稱藩，百蠻賓服，舟車所通，盡爲臣妾，府庫百官之富，天下晏然。莽一朝有之，其心意未滿，②陿小漢家制度，以爲疏闊。③宣帝始賜單于印璽，與天子同，而西南夷鈎町稱王，莽乃遣使易單于印，貶鈎町王爲侯。二方始怨，侵犯邊境。莽遂興師，發三十萬衆，欲同時十道並出，一舉滅匈奴；募發天下囚徒丁男甲卒轉委輸兵器，自負海江淮而至北邊，使者馳傳督趣，海内擾矣。

又曰：

> （莽）動欲慕古，不度時宜，分裂州郡，改職作官。……制度又不定，吏緣爲姦，天下警警④然，陷刑者衆。後三年，莽知民愁，下詔諸食王田及私屬皆得賣買，勿拘以法。然刑罰深刻，它政誖亂。邊兵二十餘萬人仰縣官衣食，用度不足，數横賦斂，民俞貧困。常苦枯旱，亡有平歲，谷賈翔貴。

統治者的煩苛，是以黎民百姓的生命財產作賭注的，就算是後來有所悔悟，

---

①顏師古注："封君，受封邑者，謂公主及列侯之屬也。氐首，猶俯首也。時公主、列侯雖有國邑而無餘財，其朝夕所須皆俯首而取給於富商大賈，後方以邑入償之。"
②顏師古注："謂愛惜之意未厭飽也。"
③顏師古注："莽以漢家制度爲泰疏闊，而更之令陿小。"
④顏師古注："警警，衆口愁聲也，音敖。"

即如劉徹晚年：

> 武帝末年，悔征伐之事，乃封丞相爲富民侯。①下詔曰："方今之務，在於力農。"

然未悔之先，不知造成多少底層民衆的苦難和死亡。此悔不亦晚乎！統治者一念之差，其影響如此之巨，班固蓋慨乎言云！而王莽則是：

> 莽恥爲政所致，乃下詔曰："予遭陽九之阨，百六之會，②枯旱霜蝗，饑饉薦臻，蠻夷猾夏，寇賊姦軌，百姓流離。予甚悼之，害氣將究矣。"③歲爲此言，以至於亡。

王莽政策的失誤已經造成如此嚴重的后果，猶巧言粉飾，此其所以終爲民衆所弃，以至滅亡的一大關鍵。

班固在《食貨志》中，首先提出了他心目中的理想社會，即托制於古代井田制度，實則是以小農經濟爲基礎的烏托邦。此後他便以萬分惋惜的筆觸描繪出這一烏托邦理想歸於破滅的歷程。有如前述，他認爲大地主兼并土地，統治者奢侈煩費，是小農經濟瀕於破産的兩個主要原因。他强調，理想社會的制度和面貌，不但是"先王制土處民，富而教之之大略"，且後王爲政之極至，亦必"由此道"而"成此功"。那麼抑制大地主，特別是商人地主的兼并，改良政治，特別是改正奢侈煩苛的措施，亦即他在《漢書》中經常流露出的"重農抑商"和"輕徭薄賦"的政治原則，便是由班固所提倡的現實社會通往理想社會的道路。

路放按：天下大亂之後，人口銳减，大量土地無人耕種。新建立的政權一方面鼓勵農民墾田生産，一方面節約用度，若干年後，便可换來"某某盛世"。

---

① 顏師古注："欲百姓之殷實，故取其嘉名也。"
② 顏師古注："此歷法應有灾歲之期也。"《律歷志》："《易》九厄曰：初入元，百六；陽九。"下孟康注："《易傳》也。所謂陽九之厄，百六之會者。初入元百六歲有厄者，則前元之餘氣也。"王先謙《補注》引錢大昕曰："'九厄'當作'无妄'，蓋字形相涉而僞。"《易雜卦傳》："'无妄'，灾也。"按王莽的意思是他遇到了百六年一見的天灾，言下之意非他本人執政之過。
③ 顏師古注："究，竟盡也。"

之後隨着經濟的發展，國庫的充盈，統治階級日趨腐化，土地兼并日益嚴重。再後來，土地大部分集中在少數官僚貴族地主手中，中小土地所有者相繼破產，國家財政來源枯竭。爲了維持其殘暴統治和荒淫生活，統治者開始橫徵暴斂，百姓生活無以爲繼，終於爆發了大規模的動亂，於是開始了新一輪循環。這便是中國兩千年封建社會中皇朝更替的常態。

其間當然也會有像班固這樣的知識分子提出各種治國方略，也不乏像漢初諸帝那樣勵精圖治的統治者，但爲什麼都無法改變封建皇朝的宿命？至今學者們依然爲此爭論不休。

但無論如何，像班固那樣，把解決問題的希望寄托於皇帝身上，指望他們個個以道德自律，處處克己，不事煩費；再下幾道限制商賈的詔令便可遏制人們對於財富的無邊欲望、固守田地，則是有些幼稚了。事實上，直至明清，中國歷朝歷代的封建統治者無不奉行重農抑商的政策，然則重農而農民仍在社會的最底層挣扎，抑商而逐利之風愈烈，足以說明"重農抑商"政策無法解決封建社會的根本矛盾。

四、抑商的目的在於重農

班固所以反對大商人地主的兼并行爲，目的在於維護以小土地所有者爲代表的勞動人民的利益。關於這一點，明末王夫之①曾詳細分析過。他寫道：

> 班固叙漢初之富庶詳矣。蓋承六國之後，天下合而爲一，兵革息，官吏省，饋享略，置郵簡，合天下而僅奉一人，以一王而府天下，粟帛貨賄流通，關徼弛而不滯，上下之有餘宜矣。嗚呼！後之天下猶漢也，而何爲憂貧孔棘，而上下交徵之無巳也！班固推本所由，富庶原於節儉，而曰："高帝令賈人不得衣絲乘車，重租稅以困辱之。孝惠、高后雖弛其禁，然市井之子孫，不得仕宦爲吏。量吏禄、度官用、以

---

① 王夫之，字而農，號薑齋、又號夕堂，人稱船山先生。湖南衡陽人，明末清初大儒。與顧炎武、黄宗羲并稱明清之際三大思想家，著述極豐。

賦於民。山川園池市井租稅，自天子至於封君，皆取其入爲私奉養，不領於經費。"知言也夫！

尤要者，則自困辱商賈始。商賈之驕侈以罔民而奪之也，自七國始也。七國者，各君其國，各有其土，有餘不足，各產其鄉，遷其地而弗能爲良。戰爭頻，而戈甲旌旄之用繁；賂遺豐，而珠璣象具之用亟；養游士，務聲華，而游宴珍錯之味侈。益之以驕奢之主、後宮之飾、狗馬雁鹿袨服殊玩之日新，而非其國之所有。於是而賈人者越國度險，羅致以給其所需。人主大臣且屈意下之，以遂其所欲得，而賈人遂以無忌憚於天下。故窮耳目之玩、遂旦暮之求者，莫若獎借賈人之利；而貧寒之士，亦資之以霑濡。（《讀通鑒論・卷三・景帝》）

王夫之指出班固之所以反對商人地主，具有歷史的和現實的兩種原因。商人地主之所以在社會上具有極大的勢焰，在國民經濟中起相當的破壞作用，非一朝一夕之故，而是"商賈之驕侈，以罔民而奪之也，自七國始也。"浸淫以至漢代，遂變本而加厲。此爲歷史的原因。漢代之商人地主，不但兼并土地，魚肉農民，而且可以其雄厚的金錢資本，操國家經濟之左券：

賈人日以尊榮，而其罔利以削人之衣食，陽與而陰取者，天下之利，天子之權，倒柄授之，而天下奚恃以不貧？（同前引）

商人地主興盛之害，不僅在於其勢力過強，還在於會敗壞社會風氣，人皆弃本就末，競尚奢侈：

且其富也不勞，則其用也不恤，相競以奢，而殄天物以歸糜爛。弗困弗辱，而愚民榮之，師師相效，乃至家無門筐，而衣絲食粢，極於道殣而不悔。（同前引）

"生之者衆，食之者寡"，[1]揮霍浪費而不知惜，長此以往，必然造成社會經濟破產，社會秩序紊亂。於是王氏的結論是：

---

[1] 語出《禮記・大學》："生財有大道，生之者衆，食之者寡，爲之者疾，用之者舒，則財恒足矣。"

故生民者農，而戕民者賈。無道之世，淪胥而不救，上下交棘而兵戎起焉。非此之懲，國固未足以立也。高帝之令，班固之言，洵乎其知本計也。（同前引）

當然，班固重農抑商的思想并非祇見於《食貨志》，而是貫穿了整部《漢書》的寫作。例如他述其作《貨殖傳》的主旨稱：

四民食力，罔有兼業，大不淫侈，細不匱乏，蓋均無貧，遵王之法。①靡法靡度，民肆其詐，偪上并下，荒殖其貨。侯服玉食，敗俗傷化。述貨殖傳第六十一。（《叙傳下》）

前六句表現出班固主張在國民經濟中發展與保持小自耕農民的經濟成分，後六句表現出他反對大土地占有制的繼續擴張。商人地主的繼續發展，必然造成"偪上并下"，"敗俗傷化"的嚴重後果。

班固在其《貨殖傳》序中更進一步地發揮這一主張。他寫道：

昔先王之制，自天子公侯卿大夫士至於皁隸抱關擊柝者，②其爵祿奉養宮室車服棺槨祭祀死生之制各有差品，小不得僭大，賤不得踰貴。夫然，故上下序而民志定。

於是辯其土地川澤丘陵衍沃原隰之宜，③教民種樹畜養；五穀六畜及至魚鼈鳥獸蘿蒲材幹器械之資，所以養生送終之具，靡不皆育。育之以時，而用之有節。草木未落，斧斤不入於山林；④豺獺未祭，罝網

---

① 顔師古注："《論語》稱孔子曰'蓋均無貧'，言爲政平均不相陵奪，則無貧匱之人也，故引之。"
② 顔師古注："皁，養馬者也。隸之言著也，屬著於人也。抱關，守門者也。擊柝，守夜擊木以警衆也。"
③ 顔師古注："衍謂地平延者也。沃，水之所灌沃也。廣平曰原，下溼曰隰。"
④ 顔師古注："《禮記·月令》云：'季秋之月，草木黄落，乃伐薪爲炭。'"

不布於壈澤；①鷹隼未擊，矰弋不施於徯隧。②既順時而取物，然猶山不槎蘖，澤不伐夭，③蠉魚麛卵，咸有常禁。④所以順時宣氣，蕃阜庶物，⑤稸足功用，如此之備也。然後四民因其土宜，各任智力，夙興夜寐，以治其業，相與通功易事，交利而俱贍，⑥非有徵發期會，而遠近咸足。故《易》曰："后以財成輔相天地之宜，以左右民"，⑦"備物致用，立成器以爲天下利，莫大乎聖人"，⑧此之謂也。

《管子》云古之四民不得雜處。士相與言仁誼於閒宴，工相與議技巧於官府，商相與語財利於市井，⑨農相與謀稼穡於田壄，朝夕從事，不見異物而遷焉。⑩故其父兄之教不肅而成，子弟之學不勞而能，各安其居而樂其業，甘其食而美其服，雖見奇麗紛華，非其所習，辟猶戎翟之與于越，不相入矣。⑪是以欲寡而事節，財足而不爭。於是在民上者，道之以德，⑫齊之以禮，故民有恥而且敬，貴誼而賤利。此三代之所以直道而行，不嚴而治之大略也。⑬

---

①顏師古注："《禮記·王制》云：'獺祭魚，然後虞人入澤梁；豺祭獸，然後田獵。'《月令》：'孟春之月，獺祭魚。''季秋之月，豺乃祭獸戮禽。'罝，兔網也。"
②顏師古注："隼亦鷙鳥，即今所呼爲鶻者也。《月令》：'孟秋之月，鷹乃祭鳥，用始行戮。'弋，繳射也。矰者，弋之矢也。徯隧，徑道也。"
③顏師古注："茊，古槎字也。槎，邪斫木也。蘗，髠斬之也。此夭謂草木之方長未成者也。"
④顏師古注："蠉，小蟲也。麛，鹿子也。卵，鳥卵也。《月令》：'孟春之月，毋殺孩蟲，毋麛毋卵。'"
⑤顏師古注："蕃，多也。阜，盛也。"
⑥顏師古注："言以其所有，交易所無，而不匱乏。"
⑦顏師古注："《泰卦》象辭也。后，君也。左右，助也。言王者資財用以成教，贊天地之化育，以救助其衆庶也。"
⑧顏師古注："《上繫》之辭也。備物致用，謂備取百物而極其功用。"
⑨顏師古注："凡言市井者，市交易之處，井共汲之所，故總而言之也。"
⑩顏師古注："言非其本業則弗觀視，故能各精其事，不移易。"
⑪孟康注："于越，南方越名也。"顏師古注："于，發語聲也。戎蠻之語則然。于越猶句吳耳。"
⑫顏師古注："道讀曰導。"
⑬顏師古注："直道而行，謂以德禮率下，不飾偽也。"

这一段文字，就是《叙传下》中述《货殖传》主旨的前六句的展开论述。班固首先指出，安定农民生产情绪，发展农业经济，必须对商人地主的不法僭越行为予以制裁。其次强调，王者的职责，在于帮助农民，利用和改造自然界的资源进行生产。例如，辨识和利用资源，改善种植技术和农业器械，管理和保护自然资源等。劳动者生活和生产条件有保障，生产兴趣和积极性纔能提高。最后说到，必须使士农工商各安其业，以劳动换取相当的报酬，遏制投机牟利的空间。"然后四民因其土宜，各任智力，夙兴夜寐，以治其业，相与通功易事，交利而俱赡。"

接下来班固又写道：

> 及周室衰，礼法堕，诸侯刻桷丹楹，大夫山节藻棁，①八佾舞於庭，雍徹於堂。其流至乎士庶人，莫不离制而弃本，稼穑之民少，商旅之民多，谷不足而货有余。
>
> 陵夷至乎桓、文之後，②礼谊大坏，上下相冒，国异政，家殊俗，耆欲不制，僭差亡极。③於是商通难得之货，工作亡用之器，士设反道之行，以追时好而取世资。伪民背实而要名，奸夫犯害而求利，篡弑取国者为王公，圉夺成家者为雄桀。④礼谊不足以拘君子，刑戮不足以威小人。富者木土被文锦，犬马余肉粟，而贫者裋褐不完，唅菽饮水。⑤其为编户齐民，同列而以财力相君，虽为仆虏，犹亡愠色。故夫饰变诈为奸轨者，自足乎一世之间；守道循理者，不免於饥寒之患。其教自上兴，繇法度之无限也。故列其行事，以传世变云。

这一段文字，则是《叙传下》中述《货殖传》主旨的后六句的展开论述。班

---

① 颜师古注："桷，椽也。楹，柱也。节，栭也。山，刻为山形也。棁，侏儒柱也。藻谓刻镂为水藻之文也。刻桷丹楹，鲁桓宫也。山节藻棁，臧文仲也。"

② 即齐桓公和晋文公。

③ 颜师古注："耆读曰嗜，其下并同。极，止也。"

④ 颜师古注："圉谓禁守其人也。"

⑤ 颜师古注："裋，布长襦也。褐，编枲衣也。裋音竖。唅亦含字也。菽，豆也。"

固認爲自春秋戰國以來，商人階層便助長了封建主的奢侈腐化，"耆欲不制，僭差亡極"。而商人與地主的結合，又助長了地方封建勢力的發展："國异政，家殊俗"。發展之極，遂形成社會貧富懸殊，"富者木土被文錦，犬馬餘肉粟，而貧者裋褐不完，唅菽飲水。其爲編户齊民，同列而以財力相君！"使地方封建勢力更加膨脹，而中央的政令則相形消弱，即"篡弒取國者爲王公，圉奪成家者爲雄桀。禮誼不足以拘君子，刑戮不足以威小人。"

班固著《貨殖傳》便是用歷史事實，説明當世社會經濟發展的形勢，指出當國者所應采取的政治方針，是扶植以小土地所有者爲代表的農民群衆并爭取他們的擁護，以鞏固中央集權制的經濟基礎和等級社會制度，抑是放任商人地主的大肆兼并土地而導致王室權力削弱、社會經濟崩潰、等級制度破壞，以致出現各種富貴强權勢力坐大而與中央政府分庭抗禮，使統一國家重新走向分崩離析的局面。班固已經指出，真正的"王者"的責任和作用，是在引導社會走前一條道路而非後者。

五、班固與司馬遷的分歧

司馬遷在申明其著《貨殖列傳》的主旨時稱：

> 布衣匹夫之人，不害於政，不妨百姓，取與以時而息財富，智者有采焉。作《貨殖列傳》。(《史記·太史公自序》)

即"經商謀利"不但是百姓謀生正道，且"智者"亦嘗爲之。他的這一觀點，在傳文中得到了充分地發揮：

> 夫山西饒材、竹、穀、纑、旄、玉石；山東多魚、鹽、漆、絲、聲色；江南出枏、梓、薑、桂、金、錫、連①丹沙、犀、瑇瑁、珠璣、齒革；龍門、碣石②北多馬、牛、羊、旃裘、筋角；銅、鐵則千里往往

---

① 《集解》徐廣曰："音蓮，鉛之未煉者。"
② 《正義》："龍門山在絳州龍門縣。碣石山在平州盧龍縣。"

山出棊置：①此其大較②也。皆中國人民所喜好，謠俗被服飲食奉生送死之具也。故待農而食之，虞而出之，工而成之，商而通之。此寧有政教發徵期會哉？人各任其能，竭其力，以得所欲。故物賤之徵貴，③貴之徵賤，各勸其業，樂其事，若水之趨下，日夜無休時，不召而自來，不求而民出之。豈非道之所符，④而自然之驗邪？

《周書》曰："農不出則乏其食，工不出則乏其事，商不出則三寶絕，虞不出則財匱少。"財匱少而山澤不辟⑤矣。此四者，民所衣食之原也。原大則饒，原小則鮮。上則富國，下則富家。貧富之道，莫之奪予，⑥而巧者有餘，拙者不足。故太公望封於營丘，地潟鹵，⑦人民寡，於是太公勸其女功，極技巧，通魚鹽，則人物歸之，繦至而輻湊。故齊冠帶衣履天下，海岱之間斂袂而往朝焉。⑧其後齊中衰，管子修之，設輕重九府，⑨則桓公以霸，九合諸侯，一匡天下；而管氏亦有三歸，位在陪臣，富於列國之君。是以齊富強至於威、宣也。

故曰："倉廩實而知禮節，衣食足而知榮辱。"禮生於有而廢於無。故君子富，好行其德；小人富，以適其力。淵深而魚生之，山深而獸往之，人富而仁義附焉。富者得埶益彰，失埶則客無所之，以而不樂，夷狄益甚。諺曰："千金之子，不死於市。"此非空言也。故曰："天下熙熙，皆爲利來；天下壤壤，皆爲利往。"夫千乘之王，萬家之侯，百

---

① 《索引》："言如置棊子，往往有之。《正義》言出銅鉄之山方千里，如圍棊之置也。"棊，通棋，即圍棋。
② 《索引》："大較猶大略也。"
③ 《索引》："徵，求也。謂此處物賤，求彼貴賣之。"
④ 《索引》："道之符。符謂合於道也。"
⑤ 《索引》："辟，開也，通也。"
⑥ 《索引》："言貧富自由，無予奪。"
⑦ 《集解》徐廣曰："潟鹵，鹹地也。"
⑧ 《索引》："索隱言齊既富饒，能冠帶天下，豐厚被於他邦，故海岱之間斂袵而朝齊，言趨利者也。"
⑨ 《正義》："管子云：'輕重'謂錢也。夫治民有輕重之法，周有大府、玉府、內府、外府、泉府、天府、職內、職金、職幣，皆掌財幣之官，故云九府也。"

室之君,尚猶患貧,而況匹夫編户之民乎!(《史記·貨殖列傳》)

又説:

富者,人之情性,所不學而俱欲者也。(同前引)

可以看出,司馬遷的觀點與儒家重義輕利的思想是格格不入的。他認爲"富者,人之情性,所不學而俱欲者也",即求富乃人之天性,即"天下熙熙,皆爲利來;天下壤壤,皆爲利往";基於求富本性,"人各任其能,竭其力,以得所欲"乃是"若水之趨下"那樣自然。像吕望、管仲輩,達則輔佐明君定天下,功成則追求財富,强國富家,堪爲楷模。且"人富而仁義附焉","倉廩實而知禮節,衣食足而知榮辱",追求財富乃光明正大、利人利己之事。

班固和司馬遷對於商賈的認識是針鋒相對的。在《漢書》中,班固對司馬遷的社會思想進行了嚴厲的批評。例如《史記》云:

子贛既學於仲尼,退而仕於衛,廢著①鬻財於曹、魯之間,七十子之徒,賜最爲饒益。原憲不厭糟糠,匿於窮巷。子貢結駟連騎,束帛之幣以聘享諸侯,所至,國君無不分庭與之抗禮。夫使孔子名布揚於天下者,子貢先後之也。此所謂得執而益彰者乎?(同前引)

《漢書》則云:

然孔子賢顏淵而譏子贛,曰:"回也其庶乎,屢空。賜不受命,而貨殖焉,意則屢中。"②(《貨殖傳》)

《史記》云:

若至力農畜,工虞商賈,爲權利以成富,大者傾郡,中者傾縣,下者傾鄉里者,不可勝數。夫纖嗇筋力,治生之正道也,而富者必用奇

---

① 《集解》徐廣曰:"《子贛傳》云'廢居'。著猶居也。著讀音如貯。"《説文》云:"貯,積也。"
② 顏師古注:"《論語》載孔子之言也。顏回庶幾聖道,雖數空匱,而樂在其中。子贛不受教命,唯財是殖,億度是非,幸而中耳。"

勝。田農，掘業，而秦揚以蓋一州。掘冢，姦事也，而田叔以起。博戲，惡業也，而桓發①用富。行賈，丈夫賤行也，而雍樂成以饒。販脂，辱處也，而雍伯千金。賣漿，小業也，而張氏千萬。洒削②，薄技也，而郅氏鼎食。胃脯③，簡微耳，濁氏連騎。馬醫，淺方，張裏擊鐘。此皆誠壹之所致。由是觀之，富無經業，則貨無常主，能者輻湊，不肖者瓦解。千金之家比一都之君，巨萬者乃與王者同樂。豈所謂"素封"者邪？非也。（《史記·貨殖列傳》）

顯然，司馬遷對經商要出奇招，為致富可以不擇手段是頗為讚賞的。而《漢書》則云：

郡國富民兼業頗利，以貨賂自行，取重於鄉里者，不可勝數。故秦揚以田農而甲一州，④翁伯以販脂而傾縣邑，張氏以賣醬而隃侈，質氏以洒削而鼎食，濁氏以胃脯而連騎，⑤張里以馬醫而擊鐘，皆越法矣。然常循守事業，積累贏利，漸有所起。至於蜀卓，宛孔，齊之刀間，公擅山川銅鐵魚鹽市井之入，運其籌策，上爭王者之利，下錮齊民之業，⑥皆陷不軌奢僭之惡。又況掘冢搏掩，犯姦成富，⑦曲叔、稽發、雍樂成之徒，⑧猶復齒列，⑨傷化敗俗，大亂之道也。

此不特是觀點的交鋒，一以為孔子之道，必籍子貢之富勢而益彰，一則以

---

① 《正義》："桓發，人姓名。"
② 洒削，即洒水磨刀。司馬貞《索隱》："洒削，謂摩刀以水洒之。"
③ 《索隱》晉灼云："太官常以十月作沸湯燖羊胃，以末椒薑粉之訖，暴使燥，則謂之脯，故易售而致富。"
④ 孟康注："以田地過限，從此而富，為州中第一也。"
⑤ 晉灼注："今太官常以十月作沸湯燖羊胃，以末椒薑坋之，暴使燥是也。"
⑥ 顏師古注："錮亦謂專取之也。"
⑦ 顏師古注："搏掩謂搏擊掩襲，取人物者也。搏字或作博。一說博，六博也，掩，意錢之屬也，皆戲而賭取財物。"
⑧ 顏師古注："姓曲名叔，姓稽名發，姓雍名樂成也。"
⑨ 顏師古注："身為罪惡，尚復與良善之人齊齒并列。"

爲子貢不受命而貨殖，固宜受不學之譏。一以爲"富無經業，則貨無常主，能者輻湊，不肖者瓦解。"一則以爲"公擅山川銅鐵、魚鹽市井之入，運其籌策，上爭王者之利，下錮齊民之業，皆陷不軌奢僭之惡。"

班固且駁斥了司馬遷的說法，謂其表彰此等人物此等不擇手段的致富行徑，是"傷化敗俗，大亂之道也"。

路放按：司馬遷與班固的分歧乃是時代不同所造成的觀點之爭。漢初繼秦末大亂之後，國力極度匱乏，百業待興，振興商業以充實政府和民間的倉廩乃首要之務，故司馬遷倡導經商致富。而東漢初年的班固有鑒於西漢一代富商大地主兼并土地而造成巨大的社會動蕩，終導致其覆亡的前車之鑒。對此他開出的治理方案是"重農抑商"，壓制民間對財富的追逐以穩定社會秩序。

六、對平糴均輸政策的肯定

班固對"均輸""常平"之類的社會政策，曾再三致意。他寫道：

> 《易》稱"裒多益寡，稱物平施"，①《書》云"楙遷有無"，②周有泉府之官，③而《孟子》亦非"狗彘食人之食不知斂，野有餓莩而弗知發"。④故管氏之輕重，李悝之平糴，弘羊均輸，壽昌常平，亦有從徠。顧古爲之有數，吏良而令行，故民賴其利，萬國作乂。⑤及孝武時，國用饒給，而民不益賦，其次也。至於王莽，制度失中，姦軌弄權，官民俱竭，亡次矣。(《食貨志下》)

首先班固考察了"均輸常平"這類社會政策的發展歷史。他認爲這類政策，不但屢見於古代文獻，爲古代學者所肯定，且有不少統治者付諸實行并獲得了良好效果。這類政策的基本精神，在於要求國家盡其社會職責，由統一的中央

---

①顏師古注："《謙卦》象辭。裒，取也。言取於多者以益少者，故萬物皆稱而施與平也。"
②顏師古注："《虞書》益稷之辭。言勸勉天下遷徙有無，使相通也。"
③顏師古注："司徒之屬官也，掌市之徵布，斂市貨之不雠，貨之滯於人用者，以其價買之。"
④顏師古注："言歲豐孰，菽粟饒多，狗彘食人之食，此時可斂之也。"
⑤顏師古注："乂，治也。"

政府管理人民生活資料的分配工作。

班固在《食貨志》中，詳細記載了管氏的輕重法和李悝的平糶法。他寫道：

> 管仲相桓公，通輕重之權，曰："歲有凶穰，故穀有貴賤；令有緩急，故物有輕重。①人君不理，則畜賈游於市，②乘民之不給，百倍其本矣。③故萬乘之國必有萬金之賈，千乘之國必有千金之賈者，利有所并也。計本量委則足矣。④然而民有飢餓者，穀有所臧也。⑤民有餘則輕之，故人君斂之以輕；民不足則重之，故人君散之以重。⑥凡輕重斂散之以時，則準平。守準平，使萬室之邑必有萬鍾之臧，臧繦千萬；⑦千室之邑必有千鍾之臧，臧繦百萬。春以奉耕，夏以奉耘，⑧耒耜器械，種饟糧食，必取澹焉。⑨故大賈畜家不得豪奪吾民矣。"桓公遂用區區之齊合諸侯，顯伯名。⑩

又云：

> 李悝……糶甚貴傷民，⑪甚賤傷農。民傷則離散，農傷則國貧。故甚貴與甚賤，其傷一也。善為國者，使民毋傷而農益勸。
>
> 今一夫挾五口，治田百晦，歲收晦一石半，為粟百五十石，除十一之稅十五石，餘百三十五石。食，人月一石半，五人終歲為粟九十石，餘有四十五石。石三十，為錢千三百五十，除社閭嘗新春秋之祠，

---

① 李奇注："上令急於求米則民重米，緩於求米則民輕米。"
② 顏師古注："畜讀曰蓄。蓄賈，謂賈人之多蓄積者。"
③ 顏師古注："給，足也。"
④ 李奇注："委，積也。"
⑤ 顏師古注："言富人多臧穀，故令貧者食不足也。"
⑥ 李奇注："民輕之時，為斂糶之；重之時，官為散也。"
⑦ 孟康注："六斛四斗為鍾。繦，錢貫也。管子曰：'凶歲糶，釜十繦'。"
⑧ 顏師古注："奉謂供事也。"
⑨ 顏師古注："種，五穀之種也。饟字與餉同，謂餉田之具也。"
⑩ 顏師古注："伯讀曰霸。"
⑪ 韋昭注："此民謂士工商也。"

用錢三百，餘千五十。衣，人率用錢三百，五人終歲用千五百，不足四百五十。不幸疾病死喪之費，及上賦斂，又未與此。此農夫所以常困，有不勸耕之心，而令糴至於甚貴者也。

是故善平糴者，必謹觀歲有上中下孰①。上孰其收自四，餘四百石；②中孰自三，餘三百石；③下孰自倍，餘百石。④小飢則收百石，⑤中飢七十石，⑥大飢三十石。⑦故大孰則上糴三而舍一，中孰則糴二，下孰則糴一，使民適足，賈平則止。⑧小飢則發小孰之所斂，⑨中飢則發中孰之所斂，大飢則發大孰之所斂，而糶之。故雖遇饑饉水旱，糴不貴而民不散，取有餘以補不足也。行之魏國，國以富強。

這兩段重要文獻，皆不見於《史記》。李悝之書，已不傳於今；輕重之法，雖見於《管子·國蓄》，然而班氏引書，既加斧斨而斷以己意。從班固這裏所特別引用的兩段文字中表現出兩種精神，其一是用算細賬的方法，說明"農夫所以長困"之緣由，而當國者必須解決這個問題，始可與言"國以富強"。其二，說明"黎民重困"的另一重大原因，是"大賈畜家，豪奪吾民。"如果"人君不理，則畜賈游於市，乘民之不給，百倍其本矣。"從而提醒或者警告統治者，必須關心普通黎民百姓的生活，抑制商人地主的壟斷兼并活動。祇有這樣做纔能緩和階級矛盾，鞏固其統治地位，以至如古之聖王，有所建樹。

班固對武帝時桑弘羊所推行的均輸法和耿壽昌所推行的常平法，亦予以肯定。

所謂均輸法，《食貨志》云：

---

①孰，古通熟。
②張晏注："平歲百畮收百五十石，今大孰四倍，收六百石，計民食終歲長四百石，官糴三百石，此爲糴三舍一也。"
③張晏注："自三，四百五十石也。終歲長三百石，官糴二百石，此爲糴二而舍一也。"
④張晏注："自倍，收三百石，終歲長百石，官糴其五十石，云下孰糴一，謂中分百石之一。"
⑤張晏注："平歲百畮之收，收百五十石，今小飢收百石，收三分之二也。"
⑥張晏注："收二分之一。"
⑦張晏注："收五分之一也。以此準之，大小中飢之率也。"
⑧顏師古注："賈讀曰價。"
⑨李奇注："官以斂藏出糶也。"

元封元年，卜式貶爲太子太傅。而桑弘羊爲治粟都尉，領大農，盡代僅①幹天下鹽鐵。弘羊以諸官各自市相争，物以故騰躍，而天下賦輸或不償其僦費。②乃請置大農部丞數十人，分部主郡國，各往往置均輸鹽鐵官。令遠方各以其物，如異時商賈所轉販者爲賦，而相灌輸。置平準於京師，都受天下委輸。召工官治車諸器，皆仰給大農。大農諸官盡籠天下之貨物，貴則賣之，賤則買之。如此，富商大賈亡所牟大利，則反本，而萬物不得騰躍。故抑天下之物，名曰"平準"。天子以爲然而許之。

《鹽鐵論》亦載：

大夫曰："往者，郡國諸侯各以其物貢輸，往來煩雜，物多苦惡，或不償其費。故郡國置輸官以相給運，而便遠方之貢，故曰均輸。開委府於京，以籠貨物。賤即買，貴則賣。是以縣官不失實，商賈無所貿利，故曰平準。平準則民不失職，均輸則民齊勞逸。故平準、均輸，所以平萬物而便百姓，非開利孔爲民罪梯者也。"（《鹽鐵論·本議》）

均輸法與平準法是相互聯繫的。均輸是由中央大司農直接設官於地方，各以其土產爲賦，官自轉輸。平準則是置相應機關於京師，接受天下委輸，并且賤則買之，貴則賣之，其目的在於使"富商大賈亡所牟大利"。平准、均輸的好處在於即可節省地方運輸之煩難，且不至貢非所需，又可抑制物價，"所以平萬物而便百姓"。這是於政府於百姓皆有利之政策，唯不利於商人。

所謂常平法，《食貨志》云：

宣帝即位，用吏多選賢良，百姓安土，歲數豐穰，穀至石五錢，農人少利。時大司農中丞耿壽昌以善爲算能商功利③得幸於上。五鳳中奏言："故事，歲漕關東穀四百萬斛以給京師，用卒六萬人。宜糴三輔、

---

①即孔僅。
②顏師古注："僦，顧也，言所輸賦物不足償其餘顧庸之費也。"
③顏師古注："商，度也。"

弘農、河東、上黨、太原郡穀足供京師，可以省關東漕卒過半。"①……漕事果便。

壽昌遂白令邊郡皆築倉，以穀賤時增其賈而糴以利農，穀貴時減其賈②而糶以利民，名曰常平倉，民便之。

耿壽昌所推行的常平法，是由其糴三輔一帶賤價之穀，以省關東各地漕運之勞而推及的。而其常平法的精神，則與李悝平糴法相似。《嚴延年傳》云：

（河南府丞狐）義又道司農中丞耿壽昌爲常平倉利百姓，延年曰："丞相御史不知爲也，當避位去。壽昌安得權此？"（《酷吏傳·嚴延年》）

據此，則常平法的推行在當時已頗見成效。故班固稱，由於均輸、常平法的推行，"國用饒給，而民不益賦。"雖不能盡合古人"輕重""平糴"精神，然仍有一定成績。

班固在論及"均輸""常平"之類社會政策的推行時，強調了人的作用，即"吏良而令行，故民賴其利"。《鹽鐵論》稱：

文學曰："古者之賦稅於民也，因其所工，不求所拙。農人納其獲，女工效其功。今釋其所有，責其所無。百姓賤賣貨物，以便上求。間者，郡國或令民作布絮，吏留難，與之爲市。吏之所入，非獨齊、陶之縑，蜀、漢之布也，亦民間之所爲耳。行姦賣平，農民苦重，女工再稅，未見輸之均也。縣官猥發，闔門擅市，則萬物並收。萬物並收，則物騰躍。騰躍，則商賈侔利。自市，則吏容姦。豪而富商積貨儲物以待其急，輕賈姦吏收賤以取貴，未見準之平也。蓋古之均輸，所以齊勞逸而便貢輸，非以爲利而賈萬物也。"（《鹽鐵論·本議》）

所謂"釋其所有，責其所無"，所謂"闔門擅市，則萬物并收"，反映出當時在均輸、平準法的執行過程中，亦產生了一些流弊，而這些流弊的產生，則在人而不在法。故班固又稱，雖然王莽亦曾師古法而行"五均""六筦"諸政，

---

① 王先謙《補注》：何焯曰："此即後代和糴所本。"
② 賈通價。

但結果却是"奸軌弄權,官民俱竭"。

由此可見,班固對"均輸""常平"之類的社會政策曾予以很大關注,不但指出了這些政策的精神本旨,而且考察了他們的實行情況,以及其效果或良或否的關鍵所在。班固之所以重視這類社會政策的目的,非常清楚,即在於它"裒多益寡",可以相對地解決底層民衆特別是貧苦農民的緩急,又可在一定程度上抑制商人地主的射利兼并。這和班固抑制商人地主、安定農民生活的一貫思路是一致的。

班固認爲爲政之體在於簡易,而不在煩苛。他寫道:

> 孔子稱"斯民,三代之所以直道而行也。"①信哉!周秦之敝,罔密文峻,而姦軌不勝。漢興,掃除煩苛,與民休息。至於孝文,加之以恭儉,孝景遵業,五六十載之間,至於移風易俗,黎民醇厚。周云成康,漢言文景,美矣!(《景帝紀》)

煩苛即所謂"罔密文峻",即以嚴刑峻法、重稅煩役,高壓統治民衆。然而過於煩苛會引起民衆的反抗,"奸軌不勝",不僅會影響社會經濟的正常發展,亦且會危及封建皇朝的統治基礎。簡易,即所謂"與民休息",給予民衆略多的自由以改善其生活、鼓勵生産。如此不但社會經濟可以日益繁榮,且因爲統治者對民衆讓步,民衆便擁護這個好皇帝,階級矛盾也得以緩和。班固以爲"文景之治"便是在這種情況下産生的。

---

① 顏師古注:"此《論語》載孔子之辭也。言此今時之人,亦夏、殷、周之所馭,以政化淳壹,故能直道而行。傷今不然。"

第二十六章　班固的政治法律主張

一、戰爭的正義性

班固主張戰爭的正義性。他認爲：

> 聖人以武禁暴整亂，止息干戈，非以爲殘而興縱之也。（《武五子傳》）

即對於"暴""亂"，并非如腐儒之空口講說道德仁義就可珥兵止亂，和平衹有以正義的戰爭手段方能達到。他又說：

> 凡兵，所以存亡繼絕、救亂除害也。故伊、呂之將，子孫有國，與商、周並。至於末世，苟任詐力，以快貪殘，爭城殺人盈城，爭地殺人滿野。孫、吳、商、白之徒，皆身誅戮於前，而功國亡於後。[①]報應之勢，各以類至，其道然矣。（《刑法志》）

班固筆下的正當戰爭理由是"存亡繼絕，救亂除害"，即關乎國家存亡，或者除害救民。他譴責爲爭城爭地，"苟任詐力，以快貪殘"，殘害天下的非正義戰爭。

在封建社會中，國家機器掌握在統治者的手中，他們的殺伐征戰自然是以自身的利益爲前提；所謂"存亡繼絕"，往往是其一家一姓的"存亡繼絕"。班固對戰爭性質的判斷，正義抑非正義，其標準在於是否對黎民百姓有利。符合民衆利益的戰爭便是正義的戰爭，他會表示支持和頌揚；違反民衆利益的戰爭便是非正義的戰爭，他便予以批判。即使一場戰爭的最初宗旨是正義的，而後

[①] 顔師古注："孫武、孫臏、吳起、商鞅、白起也。"

來却變得違反民衆利益,因而爲民衆所反對的戰爭,也是非正義的,班固對此也會加以批判。

例如,班固論及秦始皇統一六國的戰爭時寫道:

> 秦始皇即位三十九年,内平六國,外攘四夷,死人如亂麻,暴骨長城之下,頭盧相屬於道,①不一日而無兵。由是山東之難興,四方潰而逆秦。秦將吏外畔,賊臣内發,亂作蕭牆,禍成二世。故曰:"兵猶火也,弗戢必自焚",②信矣!是以倉頡作書,"止""戈"爲"武"。③聖人以武禁暴整亂,止息兵戈,非以爲殘而興縱之也。(《武五子傳》)

又稱:

> 至於始皇,遂并天下,内興功作,外攘夷狄,收泰半之賦,④發閭左之戍。⑤男子力耕不足糧饟,女子紡績不足衣服。竭天下之資財以奉其政,猶未足以澹其欲也。海内愁怨,遂用潰畔。(《食貨志上》)

班固反對秦始皇之統一戰爭,其反對角度,在於其"死人如亂麻,暴骨長城之下,頭盧相屬於道,不一日而無兵";在於"男子力耕不足糧饟,女子紡績不足衣服。竭天下之資財以奉其政,猶未足以澹其欲也。"秦之統一戰爭,雖有"内平六國,外攘四夷"之功,然而戰爭本身極其殘酷,嚴重危害了一般民衆的生命和利益,從而爲民衆所反對,成爲非正義的戰爭。

班固亦曾論及武帝時期的戰爭。他說:

---

① 顔師古注:"盧,額骨也。屬,連也。"
② 顔師古注:"《左傳·隱四年》衛有州吁之亂,公問於衆仲曰:'州吁其成乎?'對曰:'兵猶火也,不戢將自焚也。'言兵不可妄動,久而不戢,則自焚燒。戢,斂也。"
③ 顔師古注:"武字從止,從戈,所謂會意。"
④ 顔師古注:"泰半,三分取其二。"
⑤ 應劭注:"秦時以適發之,名適戍。先發吏有過及贅婿、賈人,後以嘗有市籍者發,又後以大父母、父母嘗有市籍者。戍者曹輩盡,復入閭,取其左發之,未及取右而秦亡。"顔師古注:"閭,里門也。言居在里門之左者,一切發之。此閭左之釋,應最得之,諸家之義煩穢舛錯,故無所取也。"

孝武之世，外攘四夷，內改法度，民用彫敝，姦軌不禁。(《循吏傳》)

又稱：

武帝因文、景之畜，①忿胡、粵之害，即位數年，嚴助、朱買臣等招徠東甌，事兩粵、江淮之間蕭然煩費矣。②唐蒙、司馬相如始開西南夷，鑿山通道千餘里，以廣巴蜀，巴蜀之民罷焉。③彭吳穿穢貊、朝鮮，置滄海郡，④則燕齊之間靡然發動。及王恢謀馬邑，匈奴絕和親，侵擾北邊，兵連而不解，天下共其勞。干戈日滋，行者齎，⑤居者送，中外騷擾相奉，百姓抏敝以巧法，⑥財賂衰耗而不澹。⑦入物者補官，出貨者除罪，選舉陵夷，廉恥相冒，⑧武力進用，法嚴令具，興利之臣自此而始。⑨(《食貨志下》)

班固對武帝之窮兵黷武之不滿，在於"民用彫敝，奸軌不禁"；在於"兵連而不解，天下共其勞"。影響所及，國家財政衰竭，百姓生活困苦，法制破壞、道德淪喪，致使整個社會經濟蕭條、社會秩序紊亂。武帝用兵，固然有維持帝國的統治的效能，但由於武帝過分注意興發而不顧恤民命，顯然已經超出矯正前代姑息弊政的限度，從而失掉了國家體現社會職責的意義。所以班固說：

漢承百王之弊，高祖撥亂反正，文景務在養民，至於稽古禮文之事，猶多闕焉。孝武初立，卓然罷黜百家，表章六經。遂疇咨海內，舉其俊茂，⑩與之立功。興太學、修郊祀、改正朔、定歷數、協音律、作

---

① "畜"同"蓄"。
② 顏師古注："蕭然猶騷然，勞動之貌。"
③ "罷"同"疲"。
④ 顏師古注："彭吳，人姓名也。本皆荒梗，始開通之也，故言穿也。"
⑤ 顏師古注："齎謂將衣食之具以自隨也。"
⑥ 顏師古注："抏，訛也，謂摧挫也。巧法，為巧詐以避法也。"
⑦ 顏師古注："耗，減也。澹，足也。"
⑧ 顏師古注："冒，蒙也。"
⑨ 顏師古注："謂桑弘羊、東郭咸陽、孔僅之屬也。"
⑩ 顏師古注："疇，誰也。咨，謀也。言謀於眾人，誰可為事者也。"

詩樂、建封禪、禮百神；紹周後，號令文章，煥焉可述。後嗣得遵洪業，而有三代之風。如武帝之雄材大略，不改文景之恭儉以濟斯民，雖詩書所稱何有加焉！①（《武帝紀》）

班固對武帝的功業是肯定的，但對他不以"恭儉以濟斯民"，對他所進行的長期不休的戰爭對民眾所造成沉重負擔是反對的。

二、維護統一，反對分裂

秦漢時期，雖然全國統一的中央政府體制已經建立，然而地方割據的殘餘力量仍然存在，殷周以來舊的列國分治的政治思想依然有其深厚的社會基礎，故而秦末乃有六國復辟之事出現。漢帝國復建，此种分裂勢力和思想仍未盡泯。景帝時吳楚七國之亂，文帝時淮南父子之叛，是爲顯著例証。

在當時，封建藩王一旦過於強大，即不滿於其在新型統一國家中之有名無實的諸侯地位，往往意欲興起叛亂，以成爲真正據土而王的一國之君。故吳王劉濞起兵，即與膠西王劉卬約：

> 天下可並，兩主分割。（《荆燕吳傳》）

而當淮南王劉安有意造反時，其弟衡山王劉賜爲免於劉安起兵後被其吞并，亦不得不與之虛與委蛇：

> 衡山王聞淮南王作爲畔逆具，亦心結賓客以應之，恐爲所并。（《淮南衡山濟北王傳》）

謀叛的諸侯爲成其事，逞其野心，且往往不擇手段，不惜勾結外族統治者入侵。如七國之亂時，吳王劉濞起兵在其遺諸侯書中稱：

> 燕王、趙王故與胡王有約，燕王北定代、雲中，轉胡衆入蕭關，走長安。（《荆燕吳傳》）

---

① 顏師古注："美其雄材大略，而非其不恭儉也。"

即燕王劉定國、趙王劉遂均與"胡王"有約,與匈奴勾結。

路放按:燕王劉定國與匈奴勾結,參與七國之亂之事其本傳不載,燕藩亦不在作亂七國之數。劉定國其人因悖倫淫亂被誅於武帝年間,國除爲燕郡。劉濞此說,當是拉攏燕國以壯其聲勢之辭。然趙王劉遂勾結匈奴出兵確有其事:

趙王遂亦陰使匈奴與連兵。(《荆燕吴傳》)

淮南厲王劉長於文帝六年作亂,亦曾聯絡匈奴及閩越:

令男子但等七十人,與棘蒲侯柴武太子奇謀,以輦車四十乘反谷口,令人使閩越、匈奴。(《淮南衡山濟北王傳·第十四》)

叛亂的劉姓宗室藩王的這類舉動,與漢初陳豨、東漢初年之盧芳等割據勢力所爲如出一轍。割據諸侯爲了其個人勢力的擴張不惜勾結外族軍事力量,全然不顧這等引狼入室的行徑會給黎民百姓帶來什麽樣的災難。

班固主張統一,反對地方割據。

吴王劉濞,劉邦兄劉仲之子,爲七國之亂的首倡者。班固著《荆燕吴傳》以很大篇幅詳述了吴國經濟發展情況以及劉濞策動叛亂的經過。班固述其作傳本意云:

濞之受吴,疆土踰矩,雖戒東南,終用齊斧。①述《荆燕吴傳》第五。(《叙傳下》)

此處所謂"疆土踰矩"云云,即傳中所記:

黥布反,高祖自將往誅之。濞年二十,以騎將從破布軍。荆王劉賈爲布所殺,無後。上患吴會稽輕悍,無壯王填之,諸子少,乃立濞於沛,爲吴王,王三郡五十三城。已拜受印,高祖召濞相之,曰:"若狀有反相。"獨悔,業已拜,因拊其背曰:"漢後五十年東南有亂,豈若邪?然天下同姓一家,慎無反!"濞頓首曰:"不敢。"(《荆燕吴傳》)

又云:

---

① 顔師古注:"《易》云:'喪其齊斧',故引以爲辭。"

  會孝惠、高后時，天下初定，郡國諸侯，各務自拊循其民。吴有豫章郡銅山，即招致天下亡命者盗鑄錢，東煮海水爲鹽，以故無賦，國用饒足。

  其居國以銅鹽故，百姓無賦。卒踐更，輒予平賈。歲時，存問茂材①，賞賜閭裡，它郡國吏欲來捕亡人者，頌共禁不與。如此者三十餘年，以故能使其衆。（同前引）

班固以爲劉濞之叛固然與其個人貪欲有關，但也是因爲其封國疆土廣闊，出産豐富，藩王權力過大等客觀條件太好，因而助長了其謀叛的野心。班固作此傳以戒來兹，其意昭然。

既然諸藩王封國疆土逾制、權利過大，則糾正錯誤便成爲必要。晁錯首倡削諸侯地以鞏固皇室，諸侯不甘心損失其既得利益，遂以誅晁錯爲名實行叛亂，於是晁錯成爲中央、地方之間矛盾的犧牲品。班固對晁錯消弱地方勢力以維護統一的做法是肯定的，《晁錯傳》贊云：

  晁錯鋭於爲國遠慮，而不見身害。其父睹之，經於溝瀆，亡益救敗，不如趙母指括，以全其宗。悲夫！錯雖不終，世哀其忠。故論其施行之語著於篇。（《爰盎晁錯傳》）

稱其"鋭於爲國遠慮，而不見身害"，又稱"錯雖不終，世哀其忠。"可知班固肯定晁錯，端在於：

  晁錯患諸侯强大不可制，故請削之，以尊京師，萬世之利也。（同前引）

然班固於《叙傳》中又説：

  錯之瑣材，智小謀大，旣如發機，先寇後害。

班固雖貶其"智小"，譏其"受害"，但在貶辭的背後仍在肯定其"謀大"。

---

① 茂材，即秀才，爲避光武帝劉秀之諱改。

司馬遷對晁錯的評價則异於是。太史公説：

  晁錯爲家令時，數言事不用；後擅權，多所變更。諸侯發難，不急匡救，欲報私讎，反以亡軀。語曰："變古亂常，不死則亡"，豈錯等謂邪？（《史記·袁盎晁錯列傳》）

司馬遷責備晁錯"擅權，多所變更"，責其"變古亂常"。由此可以看出班固與司馬遷政治觀點的不同之處。

由於班固贊成晁錯爲國之遠慮，亦且同情其遭遇，因此廣搜其言論，如"賢良對策""言兵體三章""募民徙塞下""令民入粟受爵"諸疏等，皆爲重要歷史文獻。班固將晁錯的這些篇章分別收入《晁錯傳》及《食貨志》，以補《史記》之闕略。

劉邦的少子淮南厲王劉長及其兩個兒子——淮南王劉安、衡山王劉賜都是因謀反被誅的。班固作《淮南衡山濟北傳》，述其作傳的本意稱：

  淮南僭狂，二子受殃。安辯而邪，賜頑以荒，敢行稱亂，窴世薦亡。①述《淮南衡山濟北傳》。（《叙傳下》）

即班固作此傳之動機在於暴露劉長父子"僭狂"之罪，以維護中央政權的尊嚴。

班固於《淮南衡山濟北傳》中，增入薄昭《諫數厲王書》，以補《史記》之缺。書中責數劉長之罪，如云：

  漢法，二千石缺，輒言漢補，大王逐漢所置，而請自置相、二千石。皇帝駩天下正法而許大王。

又如：

  亡之諸侯，游宦事人，及舍匿者，論皆有法。其在王所，吏主

---

① 顔師古注："窴，仍也。薦讀曰荐。荐，再也。長遷死雍，其子安又自殺也。"按：劉賜亦畏罪自殺。顔師古注安下應加賜字。

者坐。①

凡此皆着重揭示出當時地方勢力過度膨脹會危及統一的情勢。

漢代諸侯王國勢力的膨脹主要原因，一是地方經濟日益發展，而漢初藩王封國過大，且掌有政治、財經、軍事大權。積久國富民衆，足以與中央抗衡。故淮南王劉安賓客伍被曾稱：

> 夫吴王賜號爲劉氏祭酒，受几杖而不朝，王四郡之衆，地方數千里，采山銅以爲錢，煮海水以爲鹽，伐江陵之木以爲船，國富民衆，行珍寶，賂諸侯，與七國合從。(《蒯伍江息夫傳》)

三、對游俠的批判

班固認爲，漢初諸王頻頻作亂的另一個原因是各地游俠術士聚集王國，這些人爲了自己的利益也在煽動諸侯叛變，企圖恢復春秋戰國以來的封建割據局面。故文帝時薄昭責數淮南厲王劉安稱：

> 貴布衣一劍之任，賤王侯之位，不知。(《淮南衡山濟北王傳》)

景帝前三年二月詔云：

> 吴王濞背德反義，誘受天下亡命罪人，亂天下幣。(《荆燕吴傳》)

班固擁護封建專制的中央集權政府，反對地方勢力過度膨脹，所以也反對"背公死黨"的術士游俠之流。例如，班固在《淮南王劉安傳》中特別指出：

> （安）欲以行陰德拊循百姓，流名譽。招致賓客方術之士數千人。(《淮南衡山濟北傳》)

---

① 王先謙《補注》："之，往也，言有罪逃往諸侯國，游而爲客，宦而爲官，或爲奴僕以事人，及平人容匿之者，論其罪，皆有當坐之法也。罪人逃匿在王所，則吏主其事者坐罪也。言相不匡正舉奏，當坐之。" 按：當時劉長收聚漢諸侯人及有罪亡者匿與居，爲治家室，賜與財物爵祿田宅，爵或至關内侯，俸以二千石所當得。以壯大王國勢力，以與漢室對抗，故有是言。

又云：

> 其群臣賓客，江淮間多輕薄，以厲王遷死感激安。①（此條《史記·淮南衡山列傳》不載）

而劉安亦自稱舉行叛變受到賓客術士的鼓動：

> 王曰："左吳、趙賢、朱驕如皆以為什八九成。"（《蒯伍江息夫傳》）

由此可見如淮南王劉安者之叛變實亦受到游俠術士之慫恿。《淮南要略》云：

> （劉長）養士數千，高材者八人，蘇非、李尚、左吳、陳由、伍被、毛周、雷被、晉昌，號曰"八公"也。（同前引，王先謙《補注》引周壽昌曰）

而劉安之敗，又由於雷被之出首：

> 太子學用劍，自以為人莫及，聞郎中雷被巧，召與戲，被壹再辭讓，誤中太子。太子怒，被恐。此時有欲從軍者輒詣長安，被即願奮擊匈奴。太子數惡被，王使郎中令斥免，欲以禁後。元朔五年，被遂亡之長安，上書自明。事下廷尉、河南。河南治。（《淮南衡山濟北王傳》）

雷被輩為班固斥之為"輕薄"之徒。

班固又特為伍被立傳，盡暴其參與劉安謀反的行徑。按《史記》無《伍被傳》，其事迹雜《淮南王安列傳》中。班固記伍被：

> 被首為王畫反計，罪無赦。遂誅被。（《蒯伍江息夫傳》）

班固且說：

> 伍被安於危國，身為謀主，忠不終而詐讒，②誅夷不亦宜乎！（同前引）

---

① 王先謙《補注》："以安父廢徙道死事感動之，使為畔逆。"
② 顏師古注："謂被初忠於漢，而不能終，為王畫詐偽之策，而見納用也。"

班固著《游俠傳》，述其著作宗旨稱：

> 開國承家，有法有制，家不藏甲，國不專殺。矧乃齊民，作威作惠，如台不匡，禮法是謂！①述《游俠傳》第六十二。(《敘傳下》)

即班固著《游俠傳》之目的在於維護封建國家的法制。在傳文中，他更進一步發揮道：

> 古者天子建國，諸侯立家，自卿大夫以至於庶人各有等差，是以民服事其上，而下無覬覦。孔子曰："天下有道，政不在大夫。"百官有司奉法承令，以脩所職，失職有誅，侵官有罰。夫然，故上下相順，而庶事理焉。
>
> 周室既微，禮樂征伐自諸侯出。桓文之後，大夫世權，陪臣執命。陵夷至於戰國，合從連衡，力政爭強。繇是列國公子，魏有信陵，趙有平原，齊有孟嘗，楚有春申，②皆藉王公之勢，競爲游俠，雞鳴狗盜，無不賓禮。③而趙相虞卿棄國捐君，以周窮交魏齊之厄；④信陵無忌竊符矯命，戮將專師，以赴平原之急，⑤皆以取重諸侯，顯名天下。搤擎而游談者，以四豪爲稱首。⑥於是背公死黨之議成，守戰奉上之義廢矣。
>
> 及至漢興，禁網疏闊，未之匡改也。是故代相陳豨從車千乘，而吳濞、淮南皆招賓客以千數。外戚大臣魏其、武安之屬竞逐於京師，布衣游俠劇孟、郭解之徒馳騖於閭閻，權行州域，力折公侯。眾庶榮其名跡，覬而慕之。雖其陷於刑辟，自與殺身成名，若季路、仇牧，死

---

① 如淳注："台，我也。我，國家也。"顏師古注："匡，正也。"
② 顏師古注："信陵君魏無忌，平原君趙勝，孟嘗君田文，春申君黃歇。"
③ 顏師古注："謂孟嘗君用雞鳴而得亡出關，因狗盜而取狐白裘也。"
④ 顏師古注："魏齊，虞卿之交也，將爲范雎所殺，卿救之也。"
⑤ 顏師古注："秦兵圍趙，趙相平原君告急於無忌，無忌因如姬以竊兵符，矯魏僖侯命代晉鄙爲將，而令朱亥鎚殺晉鄙，遂率兵救趙，秦兵以却，而趙得全。"
⑥ 顏師古注："搤，捉持也。擎，古手腕字也。四豪即魏信陵以下也。"

而不悔也。①故曾子曰："上失其道，民散久矣。"非明王在上，視之以好惡，齊之以禮法，民曷繇知禁而反正乎！

古之正法：五伯，三王之罪人也；②而六國，五伯之罪人也。夫四豪者，又六國之罪人也。況於郭解之倫，以匹夫之細，竊殺生之權，其罪已不容於誅矣。觀其溫良泛愛，振窮周急，謙退不伐，亦皆有絕異之姿。惜乎不入於道德，苟放縱於末流，殺身亡宗，非不幸也。

自魏其、武安、淮南之後，天子切齒，衛、霍改節。然郡國豪桀處處各有，京師親戚冠蓋相望，亦古今常道，莫足言者。唯成帝時，外家王氏賓客為盛，而樓護為帥。及王莽時，諸公之間陳遵為雄，閭里之俠原涉為魁。

這裏所謂"天子建國，諸侯立家，自卿大夫以至於庶人各有等差"，使人皆"奉法承令，以脩所職"，收斂其"覬覦之心"，這就是本傳的主旨。班固指出，"藉王公之勢，競為游俠"的列國公子，若魏之信陵，趙之平原，齊之孟嘗，楚之春申等人，乃是在"禮樂征伐自諸侯出"，在"大夫世權，陪臣執命"，在"合從連衡，力政爭強"的情況下，即中央政府勢力衰敗、割據形勢出現之後的產物。至於漢代陳豨、劉濞、淮南王父子以及竇嬰、田蚡之流，或"從車千乘"，或"賓客以千數"，乃是承春秋戰國之餘風，由於"禁網疏闊，未之匡改"的舊制度的殘餘。

班固論游俠，由於他們"放縱於末流"，常會變作政治野心家的鷹犬，變成危害國家統一的不安定因素，因而認為"其罪已不容於誅矣。"

班固反對權臣諸侯招攬游俠門客"背公死黨之議成，守戰奉上之義廢"，而對於"奉法脩職"的衛青、霍去病等人，則極為褒許。如云：

蘇建嘗說責："大將軍至尊重，而天下之賢士大夫無稱焉，願將軍

---

①顏師古注："季路，孔子弟子也，姓仲名由，衛人也。衛有蒯聵之亂，季路聞之，故入赴難，遇孟黶石乞以戈擊之，斷纓。季路曰：'君子死，冠不免。'結纓而死。仇牧，宋大夫也。宋萬殺閔公，仇牧聞之，趨而至，手劍而叱之。萬臂擊仇牧，碎首，齒著於門闔。言游俠之徒自許節操，同於季路、仇牧。"
②顏師古注："伯讀曰霸。下皆類此。"

觀古名將所招選者,勉之哉!"①青謝曰:"自魏其、武安之厚賓客,天子常切齒,彼親待士大夫,招賢黜不肖者,人主之柄也。人臣奉法遵職而已,何與招士!"票騎亦方此意,爲將如此。(《衛青霍去病傳》)

此即所謂"天子切齒,衛霍改節"。班固著史,如此筆削褒貶,正所謂"如臺不匡,禮法是謂?"

當然,班固也并非一概反對任俠。他對一些任俠之個人品德還是頗爲贊賞的,例如他說郭解:

觀其溫良泛愛,振窮周急,謙退不伐,亦皆有絶異之姿。惜乎不入於道德,苟放縱於末流,殺身亡宗,非不幸也。(《遊俠傳》)

郭解雖人格有可取之處,然其"放縱於末流"以致"殺身亡宗",這正說明在法治社會中舊時代的任俠行徑已經很難立足。

在《季布欒布田叔傳》中,班固寫了季布、田叔以及欒布三個漢初俠士。欒布再爲燕相,有德於百姓,"燕齊之間皆爲立社,號曰欒公社";田叔"爲漢中守十餘年",因之班固對這些人是肯定的。他說:

彭越爲家人時,嘗與布游,②窮困,賣庸於齊,爲酒家保。③數歲別去,而布爲人所略,賣爲奴於燕。爲其主家報仇,④燕將臧荼舉以爲都尉。荼爲燕王,布爲將。及荼反,漢擊燕,虜布。梁王彭越聞之,乃言上,請贖布爲梁大夫。

……

以項羽之氣,而季布以勇顯名楚,身履軍搴旗者數矣⑤,可謂壯士。

---

① 顔師古注:"勸令招賢薦士也。"
② 顔師古注:"家人,猶言編户之人也。"按:依附某人之部曲。
③ 孟康注:"酒家作保。保,庸也。可保信,故謂之保。"顔師古注:"謂庸作受顧也。爲保,謂保可任使。"
④ 服虔注:"爲買者報仇也。"
⑤ 顔師古注:"謂勝敵拔取旗也。"

及至困厄奴僇，①苟活而不變，何也？彼自負其材，受辱不羞，欲有所用其未足也，故終爲漢名將。賢者誠重其死。夫婢妾賤人，感概而自殺，非能勇也，其畫無俚之至耳。欒布哭彭越，田叔隨張敖，赴死如歸，彼誠知所處，雖古烈士，何以加哉！（《季布欒布田叔傳》）

是彭越爲欒布貧賤之交，有活命之恩。田叔爲趙王張敖郎中，"趙王賢之"，是張敖爲田叔知己。故班固稱"欒布哭彭越，田叔隨張敖，赴死如歸，彼誠知所處。"欒布、田叔，非趨利之徒，不以危難易交，不爲威武屈節，士爲知己者死，以國士遇者，以國士報之。故班固許其爲"古之烈士"。且欒布哭彭越，田叔隨張敖，爲私義，而欒布受都尉，田叔受郡守，爲公是，則非"背公死黨"者比。

四、重視吏治

班固評價官吏有這樣一個標準，即觀其所行是否對百姓有利。例如，他述其撰寫《循吏傳》的主旨稱：

> 誰毀誰譽，譽其有試。②泯泯群黎，化成良吏。③淑人君子，時同功異。沒世遺愛，民有餘思。述《循吏傳》第五十九。

官吏之評價不能漫無標準，必須以黎民百姓對其之"毀譽"爲標準，且必須由實踐證明，即由"試"而知。試之行事，雖時同而功異。有遺愛於民，民有餘思，這便是"良吏"，便是值得稱譽的人物。

班固說：

> 孝宣繇仄陋而登至尊，④興於閭閻，⑤知民事之囏難。自霍光薨後始

---

① 顏師古注："僇，古戮字也。奴僇，謂髡鉗爲奴而賣之也。"
② 顏師古注："《論語》稱孔子曰：'吾之於人，誰毀誰譽，如有所譽，其有所試。'此叙言人之從政，可試而知，故引以爲辭也。"
③ 顏師古注："黎，衆也。言群衆無知，從吏之化而成俗也。"
④ 顏師古注："仄，古側字。仄陋，言非正統，而身經微賤也。繇與由同。"
⑤ 顏師古注："閭，里門也。閻，里中門也。言從里巷而即大位也。"

躬萬機，厲精爲治，五日一聽事，自丞相已下各奉職而進。及拜刺史守相，輒親見問，觀其所繇，退而考察所行以質其言，①有名實不相應，必知其所以然。常稱曰："庶民所以安其田里而亡歎息愁恨之心者，政平訟理也。②與我共此者，其唯良二千石乎！"③以爲太守，吏民之本也，數變易則下不安，民知其將久，不可欺罔，乃服從其教化。故二千石有治理效，輒以璽書勉厲，增秩賜金，或爵至關內侯，公卿缺則選諸所表以次用之。④是故漢世良吏，於是爲盛，稱中興焉。（《循吏傳》）

宣帝劉詢"繇仄陋而登至尊"，知道民間疾苦，重視吏治，"故漢世良吏，於是爲盛"，故劉詢可稱爲"中興"之主。

班固寫《循吏傳》，重點在於揄揚爲民興利、爲民敬愛的良吏。如他寫黃霸爲河南太守丞時：

> 而霸獨用寬和爲名。會宣帝即位，在民間時知百姓苦吏急也，聞霸持法平，召以爲廷尉正。（《循吏傳》）

是黃霸之進身，即在於他的行事合於當時百姓的要求。後黃霸得遷潁州太守：

> 時上垂意於治，數下恩澤詔書，吏不奉宣。⑤太守霸爲選擇良吏，分部宣布詔令，令民咸知上意。使郵亭鄉官皆畜雞豚，⑥以贍鰥寡貧窮者，然後爲條教，置父老師帥伍長，班行之於民間，勸以爲善防姦之意，及務耕桑，節用殖財，種樹畜養，去食穀馬。米鹽靡密，初若煩碎，⑦然霸精力能推行之……霸以外寬內明得吏民心，戶口歲增，治爲天下第一。（同前引）

---

① 顔師古注："質，正也。"
② 顔師古注："訟理，言所訟見理而無冤滯也。"
③ 顔師古注："謂郡守、諸侯相。"
④ 顔師古注："所表，謂增秩賜金爵也。"
⑤ 顔師古注："不令百姓皆知也。"
⑥ 顔師古注："郵行書舍，謂傳送文書所止處，亦如今之驛館矣。鄉官者，鄉所治處也。"
⑦ 顔師古注："米鹽，言碎而且細。"

黃霸爲政，不憚米鹽煩碎，正是他受到民衆歡迎的原因。班固寫循吏，亦不憚米鹽煩碎，正表現出史家衡量官吏的尺度。

又如班固寫朱邑，傳首即云：

> （邑）少時爲舒桐鄉嗇夫，廉平不苛，以愛利爲行，①未嘗笞辱人，存問耆老孤寡，遇之有恩，所部吏民愛敬焉。

傳末又稱：

> 初，邑病且死，屬其子曰：「我故爲桐鄉吏，其民愛我，必葬我桐鄉。後世子孫奉嘗我，不如桐鄉民。」及死，其子葬之桐鄉西郭外，民果（然）共爲邑起冢立祠，歲時祠祭，至今不絕。（《循吏傳》）

封建統治者對其治下百姓的貧困有兩種態度：一種是加強監視，防範其因貧思亂；一種是爲民興利，「富而教之」。對待民衆的造反亦有兩種態度：一種是嚴刑峻法，以暴力鎭壓；一種是對人民讓步，暫時減輕百姓的負擔以平息民衆的怒火。當然，無論哪種手段目的同樣都是維護和鞏固其統治。但站在底層民衆的立場來看，無疑寬和的手段更符合民衆的利益。班固在《漢書》中，將奉行寬和治民手段的官吏列之於「循吏」，將奉行嚴酷治民手段的官吏列之於「酷吏」，鮮明地表現了他以民衆利益爲重的史家立場。

如在《循吏傳·龔遂傳》中，班固寫到：

> 宣帝即位，久之，渤海左右郡歲飢，②盜賊並起，二千石不能禽制。上選能治者，丞相御史舉遂可用，上以爲渤海太守。
>
> 時遂年七十餘，召見，形貌短小，宣帝望見，不副所聞，心內輕焉。謂遂曰：「渤海廢亂，朕甚憂之。君欲何以息其盜賊，以稱朕意？」遂對曰：「海瀕遐遠，不霑聖化，其民困於飢寒而吏不恤，故使陛下赤子盜弄陛下之兵於潢池中耳。③今欲使臣勝之邪，將安之也？」④上聞遂

---

① 顏師古注：「仁愛於人而安利也。」
② 顏師古注：「左右謂側近相次者。」
③ 顏師古注：「赤子猶言初生幼小之意也。積水曰潢。」
④ 顏師古注：「勝謂以威力克而殺之也。安謂以德化撫而安之。」

對，甚說，答曰："選用賢良，固欲安之也。"遂曰："臣聞治亂民猶治亂繩，不可急也；唯緩之，然後可治。願丞相御史且無拘臣以文法，得一切便宜從事。"上許焉，加賜黃金，贈遣乘傳，至渤海界。

郡聞新太守至，發兵以迎，遂皆遣還，移書敕屬縣悉罷逐捕盜賊吏。諸持鉏鉤田器者皆爲良民，吏無得問，持兵者乃爲盜賊。遂單車獨行至府，郡中翕然，盜賊亦皆罷。渤海又多劫略相隨，聞遂教令，即時解散，棄其兵弩而持鉤鉏。盜賊於是悉平，民安土樂業。遂乃開倉廩假貧民，選用良吏，尉安牧養焉。

遂見齊俗奢侈，好末技、不田作，乃躬率以儉約，勸民務農桑。令口種一樹榆、百本薤、五十本葱、一畦韭，家二母彘、五雞。民有帶持刀劍者，使賣劍買牛，賣刀買犢，曰："何爲帶牛佩犢？"春夏不得不趨田畝，秋冬課收斂，益蓄果實菱芡。勞來循行，郡中皆有畜積，吏民皆富實。獄訟止息。

渤海及其鄰郡適逢荒年，民不聊生，紛起而反抗，地方官無力鎮壓。於是宣帝劉詢派龔遂爲渤海太守前往治理。龔遂以爲"其民困於飢寒而吏不恤"，所以起而反抗。他認爲要想緩和此种階級矛盾，不能以武力鎮壓，必須重視百姓的利益，從根本上解決當地民衆的痛苦，采取撫恤的辦法。龔遂的意見得到宣帝劉詢的同意，劉詢授他以全權處理這次渤海諸郡民變事宜。龔遂到了渤海，首先"悉罷逐捕盜賊吏"，這些人名爲捕盜，實則是擾民致盜的罪魁；其次他與民衆相約"持鉏鉤田器者皆爲良民，持兵者乃爲盜賊"，堅持和平解決問題。然後他"開倉廩假貧民"以解決飢民目前最迫切的生活問題。在民變平息後，龔遂又躬率農民務農桑、發展生産。經過龔遂的這一系列努力，渤海一帶不但"盜賊於是悉平，民安土樂業"，而且"郡中皆有畜積，吏民皆富實，獄訟止息。"

在《循吏傳·召信臣傳》中，班固寫道：

信臣爲人勤力有方略，好爲民興利，務在富之。躬勸耕農，出入阡陌，止舍離鄉亭，[①]稀有安居時。行視郡中水泉，開通溝瀆，起水門提閼凡數十處，以廣漑灌，歲歲增加，多至三萬頃。民得其利，畜積

[①]顏師古注："言休息之時，皆在野次。"

有餘。信臣爲民作均水約束，刻石立於田畔，以防分爭。禁止嫁娶送終奢靡，務出於儉約。府縣吏家子弟好游惰，不以田作爲事，輒斥罷之，甚者案其不法，以視好惡。其化大行，郡中莫不耕稼力田，百姓歸之，戶口增倍。盜賊獄訟衰止，吏民親愛信臣，號之曰召父。（《循吏傳·召信臣》）

召信臣治理南陽，"好爲民興利，務在富之"，提倡耕稼、發展水利，禁止奢靡，打擊游惰"府縣吏家子弟"，於是"盜賊獄訟衰止。吏民親愛信臣，號之曰召父。"

班固認爲，賢良的地方官吏關心生產和民衆的生活，不但可以緩和階級矛盾，而且會受到人民的歡迎和愛戴。

又如嚴延年：

> 神爵中，西羌反，强弩將軍許延壽請延年爲長史，從軍敗西羌，還爲涿郡太守。時郡比得不能太守，①涿人畢野白等由是廢亂。大姓西高氏、東高氏，自郡吏以下皆畏避之，莫敢與忤，咸曰："寧負二千石，無負豪大家。"賓客放爲盜賊，發，輒入高氏，吏不敢追。浸浸日多，道路張弓拔刃，然後敢行，其亂如此。延年至，遣掾蠡吾趙繡按高氏，得其死罪。繡見延年新將，②心内懼，即爲兩劾，欲先白其輕者，觀延年意怒，乃出其重劾。延年已知其如此矣。趙掾至，果白其輕者，延年索懷中，得重劾，即收送獄。夜入，晨將至市論殺之，先所按者死，③吏皆股弁。④更遣吏分考兩高，窮竟其姦，誅殺各數十人。郡中震恐，道不拾遺。
>
> 三歲，遷河南太守，賜黃金二十斤。豪强脅息，野無行盜，威震旁郡。其治務在摧折豪强，扶助貧弱。貧弱雖陷法，曲文以出之；其

---

① 顏師古注："比，頻也。"即此前幾任涿郡太守均不稱職。
② 顏師古注："新爲郡將也，謂郡守爲郡將者，以其兼領武事也。"
③ 顏師古注："在高氏前死。"
④ 顏師古注："股戰若弁。弁謂撫手也。"言因恐懼而腿發抖。

豪桀侵小民者，以文内之。①（《酷吏傳·嚴延年》）

涿郡大户二高，畜養賓客、放爲盜賊，因其勢大，當地官吏不敢追究。於是盜賊浸浸日多，對當地治安造成嚴重威脅。嚴延年鎮壓二高，保障了民衆的平静生活，對穩定社會秩序是有利的。

班固對嚴延年摧折豪强的行爲是以贊賞的態度來記述的。嚴延年治理手段嚴酷，故班固將其列入酷吏，然"其治務在摧折豪强，扶助貧弱。貧弱雖陷法，曲文以出之；其豪桀侵小民者，以文内之!"從民衆的角度來看，嚴延年却可説是"救星"。

又如尹賞：

永始、元延間，上急於政，貴戚驕恣，紅陽長、仲兄弟交通輕俠，臧匿亡命。②而北地大豪浩商等報怨，殺義渠長妻子六人，往來長安中。丞相御史遣掾求逐黨與，詔書召捕，久之乃得。長安中姦猾浸多，閭里少年群輩殺吏，受賕報仇，③相與探丸爲彈，得赤丸者斫武吏，得黑丸者斫文吏，白者主治喪；城中薄暮塵起，剽劫行者，死傷横道，枹鼓不絶。賞以三輔高第選守長安令，得一切便宜從事。賞至，修治長安獄，穿地方深各數丈，致令辟爲郭，以大石覆其口，名爲"虎穴"。乃部户曹掾史，與鄉吏、亭長、里正、父老、伍人，④雜舉長安中輕薄少年惡子，無市籍商販作務，而鮮衣凶服被鎧扞持刀兵者，悉籍記之，得數百人。賞一朝會長安吏，車數百兩，分行收捕，皆劾以爲通行飲食群盜。賞親閱，見十置一，其餘盡以次内虎穴中，百人爲輩，覆以大石。數日一發視，皆相枕藉死，便輿出，瘞寺門桓東，楬著其姓名，百日後，乃令死者家各自發取其尸。親屬號哭，道路皆歔欷。長安中歌之曰："安所求子死？桓東少年場。生時諒不謹，枯骨後何葬？"賞

---

①顔師古注："飾文而入之爲罪。"
②顔師古注："姓紅陽而兄字長，弟字仲。今書長字或作張者非也，後人所改耳。一曰紅陽侯王立之子，兄弟最少者也。"按解爲紅陽侯王立二子較爲合理。
③顔師古注："或有自怨於吏，或受人賕略報仇讎也。"
④顔師古注："五家爲伍。伍人者，各其同伍之人也。"

所置皆其魁宿，或故吏善家子失計隨輕黠願自改者，財數十百人，皆貰其罪，詭令立功以自贖。盡力有效者，因親用之爲爪牙，追捕甚精，甘耆姦惡，甚於凡吏。

賞視事數月，盜賊止，郡國亡命散走，各歸其處，不敢闚長安。

（《酷吏傳·尹賞》）

班固記尹賞誅殺長安奸猾的過程頗爲生動。其時長安城中貴戚驕恣，如紅陽侯王立父子，"交通輕俠，臧匿亡命"；外郡豪強暴橫，如北地大豪浩商等殺人報怨，亦往來長安。長安的地痞惡棍氣焰囂張，以至於隨意劫殺官吏，無法無天。其時長安"城中薄暮塵起，剽劫行者，死傷橫道，枹鼓不絕！"面對如此嚴重的治安問題，新任長安令尹賞大開殺戒，鐵腕鎮壓長安奸滑，迅速控制了局面："賞視事數月，盜賊止，郡國亡命散走，各歸其處，不敢闚長安。"

酷吏尹賞以暴制暴，嚴厲打擊當時長安城中以貴戚惡少、地方豪強和地痞惡棍爲代表的惡勢力的驕恣暴橫，班固雖以其手段強硬而將其列入酷吏，但仍然肯定了他穩定社會秩序的行爲是符合廣大良善百姓的利益的。

班固在《酷吏傳》最後寫道：

自是以至哀、平，酷吏衆多，然莫足數，此其知名見紀者也。其廉者足以爲儀表，其汙者方略教道，一切禁姦，亦質有文武焉。雖酷，稱其位矣。

上文班固對酷吏的評價，源自《史記·酷吏列傳》。司馬遷說：

然此十人中，其廉者足以爲儀表，其污者足以爲戒，方略教導，禁姦止邪，一切亦皆彬彬質有其文武焉。雖慘酷，斯稱其位矣。

結合司馬遷所述其作《酷吏列傳》的宗旨：

民倍本多巧，姦軌弄法，善人不能化，唯一切嚴削爲能齊之。作酷吏列傳。

則司馬遷認爲"民倍本多巧，奸軌弄法"，行仁政則難以教化，而酷吏以其手段嚴酷而得以治理。此所謂酷吏稱其位者，稱統治階級鷹犬之位也。清代何焯説：

> 稱其位者，歸咎於任之者也，本馬遷之微辭。(《酷吏傳》王先謙《補助》引)

五、反對固守經術

漢代自武帝以後，在政治上有以經學爲教條的風氣，臣工奏疏、皇帝詔令、皆援經言事。六經成爲漢代政治上的聖經，不附會六經則爲無據。試舉兩個有趣的例子。《賈捐之①傳》云：

> 元帝初元元年，珠崖②又反，發兵擊之。諸縣更叛，連年不定。上③與有司議大發軍。捐之建議，以爲不當擊。上使侍中、駙馬都尉、樂昌侯王商詰問捐之曰："珠崖内屬爲郡久矣，今背畔逆節，而云不當擊，長蠻夷之亂，虧先帝功德，經義何以處之？"④

不但皇帝如此要求臣工，臣工亦如此要求皇帝。《平當傳》云：

> 當以經明《禹貢》，使行河，⑤爲騎都尉，領河堤。

《溝洫志》載：

> 哀帝初，平當使領河堤，奏言："九河今皆寘滅，按經義，治水有決河深川，而無堤防雍塞之文。河從魏郡以東，北多溢決，水跡難以分明。四海之衆不可誣，宜博求能浚川疏河者。"

---

① 賈捐之，字君房，洛陽人。賈誼曾孫。
② 珠崖郡。前111年，漢滅南越國，於海南島設珠崖、儋耳郡，政府官吏及駐軍皆爲漢人。當地民衆不堪壓迫，多次反抗，二十多年共發生六次反叛。初元三年（前46）漢廢珠崖郡。
③ 指元帝劉奭。
④ 顏師古注："於六經之内，當何者之科條也。"
⑤ 顏師古注："《尚書·禹貢》載禹治水，次第山川高下，當明此經，故使行河也。"

賈捐之以爲不當出兵珠崖，劉奭問以"經義何以處之"；成帝以平當通曉《禹貢》，使之治河，平當對以"按經義，治水有決河深川，而無堤防雍塞之文"。此不過按經義辦事的兩個比較明顯的例子，由此可以窺知當時政治上的風習。這種態度，當時叫作"以經術飭吏治"。《循吏傳》序云：

> 江都相董仲舒、內史公孫弘、兒寬，居官可紀。三人皆儒者，通於世務，明習文法，以經術潤飾吏事，天子器之。

在經學教條化、經學爲政治服務的氣氛之下，經學亦日趨離奇，於是《書》傳五行，《詩》言五際①，《春秋》講灾异，《易》明象數占驗，《禮》説明堂陰陽。哀、平之後，讖緯之學復盛行，其興其盛，皆由於表裏政治，推波助瀾，水漲舟起。其顯著者如董仲舒以《春秋》斷事。其本傳云：

> 仲舒治國，以《春秋》災異之變推陰陽所以錯行，故求雨，閉諸陽，縱諸陰，其止雨反是；②行之一國，未嘗不得所欲。

《後漢書·楊李翟應霍爰徐列傳·應劭》載：

> 故膠東相董仲舒老病致仕，朝廷每有政議，數遣廷尉張湯親至陋巷，問其得失。於是作《春秋決獄》二百三十二事，動以經對。

又如宣帝劉詢求經義以應天變：

> （本始四年）夏四月壬寅，郡國四十九地震，或山崩水出。詔曰："蓋災異者，天地之戒也。朕承洪業、奉宗廟，托於士民之上，未能和群生。乃者地震北海、琅邪，壞祖宗廟，朕甚懼焉。丞相、御史其與列侯、中二千石博問經學之士，有以應變，③輔朕之不逮，毋有所諱。

---

① 《漢書·翼奉傳》："《易》有陰陽，《詩》有五際。"顏師古注引孟康曰："《詩內傳》曰：'五際，卯、酉、午、戌、亥也。陰陽終始際會之歲，於此則有變改之政也。'"即《齊詩》學者翼奉以《詩經》附會陰陽五行之説，認爲每逢卯、酉、午、戌、亥年是陰陽終始際會之年，政治上必發生重大變動。
② 顏師古注："謂若閉南門，禁舉火，及開北門，水灑人之類是也。"
③ 顏師古注："謂禦塞災异也。"

(《宣帝紀》)

六、主張輕刑罰、復肉刑

漢初刑法殘酷，至於滅絕人性。《刑法志》載：

> 漢興之初，雖有約法三章，網漏吞舟之魚，①然其大辟，尚有夷三族之令。令曰："當三族者，皆先黥、劓、斬左右止②，笞殺之，梟其首，菹其骨肉於市。③其誹謗詈詛者，又先斷舌。"故謂之具五刑。彭越、韓信之屬皆受此誅。至高后元年，乃除三族罪、袄言令。
>
> 孝文二年，又詔丞相、太尉、御史："法者，治之正，所以禁暴而衛善人也。今犯法者已論，而使無罪之父母妻子同產坐之及收，朕甚弗取。其議。"左右丞相周勃、陳平奏言："父母妻子同產相坐及收，所以累其心，使重犯法也。收之之道，所由來久矣。臣之愚計，以爲如其故便。"文帝復曰："朕聞之，法正則民慤，罪當則民從。④且夫牧民而道之以善者，吏也；⑤既不能道，又以不正之法罪之，是法反害於民，爲暴者也。朕未見其便，宜孰計之。"平、勃乃曰："陛下幸加大惠於天下，使有罪不收，無罪不相坐，甚盛德，臣等所不及也。臣等謹奉

---

①顏師古注："言疏闊。吞舟，謂大魚也。"
②止，通"趾"。
③顏師古注："菹謂醢也。""醢"音"海"，古代酷刑，指將屍體剁成肉醬。
④顏師古注："慤，謹也。"
⑤顏師古注："道讀曰導。以善導之也。"

詔，盡除收律、相坐法。"其後，新垣平①謀爲逆，復行三族之誅。

由是言之，風俗移易，人性相近而習相遠，信矣。夫以孝文之仁，平、勃之知，猶有過刑謬論如此甚也，而况庸材溺於末流者乎？（《刑法志》）

前207年，劉邦攻占咸陽後，與關中父老相約廢除暴秦苛法，祇保留"殺人者死、傷人及盜抵罪"，是爲"約法三章"。後來因爲"約法三章"過於簡陋，丞相蕭何根據秦法重新製律九章。因漢初刑律仍有連坐法和"黥""劓""刖"等各種肉刑，崇尚黃老無爲而治的文帝劉恒與其大臣們商議取消一人犯法、全家受刑的連坐法，周勃、陳平等人起初反對，但在文帝的堅持下統一取消收律、相坐法。

班固顯然是贊成輕刑的，認爲一向被人稱之爲仁君賢相者尚有如此"過刑謬論"，其"庸材溺於末流者"又當何如？

路放按：然而直至清末，在中國整個封建社會時期中，株連之律不但未曾消失，且被發揚光大，從"三族"以至"九族"，明成祖朱棣在方孝孺一案中甚至誅殺了包括其老師在內的"十族"！蓋株連之刑主要用於"謀逆"之類直接

---

① 關於新垣平事跡，《史記·封禪書》記載最詳："其明年（文帝十六年，前164年），趙人新垣平以望氣見上，言'長安東北有神氣，成五采，若人冠絻焉。或曰東北神明之舍，西方神明之墓也。天瑞下，宜立祠上帝，以合符應'。於是作渭陽五帝廟，同宇，帝一殿，面各五門，各如其帝色。祠所用及儀亦如雍五畤。

夏四月，文帝親拜霸渭之會，以郊見渭陽五帝。五帝廟南臨渭，北穿蒲池溝水，權火舉而祠，若光輝然屬天焉。於是貴平上大夫，賜累千金。而使博士諸生刺六經中作王制，謀議巡狩封禪事。

文帝出長安門，若見五人於道北，遂因其直北立五帝壇，祠以五牢具。

其明年，新垣平使人持玉杯，上書闕下獻之。平言上曰：'闕下有寶玉氣來者。'已視之，果有獻玉杯者，刻曰：'人主延壽'。平又言：'臣候日再中'。居頃之，日卻複中。於是始更以十七年爲元年，令天下大酺。

平言曰：'周鼎亡在泗水中，今河溢通泗，臣望東北汾陰直有金寶氣，意周鼎其出乎？兆見不迎則不至。'於是上使使治廟汾陰南，臨河，欲祠出周鼎。

人有上書告新垣平所言氣神事皆詐也。下平吏治，誅夷新垣平。自是之後，文帝怠於改正朔服色神明之事，而渭陽、長門五帝使祠官領，以時致禮，不往焉。"

危害封建帝王統治的罪名，他們當然不會輕易放弃。

班固借《周官》中"五聽""三宥""三赦"之法對漢代的司法體系和法律制度提出了批評：

> 高皇帝七年，制詔御史："獄之疑者，吏或不敢決，有罪者久而不論，無罪者久繫不決。自今以來，縣道官獄疑者，各讞所屬二千石官，二千石官以其罪名當報之。所不能決者，皆移廷尉，廷尉亦當報之。廷尉所不能決，謹具爲奏，傅所當比律令以聞。"上恩如此，吏猶不能奉宣。故孝景中五年復下詔曰："諸獄疑，雖文致於法而於人心不厭者，輒讞之。"其後獄吏復避微文，遂其愚心。至後元年，又下詔曰："獄，重事也。人有愚智，官有上下。獄疑者讞，有令讞者已報讞而後不當，讞者不爲失。"自此之後，獄刑益詳，近於五聽三宥之意。
>
> 三年，復下詔曰："高年老長，人所尊敬也；鰥寡不屬逮者，人所哀憐也。其著令：年八十以上，八歲以下，及孕者未乳，師、朱儒①當鞠繫者，頌繫之。"②至孝宣元康四年，又下詔曰："朕念夫耆老之人，髮齒墮落，血氣既衰，亦無暴逆之心，今或羅於文法，執於囹圄，不得終其年命，朕甚憐之。自今以來，諸年八十非誣告殺傷人，它皆勿坐。"至成帝鴻嘉元年，定令："年未滿七歲，賊鬥殺人及犯殊死者，上請廷尉以聞，得減死。"合於三赦幼弱老眊之人。此皆法令稍定，近古而便民者也。
>
> 孔子曰："如有王者，必世而後仁；善人爲國百年，可以勝殘去殺矣。"③言聖王承衰撥亂而起，被民以德教，變而化之，必世然後仁道成焉；至於善人，不入於室，然猶百年勝殘去殺矣。④此爲國者之程式也。

---

① 如淳注："師，樂師盲瞽者。朱儒，短人不能走者。"
② 顏師古注："頌讀曰容。容，寬容之，不桎梏。"
③ 顏師古注："《論語》載孔子之言。此謂若有受命之王，必三十年仁政乃成也。勝殘，謂勝殘暴之人，使不爲惡。去殺，不行殺戮也。"
④ 顏師古注："《論語》稱子張問善人之道，子曰：'不踐迹，亦不入於室也。'言善人不但修踐舊迹而已，固少自創制，然亦不能入聖人之室。"

班固以爲漢初除三族之令，文帝除收律相坐法，高帝景帝對讞獄的謹慎態度，和宣帝成帝對幼弱老耄之犯人的寬刑，都是"近古而便民者"，"此爲國者之程式也。"

班固主張輕刑，但對文帝對肉刑的改革却表示了不同意見。文帝十三年，齊國太倉令淳于意有罪當刑，其少女緹縈隨至長安，上書云：

> 妾父爲吏，齊中皆稱其廉平，今坐法當刑。妾傷夫死者不可復生，刑者不可復屬，雖後欲改過自新，其道亡繇也。① 妾願没入爲官婢，以贖父刑罪，使得自新。（《刑法志》）

文帝感其言，下令廢除三種肉刑：黥、劓、刖左右足，各以輕重，易以他罰。（後文帝復除宫刑，見《景帝紀》）於是丞相張蒼、御史大夫馮敬提出建議：當黥者，髡鉗爲城旦舂（即剃髮、鉗脛并服勞役，男子修城，婦人舂米）；當劓者，笞三百；當斬左足者，笞五百；當斬右足者棄市（斬）。他們的建議得到了文帝的批准。然而，班固根據當時的執行情况，對這次刑法改革提出了批評：

> 外有輕刑之名，内實殺人。斬右止者又當死。斬左止者笞五百，當劓者笞三百，率多死。（同前引）

所謂"笞"，即用竹板擊打犯人臀部②。班固認爲，"笞"而至數百，常常當堂將犯人打死，且原該斬左足的罪行又改爲死刑，是新法反比舊法嚴酷。他又説：

> 禹承堯舜之後，自以德衰而制肉刑，湯武順而行之者，以俗薄於唐虞故也。今漢承衰周暴秦極敝之流，俗已薄於三代，而行堯舜之刑，是猶以鞿而御駻突，③違救時之宜矣。
>
> 且除肉刑者，本欲以全民也，今去髡鉗一等，轉而入於大辟。以

---

① "亡"通"無"，"繇"通"由"。
② 《刑法志》："笞者，箠長五尺，其本大一寸，其竹也，末薄半寸，皆平其節。當笞者，笞臀。毋得更人，畢一罪乃更人。"
③ 孟康注："以繩縛馬口之謂鞿。"晋灼注："鞿，古羈字也。"如淳注："駻音捍。突，惡馬也。"顏師古注："馬絡頭曰羈也。"

死罔民，失本惠矣。①故死者歲以萬數，刑重之所致也。至乎穿窬之盜，忿怒傷人，男女淫佚，吏爲姦臧，若此之惡，髡鉗之罰又不足以懲也。故刑者歲十萬數，民既不畏，又曾不恥，刑輕之所生也。故俗之能吏，公以殺盜爲威，專殺者勝任，奉法者不治，亂名傷制，不可勝條。是以罔密而姦不塞，刑蕃而民愈嫚。必世而未仁，百年而不勝殘，誠以禮樂闕而刑不正也。

豈宜惟思所以清原正本之論，刪定律令，纂二百章，以應大辟。其餘罪次，於古當生，今觸死者，皆可募行肉刑。及傷人與盜，吏受賕枉法，男女淫亂，皆復古刑，爲三千章。詆欺文致微細之法，悉蠲除。如此，則刑可畏而禁易避，吏不專殺，法無二門，輕重當罪，民命得全，合刑罰之中，殷天人之和，順稽古之制，成時雍之化。成康刑錯，雖未可致，孝文斷獄，庶幾可及。《詩》云："宜民宜人，受祿於天。"《書》曰："立功立事，可以永年。"②言爲政而宜於民者，功成事立，則受天祿而永年命，所謂"一人有慶，萬民賴之"者也。③（《刑法志》）

他詳細列舉這次廢除肉刑之後的弊端：有些原來罪不至死的犯人，在新法之下反而被殺，以致"死者歲以萬數"；而有些罪行改爲較輕的"髡鉗之罰"又不足以震懾，造成人不畏法而易犯，因而"刑者歲十萬數"。且以笞刑代替肉刑之後，執行之際出入很大，酷吏可以專殺之威，循吏又常以奉法不治。班固的主張是恢復肉刑并簡化刑律。武帝劉徹重用酷吏，刑法愈來愈繁：

張湯、趙禹之屬，條定法令，作見知故縱、監臨部主之法，緩深故之罪，急縱出之誅。其後奸猾巧法，轉相比況，禁罔浸密。律、令凡三百五十九章，大辟四百九條，千八百八十二事，死罪決事比萬三千四百七十二事。文書盈於幾閣，典者不能遍睹。

---

① 王念孫以爲"本惠"當"本意"之誤，《孝成紀》引正作"非其本意"。
② 顔師古注："今文《泰誓》之辭也。永，長也。"
③ 顔師古注："《呂刑》之辭也。一人，天子也。言天子用刑詳審，有福慶之惠，則衆庶咸賴之也。"

班固這裏主張死刑之法二百章，整部刑法共三千章，"於古當生，今觸死者"，復用肉刑，廢除"詆欺文致微細之法"，是簡化了刑法。當然，提倡恢復肉刑是逆歷史潮流的意見，并不可取。但班固的本意是在嚴密刑律的執行，減少酷吏任意執法的自由度。

班固提倡輕刑，有其思想基礎。他說：

> 今郡國被刑而死者歲以萬數。天下獄二千餘所，其冤死者多少相覆，獄不減一人，此和氣所以未洽者也。原獄刑所以蕃若此者，①禮教不立，刑法不明，民多貧窮，豪桀務私，姦不輒得，獄豻不平之所致也。②《書》云："伯夷降典，悊民惟刑。"③言制禮以止刑，猶隄之防溢水也。今隄防凌遲，禮制未立；死刑過制，生刑易犯；饑寒並至，窮斯濫溢；豪桀擅私，爲之囊橐，④姦有所隱，則狃而寖廣；⑤此刑之所以蕃也。（《刑法志》）

即并非底層民衆本性低能，易於犯法，而是"饑寒并至，窮斯濫溢"；而"豪桀擅私，爲之囊橐"，亦是罪犯人衆的一個主要原因。班固認爲片面加重刑罰并不能保證民不犯法，祇有提倡禮教，教化人民，纔是減少社會犯罪現象的根本措施。

---

①顔師古注："蕃，多也。"
②臣瓚注："獄岸，獄訟也。"
③顔師古注："《周書·甫刑》之辭也。悊，知也。言伯夷下禮法以道人，人習知禮，然後用刑也。"
④顔師古注："有底曰囊，無底曰橐。言容隱奸邪，若囊橐之盛物。"
⑤顔師古注："狃，串習也。寖，漸也。"

第二十七章　班固的史學發明

一、研究歷史的目的

中國古代史學家多以研究歷史的目的在於取得鑒戒。班固亦是如此，他在述《外戚恩澤侯表》的著作目的時説：

> 亡德不報，爰存二代①，宰相外戚，昭韙見戒。②述《外戚恩澤侯表》第六。(《叙傳下》)

即明末王夫之所説：

> 古之爲史者，莫不有奬善懲惡之情，隨小大而立之鑑，故是以動人心而垂之久，若左氏、史遷、班固之書，記禍敗之隙，纖曲猥鄙之無遺，皆此意也。(《續春秋左氏傳博議・晉殺趙同趙括》)

然而，班固對於歷史作用的認識并不僅限於此，他認爲通史在於致用，歷史應該記載前人生産實踐和社會活動的經驗，爲一代的經濟文化做出總結。

班固寫道：

> 古人有言："微禹之功，吾其魚乎！"中國川原以百數，莫著於四瀆，而河爲宗。孔子曰："多聞而志之，知之次也。"國之利害，故備

---

①顔師古注："二代，謂殷、周也。言德澤深遠，故至漢朝其子孫又受茅土，以奉祭祀。"
②張晏注："韙，是也。明其是者，戒其非也。"

論其事。(《溝洫志》)

又云：

夏乘四載，百川是導。唯河爲蠹，災及後代。商竭周移，秦決南涯，①自茲距漢，北亡八支。②文埋棗野，武作瓠歌，③成有平年，後遂滂沱。④爰及溝渠，利我國家。述《溝洫志》第九。(《叙傳下》)

蓋當班固之世，黃河爲害頗烈，雖武帝、成帝時治河稍有成就，然於此之後的歷代政府，治河無策，任其滂沱！故班固"備論其事""爰及溝渠"，而著《溝洫志》。

班固在《溝洫志》中，備載歷代治河的事迹和經驗教訓。如其記載王廷世塞河之法："以竹落長四丈，大九圍，盛以小石，兩船夾載而下之。三十六日，河堤成。"元代賈魯治河，以船載石，沉船爲堤，障塞決河，引流故道的方法，即應是在王廷世的經驗基礎上發展出來。(參考《元史·河渠志》)。

又如白公穿渠，民得其饒，班固即采民歌進行襃揚；而對於"王莽時，但崇空語，無施行者"，則微言批評。未付諸實行的建議，亦爲録存，例如王莽時，徵能治河者以百數，恒有建言，如平陵關并、長安張戎、臨淮韓牧、琅邪王橫等人的言論，雖三言兩語，而有特殊見解，并予記録，"凡此數者，必有一是"，以爲後世采擇。其中關并所云：

河決率常於平原、東郡左右，其地形下而土疏惡。聞禹治河時，本空此地以爲水猥，盛則放溢，少稍自索。⑤雖時易處，猶不能離此。(《溝洫志》)

---

①服虔注："河竭而商亡。移亦河移徙也。"如淳注："《秦始皇本紀》：決河灌大梁，遂滅之，通爲溝，入淮、泗。"
②服虔注："本有九河，今塞，餘有一也。"
③服虔注："文帝塞河於酸棗也。"張晏注："河決瓠子，武帝親臨，悼功不成而作歌。"
④劉德注："成帝治河已平，改元曰河平元年。"
⑤顔師古注："猥，多也；索，盡也。"

這應就是當今世界上興修水庫之濫觴了。諸如此類記載，都是很寶貴的。

班固述其著《食貨志》的旨趣時寫道：

> 厥初生民，食、貨惟先。割制廬井，定爾土田，什一供貢，下富上尊。商以足用，茂遷有無，貨自龜貝，至此五銖。揚搉古今，監世盈虛。①述《食貨志》第四。（《叙傳下》）

這裏，班固認爲可以從歷史記載總結出社會經濟的發展脈絡。班固述其著《禮樂志》的用意所作云：

> 今海内更始，民人歸本，户口歲息②，平其刑辟，牧以賢良，至於家給，既庶且富，則須庠序、禮樂之教化矣。③今幸有前聖遺制之威儀，誠可法象而補備之，經紀可因緣而存著也。孔子曰："殷因於夏禮，所損益可知也；周因於殷禮，所損益，可知也；其或繼周者，百世可知也。"④今大漢繼周，久曠大儀，未有立禮成樂，此賈誼、仲舒、王吉、劉向之徒所爲發憤而增歎也。（《禮樂志》）

在《禮樂志》中，班固對前代舊制加以研究檢討，作爲當代制定禮儀的參考。班固持有"史以致用"的觀點，在其《漢書》中有意識地爲一代經濟文化做出總結，這對於社會發展是有利的。

班固對研究歷史的認識，既不是僅在於"發懷古之幽情"，做無聊的欣賞消遣；亦未限制在狹隘的"獎善懲惡"的借鑒作用，祇作道德説教。班固認爲通史在於致用，歷史應該記載前人生産和勞動的經驗，爲一代的社會經濟文化做出總結。無疑，這超出了史書是爲帝王資治的舊史學思想，將歷史與整個社會和以致民衆的需要結合了起來。班固這部寫於兩千年前的《漢書》，爲中國以後歷代史書的寫作和發展帶了一個好頭，樹立了一個標杆。

---

①顔師古注："揚，舉也。推，引也。揚推者，舉而引之，陳其趣也。"
②顔師古注："今謂班氏撰書時也。息，生也。"
③顔師古注："庶，衆也。《論語》云孔子曰：'庶矣哉！'冉有曰：'既庶矣，又何加焉？'曰：'富之。'曰：'既富矣，又何加焉？'曰：'教之。'故班氏引之也。"
④顔師古注："《論語》載孔子答子張之言也。"

二、對歷史發展規律的觀察

班固對中國歷史，試圖進行階段性的觀察，并進而從歷史階段的劃分中，尋求其發展的規律。他論述遠古文明的發展，并解說人類社會的起源時說：

> 夫人宵天地之貌，①懷五常之性，②聰明精粹，有生之最靈者也。爪牙不足以供耆欲，趨走不足以避利害，無毛羽以御寒暑，必將役物以爲養，任智而不恃力，此其所以爲貴也。故不仁愛則不能群，不能群則不勝物，不勝物則養不足。群而不足，爭心將作，上聖卓然先行敬讓博愛之德者，衆心說而從之。③從之成群，是爲君矣；歸而往之，是爲王矣。④（《刑法志》）

即班固認爲人類社會（即所謂"群"）的形成，以及社會領袖的産生，是人類和自然界鬥爭的結果。他在《郊祀志》中寫道：

> 少昊之衰，九黎亂德，⑤民神雜擾，不可放物。⑥家爲巫史，享祀無度，黷齊明而神弗蠲。⑦嘉生不降，禍災荐臻，莫盡其氣。⑧顓頊受之，乃命南正重司天以屬神，命火正黎司地以屬民，⑨使復舊常，亡相侵黷。自共工氏霸九州，其子曰句龍，能平水土，死爲社祠；⑩有烈山氏王天

---

① 應劭注："宵，類也。頭圜象天，足方象地。"
② 顔師古注："五常：仁、義、禮、智、信。"
③ 顔師古注："說讀曰悦。"
④ 顔師古注："言爭往而歸之也。"
⑤ 孟康注："少昊時諸侯作亂者也。"韋昭注："黎氏九人也。"
⑥ 顔師古注："放，依也。物，事也。"
⑦ 顔師古注："齊讀曰齋。蠲，絜也。"
⑧ 顔師古注："言不究其性命也。"
⑨ 應劭注："黎，陰官也。火數二，二，地數也，故火正司地以屬萬民。"顔師古注："屬，委也，以其事委之也。"
⑩ 顔師古注："共工氏在太昊、炎帝之間。無祿而王，故謂之霸。句讀曰鈎。"

下，其子曰柱，能殖百谷，死爲稷祠。①故郊祀社稷，所從來尚矣。②（《郊祀志上》）

這裏所謂"家爲巫史，享祀無度"云云，即相當於以血緣爲基礎的氏族單位時期。所謂"句龍能平水土""柱能殖百谷"，追句龍和柱死後，民衆設祠以祭他們，以爲公共之神。這應是早期農村公社的起源。又云：

汤伐桀，欲遷夏社，不可，作《夏社》；乃遷烈山子柱，而以周棄代爲稷祠。③（同前引）

即以血緣爲基礎的氏族單位易於遷移，而以土地爲基礎的農村公社則遷移不易。

班固以上所述之歷史階段大體相當於夏代以前，故謂"湯伐桀欲遷夏社"云云。他在《食貨志》之首，又詳細論述了這一歷史階段的社會經濟情況，從神農興耒耨之利，以日中爲市，到"黃帝以下'通其變，使民不倦'"；又到堯授民時，舜設稷官，禹平水土（參考《食貨志上》）。班固對早期文明時期，從人類社會的形成，到農村公社的建立做了全面的論述。班固朦朧地覺察到，古代歷史中存在着從以血緣關繫爲紐帶的原始社會到以土地關繫爲基礎的農耕社會的發展過程，這種見解是超越時代、十分驚人的。

班固認爲，殷周時期是一個歷史階段，即他在《食貨志》中大贊之"殷周之盛"。他認爲，殷、周二朝之經濟、政治、文化等社會制度以及人民的生活情況大體一致，且在許多場合以殷、周并舉，稱之爲"二代"（參考《典引》）。

關於這一歷史階段，班固在《食貨志》中是將其作爲他心目中的理想社會來描述的。但班固是一個嚴謹的歷史學家，他對待歷史資料的態度是比較客觀的，故他雖有心美化其理想社會，但從其字裏行間仍能發現那時社會制度的實質。例如他寫道：

---

①顏師古注："烈山氏，炎帝。"
②顏師古注："尚，上也。謂起於上古。"
③應劭注："遭大旱七年，明德以薦，而旱不止，故遷社，以棄代爲稷。欲遷句龍，德莫能繼，故作夏社，説不可遷之義也。"

> 是以聖王域民，①築城郭以居之；制廬井以均之；②開市肆以通之；設庠序③以教之；士、農、工、商，四人有業。學以居位曰士，闢土殖穀曰農，作巧成器曰工，通財鬻④貨曰商。（《食貨志上》）

即反映出當時城郭國家的出現，土地并非勞動者所有，以及社會已有分工的情況。又如：

> 春令民畢出在野，冬則畢入於邑。其《詩》曰："四之日舉止，同我婦子，饁彼南畝。"⑤又曰："十月蟋蟀，入我床下，嗟我婦子，聿爲改歲，入此室處。"⑥所以順陰陽，備寇賊，習禮文也。春秋出民，里胥平旦坐於右塾，鄰長坐於左塾，⑦畢出然後歸，夕亦如之。《食貨志上》

在班固筆下，當時的勞動者一年之中，春、夏、秋季均被驅居於野，祇有冬季入居於邑。三季在野進行農業生產，勞動者居於田中屋廬，旦出夕入，且皆受人監視。冬季居於"邑"中時則從事手工業。這些勞動者，無論從事農業或手工業，都是集體勞作。這不正是奴隸們的生活寫照？

班固認爲，以"井田"爲標誌的這一社會結構，在周末便開始動搖，至秦并天下以前而完全轉型。他寫道：

> 周室既衰，暴君污吏慢其經界，繇役橫作，⑧政令不信，上下相詐，

---

① 颜師古注："爲邦域。"
② 颜師古注："井田之中爲屋廬。"
③ 庠序，即學校。
④ 颜師古注："鬻，賣也。"
⑤ 颜師古注："此《豳詩·七月》之章也。饁，饋也。四之日，周之四月，夏之二月也。農人無不舉足而耕也，則其婦與子同以食來至南畝治田之處而饋之也。"
⑥ 颜師古注："亦《七月》之章也。蟋蟀，蟲也，今謂之促織。聿，曰也。言寒氣既至，蟋蟀漸來，則婦子皆曰歲將改矣，而去田中入室處也。"
⑦ 王先謙《補注》："沈欽韓曰：里宰職，以歲時合耦於鋤。注云，鋤者，里宰治處，若今街彈之室。"按：右塾、左塾當在田間廬舍旁，蓋此時勞動者"畢出在野"也。里胥、鄰障皆監視勞動者勞動和居住之人。
⑧ 颜師古注："繇讀曰徭。"

公田不治。故魯宣公"初稅畝",《春秋》譏焉。① 於是上貪民怨,災害生而禍亂作。

陵夷至於戰國,貴詐力而賤仁誼,先富有而後禮讓。是時,李悝爲魏文侯作盡地力之教……行之魏國,國以富強。

及秦孝公用商君,壞井田,開仟伯,② 急耕戰之賞,雖非古道,猶以務本之故,傾鄰國而雄諸侯。然王制遂滅,僭差亡度。庶人之富者累巨萬,而貧者食糟糠;有國強者兼州域,而弱者喪社稷。(《食貨志上》)

即商周以至秦并天下以前這一社會階段,終結於以"井田制"爲代表的土地制度的破壞。如魯宣公之"初稅畝",魏文侯之"作盡地力之教",秦孝公之"壞井田,開仟伯"都是其中的關鍵。

班固雖然對春秋戰國的歷史變化過程多有叙述,但他并未把這一時期當作一個獨立的歷史階段。所謂"周室既衰",所謂"陵夷至於戰國"云云,皆是說明這一時期的歷史仍然是殷周時期的繼續發展。又如:

周道既衰,穆王眊荒,命甫侯度時作刑,以詰四方。③……春秋之時,王道寖壞,教化不行。④ 子產相鄭而鑄刑書。⑤……陵夷至於戰國,韓任申子,秦用商鞅,連相坐之法,造參夷之誅⑥。(《刑法志》)

班固在叙述春秋戰國時期的歷史時,大都采取類似的方法,強調了該階段是對殷、周時期的轉型。

然而班固在叙述秦以來的歷史時,語氣就有了顯著的區別。例如他說:

至於秦始皇,兼吞戰國,遂毁先王之法,滅禮誼之官,專任刑罰。

---

① 孟康注:"《春秋》謂之履畝,履踐民所種好者而取之,譏其貪也。"
② 顔師古注:"仟伯,田間之道也。南北曰仟,東西曰伯。"
③ 顔師古注:"穆王,昭王之子也,享國既百年,而王眊亂荒忽,乃命甫侯爲司寇,商度時宜,而作刑之制,以治四方也。甫,國名也。眊音莫報反。度音大各反。"
④ 顔師古注:"寖,漸也。"
⑤ 顔師古注:"子產,鄭大夫公孫僑也。鑄刑法於鼎,事在昭六年。"
⑥ 顔師古注:"參夷,夷三族。"

（同前引）

又説：

> 及其衰也，諸侯逾越法度，惡禮制之害己，去其篇籍。遭秦滅學，遂以亂亡。（《禮樂志》）

即自秦并天下開始，中國歷史又進入了一個新的階段。但班固心目中之歷史分期并不完全以改朝換代爲標誌。他認爲，漢代與秦代之間有連續性，其社會性質大體相同。他叙述社會狀况則謂"漢興，接秦之蔽"（《食貨志上》）；論文化制度則稱"漢興，方綱紀大基，庶事草創，襲秦正朔"（《律曆志》）；論法律制度"相國蕭何捃摭秦法，取其宜於時者，作律九章。"（《律曆志》）等等。由此可知，在班固筆下的歷史中，自秦漢以來是爲中國歷史發展的第三階段。

班固對中國史的分期方法相當科學，説明他對社會歷史發展具有敏鋭的眼光，他的歷史觀點也對後世史家具有深遠的影響。

三、班固的歷史編纂學發明

《史記》著有八書，班固擴之而爲十志。史記有《禮書》《樂書》；《漢書》合而稱之爲《禮樂志》，而其内容實不相襲。《史記》有《律書》《曆書》，而班固作《律曆志》。《律曆志》并非簡單沿襲《史記》，而是大體根據劉向、劉歆的著作另行撰述。

《史記》有《封禪書》，《漢書》則爲《郊祀志》。《史記》有《河渠書》，《漢書》有《溝洫志》。"溝洫"先録"河渠"，而自元鼎六年"兒寬爲左内史，奏請鑿六輔渠"以下則爲班固新作。《史記》有《天官書》，《漢書》有《天文志》。《史記》有《平準書》，《漢書》則爲《食貨志》。《食貨志》分爲兩部分，前言"食"而後言"貨"。據《漢書》的定義："食謂農殖嘉穀可食之物，貨謂布帛可衣，及金刀龜貝，所以分財布利通有無者也。"《食貨志》在"貨"的部分，自漢興至武帝主要采取《平準書》的内容。

除此而外，《漢書》新創《刑法志》《五行志》《地理志》《藝文志》四志。五行則爲雜采董仲舒、劉向、劉歆、京房等人之説寫成。

《地理志》序著《禹貢》，以下乃述秦漢地志，蓋其意在補續《禹貢》以成爲系統之歷史地理著作。他説：

> 而保章氏掌天文，以星土辯九州之地，所封封域皆有分星，以視吉凶。①周爵五等，而土三等：公、侯百里，伯七十里，子、男五十里。不滿爲附庸，蓋千八百國。而太昊、黃帝之後，唐、虞侯伯猶存，帝王圖籍相踵而可知。周室既衰，禮、樂、征伐自諸侯出，轉相吞滅，數百年間，列國耗盡。至春秋時，尚有數十國，五伯迭興，總其盟會。②陵夷至於戰國，天下分而爲七，合從連衡，經數十年。秦遂并兼四海，以爲周制微弱，終爲諸侯所喪，故不立尺土之封，分天下爲郡縣，蕩滅前聖之苗裔，靡有子遺者矣。

> 漢興，因秦制度，崇恩德，行簡易，以撫海内。至武帝攘卻胡、越，開地斥境，南置交阯，北置朔方之州，③兼徐、梁、幽、并夏、周之制，改雍曰涼，改梁曰益，凡十三部，置刺史。

> 先王之迹既遠，地名又數改易，是以采獲舊聞，考迹《詩》《書》，推表山川，以綴《禹貢》《周官》《春秋》，下及戰國、秦、漢焉。④（《地理志上》）

《地理志》關於地分、風俗部分，班固則參考了劉向和朱贛的著作，補充修正，著其本末。他説：

> 漢承百王之末，國土變改，民人遷徙。成帝時，劉向略言其地分，丞相張禹使屬潁川朱贛條其風俗，猶未宣究，故輯而論之，終其本末著於篇。（《地理志下》）

這樣，《地理志》就成了一篇有系統的地理沿革著作。

---

① 顏師古注："保章氏，春官之屬也。保，守也，言守天文之職也。"
② 顏師古注："此五伯謂齊桓、宋襄、晉文、秦穆、楚莊也。迭，互也。伯讀曰霸。"
③ 顏師古注："《胡廣記》云，漢既定南越之地，置交阯刺史，別於諸州，令持節治蒼梧，分雍州置朔方刺史。"
④ 顏師古注："中古以來，説地理者多矣，或解釋經典，或撰述方志，競爲新异，妄有穿鑿，安處互會，頗失其真。後之學者，因而祖述，曾不考其謬論，莫能尋其根本。今并不錄，蓋無尤焉。"

在《藝文志》中，班固以劉向、劉歆父子所著《別錄》《七略》爲基礎，刪冗取要，記載了自先秦到西漢的學術發展情況。

司馬遷是班固之前最偉大的歷史學家，《史記》又是班固撰寫《漢書》時最重要的一部參考書。故而班固對於司馬遷以及他的《史記》是非常重視的，《史記》對班固的《漢書》，影響也非常之大。

《漢書》有很多篇章直接采自《史記》。不僅史實資料，有些司馬遷的按語等也被直接采用。具體情況參看下表：

《漢書》采用《史記》內容

《漢書》	《史記》	采用情況
高后紀	呂后本紀	大致采用
文帝紀	孝文本紀	大致采用（《漢書》贊語，采用《史記》正文中之一段）
陳勝項籍傳	項羽本紀、陳涉世家	大致采用（《史記·陳涉世家》，采用賈誼《過秦論》）
張耳陳餘傳	張耳陳餘列傳	大致采用
荊燕吳傳	荊燕世家、吳王濞列傳	大致采用
韓彭英盧吳傳	韓信盧綰列傳	部分采用且有增益
高武王傳	齊悼惠王世家、五宗世家	大致采用且有增益
蕭何曹參傳	蕭相國世家	大致采用且有增益
張陳王周傳	留侯世家、陳丞相世家、絳侯周勃世家	大致采用且有增益
樊酈滕灌傅靳周傳	樊酈滕灌列傳	部分采用
張周趙任申屠傳	張丞相列傳	大致采用
酈陸朱劉叔孫傳	劉敬叔孫通列傳	部份采用又有增益
文三王傳	梁孝王世家	大致采用
季布欒布田叔傳	季布欒布列傳	大致采用
爰盎晁錯傳	爰盎晁錯列傳	部分采用
萬石衛直周張傳	萬石張叔列傳	大致采用

续表

《漢書》	《史記》	采用情況
淮南衡山濟北王傳	淮南衡山列傳	大致采用
竇田灌韓傳	魏齊武安侯列傳	部分采用
李廣蘇建傳	李將軍列傳	部分采用
衛青霍去病傳	衛將軍驃騎列傳	大致采用
司馬相如傳	司馬相如列傳	大致采用
酷吏傳	酷吏列傳	序文贊語大致采用
張騫李廣利傳	大宛列傳	大致采用
佞幸傳	佞幸列傳	序文部分采用
外戚傳	外戚世家	序文部分采用且有增益

由此可見，班固之《漢書》，受司馬遷《史記》的影響頗大。但是，班固在撰寫《漢書》時接受前人的成果，襲用《史記》部分史料乃至文字篇章，却並非無原則的抄襲，而是有選擇地吸收，蓋班固與司馬遷在很多問題上觀點並不一致。例如，班固對劉漢皇室衷心耿耿，《漢書》爲文處處維護劉漢皇室的正統性和皇帝們的個人尊嚴，而司馬遷對劉漢皇室却缺乏這種誠惶誠恐的敬仰，《史記》在論及漢初諸帝時常有批評，以致常被官方當作"謗書"。

如司馬遷竊采賈誼《過秦論》下篇之言以爲《始皇本紀》之贊，強調秦國的地理條件優越，説：

> 秦地被山帶河以爲固，四塞之國也。自繆公以來，至於秦王，二十餘君，常爲諸侯雄。豈世世賢哉？其勢居然也。且天下嘗同心并力而攻秦矣。當此之世，賢智並列，良將行其師，賢相通其謀，然困於阻險而不能進。(《史記·秦始皇本紀》)

一方面又稱秦之敗亡是由於失掉了這個優越的地理條件所致：

> 秦乃延入戰而爲之開關，百萬之徒逃北而遂壞。豈勇力智慧不足哉？形不利，勢不便也！（同前引）

并且進一步假設秦國如能保有這個優越的地理條件，仍然不會亡：

秦小邑并大城，守險塞而軍，高壘毋戰，閉關據阨，荷戟而守之。諸侯起於匹夫，以利合，非有素王之行也。其交未親，其下未附，名爲亡秦，其實利之也。彼見秦阻之難犯也，必退師。安土息民以待其敝，收弱扶罷以令大國之君，不患不得意於海內。（同前引）

如此論證，就很自然地得出結論：

藉使子嬰有庸主之材，僅得中佐，山東雖亂，秦之地可全而有，宗廟之祀未當絕也。（同前引）

班固不同意司馬遷的這種論點，因此寫了一篇《讀〈秦紀論〉》加以反駁。這是一篇光輝的史學論文：

孝明皇帝十七年十月十五日乙丑，曰：周歷已移，①仁不代母。秦直其位，②呂政殘虐。然以諸侯十三，③并兼天下，極情縱欲，養育宗親。三十七年，兵無所不加，制作政令，施於後王。④蓋得聖人之威，河神授圖，⑤據狼、狐，蹈參、伐，佐政驅除，⑥距之稱始皇。

---

① 《正義》："周初卜世三十，卜年七百，以五序得其道，故王至三十七，歲至八百六十七。歷數既過，秦并天下，是周歷已移也。"
② 《索隱》："周歷已移，周亡也。仁不代母，謂周得木德，木生火，周爲漢母也。言歷運之道，仁恩之情，子不代母而王，謂火不代木，言漢不合即代周也。秦值其閏位，得在木火之閒也。此論者之辭也。"《正義》："始皇以爲周火德，秦代周從所不勝，爲水德之始也。按：周木德也，秦水德也。五行之運，水生木，木生火，火生土，土生金，金生水。所生者爲母，出者爲子。帝王之次，子代母。秦稱水是母代子，故言若有德之君相代，不母承其子。言秦并天下稱帝，是秦德值帝王之位。"
③ 《集解》："始皇初爲秦王，年十三也。"《索隱》："呂政者，始皇名政，是呂不韋幸姬有娠，獻莊襄王而生始皇，故云呂政。"
④ 《正義》："謂置郡縣，壞井田，開阡陌，不立侯王，始爲伏臘；又置丞相、太尉、御史大夫、奉常、郎中令、僕射、廷尉、典客、宗正、少府、中尉、將作、詹事、水衡都尉、監、守、縣令、丞等，皆施於後王，至於隋、唐矣。"
⑤ 《正義》："蓋者，疑辭也。言始皇之威，能吞并天下稱帝，疑得聖人之威靈，河神之圖錄。"
⑥ 《正義》："狼、狐，主弓矢星。《天官書》云：參伐主斬艾事。言秦據蹈狼、狐、參、伐之氣，驅滅天下。"

始皇既歿，胡亥極愚，酈山未畢，復作阿房，以遂前策。云："凡所爲貴有天下者，肆意極欲，大臣至欲罷先君所爲。"誅斯、去疾，任用趙高。痛哉言乎！人頭畜鳴。①不威不伐惡，不篤不虛亡，②距之不得留，殘虐以促期，雖居形便之國，猶不得存。

子嬰度次得嗣，冠玉冠，佩華紱，車黃屋，③從百司，謁七廟。小人乘非位，莫不怳忽失守，偷安日日，獨能長念卻慮，父子作權，近取於户牖之間，竟誅猾臣，爲君討賊。高死之後，賓婚未得盡相勞，餐未及下咽，酒未及濡脣，楚兵已屠關中，真人翔霸上，素車嬰組，奉其符璽，以歸帝者。鄭伯茅旌鸞刀，嚴王退舍。④

河決不可復雍，魚爛不可復全。⑤賈誼、司馬遷曰："藉使子嬰有庸主之材，僅得中佐，山東雖亂，秦之地可全而有，宗廟之祀未當絶也。"秦之積衰，天下土崩瓦解，雖有周旦之材，無所復陳其巧，而以責一日之孤，⑥誤哉！俗傳秦始皇起罪惡，胡亥極，得其理矣。復責小子，云秦地可全，所謂不通時變者也。

紀季以酅，《春秋》不名。⑦吾讀秦紀，至於子嬰車裂趙高，未嘗

---

① 《正義》："言胡亥人身有頭面，口能言語，不辨好惡，若六畜之鳴。"
② 《正義》："言胡亥借帝王之威器，殘酷暴虐滋己惡，惡既深篤，以至滅亡，豈其虛哉。"
③ 《集解》："蔡邕曰：'黃屋者，蓋以黃爲裏。'"
④ 《集解》："《公羊傳》曰：'楚莊王伐鄭，鄭伯肉袒，左執茅旌，右執鸞刀，以逆莊王，莊王退舍七里。'何休曰：'茅旌，鸞刀，祭祀宗廟所用也。執宗廟器者，示以宗廟血食自歸。'"《正義》："嚴音莊。"
⑤ 《索隱》："宋均曰：'言如魚之爛，從内而出。'"
⑥ 《正義》："一日之孤謂子嬰。"
⑦ 《集解》：《春秋》曰："紀季以酅入於齊。"《公羊傳》曰："何以不名？賢之也。謂設五廟以存姑姊妹也。"《正義》：《括地志》云："安平城在青州臨淄縣東十九里，古紀之酅邑。《帝王紀》云：周之紀國，姜姓也。紀侯譖齊哀公於周懿王，王烹之。《外傳》曰：紀侯入爲周士。《竹書》云齊襄公滅紀、邢、鄑、郚。"又《括地志》云："邢城在青州臨朐縣東三十里。鄑城在北海縣東北七十里。郚城在密州安丘縣界。"按：秦始皇起罪惡，胡亥極，得其理。國既崩絶，箕子、比干尚不能存殷，庸主子嬰焉能救秦之敗？以賈誼、史遷不通時變，不如紀季之深識也。季，紀侯少弟，不書名，故曰紀季。

不健其決，憐其志。嬰死生之義備矣。(《史記·秦始皇本紀》)

班固不同意這種過分強調地理條件和個別英雄人物作用的觀點。他認爲秦朝滅亡，乃是"積衰"。秦始皇有可以肯定的一面："以諸侯十三并兼天下"，"制作政令，施於後王。"統一中國，創制封建典章制度，這是他的功績。然而也有錯誤的一面，"極情縱欲"，不恤民力。二世胡亥，没有繼承始皇好的一面，而繼承了他不好的一面："酈山未畢，復作阿房，以遂前策"，因之引起了全國人民的反對，形成"天下土崩瓦解"之勢。所以他認爲"俗傳秦始皇起罪惡，胡亥極，得其理矣！"到了這時，地理條件既不發生作用，"雖居形便之國，猶不得存。"即使有個別英雄人物，亦將無用武之地："雖有周旦之材，無所復陳其巧！"

班固斥賈誼、司馬遷謂秦之亡，罪在子嬰的論點，"以責一日之孤，誤哉！""復責小子，云秦地可全，所謂不通時變者也。"

班固強調秦朝之亡，在於始皇和二世"肆意極欲"，不恤民力，以致引起全國民衆的反對，形成"天下土崩瓦解"之勢。他強調民衆的作用；而反對將秦之敗歸之於客觀地理條件和個別人物的作用，這種觀點無疑是可取的。

班固對司馬遷的評價：

> 贊曰：自古書契之作而有史官，其載籍博矣。至孔氏篹之，上繼唐堯，下訖秦繆。唐虞以前雖有遺文，其語不經，[①]故言黄帝、顓頊之事未可明也。及孔子因《魯史》記而作《春秋》，而左丘明論輯[②]其本事以爲之傳，又篹異同爲《國語》。又有《世本》，錄黄帝以來至春秋時帝王公侯卿大夫祖世所出。春秋之後，七國並爭，秦兼諸侯，有《戰國策》。漢興伐秦定天下，有《楚漢春秋》。
>
> 故司馬遷據《左氏》《國語》，采《世本》《戰國策》，述《楚漢春秋》，接其後事，訖於大漢。其言秦漢，詳矣。至於采經摭傳，[③]分散數家之事，甚多疏略，或有抵梧。亦其涉獵者廣博，貫穿經、傳，馳騁古今，上下數千載間，斯以勤矣。又其是非頗繆於聖人，論大道則

---

① 顔師古注："非經典所説。"
② 顔師古注："輯與集同。"
③ 顔師古注："摭，拾也。"

先黃老而後六經，序《遊俠》則退處士而進姦雄，述《貨殖》則崇勢利而羞賤貧，此其所蔽也。然自劉向、揚雄博極群書，皆稱遷有良史之材，服其善序事理，辨而不華，質而不俚，其文直，其事核①，不虛美，不隱惡，故謂之實錄。

烏呼！以遷之博物洽聞，而不能以知自全，既陷極刑，幽而發憤，書亦信矣。②跡其所以自傷悼，《小雅》巷伯之倫。③夫唯《大雅》："既明且哲，能保其身"，難矣哉！④（《司馬遷傳》）

班固對司馬遷的批評，特別是在歷史觀點上，與其父班彪基本上是一致的。

班固著《漢書》，繼承了《史記》的紀傳體制并加以改制。班固所創斷代爲史，以一代皇朝的興廢爲標誌，專記一個朝代的歷史，這是歷史編纂學上的一個顯著的進步。

《漢書》之斷代爲史爲後世的史學著述建立了體例，後世史家紛紛仿效，以新朝人寫前朝史，遂成中國歷史之傳統。今日能有包括《史記》《漢書》在內的二十四史、二十五史的史學成就，這與班固"斷代爲史"的發起凡例是分不開的，班固著《漢書》，推動了史學的發展。

四、"厚今薄古"的歷史觀點

班固具有"厚今薄古"的歷史觀點。在文化和政治制度方面，他強調"時宜"，要求"順時""因時"；強調創作、變革，至謂措意述作乃明智之事，而反對變革爲庸俗之行。他認爲商、周二代，之所以爲一般學者稱贊爲黃金時代，是由於商、周子孫歌頌其祖先，故自神明，過分誇張所致。實則商、周之世并無

---

①顏師古注："核，堅實也。"
②顏師古注："言其《報任安書》，自陳己志，信不謬。"
③顏師古注："巷伯，奄官也，遇讒而作詩，列在《小雅》。其詩曰'萋兮菲兮，成是貝錦'是也。"
④顏師古注："尹吉甫作《烝民》之詩，美宣王而論仲山甫之德，曰'既明且哲，以保其身'。其詩列於《大雅》，故贊云然。"

多少實際成就可言，遠不及漢代。他列舉事實，説明漢代的無論從疆域，以及農、工、商、文化各方面的成就，都遠較之前歷朝歷代進步。他認爲，時人但知歌頌虞夏殷周，講述文王、孔子，漠視當代之成就，漠視當代歷史是錯誤的。

　　班固對重要歷史事件和歷史現象，總是試圖從客觀條件、歷史發展的必然性等多方面進行分析。班固時常用"天"或"天時"一詞，來説明歷史發展的必然性。他的這種思想方法并非偶然，這和他能够對中國歷史作階段性的觀察是一致的。這也説明班固對人類社會的發展具有一定程度的全面認識。《漢書》雖然斷代爲史，但是班固并未把有漢一代歷史孤立起來，而是作爲全部歷史中的一個環節。

　　班固批評王莽所搞的那些政治上的復古措施説："動欲慕古，不度時宜。"（《食貨志上》）即是説一時之制度有一時之精神，舊制度并不可完全行之於今日。班固論"禮樂"之制作時又説：

　　　　故曰："知禮樂之情者能作，識禮樂之文者能述。作者之謂聖，述者之謂明。明聖者，述作之謂也。"①王者必因前王之禮，順時施宜，有所損益，即民之心，稍稍製作，至太平而大備。（《禮樂志》）

　　社會制度不會一下子就完備起來，也不是一成不變的，需要"順時施宜"，有損益，有制作，後來居上。班固著《刑法志》，以爲元、成之際，在刑法的變革上時機已經成熟，感慨於其時無適當的人選可擔當此任。他説：

　　　　有司無仲山父將明之材，②不能因時廣宣主恩，建立明制。爲一代之法，而徒鈎摭微細，毛舉數事以塞詔而已。③是以大議不立，遂以至今。議者或曰法難數變，此庸人不達，疑塞治道，聖智之所常患者也。（《刑法志》）

---

①《樂記》原文。
②顔師古注："《大雅·烝人》之詩曰：'肅肅王命，仲山父將之；邦國若否，仲山父明之。'將，行也。否，不善也。言王有誥命，則仲山父行之；邦國有不善之事，則仲山父明之。故引以爲美，傷今不能然也。"
③顔師古注："毛舉，言舉毫毛之事，輕小之甚。塞猶當者也。"

班固説，法必因時而變，不變則將"疑塞治道"。他之所以一再强調"時宜"，要求"順時""因時"；强調創作、變革，至謂措意述作爲明智之事，反對變革乃庸俗之行。究其思想根源，爲其"厚今薄古"的史學觀點所致。班固稱：

> 今論者，但知誦虞夏之書，詠殷周之詩，講義文之易，論孔氏之《春秋》，罕能精古今之清濁，究漢德之所由。①（《兩都賦》）

這正是班固對"俗好襃遠稱古"的犀利批判。

班固認爲商、周二代，衹是學者口中的黄金時代。商周子孫，歌頌其祖考，故自神明，必有過分誇張之處：

> 洋洋乎若德，帝者之上儀，《誥》《誓》所不及已。②鋪觀二代洪纖之度，其賾可探也。③並開跡於一匱，同受侯甸之所服，奕世勤民，以方伯統牧。④乘其命賜彤弧黄戚之威，用討韋、顧、黎、崇之不格。⑤至乎三五華夏，京遷鎬亳，遂自北面，虎螭其師，革滅天邑。⑥是故义士

---

① 李賢注："伏羲畫八卦，文王作卦辭，孔子作《春秋》。清濁猶善惡也。"

② 李賢注："洋洋，美也。若，如也。儀，法也。謂如此美德，可謂五帝之上法也。《穀梁傳》曰：'誥誓不及五帝，盟詛不及三王，交質不及二伯。'上下不相信服，方有誥誓。五帝之時，上下和睦，故誓不及。"

③ 李賢注："鋪，徧也。二代，殷、周也。洪纖猶大小也。度，法度也。賾，幽深也。言徧觀殷周大小之法，其幽深可探知之。"

④ 李賢注："孔子曰：'譬如平地，雖覆一匱。'鄭玄注云：'匱，盛土籠也。'侯服、甸服謂諸侯也。湯爲桀之諸侯，文王爲紂之諸侯。奕猶重也。自契至湯十四代，後稷至文王十五代，并積勤勞於人也。伯方猶方伯也。謂湯爲夏伯，文王爲殷伯，并統領州牧。"

⑤ 李賢注："《周禮》九命作伯。彤弧，赤弓。黄戚，黄金飾斧也。《禮記》曰：'諸侯賜弓矢然後專征伐，賜斧鉞然後殺。'韋、顧，并國名，湯滅之。《詩·殷頌》曰：'韋顧既伐。'黎、崇，亦國名。《史記》：'文王伐崇。'《尚書》曰：'西伯戡黎。'格，來也。"

⑥ 李賢注："三五，未詳。京，京都也。武王都鎬，湯都亳。《詩》云：'宅是鎬京，武王成之。'《尚書》曰：'湯始居亳，從先王居。'自，從也。北面謂臣也。湯、武并以臣伐君。《史記》曰：'如虎如羆，如豺如離，於商郊。'《音義》曰：'離與螭同。'革，改也。易曰：'湯武革命。'天邑，天子所都也。《尚書》曰：'肆予敢求爾於天邑商。'"

諱而不敢，武稱未盡，護有慚德，不其然與？①然猶於穆猗那，翕純皦繹，以崇嚴祖考，殷薦宗祀配帝，發祥流慶，對越天地者，烏奕乎千載。豈不克自神明哉！②誕略有常，審言行於篇籍，光藻朗而不渝耳。③（《典引》）

末一句，唐李善注云：

> 言二代神明其道，大略有常，但審言行於篇籍，光藻明而不變。言無殊功也。

商周之治，考其實際，并無特殊成績可言，遠不及漢。班固更列舉事實，說明漢代成就，遠較前此歷代進步。他寫道：

> 於斯之時，都都相望，邑邑相屬。國藉十世之基，家承百年之業，士食舊德之名氏，農服先疇之畎畝，商修族世之所鬻，工用高曾之規矩，粲乎隱隱，各得其所。
>
> 目中夏而布德，瞰四裔而抗棱。④西蕩河源，東澹海漘，北動幽崖，南趯朱垠。⑤殊方別區，界絶而不鄰，自孝武所不能征，孝宣所不能臣，

---

① 李賢注："《左傳》曰：'武王克商，遷九鼎於洛邑，義士猶曰薄德。'杜預注曰：'伯夷之屬也。'《史記》曰：伯夷、叔齊逢武王伐紂，扣馬諫曰：'以臣弑君，可謂仁乎？'諱猶异也。敦，厚也。《武》，周武王樂也。《論語》孔子曰：'謂《武》盡美矣，未盡善也。'《護》，湯樂也。《左傳》，延陵季子聘魯，觀樂，見舞《大護》者，曰：'聖人之弘也，而猶有慚德。'"
② 李賢注："於，嘆辭也。穆，美也，嘆美周家之德。《詩·周頌》曰：'於穆清廟'。猗亦嘆辭也。那，多也。嘆美湯德之多也。《殷頌》曰：'猗歟那歟。'此言殷周之代，尚有於穆猗那之頌，播之於翕純皦繹之樂，尊祖嚴父，宗祀配天於明堂之中。《詩·商頌》曰：'濬哲惟商，長發其祥。'言發禎祥以流慶於子孫。《周頌》曰：'秉文之德，對越在天。'烏奕猶蟬聯不絕也。"
③ 李賢注："誕，大也。言殷周二代政化之迹，大略有常也。篇籍謂《詩·書》也。朗，明也。渝，變也。言光彩文藻朗明而不變耳，其餘殊異不能及於漢也。"
④ 李賢注："《易·繫辭》曰：'仰則觀象於天，俯則觀法於地，近取諸身，遠取諸物。'聖躬謂天子也。中夏，中國也。瞰音苦暫反。四裔，四夷也。棱，威也。《左傳》曰：'德以柔中國，刑以威四夷'也。"
⑤ 李賢注："蕩，滌也。河源在崑崙山。《前書》曰：'威棱憺乎鄰國。'《音義》曰：'憺猶動也，音徒濫反。'漘，水涯，音唇。郭璞注《爾雅》曰：'涯上平坦而下水深者為漘。'趯，躍也。《說文》曰：'垠，界也。'"

莫不陸讋水栗，奔走而來賓。①遂綏哀牢，開永昌，②春王三朝，會同漢京。是日也，天子受四海之圖籍，膺萬國之貢珍，內撫諸夏，外接百蠻。③（《兩都賦》）

又如：

盛哉！皇家帝世，德臣列辟，功君百王，④榮鏡宇宙，⑤尊亡與抗。乃始虔鞏勞謙，⑥兢兢業業，貶成抑定，不敢論制作。⑦至令遷正黜色賓監之事煥揚寓內，⑧而禮官儒林屯朋篤論之士而不傳祖宗之仿佛，雖云優慎，無乃葸與！⑨（《典引》）

無論從漢代的農、工、商業以及文化各方面的成就來看，漢代實可"德臣列辟，功君百王，榮鏡宇宙，尊無與抗！"

班固認為時人但知稱頌虞夏殷周，講述文王孔子，而不敢肯定當代成就，不研究漢代歷史，這並不是什麼"優慎"良好的態度，而是畏葸，放棄應有的責任。

班固致力《漢書》，也正是出於此一觀點。他敘其為《漢書》之動機道：

---

① 李賢注："《爾雅》曰：'讋，懼也。'"
② 李賢注："綏，安也。哀牢，西南夷號。永平十二年，其國王柳貌相率內屬，以其地置永昌郡也。"
③ 李賢注："春王猶《左傳》云'春王正月'也。三朝，元日也。謂歲之朝，月之朝，日之朝。《前書》谷永曰：'今年正月朔，日食於三朝之會。'《周禮》曰：'時見曰會，殷眺曰同。'賈逵注《國語》曰：'膺猶受也。'《詩》曰：'因時百蠻'也。"
④ 李賢注："言漢之德，能臣古之列辟，其功又為百王之君也。"
⑤ 李賢注："四表曰宇，往古來今曰宙。"
⑥ 李賢注："鞏，亦勞也。易曰：'勞謙君子有終吉。'"
⑦ 李賢注："《尚書》曰：'兢兢業業，一日二日萬機'。《禮記》曰：'王者功成作樂，治定制禮。'"
⑧ 李賢注："漢承周後，當就夏正，以十二月為年首，而秦以十月為年首，高祖又以十月至霸上，因而不改。至武帝太初始改焉。賈誼、公孫臣等議以漢土德，服色尚黃。至光武中，乃黜黃而尚赤，立殷後曰紹嘉公，周後曰承休公，以賓而監二代矣。於四者宣揚海內，制作之事，由未章也。《禮記》曰：'聖人南面而治天下也，改正朔，易服色。'"
⑨ 李賢注："慎而無禮則葸。優，謂優游也。《尚書大傳》曰：'周公作樂，優游三年。'"

固以爲唐虞三代，《詩》《書》所及，世有典籍，故雖堯舜之盛，必有《典》《謨》之篇，然後揚名於後世，冠德於百王，①故曰："巍巍乎其有成功，煥乎其有文章也！"②漢紹堯運，以建帝業，至於六世，史臣乃追述功德，私作本紀，③編於百王之末，廁於秦、項之列。太初以後，闕而不錄，故探篹前記，綴輯所聞，④以述《漢書》。（《叙傳下》）

在班固的同時代人中，王充也有厚今薄古的歷史觀，且曾以之與班固相勉。王充極力反對當時"高古而下今"的論調，而以爲"今勝於古"。他説：

述事者好高古而下今，貴所聞而賤所見。辯士則談其久者，文人則著其遠者。近有奇而辨不稱，今有異而筆不記。（《論衡·齊世篇》）

并非今不如古，而是由於人們貴古而賤今。他更進一步説：

周有三聖：文王、武王、周公，并時猥出。漢亦一代也，何以當少於周？周之聖王，何以當多於漢？漢之高祖、光武，周之文、武也。文帝、武帝、宣帝、孝明、今上，過周之成、康、宣王。非以身生漢世，可褒增頌嘆，以求媚稱也；核事理之情，定説者之實也。（《論衡·宣漢篇》）

王充强調，稱頌今勝於古，并非媚世，歷史發展的規律和事實，乃是如此。王充在厚今薄古的觀點指導之下，主張編纂當代的歷史，使漢帝國的成就，垂之後世。他説：

漢德酆廣，日光海外也。知者知之，不知者不知漢盛也。漢家著書，多上及殷、周，諸子并作，皆論他事，無褒頌之言，《論衡》有之。又《詩》頌國名《周頌》，與杜撫、班固所上《漢頌》，相依類也。宣

---

①顔師古注："德爲百王之上也。"
②顔師古注："此篇《論語》載孔子美堯舜之言也。"
③顔師古注："謂武帝時司馬遷作《史記》。"
④顔師古注："篹與撰同。輯與集同。"

帝之時，畫圖漢列士，或不在於畫上者，子孫恥之。何則？父祖不賢，故不畫圖也。夫頌言非徒畫文也。如千世之後，讀經書不見漢美，後世怪之。故夫古之通經之臣，紀主令功，記於竹帛；頌上令德，刻於鼎銘。文人涉世，以此自勉。（《論衡·須頌篇》）

王充又說：

俗好褒遠稱古，講瑞上世爲美，論治則古王爲賢，睹奇於今，終不信然。使堯、舜更生，恐無聖名。獵者獲禽，觀者樂獵，不見漁者之心不顧也。是故觀於齊不虞魯，游於楚不懽宋。唐、虞、夏、殷同載在二尺四寸，^①儒者推讀，朝夕講習，不見漢書，謂漢劣不若，亦觀獵不見漁，游齊、楚不願宋、魯也。使漢有弘文之人，經傳漢事，則《尚書》《春秋》也，儒者宗之，學者習之，將襲舊六爲七，今上上王至高祖皆爲聖帝矣。觀杜撫、班固等所上《漢頌》，頌功德符瑞，汪濊深廣，滂沛無量，逾唐、虞入皇域。（《論衡·宣漢篇》）

由王充看來，"經傳漢事"的任務，班固有其才力。他說：

龍無雲雨不能參天，鴻筆之人，國之雲雨也。載國德於傳書之上，宣昭名於萬世之後，厥高非徒參天也。城牆之土，平地之壤也，人加築蹈之力，樹立臨池。國之功德崇於城牆，文人之筆勁於築蹈。聖主德盛功立，莫不褒頌紀載，奚得傳馳流去無疆乎？人有高行，或譽得其實，或欲稱之不能言，或謂不善不肯陳一：斷此三者，孰者爲賢？五、三之際，於斯爲盛。孝明之時，衆瑞并至，百官臣子不爲少矣，唯班固之徒稱頌國德，可謂譽得其實矣。頌文譎以奇，彰漢德於百代，使帝名如日月，孰與不能言，言之不美善哉？（《論衡·須頌篇》）

而且，班固亦有條件：

聖者垂日月之明，處在中州，隱於百里，遙聞傳授，不實形耀，不

---

① 漢時一般文書大都寫於一尺長的竹簡上，而儒家經典則用二尺四寸長的竹簡書寫，故此處用"二尺四寸"指代經典。

實難論，得詔書到，計吏至，乃聞聖政。是以襃功失丘山之積，頌德遺膏腴之美。使至臺閣之下，蹈班、賈之跡，論功德之實，不失毫厘之微。（同前引）

當然，班固也没有辜負王充的一片期許，他的《漢書》規模宏大，辭藻華麗，確可"彰漢德於百代"，成爲後世官方史書的楷模。

第五篇
功封定遠

投筆從戎
不入虎穴，焉得虎子
一定西域
風雲變幻
再定西域
但願生入玉門關
以荷析薪

第二十八章　投筆從戎

一、釵於奩中

　　班超，字仲升，建武八年（32）生於張掖日勒，是班固的弟弟。其時他們的父親班彪正在河西竇融處任從事①。建武十二年（36），班超與父母哥哥全家一起隨竇融來到洛陽，這年他五歲。

　　不久班彪被任命爲徐令，但時間不長即去職。建武二十三年（47）班彪應司徒王況（"王"音"肅"）之辟任司徒掾，直至建武二十九年（53）以察廉被外放爲望都長，次年去世。

　　班超的青少年時代是在洛陽度過的，雖然沒有具體記載，但應該和他哥哥班固一樣，也在太學讀書。《後漢書·班超傳》②載：

> （超）爲人有大志，不修細節。然内孝謹，居家常執勤苦，不恥勞辱。有口辯，而涉獵書傳。③

　　《後漢書》班固本傳說其"年九歲，能屬文誦詩賦。"看起來，論讀書，少年班超比不上他哥哥。

　　班彪去世後，班家即遷回老家長安居住，具體說就是右扶風下轄之平陵縣

---

① 竇融此時任張掖屬國都尉，行河西五郡大將軍事，駐日勒城（地約今甘肅山丹縣東南）。從事，爲漢代地方長官所聘之幕僚。
② 爲簡潔起見，本篇凡引自《后漢書·班梁列傳》者不再一一注明。
③ 李賢注："涉如涉水，獵如獵獸。言不能周悉，粗窺覽之也。"

（約今陝西咸陽市秦都區）。班家這次返鄉，住了有八年之久。

永平五年（62），班固被明帝劉莊召爲校書郎，在蘭臺修史。由於妹妹班昭此前已出嫁同郡曹壽，於是祇有班超與母親一起隨哥哥迴到洛陽。

> 永平五年，兄固被召詣校書郎，超與母隨至洛陽。家貧，常爲官傭書①以供養。

班固這次來洛陽，先是被任命爲蘭臺令史，俸祿百石；後來升任校書郎，俸祿又有所增加，按説家境尚可。但班超本傳説班家家貧，他要以爲官府抄寫文書來奉養老母。個中原因，現在也已經很難弄清了。不過，也許漢代郎官的數百石俸禄的確不多？桓譚《新論》載：

> 揚子云爲郎，居長安，素貧。比歲②亡其兩男，哀痛之，皆持歸葬於蜀，以此困乏。

成帝時揚雄在長安爲郎，家境本不寬裕。雪上加霜，他兩個兒子又相繼去世，因爲要將兒子們的靈柩運迴蜀地老家安葬，於是就更加貧困了。

又《後漢書·藥崧傳》載：

> 藥崧者，河内人，天性樸忠。家貧爲郎，常獨直臺上③，無被，枕杜④，食糟糠⑤。帝每夜入臺，輒見崧，問其故，甚嘉之，自此詔太官賜尚書以下朝夕餐，給帷被阜袍，及侍史二人。

藥崧任尚書郎，因爲家貧，置備不起鋪蓋和食品，在值班時竟至於"無被、枕杜、食糟糠"，明帝劉莊看他可憐，於是提高了宮中值勤官員的待遇。

班超爲官府抄寫文書，當然還是挺辛苦的：

> （超）久勞苦，嘗輟業投筆歎曰："大丈夫無它志略，猶當效傅介

---

①爲官府抄寫文書。
②比歲，接連兩年。
③"直"通"值"，值班。臺，即尚書臺。
④杜，即几案。
⑤糟糠，即酒糟、米糠，指粗糲食物。

子、張騫立功異域，以取封侯，安能久事筆研①間乎？"左右皆笑之。
超曰："小子安知壯士志哉！"

班超口中之傅介子、張騫，均是西漢時期開發西域的先驅人物。

張騫，漢中成固（今陝西城固）人。武帝建元二年（前139）張騫出使西域大月氏國，途經匈奴，爲其扣留。匈奴人待張騫并不薄，讓他娶妻生子，祇是不許他離開。然而張騫始終不忘自己的漢使身份，"持漢節不失"。

"節"是皇帝頒發的信物，外交使臣持之以表明其皇家代表的身份。漢代的"節"以竹製成，長八尺，頂端束有以氂牛尾制成的節旄，頗似牧童所用之羊鞭。《蘇武傳》載：

> （武）杖漢節牧羊，卧起操持，節旄盡落。

十年後，張騫和隨從堂邑父②兩人纔伺機逃出匈奴的控制，繼續西行。經大宛、康居至大月氏、大夏③。然而十年已過，大月氏國內情況有變，張騫原定之聯合大月氏以夾擊匈奴的外交目標并未達到。

當張騫啓程回國時，雖然刻意避開了匈奴人控制的地區，但是很不幸，他們又被匈奴擒獲了。這次滯留匈奴的時間有一年多，適逢單于死去，匈奴內亂，張騫乘機帶着他的匈奴妻小以及隨從堂邑父逃脫，終於又回到長安。當初百餘人的外交使團，歷經十三年奔波流離之後，回來的祇有他們兩人了。

當時漢廷對西域諸國幾乎一無所知，張騫將他們這一路經過之大宛、大月氏、大夏、康居，以及路上聽說的其他西域諸國的地理和出產向武帝劉徹做了匯報，并建議劉徹開發西域。張騫的話引起了劉徹的極大興趣，"欣欣以騫言爲然"（《張騫傳》語），派出大批使者，交通西域諸國：

---

① 研，通"硯"。
② 據顏師古注，堂邑父本名甘父，胡人，爲堂邑氏之奴。
③ 大宛古國位於今烏茲別克斯坦、塔吉克斯坦和吉爾吉斯斯坦三國交界處的費爾幹納盆地；康居古國地約今之哈薩克斯坦南部及錫爾河中下游，位於大宛西北，大月氏之北；大月氏，此時統治伊犁河流域一帶，在大宛以南；大夏古國地處巴克特里亞地區，約今阿富汗北部、塔吉克南部和烏茲別克西南部。此時之大夏臣服於大月氏。

> 武帝感張騫之言，甘心欲通大宛諸國，使者相望於道，一歲中多至十餘輩。(《西域傳》)

元朔六年（前 123），張騫以校尉身份隨大將軍衛青征匈奴。由於張騫熟悉匈奴地形，知道什麼地方有水草，便利大軍行動。這次出征很順利，回來後，張騫便因這份功勞被封爲博望侯①。

元狩四年（前 119），劉徹任命張騫爲中郎將，再度出使西域，以執行聯合烏孫以"斷匈奴右臂"的外交政策。雖然這次這一戰略目標并未達到，但他派往大宛、康居、月氏、大夏諸國的副使都收穫頗丰，帶迴了這些國家派到漢廷的使者，"於是西北國始通於漢矣。"(《張騫傳》語)

元鼎三年（前 114）張騫去世。由於張騫在西域諸國的名氣很大，以致漢廷將日後派往西域的使節都稱作博望侯：

> 諸後使往者皆稱博望侯，以爲質於外國，②外國由是信之。(《張騫李廣利傳》)

張騫的西域活動，擴寬了中原漢人的視野，從此東西方的商人們紛紛沿着張騫探出的道路往來貿易，成就了聞名後世的"絲綢之路"。

傅介子，北地義渠③人，昭帝元鳳年間任駿馬監。當時大宛出好馬。《史記·大宛列傳》載：

> 大宛在匈奴西南，在漢正西，去漢可萬里。其俗土著，耕田，田稻、麥。有蒲陶酒④。多善馬，馬汗血，其先天馬子也。⑤

張騫當年在大宛見到汗血寶馬，回來後向劉徹匯報。劉徹派人去大宛索馬

---

①博望侯，封地在今河南省方城縣博望鎮。
②李奇注："質，信也。"
③義渠故城在今甘肅慶陽西南。
④蒲陶，即葡萄。
⑤《漢書音義》注："大宛國有高山，其上有馬，不可得，因取五色母馬置其下，與交，生駒汗血，因號曰天馬子。"

不得，遂派貳師將軍李廣利征伐大宛，殺了大宛國王，搶得一批寶馬獻給劉徹，自此大宛馬方得入中原。後來馬便成爲大宛與漢通商的重要内容。傅介子任職駿馬監，故因職責所在要常去大宛國買馬。

當時在西去大宛的路上有兩個國家，一個是樓蘭（故城在今新疆東南部之若羌縣，羅布泊西南），一個是龜茲（故城在今新疆西部之庫車縣）。這兩個小國夾在漢和匈奴中間，便不可避免地經常介入兩個大國之間的矛盾。説起來，這些小國都已經向漢廷稱臣，算是漢廷的藩屬，如樓蘭王安歸就已將太子送入長安爲人質。

此前不久，樓蘭、龜茲兩國在匈奴的挑唆下殺了漢廷使者。正好傅介子要去大宛，於是昭帝劉弗陵要他順路去責備樓蘭、龜茲二國殺害漢使之罪。

傅介子先至樓蘭，斥責樓蘭王安歸任由匈奴殺漢使。安歸謝罪，并説，匈奴使者剛經過這裏，要去烏孫，還要路過龜茲。傅介子接着到了龜茲，再譴責龜茲王，龜茲王也表示服罪。等傅介子從大宛辦完事回來，再經過龜茲時，得知匈奴使者從烏孫回來，正好也在龜茲。於是傅介子率領他帶來的侍衛兵士殺掉了這些匈奴使者。回朝後，昭帝因其任務完成得好，遂升了傅介子的官。

傅介子對大將軍霍光説，他願去刺殺龜茲國王以懲戒這些反復無常、私通匈奴的大漢藩屬：

> 樓蘭、龜茲數反復而不誅，無所懲艾。介子過龜茲時，其王近就人①，易得也，願往刺之，以威示諸國。（《傅常鄭甘陳段傳》）

霍光覺得龜茲較遠，不如先試試刺殺樓蘭王：

> 龜茲道遠，且驗之於樓蘭。（同前引）

班固寫傅介子刺殺樓蘭王安歸的行動，頗有戲劇性，非常生動：

> 介子與士卒俱齎金幣，揚言以賜外國爲名。至樓蘭，樓蘭王意不親介子，介子陽引去，②至其西界，使譯謂曰："漢使者持黃金、錦繡

---

①顔師古注："附近而親就，言不相猜阻也。"
②陽引去，意爲作態要離去。

行賜諸國，王不來受，我去之西國①矣。"即出金幣以示譯。譯還報王，王貪漢物，來見使者。介子與坐飲，陳物示之。飲酒皆醉，介子謂王曰："天子使我私報王。"②王起隨介子入帳中，屏語，③壯士二人從後刺之，刃交胸，立死。其貴人左右皆散走。介子告諭以："王負漢罪，天子遣我來誅王，當更立前太子質在漢者。漢兵方至，毋敢動，動，滅國矣！"遂持王首還詣闕。（同前引）

回到長安，朝廷上下都很贊賞傅介子的勇氣，於是傅介子得以封義陽侯，食邑七百戶。

張騫、傅介子二人，均以開發西域立功封侯，班超以此二人爲榜樣，可見其於青年時期即有去西域發展的志向。

窮則思變，班超是有大志向的人，并不甘於平淡的生活。和當時的大多數人一樣，他其實也挺迷信的，對前途迷茫時要去請教相面先生：

其後行詣相者，曰："祭酒④，布衣諸生耳，而當封侯萬里之外。"
超問其狀。相者指曰："生燕頷虎頸，飛而食肉，此萬里侯相也。"

當然，相面先生很會揣摩顧客的心理，來了一位有雄心壯志的，當然要大大地奉承一把：您老一看將來就是要立功封侯的！只不過，細究起來，如果班超的相貌真是"燕頷虎頸"——沒下巴，底下直接接著一個粗脖子，倒也是蠻嚇人的。

說起來，班固得任校書郎，班超也是出了大力的。當初班固私修漢史爲人訐告，是班超從長安趕到洛陽，直接上書明帝劉莊喊冤，方得云開日出；劉莊認可了班固的才華和忠心，纔任命他爲蘭臺令史（參看第十五章《著述蘭臺》）。同時，劉莊也記住了班固這位有情有義的弟弟。有天劉莊向班固問起班超：

久之，顯宗問固："卿弟安在？"固對："爲官寫書，受直以養老

---

① 西國，意爲西面諸國，因樓蘭處於西域最東面，故有此語。
② 顏師古注："謂密有所論。"
③ 顏師古注："屏人而獨共語也。"
④ 顏師古注："一坐所尊，則先祭酒。今稱祭酒，相尊敬之詞也。"

母"。①帝乃除超爲蘭臺令史。後坐事免官。

當然，班超得被任命爲蘭臺令史，恐怕也與他"有口辯，而涉獵書傳"有關。《東觀漢記》説他："超持《公羊春秋》，多所窺覽。"（《後漢書·班梁列傳》李賢注引）也算是學有所長吧。

然而班超志不再此，又或所長不在此，不久就"坐事免官"了。

然而，機會終於還是來了。

二、大將竇固

在長期鬱鬱不得志後，班超終於等來了他的伯樂，這就是駙馬竇固②。

竇固，字孟孫，是竇融弟弟竇友之子，尚光武帝劉秀次女劉中禮（涅陽公主）。《後漢書·竇固傳》云：

> 固字孟孫，少以尚公主爲黃門侍郎。好覽書傳，喜兵法，貴顯用事。中元元年③襲父友④封顯親侯。

竇固早年隨竇融在河西，應與班超是舊識。竇固生年於史無載，然而《後漢書·竇融列傳·竇固》李賢注："固舊隨融在河西，曉知邊事。"既然已經"曉知邊事"，則年齡不會太小，總得有個十餘歲；而建武十二年（36）竇融離開河西時，班超年僅五歲，是以竇固應年長於班超。劉中禮建武十五年（40）得封涅陽公主，而竇固"少以尚公主爲黃門侍郎"，則他與涅陽公主成婚時年齡也不會相差太大。也許少年時他與班固、班超兄弟俱是一起游玩的伙伴？

竇固并不像他那些飛揚跋扈的親戚們，他雖然也是典型的貴冑子弟，但"好覽書傳，喜兵法"，頗有大志。明帝劉莊繼位後，竇固即得重用：

---

① 寫書，抄寫公文之意。受直，接受報酬。
② 駙馬作爲皇帝女婿之稱謂始自魏晉，這裏祇是爲行文方便借稱。
③ 中元元年爲公元56年。
④ 竇友，竇融之弟，封顯親侯，封地在天水郡成紀縣。

顯宗即位，遷中郎將，監羽林士。①（同前引）

光武中元二年（57），西羌叛亂，進犯隴西。漢廷派兵征討，結果却是損兵折將：

> （中元）二年秋，燒當羌②滇吾與弟滇岸率步騎五千寇隴西塞，劉盱③遣兵於枹罕④擊之，不能克，又戰於允街，⑤爲羌所敗，殺五百餘人。於是守塞諸羌皆復相率爲寇。遣謁者張鴻領諸郡兵擊之，戰於允吾、唐谷，⑥軍敗，鴻及隴西長史田颯皆没。（《後漢書·西羌傳》）

這一仗，隴西太守劉盱、謁者張鴻與隴西長史田颯等先後陣亡，漢軍大敗。於是明帝復派捕虜將軍馬武帶兵征伐，以竇固爲監軍：

> 冬十一月，遣中郎將竇固監捕虜將軍馬武等二將軍討燒當羌。（《後漢書·明帝紀》）

馬武，字子張，南陽湖陽⑦人。王莽末年投奔綠林軍，後來歸附劉秀，立下累累戰功，爲雲臺二十八將之一。這次劉秀以百戰老將馬武爲這次征羌的主帥，復以年紀尚輕的竇固出任監軍使者《後漢書·朱景王杜馬劉傅堅馬列傳·馬武》記載了這次出征的情況：

> 顯宗初，西羌寇隴右，覆軍殺將，朝廷患之。復拜武捕虜將軍，以中郎將王豐副，與監軍使者竇固、右輔都尉陳訢，將烏桓、黎陽營、三輔募士、涼州諸郡羌胡兵及弛刑，⑧合四萬人擊之。到金城浩亹，⑨與羌

---

① 《后漢書·百官二》："羽林中郎將，比二千石。本注曰：主羽林郎。羽林郎，比三百石。本注曰：無員。掌宿衛侍從。常選漢陽、隴西、安定、北地、上郡、西河凡六郡良家補。"
② 燒當羌，西羌之一部，以其早期首領燒當得名。此時之燒當羌首領滇吾爲燒當的五世孫。
③ 劉盱時任隴西太守。
④ 枹罕縣，屬隴西郡，故城在今甘肅臨夏縣境。
⑤ 允街縣，屬金城郡，故城在今甘肅永登縣境。
⑥ 允吾縣，金城郡郡治。故城在今青海民和縣境；唐谷故城在今青海同德縣境。
⑦ 今河南唐河縣。
⑧ 弛刑，即以囚犯從軍抵罪。
⑨ 浩亹縣，屬金城郡，故城在今蘭州廣武縣西南。

戰，斬首六百級。又戰於洛都谷。①爲羌所敗，死者千餘人。羌乃率衆引出塞，武復追擊到東、西邯，②大破之，斬首四千六百級，獲生口③千六百人，餘皆降散。武振旅還京師。

這次出征竇固雖然還不是主將，但也積累了實戰經驗。這時的竇固年富力強，躊躇滿志，又貴爲皇帝姊夫④，正是大有作爲的年紀。

然而很不幸，他後來受其堂兄竇穆父子一案的牽連而去職，閑居家中十餘年：

後坐從兄穆有罪，廢於家十餘年。(《後漢書·竇融列傳·竇固》)

竇穆父子案發生於永平五年（62）（參看第二十二章《竇憲案與班固之死》第二節《竇氏兄妹》）。竇穆父子案何以會牽涉到竇固，個中緣由現在已不清楚。不過，竇固此前曾與伏波將軍馬援結下仇怨，而馬援之幼女於永平三年（60），被立爲明帝皇后，不知竇固閑廢在家，是否亦與此有關？

竇固與馬援結怨，緣於細故，且責任不在竇固。《後漢書·馬援列傳》載：

初，兄子嚴、敦⑤並喜譏議，而通輕⑥俠客。援前在交阯，還書誡之曰："吾欲汝曹聞人過失，如聞父母之名，耳可得聞，口不可得言也。好論議人長短，妄是非正法⑦，此吾所大惡也，寧死不願聞子孫有此行

---

① 李賢注："湟水一名洛都水，西自吐谷渾界入，在今鄯州湟水縣。"按：湟水在今青海東部，是黃河上游重要支流之一。
② 酈元《水經注》："邯川城左右有水，自北出，南經邯亭注於河。蓋以此水分流，謂之東、西邯也，在今廓州化隆縣東。"化隆，即今青海化隆回族自治縣。
③ 生口，即俘虜。《西域傳上·鄯善》："時漢軍正任文將兵屯玉門關，爲貳師後距，捕得生口，知狀以聞。"
④ 《后漢書·耿秉傳》載："漢貴將獨有奉車都尉，天子姊婿。"下李賢注："固尚光武女涅陽公主，明帝姊也。"
⑤ 馬嚴、馬敦均爲馬援之兄馬余之子。
⑥ 通輕，即結交。
⑦ 李賢注："謂譏刺時政也。"

也。汝曹知吾惡之甚矣，所以復言者，施衿結褵①，申父母之戒，欲使汝曹不忘之耳。龍伯高敦厚周慎，口無擇言，謙約節儉，廉公有威，吾愛之重之，願汝曹效之。杜季良豪俠好義，憂人之憂，樂人之樂，清濁無所失。父喪致客，數郡畢至，吾愛之重之，不願汝曹效也。效伯高不得，猶爲謹敕之士，所謂刻鵠不成尚類鶩②者也。效季良不得，陷爲天下輕薄子，所謂畫虎不成反類狗者也。訖今季良尚未可知，郡將下車輒切齒，州郡以爲言③，吾常爲寒心，是以不願子孫效也。"季良名保，京兆人，時爲越騎司馬④。保仇人上書，訟保"爲行浮薄，亂群惑衆，伏波將軍萬里還書以誡兄子，而梁松⑤、竇固以之交結，將扇其輕偽，敗亂諸夏⑥。"書奏，帝召責松、固，以訟書及援誡書示之，松、固叩頭流血，而得不罪。詔免保官。伯高名述，亦京兆人，爲山都長，⑦由此擢拜零陵太守。⑧

馬援的姪子馬嚴、馬敦喜歡議論別人，又愛結交俠客。他們的父親馬余早逝，馬援覺得自己有責任以叔父的身份管教他們。馬援當時出征交趾⑨，不遠萬里修書告誡這兩個姪子，不可隨便議論別人："聞人過失，如聞父母之名，耳可

---

①本指古代女子出嫁，母親將五彩絲繩和佩巾結於其身。後比喻父母對子女的教訓，語出《詩·豳風·東山》："之子於歸，皇駁其馬，親結其縭，九十其儀。"馬援將諸姪視爲己出加以教訓，故有此言。
②鵠，即天鵝；鶩，即鴨。
③下車，指官員到任；以爲言，意爲將此作爲話柄。
④李賢注引《續漢書》曰："越騎司馬秩千石。"
⑤梁松，字伯孫，梁統之子。尚光武帝劉秀長女劉義王（舞陰公主）。
⑥諸夏，中國之意。《公羊傳·成公十五年》："《春秋》內其國而外諸夏，內諸夏而外夷狄。"《公羊解詁》："內其國者，假魯以爲京師也。諸夏，外土諸侯也，謂之夏者，大總之下土言之辭也。"
⑦李賢注："山都，縣，屬南陽郡。"按：山都縣位於今河南省鄧州市南。
⑧東漢零陵郡大致相當於今廣西桂林、湖南省永州、邵陽、衡陽一帶。
⑨《地理志下》："交趾郡，武帝元鼎六年開，屬交州。"按：交趾郡地約相當於今越南北部紅河三角洲流域。

得聞，口不可得言"；爲了使他的説教更有説服力，他舉了當時兩個人爲例：一個叫龍述（字伯高），時任山都長；一個叫杜保（字季良），爲越騎司馬。他説了龍述許多好話，認爲侄子們應該以之爲榜樣；至於杜保呢，人也不錯，但太愛交朋友，性格張揚，杜父去世，附近幾個郡都有人來參加葬禮。朋友多了，未免龍蛇混雜。希望侄子們不要學他。

馬援此信頗爲矛盾，一方面他教訓諸侄不要隨便議論他人，另一方面他自己却又對龍述、杜保這兩個"他人"評頭論足。果然禍從口出，他這封信被人利用了。杜保有個仇人，乘機上疏控告杜保無行，證據就是伏波將軍馬援都説杜保不是好人，告誡侄子們不要學他。并説，梁松、竇固這兩個少年親貴和杜保來往密切，"敗亂諸夏"，也不是什麽好人！

由於馬援素來爲人正直，功勳卓著，劉秀對他的意見就分外看重。他説龍述人品好，劉秀就擢升其爲零陵太守；他説杜保輕薄，劉秀就下詔免了杜保的官。比較冤枉的是兩位駙馬梁松、竇固，無端被人攀扯，被老丈人狠狠地訓斥了一頓。

建武二十年（44），馬援從交趾班師回朝。回到洛陽不過月餘，因匈奴、烏桓①進犯關中，馬援遂又請纓出征。百戰老將，戎馬奔波，劉秀遂命百官都去送行，以壯聲威：

> 還月餘，會匈奴、烏桓寇扶風，援以三輔侵擾，園陵危逼，因請

---

① 烏桓亦作烏丸，與鮮卑同爲東胡支系。其族屬和語言系屬有突厥、蒙古、通古斯諸説，未有定論。秦末（前三世紀），匈奴破東胡後，分別遷至烏桓山和鮮卑山，遂以山名爲族號。烏桓主要活動於今西拉木倫河兩岸及歸喇里河西南地區；鮮卑主要活動於内蒙古東部阿魯科爾沁旗哈古勒河附近。武帝元狩四年（前119），漢軍大破匈奴，將其逐出漠南，烏桓即臣屬漢朝，南遷至上谷、漁陽、右北平、遼西、遼東五郡塞外駐牧，始置護烏桓校尉，持節監護烏桓各部不得與匈奴通。建武二十五年（49），烏桓從五郡塞外南遷至塞内的遼東、漁陽及朔方等邊地十郡，即今遼河下游、山西河北北部及内蒙古河套一帶駐牧。烏桓在兩漢時期兩次南遷，逐漸發展壯大，但以受漢護烏桓校尉管轄，分成若干部落，各自爲政，一直没有形成統一的部落聯盟。

行，許之。自九月至京師，十二月復出屯襄國①。詔百官祖道②。援謂黃門郎梁松、竇固曰："凡人爲貴，當使可賤，如卿等欲不可復賤，居高堅自持，勉思鄙言。"（同前引）

如果說上次馬援家書風波，得罪梁松、竇固祇是無心之過，倒也罷了。但這次馬援當面直斥兩位前來送行的少年親貴，在他也許是教訓晚輩（馬援與梁松之父梁統、竇固之父竇友算同輩人），但說到底梁、竇并非真是他的子侄家人，這樣當衆不給面子，實在是有些過分了。

後來，馬援生病在家，梁松來探望，馬援又托大，不理人家：

援嘗有疾，梁松來候之，獨拜床下，援不答。松去後，諸子問曰："梁伯孫帝婿，貴重朝廷，公卿已下莫不憚之，大人奈何獨不爲禮？"援曰："我乃松父友也。雖貴，何得失其序乎？"松由是恨之。（同前引）

梁松、竇固都是年少得志的親貴，屢屢被馬援板臉直斥教訓，大失面子。他們豈肯就此咽下這口氣？

但這時的馬援，南征北戰，聲望正隆，劉秀倚之以爲長城，梁松、竇固之輩倒也奈何他不得。不過，所謂君子報仇，十年不晚。

建武二十五年（49），武威將軍劉尚征伐西南蠻夷失利，全軍覆沒。馬援時年已六十有二，但又毛遂自薦，請纓出征。劉秀擔心他年紀大了精神不濟，沒有批准。馬援遂效廉頗之勇，披甲上馬，左右顧盼，以示不服老。這次沒有郭開③輩的阻撓，劉秀遂又派馬援出征：

---

① 李賢注："襄國，縣名，屬趙國，今邢州龍崗縣也。"即今河北邢臺。
② 爲出行者祭祀路神、飲宴送行。《史記·滑稽列傳》："故所以同官待詔者，等比祖道於都門外。"《劉屈氂傳》："貳師將軍李廣利將出兵擊匈奴，丞相爲祖道，送至渭橋。"顏師古注："祖者，送行之祭，因設宴飲焉。"
③ 《史記·廉頗藺相如列傳》："趙孝成王卒，子悼襄王立，使樂乘代廉頗。廉頗怒，攻樂乘，樂乘走。廉頗遂奔魏之大梁……廉頗居梁久之，魏不能信用。趙以數困於秦兵，趙王思復得廉頗，廉頗亦思復用於趙。趙王使使者視廉頗尚可用否。廉頗之仇郭開多與使者金，令毀之。趙使者既見廉頗，廉頗爲之一飯斗米，肉十斤，被甲上馬，以示尚可用。趙使還報王曰：'廉將軍雖老，尚善飯，然與臣坐，頃之三遺矢矣。'趙王以爲老，遂不召。"

二十四年，武威將軍劉尚擊武陵五溪①蠻夷，深入，軍沒，援因複請行。時年六十二，帝愍其老，未許之。援自請曰："臣尚能披甲上馬。"帝令試之。援據鞍顧眄，以示可用。帝笑曰："瞿鑠哉是翁也！"遂遣援率中郎將馬武、耿舒、劉匡、孫永等，將十二郡募士及弛刑四萬餘人征五溪。援夜與送者訣，謂友人謁者杜愔曰："吾受厚恩，年迫餘日索②，常恐不得死國事。今獲所願，甘心瞑目，但畏長者家兒或在左右，或與從事，殊難得調，介介獨惡是耳。③"（同前引）

從馬援與杜愔的對話中可以看出，他也意識到自己得罪了不少權貴子弟。劉秀很重視這次出征，親自指揮方略。耿舒時任中郎將，是這次與馬援一起出征的將軍。他出發前在進軍路綫上與馬援意見不同，兩份方案同時上報劉秀：

初，軍次下雋④，有兩道可入，從壺頭⑤則路近而水險，從充⑥則塗夷而運遠，帝初以爲疑。及軍至，耿舒欲從充道，援以爲棄日費糧，不如進壺頭，搤⑦其喉咽，充賊自破。以事上之，帝從援策。（同前引）

結果是劉秀採納了馬援的方案，進軍壺頭。這次出征，起初還算順利：

明年春，軍至臨鄉，遇賊攻縣，援迎擊，破之，斬獲二千餘人，皆散走入竹林中。（同前引）

然而接下的戰爭進程却并不如馬援預想的那麼順利。軍中爆發了時疫，他自己也病倒了，軍心動搖。

---

①武陵郡，轄境約當今湖南元江流域以西，貴州東部，湖北長陽、五峰、鶴峰、來鳳等縣，四川秀山和廣西龍勝各族自治縣地。酈元注《水經》云："武陵有五溪，謂雄溪、樠溪、西溪、潕溪、辰溪，悉是蠻夷所居，故謂五溪蠻。"
②年迫餘日索，亦作"年迫日索"，時日無多之意。
③李賢注："長者家兒謂權要子弟等。介介猶耿耿也。"
④下雋縣屬長沙國，故城約今湖北通城縣西北。
⑤今湖南沅陵縣有壺頭山。
⑥充縣，位於今湖南省西北部。
⑦李賢注："搤，持也。"

> 三月，進營壺頭。賊乘高守隘，水疾，船不得上。會暑甚，士卒多疫死，援亦中病，遂困，乃穿岸爲室，以避炎氣。①賊每升險鼓噪，援輒曳足以觀之，左右哀其壯意，莫不爲之流涕。（同前引）

進軍不順利，當初在進軍方案上有過不同意見的耿舒就在給其兄耿弇（音"演"）的家書中抱怨馬援指揮不當：

> 耿舒與兄好時侯弇書曰："前舒上書當先擊充，糧雖難運而兵馬得用，軍人數萬爭欲先奮。今壺頭竟不得進，大衆怫鬱行死，誠可痛惜。前到臨鄉，賊無故自致，若夜擊之，即可殄滅。伏波類西域賈胡，到一處輒止，②以是失利。今果疾疫，皆如舒言。"（同前引）

耿弇得信後，隨即報告劉秀。於是劉秀派時任虎賁中郎將的梁松去監軍。這下梁松的機會來了：

> 弇得書，奏之。帝乃使虎賁中郎將梁松乘驛責問援，因代監軍。會援病卒，松宿懷不平，遂因事陷之。帝大怒，追收援新息侯印綬。（同前引）

其實由上述戰事經過可以看出，雖然進軍壺頭當初是馬援提出來的，但這一方案得到了劉秀的批准。現在戰事不順利，應該有人負責；但皇帝聖明，於是祇有由已經爲國捐軀的馬援來獨背黑鍋了，竟被革除侯爵。

馬援大約平時不會做人，故在其倒黴之時落井下石的人可真不少。《後漢書·馬援列傳》載：

> 初，援在交址，常餌③薏苡實，用能輕身省欲，以勝瘴氣④。南方

---

① 即於河岸挖穴作爲部隊營宿，類似窰洞。這樣的窰洞比直接搭建於日光下草棚、帳篷之類軍營清涼些。
② 伏波，指伏波將軍馬援。西域賈胡，即西域胡商。商人每到一處必停留數日，或銷售所携貨品，或收購當地土產。耿舒借此形容馬援進軍緩慢。
③ 餌，此處作服食解。
④ 李賢注引《神農本草經》曰："薏苡味甘，微寒，主風濕痹下氣，除筋骨邪氣，久服輕身益氣。"

薏苡實大，援欲以爲種，軍還，載之一車。時人以爲南土珍怪，權貴皆望之。援時方有寵，故莫以聞。及卒後，有上書譖之者，以爲前所載還，皆明珠文犀①。馬武與於陵侯侯昱②等皆以章言其狀，帝益怒。援妻孥惶懼，不敢以喪還舊塋，裁買城西數畝地槁葬而已③。賓客故人莫敢弔會。嚴與援妻子草索相連，詣闕請罪。帝乃出松書以示之，方知所坐，上書訴冤，前後六上，辭甚哀切，然後得葬。

馬援前在交趾時，常服薏苡以避瘴氣，回洛陽時便帶了一車做種子。野生薏苡果實表皮似琺瑯質，潤滑而有光澤，頗似大粒珍珠。馬援死後，有人上疏說馬援從交趾帶迴一車珍寶。馬武、侯昱也上書證實。劉秀於是大怒。

馬武是馬援這次征討武陵蠻夷的同僚，大約相處之際有所得罪；侯昱是故司徒侯霸之子，不知何時也與馬援結下冤仇。

梁松雖然是構陷馬援的主力，但竇固大概也沒起好作用，應該也有落井下石之舉。牆倒眾人推，故馬援死後馬家的日子很不好過。於是馬援之侄馬嚴稟告馬援妻子馬太夫人，回絕了馬家原定與竇氏的婚約，索性將三個堂妹都送入宮中：

> 初，援征五溪蠻，卒於師，虎賁中郎將梁松、黃門侍郎竇固等因譖之，由是家益失執，又數爲權貴所侵侮。後從兄嚴不勝憂憤，白太夫人絕竇氏婚，求進女掖庭。（《後漢書·皇后傳·明德馬皇后》）

馬援這三個女兒中，時年十三歲的幼女被選入太子劉莊宮中，這就是後來的明帝馬皇后：

> 由是選后入太子宮，時年十三。奉承陰后④，傍接同列，禮則修備，

---

①李賢注："犀之有文彩也。"
②侯昱爲司徒侯霸之子。侯霸，字君房，河南密縣（今河南新密市）人。成帝時任太子舍人，通《穀梁春秋》。新朝初年，侯霸任淮平大尹。建武四年（28）劉秀拜侯霸尚書令。侯霸通曉收錄西漢的遺文檔案，條奏前朝法令制度，多爲劉秀采納。建武五年（29）爲大司徒，十三年（37）去世。
③李賢注："裁，僅也，與才同。槁，草也。以不歸舊塋，時權葬，故稱槁。"
④劉秀皇后陰麗華。

上下安之。遂見寵異，常居後堂。（同前引）

馬氏初入宮時，劉莊還是太子，馬氏也祇是劉莊宮中諸"同列"中之一人，因其頗會做人，遂得劉莊之寵。劉莊即位之初，即以馬氏爲貴人。永平三年（60），由太后陰麗華做主，立馬氏爲后：

> 永平三年春，有司奏立長秋宫，①帝未有所言。皇太后曰："馬貴人德冠後宫，即其人也。"遂立爲皇后。（同前引）

回到竇固受牽連去職一事。一般來說，漢代貴族若有過錯，常見處分是"遣其就國"，既攆回其封地居住。竇固襲封其父竇友的顯親侯爵，其封地在天水成紀，距京城洛陽何止千里。但竇固祇是"閑廢家中"，此"家"應是其在洛陽的宅邸。這也説明竇固當時雖然牽涉進竇穆等人之案，但其本人過錯并不嚴重，是以處分也不重，得以留在京城。

然而竇固竟十餘年不得復起，令人懷疑也許與馬皇后的枕邊風有關。雖然史書記載馬氏以賢明著稱，但對曾經陷害自己父親、欺凌自己家人的仇人，即使有所報復，也是人之常情吧？

以當年誣陷馬援的禍首梁松來説，下場就很悲慘。

梁松爲梁統之長子。梁統新莽末年爲武威太守，與竇融等共據河西。建武五年（29）梁統與竇融一起歸附劉秀，封成義侯。建武十二年（36）梁統又與竇融一起至洛陽，封高山侯，任太中大夫，梁松得尚劉秀長女劉義王（舞陰公主）。《後漢書·梁統列傳·梁松》載：

> 松字伯孫，少爲郎，尚光武女舞陰長公主，再遷虎賁中郎將。松博通經書，明習故事，與諸儒修明堂、辟雍、郊祀、封禪禮儀，常與論議，寵幸莫比。光武崩，受遺詔輔政。永平元年，遷太僕。

梁松本人亦非一般紈綺，單看他"與諸儒修明堂、辟雍、郊祀、封禪禮儀，常與論議"，就知道這是個儒雅公子。劉秀本人也很看重這個大女婿，去世之前

---

① 李賢注："皇后所居宫也。長者久也，秋者萬物成孰之初也，故以名焉。請立皇后，不敢指言，故以宫稱之。"

留遺詔囑其輔佐新帝劉莊。然而，梁松的好日子很快就到頭了：

> 松數爲私書請托郡縣，二年，發覺免官，遂懷怨望。四年冬，乃縣飛書誹謗，下獄死，國除。①（同前引）

又《後漢書·天文志中》所載梁松案情稍詳：

> （永平四年）十二月，陵鄉侯梁松坐怨望、懸飛書誹謗朝廷下獄死，妻子家屬徙九真。

梁松先因被人彈劾私自推薦官員，事發而被免官。後來又牽涉寫匿名書誹謗朝廷，遂下獄論死。這兩段記載都簡單了點，現在已經無法知道梁松匿名信的具體內容，究竟嚴重到何種地步，會使即位不久的劉莊殺了他大姊夫？其實做太子時的劉莊與梁松關繫不錯，梁松曾爲劉莊竭力延攬當世名儒鄭衆：

> 衆字仲師。年十二，從父受《左氏春秋》，精力於學，明三統歷，作《春秋難記條例》，兼通《易》《詩》，知名於世。建武中，皇太子及山陽王荆，因虎賁中郎將梁松以縑帛聘請衆，欲爲通義，引籍出入殿中。衆謂松曰："太子儲君，無外交之義，漢有舊防，蕃王不宜私通賓客。"遂辭不受。松復風衆以"長者意，不可逆。"衆曰："犯禁觸罪，不如守正而死。"太子及荆聞而奇之，亦不強也。（《後漢書·鄭范陳賈張列傳·鄭衆》）

按說劉莊即位時已經三十歲，即使梁松受劉秀遺詔"輔政"，也很難越過已經成年的皇帝如何擅權，故梁松去職，應非是劉莊爭權落敗而致。他被罷官的罪名是"私書請托郡縣"，即爲他人謀取官職。這在當時的親貴權臣中屢見不鮮，《後漢書·馬援列傳·馬防》載，馬氏立爲皇后以後，其娘家兄弟馬防等人就是如此："刺史、守、令多出其家。"

然而梁松竟以此免官。此後他發點牢騷抱怨幾句也是人之常情，不料結果竟以"誹謗朝廷"論罪，自己被殺，妻、子流放邊遠煙障之地，這妻還是劉莊

---

① 李賢注："飛書者，無根而至，若飛來也，即今匿名書也。"

的大姊，是公主！

仍以皇后馬氏的娘家爲例，章帝建初年間馬氏侄子馬豫犯事：

> （建初）八年，因兄子豫①怨謗事，有司奏防、光兄弟奢侈逾僭，濁亂聖化，悉免就國。臨上路，詔曰："舅氏一門，俱就國封，四時陵廟無助祭先後者，朕甚傷之。其令許侯思愆田廬，有司勿復請，②以慰朕《渭陽》之情。"③（《後漢書·馬援列傳·馬防》）

馬豫之罪名爲"怨謗"，亦即"怨望誹謗"，和梁松差不多。但馬家所得處分就輕得多，祇是免官就國。

實際上，梁松一案當時反響很大，不乏反對意見：

> 是時顯宗方案梁松事，亦多爲松訟者。帝患之，詔公車④諸爲梁氏及會稽太守⑤上書者勿復受。（《後漢書·第五鍾離宋寒列傳·第五倫》）

第五倫時任會稽太守，有民望，犯法被徵（案情不詳），士民亦上書爲其求情。當時爲梁松和第五倫兩人案子上書之人很多，多到劉莊無法接受的程度，可見輿論對梁松案的爭議還是很大的。

如果考慮到梁松的仇人馬援之女去年（永平三年，60年）立爲皇后，關於梁松遭遇的一個比較合理的解釋就是此乃馬氏爲父復仇之舉。

路放按：由此看來，馬援死後，馬氏家族將其女兒們送入掖庭實在是步好棋。馬氏日後得立爲皇后，不但馬援之冤得以申報，且馬家亦得東山再起。《後

---

① 這段記載中，防、光爲馬太后（即明帝馬后）的兄弟馬防、馬光，馬豫爲其另一兄弟馬廖之子。不過，馬豫本人隨其父就國後仍死於獄中。《後漢書·馬廖傳》："豫隨廖歸國，考擊物故。"《資治通鑒》胡三省注："謂死於考掠也。"

② 李賢注："留之於京，守田廬而思愆過也。"許侯，指馬光。

③ 李賢注："《渭陽》，《詩·秦風》也。秦康公送舅晉文公於渭之陽，念母之不見也。其詩曰：'我見舅氏，如母存焉。'"

④ 公車，即公車司馬令，掌管司馬門和宮中的警衛事宜，屬衛尉。《後漢書·百官志二》："公車司馬令一人，六百石。本注曰：掌宮南闕門，凡吏民上章，四方貢獻，及徵詣公車者。"

⑤ 會稽郡，郡治吳縣（今江蘇蘇州），轄長江以南吳、越故地。大致相當於今江蘇南部、上海西部、浙江大部以及福建地區，是當時轄境最爲廣闊的一郡。

漢書・馬援列傳・馬防》稱：

> 防兄弟貴盛，奴婢各千人已上，資産巨億，皆買京師膏腴美田，又大起第觀，連閣臨道，彌亘街路，多聚聲樂，曲度比諸郊廟。賓客奔湊，四方畢至，京兆杜篤之徒數百人，常爲食客，居門下。刺史、守、令多出其家。歲時賑給鄉閭，故人莫不周洽。防又多牧馬畜，賦斂羌胡。

不過，劉莊、馬氏明面上的文章還是做得很足的：

> 永平初，援女立爲皇后。顯宗圖畫建武中名臣、列將於雲臺，[①]以椒房[②]故，獨不及援。東平王蒼觀圖，言於帝曰："何故不畫伏波將軍像？"帝笑而不言。至十七年，援夫人卒，乃更修封樹，起祠堂。（《後漢書・馬援列傳・馬援》）

即馬援未得列入雲臺二十八將之中，是因其女爲皇后，劉莊避嫌，免得別人說他偏護老丈人。

無獨有偶，竇穆父子犯罪被誅後，竇家翻身也是靠做了章帝劉炟皇后的大女兒（參看第二十二章《竇憲案與班固之死》第二節《竇氏兄妹》）。當然，祇是將女兒送入宮中還不夠，還需要一點運氣，這女兒也要有手腕、善於宮廷爭鬥，因爲皇后位置祇有一個。即如梁家，其實也有女兒同時入宮，即章帝梁貴人。梁貴人爲梁松之弟梁竦次女，和帝劉肇生母。梁貴人爲竇后所算計，奪去兒子劉肇養在自己名下，於是梁家又一次家破人亡：梁貴人姊妹傷心而死，梁竦死在獄中，全家再次流放九真。

如此看來，陷害馬援的禍首梁松下場如此悲慘，而竇固作爲梁松一黨，得有"閑廢家中"的待遇，應該說還是比較幸運的。

在竇固閑居洛陽的歲月裏，想來應與班超多有往來。他們是通家之好，又

[①] 李賢注："雲臺在南宮也。"
[②] 椒房，即椒房殿。《車千秋傳》："江充先治甘泉宮人，轉至未央椒房。"顏師古注："椒房，殿名，皇后所居也。"椒房殿內以花椒子和泥塗壁，取溫暖、芬芳、多子之義。《三輔黃圖・未央宮》："椒房殿在未央宮，以椒和泥塗，取其溫而芬芳也。"後世亦以椒房泛指皇帝后妃或后妃所居。

志趣相投，一個"好覽書傳，喜兵法"，一個胸有大志，希圖"立功异域"，相信有很多共同感興趣的話題。

明帝劉莊其實也是個胸有大志的皇帝，勵精圖治，發奮圖强，把國家治理得有聲有色。如《後漢書·明帝紀》永平十一年（68）載：

  是歲，巢湖出黄金，廬江太守以獻。①時麒麟、白稚、醴泉、嘉禾所在出焉。

永平十二年（69）載：

  是歲，天下安平，人無徭役，歲比登稔，百姓殷富，粟斛三十，牛羊被野。

到永平十五年（72）時，民富國强，形勢一片大好，祥瑞頻出，顯示出劉莊治國的輝煌成就。惟西北邊地，北匈奴人②仍偶有進犯。如永平八年（65）冬"北匈奴寇西河諸郡"（《後漢書·明帝紀》），以及"永平中，北虜乃脅諸國共寇河西郡縣，城門晝閉"（《後漢書·西域傳》），破壞了安定統一的大好局面。於是劉莊想效法武帝，北伐匈奴，重新打通西域之路，給自己也弄個"文治武功"雙全的名聲：

  時天下乂安，帝欲遵武帝故事，擊匈奴，通西域。（《後漢書·竇融列傳·竇固》）

劉莊既有志北伐，當然就需要將才。但其時光武時代的老將已然凋零殆盡，需要啓用新一代將領。因此少年時代在西北邊地度過，"明習邊事"且也有一定

---

① 李賢注："巢湖，湖名，在今廬州合肥縣東南。"
② 匈奴原爲一國，不分南北。自東漢初年起，匈奴人大量移民塞内。建武二十二年（46）前後，匈奴國内發生嚴重自然灾害，人畜饑疫，死亡大半。其時匈奴統治階級内部矛盾日益激化，建武二十四年（48），匈奴八部族人共立日逐王比（即囊知牙斯長子）爲呼韓邪單于，與蒲奴單于（比之叔父）分庭抗禮，匈奴分裂爲兩部。後呼韓邪單于率四萬餘人南下附漢稱臣，稱爲南匈奴，被漢廷安置在河套地區（今寧夏、内蒙一帶）。而留居漠北的蒲奴單于部遂被稱爲北匈奴。

實戰經驗的竇固，在閒居家中十年之後得以東山再起：

> 以固明習邊事，十五年冬，拜爲奉車都尉，以騎都尉耿忠①爲副，謁者僕射耿秉爲駙馬都尉，秦彭②爲副，皆置從事、司馬，並出屯涼州。（同前引）

第二年（永平十六年，73年）春天，四路兵馬一起出征，聲勢浩大，分別由酒泉塞、居延塞、高闕塞和平城塞③出發，征伐北匈奴：

> 明年，固與忠率酒泉、敦煌、張掖甲卒及盧水羌胡萬二千騎出酒泉塞，耿秉、秦彭率武威、隴西、天水募士及羌胡萬騎出居延塞，又太僕祭肜、度遼將軍吳棠將河東、北地、西河、羌胡及南單于兵萬一千騎出高闕塞，騎都尉來苗、護烏桓校尉文穆將太原、雁門、代郡、上谷、漁陽、右北平、定襄郡兵及烏桓、鮮卑萬一千騎出平城塞。（同前引）

竇固、耿忠這一路，進展還是比較順利的，斬首千餘級。平心而論，這算不上大捷，祇能説是小有斬獲：

> 固、忠至天山，擊呼衍王，斬首千餘級。呼衍王走，追至蒲類海④。留吏士屯伊吾盧城。（同前引）

但其他幾路人馬，虛費糧草，勞而無功。劉莊發怒，將作戰不利的老將祭肜⑤、吳棠免爲庶人：

---

①耿忠爲耿弇之子，襲封好畤侯；耿秉爲耿弇弟耿國之子。
②秦彭，字伯平，扶風茂陵人，三輔世家。其妹爲明帝劉莊貴人。永平十五年（72）拜騎都尉，作爲耿秉副手北征匈奴。後遷山陽太守、潁川太守，重教化，除舊弊，興農事，入《后漢書・循吏傳》。
③酒泉塞在今甘肅酒泉；居延塞，故城在今內蒙古額濟納旗東北；高闕塞位於烏拉山與狼山之間的山口中，在今內蒙古烏拉特中後聯合旗西南；平成塞在今山西大同東北。
④蒲類海，即位於今新疆東部的巴里坤湖。又現新疆哈密地區有伊吾縣。
⑤祭肜（"肜"音"融"），字次孫，潁川潁陽（今河南襄城東北）人，東漢開國功臣祭遵（雲臺二十八將之一）的堂弟，也是一位身經百戰的老將。

耿秉、秦彭絕漠六百餘里至三木樓山，來苗、文穆至匈奴河水上。
虜皆奔走，無所獲。祭肜、吳棠坐不至涿邪山，免爲庶人。（同前引）

路放按：祭肜這次未至涿邪山，事出有因。據《後漢書·銚期王霸祭遵列傳·祭肜》載，這次出征祭肜一路還與南匈奴左賢王信的部隊同行，約定在涿邪山會合。左賢王信當初與祭肜有仇，故走出高闕塞九百多里後，見到一座小山，即謊稱説是涿邪山。祭肜到達後不見敵人於是班師而回，遂被判逗留畏敵而免官入獄。

在勞師無功的同僚們的襯托下，竇固一路還算有所斬獲，所以他升官了：

時諸將唯固有功，加位特進。（同前引）

三、初露鋒芒

永平十六年（73）竇固出征北匈奴時，班超已經四十二歲了。竇固既爲統帥，即提攜多年好友隨其出征：

（永平）十六年，奉車都尉竇固出擊匈奴，以超爲假司馬，將兵別擊伊吾，戰於蒲類海，多斬首虜而還。（《後漢書·班梁列傳》）

所謂假司馬，據《後漢書·百官一》，乃是"副貳"之職，即副司馬。將這段記載與《後漢書·竇融列傳·竇固》兩相對照就可發現，班超雖是初披戰袍，但既參加了蒲類海戰役且"多斬首虜而還"，又獨自帶兵攻下伊吾城，竇固這次出征的大部分戰果皆與其有關，足見班超軍事天分之高。

在這一戰中，班超充分顯示了他的才能，於是竇固派他出使西域諸國：

固以爲能，遣與從事郭恂俱使西域。（同前引）

班超一生功業，從此而始。

第二十九章　不入虎穴，焉得虎子

一、西域諸國

　　兩漢時期的西域諸國，按照他們與漢廷的關繫，大體可以分爲三類：一是分佈在塔里木河流域、塔克拉瑪干沙漠南北的諸多城市國家。這些國家均爲漢之藩屬，屬西域都護管轄。各國國王、大臣接受漢廷任命、持漢廷印信，稱爲内屬①諸國；二是烏孫、匈奴一類北方游牧民族，雖然名義上也是漢之藩屬，但其與漢廷的關繫時好時坏。特別是匈奴，動輒與漢廷刀兵相向，不但長期以來都是西北邊地諸郡的大患，而且在西域與漢爭奪對內屬諸國的控制。三是帕米爾高原以西的大宛、康居乃至身毒、大月氏、安息等國家，因爲地理位置的關繫，一般祇有外交使節往來，以及商人們不辭辛苦地奔波於絲綢之路上。

　　《史記》《漢書》和《後漢書》等史籍都有關於西域諸國的地理情況和歷史沿革等記載。如《漢書·西域傳上》所描繪的西域地理：

> 　　西域以孝武時始通，本三十六國，其後稍分至五十餘②，皆在匈奴之西，烏孫之南。南北有大山，中央有河，東西六千餘里，南北千餘里。東則接漢，阸以玉門、陽關③，西則限以葱嶺④。其南山，東出金

---

① 内屬，謂歸附朝廷爲屬國或屬地。《史記·南越列傳》："太后恐亂起，亦欲倚漢威，數勸王及群臣求内屬。"
② 顏師古注："司馬彪《續漢書》云至於哀、平，有五十五國也。"
③ 孟康注："二關皆在敦煌西界。"顏師古注："阸，塞也。"
④ 顏師古注："《西河舊事》云葱嶺其山高大，上悉生葱，故以名焉。"按：葱嶺即今之帕米爾高原。

城，與漢南山屬焉①。其河有兩原②：一出蔥嶺山，一出于闐③。于闐在南山下，其河北流，與蔥嶺河合，東注蒲昌海④。蒲昌海，一名鹽澤者也，去玉門、陽關三百餘里，廣袤三百里⑤。其水亭居⑥，冬夏不增減，皆以爲潛行地下，南出於積石⑦，爲中國河云。

自玉門、陽關出西域有兩道。從鄯善⑧傍南山北，波河⑨西行至莎車⑩，爲南道；南道西踰蔥嶺則出大月氏、安息⑪。自車師⑫前王廷隨北山，波河西行至疏勒⑬，爲北道；北道西踰蔥嶺則出大宛、康居、奄蔡⑭焉。

上面這段記載中的西域三十六國，即內屬諸國。其北部之山即阿爾泰山脉⑮

---

① 顏師古注："屬，聯也。"
② "原"通"源"。
③ 顏師古注："闐字與寘同。"按闐（寘）音"田"。于闐國地處塔里木盆地南沿，東通且末、鄯善，西通莎車、疏勒，盛時領地包括今新疆和田、皮山、墨玉、洛浦、策勒、于田、民豐等縣市，都西城（今和田約特幹遺址）。
④ 蒲昌海即位於今新疆南部之羅布泊。
⑤ 顏師古注："袤，長也，音茂。"
⑥ 亭居，即不流動、靜止的水面。
⑦ 積石山位於今青海省東南部，一名阿尼瑪卿山。爲傳說中大禹治水的起始處。《史記·夏本紀》："道河積石，至於龍門。"
⑧ 鄯善，西域古國，原名樓蘭，地處今新疆東部之若羌縣，羅布泊的西北角。
⑨ 顏師古注："波河，循河也。"即沿河而上。
⑩ 莎車，位於今新疆喀什地區之莎車縣。
⑪ 安息，前247—前224年之波斯古王朝，又名帕提亞帝國。全盛時期之安息帝國疆域北達小亞細亞東南之幼發拉底河，東抵阿姆河（嬀水）。安息帝國地處羅馬帝國與大漢之間的貿易路線上，是著名的商貿中心。
⑫ 車師古國位於今新疆吐魯番地區。據考證，古車師人是今維吾爾人的祖先。
⑬ 疏勒古國位於今新疆西部喀什地區的疏勒縣。
⑭ 奄蔡爲古代中亞印歐語系游牧民族，西漢時在錫爾河與阿姆河之間的草原上游牧，東漢時期隸屬康居。
⑮ 阿爾泰山脉位於新疆北部和蒙古西部，西北延伸至俄羅斯境內，呈西北—東南走向。長約2000千米，海拔1000—3000米。森林、礦產資源豐富。

和天山山脉①，南部之山爲昆侖山脉②；西部的葱嶺則爲帕米爾高原。諸山所圍，即塔里木盆地③。盆地北部有塔里木河④，源自帕米爾高原和昆侖山脉，流入羅布泊，是西域人民農耕、生活的重要資源，也是絲綢之路上重要的生命綫。塔里木盆地中央有塔克拉瑪干大沙漠，降雨極少，不适合農耕放牧，故幾無人煙。⑤故而該地區的城市國家大體沿塔里木盆地南北兩側排列在一系列沙漠緑洲上，生活和農業生産依靠從高原上溶化的雪水和塔里木河水。

路放按：由於該地區的古代農耕國家之興衰與水源有着直接依賴關繫，故當氣候水文情况發生變遷時，便難以維持下去。現代考古學家認爲，樓蘭古國就是由於河流改道、羅布泊遷移而消失的。

西域地區北面是居於巴爾喀什湖東南、伊犁河流域的游牧民族國家烏孫，東北面是匈奴，東面是大漢，而南面則是青藏高原。

> 西域諸國大率土著⑥，有城郭田畜，與匈奴、烏孫異俗，故皆役屬匈奴⑦。匈奴西邊日逐王置僮僕都尉，使領西域，常居焉耆、危須、尉黎間，賦稅諸國，取富給焉⑧。（同前引）

---

① 天山山脉横亙新疆中部、吉爾吉斯斯坦和烏兹别克斯坦，西端伸入哈薩克斯坦等國。天山山脉將新疆分爲兩部分：南邊即塔里木盆地，北邊爲準噶爾盆地，西部有伊犁谷地。
② 昆侖山脉西起帕米爾高原東部，東到柴達木河上游谷地，與巴颜喀拉山脉和阿尼瑪卿山（積石山）相接，北鄰塔里木盆地和柴達木盆地。
③ 塔里木盆地位於新疆中部，東西長 1500 千米，南北寬約 600 千米，總面積達 53 萬平方千米，海拔高度在 800 至 1300 米之間，地勢西高東低。盆地中部爲塔克拉瑪幹沙漠，邊緣爲山麓、戈壁和緑洲。
④ 塔里木河位於塔里木盆地北部。古突厥語中塔里木河的意思是"沙中之水"。歷史上塔里木河曾是絲綢之路上重要的生命綫。
⑤ 塔克拉瑪幹沙漠位於塔里木盆地中央，東西長約 1000 千米，南北寬約 400 千米，面積達 33 萬平方千米。平均年降水不超過 100 毫米，最低祇有四五毫米；平均蒸發量高達 2500—3400 毫米。
⑥ 颜師古注："言著土地而有常居，不隨畜牧移徙也。"
⑦ 颜師古注："服屬於匈奴，爲其所役使也。"
⑧ 颜師古注："給，足也。"

當時西域內屬諸國已進入農耕社會。與游牧民族相比，農耕社會之人有家有業，負擔較重。西域國家小國寡民，無力負擔龐大的軍隊，故在對付烏桓、匈奴這類游牧民族入侵的戰爭中總是落下風。在漢朝開拓西域之前，這些國家多數臣服匈奴，向其交納沉重的賦稅。

迨武帝時，張騫出使西域，爲漢廷打開了通向西域乃至西方世界之門。武帝劉徹本是一個好大喜功的人，這時面對西去漢使、西域諸國來使和商人們帶迴的各種珍奇寶物，貪婪之心油然而生。於是他發動了一系列針對匈奴和西域諸國的征服戰爭，當然是在比較冠冕堂皇的"征四夷，廣威德"借口之下：

> 漢興至於孝武，事征四夷，廣威德，而張騫始開西域之迹。其後驃騎將軍擊破匈奴右地，降渾邪、休屠王，遂空其地，始築令居以西，初置酒泉郡，後稍發徙民充實之，分置武威、張掖、敦煌，列四郡，據兩關焉。（同前引）

兩關，即前述之玉門關和陽關。武帝驅逐了現今甘肅一帶的匈奴勢力，在河西走廊新設置了武威、張掖、酒泉、敦煌四郡，把大漢的領土一直擴展到了塔克拉瑪干大沙漠和羅布泊以東，從此漢朝與西域諸國的往來就多了起來：

> 自貳師將軍伐大宛之後，西域震懼，多遣使來貢獻，漢使西域者益得職①。於是自敦煌西至鹽澤②，往往起亭，而輪臺、渠犁③皆有田卒數百人，置使者校尉領護④，以給使外國者。⑤（同前引）

漢廷在西域作戰，遇到的主要問題是後勤供給。西域諸國地廣人稀，本身出產糧食極爲有限，漢軍很難就地徵到足夠的糧草軍需。如果從關內運輸，不但道路遙遠，運糧民伕本身也要消耗相當多糧食，故而後勤負擔極爲沉重。如征和四年（前89）匈奴降將開陵侯成娩率部與樓蘭等西域國軍隊合圍車師。儘

---

①顏師古注："賞其勤勞，皆得拜職也。"
②鹽澤，又稱蒲昌海，即今之羅布泊。
③輪臺，在今新疆之輪臺縣。渠犁，在今新疆庫爾勒市南。
④顏師古注："統領保護營田之事也。"
⑤顏師古注："收其所種五穀以供之。"

管這一仗打贏了，車師降漢。然而據武帝劉徹在《輪臺罪己詔》中所言，班師之時因糧草耗盡，竟有數千將士餓死道途：

> 輪臺西於車師千餘里，前開陵侯擊車師時，危須、尉犁、樓蘭六國子弟在京師者皆先歸，發畜食迎漢軍①，又自發兵，凡數萬人，王各自將，共圍車師，降其王。諸國兵便罷，力不能復至道上食漢軍。漢軍破城，食至多，然士自載不足以竟師②，強者盡食畜產，羸者道死數千人。朕發酒泉驢橐駝負食，出玉門迎軍。吏卒起張掖，不甚遠，然尚廝留甚衆③。（《西域傳下》）

即兵士自身攜帶能力有限，路途遙遠，未及入關而食糧罄盡。爲解決這個問題，漢廷遂在西域實行屯田。時搜粟都尉桑弘羊等上奏：

> 故輪臺以東捷枝、渠犁皆故國，地廣、饒水草，有溉田五千頃以上，處溫和，田美，可益通溝渠，種五穀，與中國同時孰④。其旁國少錐刀，貴黃金采繒，可以易穀食，宜給足不可乏。⑤臣愚以爲可遣屯田卒詣故輪臺以東，置校尉三人分護，各舉圖地形，通利溝渠，務使以時益種五穀⑥。張掖、酒泉遣騎假司馬爲斥候，屬校尉，事有便宜，因騎置以聞⑦。

> 田一歲，有積穀，募民壯健有累重敢徙者詣田所⑧，就畜⑨積爲本

---

① 顏師古注："畜謂馬、牛、羊等也。"即樓蘭等國駐京子弟（實爲人質）回國動員，由各國準備牲畜以犒軍。
② 顏師古注："士雖各自載糧，而在道已盡。至於歸塗，尚苦乏食不足，不能終師旅之事也。"
③ 顏師古注："廝留，言其前後離廝，不相逮及也。"
④ 孰通"熟"。
⑤ 顏師古注："言以錐刀及黃金綵繒與此旁國易穀食，可以給田卒，不憂乏糧也。"
⑥ 顏師古注："益，多也。"
⑦ 顏師古注："騎置即今之驛馬也。"
⑧ 顏師古注："累重謂妻子家屬也。"
⑨ 顏師古注："畜讀曰蓄。"

業，益墾溉田，稍築列亭，連城而西，以威西國，輔烏孫，爲便。

西域屯田爲軍屯，即以戍邊軍隊墾荒種地，以使其糧草自給，既減少了大量徵收對邊地民衆的負擔，又避免了長途運送糧草的消耗。

西漢屯田，最早可溯及武帝元狩四年（前119），衛青、霍去病大敗匈奴之後：

> 自朔方以西到令居①，往往通渠，置田官、吏卒五六萬人，稍蠶食，地接匈奴以北。（《史記·匈奴列傳》）

至元鼎六年（前111），漢在原來爲匈奴盤踞的河西走廊設置了張掖、酒泉諸郡，并置屯田：

> 初置張掖、酒泉郡，而上郡、朔方、西河、河西開田官，斥塞卒六十萬人戍田之。（《史記·平準書》）

如前所述，太初四年（前101），貳師將軍李廣利破大宛後，漢又在西域輪臺、渠梨等地分別置"田卒數百人"屯田，且設置使者校尉領護。昭、宣時期以至元帝初年，西漢政府除繼續在輪臺、渠梨屯田外，又先後在伊循（今新疆哈密縣西）、赤穀城（今俄羅斯中亞伊塞克湖東南）、車師前王庭（今新疆吐魯番西北）等地置軍屯。

在開發西域的過程中，鄭吉是一個關鍵人物。

鄭吉，會稽人，早年以卒伍從軍，數出西域，積軍功得爲郎。宣帝時，鄭吉屯田渠犁，積攢軍糧，發諸國兵攻破車師，因功遷衛司馬，并由他監護鄯善（樓蘭）以西之南路諸國。《鄭吉傳》載：

> 至宣帝時，吉以侍郎田渠黎，積穀，因發諸國兵攻破車師，遷衛司馬，使護鄯善以西南道。

又《西域傳上》載：

---

① 令居，縣名。治在今甘肅永登西北。《史記》司馬貞《索隱》："徐廣云，在金城，《地理志》云，張掖令居縣。"

至宣帝時，遣衛司馬使護鄯善以西數國。及破姑師①，未盡殄，②分以爲車師前後王及山北六國。時漢獨護南道，未能盡并北道也，然匈奴不自安矣。

漢廷對西域諸國，一方面攻伐，一方面行羈縻政策，將他們都變成自己的藩屬國。此時漢廷對西域的控制尚限於南道，即塔里木盆地南沿諸國，北道仍爲匈奴之勢力範圍。漢廷經略西域，對匈奴來説當然是個威脅。然西漢中後期，匈奴勢力衰弱，無法顧及西域。神爵三年（前59），匈奴内亂，日逐王降漢，漢廷遂乘機接管了西域北道：

　　神爵中，匈奴乖亂，日逐王先賢撣欲降漢，使人與吉相聞。吉發渠黎、龜兹諸國五萬人迎日逐王，口萬二千人、小王將十二人隨吉至河曲，頗有亡者③，吉追斬之，遂將詣京師。漢封日逐王爲歸德侯。吉既破車師，降日逐，威震西域，遂并護車師以西北道，故號都護。④都護之置自吉始焉。

　　……

　　吉於是中西域而立莫府，⑤治烏壘城，⑥鎮撫諸國，誅伐懷集之。漢之號令班西域矣，⑦始自張騫而成於鄭吉。（《傅常鄭甘陳段傳》）

神爵三年（前59），漢廷設立西域都護之職總理西域事宜，以鄭吉爲首任西域都護，駐地渠犁以北之烏壘城。據《百官公卿表》：

　　西域都護，加官。宣帝地節二年初置，以騎都尉、諫大夫使護西

---

①姑師，即車師。
②顏師古注："雖破其國，未能滅之。"
③亡者，逃亡者。
④顏師古注："并護南北二道，故謂之都。都猶大也，總也。"
⑤顏師古注："中西域者，言最處諸國之中，近遠均也。"
⑥烏壘，西域古國。在今新疆輪臺以東。西漢神爵三年（前59）設立之西域都護府駐地即在烏壘城。
⑦顏師古注："班，布也。"

域三十六國，有副校尉，秩比二千石，丞一人，司馬、候、千人各二人。

路放按：西域都護爲加官，則鄭吉應有本職。據《鄭吉傳》宣帝劉詢詔書，鄭吉本職爲"都護西域騎都尉"。自鄭吉始，西域都護府就成爲内地中央政府在西域（今新疆地區）的常設管理機搆。

班固對鄭吉的評價很高："漢之號令班西域矣，始自張騫而成於鄭吉。"

自此，匈奴勢力衰弱，無法再染指西域：

> 匈奴益弱，不得近西域。（《西域傳上》）

漢廷遂進一步鞏固對西域的控制：

> 於是徙屯田，田於北胥鞬，①披莎車之地，②屯田校尉始屬都護。都護督察③烏孫、康居諸外國④動靜，有變以聞。可安輯，安輯之；可擊，擊之。⑤都護治烏壘城，去陽關二千七百三十八里，與渠犁田官⑥相近，土地肥饒，於西域爲中，故都護治焉。至元帝時，復置戊己校尉，屯田車師前王庭。（《西域傳上》）

元帝初元元年（前48），漢廷又在西域設置戊己校尉，屯田車師前國。據《百官公卿表》：

> 戊己校尉，元帝初元元年置，有丞、司馬各一人，候五人，秩比六百石。

關於戊己校尉官名之由來，顔師古注云：

> 甲乙丙丁庚辛壬癸皆有正位，唯戊己寄治耳。今所置校尉亦無常

---

① 顏師古注："胥鞬，地名也。"按北胥鞬在莎車國附近，具體位置仍有爭論。
② 顏師古注："披，分也。"
③ 顏師古注："督，視也。"
④ 此處謂烏孫、康居等爲"外國"，是謂其與已"内屬"而成爲漢藩屬國之"西域三十六國"有別。
⑤ 顏師古注："輯與集同。"
⑥ 田官，管理屯田事宜的官署。

居，故取戊己爲名也。有戊校尉，有己校尉。一説戊己居中，鎮覆四方，今所置校尉亦處西域之中撫諸國也。

路放按：按西域都護爲地方長官，總理西域地方民政、外交和軍事事宜；戊己校尉則爲軍事長官，二員，各領一校軍隊，屯田自給，并受西域都護節制。《西域傳下》："漢徙己校屯姑墨。"下顔師古注云："有戊、己兩校兵，此直徙己校也。"

漢廷對西域內屬諸國的控制，不僅體現在直接在該地區駐軍屯田、設置西域都護、戊己校尉等漢官管理，而且還體現在漢廷對內屬諸國上至國王、下至各級官吏的委任。具體來説，這些國家的上自國王、下至各級政府官員都以漢政府所頒發的印信作爲其權威象徵。表面上看，接受漢廷爲其頒發的印綬，是這些國家君主、貴族和官僚的一種榮譽，而實際上，頒發印綬也是確定了這些國家對漢廷的藩屬關繫。《西域傳下》載：

> （內屬諸國）自譯長、城長、君、監、吏、大祿、百長、千長、都尉、且渠、當户、將、相至侯、王，皆佩漢印綬，凡三百七十六人。而康居、大月氏、安息、罽賓、烏弋①之屬，皆以絶遠不在數中，其來貢獻則相與報，不督錄總領也。

也就是説，上自國王下至譯長，內屬諸國各級土官均佩漢印綬，接受漢廷管轄。而康居、大月氏、安息、罽賓、烏弋這些帕米爾高原以西的國家，因道路過遠，祇有使節往來，并不屬於大漢藩屬，亦不歸西域都護管轄。

內地中央政府對西域內屬諸國的控制是在王莽手中丢掉的。

王莽托名漢家氣數已盡，欲效法堯、舜等古代賢王，接受漢帝禪讓，以和平方式篡位竊國。"禪讓"是上古之禮，驟然實行未免過於突兀，王莽遂"托古改制"，即先仿照周制全面推行新政，爲將來接受"禪讓"造聲勢。新政的內容五花八門，例如改變幣制，以刀、布、泉等古代錢幣式樣代替西漢通行之五銖錢；改變官制，王莽不但新增加了一批新的官職，還將原有的官職名稱改得更

---

① 罽賓（"罽"音"紀"），古代西域國家，位於喀布爾河流域，約今印度旁遮普地區。烏弋，即烏弋山離，西漢時西域國家，地約今之阿富汗南部一帶。

加古色古香，如大司農改爲羲和，少府改爲共工，太守改爲大尹，縣令（長）改爲宰等。王莽又以王田制爲名恢復了古代的"井田制"，幷禁止私人買賣土地和奴婢。

在諸多復古改制措施中，有些也是令人哭笑不得的。例如，王莽看到《禮記》上有"二名不偏諱"的記載，遂下令推廣單名。

所謂"二名"，就是兩個字的名字。《禮記·曲禮上》："二名不偏諱"下孔穎達疏云：

> 謂兩字作名，不一一諱也。

既如果某人取二字之名，其子弟臣下不用每個字都避諱。孔子著《春秋》時，拿這句話作文章。《公羊傳》說：

> 季孫斯、仲孫忌帥師圍運①。此仲孫何忌也，曷爲謂之仲孫忌？譏二名。二名非禮也。（《春秋公羊傳》哀公六年）

即仲孫忌本名仲孫何忌，孔子在著《春秋》時，因其名有兩個字，不合《禮記》，遂故意將其寫作仲孫忌。

何休②在《春秋公羊解詁》中對《公羊傳》這段話有更進一步的說明：

> 爲其難諱也。一字爲名，令難言而易諱，所以長臣子之敬，不逼下也。《春秋》定、哀之間，文致太平，欲見王者治定，無所復爲譏，唯有二名，故譏之，此《春秋》之制也。

即孔子著《春秋》，講究微言大義，常以斟酌用詞用語來表達他的正統思想。而魯定公、魯哀公期間，天下太平，孔子找不到什麼可以說的話題，衹好以"二

---

① 運，地名，又作"鄆"。《說文》："鄆，河內沁水鄉。从邑軍聲。魯有鄆地。"《注》："魯有鄆地。見《左氏春秋》經、傳。《公羊》作'運'。"
② 何休，字邵公，任城樊（鄰近曲阜）人。父何豹曾任少府。何休學問淵博，時人譽之"精研六經，世儒無及者"。章帝時，賈逵倡左氏（古文學派）而得劉炟讚賞，致使公羊學（今文學派）遭受重大挫折（見第十五章《著述蘭臺》第二小節《蘭臺著史》）。何休撰《春秋公羊解詁》，目的即在於反駁賈逵，重振今文學派的主張。

名非禮"來做文章了。

王莽崇儒，提倡復古，這時便下令推廣單名。他不但要求漢人"不二名"，甚至連匈奴單于也盯上了：

> 時，莽奏令中國不得有二名，因使使者以風①單于，宜上書慕化②，爲一名，漢必加厚賞。單于從之，上書言："幸得備藩臣，竊樂太平聖制，臣故名囊知牙斯，今謹更名曰'知'。"莽大説③，白太后，遣使者答諭，厚賞賜焉。（《匈奴傳下》）

匈奴單于原名"囊知牙斯"，已經不衹"二名"，確切地説應爲"四名"，當是用漢語記錄下來的匈奴語發音。既然王莽好單名，單于遂摘取其中一個"知"字，以爲自己的漢名。當然，在匈奴内部，該怎麼稱呼還是怎麼稱呼，這個"知"應衹用於其對王莽的奏章上，又可換得豐厚賞賜，何樂不爲？

路放按："不二名"的原意爲單名方便臣下和子弟後輩避諱。且不説匈奴是不是有避諱的習俗，就算有，單于的臣下子弟之間説話當然是用匈奴語，就算要避諱也不會避"知"這個漢字吧？

《王莽傳下》還記載了一個與"二名"有關的故事。始建國五年（13），王莽之孫王宗謀反：

> 皇孫功崇公宗坐自畫容貌，被服天子衣冠，刻印三：一曰："維祉冠存己夏處南山臧薄冰"，二曰"肅聖寶繼"，三曰"德封昌圖"。又宗舅吕寬家前徙合浦，私與宗通，發覺按驗，宗自殺。莽曰：宗屬爲皇孫，爵爲上公，知寬等叛逆族類，而與交通；刻銅印三，文意甚害，不知厭足，窺欲非望。《春秋》之義，君親毋將，將而誅焉。迷惑失道，

---

① "風"通"諷"，意爲暗示。
② 慕化，即向慕歸化。《書·旅獒》："遂通道於九夷八蠻。"孔安國傳："四夷慕化，貢其方賄。"唐代白居易《代忠亮答土蕃東道節度使論結都離等書》："若非皇天輔德，明神福仁，北虜何爲歸明，南蠻何爲慕化。"
③ 顔師古注："説讀曰悦。"

自取此辜,烏呼哀哉!宗本名會宗,以制作①去二名,今復名會宗。

王宗,原名王會宗。因王莽提倡單名,遂改名王宗。王宗急着搶班奪權,爲自己畫了一張穿着皇帝服裝的畫像;私刻銅印,"窺欲非望",用心殊不可問;又與已經犯罪被流放的舅舅吕寬往來。諸事發作,王宗遂自殺。有趣的是,王莽認爲這個孫子已經不配再用單名"宗",於是又給他改了回去,仍叫"會宗"!

不過,經王莽這一折騰,此後單名還真是流行了起來。明胡應麟《少室山房筆叢·史書占畢六·雜篇下》説:"大抵東漢三國,帝王將相皆單名,二名者百中無一。"

迨王莽果然接受孺子嬰"禪讓"登基,篡位成功,改漢爲"新"後,首先要做的便是要將先前各級官吏和各藩屬國的大漢印綬更換爲"新"朝印綬:

> 五威將奉符命,齎印綬,王侯以下及吏官名更者,②外及匈奴、西域,徼外蠻夷,皆即授新室印綬,因收故漢印綬……
>
> 五威將乘乾文車,③駕坤六馬,④背負鷩鳥之毛,服飾甚偉。⑤每一將各置左右前後中帥,凡五帥。衣冠車服駕馬,各如其方面色數。⑥將持節,稱太一之使;帥持幢,稱五帝之使。莽策命曰:"普天之下,迄於四表,⑦靡所不至。"其東出者,至玄菟、樂浪、高句驪、夫餘;⑧南

---

① 制作,即典章制度。
② 顔師古注:"更,改也。"
③ 鄭氏注:"畫天文象於車也。"
④ 鄭氏注:"坤爲牝馬。六,地數。"
⑤ 顔師古注:"鷩鳥,雉屬,即駿䴊也。今俗呼之山雞,非也。"按:鷩雉即錦雞,似山雞而小,冠羽優美。《爾雅·釋鳥》"鷩雉"下郭璞注:"似山雞而小,冠、背毛黄,腹下赤,項緑,色鮮明。"
⑥ 顔師古注:"色者,東方青,南方赤也。數者,若木數三,火數二之類也。"
⑦ 四表,指四方極遠之地,亦泛指天下。《書·堯典》:"光被四表,格於上下。"孔穎達疏:"聖德美名,充滿被溢於四方之外,又至於上天下地。"
⑧ 玄菟、樂浪爲武帝滅衛氏朝鮮後設置之四郡中的二郡;夫餘,爲建立在東北一帶的古國。顔師古注:"夫餘,亦東北夷也。"高句麗縣,屬玄菟郡,位於今遼寧撫順新賓滿族自治縣一帶。元帝建昭二年(前37),北夫餘王解慕漱之子朱蒙建立高句麗國,漢廷委任高句麗縣管理高句麗國行政。

出者，隃徼外，①歷益州，貶句町②王爲侯；西出者，至西域，盡改其王爲侯；北出者，至匈奴庭，授單于印，改漢印文，去"璽"曰"章"。單于欲求故印，陳饒椎破之，語在《匈奴傳》。單于大怒，而句町、西域後卒以此皆畔③。（《王莽傳中》）

你看王莽派出的換印使者，鮮衣怒馬，多麼威風！王莽對待四夷藩國，不但要換其印綬，還要將他們降級，貶王爲侯，以示他王家天下比昔日劉漢皇室更能彰顯天朝上國的威儀。可惜涉及自身榮譽地位，這些"蠻夷"并不買他的帳，匈奴、句町、西域一起造反。

路放按：關於王莽遣使去匈奴更換印綬之事，《匈奴傳》的記載非常生動：

建國元年，遣五威將王駿率甄阜、王颯、陳饒、帛敞、丁業六人，多齎金帛，重遺單于，諭曉以受命代漢狀，因易單于故印。故印文曰"匈奴單于璽"，莽更曰"新匈奴單于章"。將率④既至，授單于印綬，⑤詔令上故印綬。單于再拜受詔。譯前，欲解取故印綬，單于舉掖授之。左姑夕侯蘇從旁謂單于曰："未見新印文，宜且勿與。"單于止，不肯與。請使者坐穹廬，⑥單于欲前爲壽。五威將曰："故印綬當以時上。"單于曰："諾。"復舉掖授譯。蘇復曰："未見印文，且勿與。"單于曰："印文何由變更！"遂解故印綬奉上，將率受。著新綬，不解視印，飲食至夜乃罷。右率陳饒謂諸將率曰："鄉者姑夕侯疑印文，幾令單于不

---

①顏師古注："隃字與踰同。"又《鄧通傳》顏師古注："徼猶塞也。東北謂之塞，西南謂之徼。塞者，以障塞爲名。徼者，取徼遮之義也。"《史記・黥布列傳》司馬貞《索隱》云："徼謂邊境亭鄣。以徼繞邊陲，常守之也。"故隃徼外，即越過設置在西南邊境上的邊關、亭障。
②古代百越人政權，治境約今貴州、雲南一代。
③畔，通"叛"。
④將率，即將帥。
⑤顏師古注："綬者，印之組也，音弗。"即繫印鈕的絲繩。
⑥游牧民族居住的氈帳。

與人。①如令視印，見其變改，必求故印，此非辭說所能距②也。既得而復失之，辱命莫大焉。不如椎破故印，以絕禍根。"將率猶與，③莫有應者。饒，燕士，果悍，④即引斧椎壞之。明日，單于果遣右骨都侯當白將率曰："漢賜單于印，言'璽'不言'章'，又無'漢'字，諸王已下乃有'漢'言'章'。今印去'璽'加'新'，與臣下無別。願得故印。"將率示以故印，謂曰："新室順天制作，故印隨將率所自爲破壞。單于宜奉天命，奉新室之制。"當還白，單于知已無可奈何，又多得賂遺，即遣弟右賢王輿奉馬牛隨將率入謝，因上書求故印。(《匈奴傳》)

這位單于，便是那位原名"囊知牙斯"、後來改名爲"知"的匈奴單于。王莽使節騙走原來印綬之後，知又上書來討而王莽不予，匈奴遂叛，復入寇邊郡，大肆劫掠：

匈奴單于求故璽，莽不與，遂寇邊郡，殺略吏民。(《王莽傳中》)

於是王莽發兵征討匈奴。出征之前，先在口頭上占點便宜，改掉單于稱號：

更名匈奴單于曰降奴服于。(同前引)

這種玩弄文字游戲，以爲在口頭上占些便宜便能打敗匈奴的行事，也衹有王莽能干得出來：

莽曰："降奴服于知⑤威侮五行，⑥背畔四條，⑦侵犯西域，廷及邊

---

①顏師古注："鄉讀曰嚮。"鄉者，即適才，剛才之意。
②距，通"拒"。
③猶與，即猶豫。
④顏師古注："果，決也。悍，勇也。"
⑤顏師古注："'知'者，莽改單于之名也，本名囊知牙斯。"
⑥顏師古注："引《夏書·甘誓》之文。"
⑦畔，通"叛"。所謂四條，系王莽時與匈奴的四條協定："中國人亡入匈奴者，烏孫亡降匈奴者，西域諸國佩中國印綬降匈奴者，烏桓降匈奴者，皆不得受。"(《匈奴傳下》)

垂，爲元元害，罪當夷滅。命遣立國將軍孫建等凡十二將，十道並出，共①行皇天之威，罰於知之身。"……遣五威將軍苗訢、虎賁將軍王況出五原，厭難將軍陳欽、震狄將軍王巡出雲中，振武將軍王嘉、平狄將軍王萌出代郡，相威將軍李棽、鎮遠將軍李翁出西河，誅貉將軍陽俊、討穢將軍嚴尤出漁陽，奮武將軍王駿、定胡將軍王晏出張掖，及裨禪以下百八十人。募天下囚徒、丁男、甲卒三十萬人，轉衆郡委輸五大夫衣裘、兵器、糧食，長吏送自負海江淮至北邊，使者馳傳督趣，以軍興法從事，天下騷動。（同前引）

匈奴單于知（即囊知牙斯）不滿王莽所頒新印文字上的故意貶低，故欲求原印。王莽不予，單于忍無可忍，遂起兵造反，大舉進犯北部各邊郡。同時，西域諸國亦叛：

（始建國五年二月）匈奴大擊北邊，而西域亦瓦解。焉耆國近匈奴，先叛，殺都護但欽，莽不能討。天鳳二年，乃遣五威將王駿、西域都護李崇將戊己校尉出西域，諸國皆郊迎，送兵穀。焉耆詐降而聚兵自備。駿等將莎車、龜茲兵七千餘人，分爲數部入焉耆，焉耆伏兵要遮駿②。及姑墨、尉犁、危須國兵爲反間，還共襲擊駿等，皆殺之。唯戊己校尉郭欽別將兵，後至焉耆。焉耆兵未還，欽擊殺其老弱，引兵還。莽封欽爲"剗胡子"③。李崇收餘士，還保龜茲。數年莽死，崇遂沒，西域因絕。（《西域傳下》）

經過王莽這一番折騰，匈奴、西域一起反叛，自武帝以來所打通的西方之路就此斷絕。

既然内地政府放棄了西域，匈奴人於是乘虛而入。大部分西域國家地廣人稀，軍隊人數很少，難以抵擋匈奴人鐵騎。祇有莎車一國，不願歸附匈奴：

---

①顔師古注："共讀曰恭。"

③遮，這裏是阻擋、攔阻之意。

②鄧展曰："'剗'音'衫'。"師古曰："剗，絕也。音子小反。字本作'剗'，轉寫誤耳。""胡子"，意爲"胡人之子"。

> 匈奴單于因王莽之亂，略有西域，唯莎車王延最強，不肯附屬。元帝時，嘗爲侍子，長於京師，慕樂中國，亦復參其典法。常勑諸子，當世奉漢家，不可負也。(《後漢書·西域傳·莎車》)

莎車位於西域南道西端，疏勒與于闐之間，在西域內屬諸國中算得上一個大國。《後漢書·西域傳·莎車》載：

> 莎車國，王治莎車城，去長安九千九百五十里。戶二千三百三十九，口萬六千三百七十三，勝兵三千四十九人。輔國侯、左右將、左右騎君、備西夜君各一人，都尉二人，譯長四人。東北至都護治所四千七百四十六里，西至疏勒五百六十里，西南至蒲犁七百四十里。有鐵山，出青玉。

莎車王康一心向漢，收留了原西域都護手下兵士家屬，向東漢朝廷輸誠：

> 天鳳五年，延死，諡忠武王，子康代立。光武初，康率傍國拒匈奴，擁衛故都護吏士妻子千餘口，檄書河西，問中國動靜，自陳思慕漢家。建武五年，河西大將軍竇融乃承制立康爲漢莎車建功懷德王、西域大都尉，五十五國皆屬焉。(《後漢書·西域傳·莎車》)

此時劉秀的統一戰爭尚在進行中，實在無暇西顧，於是索性授權莎車王康替漢廷管理西域。建武九年（33），康去世後，其弟賢立爲莎車王：

> 九年，康死，諡宣成王。弟賢代立，攻破拘彌、西夜國，皆殺其王，而立其兄康兩子爲拘彌、西夜王。(同前引)

拘彌、西夜均爲莎車鄰國。新任莎車王賢有雄才大略，志在做西域霸主，甫上任即開始攻伐鄰國，滅拘彌、西夜，自此稱雄西域達三十年之久。

建武十四年（38），賢聯絡鄯善王安一起遣使洛陽，恢復與內地政府的聯繫：

> 十四年，賢與鄯善王安並遣使詣闕貢獻，於是西域始通。蔥領以東諸國皆屬賢。(同前引)

賢歸附漢廷，有自己的目的，意在借漢廷勢力助其稱霸西域的野心：

> 十七年，賢復遣使奉獻，請都護。天子以問大司空竇融，以爲賢父子兄弟相約事漢，款誠又至，宜加號位以鎮安之。帝乃因其使，賜賢西域都護印綬，及車旗黃金錦繡。（同前引）

劉秀還是老看法，不欲直接接管西域。既然莎車幾代國王都忠於漢廷，想來賢也是忠心耿耿，索性就任命賢爲西域都護。這當然正是賢交通漢廷的目的，正中下懷。不料有人壞其好事：

> 敦煌太守裴遵上言："夷狄不可假以大權，又令諸國失望。"詔書收還都護印綬，更賜賢以漢大將軍印綬。（同前引）

劉秀一聽裴尊之言也有道理，遂改變主意，收回都護印綬而另行任命賢以漢大將軍之職。當然，出爾反爾肯定會惹人記恨：

> 其使不肯易，遵迫奪之，賢由是始恨。而猶詐稱大都護，移書諸國，諸國悉服屬焉，號賢爲單于。賢浸以驕橫，重求賦稅，數攻龜兹諸國，諸國愁懼。（同前引）

賢還是按既定方針拉大旗做虎皮，詐稱自己是漢廷任命的西域都護，以武力做後盾，壓榨西域諸國。

結果，西域其他國家受不了賢這個冒牌都護的統治，遂至洛陽要求漢廷派遣一個真正的西域都護，以保護各國的權益：

> 二十一年冬，車師前王、鄯善、焉耆等十八國俱遣子入侍，獻其珍寶。及得見，皆流涕稽首，願得都護。天子以中國初定，北邊未服，皆還其侍子，厚賞賜之。是時賢自負兵强，欲並兼西域，攻擊益甚。諸國聞都護不出，而侍子皆還，大憂恐，乃與敦煌太守檄，願留侍子以示莎車，言侍子見留，都護尋出，冀且息其兵。裴遵以狀聞，天子許之。（同前引）

西域各國要求漢廷復派都護，言之殷殷，而劉秀依然不爲所動，既不接受各國人質，也不更派西域都護。賢一看漢廷無暇顧及西域，遂無所顧忌，要求鄯善斷絕東去道路，免得再有人去洛陽搬救兵：

> 二十二年，賢知都護不至，遂遺鄯善王安書，令絕通漢道。安不納而殺其使。賢大怒，發兵攻鄯善。安迎戰，兵敗，亡入山中。賢殺略千餘人而去。（同前引）

鄯善王安不甘於聽從賢的擺布，與之決裂，結果大敗於賢。賢一鼓作氣，索性再滅龜茲。鄯善於是再上書劉秀，要求派遣都護，否則就要另找保護人：

> 其冬，賢復攻殺龜茲王，遂兼其國。鄯善、焉耆諸國侍子久留敦煌，愁思，皆亡歸。鄯善王上書，願復遣子入侍，更請都護。都護不出，誠迫於匈奴。天子報曰："今使者大兵未能得出，如諸國力不從心，東西南北自在也。"於是鄯善、車師復附匈奴，而賢益橫。（同前引）

結果劉秀說我們還是顧不上西域那邊，如果你們受不了賢，亦可另請高明。於是鄯善、車師俱歸附匈奴。得知東漢朝廷確實不打算插手西域事務，賢遂放開手腳，大幹一場，滅龜茲後，又滅媯塞：

> 媯塞王自以國遠，遂殺賢使者，賢擊滅之，立其國貴人駟鞬爲媯塞王，賢又自立其子則羅爲龜茲王。賢以則羅年少，乃分龜茲爲烏壘國，徙駟鞬爲烏壘王，又更以貴人爲媯塞王。（同前引）

於是龜茲人也投靠了匈奴，借以抗禦莎車：

> 數歲，龜茲國人共殺則羅、駟鞬，而遣使匈奴，更請立王。匈奴立龜茲貴人身毒爲龜茲王，龜茲由是屬匈奴。（同前引）

後來僅僅征服內屬諸國已經不能滿足賢的胃口了，他又開始攻打蔥嶺以西的大宛：

> 賢以大宛貢稅減少，自將諸國兵數萬人攻大宛，大宛王延留迎降，賢因將還國，徙拘彌王橋塞提爲大宛王。而康居數攻之，橋塞提在國歲餘，亡歸，賢復以爲拘彌王，而遣延留還大宛，使貢獻如常。（同前引）

大宛屈服後，賢再接再厲，又滅掉于闐、拘彌、姑墨、子合等國：

> 賢又徙于寘王俞林爲驪歸王，立其弟位侍爲于寘王。歲餘，賢疑

> 諸國欲畔，召位侍及拘彌、姑墨、子合王，盡殺之，不復置王，但遣將鎮守其國。位侍子戎亡降漢，封爲守節侯。（同前引）

征服于闐、姑墨、子合諸國後，賢做得更加徹底，乾脆殺掉他們的王，另派自己的將領鎮守，於是這些國家可說是真正的亡國了。

從光武初年到永平初年，在橫行西域近三十年後，賢終於遇到了對頭：

> 莎車將君得在于寘暴虐，百姓患之。明帝永平三年①，其大人都末出城，見野豕，欲射之。豕乃言曰："無射我，我乃爲汝殺君得。"都末因此即與兄弟共殺君得。而大人休莫霸復與漢人韓融等殺都末兄弟，自立爲于寘王，復與拘彌國人攻殺莎車將在皮山者，引兵歸。（同前引）

野豕人言當然是類似"大楚興，陳勝王"②一類旨在煽動民衆的借口，但由此亦可見莎車統治之不得人心。這位自立爲于闐王的休莫霸大人，勇猛過人，賢終於遇到了對頭：

> 於是賢遣其太子、國相，將諸國兵二萬人擊休莫霸，霸迎與戰，莎車兵敗走，殺萬餘人。賢復發諸國數萬人，自將擊休莫霸，霸復破之，斬殺過半，賢脫身走歸國。休莫霸進圍莎車，中流矢死，兵乃退。（同前引）

這大約是賢三十年來未曾遇到過的敗績。雖然此役休莫霸戰死，但賢也沒能高興多久：

> 于寘國相蘇榆勒等共立休莫霸兄子廣德爲王。匈奴與龜兹諸國共攻莎車，不能下。廣德承莎車之敝，使弟輔國侯仁將兵攻賢。賢連被兵革，乃遣使與廣德和。（同前引）

休莫霸的侄子廣德繼任于闐王。與乃叔一樣，這位也是賢的克星，勇猛不

---

① 永平三年爲公元60年。
② 據《史記·陳涉世家》，陳勝、吳廣大澤起義前，"乃丹書帛曰'陳勝王'，置人所罾魚腹中。卒買魚烹食，得魚腹中書，固以怪之矣。又間令吳廣之次所旁叢祠中，夜篝火，狐鳴呼曰：'大楚興，陳勝王'。"

下休莫霸，賢打不過，衹有求和：

> 先是廣德父拘在莎車數歲，於是賢歸其父，而以女妻之，結爲昆弟，廣德引兵去。（同前引）

所謂樹倒猢猻散，賢接連打敗仗，其手下大臣等就開始密謀，給自己找退路：

> 明年，莎車相且運等患賢驕暴，密謀反城降于寘。于寘王廣德乃將諸國兵三萬人攻莎車。賢城守，使使謂廣德曰："我還汝父，與汝婦，汝來擊我何爲？"廣德曰："王，我婦父也，久不相見，願各從兩人會城外結盟。"賢以問且運，且運曰："廣德女婿至親，宜出見之。"賢乃輕出，廣德遂執賢。而且運等因内于寘兵，虜賢妻子而並其國。鎖賢將歸，歲餘殺之。（同前引）

一代梟雄莎車王賢，就這樣兵敗身死。賢死後，不久前還與龜兹一起進攻莎車的匈奴却發兵爲其出頭，圍攻廣德：

> 匈奴聞廣德滅莎車，遣五將發焉耆、尉黎、龜兹十五國兵三萬餘人圍于寘，廣德乞降，以其太子爲質，約歲給罽絮①。（同前引）

雖然賢一向稱霸西域，自號"單于"，但莎車的實力與匈奴相比還是差得太遠，所以賢也送有質子到匈奴。這次廣德投降後，匈奴即立賢在匈奴的質子不居徵爲莎車王：

> 冬，匈奴復遣兵將賢質子不居徵立爲莎車王，廣德又攻殺之，更立其弟齊黎爲莎車王。（同前引）

廣德到底還是不能容忍自己身邊有一個直接由匈奴所立之傀儡莎車王，遂又攻殺不居徵，改立其弟齊黎。齊黎既爲廣德所立，當然要聽廣德的話。

路放按：《後漢書·西域傳·莎車》這段記載相當含混，特別是各個事件發生的時間很不清晰。永平三年（60）君得被殺，休莫霸自立爲莎車王，此後賢與休莫霸、廣德的戰爭持續了幾年？賢哪年被殺？匈奴圍廣德、立不居徵，廣

---

① "罽"音"紀"，毛毯。

德殺不居徵、立齊黎，又在哪年？由於《後漢書》的記載模糊含混，《資治通鑒》將這些事件統統記於永平四年（61），實屬不得已之舉。然而《後漢書》班超本傳說永平十六年（73）班超出使于闐時，"是時于闐王廣德新攻破莎車"云云，則這些事件應是之前不久發生的事情。所以，一個合理的推測是，自永平三年（60）于闐國人刺殺莎車將君得，至廣德殺匈奴所立莎車王不居徵，改立齊黎，其間經歷了一段較長的時間，以至於永元十六年（73）班超出使西域時，還可視之爲不久前發生之事。

廣德立傀儡齊黎爲莎車王後，莎車實際上即爲廣德所控制。莎車位於于闐和疏勒之間，而班超從于闐出使疏勒，章帝初西域失守，班超應詔撤回，先至于闐，再返疏勒，數次往返途經莎車，其本傳均未提及。實際上，直到建初三年（78）班超上疏提到"今拘彌、莎車、疏勒、月氏、烏孫、康居復願歸附"之前，莎車都沒有什麼存在感，即是莎車實際爲于闐所控制的證據。

《後漢書・西域傳・莎車》上述記載後，緊接一句爲"章帝元和三年時長史班超發諸國兵擊莎車……"中華書局版在"章帝元和三年"後加"也"字，并斷句爲"……更立其弟齊黎爲莎車王，章帝元和三年也。"誤。應爲"……更立其弟齊黎爲莎車王。章帝元和三年時，長史班超發諸國兵擊莎車……"。

廣德滅莎車後，西域出現權力真空，各國之間乘機互相吞并：

> 會匈奴衰弱，莎車王賢誅滅諸國，賢死之後，遂更相攻伐。小宛、精絕、戎廬、且末爲鄯善所并。渠勒、皮山爲于闐所統，悉有其地。郁立、單桓、孤胡、烏貪訾離爲車師所滅。後其國並復立。（《後漢書・西域傳》）

鄯善、于闐、車師等國，通過吞并周圍小國而實力大增，成爲西域諸國中實力較强者。但這些國家都沒有直接與匈奴抗衡的實力，故而依然受制於匈奴。即如于闐，雖然廣德滅了莎車，但他依然要接受匈奴的監護。到明帝時，匈奴又脅迫西域諸國一起進犯河西諸郡：

> 永平中，北虜乃脅諸國共寇河西郡縣，城門晝閉。（《後漢書・西域傳》）

於是漢廷西北邊患復起，以致"城門晝閉"。這次竇固擊敗北匈奴後，下一步就是恢復漢廷對西域的控制，以消除邊患，重新打通西去商路。

二、出使鄯善

班超、郭恂出使西域的第一站是鄯善。鄯善原名樓蘭，位於新疆東南部，如果從敦煌出玉門關或陽關，沿南路西去，遇到的第一個西域國家便是鄯善。《西域傳上》載：

> 鄯善國，本名樓蘭，王治扜泥城，去陽關千六百里，去長安六千一百里。戶千五百七十，口萬四千一百，勝兵①二千九百十二人。輔國侯、卻胡侯、鄯善都尉、擊車師都尉、左右且渠、擊車師君各一人，譯長二人。②西北去都護治所③千七百八十五里，至山國④千三百六十五里，西北至車師千八百九十里。地沙鹵，少田，寄田仰穀旁國。⑤國出玉，多葭葦、檉柳、胡桐、白草。⑥民隨畜牧逐水草，有驢馬，多橐它。⑦

從《西域傳上》關於鄯善記載，可以大致看出西域國家的特點：人口少，半農半牧，軍事力量不強，與鄰國的距離都很遠。武帝時，趙破奴在攻伐車師時，僅以七百人馬就順便攻克了樓蘭，俘虜了樓蘭王。樓蘭自此降服漢朝。

> 初，武帝感張騫之言，甘心欲通大宛諸國，使者相望於道，一歲

---

① 指能充當兵士參加作戰的人。
② 此言除了國王，鄯善國尚有上自輔國侯，下至譯長等九人佩漢廷印綬，爲名義上由東漢朝廷任命之土官。
③ 西域都護治所在烏壘城。
④ 顏師古注："此國山居，故名山國也。"
⑤ 顏師古注："寄於它國種田，又糴旁國之穀也。"
⑥ 顏師古注："檉柳，河柳也，今謂之赤檉。白草似莠而細，無芒，其乾熟時正白色，牛馬所嗜也。胡桐亦似桐，不類桑也。蟲食其樹而沫出下流者，俗名爲胡桐泪，言似眼泪也，可以汗金銀也，今工匠皆用之。"按："汗"通"焊"。胡桐即胡楊，古代工匠用其樹汁做焊接金銀時之釬劑。
⑦ 橐它，同"橐駝"，即駱駝。

中多至十餘輩。樓蘭、姑師當道，苦之，①攻劫漢使王恢等，又數爲匈奴耳目，令其兵遮漢使。漢使多言其國有城邑，兵弱易擊。於是武帝遣從票侯趙破奴將屬國騎②及郡兵數萬擊姑師。王恢數爲樓蘭所苦，上令恢佐破奴將兵。破奴與輕騎七百人先至，虜樓蘭王，遂破姑師，因暴③兵威以動烏孫、大宛之屬。還，封破奴爲浞野侯，恢爲浩侯。於是漢列亭障至玉門矣。（同前引）

樓蘭小國，夾在漢與匈奴之間，實在難做，衹有兩邊敷衍，兩不得罪：

樓蘭既降服貢獻，匈奴聞，發兵擊之。於是樓蘭遣一子質匈奴，一子質漢。後貳師軍擊大宛，匈奴欲遮之，貳師兵盛不敢當，即遣騎因樓蘭候漢使後過者，欲絕勿通。時漢軍正④任文將兵屯玉門關，爲貳師後距，⑤捕得生口，知狀以聞。上詔文便道引兵捕樓蘭王。將詣闕，簿責王，⑥對曰：“小國在大國間，不兩屬無以自安。願徙國入居漢地。”上直其言，⑦遣歸國，亦因使候司⑧匈奴。匈奴自是不甚親信樓蘭。（同前引）

樓蘭王爲了在漢與匈奴之間周旋，同時派兩個兒子分別入漢與匈奴爲人質。貳師將軍李廣利征伐大宛，匈奴派小股部隊去樓蘭襲擊漢軍後方，意欲斷絕大軍與後方的聯繫。統領李廣利後衛部隊的任文逮捕了樓蘭王并送迴長安，武帝劉徹即歷數其罪狀。樓蘭王索性直説：小國夾在大國之間，不得不兩邊周旋。要不我們全國都遷入內地如何？劉徹當然不能真的將樓蘭舉國內遷，衹好放樓蘭

---

①顏師古注：“每供給使者受其勞費，故厭苦之。”姑師，即車師。

②顏師古注：“屬國謂諸外國屬漢也。”

③顏師古注：“暴謂顯揚也。”

④軍正，軍中執法官。

⑤顏師古注：“後距者，居後以距敵。”

⑥顏師古注：“以文簿一一責之。”

⑦顏師古注：“以其言爲直。”

⑧候，亦作“候伺”，窺探、偵察之意。《史記·黥布列傳》：“（布）陰令人部聚兵，候伺旁郡警急。”

王回國，但却給他派了個監視匈奴的任務。

  征和元年，樓蘭王死，國人來請質子在漢者，欲立之。質子常坐漢法，下蠶室宮刑①，故不遣。報曰："侍子，天子愛之，不能遣。其更立其次當立者。"樓蘭更立王，漢復責其質子，亦遣一子質匈奴。後王又死，匈奴先聞之，遣質子歸，得立爲王。②漢遣使詔新王，令入朝，天子將加厚賞。樓蘭王後妻，故繼母也，謂王曰："先王遣兩子質漢皆不還，奈何欲往朝乎？"王用其計，謝使曰："新立，國未定，願待後年入見天子。"（同前引）

這段記載生動地表現了漢廷的高高在上、目中無人，和小國君主的委屈無奈。從漢廷這方面來說，對在洛陽爲質的樓蘭王子處以宮刑時，就沒有想到將來他可能要回去繼承王位嗎？如此這般，想讓人家一心一意歸順也難，無怪乎會讓匈奴鑽了空子。這位曾在匈奴爲人質的王子做了樓蘭王，當然會比較偏向匈奴。

  然樓蘭國最在東垂，近漢，當白龍堆，③乏水草，常主發導，④負水儋糧，送迎漢使，又數爲吏卒所寇，懲艾不便與漢通。（同前引）

樓蘭國靠近漢關且正當要道，不但要負擔漢朝西域使者的向導、水糧供給、迎送往來，還常常受到漢朝官吏、士卒的欺凌劫掠，他們當然不喜歡與漢人打交道。

元帝元鳳年間，樓蘭王安歸在匈奴人的挑撥下多次阻攔、殺害漢朝派往西域諸國的使者。於是大將軍霍光派傅介子刺殺了樓蘭王（見第二十八章《投筆從戎》第一節《釁於盦中》）。

---

①宮刑，一種肉刑，即閹割生殖器。又稱"腐刑"。司馬遷《報任安書》："詬莫大於宮刑。"
②顏師古注："匈奴在漢前聞樓蘭王死，故即遣質子還也。"
③白龍堆，一名龍堆，天山南路沙漠。《匈奴傳下》："豈爲康居、烏孫能踰白龍堆而寇西邊哉，乃以制匈奴也。"顏師古注引孟康曰："龍堆形如土龍身，無頭有尾，高大者二三丈，埤者丈餘，皆東北向，相似也。在西域中。"
④派遣向導。

昭帝元鳳四年（前77）漢廷立曾在長安爲人質的王子尉屠耆爲王，并將樓蘭更名爲鄯善：

> 乃立尉屠耆爲王，更名其國爲鄯善，爲刻印章，賜宮女爲夫人，備車騎輜重，丞相將軍率百官送至橫門外，祖而遣之。①王自請天子曰："身在漢久，今歸，單弱，而前王有子在，恐爲所殺。國中有伊循城，其地肥美，願漢遣一將屯田積穀，令臣得依其威重。"於是漢遣司馬一人，吏士四十人，田伊循以填撫之。其後更置都尉。伊循官置始此矣。（同前引）

漢廷又在鄯善的伊循城駐軍屯田，并設置官吏管理。直到王莽新朝中，鄯善方與中原斷絶往來。

永平十六年（73），竇固大軍攻克伊吾城後，置宜禾都尉并留下部分將士在此屯田：

> 十六年，明帝乃命將帥，北征匈奴，取伊吾盧地，置宜禾都尉以屯田，遂通西域。（《後漢書·西域傳》）

之後竇固率大軍退回關内。班超奉竇固之命，帶著少數隨從出使位於南道最東邊的鄯善國。鄯善國王廣起先很殷勤，過了幾日後突然變得怠慢起來。班超敏鋭地覺察到這恐怕與匈奴人有關：

> 超到鄯善，鄯善王廣奉超禮敬甚備，後忽更疏懈。超謂其官屬曰："寧覺廣禮意薄乎？此必有北虜使來，狐疑未知所從故也。明者睹未萌，況已著邪。"乃召侍胡②詐之曰："匈奴使來數日，今安在乎？"侍胡惶恐，具服其狀。

班超從鄯善派來招待他們的侍者那裏確定了匈奴使者亦已到了鄯善，而這正是鄯善國王三心二意的原因。於是班超召集他的下屬商議：

---

① 顔師古注："爲設祖道之禮也。"
② 侍胡，即鄯善國派來招待班超使團的侍者。

超乃閉侍胡,①悉會其吏士三十六人,與共飲。酒酣,因激怒之曰:"卿曹與我俱在絶域,②欲立大功,以求富貴。今虜使到裁③數日,而王廣禮敬即廢;如令鄯善收吾屬送匈奴,骸骨長爲豺狼食矣。爲之奈何?"官屬皆曰:"今在危亡之地,死生從司馬。"超曰:"不入虎穴,不得虎子。當今之計,獨有因夜以火攻虜,使彼不知我多少,必大震怖,可殄盡也。滅此虜,則鄯善破膽,功成事立矣。"

班超首先動以利害:"鄯善國王首鼠兩端,周旋於漢於匈奴之間。現在匈奴使者一來,他便怠慢我們,倘若他把我們綁送匈奴人,那我們不就死路一條了嗎?不如先下手爲強。"下屬們表示聽從班超指揮。因爲漢使人少,匈奴人多,班超遂布置了深夜火攻的計劃。由於從事郭恂亦是漢使團領導,所以眾人建議也徵求一下他的意見:

眾曰:"當與從事議之。"超怒曰:"吉凶決於今日。從事文俗吏,聞此必恐而謀泄,死無所名,非壯士也!"眾曰:"善"。

然而班超認爲郭恂是書生,不足以與謀此等大事,遂决定獨自指揮這場戰鬥:

初夜,④遂將吏士往奔虜營。會天大風,超令十人持鼓藏虜舍後,約曰:"見火然,⑤皆當鳴鼓大呼。"餘人悉持兵弩夾門而伏。超乃順風縱火,前後鼓噪。虜眾驚亂,超手格殺三人,吏兵斬其使及從士三十餘級,餘眾百許人悉燒死。⑥

這真是一場乾脆利落、以少勝多的經典戰例,充分顯示出班超的過人的膽識和高超的指揮藝術。

---

①扣留"侍胡"以防消息外泄。
②李賢注:"曹,輩也。"
③裁,通"纔"。
④初夜,猶初更,即剛入夜。
⑤然,通"燃"。
⑥李賢注:"《東觀記》曰:'斬得匈奴節使屋賴帶、副使比離支首及節'"也。

第二天，班超通報郭恂戰果，郭恂始大驚，繼而沉下臉色，心裏打起了小算盤。如此這般功勞，怎麼就能把自己落下了呢？

明日乃還告郭恂，恂大驚，既而色動①。超知其意，舉手曰："掾雖不行，班超何心獨擅之乎？"恂乃悦。超於是召鄯善王廣，以虜使首示之，一國震怖。超曉告撫慰，遂納子爲質。

班超很會做人，未等郭恂開口，先説明雖然老郭你没有参加昨晚的戰鬥，但我哪會自己獨占功勞呢？也算你一份。郭恂當然很高興。先安撫好了自己内部，然後班超提着匈奴使節的人頭通報鄯善國王廣，鄯善舉國震驚。廣遂送兒子去洛陽爲人質，以示其重歸漢屬之誠意。

順便説一下，有了這份功勞，郭恂後來得任西域副校尉，即西域都護副手。永平十八年（75）六月，焉耆、龜兹反叛，攻打西域都護府，郭恂與都護陳睦等同時遇難。

三、出使于闐

班超招撫鄯善後，回去報告竇固：

> 還奏於竇固，固大喜，具上超功效，②並求更選使使西域。帝壯超節，詔固曰："吏如班超，何故不遣而更選乎？今以超爲軍司馬，令遂前功。"

路放按：袁宏③《後漢紀》所載略有不同：

> 超還入塞，奉虜使首詣固，固具上超前後功。詔以超爲司馬，賜

---

① 色動，臉色改變。《戰國策·趙策一》："知過出見二主，入説知伯曰：'二主色動而意變，必背君，不如令殺之。'"
② 向朝廷報告班超的功勞。
③ 袁宏，字彦伯，東晉陽夏（今河南太康）人。袁宏仿荀悦《漢紀》之例，"略舉義教所歸，庶以弘敷王道"，遂撰《後漢紀》。《後漢紀》是編年體東漢史，記事溯自新莽元鳳四年（17）緑林起義，止於漢獻帝延康元年（220）曹魏代漢。全書三十卷，約二十餘萬字。《後漢紀》是除范曄《後漢書》外僅存的一部東漢史書。

布二百匹。

班超本爲竇固部下，出使鄯善乃是奉竇固之命的臨時任務，并非由東漢中央政府直接派往西域的正式使節，故使命完成後需歸隊并向竇固匯報。然而明帝劉莊贊賞班超的膽量和見識，遂直接任命其爲軍司馬，繼續執行安撫西域諸國的任務。從此，班超便脫離了竇固所部，單獨在西域各國進行外交活動。

路放按：關於班超職務，《後漢書·班梁列傳·班固》上述記載説他從鄯善回來即爲明帝擢升爲軍司馬，這是永平十六年（73）中的事。《後漢書·西域傳》也支持這一説法：

> 明帝永平十六年，龜茲王建攻殺疏勒王成，自以龜茲左侯兜題爲疏勒王。冬，漢遣軍司馬班超劫縛兜題，而立成之兄子忠爲疏勒王。

然而據《後漢書·肅宗孝章帝紀》建初三年（78）、建初五年（80）的記載，班超的職務仍爲假司馬，直到元和三年（86），方有班超出任西域長史的記録。又據《後漢書·百官一·將軍》載：

> 領軍皆有部曲。大將軍營五部，部校尉一人，比二千石；軍司馬一人，比千石。部下有曲，曲有軍候一人，比六百石。曲下有屯，屯長一人，比二百石。其不置校尉部，但軍司馬一人。又有軍假司馬、假候，皆爲副貳。

據此則假司馬爲"副貳"之職。然而班超自永平十六年（73）出使于闐起一直獨立率部行動，并非某人副職，到章帝初年東漢政府撤回西域都護後更是如此，整個西域祇有班超和他那隊三十六人的外交使團而已。故班超職務應如其本傳所説，在永平十六年即爲劉莊提拔爲軍司馬。脫離竇固部後，班固應屬獨立行動、"不置校尉部"的軍司馬。

班超再次出發前，竇固覺得他手下人太少，欲多派兵馬給他，而班超拒絶了：

> 超復受使，固欲益其兵，超曰："願將本所從三十餘人足矣。如有不虞，多益爲累。"

這段記載，一方面説明班超膽量過人，敢以如此少的人馬周旋於心懷二意的西域諸國中，且要冒着隨時與匈奴使節直接衝突的危險——匈奴人的外交使團的規模還是很大的，在鄯善的那次，匈奴使團就有百餘人之多。不過，這也說明班超的務實精神。他清醒地認識到這次在西域各國的外交活動是個長期任務。多帶人馬固然能壯膽，但是西域各國地廣人稀，耕地面積不多，如果使團規模過大，勢必給出使之國家帶來沉重的接待負擔。長此以往，這些國家疲於應付，就可能對漢廷使團有所不滿和抵觸，更可能會被匈奴人鑽了空子。

這次班超南下再至于闐。于闐國在鄯善以西，正當西域南道正中，距鄯善三千六百里。《西域傳》載：

> 于闐國，王治西城，去長安九千六百七十里。戶三千三百，口萬九千三百，勝兵二千四百人。輔國侯、左右將、左右騎君、東西城長、譯長各一人。東北至都護治所三千九百四十七里，南與婼羌接，北與姑墨接。于闐之西，水皆西流，注西海；其東，水東流，注鹽澤，河原出焉。① 多玉石。

于闐王廣德不久前剛滅掉莎車，實力大增，成爲與鄯善并稱的南道強國。在班超到達之前，于闐是匈奴的勢力範圍，派有使節駐于闐監護。班超來到于闐，由於有匈奴人撐腰，于闐國王廣德態度甚爲傲慢。于闐人信巫，當地巫師首先發難：

> 超既西，先至于寘。廣德禮意甚疏。且其俗信巫。巫言："神怒何故欲向漢？漢使有騧馬②，急求取以祠我。"廣德乃遣使就超請馬。超密知其狀，報許之，而令巫自來取馬。有頃，巫至，超即斬其首以送廣德，因辭讓之。③ 廣德素聞超在鄯善誅滅虜使，大惶恐，即攻殺匈奴使者而降超。超重賜其王以下，因鎮撫焉。

于闐巫師以爲班超一伙人少，肯定不敵匈奴人多勢大，所以想給他一個下

---

① 這是說于闐位於崑崙山脈北麓，地勢較高。于闐以西之河水西流入天山南麓之西海（今博斯騰湖），而發源於于闐之地的塔里木河東流入鹽澤（即羅布泊）。
② 騧馬，黃馬黑唇。
③ 此處辭讓作責備解。

馬威，開口就要班超的坐騎。當然，該巫師看錯了人，班超可不是好惹的。他假意讓巫師自己來取馬，實則是來獻首——興沖沖地來牽馬的巫師被班超砍了頭。于闐王廣德看到巫師的腦袋并受到班超的一通責備後，纔發現事情弄砸了，班超真的很厲害。於是廣德果斷殺掉匈奴使臣，轉而投靠漢廷。

由於鄯善、于闐此時的勢力頗大，于闐西南的莎車又已爲于闐所吞并，招撫這兩個國家以後，西域南路就全部回歸漢廷了。故《後漢書·西域傳》説：

> 于寘諸國皆遣子入侍。西域自絶六十五載，乃復通焉。

由於這時已近冬天，西域冬天天氣寒冷，補充困難，不宜行路，班超遂留在于闐過冬。

四、招撫疏勒

次年春天，班超繼續西行，來到疏勒國。《西域傳上》對疏勒國的介紹是：

> 疏勒國，王治疏勒城，去長安九千三百五十里。户千五百一十，口萬八千六百四十七，勝兵二千人。疏勒侯、擊胡侯、輔國侯、都尉、左右將、左右騎君、左右譯長各一人。東至都護治所二千二百一十里，南至莎車五百六十里。有市列①，西當大月氏、大宛、康居道也。

疏勒是西域北道諸國中最靠西面的一個。從疏勒再向西行越過葱嶺（今帕米爾高原），即可到達大宛、康居等"外國"。

在班超去疏勒之前，疏勒國正鬧内亂，這亂子與當時西域另一個强國龜茲國有關。龜茲在塔里木盆地北沿，疏勒國東面，屬西域北道。此時的龜茲王建爲匈奴所立，故與匈奴交好：

> 時龜茲王建爲匈奴所立，倚恃虜威，據有北道，攻破疏勒，殺其王，而立龜茲人兜題爲疏勒王。（《後漢書·班梁列傳》）

---

① 市列，即市場中的店鋪。《食貨志下》："縣官當衣租食税而已，今弘羊令吏坐市列販物求利。"顔師古注："市列，謂列肆。"

龜茲王建仗匈奴之勢，稱霸北道，攻破疏勒，改立龜茲人兜題爲疏勒王。

永平十七年（74）春天，班超從小路抵達疏勒。在距離疏勒王兜題所占據的槃橐城尚有一段路程時，班超先派其部下田慮前去招降：

> 明年春，超從閒道①至疏勒。去兜題所居槃橐城九十里，逆遣②吏田慮先往降之。勅③慮曰："兜題本非疏勒種，國人必不用命。若不即降，便可執之。"慮既到，兜題見慮輕弱，殊無降意。慮因其無備，遂前劫縛兜題。左右出其不意，皆驚懼奔走。慮馳報超，超即赴之，悉召疏勒將吏，說以龜茲無道之狀，因立其故王兄子忠爲王，國人大悅。忠及官屬皆請殺兜題，超不聽，欲示以威信，釋而遣之。疏勒由是與龜茲結怨。

大約田慮其貌不揚，帶的隨從也很少，兜題沒把他當回事。然而強將手下無弱兵，田慮乘兜題不防備，上前就將他抓住綁了起來，嚇得兜題左右之人紛紛逃散。

其實田慮在疏勒得手如此容易，也是因爲班超一行師出有名。西域諸國本爲大漢藩屬，從理論上說各國國王與其大臣們都是持漢朝印綬的大漢臣下。現在兜題私通匈奴，與漢爲敵，漢使逮捕兜題也是名正言順。漢使背後且有強大的漢軍做後盾，而兜題又是龜茲所立之王，在疏勒本無根基，故而無人肯爲他出頭開罪漢使。其實，班超在鄯善、于闐等國的行動如此順利，應該也是這個道理。

田慮逮捕兜題後，即迎班超進城。班超召集疏勒各級官員，痛斥龜茲的罪行，改立被龜茲殺掉的原疏勒國王的侄子忠爲新王，取得了疏勒人的信任。

出於策略上的考慮，班超并沒有直接殺掉兜題，而是將其遣送迴龜茲。這也許是因爲此刻龜茲還有匈奴人撐腰，本身實力也比較強大，班超不願意給其再次出兵疏勒的借口。

路放按：據李賢注引《續漢書》說，疏勒新王乃是班超"求得故王兄子榆

---

①閒道，亦作間道，即偏僻小路。
②逆遣，事先派遣。
③勅同"敕"，告誡。

勒立之，更名曰忠"，即新王原名榆勒，班超爲其改名爲"忠"。看來王莽提倡單名，并爲匈奴單于囊知牙斯改名爲"知"一事的影響還是很大的。聯繫到當時西域諸國君主之名，如鄯善王"廣"、莎車王"賢"、疏勒王"成"、龜茲王"建"、焉耆王"廣""舜"等，看來當時藩屬國君主改用漢字單名已是常例。

自此，西域南路諸國已全部回歸漢廷治下。自莎車向西越過帕米爾高原，即可到達西南方向的大月氏、安息、身毒諸國，自疏勒向西向北則可去大宛、康居。此後，班超便在疏勒國的盤橐城駐扎下來：

> 超守盤橐城，忠據疏勒城。（袁宏《後漢紀·孝明帝紀下》永平十六年）

第三十章 一定西域

一、大軍出關

永平十七年（74）冬十一月，竇固再次率領大軍出關討伐匈奴，平定車師：

> 冬十一月，遣奉車都尉竇固、駙馬都尉耿秉、騎都尉劉張出敦煌昆侖塞，①擊破白山虜於蒲類海上，遂入車師。②（《後漢書·明帝紀》）

這次出征，竇固首先在天山、巴里坤湖一帶擊退了匈奴人，然後沿着北道西進，進軍依附匈奴的車師國。

據《西域傳下》，車師國分兩部，即車師前國和車師後國，各有其王：

> 車師前國，王治交河城③。河水分流繞城下，故號交河。去長安八千一百五十里。户七百，口六千五十，勝兵千八百六十五人。輔國侯、安國侯、左右將、都尉、歸漢都尉、車師君、通善君、鄉善君④各一人，

---

① 李賢注："昆侖，山名，因以爲塞，在今肅州酒泉縣西南。山有昆侖之體，故名之。周穆王見西王母於此山，有石室、王母臺。"酒泉縣即今甘肅酒泉城關。
② 李賢注引《西河舊事》曰："白山冬夏有雪，故曰白山，匈奴謂之天山，過之皆下馬拜焉。去蒲類海百里之内。"
③ 交河故城位於新疆吐魯番市西約十一公里處的亚爾孜溝内，曾是世界上最大、最古老的生土城市。交河故城建於一個柳葉形的孤島臺地上，周圍有深約三十米的河谷環繞，四周崖岸壁立，形勢險要，易守難攻。
④ 颜師古注："鄉讀曰嚮。"

譯長二人。西南至都護治所千八百七里,至焉耆八百三十五里。

車師後國,王治務塗谷,去長安八千九百五十里。戶五百九十五,口四千七百七十四,勝兵千八百九十人。擊胡侯、左右將、左右都尉、道民君①、譯長各一人。西南至都護治所千二百三十七里。

車師前後部本爲一國。因其處於西域北道要衝,故歷來成爲漢與匈奴爭奪的對象。天漢二年(前99),武帝首征車師,不克;征和四年(前89)重合侯馬通②征匈奴時,又發樓蘭等六國人馬擊車師,以保障馬通的後路。自此車師降漢:

> 武帝天漢二年,以匈奴降者介和王爲開陵侯,將樓蘭國兵始擊車師,匈奴遣右賢王將數萬騎救之,漢兵不利,引去。征和四年,遣重合侯馬通將四萬騎擊匈奴,道過車師北,復遣開陵侯將樓蘭、尉犁、危須凡六國兵別擊車師,勿令得遮重合侯。諸國兵共圍車師,車師王降服,臣屬漢。(同前引)

至昭帝時,匈奴人又派兵屯田車師,車師遂又爲匈奴所控制。宣帝劉詢派五將軍將其攆走以後,匈奴改走和親路綫,在車師扶持親匈奴的新王:

> 昭帝時,匈奴復使四千騎田車師。宣帝即位,遣五將將兵擊匈奴,③車師田者驚去,車師復通於漢。匈奴怒,召其太子軍宿,欲以爲質。軍宿,焉耆外孫,不欲質匈奴,亡走焉耆。車師王更立子烏貴爲太子。及烏貴立爲王,與匈奴結婚姻,教匈奴遮漢道通烏孫者。(同前引)

由於車師新王烏貴娶匈奴公主,匈奴遂控制了北道,隔斷了漢庭北至烏孫的道路。地節二年(前68),劉詢遂派鄭吉等屯田車師南面的渠犁(在今新疆庫

---

①顏師古注:"道讀曰導。"
②馬通,又名莽通,武帝時將領,光武大將、伏波將軍馬援的曾祖。
③顏師古注:"謂本始二年御史大夫田廣明爲祁連將軍,後將軍趙充國爲蒲類將軍,雲中太守田順爲武牙將軍,及度遼將軍范明友、前將軍韓增,凡五將也。"

爾勒市南），以積攢軍糧。秋收後即出征車師，破交河城。適逢車師王不在城中，漢軍即撤回渠犁。第二年秋再攻車師，車師遂降：

> 地節二年，漢遣侍郎鄭吉、校尉司馬憙將免刑罪人田渠犁，積穀，欲以攻車師。至秋收穀，吉、憙發城郭諸國兵萬餘人，自與所將田士千五百人共擊車師，攻交河城，破之。王尚在其北石城中，未得，會軍食盡，吉等且罷兵，歸渠犁田。
>
> 收秋畢，復發兵攻車師王於石城。王聞漢兵且至，北走匈奴求救，匈奴未爲發兵。王來還，與貴人蘇猶議欲降漢，恐不見信。蘇猶教王擊匈奴邊國小蒲類，斬首，略①其人民，以降吉。（同前引）

當然，匈奴人也不會就此罷休，又發兵攻車師，從而引發了新一輪爭奪。不過，這次漢軍強大，匈奴沒有得逞。匈奴一走，鄭吉留下少量人馬保護車師王，自己帶兵迴了駐軍屯田的渠犁。車師王恐漢軍走後匈奴人再來，索性逃到烏孫。鄭吉爲安全起見，祇有將車師王妻子也移至渠犁：

> 匈奴聞車師降漢，發兵攻車師，吉、憙引兵北逢之，匈奴不敢前。吉、憙即留一候與卒二十人留守王，吉等引兵歸渠犁。車師王恐匈奴兵復至而見殺也，乃輕騎奔烏孫，吉即迎其妻子置渠犁。東奏事，至酒泉，有詔還田渠犁及車師，益積穀以安西國，侵匈奴。吉還，傳送車師王妻子詣長安，賞賜甚厚，每朝會四夷，常尊顯以示之。（同前引）

鄭吉悟到，對付匈奴，總派大軍征討并非長久之計，蓋匈奴乃游牧民族，居無定所，漢軍一來匈奴即退兵；漢軍一走則匈奴再來騷擾。在這種情況下，直接在車師駐軍屯田是比較好的策略。最初在車師的屯田駐兵僅三百人，後來更增加至一千五百人。然而匈奴人以車師富饒，且距離匈奴地近，不肯輕易放弃：

> 於是吉始使吏卒三百人別田車師。得降者言，單于大臣皆曰："車師地肥美，近匈奴，使漢得之，多田積穀，必害人國，不可不爭也。"果遣騎來擊田者，吉乃與校尉盡將渠犁田士千五百人往田，匈奴復益

---

① "略"通"掠"。

> 遣騎來，漢田卒少不能當，保車師城中。匈奴將即①其城下謂吉曰："單于必爭此地，不可田也。"圍城數日乃解。（同前引）

這種曠日持久的拉鋸戰消耗巨大，且匈奴經常派兵騷擾圍攻屯田車師的漢軍，故漢廷索性將車師人民舉國遷往渠犁，放棄了車師故地：

> 後常數千騎往來守車師，吉上書言："車師去渠犁千餘里，間以河山，②北近匈奴，漢兵在渠犁者勢不能相救，願益③田卒。"公卿議以爲道遠煩費，可且罷車師田者。詔遣長羅侯④將張掖、酒泉騎出車師北千餘里，揚威武車師旁。胡騎引去，吉乃得出，歸渠犁，凡三校尉屯田。

> 車師王之走烏孫也，烏孫留不遣，遣使上書，願留車師王，備國有急，可從西道以擊匈奴。漢許之。於是漢召故車師太子軍宿在焉者，立以爲王，盡徙車師國民令居渠犁，遂以車師故地與匈奴。（同前引）

漢立故車師太子軍宿爲車師王，匈奴即立車師王昆弟兜莫，東遷車師餘民，於是車師開始分爲前後國。

> 單于復以車師王昆弟兜莫爲車師王，收其餘民東徙，不敢居故地。而漢益遣屯士分田車師地以實之。（《匈奴傳下》）

而漢則在車師故地設置戊己校尉屯田：

> 其後置戊己校尉屯田，居車師故地。（《西域傳下》）

此後以至西漢末年，車師仍爲漢與匈奴相爭之地，時叛時降。王莽時，車師徹底與內地政府失去聯繫。東漢初年，西域諸國包括車師意欲歸附，却爲劉秀拒絕，於是車師遂附匈奴，以對抗莎車王賢，見第二十九章《不入虎穴，焉得虎子》第一節《西域諸國》。

---

①顏師古注："即，就也。"
②顏師古注："間，隔也。"
③益，增加。
④常惠，太原郡人。年輕時曾作爲蘇武副使出使匈奴，被扣留十九年。昭帝時回國，拜光禄大夫。後出使烏孫，擊敗匈奴，被封爲長羅侯。

這次竇固出征西域，攆跑盤踞天山、巴里昆湖一帶的匈奴人後，即進軍車師。據《後漢書·竇固傳》載，此次出征西域，明帝劉莊以竇固爲主帥，詔耿秉和劉張等均率所部聽其指揮：

> 明年，復出玉門，擊西域，詔耿秉及騎都尉劉張，皆去符傳以屬固。①（《後漢書·竇融列傳·竇固》）

劉張爲劉秀長兄劉縯之孫，封下博侯。其本傳載：

> 下博侯張以善論議，十六年，與奉車都尉竇固等並出擊匈奴。後進者多害其能，數被譖訴②。（《後漢書·宗室四王三侯列傳》）

這段記載頗有意思。劉張"善論議"，應是指其在朝堂之上就出兵征匈奴之事所發表的意見頗有分量。想來劉張的意見爲劉莊所看重，故而他得被任命爲騎都尉，與竇固等一同出征。然而何以劉張以皇親之貴，又得膺此重任，却會爲後進晚輩所嫉妒中傷？個中緣由，史書記載語焉不詳，現在已很難猜測。

耿秉爲好時侯耿弇的侄子。耿弇，字伯昭，扶風茂陵人。耿弇是一員猛將，早年曾隨光武帝劉秀東征西戰，立下汗馬功勞，一生"凡所平郡四十六，屠城三百，未嘗挫折"（《後漢書·耿弇列傳》），在雲臺二十八將中排第四位。他雖是武將，却也是識得進退的聰明人。建武十三年（37）天下初定，耿弇即交還大將軍印綬，上書引退：

> （建武）十三年，增弇户邑，上大將軍印綬，罷，以列侯奉朝請③。每有四方異議，輒召入問籌策。（《後漢書·耿弇列傳》）

時值盛年、僅三十五歲的耿弇急流勇退，從此僅以列侯身份參加朝會，極

---

① 李賢注："專將兵者并有符傳，擬合之取信。今去符，皆受固之節度。"
② 譖訴，亦作"譖愬"，讒毀攻訐。《逸周書·諡法》："譖訴不行曰明。"漢董仲舒《春秋繁露·五行相勝》："譖愬其群臣，劫惑其君。"
③ 古代諸侯春季朝見天子爲"朝"，秋季朝見爲"請"，故稱定期參加朝會爲奉朝請。漢代退職大臣、將軍和皇室、外戚多以奉朝請名義參加朝會。《霍光傳》載："光兩女婿爲東西宫衛尉，昆弟諸婿外孫皆奉朝請。"

得劉秀尊重，每有國家大事還會咨詢他的意見。

須知將軍百戰，難保每戰必勝。漢代制度，賞罰分明，有功則賞；兵敗則得處分，輕的免官奪爵，重的可能性命不保。耿弇助劉秀打天下，戰功多多，封侯拜爵，富貴已極。此後就是再立戰功，又能如何？不如就此引退，可得保全家富貴，子弟後輩亦得享其蔭庇。

反觀馬援，不知進退，一味逞能，六十二歲時還披甲出征。一旦打了敗仗，不但自己一世英名付之東流，死後還被奪爵，累及家人（見第二十八章《投筆從戎》之第二節《大將竇固》）。

耿氏武將世家，耿弇之弟耿舒，兒子耿忠，侄子耿秉、耿夔、耿恭等俱是一時名將。耿氏一門在東漢極爲顯赫，《後漢書·耿弇列傳》說：

> 耿氏自中興已後迄建安之末，大將軍二人，將軍九人，卿十三人，尚公主三人，列侯十九人，中郎將、護羌校尉及刺史、二千石數十百人，遂與漢興衰云。

耿秉即耿弇弟耿國之子。《後漢書·耿弇列傳》載：

> 秉字伯初，有偉體，腰帶八圍。博通書記，能説《司馬兵法》，① 尤好將帥之略。以父任爲郎，數上言兵事。常以中國虛費，邊陲不寧，其患專在匈奴。以戰去戰，盛王之道。顯宗既有志北伐，陰然其言。永平中，召詣省闥，問前後所上便宜方略，拜謁者僕射，遂見親幸。每公卿會議，常引秉上殿，訪以邊事，多簡帝心。

耿秉將門子弟，生就一副壯碩的武將身材，又好兵法，喜鑽研"將帥之略"。他主張"以戰去戰"，在對匈奴關繫問題上持強硬態度，正合明帝劉莊心思，因此被拜爲謁者僕射。袁宏《後漢紀·孝明帝紀下》永平十三年載：

> 是歲，匈奴頻犯塞，中郎耿秉上書曰："中國虛費，邊陲不寧，其患專在匈奴，以戰去戰可也。故君不可以怒而興師，將不可以慍而合

---

① 《司馬兵法》又稱《司馬法》《司馬穰苴兵法》，爲中國古代著名兵書，其成書年代和作者均有爭議。

戰，鼓之以仁義，爲國之寶矣。"天子內有圖匈奴志，陰納秉言，乃召入見，使具陳其狀。上善其言，以爲可任將帥，拜謁者僕射。每公卿論邊事，秉輒預其議。頃之，太僕祭肜、虎賁中郎將馬廖、顯親侯竇固、下博侯劉張、好畤侯耿忠等俱見，議兵事。秉以爲："孝武時始事匈奴，匈奴援引弓之類，並左衽之屬，故不可得而制也。漢既得河西四郡，及居延、朔方，徙民以充之，根據未堅，匈奴猶出爲寇。其後羌、胡分離，四郡堅固，居延、朔方不可傾拔，虜遂失其肥饒畜兵之地，惟有西域俄復內屬，呼韓邪單于請款塞，是故其勢易乘也。今有南單于，形勢相似；然西域尚未內屬，北虜未有釁作。臣愚以爲當先擊白山，得伊吾，破車師，通使烏孫諸國，以斷其右臂，未可先擊匈奴也。伊吾亦有匈奴南呼衍一部，破此復爲折其左角。觀往者漢兵出，匈奴輒爲亂。五單于爭來，必不以五將出之故也。今可先擊白山，以觀其變，擊匈奴未晚也。"上善秉言。

議者或以爲今兵出白山，匈奴必并兵相助，又當分其東以離衆，與秉計異。上更然之。即先肅清天山一帶的匈奴勢力，然後進軍西域是耿秉等人戰前就議定的戰略。

前年（永平十六年，73年）出征匈奴時，時任駙馬都尉的耿秉與騎都尉秦彭一路：

> 十五年，拜駙馬都尉。十六年，以騎都尉秦彭爲副，與奉車都尉竇固等俱出伐北匈奴。虜皆奔走，不戰而還。（《後漢書·耿弇列傳·耿秉》）

袁宏《後漢紀·孝明帝紀下》於耿秉一路的戰况記載稍詳：

> 秉出張掖居延塞，擊匈林王，到沐樓山，①度漠六百里餘，絕無水草，得生口辭云："匈林王轉北逐水草。"秉欲將輕騎追之，都尉秦彭止之而還。

他們這一路運氣不好，匈奴人望風而逃，追擊六百里而無所獲。耿秉本人

---

① 按沐樓山，即三木樓山。

雖未獲咎，但和小有斬獲的竇固一路比起來到底還是差了一點。所以永平十七年這次出征，明帝命他聽從竇固指揮。據《後漢書·耿秉列傳》，這次出征還有一段故事：

> 十七年夏，詔秉與固合兵萬四千騎，復出白山擊車師。車師有後王、前王，前王即後王之子，其廷相去五百餘里。固以後王道遠，山谷深，士卒寒苦，欲攻前王。秉議先赴後王，以爲並力根本，則前王自服。固計未決。秉奮身而起曰："請行前。"乃上馬，引兵北入，衆軍不得已，遂進。並縱兵抄掠，斬首數千級，收馬牛十餘萬頭。後王安得震怖，從數百騎出迎秉。而固司馬蘇安欲全功歸固，即馳謂安得曰："漢貴將獨有奉車都尉，天子姊婿，①爵爲通侯，當先降之。"安得乃還，更令其諸將迎秉。秉大怒，被甲上馬，麾其精騎徑造固壁。言曰："車師王降，訖今不至，請往梟其首。"固大驚曰："且止，將敗事！"秉屬聲曰："受降如受敵。"遂馳赴之。安得惶恐，走出門，脫帽抱馬足降。秉將以詣固。其前王亦歸命，遂定車師而還。

按理説竇固是主帥，耿秉爲其部將，耿秉之功即竇固之功，根本無需相爭。偏有蘇安這種小人，居間挑撥，險些坏了大事。當然，從這段記載也可看出耿秉自負狂妄，不把主帥竇固放在眼裏，想來是不甘居於竇固之下。

路放按：竇固、耿秉這次出征白山（天山）擊車師的時間，《後漢書》記載各异。《耿弇列傳·耿秉》説在永平十七年夏天，《顯宗孝·明帝紀》係於冬十一月，應以《顯宗孝·明帝紀》爲是。又《耿弇列傳·耿恭》亦謂此戰在永平十七年冬。

二、重建都護府

竇憲驅逐了天山一代的匈奴勢力，又平定了車師以後，西域北路諸國即回到漢廷治下。在班師之前，竇憲還有一件大事要做，即著手恢復漢廷在西域的組織機搆。

---

①李賢注："固尚光武女涅陽公主，明帝姊也。"

西漢時，漢廷在西域設有都護，是爲漢廷在西域的最高長官。首任都護鄭吉。

王莽時，都護但欽爲焉耆叛軍所殺。王莽死後，繼任都護李崇又死於龜茲。光武帝時，西域都護頭銜曾一度被授予莎車國王賢，見第二十九章《不入虎穴，焉得虎子》之第一節《西域諸國》。

竇固平定車師後，即仿西漢舊例，重建西域秩序，設立各級官吏，恢復屯田駐軍。《後漢書·顯宗孝·明帝紀》永平十七年（74年）冬十一月載：

> 初置西域都護、戊己校尉。①

東漢首任西域都護爲陳睦②，駐烏壘城（今新疆輪臺縣東北）。除都護外，復設二戊己校尉，一駐車師後國金蒲城③，一駐車師前國柳中城④，各領數百人屯田。據《後漢書·耿弇列傳·耿恭》記載，駐守柳中的戊己校尉爲關寵⑤；駐守金蒲城的戊己校尉爲耿恭：

> 置西域都護、戊己校尉，乃以恭爲戊己校尉，屯後王部金蒲城，謁者關寵爲戊己校尉，屯前王柳中城，屯各置數百人。

耿恭爲耿弇弟耿廣之子。《後漢書·耿弇列傳·耿恭》載：

> 恭字伯宗，國弟廣之子也。少孤。慷慨多大略，有將帥才。永平十七年冬，騎都尉劉張出擊車師，請恭爲司馬，與奉車都尉竇固及從弟駙馬都尉秉破降之。

即這次征車師時，耿恭爲劉張部下司馬。竇固破車師後，遂以耿恭爲戊己校尉，駐屯車師後國金蒲城。車師後國在車師前國以北，距離烏孫較近，於是由耿恭檄烏孫，昭告漢廷已重返西域：

---

① 李賢注："宣帝初置，鄭吉爲都護，護三十六國，秩比二千石。元帝置戊己校尉，有丞、司馬各一人，秩比六百石。戊己，中央也，鎮覆四方，見《漢官儀》。亦處西域，鎮撫諸國。"
② 陳睦任西域都護前之事迹《後漢書》等無載。
③ 李賢注："金蒲城，車師後王庭也，今庭州蒲昌縣城是也。"金蒲城地約今新疆奇臺縣西北。
④ 李賢注："柳中，今西州縣。"柳中城在今新疆鄯善縣魯克沁鎮。
⑤ 關寵任戊己校尉前之事迹《後漢書》等無載。

恭至部，移檄烏孫，示漢威德，大昆彌①已下皆歡喜，遣使獻名馬，及奉宣帝時所賜公主博具，②願遣子入侍。恭乃發使齎金帛，迎其侍子。

於是烏孫獻名馬，并送質子於漢，以示服從。

烏孫是位於巴爾喀什湖東南、伊犁河流域的游牧民族國家，地處西域內屬諸國以北，匈奴以西。《西域傳下》載：

烏孫國，大昆彌治赤谷城③，去長安八千九百里。户十二萬，口六十三萬，勝兵十八萬八千八百人。相，大祿，左右大將二人，侯三人，大將、都尉各一人，大監二人，大吏一人，舍中大吏二人，騎君一人。東至都護治所千七百二十一里，西至康居蕃內地五千里。地莽平。多雨，寒。山多松樠。④不田作種樹，⑤隨畜逐水草，與匈奴同俗。國多馬，富人至四五千匹。民剛惡，貪狠無信，多寇盜，最爲强國。故服匈奴，⑥後盛大，取羈屬，不肯往朝會。⑦東與匈奴、西北與康居、西與大宛、南與城郭諸國相接。

烏孫人是高加索人種，金髮碧眼，相貌异於中原人，是今之哈薩克人的祖先。《西域傳下》顏師古注云：

烏孫於西域諸戎其形最異。今之胡人青眼、赤須，狀類彌猴者，本其種也。

---

①大昆彌，烏孫王稱號。
②李賢注："武帝元封中，遣江都王建女細君爲公主，嫁與烏孫昆莫，賜乘輿服御，官屬侍御數百人，贈送甚盛，蓋後宣帝賜以博具也。"博具，即六博等博戲用具。《五行志下之上》："京師郡國民聚會，里巷阡陌，設祭張博具，歌舞祠西王母。"
③赤谷城故址在今吉爾吉斯斯坦共和國伊塞克湖州伊什提克。
④顏師古注："莽平謂有草莽而平坦也。一曰莽莽平野之貌。樠，木名，其心似松。"按：樠究爲何種樹木現已無考。
⑤顏師古注："樹，植也。"
⑥顏師古注："故謂舊時也。服，屬於匈奴也。"
⑦顏師古注："言纔羈縻屬之而已。"即烏孫强大以後，不甘於繼續做匈奴屬國，不再朝見匈奴，祇是名義上仍屬匈奴。

西漢時，漢廷曾三次與烏孫和親。

第一次是武帝元封年間，劉徹將江都王劉建之女細君嫁給烏孫王。烏孫王名獵驕靡，昆莫是其稱號。

江都王劉建是劉徹侄子，其父爲劉徹之兄劉非。劉建荒淫暴虐、無惡不作，曾用"魘勝"之術詛咒武帝劉徹，又私造兵器、私刻皇帝玉璽和百官印信，并和淮南王劉安、衡山王劉賜密約，準備造反。後來事情敗露，劉建畏罪自殺，元狩二年（前121）國除。

張騫第二次出使西域的重要任務之一就是説服烏孫與漢聯合以共拒匈奴。烏孫起初猶豫，衹是與漢互通使節。匈奴得知烏孫準備與漢結盟，於是準備出兵征伐。不想這反而促使烏孫下决心與漢相交，於是烏孫昆莫遣使獻馬，求娶漢家公主：

> 匈奴聞其與漢通，怒欲擊之。又漢使烏孫，乃出其南，抵大宛、月氏，相屬不絕。烏孫於是恐，使使獻馬，願得尚漢公主，爲昆弟。①天子問群臣，議許，曰："必先内聘，然後遣女。"烏孫以馬千匹聘。（《西域傳下》）

於是江都公主劉細君就成爲中國歷史上第一個和親的公主，於元封四年（前107）嫁給烏孫昆莫：

> 漢元封中，遣江都王建女細君爲公主，以妻焉。賜乘輿服御物，爲備官屬宦官侍御數百人，贈送甚盛。烏孫昆莫以爲右夫人。匈奴亦遣女妻昆莫，昆莫以爲左夫人。（同前引）

公主至其國，自治宫室居，歲時一再與昆莫會，置酒飲食，以幣帛賜王左右貴人。昆莫年老，語言不通，公主悲愁，自爲作歌曰：

> 吾家嫁我兮天一方，遠託異國兮烏孫王。穹廬爲室兮旃爲牆，以肉爲食兮酪爲漿。居常土思兮心内傷，②願爲黄鵠兮歸故鄉。天子聞而

---

① 謂欲與漢結爲兄弟。按娶公主、結昆弟都是張騫此前對烏孫昆彌許的願。
② 顔師古注："土思，謂憂思而懷本土。"

憐之，間歲①遣使者持帷帳錦繡給遺焉。（同前引）

細君公主不遠萬里來到烏孫，生活習慣不同，嫁於一個語言不通的异族老人，其鬱悶思鄉之情可以想見。然公主依然不忘自己的責任，努力適應環境，與烏孫貴人搞好關繫。

後來昆莫自以年老，欲使其孫岑陬（陬音"鄒"）尚公主。這既不合漢人風俗，也不合儒家禮儀，公主當然不願，遂上書武帝劉徹：

昆莫年老，欲使其孫岑陬尚公主。公主不聽，上書言狀，天子報曰："從其國俗，欲與烏孫共滅胡。"岑陬遂妻公主。昆莫死，岑陬代立。岑陬尚江都公主，生一女少夫。（同前引）

不料劉徹的答復是要公主入鄉隨俗，以大局爲重，維繫好烏孫與漢的關繫以抗禦匈奴。爲了國家利益，細君公主祇好先嫁老烏孫王，又嫁其孫子岑陬。岑陬名軍須靡，岑陬是其官號。細君公主與岑陬生有一女，名少夫。不久後，細君公主去世。

細君公主去世後，劉徹又封楚王劉戊之孫女解憂爲公主，嫁給岑陬，這是漢廷第二次和親烏孫：

公主死，漢復以楚王戊之孫解憂爲公主，妻岑陬。（同前引）

楚王劉戊，其祖父楚元王劉交爲漢高祖劉邦之弟。景帝二年，薄太后去世。劉戊在服喪期間飲酒作樂，被人告發。景帝下旨收回東海郡，縮小楚國封地以示懲罰。劉戊遂決定參與吳王劉濞發起的謀反，是爲"七國之亂"。後來周亚夫率兵討伐，劉戊戰敗自殺。

解憂公主生於武帝元狩二年（前121），太初二年（前103）去烏孫和親，年僅十九歲。她先嫁岑陬，岑陬死後又嫁岑陬堂弟肥王翁歸靡：

岑陬胡婦子泥靡尚小，岑陬且死，以國與季父大祿子翁歸靡，曰："泥靡大，以國歸之。"②

---

①颜師古注："間歲者，謂每隔一歲而往也。"
②意爲待泥靡長大後應立爲昆彌。

翁歸靡既立，號肥王，復尚楚主解憂，生三男兩女：長男曰元貴靡；次曰萬年，爲莎車王；次曰大樂，爲左大將；長女弟史爲龜茲王絳賓妻；小女素光爲若呼翎侯妻。①（同前引）

解憂公主在烏孫五十餘年，堅持與漢結盟抗擊匈奴的政策。昭、宣之際，公主與昆彌曾上書漢廷，願與漢合擊匈奴。宣帝本始三年（前71），漢軍十五万，烏孫昆彌將兵五萬合擊匈奴，大勝：

漢兵大發十五萬騎，五將軍分道並出。……昆彌自將翎侯以下五萬騎從西方入，至右谷蠡王庭，獲單于父行及嫂、居次、名王、犁汙都尉、千長、騎將以下四萬級，馬牛羊驢橐駝七十餘萬頭，烏孫皆自取所虜獲。（同前引）

其後長羅侯常惠即駐烏孫赤谷城屯田②。宣帝元康二年（前64），烏孫昆彌翁歸靡上書，復求娶公主：

元康二年，烏孫昆彌因惠③上書："願以漢外孫元貴靡④爲嗣，得令復尚漢公主，結婚重親，畔絕匈奴，願聘馬、騾各千匹。"（同前引）

這次宣帝劉詢封解憂公主娘家侄女相夫爲公主，出關和番：

上美烏孫新立大功，又重絕故業，⑤遣使者至烏孫，先迎取聘。昆彌及太子、左右大將、都尉皆遣使，凡三百餘人，入漢迎取少主。上乃以烏孫主解憂弟子相夫爲公主，置官屬侍御百餘人，舍上林中，⑥學

---

① 顏師古注："弟史、素光皆女名。"
② 據《辛慶忌傳》："辛慶忌，字子真，少以父任爲右校丞，隨長羅侯常惠屯田烏孫赤谷城。"
③ 因惠，意爲通過長羅侯常惠上書。常惠當時正屯田烏孫赤谷城。
④ 元貴靡爲解憂公主長子。
⑤ 顏師古注："重，難也。故業，謂先與烏孫婚親也。"
⑥ 上林，指上林苑。上林苑爲武帝劉徹於建元三年（前138）在秦舊苑址上擴建而成的宮苑，規模宏偉，宮室衆多，爲漢代宮苑建築之典型。

烏孫言。(同前引)

漢廷使節送相夫公主去烏孫，方至敦煌，聞知烏孫昆彌翁歸靡去世，新任昆彌亦非翁歸靡當時所許立之元貴靡，而是岑陬匈奴妻子所生之泥靡，號稱狂王。於是漢廷迎迴相夫公主，故而這次和親并未成功。然而新任烏孫狂王泥靡按烏孫習俗，接收了前任昆彌翁歸靡的後宮，再娶解憂公主。這時的解憂公主已經五十多歲了，且曾爲泥靡庶母，第三次嫁與烏孫王：

> 狂王復尚楚主解憂，生一男鴟靡，不與主和，又暴惡失衆。(同前引)

狂王泥靡之母爲匈奴公主，當然會向着匈奴行事，於是與解憂公主不和。甘露三年（前51）解憂公主上書：

> 公主上書言年老土思，願得歸骸骨，葬漢地。天子閔①而迎之，公主與烏孫男女三人俱來至京師。是歲，甘露三年也。時年且七十，賜以公主田宅奴婢，奉養甚厚，朝見儀比公主。後二歲卒，三孫因留守墳墓云。(同前引)

解憂公主在烏孫五十餘年，堅持聯合漢廷以抗匈奴的政策，爲大漢國防作出了貢獻。比之細君公主，她還算幸運，得以在有生之年返回中土，終老故國。

這次耿恭傳檄烏孫，大昆彌拿出的"宣帝時所賜公主博具"，應該就是劉詢賜給解憂公主的，聊以解其鄉愁。大昆彌此舉，是表示他是漢室外孫，會忠於漢室之意。

三、凱旋而歸

在平定車師、重建西域都護府、重設各級官員及屯田駐軍後，西域諸國紛紛歸附。竇固以爲大功告成，遂於永平十八年（75）春率大軍班師迴朝：

---

① 閔，通"憫"。

> 十八年春二月，詔固等罷兵還京師。（袁宏《后漢紀‧孝明皇帝紀下》）

竇固班師迴洛陽，當然是作爲英雄人物受到歡迎。這年八月，明帝劉莊去世，其子劉炟即位，是爲章帝。劉炟對竇固同樣恩寵有加：

> 肅宗即位，以公主修來慈愛，累世崇重，加號長公主，增邑三千戶；徵固代魏應爲大鴻臚。帝以其曉習邊事，每被訪及。

竇固後來之發展頗爲順利，章帝時歷任大鴻臚、光祿勳、衛尉，其妻劉中禮加號長公主。《後漢書‧竇融列傳‧竇固》說：

> 建初三年，追錄前功，增邑一千三百戶。七年，代馬防爲光祿勳。明年，復代馬防爲衛尉。
>
> 固久歷大位，甚見尊貴，賞賜租祿，貲累巨億，而性謙儉，愛人好施，士以此稱之。

路放按：劉秀五個女婿，祇有竇固得以善終。長女舞陽公主劉義王適梁松；次女即竇固之妻涅陽公主劉中禮；三女館陶公主劉紅夫適駙馬都尉韓光，永平十六年（73），韓光因淮陽王劉延一案被誅；四女淯陽公主劉禮劉適光武廢后郭聖通侄子郭璜，永元四年（92），郭璜因涉竇憲案被誅（見第二十二章《竇憲案與班固之死》之第五節《京城驚變》）。幼女酈邑公主劉綬適光武皇后陰麗華之外甥陰豐。永平二年（59）小兩口吵架，"公主嬌妒，豐亦猲急"（《後漢書‧陰就傳》），陰豐失手殺了劉綬，被誅。看來做劉秀的女婿真是個高危職業啊。

簡單介紹一下隨竇固出征諸將後來的發展。

劉張雖數爲小人中傷，然而"建初中卒，肅宗下詔褒揚之"，蓋棺論定，得到章帝劉炟的表彰，算是結果不錯吧。

耿秉作爲耿氏第二代武將，此後發展很好。和帝初年，耿秉隨大將軍竇憲出征北匈奴，功封美陽侯（見第二十章《勒功燕然》）。耿秉於永元三年（91）去世，永元四年竇憲伏誅後奪爵。

秦彭，永平十五年（72）東征北匈奴時爲耿秉副手，無功而還。永平十七年這次出關，秦彭亦率一軍出征，受竇固節制。《後漢書‧循吏列傳‧秦彭》載：

秦彭字伯平，扶風茂陵人也。自漢興之後，世位相承①。六世祖襲②爲潁川太守，與群從③同時爲二千石者五人，故三輔號曰"萬石秦氏"。彭同產女弟，顯宗時入掖庭爲貴人，有寵。永平七年，以彭貴人兄，隨四姓小侯擢爲開陽城門候。④十五年，拜騎都尉，副駙馬都尉耿秉北征匈奴。

秦彭出身關中世家，其胞妹爲明帝劉莊貴人。這次秦彭隨竇固出征，還有一段故事。《後漢書·郭陳列傳·郭躬》載：

躬少傳父業，講授徒衆常數百人。後爲郡吏，辟公府。永平中，奉車都尉竇固出擊匈奴，騎都尉秦彭爲副。彭在別屯而輒以法斬人，固奏彭專擅，請誅之。顯宗乃引公卿朝臣平其罪科。⑤躬以明法律，召入議。議者皆然固奏，躬獨曰："於法，彭得斬之。"帝曰："軍征，校尉一統於督。⑥彭既無斧鉞，可得專殺人乎？"躬對曰："一統於督者，謂在部曲也。⑦今彭專軍別將，有異於此。兵事呼吸，不容先關督帥。且漢制棨戟⑧即爲斧鉞，於法不合罪。"帝從躬議。

即秦彭別領一路人馬駐屯，未報告竇固就屢次擅自以軍法殺人，爲竇固奏

---

①謂爵位世代相傳。荀悅《申鑒·時事》："古諸侯建家國，世位、權柄存焉。"《文選·陸機〈五等諸侯論〉》："或以諸侯世位不必常全，昏主暴君有時比迹，故五等所以多亂也。"張銑注："世位，謂子孫相傳也。"
②秦彭六世祖秦襲。
③群從，指堂兄弟及子侄們。
④李賢注："《續漢志》：'城門侯一人，六百石。'開陽，城南面東頭第一門也。《漢官儀》云：'開陽門始成，未有名，夜有一柱來止樓上。瑯邪開陽縣上言南門一柱飛去，因以名門'也。"
⑤平，通"評"。罪科，即罪名條款。
⑥李賢注："督謂大將。"
⑦李賢注："《前書音義》曰：'大將軍行有五部，部有曲'也。"
⑧李賢注："有衣之戟曰棨。"按：棨戟，即有繒衣或油漆的木戟，古代官吏用之於儀仗，出行時作爲前導。《韓延壽傳》："功曹引車，皆駕四馬，載棨戟。"《後漢書·輿服志上》："公以下至二千石，騎吏四人，千石以下至三百石，縣長二人，皆帶劍，持棨戟爲前列。"

劾，要求治他專擅之罪。劉莊遂召開公卿會議討論此事。時任公府掾的郭躬以"明法律"得與會議并爲秦彭開脱，説他别屯一處，無法事事請示主帥竇固，情有可原；且秦彭亦是有資格用"榮戟"的高級軍官，有執法權。秦彭因而得免死罪。不過，《後漢書·郭陳列傳·郭躬》説秦彭"輒以法斬人"，殺人以法固然不錯，然而一個"輒"字，似乎又説明了秦彭性格中暴烈嗜殺的一面。

後來秦彭遷山陽太守，一改其凌厲作風：

> 建初元年，遷山陽太守。以禮訓人，不任刑罰。崇好儒雅，敦明庠序。每春秋饗射，輒修升降揖讓之儀。乃爲人設四誡，以定六親長幼之禮。①有遵奉教化者，擢爲鄉三老，常以八月致酒肉以勸勉之。吏有過咎，罷遣而已，不加恥辱。百姓懷愛，莫有欺犯。興起稻田數千頃，每於農月，親度頃畝，分别肥墝，差爲三品，各立文簿，藏之鄉縣。於是奸吏跼蹐，無所容詐。彭乃上言，宜令天下齊同其制。詔書以其所立條式，班令三府，並下州郡。（《後漢書·循吏列傳·秦彭》）

比對《後漢書·郭陳列傳·郭躬》的記載與秦彭本傳，簡直就像是換了個人。秦彭做地方官就"以禮訓人，不任刑罰"，是他的脾氣改變了？還是吸取了在竇固部下爲將時作風過於硬朗的教訓？

> 在職六年，轉潁川太守，仍有鳳皇、麒麟、嘉禾、甘露之瑞，集其郡境。肅宗巡行，再幸潁川，輒賞賜錢穀，恩寵甚異。章和二年卒。
>
> （同前引）

看來"放下屠刀，立地成佛"也是可能的，秦彭任職潁川太守，竟至於鳳凰、麒麟、嘉禾、甘露等祥瑞頻出其治下，因而頗得章帝劉炟的寵幸。秦彭得入《後漢書·循吏列傳》。

前次北征失利被明帝劉莊撤職的祭肜之子祭參，這次也隨竇固出西域，於征車師之戰立下功勞：

---

① 李賢注："六親謂父子、兄弟、夫婦也。"

  肜既葬，子参遂诣奉车都尉窦固，从军击车师有功，稍迁辽东太守。（《后汉书·铫期王霸祭遵列传·祭肜》）

也算是一雪乃父当年之耻。

就是与班超一起出使鄯善的从事郭恂也升了官，担任西域副校尉，与都护陈睦一起驻扎乌垒城。

第三十一章　風雲變幻

一、烏雲壓城

竇固出西域攻車師，平定北道，表面上看西域諸國紛紛表示歸附，順利地重建了漢廷管理西域的秩序，但這其實是有隱患的。西域諸國自王莽時期就與内地隔絕，至此已有數十年了。這段時間裏，匈奴人扮演着西域霸主的角色，并在西域各國中培養了各種親匈奴勢力。

焉耆、龜兹，是西域諸國中親匈奴的典型。

焉耆國①，在西域北道正中，位於西域都護府所在之烏壘城東面：

> 焉耆國，王治員渠城，去長安七千三百里。户四千，口三萬二千一百，勝兵六千人。擊胡侯、卻胡侯、輔國侯、左右將、左右都尉、擊胡左右君、擊車師君、歸義車師君各一人，擊胡都尉、擊胡君各二人，譯長三人。西南至都護治所四百里，南至尉犁百里，北與烏孫接。近海水多魚。②（《西域傳下》）

---

①焉耆古國位於今博斯騰湖西北岸，當西域北道正中。轄地約今之焉耆回族自治縣，治所員渠城。焉耆是一個緑洲農耕生活形態的城邦，氣候寒冷，土地肥沃，種有稻、粟、麥等作物，兼畜牧。焉耆原名焉支，屬大月氏烏繹部，語言爲吐火羅語。

②海，指西海，即今博斯騰湖。博斯騰湖位於新疆巴音郭楞州博湖縣天山南坡焉耆盆地東南部，是中國最大的内陸淡水湖。東西長 55 千米，南北寬 25 千米，面積 1,100 平方千米，湖面海拔 1048 米，平均深度 9 米，最深處 17 米。博斯騰湖盛産各種淡水魚，是新疆最大的漁業生産基地。

焉耆與匈奴關繫密切，王莽時，焉耆曾附和匈奴叛離，擊殺都護但欽：

> 西域諸國以莽積失恩信，焉耆先畔①，殺都護但欽。（《王莽傳中》）

龜茲國②亦在西域北道上，位於都護府駐地西，距烏壘城僅三百五十里：

> 龜茲國，王治延城，去長安七千四百八十里。戶六千九百七十，口八萬一千三百一十七，勝兵二萬一千七十六人。大都尉丞、輔國侯、安國侯、擊胡侯、卻胡都尉、擊車師都尉、左右將、左右都尉、左右騎君、左右力輔君各一人，東西南北部千長各二人，卻胡君三人，譯長四人。南與精絕、東南與且末、西南與扜彌，③北與烏孫、西與姑墨接。能鑄冶，有鉛。東至都護治所烏壘城三百五十里。（《西域傳下》）

武帝時，龜茲國桀驁不馴，不服漢廷管轄，殺掉了漢屯田輪臺的校尉將軍賴丹：

> 初，貳師將軍李廣利擊大宛，還過扜彌，扜彌遣太子賴丹為質於龜茲。廣利責龜茲曰："外國皆臣屬於漢，龜茲何以得受扜彌質？"即將賴丹入至京師。昭帝乃用桑弘羊前議，以扜彌太子賴丹為校尉，將軍田輪臺，輪臺與渠犁地皆相連也。龜茲貴人姑翼謂其王曰："賴丹本臣屬吾國，今佩漢印綬來，迫吾國而田，必為害。"王即殺賴丹，而上書謝漢，漢未能征。

> 宣帝時，長羅侯常惠使烏孫還，便宜發諸國兵，④合五萬人攻龜茲，責以前殺校尉賴丹。龜茲王謝曰："乃我先王時為貴人姑翼所誤，我無

---

① "畔"通"叛"。
② 龜茲（讀如"邱慈"）國以庫車綠洲為中心，最盛時北枕天山，南臨大漠，西與疏勒接，東與焉耆為鄰，相當於今新疆阿克蘇地區和巴音郭楞蒙古自治州部分地區。龜茲是絲綢之路新疆段塔克拉瑪幹沙漠北道重鎮，宗教、文化、經濟等極為發達。龜茲冶鐵聞名遐邇，西域許多國家的鐵器多仰給於龜茲。
③ 按：精絕、且末、扜彌均為西域南路國家，與地處西域北道的龜茲之間尚有塔克拉瑪干大沙漠相隔，并非接壤。
④ 顏師古注："以便宜擅發兵也。"即常惠此次出兵未得到宣帝劉詢的批准，乃擅自行動。

罪。"執姑翼詣惠，惠斬之。（同前引）

賴丹本爲扜彌國太子，先爲質於龜茲，後爲李廣利帶迴長安。昭帝劉弗陵以之爲校尉將軍并派他迴西域在輪臺屯田，却爲龜茲殺害。宣帝時，常惠自作主張攻伐龜茲，爲賴丹報仇，殺掉了當年向老龜茲王進饞言的貴人姑翼。

這時的龜茲王絳賓愛上了解憂公主之女，趁她從長安學琴歸來路過龜茲的機會將其扣留：

> 時烏孫公主①遣女來至京師學鼓琴，漢遣侍郎樂奉送主女，過龜茲。龜茲前遣人至烏孫求公主女，未還。會女過龜茲，龜茲王留不遣，復使使報公主，主許之。後公主上書，願令女比宗室入朝，而龜茲王絳賓亦愛其夫人，上書言得尚漢外孫爲昆弟，願與公主女俱入朝。元康元年，遂來朝賀。王及夫人皆賜印綬。夫人號稱公主，賜以車騎旗鼓，歌吹數十人，綺繡雜繒琦珍凡數千萬。留且一年，厚贈送之。後數來朝賀，樂漢衣服制度，歸其國，治宮室，作徼道周衛，出入傳呼，撞鐘鼓，如漢家儀。外國胡人皆曰："驢非驢，馬非馬，若龜茲王，所謂鸁②也。"絳賓死，其子丞德自謂漢外孫，成、哀帝時往來尤數，漢遇之亦甚親密。（同前引）

解憂公主同意將女兒嫁給龜茲王絳賓。絳賓寵愛新夫人，於宣帝元康元年（前65）與她一起到長安朝覲。絳賓喜歡上中原事物，遂將漢家風俗引進龜茲，以致遭到西域本地人的嘲笑。

建武年間，莎車王賢實力大增，稱霸西域。建武二十二年（46），莎車進攻龜茲，殺其王，兼并其國。龜茲人不甘於賢所立之外族王統治，一番混戰之後殺掉他們，又投靠了匈奴，事見第二十九章《不入虎穴，焉得虎子》之第一節《西域諸國》。

永平十八年（75）二月，竇憲大軍班師迴朝，西域形勢隨即發生變化，匈奴人卷土重來，焉耆、龜茲等國亦隨之發難。

---

① 即解憂公主。
② 鸁，即騾子。

二、全面反撲

袁宏《後漢紀·孝明皇帝紀下》永平十八年載：

> 三月，北匈奴左鹿蠡王將二萬騎，率焉耆、龜茲來攻車師，王安得死。

安得爲車師後部國王。這次匈奴、焉耆、龜茲大軍來勢凶猛，漢廷在西域新設立的各級機構全面覆没，都護陳睦、副校尉郭恂、戊己校尉關寵等殉難。《後漢書·明帝紀》永平十八年載：

> （六月）焉耆、龜茲攻西域都護陳睦，悉没其衆。

《後漢書·西域傳》載：

> 永平末，焉耆與龜茲共攻没都護陳睦、副校尉郭恂，殺吏士二千餘人。

《後漢書·五行五》載：

> 明帝永平十八年，……是歲遣竇固等征西域，置都護、戊己校尉。固等適還而西域叛，殺都護陳睦、戊己校尉關寵。①

具體戰事經過，《後漢書·耿弇列傳·耿恭》記載最詳：

> 明年②三月，北單于遣左鹿蠡王二萬騎擊車師。恭遣司馬將兵三百人救之，道逢匈奴騎多，皆爲所殁。匈奴遂破殺後王安得，而攻金蒲城。

耿恭所部人數據前引之耿恭本傳說是"數百人"，并未言及確切人數。據《後漢書·西域傳》，永元三年（91）複置之戊己校尉領兵五百人，這數目應該相去不遠。這次匈奴大軍攻車師後國，耿恭即派手下司馬領兵三百前去相救，結

---

① 一說關寵病死。袁宏《後漢紀》章帝建初元年載："關寵病死，以喪歸。"
② 即永平十八年（75）。

果寡不敵衆，全軍覆沒，車師後王安得被殺。匈奴人進而圍攻耿恭駐屯之金蒲城：

> 恭乘城搏戰，以毒藥傅矢。傳語匈奴曰："漢家箭神，其中瘡者必有異。"因發彊弩射之。虜中矢者，視創皆沸，遂大驚。會天暴風雨，隨雨擊之，殺傷甚衆。匈奴震怖，相謂曰："漢兵神，真可畏也！"遂解去。恭以疏勒城傍有澗水可固，五月，乃引兵據之。(《後漢書・耿弇列傳・耿恭》)

這時耿恭手下兵士應僅剩二百人左右，無法出戰，祇有堅守孤城。耿恭借毒箭擊退匈奴軍後，即移兵旁靠水源、且距車師前國和另一戊己校尉關寵屯田之柳中城稍近的疏勒城。① 不久，匈奴大軍又前來包圍了疏勒城：

> 七月，匈奴復來攻恭，恭募先登數千人直馳之，② 胡騎散走，匈奴遂於城下擁絶澗水。恭於城中穿井十五丈不得水，吏士渴乏，笮③馬糞汁而飲之。恭仰嘆曰："聞昔貳師將軍拔佩刀刺山，飛泉湧出；④ 今漢德神明，豈有窮哉。"乃整衣服向井再拜，爲吏士禱。有頃，水泉奔出，衆皆稱萬歲。乃令吏士揚水以示虜。虜出不意，以爲神明，遂引去。

（同前引）

這次圍城，雙方爭鬥的焦點是水源。耿恭因疏勒城外有澗水而移兵於此，而匈奴軍則阻斷澗水以迫使耿恭投降。最終，耿恭於城内掘深井得水，圍困遂解。

路放按：袁宏《後漢紀》永平十八年載耿恭事迹，説他移防疏勒國：

> 恭以疏勒傍有水，去王忠⑤所據近，引兵居之。匈奴後來攻恭，恭

---

① 此疏勒城非處於西域北道西端之疏勒國。據考證，耿恭據守之疏勒城故城位於今新疆奇臺縣城南六十公里處的半截溝鎮，處於天山北坡的丘陵地帶。
② 先登，即前鋒。此處云"數千人"有誤，因耿恭所部人馬很少。《後漢紀・永平十八年》載："恭募先登士四十人出城，奔斬首數十級。"庶幾近之，即"千"爲"十"之筆誤。
③ 李賢注："笮謂壓笮也。"
④ 貳師，指貳師將軍李廣利。按貳師刺泉之事其本傳不載。酈道元《水經注・河水二》有"昔貳師拔佩刀刺山，飛泉湧出"之語。
⑤ 指班超所立之疏勒王忠，見第二十九章《不入虎穴，焉得虎子》第四小節《招撫疏勒》。

募先登士四十人出城，奔斬首數十級。匈奴乃相與議曰："前疏勒王守此城，攻不能下，絕其澗水即降。"

然而此說殊不可信。一則疏勒國處於西域北道最西端，距離耿恭駐屯之車師後國足有三千餘里①，道路過遠；二則西去途中要經過已經反叛的焉耆、龜茲諸國和正被圍攻的都護治所烏壘城，以耿恭這點人馬，實屬不可能完成之任務；三則即使耿恭部有如此實力長途行軍，亦應向東撤退。車師位於西域最東邊，東距有漢軍屯田的伊吾城不過數百里，即使要回到玉門關，亦不過千里之路，何必捨近求遠。袁宏不諳西域地理，故有此誤。

這時焉耆、龜茲叛軍已經攻破夾在兩國之間的烏壘城，都護陳睦、副校尉郭恂等均已殉難。屯田車師前國的戊己校尉關寵亦被圍困在柳中城內：

> 時焉耆、龜茲攻歿都護陳睦，北虜亦圍關寵於柳中。（同前引）

正在這時，漢廷內部發生變故，明帝劉莊去世：

> 秋八月壬子，帝崩於東宮前殿。年四十八。（《後漢書·明帝紀》）

國有大喪，漢廷一時還顧不上救援西域駐軍。耿恭等人的處境愈發困難。先是車師在匈奴的壓力下再次叛漢，與匈奴軍一起攻打耿恭；耿恭所部在長期圍困下，給養殆盡，人員傷亡極大：

> 會顯宗崩，救兵不至，車師復畔，與匈奴共攻恭。恭厲士眾擊走之。後王夫人先世漢人，常私以虜情告恭，又給以糧餉。數月，食盡窮困，乃煮鎧弩，食其筋革。恭與士推誠同死生，故皆無二心，而稍稍死亡，餘數十人。單于知恭已困，欲必降之。復遣使招恭曰："若降者，當封為白屋王，妻以女子。"恭乃誘其使上城，手擊殺之，炙諸城上。虜官屬望見，號哭而去。單于大怒，更益兵圍恭，不能下。（《後漢書·耿弇列傳·耿恭》）

---

① 據《西域傳》，車師後國"西南至都護治所千二百三十七里"，疏勒"東至都護治所二千二百一十里"，兩者相加，得三千四百四十七里。

即使在這種情況下，面對匈奴人厚祿美人的誘降，耿恭仍然堅定地說不，且殺食匈奴使節以示絕不投降、玉石俱焚的決心。

路放按：據說岳飛《滿江紅》中"壯志饑餐胡虜肉，笑談渴飲匈奴血"出典即爲耿恭守疏勒的事迹，惜未查到出處。不過，以耿恭身處絕境，堅持大節、不屈不饒、絕不投降的精神而爲岳武穆所敬仰，理之當然。

戰事爆發不久，關寵即上書朝廷求救。但求救信使抵達洛陽適逢明帝劉莊去世，故而有所耽擱。待章帝劉炟登基後，遂召開公卿會議討論西域情勢：

> 初，關寵上書求救，時肅宗新即位，乃詔公卿會議。司空第五倫以爲不宜救。司徒鮑昱議曰："今使人於危難之地，急而棄之，外則縱蠻夷之暴，内則傷死難之臣。誠令權時①後無邊事可也，匈奴如復犯塞爲寇，陛下將何以使將？又二部兵人裁②各數十，③匈奴圍之，歷旬不下，是其寡弱盡力之效也。可令敦煌、酒泉太守各將精騎二千，多其幡幟，倍道兼行，以赴其急。匈奴疲極之兵，必不敢當，四十日間，足還入塞。"帝然之。乃遣征西將軍耿秉屯酒泉，行太守事。（同前引）

時任司空的第五倫認爲應該放棄西域，任西域駐軍將士自生自滅；而司徒鮑昱則力主援救，他說：這次西域將士以寡敵衆，已竭盡全力。前方將士陷於危難你不救，下次匈奴再次犯邊，派誰去？劉炟深以爲然，於是下詔耿秉出屯酒泉，并遣酒泉太守段彭出兵救援：

> （十一月）詔征西將軍耿秉屯酒泉。遣酒泉太守段彭救戊己校尉耿恭。（《後漢書·章帝紀》永平十八年）

這個安排，應是因爲耿秉去年隨竇固班師後尚在内地，這時來不及趕到西北前綫，故以段彭先出發救人，而耿秉則接任段彭的太守之職，以爲後援。於是酒泉太守段彭等率張掖、酒泉、敦煌等邊郡兵出關，與鄯善合兵一起赴車師：

---

① 權時，暫時、臨時之意。朱浮《爲幽州牧與彭寵書》："而浮秉征伐之任，欲權時救急。"
② 裁通"纔"。
③ 李賢注："二部謂關寵及恭也。"

遣秦彭①與謁者王蒙、皇甫援發張掖、酒泉、敦煌三郡及鄯善兵，合七千餘人，建初元年正月，會柳中擊車師，攻交河城，②斬首三千八百級，獲生口三千餘人，駝驢馬牛羊三萬七千頭。北虜驚走，車師復降。③（《後漢書・耿弇列傳・耿恭》）

段彭等先至柳中城集結。這時據守柳中城的關寵部應已全軍覆沒。段彭軍攻破車師前國都城交河城，大敗車師叛軍，匈奴人逃跑，車師復降。

由於關寵已死，所部全軍覆沒，王蒙等人認爲已無事可做，準備撤兵。有一個耿恭部下軍吏范羌，先前被派往敦煌迎取士兵冬裝，這次也跟隨段彭大軍一起回來。這時范羌堅持要去疏勒城接迴耿恭等人，而諸將畏懼，不願前往，於是王蒙撥給范羌兩千人馬，讓他自去接迴耿恭所部：

　　會關寵已歿，蒙等聞之，便欲引兵還。先是恭遣軍吏范羌至敦煌迎兵士寒服，羌因隨王蒙軍俱出塞。羌固請迎恭，諸將不敢前，乃分兵二千人與羌，從山北④迎恭，遇大雪丈餘，軍僅能至。城中夜聞兵馬聲，以爲虜來，大驚。羌乃遙呼曰："我范羌也。漢遣軍迎校尉耳。"城中皆稱萬歲。開門，共相持涕泣。明日，遂相隨俱歸。虜兵追之，且戰且行。吏士素饑困，發疏勒時尚有二十六人，隨路死沒，三月至玉門，唯餘十三人。衣屨穿決⑤，形容枯槁。（同前引）

耿恭所部原來有五百人左右，戰事初起，派出三百人援救車師後部，全部犧牲；剩二百人守疏勒城。經過大半年的圍困，待范羌救兵到達時祇剩二十六個飢困已極、衣衫襤褸的戰士。再經過兩個月的行軍，途中還要抵禦匈奴人的騷擾，抵達玉門關時，僅餘十三人而已。

時駐敦煌的中郎將鄭衆接待了耿恭等人，爲其事迹所感動，以爲"恭之節

---

① 此秦彭應爲段彭之誤。
② 李賢注："故城在今西州交河縣也。"
③ 李賢注引《東觀記》曰："車師太子比持訾降。"
④ 山北，指天山北。車師後國在天山北，車師前國柳中城在天山南。
⑤ 穿決，缺損、破裂之意。王充《論衡・自紀》："閱錢滿億，穿決出萬。"

義,古今未有",上書爲他請功:

> 中郎將鄭衆爲恭已下①洗沐易衣冠。上疏曰:"耿恭以單兵固守孤城,當匈奴之衝,對數萬之衆,連月逾年,心力困盡。鑿山爲井,煮弩爲糧,出於萬死無一生之望。前後殺傷醜虜數千百計,卒全忠勇,不爲大漢恥。恭之節義,古今未有。宜蒙顯爵,以厲將帥。"及恭至雒陽,鮑昱奏恭節過蘇武,宜蒙爵賞。於是拜爲騎都尉,以恭司馬石修爲雒陽市丞,張封爲雍營司馬,軍吏范羌爲共丞,②餘九人皆補羽林。(同前引)

回到洛陽後,鮑昱又爲耿恭請功,以爲耿恭"節過蘇武",應蒙爵賞。雖然鄭衆、鮑昱都認爲耿恭應該封侯,但大概是因爲西域之役畢竟是失敗了,所以耿恭并未封侯,祇是升官了,拜爲騎都尉。後來,耿恭又隨車騎將軍馬防征討西羌,大勝:

> 明年,遷長水校尉。其秋,金城、隴西羌反。恭上疏言方略,詔召入問狀。乃遣恭將五校士三千人,副車騎將軍馬防討西羌。恭屯枹罕,數與羌接戰。明年秋,燒當羌降,防還京師,恭留擊諸未服者,首虜千餘人,獲牛羊四萬餘頭,勒姐、燒何羌等十三種數萬人,皆詣恭降。(同前引)

然而,耿恭因爲曾上疏舉薦竇固,爲馬防所嫉恨。説起來,耿恭既曾跟隨竇固出征西域,又跟隨馬防征西羌,應對兩位將軍都有了解。所以在章帝劉烜就駐防問題徵求他的意見時,他推薦竇固出巡西北,鎮撫羌胡。不料,這個建議惹怒了馬防:

> 初,恭出隴西,上言:"故安豐侯竇融昔在西州,甚得羌胡腹心。今大鴻臚固,即其子孫。前擊白山,功冠三軍。宜奉大使,鎮撫涼部。令車騎將軍防屯軍漢陽,以爲威重。"由是大忤於防。及防還,監營謁

---
①已下,即"以下"。
②李賢注:"共,今衛州共城縣。"按:共城縣在今河南輝縣東部。

者李譚承旨奏恭不憂軍事，被詔怨望。坐徵下獄，免官歸本郡，卒於家。（同前引）

於是馬防指使小人訐告耿恭，以致其下獄免官。

三、孤軍奮戰

在匈奴及其僕從焉耆、龜茲等國大舉進攻西域北道上以都護陳睦爲首的漢廷駐屯軍的同時，正在疏勒國的班超也遭到了龜茲、姑墨①等國的進攻。

(永平)十八年，帝崩。焉耆以中國大喪，遂攻没都護陳睦。超孤立無援，而龜茲、姑墨數發兵攻疏勒。②超守盤橐城，與忠爲首尾，士吏單少，拒守歲餘。

疏勒王忠爲班超所立，這時便和班超各守一城，相互接應。

由於這次變故，漢廷覺得維持西域的代價太大，故不再派遣新都護，并撤回戊己校尉，徹底放弃西域：

建初元年春，酒泉太守段彭大破車師於交河城。章帝不欲疲敝中國以事夷狄，乃迎還戊己校尉，不復遣都護。（《後漢書·西域傳》）

鑒於漢廷在西域的所有機構人員都已撤離，章帝劉烜覺得班超這隻三十六人的小隊伍難於獨自在西域生存，所以也下詔班超返回中國：

肅宗初即位，以陳睦新没，恐超單危不能自立，下詔徵超。超發還，疏勒舉國憂恐。其都尉黎弇曰："漢使棄我，我必復爲龜茲所滅耳。誠不忍見漢使去。"因以刀自刎。（《後漢書·班梁列傳》）

班超離開疏勒，引起了疏勒國内上下驚慌，蓋疏勒王忠乃班超所立，原來的疏勒王兜題本是龜茲左侯。所以疏勒國君臣均害怕班超走後龜茲回來報復。不過，這位疏勒都尉黎弇當即刎頸自殺，似乎性子也太急了點。

班超行至于闐，于闐國君臣也不放他東行而歸：

---

① 姑墨位於龜茲以西，與龜茲相善。
② 李賢注："姑墨國王居南城，去長安八千一百五十里。"

超還至于寘，王侯以下皆號泣曰："依漢使如父母，誠不可去。"互抱超馬腳，不得行。超恐于寘終不聽其東，又欲遂本志，乃更還疏勒。

班超不甘於就此放棄其一生志向，又見于闐君臣挽留殷切，遂決定留在西域，動身返回疏勒。不想就這幾日，疏勒就投降了龜茲：

　　疏勒兩城①自超去後，復降龜茲，而與尉頭連兵。②超捕斬反者，擊破尉頭，殺六百餘人，疏勒復安。

班超捕殺了反叛者，又擊退了尉頭兵，重新安定了疏勒。

此時，漢廷已經失去對除了疏勒之外的北路諸國的控制。次年（建初二年，77年）更將伊吾屯田也放棄了：

　　（建初）二年，復罷屯田伊吾，匈奴因遣兵守伊吾地。時軍司馬班超留于寘，③綏集④諸國。(《後漢書·西域傳》)

於是諾大一個西域，就祇剩班超這支三十六人的小隊伍了。他一方面繼續籠絡安撫南道諸國，一方面等待時機。

---

① 即疏勒城和盤橐城。
② 尉頭是西域北道諸國中的游牧民族國家，與烏孫、匈奴有近親關繫。其分布地在今新疆阿合奇縣西哈拉奇一帶，從事游牧，兼營農業，服飾類烏孫。尉頭是疏勒的東鄰，其時附屬於龜茲。《西域傳上》載："尉頭國，王治尉頭谷，去長安八千六百五十里。户三百，口二千三百，勝兵八百人。左右都尉各一人，左右騎君各一人。東至都護治所千四百一十一里，南與疏勒接，山道不通……田畜隨水草，衣服類烏孫。"
③ 此時班超駐地應是疏勒，但其時于闐等南道諸國仍聽從班超號令。
④ 安撫集聚。

第三十二章　再定西域

一、時機來臨

漢廷撤回了西域駐軍，班超却又返回疏勒，僅以漢廷使者的身份留在西域活動。初看起來他的行動相當魯莽，但其實是經過深思熟慮的。當時的西域各國，有點類似中原的春秋時代，理論上大漢是各内屬國的宗主國，但他們之間的關繫複雜，矛盾迭出，時常互有攻伐。

作爲大漢使節，班超周旋於各國之間，利用他們之間的矛盾，"以夷制夷"，維護漢廷在西域的威望。班超的外交能力强、恩威并施，南道諸國都服膺他的號令。班超個人魅力也很高，這些小國君臣甚至有"漢使如父母"的感覺。這都是班超得以留在西域活動的基礎。

此時的北匈奴，實力已經大不如前，在西域的活動主要是通過龜兹、焉耆等親匈奴國家及其僕從國進行。因此，班超的目標是從龜兹周邊的小國着手，各個擊破，孤立龜兹、焉耆等國，待時機成熟再全面出擊。

建初三年（78）班超利用疏勒、康居、于闐、拘彌之兵攻下姑墨，解除了匈奴勢力對疏勒的威脅。《後漢書·章帝紀》建初三年載：

> 閏（四）月，西域假司馬班超擊姑墨，大破之。

姑墨國，在西域北道。《西域傳下》：

> 姑墨國，王治南城，去長安八千一百五十里。户三千五百，口二萬四千五百，勝兵四千五百人。姑墨侯、輔國侯、都尉、左右將、左

右騎君各一人，譯長二人。東至都護治所二千二十一里，南至于闐馬行十五日，北與烏孫接。出銅、鐵、雌黃。東通龜茲六百七十里。王莽時，姑墨王丞殺温宿王，并其國。

姑墨是匈奴的勢力範圍，與龜茲比鄰。如果攻下姑墨，則相當於在疏勒東面，與親匈奴的龜茲之間增加一個緩衝地帶。但班超手下并無兵將，他所憑借的祇有三寸不爛之舌，以説服其他國家出兵：

建初三年，超率疏勒、康居、于寘、拘彌兵一萬人攻姑墨石城，破之，斬首七百級。（《後漢書・班梁列傳》）

這次班超攻姑墨，除了疏勒、于闐外，參與行動的還有拘彌和康居。拘彌又名扜彌（"扜"音"烏"），地處南道中段，與姑墨、于闐是鄰國（約今新疆于田縣克里雅河以東地方）。《西域傳上》載：

扜彌國，王治扜彌城，去長安九千二百八十里。户三千三百四十，口二萬四十，勝兵三千五百四十人。輔國侯、左右將、左右都尉、左右騎君各一人，譯長二人。東北至都護治所三千五百五十三里，南與渠勒、東北與龜茲、西北與姑墨接，西通于闐三百九十里。

拘彌此時和于闐、鄯善等其他南道諸國一樣，都是漢廷的勢力範圍，爲班超説服而出兵，比較容易。而康居就不同了。《西域傳上》載：

康居國，王冬治樂越匿地。到卑闐城。去長安萬二千三百里。不屬都護。至越匿地馬行七日，至王夏所居蕃内九千一百四里。① 户十二萬，口六十萬，勝兵十二萬人。東至都護治所五千五百五十里。與大月氏同俗。東羈事匈奴。

康居是葱嶺以西的游牧民族國家，活動範圍主要在今哈薩克斯坦南部及錫爾河中下游，兩漢時大致位置爲大宛西北，大月氏以北，烏孫以西，奄蔡之東，丁零以南地帶，約在今巴爾喀什湖和鹹海之間。與其他游牧民族一樣，康居人

---

① 顔師古注："王每冬寒夏暑，則徙別居不一處。"

亦隨季節的變化而遷徙。冬季南下於錫爾河一帶，夏季北上至"蕃内"，兩地相距數千里之遙。其王都卑闐城，約當今烏茲別克斯坦的塔什幹一帶。康居人爲高加索人種，深目高鼻多須髯，語言屬吐火羅語支。

康居人擅長經商，常常到各地去進行貿易，往返於中亞各地。康居人雖然部衆不少，但仍然受制於南面鄰居月氏和東面鄰居匈奴。

西漢宣、元時，康居與匈奴相善。宣帝神爵四年（前58）始，匈奴内亂，五單于紛爭。至五鳳二年（前56），呼屠吾斯自立爲郅支單于，與其弟呼韓邪單于對立。

> 宣帝時，匈奴乖亂，五單于並爭，漢擁立呼韓邪單于，而郅支單于怨望，殺漢使者，西阻康居。①其後都護甘延壽、副校尉陳湯發戊己校尉西域諸國兵至康居，誅滅郅支單于……是歲，元帝建昭三年也。（同前引）

呼韓邪南遷歸漢，郅支則率部衆向西北遷徙，先設王庭於柯爾克孜草原上的堅昆②，後應康居王之請，向西南移至康居領域内，在都賴水（今怛邏斯河）上游興建了郅支城（今哈薩克斯坦之塔拉斯）。康居王此舉，意在借匈奴之力以對抗烏孫。元帝建昭三年（前36），西域都護甘延壽、副校尉陳湯率兵西越帕米爾高原，擊殺郅支單于於郅支城。

即使後來康居交好漢廷，送來質子，但其態度仍然傲慢，以致西域都護郭舜建議與之斷絕往來：

> 至成帝時，康居遣子侍漢，貢獻，然自以絕遠，獨驕嫚，不肯與諸國相望。都護郭舜數上言："本匈奴盛時，非以兼有烏孫、康居故也；及其稱臣妾，非以失二國也。漢雖皆受其質子，然三國内相輸遺，交通如故，亦相候司，③見便則發；合不能相親信，離不能相臣役。以今

---

① 顔師古注："依其險阻，以自保固也。"
② 堅昆，古代北方游牧民族，今柯爾克孜人的祖先。兩漢時堅昆地約今西西伯利亞平原葉尼塞爾上游，從事畜牧，兼營農業和狩獵。黃龍元年（前49）郅支單于西遷，擊敗烏孫、兼并烏揭、堅昆、丁零三國，并留都堅昆。
③ 候司，窺探、偵察之意。

言之，結配烏孫竟未有益，反爲中國生事。然烏孫既結在前，今與匈奴俱稱臣，義不可距。而康居驕黠，訖不肯拜使者。①都護吏至其國，坐之烏孫諸使下，王及貴人先飲食已，乃飲啗都護吏，故爲無所省以夸旁國。②以此度之，何故遣子入侍？其欲貫市爲好，辭之詐也。匈奴百蠻大國，③今事漢甚備，聞康居不拜，且使單于有自下之意，④宜歸其侍子，絕勿復使，⑤以章漢家不通無禮之國。敦煌、酒泉小郡及南道八國，給使者往來人馬驢橐駝食，皆苦之。空罷耗所過，送迎驕黠絕遠之國。⑥非至計也。"漢爲其新通，重致遠人，⑦終羈縻而未絕。（同前引）

郭舜的意思是，漢廷結交烏孫、康居，原意本是制衡匈奴。但比起匈奴，烏孫、康居的實力較弱，并不起關鍵作用。過去匈奴強橫，不是因爲有烏孫、康居的支持；現在匈奴俯首稱臣，也不是因爲烏孫、康居向漢。匈奴、烏孫、康居三國，他們之間既有勾結，也有矛盾，但相互之間的聯繫相當緊密，故漢廷羈縻烏孫、康居以對付匈奴，恐怕未必有效。烏孫也就罷了，畢竟是親戚；而康居狂妄，故意當着匈奴人、烏孫人的面爲難漢使，教匈奴看了，未免也會有輕慢漢使之意。像這種無禮蠻夷，不結交也罷，還能爲敦煌、酒泉這些邊郡和南道諸內屬國省些接待費用呢。不過，郭舜的意見沒有被采納。

這次，在漢廷已經放棄西域、撤回機構和駐軍的情況下，班超能夠説服康居出兵一起攻打姑墨，一方面是班超口才過人，另一方面當是康居也有南下插手西域內屬諸國事務的野心，算是各有打算吧。如建初九年（84），疏勒王忠叛亂後即投靠康居。

經過姑墨一役，班超認爲平定西域的時機已經到來。建初五年（80），班超上疏章帝劉炟請兵：

---

① 顏師古注："訖，竟也。"
② 故意無視漢使，向其他國家使節誇耀自己不在乎大漢帝國的威勢。
③ 顏師古注："於百蠻之中，最大國也。"
④ 顏師古注："言單于見康居不事漢，以之爲高，自以事漢爲太卑，而欲改志也。"
⑤ 顏師古注："不通使於其國也。"
⑥ 顏師古注："所過，所經過之處。驕黠謂康居使也。"
⑦ 顏師古注："以此聲名爲重也。"即看重有如此遠方的國家都來朝供的聲名。

超欲因此叵平諸國,①乃上疏請兵。曰:"臣竊見先帝欲開西域,故北擊匈奴,西使外國,鄯善、于寘即時向化②。今拘彌、莎車、疏勒、月氏、烏孫、康居復願歸附,欲共並力破滅龜茲,平通漢道。若得龜茲,則西域未服者百分之一耳。臣伏自惟念,卒伍小吏,實願從谷吉效命絕域,③庶幾張騫棄身曠野。昔魏絳列國大夫,尚能和輯諸戎,④況臣奉大漢之威,而無鉛刀一割之用乎?⑤前世議者皆曰取三十六國,號爲斷匈奴右臂。⑥今西域諸國,自日之所入,莫不向化,⑦大小欣欣,貢奉不絕,唯焉耆、龜茲獨未服從。臣前與官屬三十六人奉使絕域,備遭艱厄。自孤守疏勒,於今五載,胡夷情數,臣頗識之。問其城郭小大,皆言'倚漢與依天等'。以是效之,則蔥領可通,⑧蔥領通則龜茲可伐。今宜拜龜茲侍子白霸爲其國王,以步騎數百送之,與諸國連兵,歲月之間,龜茲可禽。⑨以夷狄攻夷狄,計之善者也。⑩臣見莎車、疏勒田地肥廣,草牧饒衍,不比敦煌、鄯善間也,兵可不費中國而糧食自足。且姑墨、溫宿二王,特爲龜茲所置,⑪既非其種,更相厭苦,其勢必有降反。若二國來降,則龜茲自破。願下臣章,參考行事。誠有萬

---

①李賢注:"叵猶遂也。"

②向化:归化;顺服。

③李賢注:"谷吉,長安人,永之父也。元帝時爲衛司馬,使送郅支單于侍子,爲郅支所殺。"

④李賢注:"魏絳,晉大夫。晉悼公時,山戎使孟樂如晉,因魏絳納虎豹之皮,請和諸戎。公悅,使魏絳盟諸戎。事見《左傳》。輯亦和也。"

⑤李賢注:"賈誼曰:'莫邪爲鈍兮,鉛刀爲銛。'《楚辭》曰:'捐棄太阿,寶鉛刀兮。'"此班超以鉛刀自謙。

⑥李賢注:"《前書》曰,漢遣公主爲烏孫夫人,結爲昆弟,則是斷匈奴右臂也。哀帝時劉歆上議曰,武帝時立五屬國,起朔方,伐朝鮮,起玄菟、樂浪,以斷匈奴之左臂。西伐大宛,結烏孫,裂匈奴之右臂。南面以西爲右也。"前書,即《漢書》。

⑦李賢注引《西域傳》曰:"自條支國乘水西行,可百餘日,近日所入"也。

⑧李賢注:"效猶驗也。《西河舊事》曰:'蔥領山,其上多蔥,因以爲名。'"

⑨禽,通"擒"。

⑩李賢注引《前書》朝錯曰:"以蠻夷攻蠻夷,中國之利。"朝錯,即晁錯。

⑪指姑墨、溫宿國王是匈奴所立,不得本國人心。

分,死復何恨。臣超區區,特蒙神靈,竊冀未便僵仆,目見西域平定,陛下舉萬年之觴,薦勳祖廟,布大喜於天下。"①書奏,帝知其功可成,議欲給兵。(《後漢書·班梁列傳》)

班超的上疏要點有二:一是目前西域形勢不錯,各國大都心向漢廷,所謂"自日之所入,莫不向化",衹有焉耆、龜茲等少數國家尚不服從,如果攻下龜茲,則西域北路可通;二是我本人在西域數年,熟悉情況,這次征龜茲,無需從關內派出大軍,衹需少量部隊,屯田莎車、疏勒,主要通過外交手段,說服各國出兵助戰,"以夷狄攻夷狄"即可。

班超的這一戰略方針,得到了章帝劉炟的支持。

二、援軍來了

班超在西域數年,正式身份始終是漢廷使節,手下并無軍隊。行事僅靠外交手段,利用各國之間的矛盾,借兵攻伐。但無論如何,這些借來的軍隊,用起來總不會那麼得心應手。而且沒有一支長期駐守的軍事力量,對維護漢廷在西域的權威也是不利的。但是,與一次性的出征不同,長期駐守西域是很艱苦的,除了有"封侯之志"的班超外,還有誰願意來呢?

正好,班超的同鄉徐幹上疏,願意來西域與班超共同奮鬥:

> 平陵人徐幹素與超同志,上疏願奮身佐超。五年,遂以幹爲假司馬,將弛刑及義從千人就超。

這次徐幹前來,帶了一千人馬。這一千人馬是由"義從"和"弛刑"組成的。義從就是志願從軍者。漢代"義從",來源大約有二:一是邊地富家子弟,嫻於武藝,自願投軍希冀立功受封,或者可以合法劫掠以致富。如《後漢書·劉虞公孫瓚陶謙列傳·公孫瓚》說:

> 瓚常與善射之士數十人,皆乘白馬,以爲左右翼,自號"白馬義從"。

---

① 李賢注:"薦,進也。勳,功也。"

二是已經歸附漢廷的羌、胡等少數民族軍隊。如《後漢書·鄧寇列傳·鄧訓》載，西羌迷唐部欲襲擊歸附漢廷之小月氏①，鄧訓於是將他們引入城中保護：

> 迷唐別與武威種羌合兵萬騎，來至塞下，未敢攻訓，先欲脅月氏胡……遂令開城及所居園門，悉驅群胡妻子內之，嚴兵守衛。羌掠無所得，又不敢逼諸胡，因即解去。由是湟中②諸胡皆言："漢家常欲鬥我曹，今鄧使君待我以恩信，開門內我妻子，乃得父母。"咸歡喜叩頭曰："唯使君所命。"訓遂撫養其中少年勇者數百人，以爲義從。

此後，在討伐迷唐的戰爭中，小月氏部落即出兵隨鄧訓作戰。又《後漢書·皇甫張段列傳·段熲》載：

> 熲將兵及湟中義從羌萬二千騎出湟谷。

這裏"湟中義從羌"即指湟中地區歸附漢廷的羌人部隊。

所謂"弛刑"，原意指解除刑具的犯人。秦漢犯人皆須戴刑具、穿囚服，而若發囚犯從軍，則需去除刑具，故名"弛刑"。如《宣帝紀》載：

> 西羌反，發三輔、中都官徒弛刑……詣金城。

颜師古注：

> 李奇曰："弛，廢也。謂若今徒解鉗釱赭衣，置任輸作也。"……弛刑，李說是也。若今徒囚但不枷鎖而責保散役之耳。

兩漢時期，出征兵士中"義從""弛刑"占有很大比重，實與其時兵制有關。

西漢兵制，成年男子從二十三歲至五十六歲，一生需服兩次兵役，每次一年。一次是在本郡服役，稱爲"正卒"；一次是中央政府徵兵，去京城警衛部隊

---

① 月氏爲活躍於公元前三世紀至公元一世紀間的北方游牧民族。月氏最早期居於北亞，經常與匈奴發生衝突，其後西遷至中亞地區。由於月氏處於絲綢之路上，控制着東西方貿易，隨之漸漸强大起來。西漢時期，月氏受到匈奴攻擊，一分爲二：西遷至伊犁一帶的爲大月氏；南遷至今甘肅及青海一帶的爲小月氏。
② 李賢注："湟中，月氏胡所居，今鄯州湟水縣也。"即今青海湟中一帶。

者爲"衛士"，去邊疆屯戍者爲"戍卒"。兵種有"材官"即步兵、"騎士""車士"和樓船等四種。大約三輔和西北邊郡多騎兵，內地多步兵，沿江各郡多樓船兵，而車士這一兵種在漢代已經逐漸淘汰。西漢中央政府衛戍部隊人數較多，達數萬人，主要負責京畿長安地區的防衛，偶爾也有出征。地方郡國兵，由太守、國相統管，具體由都尉、中尉統領。

上述兵制是建立在小農經濟基礎上的，有田的自耕農是主要兵源。然而自西漢後期以來土地兼并非常嚴重，小自耕農經濟受到嚴重破壞，大量農民淪爲沒有服兵役資格的奴隸和部曲。這樣，僅靠徵兵就無法滿足國防的需要。

至東漢初期，劉秀對兵制進行了大幅度的改革。他縮減了中央所屬的京師警衛部隊的規模，從西漢的數萬人精簡至數千人；并對地方兵制進行大刀闊斧的裁撤，罷郡國都尉一職，將其職守合并於太守或國相，取消了地方專職武官。并於建武七年（31）下詔：

> 宜且罷輕車、騎士、材官、樓船士及軍假吏，令還復民伍。（《後漢書·光武帝紀下》）

這一措施，實際上裁撤了內地郡國的常設軍隊（但緣邊各郡因爲戰事仍頻，依然有郡兵建制）。劉秀又於建武二十二年（46），"詔罷諸邊郡亭候吏卒"（《後漢書·光武帝紀下》），即取消了邊地各郡的戍卒。劉秀這些改革措施，一方面節約了國家經費開支，另一方面也緩解了徵兵兵源不足的問題。

對於因裁撤地方和邊關常設軍隊所造成的國防力量空缺，東漢政府採取的措施如下：

一是建立了駐屯兵制度，如黎陽營（故地在今河南浚縣）、度遼營（今內蒙東勝）、象林營（今越南順化）、漁陽營（今北京密云）等。二是除傳統之徵兵外，亦啓用以金錢招募的職業士兵，即所謂"募士"，并大量啓用刑徒和少數民族士兵參戰。下面以本書前面介紹過的幾次出征爲例，說明東漢軍隊的構成。光武中元二年（57），竇固、馬武出兵征羌：

> 將烏桓、黎陽營、三輔募士、涼州諸郡羌胡兵及弛刑，合四萬人擊之。（《後漢書·朱景王杜馬劉傅堅馬列傳·馬武》）

這次有駐屯軍"黎陽營"、從關中地區臨時募集的"三輔募士"、少數民族軍隊烏桓兵和"涼州諸郡羌胡兵",以及"弛刑"。

永平十七年(74)四路大軍伐北匈奴:

> 固與忠率酒泉、敦煌、張掖甲卒①及盧水羌胡萬二千騎出酒泉塞,耿秉、秦彭率武威、隴西、天水募士及羌胡萬騎出居延塞,又太僕祭肜、度遼將軍吳棠將河東、北地、西河、羌胡及南單于兵萬一千騎出高闕塞,騎都尉來苗、護烏桓校尉文穆將太原、雁門、代郡、上谷、漁陽、右北平、定襄郡兵及烏桓、鮮卑萬一千騎出平城塞。(《後漢書·竇融列傳·竇固》)

其中提到了酒泉、敦煌、張掖、河東、北地、西河、太原、雁門、代郡、上谷、漁陽、右北平、定襄等幾乎所有邊郡的郡兵,武威、隴西、天水諸郡募兵,以及"盧水羌胡"、南匈奴、烏桓、鮮卑等少數民族部隊。章和二年(88)竇憲伐北匈奴:

> 發北軍五校、黎陽、雍營、緣邊十二郡騎士,及羌胡兵出塞。(《後漢書·竇融列傳·竇憲》)

除了各邊郡騎兵、羌人部隊外,還有北軍五校,即京師洛陽衛戍部隊。據《資治通鑑》胡三省注:

> 北軍五校,屯騎、越騎、步兵、長水、射聲五校尉所掌宿衛兵也。

這次徐幹來西域,所帶士兵要長期駐守,故一年期的徵兵并不合適,而少數民族部隊也未必願意長期離開家鄉,於是祇有招募的志願兵"義從"和刑徒兵"弛刑"了。這些人多爲亡命之徒,素質肯定比較差,非有極高威望和治軍鐵腕不易統馭。

徐幹和他帶來的人馬來得正是時候:

> 先是莎車以爲漢兵不出,遂降於龜茲,而疏勒都尉番辰②亦復反叛。

---

①甲卒,即披甲步兵。
②番辰爲疏勒國土官。

> 會徐幹適至，超遂與幹擊番辰，大破之，斬首千餘級，多獲生口①。（《後漢書·班梁列傳》）

莎車因漢軍久已不至，又不甘於長期臣附于闐，故改投龜茲，其實也就是改投匈奴。班超正欲解決莎車、龜茲問題，不想後院起火，疏勒都尉番辰又反叛。正好這時徐幹帶着人馬趕來了，於是先平定疏勒叛軍。

班超認爲，解決西域問題的關鍵是要征服龜茲。龜茲是北道大國，"勝兵二萬一千七十六人"，其王爲匈奴人所立，爲漢廷統一西域的最大障礙。原來龜茲主要在北道活動，現在莎車又投靠龜茲，使其勢力範圍又擴展到了南道。莎車正當南道西端，是通往葱嶺以西大月氏諸國的門户，也正當疏勒往返内地的要道上，地理位置十分重要。然而，要解決莎車，則應先解決其靠山龜茲。

待後方穩定後，班超再圖進攻龜茲。但僅靠徐幹帶來的一千人馬肯定不夠，於是班超又打算借助烏孫之力：

> 超既破番辰，欲進攻龜茲。以烏孫兵强，宜因其力，乃上言："烏孫大國，控弦十萬，故武帝妻以公主，②至孝宣皇帝，卒得其用。③今可遣使招慰，與共合力。"帝納之。（同前引）

西漢時烏孫與漢交好，一直以漢家外甥自居。如果能得烏孫之助，當然對破龜茲大有幫助。

路放按：雖然章帝劉炟采納了班超的建議，但似乎對烏孫的外交并未取得預想的成就，因爲此後烏孫并未直接出兵助班超攻打匈奴和龜茲，且永元三年（91）金微山一戰後，北匈奴殘部西逃，也是先在烏孫落脚。

有了兵馬，漢廷遂拜班超爲將兵長史，從此他成爲漢廷在西域的最高行政和軍事長官：

---

① 生口即俘虜。
② 漢廷以公主和親烏孫見第三十章《一定西域》之第二節《重建都護府》。
③ 李賢注引《西域傳》曰："宣帝即位，烏孫遣使上書，言匈奴連發大兵侵擊烏孫，欲隔絶漢，烏孫願發國半精兵五萬騎，盡力擊匈奴，唯天子出兵以救公主。漢大發十五萬騎，五將軍分道并出。烏孫以五萬騎從西方入，至右谷蠡王庭，獲四萬餘級，馬牛羊七十餘萬。"

(建初）八年，拜超爲將兵長史，假鼓吹幢麾。①以徐幹爲軍司馬。（同前引）

漢代太守之副職爲丞，邊郡另外設有長史，掌兵馬。建武十四年（38）劉秀下詔罷邊郡之丞，以長史領其職。蓋長史本爲太守之幕僚長，東漢精簡機構，遂合長史與丞二職爲一。其後又有因邊郡防務緊張而增設的專職領兵官"將兵長史"。此時西域并無都護，則將兵長史班超即爲西域最高長官。"鼓吹幢麾"本爲將軍的儀仗，班超雖非將軍，但以其獨當一面而得用之。

爲了交好烏孫，劉炟派衛候李邑護送使者出使烏孫：

別遣衛候李邑護送烏孫使者，賜大小昆彌以下錦帛。②（同前引）

衛候，是衛尉屬下的低級軍官。這個李邑是個膽小鬼，他們一行方至于闐，適逢龜茲進攻疏勒：

李邑始到于寘，而值龜茲攻疏勒，恐懼不敢前，因上書陳西域之功不可成，又盛毀超擁愛妻，抱愛子，安樂外國，無内顧心。超聞之，嘆曰："身非曾參而有三至之讒，恐見疑於當時矣。"遂去其妻。（同前引）

凡大將在外，最怕的就是有小人在君主面前進讒言。班超提到的"曾參三至之讒"，典出《戰國策·秦策二》：

秦武王謂甘茂曰："寡人欲車通三川，以窺周室，而寡人死不朽

---

① 李賢注："平帝元始二年，使謁者大司馬掾持節行邊兵，遣執金吾候陳茂假以鉦鼓。《古今樂録》曰：'横吹，胡樂也。張騫入西域，傳其法於長安，唯得《摩訶兜勒》一曲，李延年因之更造新聲二十八解，乘輿以爲武樂，後漢以給邊將，萬人將軍得之。在俗用者有《黄鵠》《隴頭》《出關》《入關》《出塞》《入塞》《折楊柳》《黄覃子》《赤之楊》《望行人》十曲。'劉熙《釋名》曰：'幢，童也，其貌童童然。'蔡邕《月令》章句曰：'羽，鳥翼也，以爲旌幢麾也。'横吹、麾幢皆大將所有，超非大將，故言假。"這裹"假"是借用的意思。
② 李賢注："《前書》曰，烏孫國王先號昆莫，名獵驕靡，後書昆彌云。後代取'昆'字，靡彌聲相近，音有輕重耳。昆莫既死，子孫爭國，漢令立元貴靡爲大昆彌，烏就屠爲小昆彌，賜印綬。故有大小昆彌之號焉。"

乎？"甘茂對曰："請之魏，約伐韓。"王令向壽輔行。甘茂至魏，謂向壽："子歸告王曰：'魏聽臣矣，然願王勿攻也。'事成，盡以爲子功。"向壽歸以告王，王迎甘茂於息壤。甘茂至，王問其故。對曰："……今臣羈旅之臣也，樗里疾、公孫衍二人者，挾韓而議，王必聽之，是王欺魏，而臣受公仲侈之怨也。昔者曾子處費，費人有與曾子同名族者而殺人，人告曾子母曰：'曾參殺人！'曾子之母曰：'吾子不殺人！'織自若。有頃焉，人又曰：'曾參殺人！'其母尚織自若也。頃之，一人又告之曰：'曾參殺人！'其母懼，投杼逾牆而走。夫以曾參之賢，與母之信也，而三人疑之，則慈母不能信也。今臣之賢不及曾子，而王之信臣又未若曾子之母也，疑臣者不適三人，臣恐王爲臣之投杼也。"王曰："寡人不聽也，請與子盟。"於是與之盟於息壤①。

曾參是孔子的弟子，以賢著稱。有人誤傳曾參殺人，其母不信。再傳，仍不信。然而，第三次有人說曾參殺人時，其母害怕了，扔掉織布梭逃走。甘茂借此故事，說明了臣下出征在外時，君臣之間那種互相猜疑、互不信任的心情。因爲李邑的訐告，班超爲了避嫌，竟忍痛送走了妻子。當然，劉炟是個明君，沒有上李邑的當：

> 帝知超忠，乃切責邑曰："縱超擁愛妻，抱愛子，思歸之士千餘人，何能盡與超同心乎？"令邑詣超受節度。詔超："若邑任在外者，便留與從事。"（同前引）

李邑弄了個灰頭土臉，劉炟索性命他直接向班超報到。且對班超說，以後再有李邑這樣官員去西域，班超都可以留下來任用。

路放按：李邑的構陷手法十分拙劣。一則以他一個初抵西域的下級軍官遽下結論說"西域之功不可成"不但可笑，也顯示出他的貪生怕死；二則他此時在于闐，根本還沒有見到正在疏勒與龜茲作戰的班超，找不到他的罪名，祇有以傳聞中班超的家庭生活做話題。然而"擁愛妻，抱愛子"根本就不是什麽像樣的罪名，無怪乎劉炟不信。但其實封建帝王對手握兵權出征在外的將軍們都

---

① 息壤，古地名，在今湖北江門縣南。

有一種骨子裏的不信任，祇要進讒言的人地位再高一點，手法再隱蔽一點，殺傷力還是很大的。即如梁松、馬武輩構陷馬援，劉秀不就當真了嗎？

雖然劉炟命令李邑留在班超手下做事，但班超知道李邑的問題在於怯懦，實在不適合在西域這種複雜環境中做事，留之無用。於是當烏孫國送王子去洛陽爲質時，班超即派李邑護送之：

> 超即遣邑將烏孫侍子還京師。徐幹謂超曰："邑前親毀君，欲敗西域，今何不緣詔書留之，更遣它吏送侍子乎？"超曰："是何言之陋也！以邑毀超，故今遣之。內省不疚，何恤人言！①快意留之，非忠臣也。"（同前引）

徐幹爲班超不忿，建議將李邑留在西域服務，另派他人送烏孫王子進京。班超的回答大義凜然：話怎麼能這麼說呢？正因爲他進讒言，我纔派他回去。心裏無鬼，不怕人詆毀。如果祇爲私人恩怨將他留下，那不是忠臣。其實，班超當然知道，像李邑這種怯懦小人，成事不足、敗事有餘，留在身邊更可能壞事，不如索性打發他離開。

三、降服莎車

元和元年（84），第二批援軍在司馬和恭等人帶領下到達西域。添加了這批生力軍，班超遂準備進攻此前不久投靠龜兹的莎車：

> 明年，復遣假司馬和恭②等四人將兵八百詣超，超因發疏勒、于寘兵擊莎車。（同前引）

莎車地處南北兩道之間，西北是疏勒，東南爲于闐。東漢初年，莎車王賢通過吞滅周圍小國而成爲西域力量最強的國家，光武帝劉秀曾賜莎車王賢西域

---

① 李賢注："疚，病也。恤，憂也。《論語》孔子曰：'內省不疚，夫何憂何懼！'《左氏傳》曰：'《詩》云："禮義不愆，何恤乎人之言"！'《詩》謂逸詩也。"按：逸詩指《詩經》未收錄的古代詩歌，見於先秦經傳諸子中的約有數十首，多爲零篇殘句。
② 和恭其人《後漢書》僅此一見，其他事迹不詳。

都護印綬，雖不久即收回，但仍賜賢以大將軍印綬，而賢亦借此橫行西域數十年。永平年間，即班超初到西域前不久，于闐人不堪莎車的殘暴統治，起而反抗，在兩代于闐王休莫霸、廣德的領導下打敗了莎車，殺死了莎車王賢，並在莎車立了一個傀儡王齊黎（見第二十九章《不入虎穴，焉得虎子》第一節《西域諸國》）。

永平十六年（73）班超出使西域，鄯善、于闐、疏勒歸附，班超常駐疏勒，南道諸國皆屬漢。

到了建初五年（80），莎車王眼看數年來漢軍不至西域，祇有班超以漢使名義安集諸國。而匈奴人在西域的勢力仍然很大，於是認爲是時候脱離于闐的控制了，遂投靠了有匈奴人撐腰的龜兹。

路放按：因缺乏資料，未知此時降龜兹的莎車王是否仍是齊黎。

莎車一反，西域南道即斷，所以班超不能聽之任之，即欲發兵討伐。不想適逢疏勒都尉番辰反叛，祇好先與剛剛趕到的徐幹一起平定疏勒内亂。

建初九年（84），班超發疏勒、于闐兵討伐莎車。不想後院再次起火，莎車買通了疏勒王忠反叛，班固祇好先回師疏勒，解決忠的問題：莎車陰通使疏勒王忠，啖以重利，①忠遂反從之，西保烏即城②。超乃更立其府丞③成大爲疏勒王，悉發其不反者以攻忠。積半歲，而康居遣精兵救之，超不能下。是時月氏新與康居婚，相親，超乃使使多齎錦帛遺月氏王，令曉示康居王，康居王乃罷兵，執忠以歸其國，烏即城遂降於超。

由於月氏、康居兩國的插手，班超花了好大的氣力纔終於平定了疏勒内亂，但反叛的疏勒王忠却爲康居接走。直到兩年後的元和三年（86），忠纔爲班超所捕獲正法：

> 是歲，西域長史班超擊斬疏勒王。（《後漢書·章帝紀》元和三年）

---

①李賢注：“謂多以珍寳誘引之。《前書》曰，高祖令陸賈往説秦將，啖以利。”

②烏即城，疏勒城市，位置不詳。近年新疆喀什一帶發現古城遺址，有人認爲是烏即城，但有爭論。

③王先謙《集解》：“沈欽韓曰：《百官志》，四夷國王皆有丞，比郡縣。”

後三年，忠說康居王借兵，還據損中，①密與龜茲謀，遣使詐降於超。超內知其奸而外偽許之。忠大喜，即從輕騎詣超。超密勒兵待之，爲供張設樂。②酒行，乃叱吏縛忠斬之。因擊破其衆，殺七百餘人，南道於是遂通。

論玩心計、玩兵法，詐降這種小伎倆實在是小兒科，哪能騙得過班超？班超遂將計就計除掉了忠。按疏勒爲北道國家，此所謂"南道通"應是因爲此時莎車反叛，自鄯善、于闐的南道需繞道疏勒方能繼續西行。

路放按：忠本是班超所立，過往也曾與班超共同抵禦龜茲、匈奴的進攻。這次爲了一點小利就選擇了背叛，實屬不智。於此亦可看出西域小國君主不講信義、貪婪小利的本性。環境如此，班超安撫西域的任務之困難、危險可想而知。

三年後的章和元年（87），班超再次組織大軍討伐莎車，而龜茲王亦隨之發兵救援：

> 明年，超發于寘諸國兵二萬五千人，復擊莎車。而龜茲王遣左將軍發溫宿、姑墨、尉頭合五萬人救之。

以西域國家的規模，雙方共出動七萬餘人，應該都是傾巢而出了。敵衆我寡，不宜強攻，班超於是用計：

> 超召將校及于寘王議曰："今兵少不敵，其計莫若各散去。于寘從是而東，長史亦於此西歸，可須夜鼓聲而發。"陰緩所得生口。③龜茲王聞之大喜，自以萬騎於西界遮超，溫宿王將八千騎於東界徼于寘。超知二虜已出，密召諸部勒兵，雞鳴馳赴莎車營，胡大驚亂奔走，追斬五千餘級，大獲其馬畜財物。莎車遂降，龜茲等因各退散，自是威震西域。

---

①李賢注："損中，未詳。《東觀記》作'頓中'，《續漢》及《華嶠書》并作'損中'，本或作'楨'，未知孰是也。"王先謙《集解》："惠棟曰：《通鑒》'楨'作'楨'，胡注：'《西域傳》靈帝建寧三年，涼州刺史孟佗遣兵討疏勒，攻楨中城。'楨中是也。"楨中城具體位置不詳。
②供張，亦作"供帳"。陳設供宴會用之帷帳、用具、飲食等物。亦謂舉行宴會。《東都賦》："爾乃盛禮興樂，供帳乎雲龍之庭。"《張延壽傳》："上爲放供張，賜甲第，充以乘輿服飾。"
③悄悄放掉俘虜。

班超利用釋放俘虜之口向敵方透露了假的作戰方案，引誘龜茲、溫宿分兵截擊，但自己却直擊莎車大營，大獲全勝，莎車投降。龜茲等國也就祇好各自退散了。

第三十三章　但願生入玉門關

一、對北匈奴的最後一擊

　　章和二年（88）漢廷以竇憲爲車騎將軍，集結大軍於西北邊郡，準備伐北匈奴。永元元年（89），竇憲大破北匈奴於逐邪山：

> 夏六月，車騎將軍竇憲出雞鹿塞，度遼將軍鄧鴻出稒陽塞，南單于出滿夷谷，與北匈奴戰於稽落山，大破之，追至私渠比鞮海。竇憲遂登燕然山，刻石勒功而還。北單于遣弟右溫禺鞮王奉奏貢獻。（《後漢書·孝和孝殤帝紀》）

　　永元二年（90）七月，竇憲出屯凉州。九月，北匈奴遣使稱臣。次年二月，耿夔大破北匈奴軍於金微山：

> 二月，大將軍竇憲遣左校尉耿夔出居延塞①，圍北單于於金微山，大破之，獲其母閼氏。②（《後漢書·孝和孝殤帝紀》）

　　金微山一戰後，北匈奴殘部逃亡烏孫：

> 北單于爲耿夔所破，遁走烏孫，塞北地空，餘部不知所屬。（《後漢書·袁張韓周列傳》）

---

① 李賢注："居延，縣，屬張掖郡。居延澤在東北。武帝使伏波將軍路博德築遮虜障於居延城。"按：居延城故址在今內蒙額濟納旗東南。
② 李賢注："閼氏，匈奴后之號也，音焉支。"

後來，逃往烏孫的北匈奴餘部一路西遷直至中亞西部和東歐地區。永元初年伐北匈奴之戰的詳情可參看第二十章《勒功燕然》。

北匈奴的覆滅，對於西域地區局勢的影響是很大的，原先依附匈奴的北道諸國紛紛開始考慮新的出路。永元二年（90），竇憲派兵奪回伊吾（今新疆哈密）。

> 竇憲遣副校尉閻盤將二千餘騎掩擊北匈奴之守伊吾者，復取其地。
> 車師震慴，前、後王各遣子入侍。

伊吾是北道重鎮，是漢軍西出敦煌後的第一站，歷史上漢廷與匈奴曾反復爭奪此地。永平十六年（73），班超曾在竇固麾下攻克伊吾，漢廷隨後在此設宜禾都尉駐軍屯田。建初二年（77）漢軍撤出西域後，同時放棄了伊吾屯田，北匈奴人隨之進駐。這次閻盤再奪伊吾，車師前後部頓感壓力，遂送質子到洛陽，以示重新歸附。

車師前後部降漢後，北道門户頓開。這樣，龜兹、焉耆等原匈奴附庸國失去依靠，解決它們就祇是時間問題了。

二、大月氏之戰

正在竇憲大軍與匈奴激戰的同時，班超却遭到了大月氏人的進攻。《後漢書·孝和孝殤帝紀》永元二年（90）載：

> 月氏國遣兵攻西域長史班超，超擊降之。

大月氏國，地處帕米爾高原以西，今阿富汗、巴基斯坦和印度北部阿姆河① 流域一帶。《西域傳》載：

> 大月氏國，治監氏城，② 去長安萬一千六百里。不屬都護。户十萬，

---

① 阿姆河是中亞水量最大的内陸河，鹹海的兩大水源之一，源於帕米爾高原東南部的高山冰川。上源瓦罕河位於阿富汗境内，自東向西流，匯合帕米爾河後成爲阿富汗與塔吉克斯坦界河，改稱噴赤河。此後繼續西流，與來自塔吉克斯坦的瓦赫什河合流後稱阿姆河。阿姆河沿阿、塔兩國邊境繼續西流，於烏兹別克斯坦的木伊納克附近入鹹海。
② 監氏城（《後漢書》作藍氏城），即今阿富汗北部之 Bala-Hisar 城。

口四十萬，勝兵十萬人。東至都護治所四千七百四十里，西至安息四十九日行，南與罽賓接。土地風氣，物類所有，民俗錢貨，與安息同。出一封橐駝。①大月氏本行國也，隨畜移徙，與匈奴同俗。控弦十餘萬，故強輕匈奴。②本居敦煌、祁連間，至冒頓單于攻破月氏，而老上單于殺月氏，以其頭爲飲器，月氏乃遠去，過大宛，西擊大夏而臣之，都嬀水北爲王庭。其餘小衆不能去者，保南山羌，號小月氏。大夏本無大君長，城邑往往置小長，民弱畏戰，故月氏徙來，皆臣畜之，共稟漢使者。③

月氏本爲生活於今甘肅河西走廊之敦煌、祁連山間的游牧民族。約在秦統一六國（前 220）前後，月氏勢力強大，與東胡（居於蒙古高原東部的游牧民族，是鮮卑、烏桓之前身）兩面夾攻當時游牧於蒙古高原中部的匈奴。匈奴頭曼單于曾送其子冒頓於月氏爲質，冒頓後來逃回匈奴，即位爲單于。約在楚漢相爭之際（前 205 年至前 202 年間），冒頓單于舉兵攻月氏，月氏大敗。文帝初年（前 174 年至前 161 年間），匈奴再次擊敗月氏，殺月氏王，以其頭骨制成飲器。月氏戰敗後，大部西逃，打敗原居於今伊犁河、楚河流域的塞種人，占據了這塊地盤：

> 月氏已爲匈奴所破，西擊塞王。塞王南走遠徙，月氏居其地。（《張騫李廣利傳》）

月氏人大部西遷後，他們在河西走廊地區的原居地遂爲匈奴渾邪王和休屠王部落占領。後來，更早移居天山北麓的烏孫聯合匈奴，"西攻破大月氏"（《張騫李廣利傳・張騫》），迫使大月氏放棄伊犁地區，繼續向西南遷徙，烏孫遂占領了伊犁河流域一帶。

大月氏越過大宛西部，渡錫爾河，至嬀水（阿姆河）北岸定居。二十年後，大月氏人越過阿姆河，"西擊大夏而臣之"，并以大夏的監氏城（在今阿富汗北

---

① 颜師古注："脊上有一封也，封言其隆高，若封土也。今俗呼爲封牛。"按："封"通"峰"，一封橐駝即獨峰駝。
② 颜師古注："自恃其強盛，而輕易匈奴也。"
③ 颜師古注："同受節度也。"

部）爲都，儼然成爲中亞一大強國。

西漢後期（前1世紀），大月氏繼續擴張：

> 初，月氏爲匈奴所滅，遂遷於大夏，分其國爲休密、雙靡、貴霜、肸頓、都密，凡五部翎侯。後百餘歲，貴霜翎侯丘就卻攻滅四翎侯，自立爲王，國號貴霜。王侵安息，取高附地。又滅濮達、罽賓，悉有其國。丘就卻年八十餘死，子閻膏珍代爲王。復滅天竺，置將一人監領之。月氏自此之後，最爲富盛，諸國稱之皆曰貴霜王。漢本其故號，言大月氏云。（《後漢書·西域傳》）

約在東漢永平年間，大月氏的貴霜翕侯丘就卻消滅了其他四個翕侯，建立起貴霜帝國，後來南下攻擊喀布爾河流域和今喀什米爾地區，定都高附（今阿富汗喀布爾），奠定了貴霜帝國的基礎。丘就卻死後，其子閻膏珍繼位，繼續南下進兵印度，占領了恒河上游地區，并任命一個將軍統治這一地區。

約在章帝建初年間，迦膩色伽一世繼位貴霜皇帝。迦膩色伽一世打敗了安息，又南征印度，令貴霜帝國的疆域西起伊朗邊境，東至恒河中游，北起錫爾河、葱嶺、南至納巴達河。迦膩色伽一世遷都於犍陀羅地區的富樓沙（今巴基斯坦白沙瓦）。全盛時期的貴霜帝國擁有人口千萬，與漢、羅馬、安息并列爲當時歐亞四大強國。

貴霜帝國地處中亞絲綢之路的交通要道，是中國絲綢、漆器、東南亞香料、羅馬玻璃製品、麻織品等貿易的中轉站。

另外，當年月氏敗於匈奴後大部西遷，剩下來的一小部分散居今甘肅張掖、青海湟中等地，稱爲小月氏[①]。

這次大月氏（貴霜帝國）進攻班超的原因相當無聊：

---

① 《後漢書·西羌傳》："湟中月氏胡，其先大月氏之別也，舊在張掖、酒泉地。月氏王爲匈奴冒頓所殺，餘種分散，西逾葱嶺。其羸弱者南入山阻，依諸羌居止，遂與共婚姻。及驃騎將軍霍去病破匈奴，取西河地，開湟中，於是月氏來降，與漢人錯居。雖依附縣官，而首施兩端。其從漢兵戰鬥，隨埶強弱。被服飲食言語略與羌同，亦以父名母姓爲種。其大種有七，勝兵合九千餘人，分在湟中及令居。又數百戶在張掖，號曰義從胡。"

> 初，月氏嘗助漢擊車師有功，是歲貢奉珍寶、符拔、師子，①因求漢公主。超拒還其使，由是怨恨。（《後漢書·班梁列傳》）

按：班超本傳所說大月氏"助漢擊車師"有誤，因爲自永平十七年（74）後，漢廷再未有過對車師的戰爭。此"車師"應是"莎車"之誤，系指大月氏也參與了章和元年（87）班超征討莎車的行動，應該就是班超集結的"于寘諸國兵二萬五千人"中的"諸國"之一。又《後漢書·章帝紀》章和元年載：

> 是歲，西域長史班超擊莎車，大破之。月氏國遣使獻扶拔、師子。

則大月氏遣使獻貢正在班超征討莎車之後。大月氏自以爲有功於漢廷，遂獻貢珍奇，并求娶漢家公主。現已不知班超拒絕大月氏求婚時的具體考量，是他認爲大月氏實力不如烏孫，不值得漢廷以和親方式籠絡嗎？

大月氏王記恨班超拒絕了其和親要求，至永元二年（90），遂派其副王謝率大軍進攻疏勒：

永元二年，月氏遣其副王謝將兵七萬攻超。超衆少，皆大恐。

大月氏軍兵臨城下，班超人少，軍心浮動：

> 超譬軍士曰："月氏兵雖多，然數千里踰葱領來，非有運輸，何足憂邪？但當收穀堅守，彼飢窮自降，不過數十日決矣。"謝遂前攻超，不下，又鈔掠無所得。

大月氏地處帕米爾高原以西，這次東來翻山越嶺，長途跋涉，雖然聲勢浩大，但給養必然困難。正如以前漢軍出征西域，也曾遇到同樣情況。對大月氏軍來説，當然急於速戰速決，而班超則采取了豎壁清野的戰術，將糧食收割後運入城中藏起，緊閉城門，堅不出戰，你奈我何？時間一長，月氏大軍果然糧盡。

> 超度其糧將盡，必從龜茲求救，乃遣兵數百於東界要②之。謝果遣騎齎金銀珠玉以賂龜茲。超伏兵遮擊，盡殺之，持其使首以示謝。謝

---

① 李賢注引《續漢書》曰："符拔，形似麟而無角。"按：符拔（扶拔）究爲何種動物今已無考。師子，即獅子。
② 要，通"邀"，攔截之意。

大驚，即遣使請罪，願得生歸。超縱遣之。月氏由是大震，歲奉貢獻。

班超料定大月氏軍糧盡後只能求救於龜茲，於是在去龜茲的路上設伏。果然，謝派使者帶着珠寶去龜茲求救，爲班超伏兵逮個正着。謝看到求救無望，遂向班超請罪，願意撤兵。班超放走了他們，此後，大月氏遂年年向漢廷進貢。

三、都護西域

次年（永元三年，91），龜茲、姑墨、温宿三國投降。鑒於龜茲國王尤利多爲匈奴所立，故漢廷按照班超在建初五年（80）上疏的建議，改立在洛陽爲質的龜茲王子白霸爲龜茲王：

> 明年，龜茲、姑墨、温宿皆降，乃以超爲都護，徐幹爲長史。拜白霸爲龜茲王，遣司馬姚光送之。超與光共脅龜茲廢其王尤利多而立白霸，使光將尤利多還詣京師。（《後漢書·班梁列傳》）

漢廷派司馬姚光護送白霸迴龜茲。班超與姚光一起威逼龜茲大臣們廢掉尤利多，改立白霸爲龜茲王。爲絕後患，姚光又將尤利多帶回京城洛陽，免得他留在龜茲以後生事。

龜茲問題解決了以後，漢廷即再次重建西域都護府和各級機構：

> 十二月，復置西域都護、騎都尉、戊己校尉官。（《後漢書·孝和孝殤帝紀》）

路放按：中華書局版《後漢書》將"西域都護騎都尉、戊己校尉官"斷句爲"西域都護、騎都尉、戊己校尉"，似乎漢廷在西域設有三位官員，誤。實際上，西域都護職位的全稱即爲"都護西域騎都尉"，即"都護西域"的騎都尉。除此之外，當時漢廷在西域并無其他騎都尉。騎都尉是漢代常見的帶兵官職銜，如永平年間竇固出兵西域，耿秉、劉張、來苗、秦彭等都是此職銜。

據《後漢書·百官二》：

> 騎都尉，比二千石。本注曰：無員。（李賢注引《漢官》曰：一十人。）本監羽林騎。

則西域都護本職之騎都尉薪俸爲比二千石（略低於郡守一級），無定員。

班超任西域都護，并未像其前任一樣，將都護府設在烏壘城，而是在龜茲國它幹城重建都護府：

> 超居龜茲它幹城，徐幹屯疏勒。（《後漢書·班梁列傳》）

班超駐它幹城，應是不放心新近纔收服的龜茲。白霸本人雖然親漢，但他居住內地多年，於龜茲本國根基尚淺。且龜茲多年附庸匈奴，其臣下中親匈奴者必多，不穩定因素就很多，故而班超親自坐鎮以防其變。疏勒的位置也很重要，且有班超多年經營，故以長史徐幹屯疏勒，可保西域西去路綫的通暢。這次漢廷一并恢復了戊己校尉的設置：

> 復置戊己校尉，領兵五百人，居車師前部高昌壁，又置戊部候，居車師後部候城，相去五百里。（《後漢書·西域傳》）

值得注意的是，以往漢軍駐屯車師部隊由兩名戊己校尉統領，分別駐扎車師前後部，如永平十七年（74）那次，戊己校尉耿恭駐車師後部，關寵駐車師前部。這次漢廷將駐屯車師後部的軍官職位定位於比校尉級別低的候，①應是爲了明確指揮順序，即車師前後部的漢廷部隊均由駐屯車師南部的戊己校尉統一指揮。

這時，整個西域只有焉耆等國尚未明確表態歸服：

> 西域唯焉耆、危須、尉犁以前没②都護，懷二心，其餘悉定。（同前引）

焉耆等國未及時表態，是因爲永平年間焉耆攻殺都護陳睦，擔心漢廷不會放過他們的緣故。其實，這已經不是焉耆第一次攻殺中央政府派來的都護了，王莽年間的都護但欽，也是死於焉耆的叛亂。故而焉耆國王心懷鬼胎，未敢即時

---

① 《後漢書·百官一·將軍》："其領軍皆有部曲。大將軍營五部，部校尉一人，比二千石；軍司馬一人，比千石。部下有曲，曲有軍候一人，比六百石。曲下有屯，屯長一人，比二百石。其不置校尉部，但軍司馬一人。"

② 没，陷没。指這三國以前曾攻殺西域都護陳睦。

向班超輸誠。

四、征討焉耆

雖然北匈奴人已被徹底打敗，殘部西逃，但北匈奴問題并未徹底解決。永元四年（92），北匈奴殘部投降。

> 四年春正月，北匈奴右谷蠡王於除鞬自立為單于，款塞乞降。遣大將軍左校尉耿夔授璽綬。（《後漢書·孝和孝殤帝紀》）

對這些投降的北匈奴人，漢廷會怎樣處理呢？

> 春，正月，遣大將軍左校尉耿夔授於除鞬印綬，使中郎將任尚，持節衛護屯伊吾，如南單于故事。（《資治通鑒·漢紀·孝和皇帝下》永元四年）

漢廷首先承認了於除鞬的單于身份，然後按南匈奴的先例，給他們安置了一塊地方，然後派官員監護。派員監護還是很必要的，果然，一年後於除鞬復叛。

> 匈奴單于於除鞬叛，遣中郎將任尚討滅之。（《後漢書·孝和孝殤帝紀》）

待北匈奴方面局勢穩定後，班超即着手拔除西域最後的幾個釘子。永元六年（94），班超發兵征討焉耆：

> 六年秋，超遂發龜茲、鄯善等八國兵合七萬人，及吏士賈客千四百人討焉耆。（《後漢書·班梁列傳》）

班超治理西域，一向奉行"以夷治夷"的方針，凡有戰事，絕大部分兵馬都是借用已歸附的西域諸國軍隊。就像這次，他就糾集了龜茲、鄯善等八國聯軍，共七萬人馬。當然，他現在是西域都護了，自己也還是有基幹部隊可以動用的，就是那包括了"賈客"即商人在內的一千四百人。

焉耆、尉犁、危須、山國地處西海（今博斯騰湖）之畔，彼此相距不過百里。《西域傳下》載：

尉犁國，王治尉犁城，去長安六千七百五十里。戶千二百，口九千六百，勝兵二千人。

……

危須國，王治危須城，去長安七千二百九十里。戶七百，口四千九百，勝兵二千人……至焉耆百里。

……

山國，王去長安七千一百七十里。戶四百五十，口五千，勝兵千人①。……西至尉犁二百四十里，西北至焉耆百六十里，西至危須二百六十里，東南與鄯善、且末接。山出鐵，民山居，寄田糴穀於焉耆、危須。

尉犁、危須、山國均為小國，因與強國焉耆相鄰，故行事唯焉耆馬首是瞻。以前攻都護陳睦時如此，這次班超來征焉耆，也還是把他們當作一伙。大軍到達尉犁城外，班超先禮後兵，派使者至各國勸服：

兵到尉犁界，而遣曉說焉耆、尉犁、危須曰：“都護來者，欲鎮撫三國。即欲改過向善，宜遣大人來迎，當賞賜王侯已下②，事畢即還。今賜王彩五百匹。”焉耆王廣遣其左將北鞬支奉牛酒迎超。超結鞬支曰：“汝雖匈奴侍子，而今秉國之權。都護自來，王不以時迎，皆汝罪也。”或謂超可便殺之。超曰：“非汝所及。此人權重於王，今未入其國而殺之，遂令自疑，設備守險，豈得到其城下哉！”於是賜而遣之。廣乃與大人迎超於尉犁，奉獻珍物。

班超做事一向有謀略，焉耆王曾派在匈奴為質的左將鞬支（想來應是親匈奴派）前來迎接，班超雖然責備了他，但并未聽從下屬要將其殺掉的建議，而是“賜而遣之”，以緩解焉耆人的抵觸情緒，爭取和平解決。於是焉耆王廣遂迎班超至尉犁。

不過，廣自度以前襲殺都護陳睦之罪難以得到諒解，不願班超就此進入焉

---

① 顏師古注：“常在山下居，不為城治也。”
② 李賢注：“大人謂其酋豪。”

耆。廣抱有僥幸心理也是有底氣的，因為焉耆地勢險要。《後漢書·西域傳》載：

    其國四面有大山，與龜茲相連，道險阸易守。有海水曲入四山之內，周匝其城三十餘里。

海，即前面提到的西海（今博斯騰湖）。尉犁、焉耆之間有河（今孔雀河）相隔，廣於是下令拆掉河上葦橋：

    焉耆國有葦橋之險，廣乃絕橋，不欲令漢軍入國。超更從它道厲度①。七月晦②，到焉耆，去城二十里，營大澤③中。（《後漢書·班梁列傳》）

不料班超探得一處河水較淺的地方，遂率兵涉渡。直到兵臨焉耆都城南河城下，廣纔得知，於是裹脅焉耆百姓逃入山中：

    廣出不意，大恐，乃欲悉驅其人共入山保。焉耆左候元孟先嘗質京師，密遣使以事告超，超即斬之，示不信用。（同前引）

這個元孟可算是漢廷臥底，派密使通告班超廣的動向。結果他派來的這個密使的人頭被班超所斬，實在有點冤枉。班超再召諸國國王前來會面：

    乃期大會諸國王，因揚聲當重加賞賜，於是焉耆王廣、尉犁王汎及北鞬支等三十人相率詣超。其國相腹久等十七人懼誅，皆亡入海，而危須王亦不至。（同前引）

大軍壓境，這些小國君主看來無力抵抗，只得赴會。這次會面顯然是鴻門宴，吉凶難卜，故而焉耆國相腹久逃亡，危須國王也未與會。

    坐定，超怒詰廣曰："危須王何故不到？腹久等所緣逃亡？"遂叱吏士收廣、汎等於陳睦故城斬之，傳首京師。因縱兵鈔掠，斬首五千餘級，獲生口萬五千人，馬畜牛羊三十餘萬頭，更立元孟為焉耆王。超留焉耆半歲，慰撫之。於是西域五十餘國悉皆納質內屬焉。

---

① 李賢注："由帶以上為厲，由膝以下為揭，見《爾雅》也。"意思是班超率軍涉渡齊腰深的河水進入焉耆。

② 《說文》："晦，月盡也。"即陰曆月末。

③ 大澤，即近西海處之湖沼。

当然，焉耆王廣的擔心是有道理的，投降也不能免死，漢廷要維持其威望，當然不會赦免曾殺害其封疆大吏的凶手。事後看來，危須王不與會還是正確的，得免一劫：

> 永元六年，都護班超發諸國兵討焉耆、危須、尉黎、山國，遂斬焉耆、尉黎二王首，傳送京師，縣蠻夷邸①。超乃立焉耆左侯元孟爲王，尉黎、危須、山國皆更立其王。（《後漢書·西域傳》）

即這次只有焉耆、尉犁二王被殺，傳首京師。不過，危須王雖然逃過一死，其王位却保不住了。實際上，西海四國的君主都被換成了親漢派，應該都是曾去洛陽爲質的各國王子們。

班超平定焉耆，即意味着所有西域内屬諸國全部重回漢廷治下。不僅如此，連葱嶺以西諸國也紛紛入朝貢獻：

> （永元）六年，班超復擊破焉耆，於是五十餘國悉納質内屬。其條支、安息諸國至於海瀕四萬里外，皆重譯貢獻。（《後漢書·西域傳》）

五、封侯定遠

大功告成，永元七年（95），和帝劉肇遂下詔封班超爲定遠侯：

> 明年，下詔曰："往者匈奴獨擅西域，寇盗河西，永平之末，城門畫閉。先帝深愍邊萌嬰羅寇害②，乃命將帥擊右地，破白山，臨蒲類，取車師，城郭諸國震懾響應，遂開西域，置都護。而焉耆王舜、舜子忠獨謀悖逆，恃其險隘，覆没都護，並及吏士。先帝重元元之命，憚

---

① 李賢注："蠻夷皆置邸以居之，若今鴻臚寺也。"即各國使節、質子在洛陽的宅邸均聚於一處，猶如唐代以後專門接待外國使節的鴻臚寺。
② 先帝，指明帝劉莊；潛，通"憫"；邊萌，即邊民。萌，通"氓"。《史記·三王世家》："葷粥氏虐老獸心，侵犯寇盗，加以奸巧邊萌。"嬰羅，意爲遭受。

兵役之興，故使軍司馬班超安集于寘以西。超遂逾蔥領、迄縣度①，出入二十二年，莫不賓從。改立其王，而綏其人。不動中國，不煩戎士，得遠夷之和，同異俗之心，而致天誅，蠲宿恥，以報將士之讎②。司馬法曰：'賞不逾月，欲人速睹爲善之利也。'其封超爲定遠侯，邑千戶。"③
（《後漢書·班梁列傳》）

劉肇在這篇詔書中，首先回顧了永平十六年（73）至永平十八年（75）間東漢政府以武力重返西域，後來又被北匈奴人和焉耆等西域國家所驅逐的過程。

在軍事征服失敗以後，班超作爲東漢朝廷的代表，但以外交手段，下水磨功夫，威脅利誘、借兵攻伐，種種手段無所不用其極，歷時二十二年，做到了大漢軍隊所沒有做到的事，在"不動中國，不煩戎士"的情況下，收服了整個西域地區，這就是他得以封侯的功績。

劉肇所說的"改立其王，而綏其人"，即征服一個國家後，保留它原來的一切制度甚至朝廷各級官員，只是換一個忠於漢廷的國王，例如換成曾經在内地爲質的王子。這是班超處理歸附後的西域國家的主要辦法。其實，不但漢廷如此，匈奴人也是如此。這種換湯不換藥的方法弊病很多，也是西域局勢長期不穩定，各國時叛時降的根本原因。但捨此之外也沒有更好的辦法，西域地區的特殊性決定了各方都只能如此行事，像武帝驅逐河西地區的匈奴人以後，即在其地設立郡縣，并大規模移民屯田那樣的手段，在西域是行不通的。事實上，直到唐代，中央政府對西域地區的統治還是采用類似模式：由西域都護安集當地的附庸小國和突厥部落。

路放按：劉肇在詔書中提到了攻殺都護陳睦的那位焉耆國王和他的兒子的名字：舜、忠。而永元六年（94）投降後又爲班超所殺的那位焉耆王名廣，也就是説，廣并非當年攻殺都護陳睦的罪犯，班超殺他純粹是爲了立威。

---

① 李賢注："迄，至也。縣度，山名，謂以繩索縣縋而過也。其處在皮山國以西，罽賓國之東也。"按：縣度山亦稱懸度山，即今塔什庫爾幹西南的喀喇崑崙山與興都庫什山一帶。

② 李賢注："'致'猶'至'也。'蠲'，'除'也。"

③ 李賢注："《東觀記》曰：'其以漢中郡南鄭之西鄉戶千封超爲定遠侯。'故城在今洋州西鄉縣南。"今陝西漢中有南鄭縣。

此後幾年，西域在班超的統治下還是比較太平的，除了永元八年（96）車師後部王涿鞮叛亂。《後漢書·西域傳》載：

> 八年，戊己校尉索頵欲廢後部王涿鞮，立破虜侯細致。涿鞮忿前王尉卑大賣己，因反擊尉卑大，獲其妻子。明年，漢遣將兵長史王林，發涼州六郡兵及羌胡二萬餘人，以討涿鞮，獲首虜千餘人。涿鞮入北匈奴，漢軍追擊，斬之，立涿鞮弟農奇爲王。

車師這次動亂，應是車師前王尉卑大在戊己校尉索頵面前説了些什麽，故索頵欲廢後部王涿鞮，改立細致。涿鞮不甘心，於是攻擊前王尉卑大，抓走了他的妻小。次年，漢廷發兵征討涿鞮，改立農奇爲王。

與以前西域動亂不同的是，這次車師内亂并非由匈奴人操縱，因爲此時北匈奴人早已被攆出西域了。不過，作爲西域秩序的維護者，漢廷對涿鞮的擅自行動不能置之不理，於是出兵車師，廢掉涿鞮，改立其弟農奇。

路放按：這段記載中，值得注意的是，漢廷征討涿鞮的軍隊係從涼州徵發的郡兵和羌胡兵，沒有用到西域已歸附諸國的軍隊。也許涿鞮這次的確師出有名，他的委屈得到了西域諸國的同情，故而漢廷沒有使用本地軍隊。純屬猜測。

六、甘英使大秦

永元九年（97），班超遣甘英出使大秦（即羅馬帝國）：

> 和帝永元九年，都護班超遣甘英使大秦，抵條支。臨大海欲度，而安息西界船人謂英曰："海水廣大，往來者逢善風三月乃得度，若遇遲風，亦有二歲者，故入海人皆齎三歲糧。海中善使人思土戀慕，數有死亡者。"英聞之乃止。（《後漢書·西域傳》）

大秦國，《史記》《漢書》均不載。《史記·大宛列傳》提到安息國王"以大鳥卵及黎軒善眩人獻於漢"，大鳥卵當然是鴕鳥蛋，而黎軒"善眩人"即魔術師。《漢書·張騫傳》稱"黎軒"爲"犛靬"，顏師古注云："犛靬即大秦國也。"犛靬究在何處，學界紛紜多年，迄今尚無定論。法國學者伯希和（1878—1945）以爲犛靬乃 Alexandria 的音譯，即埃及亞歷山大城。西漢時，大秦或犛靬與中國并無直接往來，故而留下來的歷史記載甚少。東漢時，漢與西域以西國家的交往漸多，桓帝時大秦使者曾來洛陽通好，故東漢史書對大秦的記載就詳細多了：

> 大秦國一名犁鞬，以在海西，亦云海西國。地方數千里，有四百餘城。小國役屬者數十，以石爲城郭。列置郵亭，皆堊塈之①。有松柏諸木百草。人俗力田作，多種樹蠶桑。皆髠頭而衣文繡，乘輜軿白蓋小車，出入擊鼓，建旌旗幡幟。所居城邑，周圍百餘里。城中有五宮，相去各十里。宮室皆以水精②爲柱，食器亦然。其王日游一宮，聽事五日而後遍。常使一人持囊隨王車，人有言事者，即以書投囊中，王至宮發省，理其枉直。各有官曹文書。置三十六將。皆會議國事。其王無有常人，皆簡立賢者。國中災異及風雨不時，輒廢而更立，受放者甘黜不怨。其人民皆長大平正，有類中國，故謂之大秦。(《後漢書·西域傳》)

上述記載中對大秦的描述，頗合當時羅馬帝國之情景。羅馬本土（意大利）正在地中海以西，可名之爲海西國；羅馬帝國當時征服了歐亞大陸大片土地，建有諸多行省和附庸小國；羅馬建築包括城牆③多用石材建成，有別於中土的磚砌之城。此外，羅馬帝國的驛站系統也是很發達的。

"其王無有常人"，亦似對羅馬共和政體的描述。即使在帝國時代，羅馬皇帝之更迭從理論上說也還是"擇賢"，與以血統承襲的當時其他王國迥然不同。那"會議國事"的三十六將，頗似對羅馬元老院的描述，只是實際的元老院人數要多得多。此外，羅馬人爲拉丁姆族，黑髮黑睛，可説其"有類中國"；與漢人束髮於頂不同，羅馬人留短髮，亦頗合"髠頭"的描述。

不過，上述描述中也有不準確之處，如植桑養蠶技術在公元1世紀的帝國時代尚未傳到羅馬，羅馬皇帝貴人們所穿着之絲綢製品都是通過貿易，由各國商人們沿"絲綢之路"從中國進口的，極其昂貴；而大秦五宮亦不見於西方文

---

① 李賢注："堊，飾也。郭璞曰：'堊，白土也，音惡。'"
② "水精"，即"水晶"。
③ 羅馬城本身在1世紀的帝國時代并無城牆，但羅馬帝國領地的許多其他城邦國家都有城牆。

獻，應係傳聞。如果伯希和的觀點是對的，則"犁鞬"（或犛軒）系埃及亞歷山大城，亦不宜與羅馬混爲一談，雖然此時之埃及已是羅馬帝國的一個行省。

甘英一行并未到達羅馬帝國的首都羅馬城。《後漢書·西域傳》提到甘英到了條支。現代學者多以兩漢文獻中的條支爲塞琉古帝國治下之叙利亞王國，"條支"即其首都 Antiochia（通譯安條克）的音譯。塞琉古帝國爲亞歷山大大帝的部將塞琉古一世於前 305 年建立，地處兩河流域的巴比倫尼亞，最盛時還包括整個波斯地區，甚至還入侵到印度北部（現巴基斯坦旁遮普一帶）。不過，塞琉古帝國後期諸帝荒淫腐敗，境内各國紛紛起義，帝國崩潰。前 64 年（西漢宣帝元康二年），塞琉古帝國亡於羅馬，其地被劃分爲叙利亞行省和猶太行省。因此，在甘英到達時，塞琉古帝國已不存，他到達的應是羅馬帝國的叙利亞行省（叙利亞王國）。

塞琉古帝國的東鄰爲安息帝國，又稱帕提亞帝國。安息帝國起家於波斯（今伊朗）東北部的帕提亞地區，全盛時疆域北達兩河流域，東至阿姆河。《後漢書·西域傳》亦有記載安息：

> 安息國居和櫝城，去洛陽二萬五千里。北與康居，南與烏弋山離相接，其地方數千里。

即安息是甘英西去大秦的必由之路。關於安息，兩漢史料記載極多，原因是安息正當絲綢之路上，與周邊國家多有往來。

甘英到達條支，西鄰大海（地中海）。他準備渡海去羅馬，遂向當地的安息船夫打聽。船夫極言渡海艱難，以至要備三年之糧，甘英於是作罷，踏上返程。不過，甘英此行也不能説全無所獲，一則他是當時漢人中西行最遠之人，有開拓之功；二則他"具問其土俗"，帶回來許多西方國家包括大秦、安息、貴霜的地理知識，大大開闊了中原漢人的眼界：

> 九年，班超遣掾甘英窮臨西海而還。皆前世所不至，《山經》所未詳，莫不備其風土，傳其珍怪焉。於是遠國蒙奇、兜勒①皆來歸服，遣使貢獻。（《後漢書·西域傳》）

---

①蒙奇、兜勒均爲當時中亞小國，具體位置現代學者雖有猜測，但未有定論。

羅馬人善於經商，羅馬貴族又愛中國絲綢與瓷器，本應奔波於絲綢之路上，然而羅馬商人長於航海，故多從海上至安息、天竺做生意。而安息人與羅馬商人交易的貨物就是從中國運來的絲綢瓷器之類，爲收壟斷之利，當然不願羅馬商人直接來中國：

> （大秦）以金銀爲錢，銀錢十當金錢一。與安息、天竺交市於海中，利有十倍。其人質直，市無二價。谷食常賤，國用富饒。鄰國使到其界首者，乘驛詣王都，至則給以金錢。其王常欲通使於漢，而安息欲以漢繒彩與之交市，故遮閡不得自達。至桓帝延熹九年，大秦王安敦遣使自日南徼外獻象牙、犀角、玳瑁，始乃一通焉。其所表貢，並無珍異，疑傳者過焉。（《後漢書·西域傳》）

延熹九年（166），大秦王安敦派使者繞道印度支那半島和馬六甲海峽，從日南郡（地約今越南北部）登陸至中國，自此羅馬帝國方纔與中國有直接交往。按此"大秦王安敦"即羅馬帝國皇帝馬爾庫斯·奧列里烏斯·安東尼·奧古斯都（Marcus Aurelius Antoninus Augustus），161—180年在位，是羅馬帝國有名的賢君，其統治時期被認爲是羅馬帝國的黃金時代。

路放按：甘英本人係班超僚屬，并非如張騫、蘇武一樣是由中央政府任命的持節使臣，他的西方之行也只是奉班超之命進行的一次探險活動，故不一定非要到達羅馬帝國都城進行類似遞交國書之類的正式外交禮儀。條支（叙利亞王國）當時是羅馬帝國的一個行省，在這個意義上來說，甘英也可以說已經達成了要去羅馬帝國（大秦）的任務。

關於安息船員對甘英所說的"海中善使人思土戀慕，數有死亡者"，有論者以爲乃希臘傳說中善以歌聲迷惑水手的海妖（Sirens）的故事。無論中外，古人都迷信，當地水手對甘英一行講述這個故事，應非有意恐嚇以阻其行。

七、葉落歸根

永元十二年（100），班超六十九歲，距離他永平十六年（73）出使西域已經二十七年了。這年，安息遣使獻貢，路過西域。《後漢書·和帝紀》永元十三年（101）載：

冬十一月，安息國遣使獻師子及條枝大爵。①

班超派自己的小兒子班勇護送安息使節去洛陽。班勇生於西域，説起來，這還是他第一次回到祖國呢。班超讓班勇帶去了他給和帝劉肇的上疏：

> 超自以久在絶域，年老思土。十二年，上疏曰："臣聞太公封齊，五世葬周，狐死首丘，代馬依風②。夫周、齊同在中土千里之間，況於遠處絶域，小臣能無依風首丘之思哉？蠻夷之俗，畏壯侮老。③臣超犬馬齒殲，常恐年衰，奄忽僵仆，孤魂弃捐。昔蘇武留匈奴中尚十九年，今臣幸得奉節帶金銀護西域④，如自以壽終屯部，誠無所恨，然恐後世或名臣爲没西域。臣不敢望到酒泉郡，但願生入玉門關。臣老病衰困，冒死瞽言，謹遣子勇隨獻物入塞。及臣生在，令勇目見中土。"（《後漢書·班梁列傳》）

班超本傳説其上疏在永元十二年，而《和帝紀》説安息獻貢在永元十三年冬，當是安息使節到達班超駐地（龜茲國它幹城）尚在永元十二年，而班勇護送安息使節到達洛陽已是第二年底，在路上就走了一年多。

班超此疏，一方面説明自己的思鄉之情，另一方面説明自己年近七十，精力衰退，而蠻夷欺老，一旦西域再生變化，恐怕自己彈壓不住。班超覺得自己

---

① 李賢注："《西域傳》曰：'安息國居和犢城，去洛陽二萬五千里。條支國臨西海，出師子、大雀。'郭義恭《廣誌》曰：'大爵，頸及身膺蹄都似橐駝，舉頭高八九尺，張翅丈餘，食大麥，其卵如甕，即今之駝鳥也。'"
② 《禮記·檀弓上》："太公封於營丘比及五世，皆反葬於周。君子曰：'樂，樂其所自生；禮，不忘其本。古之人有言曰：狐死正丘首，仁也。'"陳澔《集説》："狐雖微獸，丘其所窟藏之地，是亦生而樂於此矣。故及死而猶正其首以向丘，不忘其本也。"後因以"狐死首丘"喻不忘本或對鄉土的思念。代馬依風，比喻人心眷戀故土，不願老死他鄉。李賢注引《韓詩外傳》曰："'代馬依北風，飛鳥揚故巢'也。"
③ 李賢注："案《前書》曰：匈奴，其俗壯者食肥美，老者食其餘。貴壯健，賤老弱也。"匈奴人習俗以青壯年爲重，因其爲家庭和部落的中堅和主要勞動力。
④ 李賢注："金銀謂印也。金印紫綬，銀印青綬也。"

死在西域也沒什麼，只怕後世人說他客死異鄉。其辭"臣不敢望到酒泉郡，但願生入玉門關"，拳拳思鄉之情，讀之使人酸鼻。

然而和帝劉肇因找不到合適的接替人選，遲遲未作答復。於是次年（永元十三年）班超之妹班昭再上書為班超求情。班昭其時正在洛陽東觀奉劉肇之名續補《漢書》，同時又擔任著後宮皇后、諸貴人的老師。班昭素有文才，常應劉肇之命為文作賦，如這次班勇護送安息使節獻獅子、鴕鳥，班昭即應詔而作《大雀賦》（參看第三十七章《宮廷教師"曹大家"》第二節《宮廷辭臣》），也算得上是皇帝近臣。因此，她的上書應該是比較有分量的。和帝劉肇感於班昭之言，於是下詔召回班超：

　　書奏，帝感其言，乃徵超還。（《後漢書·班梁列傳》）

永元十四年（102）八月，班超回到洛陽：

　　超在西域三十一歲。十四年八月至洛陽，拜為射聲校尉。超素有匈脅疾①，既至，病遂加。帝遣中黃門問疾，賜醫藥。其年九月卒，年七十一。朝廷愍惜焉，使者吊祭，贈賻甚厚。子雄嗣。（同前引）

回到洛陽僅一個月，班超即因胸脅疾病加重而去世。

八、將門虎子

班超三子，長子班雄，次子不詳，少子班勇。關於班雄及其子班始，本傳稱：

　　（超）有三子。長子雄，累遷屯騎校尉。會叛羌寇三輔，詔雄將五營兵屯長安，就拜京兆尹。雄卒，子始嗣，尚清河孝王女陰城公主。主順帝之姑，貴驕淫亂，與嬖人居帷中，而召始入，使伏床下。始積怒，永建五年，遂拔刃殺主。帝大怒，腰斬始，同產皆棄市。（同前引）

班超去世後，定遠侯爵位由其長子班雄承嗣。延平元年（106），西域諸國叛亂，圍攻都護任尚等。班雄時任騎都尉，與其弟班勇一起參加了營救行動。元

---

①匈，通"胸"。胸脅，胸膛至腋下部位。

初年間，班雄任屯騎校尉駐三輔，以拒羌人叛軍，後拜京兆尹。

班雄去世後，其子班始繼爲定遠侯。班始尚清河孝王劉慶之女陰城公主。劉慶爲安帝劉祜生父，故陰城公主是順帝劉保姑母。永建五年（130），班始因殺陰城公主被腰斬，牽連兄弟們均被殺，定遠侯國除。

班超幼子班勇，亦是一員猛將：

> 超少子勇。勇字宜僚，少有父風。永初元年，西域反叛，以勇爲軍司馬。與兄雄俱出敦煌，迎都護及西域甲卒而還。（同前引）

永平十六年（73），班超隨竇固出征時年已四十二歲，按漢人的生活習慣，應早已成家生子。由於現有史料均未記載班超諸子的早年生活，故於此略作考證。

一是班勇生於西域。永元十二年（100）班超上疏中説："……及臣生在，令勇目見中土。"則班勇此前一直生活在西域。

當年班超隨竇固出征，打下伊吾城後受竇固派遣出使鄯善。其後返回竇固駐地（在西北邊郡）匯報，後又受明帝之命再入西域，出使于闐、疏勒，綏集諸國。直至晚年，再也没有回到中原。

因此班超眷屬，包括其原配妻子和兒女均應留在洛陽，并未隨班超至西域。一者當時西域局勢動蕩，固不宜携帶家眷；再者《後漢書》中提到永元初年班固因母喪居家而爲竇憲所辟，故在此之前班母尚在。按漢人習慣，班氏兄弟應未分家，班超之妻小即隨其母、兄嫂、子侄一起居住生活。

因此班勇之母應是班超至西域後所納。

建初八年（83），班超爲將兵長史，正與來攻疏勒的龜兹軍隊激戰之時，護送烏孫使者的衛候李邑訐告班超，説其"擁愛妻，抱愛子"，此妻、子當爲班勇母子。若以班勇其時正在繈褓，則永元十二年（100）時年紀二十歲左右，隨安息使者回京，始得一睹中原風采。

班勇之母既系班超在西域所納，則有可能是少數民族。當時西域漢人極少，且多爲商人、屯田軍士等。這些人在西域都是路過或暫住，家小皆在原籍。

《班梁列傳》還説，李邑上書後，班超"遂去其妻"，即讓她回了娘家。如果此妻是班超從老家帶來的原配，就算要將其遣回中原，以那時的交通手段，萬里迢迢，并非易事。所以，班勇之母應是班超所納當時南道諸國如疏勒、于闐等國女子。以班超漢使身份，此女且應爲當地王族或顯貴之女，即班勇應有少數民族血統。

　　至於班超長子班雄，包括班超次子，則有可能是班超去西域之前所生。永元十三年（101）班昭上書爲其兄求情，有"骨肉生離，不復相識"之語，似即説明班超在原籍亦有子女。

第三十四章　以荷析薪

一、都護任尚

　　班超卸任回京後，漢廷以戊己校尉任尚接任西域都護一職。任尚是東漢和帝、安帝時著名戰將，在對匈奴和西羌的歷次戰爭中多有建樹。但《後漢書》沒有爲任尚立傳，其事迹散見於《西羌傳》《南匈奴傳》，以及竇憲、鄧騭等人的傳記中。

　　羌，是很早就生活在今青海、甘肅一帶的少數民族。西漢時期，羌人曾歸附内地中央政府，至王莽時期又還居西海（今青海湖）一帶。與匈奴相似，羌人也是游牧民族，内部以親緣關繫形成衆多部落。羌人民風彪悍，不僅其各部落間時常爆發紛争，而且經常侵擾鄰近漢人居住地區，如金城、隴西等郡。漢時羌、漢居住地域劃分并非涇渭分明、互不相擾，河西走廊各邊郡亦多有羌人雜居。這些羌人部落時叛時降，給邊地人民生活帶來很大危害。建武九年（33）班彪曾上疏劉秀，建議恢復西漢時設置的護羌校尉一職，以緩和羌人和邊郡吏民的矛盾（見第十章《班彪的社會思想與歷史觀點》第二小節《關於漢與匈奴關繫問題的觀點》）。

　　盤踞在今青海一帶的羌人部落，原來以先零羌最强。東漢初年，燒當羌崛起，經過激烈争奪，占據了原來先零羌的根據地大榆谷（今青海貴德、尖扎一帶）。燒當羌在首領滇吾的帶領下，經常入侵内地，并與前來討伐的漢軍展開激戰。永平元年（58），滇吾爲竇固、馬武所敗，後來投降漢廷，遷入内地。但滇吾之子迷吾等人繼續盤踞西海一帶，堅持原來的游牧爲主兼有農耕的生活方式，時而騷擾西北各郡。章和二年（88），護羌校尉張紆設計誘殺迷吾，引起羌人各部落的不滿，新一輪的戰争即將爆發。於是漢廷以時任張掖太守的鄧訓代張紆爲護羌校尉：

> 章和二年，護羌校尉張紆誘誅燒當種羌迷吾等，由是諸羌大怒，謀欲報怨，朝廷憂之。公卿舉訓代紆爲校尉。諸羌激忿，遂相與解仇結婚，交質盟詛①，衆四萬餘人，期冰合度河攻訓②。（《後漢書·鄧寇列傳》）

鄧訓的對策是，善待當地與羌人有矛盾的另一個少數民族小月氏，以換取他們對漢廷的支持；然後逐步分化瓦解西羌各部落之間的聯盟，以孤立由迷吾之子迷唐統帥的燒當羌部。經過一段時間的準備，鄧訓於永元元年（89）組織各族聯軍進攻迷唐所部燒當羌：

> 訓因發湟中③秦、胡、羌兵四千人④，出塞掩擊迷唐於寫谷⑤，斬首虜六百餘人，得馬牛羊萬餘頭。迷唐乃去大、小榆⑥，居頗巖谷，衆悉破散。其春，復欲歸故地就田業，訓乃發湟中六千人，令長史任尚將之，縫革爲船，置於箄上以度河⑦，掩擊迷唐廬落大豪⑧，多所斬獲。復追逐奔北，會尚等夜爲羌所攻，於是義從羌胡並力破之，斬首前後一千八百餘級，獲生口⑨二千人，馬牛羊三萬餘頭，一種殆盡⑩。迷唐遂收其餘部，遠徙廬落，西行千餘里，諸附落小種⑪皆背畔之。（同前引）

---

①李賢注："鄭玄注《周禮》云：'大事曰盟，小事曰詛。'"這裏是説西羌各部落内部暫時捐棄前嫌，共同對付漢軍。
②即羌人計劃在湟水上凍以後渡河進攻鄧訓。
③湟中，現青海東北部湟水上流，是漢代西羌主要聚集地區。
④此"秦"兵意義歷來有争論。一説秦人爲秦時亡入胡地，已經胡化的原華夏遺民；胡，即前述之小月氏族；羌，即此時已歸附漢廷的羌族部落。
⑤寫谷在今青海湟源縣西北。
⑥大、小榆爲大榆谷、小榆谷的合稱，又作二榆。在今青海貴德東河曲一帶。
⑦李賢注："箄，木筏也。"
⑧廬落，即廬帳、氈帳，羌人所居；大豪，指燒當羌各頭領。
⑨生口，即俘虜。
⑩李賢注："一種謂迷唐也。"這裏是説迷唐部落被任尚等屠殺殆盡。
⑪附落小種，指投靠迷唐的其他羌人小部落。

任尚時爲鄧訓護羌校尉府長史，這次率軍以皮筏渡湟水，大破迷唐所部，遂一戰成名。

永元三年（91），任尚作爲大將軍竇憲所部司馬，參加了金微山之戰，重創北匈奴，北單于（姓名失載）率其殘部逃亡烏孫。戰後，北匈奴右谷蠡王於除鞬自立爲北單于，投降漢廷，漢廷即以任尚爲中郎將屯田伊吾監護之：

> 四年，遣耿夔即授璽綬，賜玉劍四具，羽蓋一駟，使中郎將任尚持節衛護屯伊吾，如南單于故事。（《後漢書·南匈奴傳》）

第二年五月，於除鞬復叛，率部返回漠北，於是漢廷命任尚等率兵追擊：

> 五年，於除鞬自畔還北，帝遣將兵長史王輔以千餘騎與任尚共追誘將還斬之，破滅其衆。（同前引）

於除鞬死後，北匈奴的問題是解決了，但還有南匈奴。永元六年（94），南匈奴單于安國被殺，前單于適之子師子立爲新單于。此前新降之北匈奴部衆不服師子，遂起叛亂，自立前南單于屯屠何之子日逐王逢侯爲單于，意欲重回漠北。漢廷遂派大軍平叛。這時已轉任烏桓校尉的任尚也率領其麾下烏桓、鮮卑①軍參加了戰鬥：

> 亭獨尸逐侯鞮單于師子，永元六年立。降胡五六百人夜襲師子，安集掾②王恬將衛護士與戰，破之。於是新降胡遂相驚動，十五部二十餘萬人皆反畔，脅立前單于屯屠何子奧鞬日逐王逢侯爲單于，遂殺略吏人，燔燒郵亭廬帳，將車重向朔方③，欲度漠北。於是遣行車騎將軍鄧鴻、越騎校尉馮柱、行度遼將軍朱徽將左右羽林、北軍五校士及郡國積射④、緣邊兵，烏桓校尉任尚將烏桓、鮮卑，合四萬人討之。時南單

---

①鮮卑祖先爲古代北方之游牧民族東胡（匈奴以東胡人之意）部落。漢初東胡被匈奴冒頓單于擊敗後，退居烏桓山和鮮卑山，成爲烏桓和鮮卑二族。鮮卑主要活動於内蒙古東部阿魯科爾沁旗哈古勒河附近。
②安集掾，監護南匈奴的中郎將下屬官員。
③朔方郡治臨戎縣，地約今内蒙磴口縣北。
④李賢注："漢有迹射士，言尋迹而射之。積亦與迹同，古字通也。"

于及中郎將杜崇屯牧師城，逢侯將萬餘騎攻圍之，未下。冬，鄧鴻等至美稷，逢侯乃乘冰度臨，向滿夷谷。南單于遣子將萬騎，及杜崇所領四千騎，與鄧鴻等追擊逢侯於大城塞，斬首三千餘級，得生口及降者萬餘人。馮柱復分兵追擊其別部，斬首四千餘級。任尚率鮮卑大都護蘇拔廆、烏桓大人勿柯八千騎，要擊逢侯於滿夷谷，復大破之。前後凡斬萬七千餘級。逢侯遂率衆出塞，漢兵不能追。七年正月，軍還。（《後漢書·南匈奴傳》）

這次平叛，雖然逢侯率領的原北匈奴部衆大部分已被消滅，但仍有一小部分人隨逢侯出塞，占據了原來北匈奴之地。永初元年（107）漢廷撤出西域，逢侯即控制西域各國，并脅迫他們騷擾東漢邊郡十幾年。直到安帝元初五年（118），逢侯爲鮮卑人所敗，大部分部衆降歸鮮卑，逢侯只得率領剩下的百餘人到朔方郡投降漢廷。

後來任尚來到西域，擔任戊己校尉。永元十四年（102）班超回朝，遂以任尚爲西域都護。

殤帝延平元年（106），西域諸國叛亂，圍攻都護任尚及漢廷屯田軍隊。漢廷遂調回任尚，以騎都尉段喜接任西域都護，但段喜等仍爲西域叛軍所圍攻。

次年（安帝永初元年，107年），漢廷遣騎都尉王弘徵發金城、隴西、漢陽三郡羌兵出征西域，解救西域駐軍。不料這一措施却引發了羌人大叛亂：

安帝永初元年夏，遣騎都尉王弘發金城、隴西、漢陽羌數百千騎征西域，弘迫促發遣，群羌懼遠屯不還，行到酒泉，多有散叛。諸郡各發兵繳遮，或覆其廬落。於是勒姐、當煎大豪①東岸等愈驚，遂同時奔潰。麻奴兄弟因此遂與種人俱西出塞。（《後漢書·西羌傳》）

王弘在徵召羌人部隊時簡單粗暴，羌人誤以爲此次去西域後，會被當作屯田部隊長期駐守，故多有開小差者。這幾個郡的官員於此又應對不當，又是發兵攔截，又是搗毀其居所帳篷，於是引起了更大範圍的羌人騷動：

先零別種滇零與鍾羌諸種大爲寇掠，斷隴道。時羌歸附既久，無

---

①勒姐、當煎均爲羌人部落；麻奴兄弟爲燒當羌首領東號之子。

復器甲，或持竹竿木枝以代戈矛，或負板案以爲楯，或執銅鏡以象兵，郡縣畏懦不能制。（同前引）

爲了鎮壓羌人叛亂，漢廷又啓用因丢失西域而待罪的任尚，以之爲征西校尉，作爲車騎將軍鄧騭的副手征羌：

> 冬，遣車騎將軍鄧騭，征西校尉任尚副，將五營及三河、三輔、汝南、南陽、潁川、太原、上黨兵合五萬人，屯漢陽。明年春，諸郡兵未及至，鐘羌數千人先擊敗騭軍於冀西，殺千餘人。（《後漢書·西羌傳》）

鄧騭，字昭伯，光武朝名臣鄧禹之孫，鄧訓長子。其妹鄧綏爲和帝劉肇皇后。文正平元年，劉肇去世，幼子劉隆出生百日即登帝位，是爲殤帝。永初元年，劉隆又死，鄧綏與鄧騭商量，立清河王劉慶之子劉祜爲帝，即安帝。因劉祜年幼，故太后鄧綏臨朝執政（見第二十二章《竇憲案與班固之死》第五節《京城驚變》）。此前不久，鄧騭封上蔡侯，食邑萬户。這次鄧騭、任尚出師不利，首戰即爲羌人所敗。而其後的戰事也不順利：

> 其冬，騭使任尚及從事中郎司馬鈞率諸郡兵與滇零等數萬人戰於平襄①，尚軍大敗，死者八千餘人。於是滇零等自稱"天子"於北地，招集武都、參狼、上郡、西河諸雜種②，衆遂大盛，東犯趙、魏，南入益州，殺漢中太守董炳，遂寇鈔三輔，斷隴道。湟中諸縣粟石萬錢，百姓死亡不可勝數。（同前引）

鄧騭、任尚連戰皆北，當然會引起朝野不滿。前左校令龐參③上疏：

> 方今西州流民擾動，而徵發不絶，水潦不休，地力不復④。重之以

---

① 李賢注："縣名，屬漢陽郡。"按：漢陽郡即天水郡，永平十七年（74）改。平襄，今甘肅通渭縣平襄鎮。
② 參狼，羌人一部落。北地、武都、上郡、西河都是當時有羌人雜居的西北邊郡。雜種，指上述各地非先零、燒當等部的其他小羌人部落。
③ 龐參前爲左校令，此時犯法在若盧獄中服勞役。這次上書係由其子代遞。
④ 李賢注："言其耗損，不復於舊。"

大軍，疲之以遠戍，農功消於轉運，資財竭於徵發。田疇不得墾辟，禾稼不得收入，搏手困窮，無望來秋①。百姓力屈，不復堪命。臣愚以爲萬里運糧，遠就羌戎，不若總兵養衆，以待其疲。車騎將軍騭宜且振旅②，留征西校尉任尚使督涼州士民，轉居三輔。休徭役以助其時，止煩賦以益其財，令男得耕種，女得織紝③，然後畜精銳，乘懈沮，出其不意，攻其不備，則邊人之仇報，奔北之恥雪矣。（《後漢書·李陳龐陳橋列傳》）

龐參建議：暫且放棄羌禍嚴重的西北諸郡，讓鄧騭班師，留任尚退守關中，先避開羌人鋒芒，養精蓄銳，以待將來，而將來如何且再說。龐參撤軍的意見爲鄧太后接納，遂宣鄧騭班師回朝。

本來漢朝刑罰嚴峻，打了敗仗要免官奪爵，但鄧騭是鄧太后的兄長，不但沒有受到懲罰，反而升了大將軍，煊赫一時，比打了勝仗的還榮耀：

冬，徵騭班師。朝廷以太后故，遣五官中郎將迎拜騭爲大將軍。軍到河南④，使大鴻臚親迎，中常侍齎牛酒郊勞，王、主以下候望於道。既至，大會群臣，賜束帛乘馬⑤，寵靈顯赫，光震都鄙。（《後漢書·鄧寇列傳》）

當然，大家都是敗軍之將，只賞鄧騭一人也不好看，於是屯兵漢陽郡⑥善後的任尚也跟着沾了光，得以封了個亭侯⑦：

留任尚屯漢陽，爲諸軍節度。朝廷以鄧太后故，迎拜騭爲大將軍，封任尚樂亭侯，食邑三百戶。（《後漢書·西羌傳》）

---

①李賢注："兩手相搏，言無計也。"
②振旅，班師之意。
③李賢注引杜預注《左傳》云："織紝，織繒布也。"
④河南郡，東漢改稱河南伊，治地二十一縣，包括京城洛陽。
⑤李賢注："駟馬曰乘。"
⑥漢陽郡，永平十七年（74）改天水郡置，治所冀縣（今甘肅甘穀縣東）。
⑦漢代列侯分爲縣侯、鄉侯、亭侯幾個級別，亭侯最低。

西羌叛軍聲勢浩大，連戰連勝，不斷進犯內地，漢軍只得退守三輔：

> （永初）三年春，復遣騎都尉任仁督諸郡屯兵救三輔。仁戰每不利，衆羌乘勝，漢兵數挫。當煎、勒姐種攻没破羌縣，鐘羌又没臨洮縣，生得隴西南部都尉。明年春，滇零遣人寇褒中①，燔燒郵亭，大掠百姓。於是漢中太守鄭勤移屯褒中。軍營久出無功，有廢農桑，乃詔任尚將吏兵還屯長安，罷遣南陽、潁川、汝南吏士，置京兆虎牙都尉於長安，扶風都尉於雍，如西京三輔都尉故事②。時羌復攻褒中，鄭勤欲擊之。主簿段崇諫，以爲虜乘勝，鋒不可當，宜堅守待之。勤不從，出戰，大敗，死者三千餘人，段崇及門下史王宗、原展以身捍刃，與勤俱死。

（同前引）

任尚本人實爲一介莽夫，作戰勇猛，遇到同樣勇猛的羌人騎兵，旗鼓相當，常互有勝負。《後漢書·西羌傳》元初二年（115）載：

> 使屯騎校尉班雄屯三輔。……後遣任尚爲中郎將，將羽林、緹騎、五營子弟三千五百人，代班雄屯三輔。尚臨行，懷令③虞詡説尚曰："使君頻奉國命討逐寇賊，三州屯兵二十餘萬人，棄農桑，疲苦徭役，而未有功效，勞費日滋。若此出不克，誠爲使君危之。"尚曰："憂惶久矣，不知所如。"詡曰："兵法弱不攻強，走不逐飛，自然之執也。今虜皆馬騎，日行數百，來如風雨，去如絶弦，以步追之，執不相及，所以曠而無功也。爲使君計者，莫如罷諸郡兵，各令出錢數千，二十人共市一馬，如此，可舍甲胄，馳輕兵，以萬騎之衆，逐數千之虜，追尾掩截，其道自窮。便人利事，大功立矣。"尚大喜，即上言用其計。乃遣輕騎鈔擊杜季貢④於丁奚城，斬首四百餘級，獲牛馬羊數千頭。

虞詡之計的確高明，不但幫了任尚大忙，且對那些被徵的郡兵也很有利，這

---

① 李賢注："縣名，屬漢中郡。"褒中故地在今陝西漢中西北的褒城鎮一帶。
② 李賢注："西京左輔都尉都高陵，右輔都尉都郿也。"西京，指西漢。
③ 懷縣，在今河南省武陟縣境。
④ 杜季貢，先零羌將軍。

次他們只要出錢買馬就可以免於出征，可謂皆大歡喜。

這次西羌叛亂愈演愈烈，從永初元年（107）到元初五年（118），十餘年間，東漢朝廷屢發大軍圍剿，收效甚微。其間，任尚數度因兵敗或無功被免職，又幾次因對羌人作戰之需要而被起用。元初三年（116），任尚終於率兵擊敗先零羌：

> 六月，中郎將任尚遣兵擊破先零羌於丁奚城。
>
> ……
>
> 十二月丁巳，任尚遣兵擊破先零羌於北地。（《後漢書·孝安帝紀》）

元初四年（117），任尚招募與先零羌不睦之當闐羌、效功羌部落刺客擊殺先零羌將軍杜季貢、滇零之子零昌，再與騎都尉馬賢一起打敗先零羌主力狼莫：

> 四年春，尚遣當闐種羌榆鬼等五人刺殺杜季貢，封榆鬼爲破羌侯。……秋，任尚復募效功種號封刺殺零昌，封號封爲羌王。冬，任尚將諸郡兵與馬賢並進北地擊狼莫，賢先至安定青石岸，狼莫逆擊敗之。會尚兵到高平①，因合埶俱進，狼莫等引退，乃轉營迫之，至北地，相持六十餘日，戰於富平上河②，大破之，斬首五千級，還得所略人男女千餘人，牛馬驢羊駱駝十餘萬頭，狼莫逃走③，於是西河虔人種羌④萬一千口詣鄧遵降。（《後漢書·西羌傳》）
>
> （元初四年十二月）甲子，任尚及騎都尉馬賢與先零羌戰於富平上河，大破之。虔人羌率衆降，隴右平。（《後漢書·孝安帝紀》）

鄧遵爲太后鄧綏與大將軍鄧騭的堂弟，元初四年（117）接替耿夔任度遼將軍。任尚、馬賢打敗先零羌狼莫，而西河虔人羌却向鄧遵投降。任尚粗人，做事少了一份算計，覺得虔人羌投降之功亦應算在自己賬上，遂與鄧遵爭功。但鄧遵爲太后至親，靠山極硬，任尚不但争不過他，還惹來殺身之禍：

---

① 李賢注："縣名，屬安定郡。"高平，今寧夏固原縣。
② 李賢注："富平，縣，屬北地郡，故城在今靈州回樂縣西南。酈元《水經注》曰：'河水於此有上河之名也。'"富平，在今寧夏吴忠市西南。
③ 狼莫次年爲鄧遵所招募之羌奸雕何等刺殺。
④ 李賢注："虔人，羌號也。《東觀記》曰：'虔人種羌大豪恬狼等詣度遼將軍降。'"

> 遵以太后從弟故，爵封優大。任尚與遵爭功，又詐增首級，受賕枉法，臧千萬已上①，檻車②徵棄市，没入田廬奴婢財物。（《後漢書·西羌傳》）

當然，任尚也非完全無辜。他的貪瀆應是實情。早在永初二年（108），任尚就因"奸利"，即非法謀取利益而被下獄：

> 時征西校尉任尚以姦利被徵抵罪。尚曾副大將軍鄧騭，騭黨護之，而太尉馬英、司空李郃承望騭旨，不復先請，即獨解尚臧錮。③（《後漢書·劉趙淳于江劉周趙列傳》）

結果由於大將軍鄧騭的包庇得以免罪。然而時過境遷，鄧騭本人於永初四年（110）其母去世後即歸第守制，服闋後亦不復參與朝政。這次任尚貪贓、枉法、受賄，就連鄧騭自己也受到牽連：

> 自祖父禹教訓子孫，皆遵法度，深戒竇氏，④檢勅宗族，閉門靜居。騭子侍中鳳，嘗與尚書郎張龕書，屬郎中馬融宜在臺閣。又中郎將任尚嘗遺鳳馬，後尚坐斷盜軍穀，檻車徵詣廷尉，鳳懼事泄，先自首於騭。騭畏太后，遂髡妻及鳳以謝，天下稱之。（《後漢書·鄧寇列傳》）

鄧騭之子鄧鳳時任侍中，曾與尚書郎張龕寫信，推薦郎中馬融，事涉請托；又曾接受任尚贈送的幾匹良馬。這時任尚事發，鄧鳳恐受任尚賄賂之事敗露，遂向鄧騭自首。鄧騭隨即剃去妻子與鄧鳳的頭髮，帶着他們向太后鄧綏謝罪。

任尚的靠山就是鄧騭。然而鄧騭久已不問朝政，且這次任尚得罪的鄧遵，却是鄧騭堂弟，故鄧騭亦不好再爲其出頭，於是任尚被殺。

路放按：任尚對羌人屢敗屢戰，十餘年中幾次免職幾次復起，也曾貪瀆下

---

① "臧"通"贓"；"已上"即"以上"。
② 李賢注："檻車謂以板四周爲檻，無所見。"即以木板封閉的囚車。
③ 臧錮，謂因收受賄賂而下獄。
④ 李賢注："章帝竇皇后，竇勛女，祖穆及叔父俱尚主。穆交通輕薄，屬托郡縣，干亂政化，後并坐怨望謀不軌被誅，故鄧氏深引爲誡也。"

獄，但都化險爲夷了。只有這次，貪腐數額巨大還是小事，與鄧遵爭功得罪權貴，那就非死不可了。然而其時羌亂初平，對羌人作戰最多最久、戰功最大的任尚却被正法，是不是也有些兔死狗烹的意思呢？

這次西羌叛亂，前後持續十餘年，給國家和人民帶來巨大損失。《後漢書·西羌傳》載：

> 自羌叛十餘年間，兵連師老，不暫寧息。軍旅之費，轉運委輸，用二百四十餘億，府帑空竭。延及內郡，邊民死者不可勝數，並、涼二州遂至虛耗。

西羌之禍，河西走廊數郡被害尤甚，且由內地至西域的交通亦完全中斷。

二、西域再絶

永元八年（96）之後①任尚來到西域，擔任戊己校尉。永元十四年（102）班超回朝，漢廷即以任尚接任西域都護。與班超相比，任尚是後輩，於是他向班超討教治理西域的方略：

> 初，超被徵，以戊己校尉任尚爲都護。與超交代。尚謂超曰："君侯在外國三十餘年，而小人猥承君後，任重慮淺，宜有以誨之。"超曰："年老失智，任君數當大位，豈班超所能及哉！必不得已，願進愚言。塞外吏士，本非孝子順孫，皆以罪過徙補邊屯。而蠻夷懷鳥獸之心，難養易敗。今君性嚴急，水清無大魚，察政不得下和。②宜蕩佚簡易，寬小過，總大綱而已。"超去後，尚私謂所親曰："我以班君當有奇策，今所言平平耳。"尚至數年，而西域反亂，以罪被徵，如超所戒。（《後漢書·班梁列傳》）

班超建議，西域各國情勢複雜，本來就難於控制。而漢廷派駐西域的兵士又多爲先前犯法之刑徒，膽大妄爲，管理不易。是以行事不宜過於嚴厲，只要

---

① 據《後漢書·西域傳》，永元八年（96）車師後部叛亂時戊己校尉尚爲索頵。
② 李賢注引《家語》孔子曰："水至清則無魚，人至察則無徒。"

把握住大原則，其他細節，不必斤斤計較。任尚認爲班超的話不過是老生常談，頗不以爲然。

延平元年（106），即任尚任都護四年後，西域諸國叛亂，圍攻任尚以及駐屯漢軍。《後漢書·孝安帝紀》延平元年載：

> （九月）西域諸國叛，攻都護任尚。

這次西域叛亂的具體起因於史無載，但由上引班超傳文可知，應與任尚在西域之作爲有關。

叛亂甫起，漢廷即派兵前去援救，帶兵的是正在上任途中的西域副校尉梁懂：

> 懂有勇氣，常慷慨好功名。初爲車騎將軍鄧鴻司馬，再遷，延平元年拜西域副校尉。懂行至河西，會西域諸國反叛，攻都護任尚於疏勒。尚上書求救，詔懂將河西四郡羌胡五千騎馳赴之，懂未至而尚已得解。（《後漢書·班梁列傳》）

由於西域之亂由任尚失職而起，故漢廷先免職任尚，另行任命騎都尉段喜爲西域都護：

> 會徵尚還，以騎都尉段喜爲都護，西域長史趙博爲騎都尉。禧、博守它幹城。（同前引）

此時西域之亂并未因任尚去職而結束，故新任都護段喜、副校尉梁懂等人的首要任務還是固守自保：

> 它幹城小，懂以爲不可固，乃譎說①龜茲王白霸，欲入共保其城，白霸許之。吏人固諫，白霸不聽。懂既入，遣將急迎禧、博，合軍八九千人。龜茲吏人並叛其王，而與溫宿、姑墨數萬兵反，共圍城。（同前引）

龜茲國王白霸此前爲質洛陽多年，是親漢派。他放漢軍進城共守（據《西域傳》載，龜茲王都延城），但龜茲國下層官吏多爲以前之親匈奴勢力，此時俱

---

① 譎説，指梁懂説服龜茲王讓漢軍入城別有用心。

叛，并與温宿、姑墨等國叛軍聯合起來圍城。這次梁慬來西域時，帶來"河西四郡羌胡五千騎"，與西域原來的駐屯軍合兵，共有八九千人。比之西域軍隊，漢軍戰鬥力更強：

> 慬等出戰，大破之。連兵數月，胡衆敗走，乘勝追擊，凡斬首萬餘級，獲生口數千人，駱駝畜產數萬頭，龜茲乃定。（同前引）

然而，雖然梁慬打了勝仗，但西域叛亂并未平息，西域都護府與内地政府的聯繫也未恢復。這時漢廷決定放棄西域，於次年（永初元年，107）派兵接回西域官吏和屯田部隊：

> 而道路尚隔，檄書不通。歲餘，朝廷憂之。公卿議者以爲西域阻遠，數有背叛，吏士屯田，其費無已。永初元年，遂罷都護，遣騎都尉王弘發關中兵迎慬、禧、博及伊吾盧、柳中屯田吏士。（同前引）

路放按：據《後漢書·班梁列傳》，漢廷派騎都尉王弘帶兵去西域營救段喜、梁慬等，所部人馬中即有班雄、班勇兄弟。又，梁慬亦是一員猛將，撤回關内後，在鎮壓西羌叛亂的戰爭中亦多有建樹，范曄在《後漢書》中將他與班超父子并列於《班梁列傳》。

王弘爲接回西域駐軍，徵發金城、隴西、漢陽三諸郡羌兵，不料這一行動却引發了羌人大暴動。東漢時羌人部隊已經成爲出征主力，無論是對北匈奴作戰，還是平定湟中羌人叛亂，都有從河西諸郡徵發的羌人士兵參加。

不過，上年梁慬帶五千羌兵出西域，一年過去了，一直被圍困於龜茲没有回來，現在又要徵兵出西域，羌人以爲出征西域是要長期駐屯，於是紛紛開小差逃亡。河西諸郡官吏於此應對不當，遂激起羌人大規模的暴亂（參看上節《都護任尚》）。

羌人叛亂的重災區當然是河西走廊一帶，正當內地與西域的交通要道。這場暴亂持續了十餘年，直到元初五年（118）方被平息下去。在這期間，西域與内地的聯絡完全中斷了，北匈奴人又乘機回到了西域：

> 及孝和晏駕，西域背畔。安帝永初元年，頻攻圍都護任尚、段喜等，朝廷以其險遠，難相應赴，詔罷都護。自此遂棄西域。北匈奴即

復收屬諸國，共爲邊寇十餘歲。(《後漢書·西域傳》)

這裏提到的北匈奴人就是永元六年（94）投降後復叛的北匈奴部衆，其單于爲前南單于屯屠何之子逢侯。不過，元初四年（117）逢侯爲鮮卑打敗：

> 四年，逢侯爲鮮卑所破，部衆分散，皆歸北虜。五年春，逢侯將百餘騎亡還，詣朔方塞降，鄧遵奏徙逢侯於潁川郡。(《後漢書·南匈奴傳》)

於是，圖窮末路的逢侯只得再次投降漢廷。爲了防止以後逢侯收羅舊部復爲叛亂，故漢廷將其遷徙於潁川郡。潁川郡地處今河南中部，因潁水流過境內而得名。這裏鄰近洛陽，可稱天子脚下，戒備森嚴，逢侯再也翻不起風浪了。自此北匈奴再無單于，其部衆遂以部落爲單位活動。例如，在西域北路秦海（今博斯騰湖）至蒲類海（今巴里坤湖）一帶出没的就有伊蠡王和呼衍王所部。

三、朝堂之争

元初六年（119），西羌之亂初定，漢廷即與北匈奴人展開了西域争奪戰：

> 元初六年，敦煌太守曹宗遣長史索班將千餘人屯伊吾，車師前王及鄯善王皆來降班。(《後漢書·班梁列傳》)

敦煌太守曹宗派長史索班屯田伊吾，并接受了車師前部和鄯善的歸附，這標志著西域諸國離開北匈奴，重新回歸漢廷的努力。當然，北匈奴早已視西域爲其禁臠，哪能輕易放弃：

> 後數月，北單于①與車師後部遂共攻没班，進擊走前王，略有北道。鄯善王急，求救於曹宗，宗因此請出兵五千人擊匈奴，報索班之恥，因復取西域。(同前引)

《後漢書·西域傳》載：

---

① 按：北單于逢侯已於上年（元初五年，118）降漢。據《後漢書·西域傳》，此"北單于"應爲"北匈奴"之誤。

> 至永寧元年，後王軍就及母沙麻反畔，殺後部司馬及敦煌行事。

北匈奴人與反叛的車師後王軍就一道進攻車師前部，殺害索班及漢軍駐車師後部的司馬。曹宗於是上書朝廷，要求出兵攻打北匈奴，爲索班等報仇。此事又一次激發了關於西域前途的爭論，時任軍司馬的班勇亦爲太后鄧綏召來參加會議：

> 鄧太后召勇詣朝堂會議。先是公卿多以爲宜閉玉門關，遂棄西域。（同前引）

與會的公卿大臣們多主張放弃西域。於是班勇發言，他首先回顧了自西漢以來的西域歷史：

> 昔孝武皇帝患匈奴强盛，兼總百蠻，以逼障塞。於是開通西域，離其黨與，論者以爲奪匈奴府藏，斷其右臂。遭王莽篡盜，徵求無猒，胡夷忿毒，遂以背叛。光武中興，未遑外事，故匈奴負强，驅率諸國。及至永平，再攻敦煌，河西諸郡，城門晝閉。孝明皇帝深惟廟策，乃命虎臣①，出征西域，故匈奴遠遁，邊境得安。及至永元，莫不内屬。會間者羌亂，西域復絶，北虜遂遣責諸國，備其逋租，高其價直，嚴以期會。鄯善、車師皆懷憤怨，思樂事漢，其路無從。前所以時有叛者，皆由牧養失宜，還爲其害故也。（同前引）

班勇發言的要點是：西域問題，實爲漢、匈之爭。若匈奴據有西域，則會據之以騷擾邊境諸郡，危害人民。而西域一旦内附，則匈奴遠遁，"邊境得安"，即西域問題并非只是外藩來朝之類面子問題，而是關乎國家安全的大事。

那麽收回西域的代價是什麽？班勇指出，西域諸國國王内心還是親漢的，因爲漢廷對他們只有名義上歸附的要求，并不向他們徵稅，倒是時有賞賜，以爲羈縻。而他們若依附匈奴，代價很大，匈奴對其課稅極重，控制得也很嚴。因此，西域諸國還是樂意回歸大漢屬下，所謂"思樂事漢"。在這種形勢下，收復西域就不會是一場艱難的軍事征服行動，所需代價不會太大。

---

① 李賢注："《毛詩》曰：'進厥虎臣，闞如虓虎。'"

至於以前西域內屬時也曾有叛亂，那是因爲漢廷所派官員"牧養失宜"，對西域諸國多有騷擾之故。這大約説的就是任尚之流。説到這次曹宗請兵：

> 今曹宗徒恥於前負①，欲報雪匈奴，而不尋出兵故事，未度當時之宜也。夫要功荒外，萬無一成，若兵連禍結，悔無及已。況今府藏未充，師無後繼，是示弱於遠夷，暴短於海内，臣愚以爲不可許也。（同前引）

班勇并不贊成曹宗的觀點，他認爲曹宗只是一時激憤，并未做全盤考量。就以當前現况，羌亂甫平，國庫空虛，貿然發動一場對北匈奴的戰爭，條件并不具備。班勇給出的解决方案是：

> 舊敦煌郡有營兵三百人，今宜復之，復置護西域副校尉，居於敦煌，如永元故事。又宜遣西域長史將五百人屯樓蘭，西當焉耆、龜茲徑路，南强鄯善、于寘心膽，北捍匈奴，東近敦煌。如此誠便。（同前引）

班勇所説之"永元故事"，即在敦煌設置"護西域副校尉"，其沿革《後漢書》語焉不詳，於此略作梳理。永平十七年（74），竇固征西域後首建西域都護府，首任都護陳睦、副校尉郭恂均駐烏壘城，然而這二位很快即因焉耆諸國叛亂而殉職。不過，據《後漢書·鄭范陳賈張列傳》載：

> 復召衆爲軍司馬，使與虎賁中郎將馬廖擊車師。至敦煌，拜爲中郎將，使護西域。會匈奴脅車師，圍戊己校尉，衆發兵救之。

則其時敦煌尚駐有使護西域中郎將鄭衆。永元二年（90）竇憲伐北匈奴時，曾派副校尉閻盤攻下伊吾城。但未知閻盤是否即爲駐敦煌之西域副校尉，因東漢尚有其他副校尉的設置，如《後漢書·南匈奴列傳》永平八年（65）載：

> 由是始置度遼營，以中郎將吳棠行度遼將軍事，副校尉來苗、左校尉閻章、右校尉張國將黎陽虎牙營士屯五原曼柏。

---

①前負，上次的失敗。

可知來苗爲度遼營副校尉。又如章帝時馮豹曾出任"河西副校尉"。

永元三年（91），班超任西域都護時，并未提到有副校尉一職，似乎説明此時西域副校尉一職已與西域都護府分離，或已改駐敦煌？

《後漢書·李陳龐陳橋列傳·李恂》稱其在竇憲當權時被免官，後來起復，即出任西域副校尉：

> 後復徵拜謁者，使持節領西域副校尉。西域殷富，多珍寶，諸國侍子及督使、賈胡數遺恂奴婢、宛馬、金銀、香罽之屬，一無所受①。北匈奴數斷西域，車師、伊吾，隴沙以西使命不得通②，恂設購賞，遂斬虜帥，縣首軍門。自是道路夷清，威恩並行。

根據《後漢書·李陳龐陳橋列傳·李恂》之上下文得知，李恂出任西域副校尉正在永元年間。雖然這段描述中并未直接給出李恂駐地，但以在與西域地區相鄰的敦煌郡最爲合理。

延平元年（106）西域叛亂，西域副校尉梁慬帶"河西四郡羌胡五千騎"前去救援被圍困的漢軍，似亦説明西域副校尉駐地應在關内。

根據以上綫索，敦煌以其距西域最近而成爲内地通西域之門户，顯然應是漢廷管理西域的基地。除了直接派駐西域的都護、戊己校尉和屯田將士外，漢廷還在敦煌設有中郎將、副校尉之類的官員，負責西域與内地的聯繫事務（如李恂）；遇到緊急情況，他們也負責帶兵出征西域（如梁慬）。在漢軍撤出西域後，西域副校尉一職撤銷，西域事務改由敦煌太守直接處理，如這次屯田伊吾的長史索班即由敦煌太守曹宗派出。

值得注意的是，班勇并未建議恢復永元年間西域都護的全套建制，而只是建議派西域長史屯田樓蘭（鄯善），這樣進退有據，耗費無多，是基於當前形勢的可行方案。

不過，僅在敦煌駐軍三百，鄯善屯田五百，所費固然無多，但真的就可以安集西域諸國，抵禦北匈奴人了嗎？會議上，就班勇的方案，尚書要求進一步

---

① 李賢注："督使，主蕃國之使也。賈胡，胡之商賈也。罽，織毛爲布者。"
② 李賢注引《廣誌》曰："流沙在玉門關外，東西數百里，有三斷名曰三隴也。"此流沙即玉門關外至羅布泊間的大沙海。

解釋：

尚書問勇曰："今立副校尉，何以爲便？又置長史屯樓蘭，利害云何？"勇對曰："昔永平之末，始通西域，初遣中郎將居敦煌，後置副校尉於車師，既爲胡虜節度，又禁漢人不得有所侵擾。故外夷歸心，匈奴畏威。今鄯善王尤還①，漢人外孫，若匈奴得志，則尤還必死。此等雖同鳥獸，亦知避害。若出屯樓蘭，足以招附其心，愚以爲便。"（《後漢書·班梁列傳》）

路放按：班勇此處所説"遣中郎將居敦煌"，應是指駐敦煌的"使護西域中郎將"，如鄭衆。他又説"置副校尉於車師"，然永平末乃至班超任西域都護後，車師都只有戊己校尉，并無副校尉。查《後漢書·百官志》，城門、屯騎、越騎、步兵、長水、射聲、司隸諸校尉薪俸均爲比二千石，護烏桓校尉、護羌校尉等也是比二千石，與戊己校尉的比六百石（《後漢書·明帝紀》李賢注引《百官公卿表》）相差甚遠，故疑戊己校尉實爲副校尉。

班勇説明，置副校尉的目的是"既爲胡虜節度，又禁漢人不得有所侵擾"，這説法恰似建武九年（33）班彪上書光武帝，建議設置護羌校尉時的理由：

羌胡被髮左衽，而與漢人雜處，習俗既異，言語不通，數爲小吏黠人所見侵奪，窮恚無聊，故致反叛。夫蠻夷寇亂，皆爲此也。（《後漢書·西羌傳》）

看得出，班氏祖孫對待少數民族的態度一脉相承，即能站在他們的立場上考慮問題。實際上，公平公正地處理漢人與少數民族民衆之間的糾紛，保護少數民族民衆的利益，不但是保證西域諸國真心歸附的必要條件，也是處理漢廷與其他少數民族關繫所必需。能從這一角度考慮問題，正是班家幾代人"明於邊事"的體現。

班勇的方案還是很實際的。除了駐屯敦煌的副校尉，就只有駐鄯善的西域

---

①李賢注："尤還，王名。"路放按：漢廷和親鄯善於史無載，疑尤還是其父爲質内地時所納漢族女子所出。

長史和五百屯田軍隊。此前漢廷屯田多在車師前部、龜茲、疏勒等北道諸國，既是爲了震懾匈奴，也是便於控制西域全境，因爲西域南道諸國本來就是大漢勢力範圍。但這樣布局的壞處是安全性差，一旦匈奴人裹脅北道國家一起進攻漢軍，人數較少的屯田漢軍極易被包圍乃至消滅，永平末年之都護陳睦、戊己校尉耿秉，延平元年（106）的任尚、段喜等莫不如此。而鄯善地處南道，與北道諸國和匈奴之間隔着塔克拉瑪干大沙漠，且距敦煌很近，即使匈奴人來襲，從關內派軍隊支援也很方便。這樣安排并非怯懦避戰，只是綜合當前形勢下的謹慎安排。要知道上次西域諸國叛亂，圍攻駐疏勒的都護任尚，先是梁懂引兵去救，自己却也陷於龜茲，漢廷再派王弘帶兵出關，雖然最終救援成功，但却引發了河西地區羌人大叛亂。

　　班勇建議西域長史駐屯鄯善還有一個原因。鄯善王尤還爲漢人外孫，當然親漢，而匈奴人却不會輕易放過他。出屯鄯善之漢使漢軍，與尤還利益一致，雙方合作相處之際必然融洽。

　　由駐屯鄯善的西域長史處理安集西域各國的具體事務，以設在敦煌的西域副校尉爲軍事後援，這種行政架構是對漢廷以往西域政策的修正。雖然西域副校尉的直轄部隊僅三百屯田軍，但一旦戰事爆發，則可由關內徵發軍隊以爲後援。

　　朝會上，還有人質疑漢廷重返西域的必要性：

> 長樂衛尉鐔顯、廷尉綦母參、司隸校尉崔據難曰："朝廷前所以棄西域者，以其無益於中國而費難供也。今車師已屬匈奴，鄯善不可保信，一旦反復，班將能保北虜不爲邊害乎？"①（《後漢書·班梁列傳》）

西域無益漢朝，且費用浩大，是反對派的主要理由，而要班勇擔保漢廷回到西域後匈奴即不再爲邊患，則幾近胡攪蠻纏，對此班勇毫不客氣地反擊回去：

> 今中國置州牧者，以禁郡縣奸猾盜賊也。若州牧能保盜賊不起者，臣亦願以要斬②保匈奴之不爲邊害也。今通西域則虜埶③必弱，虜埶弱

---

① 李賢注："以勇爲軍司馬，故以將言之。"
② 要斬，即腰斬之刑。
③ 埶，通"勢"。

則爲患微矣。孰與歸其府藏，續其斷臂哉！今置校尉以捍撫西域，設長史以招懷諸國，若棄而不立，則西域望絶。望絶之後，屈就北虜，緣邊之郡將受困害，恐河西城門必復有晝閉之儆矣。今不廓開朝廷之德，而拘屯戍之費，若北虜遂熾，豈安邊久長之策哉！"（同前引）

班勇針對"西域無益中國"的論調，指出只看到屯戍西域的些許花費，却看不到西域回歸對於遏制匈奴人進犯西北邊郡而帶來的巨大收益，無疑是短視的。

太尉屬吏毛軫發言，他仍在西域花費上做文章：

太尉屬毛軫難曰："今若置校尉，則西域駱驛遣使，求索無猒，與之則費難供，不與則失其心。一旦爲匈奴所迫，當復求救，則爲役大矣。"（同前引）

毛軫所說之漢廷重返西域的難處有二：一是擔心西域諸國需索無度；二是擔心一旦匈奴攻擊這些西域國家，漢廷因負有救援之責而被拖下水。對此班勇的回答是：

勇對曰："今設以西域歸匈奴，而使其恩德大漢，不爲鈔盜則可矣。如其不然，則因西域租入之饒，兵馬之衆，以擾動緣邊，是爲富仇仇之財，增暴夷之勢也。置校尉者，宣威布德，以系諸國內向之心，以疑匈奴覬覦之情，而無財費耗國之慮也。且西域之人無它求索，其來入者，不過廩食而已。今若拒絶，執歸北屬，夷虜並力以寇并、涼，則中國之費不止千億。置之誠便。"（同前引）

針對毛軫所說西域貪婪，供養不起，班勇指出西域諸國實則"無它求索"，來使亦"不過廩食而已"，所費實在無多。班勇再次強調，安集西域諸國的花費，比之匈奴人據有西域後入寇并州、涼州諸郡所造成的損失，簡直不值一提。

經過這場辯論，東漢朝廷統一了思想，認識到了安集西域諸國對邊地國防的巨大利益。於是鄧太后部分采納了班勇的意見，於敦煌設置西域副校尉，領兵三百人屯田，負責安集西域諸國。但班勇建議設西域長史駐屯鄯善的建議，這次并未實行。

於是從勇議，復敦煌郡營兵三百人，置西域副校尉居敦煌。雖復羈縻西域，然亦未能出屯。其後匈奴果數與車師共入寇鈔①，河西大被其害。

由於漢軍并未實際進入西域，對西域各國的控制力有限，并未能起到應有的作用，北匈奴人與車師人還是經常侵犯邊郡，給河西人民帶來很大災難。

四、長史班勇

建光元年（121）三月，太后鄧綏去世：

> 三月癸巳，皇太后鄧氏崩。丙午，葬和熹皇后。（《後漢書·孝安帝紀》）

鄧太后去世後，年已二十八歲的安帝劉祜終於親政。延光二年（123），針對北匈奴人在西域的猖獗活動，敦煌太守張璫上書提出了解決西域問題的三個方案：

> 延光二年，敦煌太守張璫上書陳三策，以爲"北虜呼衍王常展轉蒲類、秦海之間②，專制西域，共爲寇鈔。今以酒泉屬國吏士二千餘人集昆侖塞③，先擊呼衍王，絕其根本，因發鄯善兵五千人脅車師後部，此上計也。若不能出兵，可置軍司馬，將士五百人，四郡供其犁牛、谷食，出據柳中，此中計也。如又不能，則宜棄交河城，收鄯善等悉使入塞，此下計也。"朝廷下其議。（《後漢書·西域傳》）

張璫的上策是主動出擊北匈奴和車師，以期一勞永逸。該方案需從南、北兩路出兵夾擊北匈奴人和車師後部，花費較大；中策是屯田柳中，以爲牽制；下策則是索性全面放弃西域，連鄯善等親漢西域政權一起撤回關內。

尚書陳忠同時上疏，痛陳徹底解決西域問題的必要性：

---

①寇鈔，劫掠之意。
②蒲類，即今巴里坤湖；秦海，又稱西海，即今博斯騰湖。呼衍爲匈奴望族。《史記·匈奴列傳》載："呼衍氏、蘭氏，其后有須卜氏，此三姓其貴種也。"《後漢書·南匈奴傳》載："异姓呼衍氏、須卜氏、丘林氏、蘭氏四姓，爲國中名族。"
③李賢注："《前書》敦煌郡廣至縣有昆侖障也，宜禾都尉居也。廣至故城在今瓜州常樂縣東。"
　按：廣至故城在今甘肅瓜州縣西北。

尚書陳忠上疏曰："臣聞八蠻之寇，莫甚北虜。漢興，高祖窘平城之圍，太宗屈供奉之恥。①故孝武憤怒，深惟久長之計，命遣虎臣，浮河絕漠，窮破虜庭。②當斯之役，黔首隕於狼望之北，財幣糜於盧山之壑③，府庫單竭，抒柚空虛，算至舟車，貲及六畜。④夫豈不懷，慮久故也。⑤遂開河西四郡，以隔絕南羌⑥，收三十六國，斷匈奴右臂。是以單于孤特，鼠竄遠藏。至於宣、元之世，遂備藩臣⑦，關徼不閉，羽檄不行。由此察之，戎狄可以威服，難以化狎。西域內附日久，區區東望扣關者數矣，此其不樂匈奴慕漢之效也。今北虜已破車師，勢必南攻鄯善，弃而不救，則諸國從矣。若然，則虜財賄益增，膽勢益殖⑧，威臨南羌，與之交連。如此，河西四郡危矣。河西既危，不得不救，則百倍之役興，不訾之費發矣。議者但念西域絕遠，恤之煩費，不見先世苦心勤勞之意也。方今邊境守禦之具不精，內郡武衛之備不修，敦煌孤危，遠來告急，復不輔助，內無以慰勞吏民，外無以威示百蠻。蹙國減土，經有明誡⑨。臣以爲敦煌宜置校尉，案舊增四郡屯兵，以西撫

---

①李賢注："窘，困也。高帝自擊匈奴至平城，爲冒頓單于圍於白登，七日乃得解。太宗，文帝也。賈誼上疏曰：'匈奴蔓侮侵掠，而漢歲致金絮繒彩以奉之。夷狄徵令，是人主之操。天子供貢，是臣下之禮。'故云恥也。"
②李賢注："沙土曰漠，直度曰絕也。"
③李賢注："狼望，匈奴中地名也。《前書》揚雄曰：'前代豈樂無量之費，快心於狼望之北，填盧山之壑，而不悔也。'"
④李賢注："武帝時國用不足，算至車舟，租及六畜，言皆計其所得以出算。軺車一算，商賈車二算，船五丈以上一算。六畜無文。以此言之，無物不算。"算，即稅。這裏是説武帝時無物不稅。
⑤李賢注："懷，思也。"
⑥李賢注："《前書》云起敦煌、酒泉、張掖，以隔若羌，裂匈奴之右臂也。"即武帝開河西四郡，以隔開北方的匈奴和南面的羌人。
⑦李賢注："宣帝、元帝時，呼韓邪單于數入朝，稱臣奉貢。"
⑧李賢注："殖，生也。"
⑨李賢注："《毛詩》曰：'昔先王受命，有如邵公，且辟國百里，今也日蹙國百里'也。"

諸國。庶足折沖萬里，震怖匈奴。"①(《後漢書·西域傳》)

陳忠的上疏進一步指出放任匈奴橫行西域的後果，匈奴人得到西域諸國稅收兵馬的支持後，便可放膽侵襲大漢領地，甚至與羌人勾結。如此則河西諸郡危險，而爲了保住河西，漢廷必然要花費更大的代價。陳忠提議"增四郡屯兵，以西撫諸國"，即以武力解决西域問題。

> 帝納之，乃以班勇爲西域長史，將馳刑士五百人，西屯柳中。(同前引)

由於此前反對在西域用兵的鄧太后已經去世，安帝劉祜遂批准了重回西域的計劃，以班勇爲西域長史，領五百刑徒兵進駐柳中。

若以班勇生於建初八年(83)班超任西域長史前，此時正值四十餘歲的壯年，與其父初出西域之時相當。此次得出西域爲長史，正是大展抱負的機會。

班勇元初六年(119)的上書建議西域長史出屯樓蘭(鄯善)，是因爲其時鄧太后不欲在西域大動干戈，屯田鄯善則與北道諸國特別是車師之間有個緩衝。這次班超出任西域長史時，情況已經有很大不同。安帝决心徹底解决西域問題，則將西域長史駐地定於車師前部的柳中城則更便於部署軍事行動，且柳中城也有屯田基礎。實際上，這次漢廷重回西域，也并未直接采納張璫的上策或中策，雖然也是派班勇屯田柳中，但并非不能出兵時的無奈選擇，而是以柳中爲基地，首先安集西域諸國，待西域諸國重回漢廷直轄後，再徹底驅逐北匈奴人。這樣，在與北匈奴作戰時，西域諸國不但不會成爲作戰的對象，且會成爲同盟軍，符合自班超一直以來的治理西域的思路，即"以夷治夷"。

班勇屯兵柳中後，隨即開始招撫安集西域諸國的外交活動：

> 明年正月，勇至樓蘭，以鄯善歸附，特加三綬。而龜兹王白英猶自疑未下，勇開以恩信，白英乃率姑墨、溫宿自縛詣勇降，勇因發其兵步騎萬餘人到車師前王庭，擊走匈奴伊蠡王於伊和谷，②收得前部五

---

① 李賢注："《淮南子》曰'修政於廟堂之上，而折冲千里之外'也。"
② 此一役後，北匈奴伊蠡部西遷至今伊犁一帶。伊合谷，其地不詳，當在車師前部一帶。

千餘人，於是前部始復開通。還，屯田柳中。(《後漢書·班梁列傳》)

班勇先至鄯善，這是漢廷在西域的鐵桿擁躉，當然立刻歸附，而鄯善的歸附又爲其他國家提供了一個極好的榜樣。於是龜茲王白英遂率姑墨、溫宿來降。龜茲一旦歸附，班勇即借用龜茲等國軍隊，驅逐在車師前部的匈奴伊蠡部，車師前國遂回歸。龜茲、車師爲北道關鍵，鄯善爲南道門户，這些國家一旦回歸，則西域其他内屬國家亦紛紛歸來。於是：

自建武至於延光，西域三絶三通。(《後漢書·西域傳》)

這時，整個西域就只剩車師後部尚爲匈奴控制了。

延光四年（125）三月，安帝劉祜在南巡途中死於南陽，享年三十二歲。劉祜獨子劉保爲宫人所生，永寧元年（120）被立爲太子。延光三年（124），太子劉保爲其乳母王聖、大長秋江京、中常侍樊豐等誣陷被廢，改封濟陰王。安帝劉祜去世後，皇后閻氏爲獨攬朝政，迎立章帝劉炟之孫，濟北王劉壽之子劉懿爲帝。然而劉懿短命，僅做了七個月的皇帝，就於當年秋天去世。宦官王康、孫程等人隨即發動宫廷政變，擁立時年十一歲的廢太子劉保爲帝，是爲順帝。閻太后被遷至離宫，兩個月後去世。

這年秋天，班勇率大軍征討車師后部：

四年秋，勇發敦煌、張掖、酒泉六千騎及鄯善、疏勒、車師前部兵擊後部王軍就，大破之。首虜八千餘人，馬畜五萬餘頭。捕得軍就及匈奴持節使者，將至索班没處斬之，以報其恥，傳首京師。(《後漢書·班梁列傳》)

這位車師后部王軍就，正是永寧元年（120）襲殺長史索班的那位車師後王。班勇將軍就和匈奴駐車師後部的使者將其一起處斬，爲索班報仇。

永建元年（126），班勇立加特奴爲車師后部王（加特奴之父爲以前漢廷所立之車師后部王農奇）：

永建元年，更立後部故王子加特奴爲王。勇又使别校誅斬東且彌王，亦更立其種人爲王，於是車師六國悉平。(同前引)

東且彌，在車師后部以西，今烏魯木齊市一帶，是車師六國之一。《後漢書·西域傳》載：

> 東且彌國東去長史所居八百里，去洛陽九千二百五十里。戶三千餘，口五千餘，勝兵二千餘人。廬帳居，逐水草，頗田作。其所出有亦與蒲類同。所居無常。

> 車師前王居交河城。河水分流繞城，故號交河。去長史所居柳中八十里，東去洛陽九千一百二十里。領戶千五百餘，口四千餘，勝兵二千人。

> 後王居務塗谷，去長史所居五百里，去洛陽九千六百二十里。領戶四千餘，口萬五千餘，勝兵三千餘人。

> 前後部及東且彌、卑陸、蒲類、移支，是爲車師六國，北與匈奴接。前部西通焉耆北道，後部西通烏孫。

平定車師六國後，班勇遂對長期盤踞西域的北匈奴呼衍部發動攻擊：

> 其冬，勇發諸國兵擊匈奴呼衍王，呼衍王亡走，其眾二萬餘人皆降。捕得單于從兄，勇使加特奴手斬之，以結車師、匈奴之隙。北單于自將萬餘騎入後部，至金且谷，勇使假司馬曹俊馳救之。單于引去，俊追斬其貴人骨都侯，於是呼衍王遂徙居枯梧河上。是後車師無復虜跡，城郭皆安。(《後漢書·班梁列傳》)

關於上述記載中提到的金且谷和枯梧河，清顧祖禹《讀史方輿紀要》卷六十五載：

> 伊和谷，在廢庭州南。後漢延光二年，班勇爲西域長史，屯田柳中。明年，發龜茲兵到車師前王庭，擊走匈奴伊蠡王於伊和谷，還屯柳中。

> 金且谷，在伊和谷之北。後漢永建初，班勇平車師後部，擊走匈奴呼延王。北單于自將萬餘騎入後部，至金且谷，勇遣兵擊却之。呼衍王遠徙枯梧河上。且，於舍反。枯梧河，在庭州西北境。

庭州又名別失八里，即原車師後王庭所在，位於今新疆吉木薩爾縣之北。據顧氏所說，金且谷應在庭州和伊和谷之間，即車師後王庭南面不遠處。然而他說枯梧河在庭州西北境，似有問題。蓋匈奴呼衍王被班勇擊敗後，"遠徙枯梧河上"且"是後車師無復虜迹",則此枯梧河距車師應有相當距離,不應仍在庭州境內。且顧氏也未給出其出處。

東晉時,呼衍部(或稱"呼衙部")進入中原,改稱呼延,并以之爲姓氏,爲鮮卑大姓。

次年(永建二年,127),疏勒王臣磐遣使貢獻:

> 順帝永建二年,臣磐遣使奉獻,帝拜磐爲漢大都尉,兄子臣勛爲守國司馬。(《後漢書·西域傳》)

"漢大都尉"臣磐此後一直與漢交好:

> 五年,臣磐遣侍子與大宛、莎車使俱詣闕貢獻。陽嘉二年①,臣磐復獻師子、封牛。至靈帝建寧元年②,疏勒王漢大都尉於獵中爲其季父和得所射殺,和得自立爲王。(同前引)

這時,整個西域就只有焉耆國尚未投誠:

> 唯焉耆王元孟未降。(《後漢書·班梁列傳》)

在西域內屬諸國中,焉耆歷來桀驁不馴。王莽年間的都護但欽,永平年間的都護陳睦,都死於焉耆叛軍。説起來,這位元孟還是班超永元六年(94)征服焉耆後所立之王,亦曾爲質洛陽,按説應該是個親漢派,但他這次仍然遲遲未表態回歸漢廷屬下。

五、最後一戰

焉耆與尉犁、危須三國一體,地處秦海(今博斯騰湖)之畔,三面環山,易守難攻。僅靠班勇手下的數百駐屯軍和西域諸國軍隊難以攻下,於是班勇上奏,請發河西兵馬協同進攻。這次行動的結果不錯,元孟投降,遣子貢獻:

> 延光中,超子勇爲西域長史,復討定諸國。元孟與尉黎、危須不

---

①陽嘉二年爲公元133年。
②建寧元年爲公元168年。

降。永建二年①，勇與敦煌太守張朗擊破之，元孟乃遣子詣闕貢獻。(《後漢書·西域傳》)

西域長史班勇、敦煌太守張朗討焉耆、尉犁、危須三國，破之；並遣子貢獻。(《後漢書·孝順孝沖孝質帝紀》)

然而，這次行動竟成爲班勇在西域的最後一次出征，他因"後期"之罪名而被下獄，從此離開西域。具體經過，《後漢書·班梁列傳》有載：

二年，勇上請攻元孟，於是遣敦煌太守張朗將河西四郡兵三千人配勇。因發諸國兵四萬餘人，分騎爲兩道擊之。勇從南道，朗從北道，約期俱至焉耆。而朗先有罪，欲徼功自贖，遂先期至爵離關②，遣司馬將兵前戰，首虜二千餘人。元孟懼誅，逆遣使乞降，張朗徑入焉耆受降而還。元孟竟不肯面縛，唯遣子詣闕貢獻。朗遂得免誅。勇以後期，徵下獄，免。後卒於家。

敦煌太守張朗，此時因其他案由獲罪，急於立功自贖。按出征前兩人的約定，張朗率河西郡兵自北道前進，班勇率龜茲、鄯善等國軍隊自南道出發，約定某日齊至焉耆，然後一同進攻。但張朗立功心切，擅自提前出發，到達位於焉耆南面的尉黎國爵離關。不待班勇到達，張朗即獨自發起進攻，旗開得勝。元孟本人對漢軍威力曾有領教，害怕繼續抵抗會兵敗被殺，遂遣使投降。張朗有功，死罪得免，而班勇却因"後期"而被免官下獄。

這椿公案有幾個要點：一是按原定作戰計劃，張朗帶四郡兵馬配合班勇行動，而張却急於戴罪立功，先到尉黎，且不待班勇到達即發起攻擊，違反軍法在先；二是元孟背叛，本應"面縛"，即自我綁縛後親來漢軍大營請罪，如何發落應由漢廷決定。而張朗意欲獨占功勞，徑自答應赦免元孟，僅帶其子回洛陽爲質。對焉耆等國處分過輕，似有縱容之嫌；三是張朗爲敦煌太守，級別高於長史班勇，他奏報之時肯定不會提及自己先期到達擅自發起進攻一事。而順帝年僅十二歲，即位不久。且前次在決定西域前途的朝會上，朝中大臣多與班勇

---

①永建二年爲公元 127 年。
②爵離關在焉耆南面的尉犁國（今新疆庫爾勒市以北）。

意見相左，想來這次也不會有人替班勇説話。

不過，畢竟班勇在其任職西域長史的短短四年中，先驅逐了匈奴人，又使整個西域内屬各國紛紛回歸，功勞巨大，難以否定。故班勇後來遇赦出獄，終老於家。

路放按：袁宏《後漢紀》記録這一戰，與《後漢書·班梁列傳》所記頗有不同：

> 西域長史班勇請兵擊焉者，漢發河西四郡兵三千人詣勇。敦煌太守張朗有罪，欲以功自贖，即便宜領諸郡兵出塞。初，勇發諸國兵，使龜兹、鄯善自南道入，勇將諸郡兵，率車師六國兵自北道入。會張朗乃要經自尉黎入，焉者王請降於朗，既而不出，漢兵罷還，焉者王卒不加誅。漢以兩將不和，皆徵免，故勇不論。

袁宏説"漢以兩將不和，皆徵免，故勇不論"，即班勇僅被免職，并未下獄。這當然是好消息。不過，袁宏《後漢紀》考證不精，行文隨意，雖然成書比范曄《後漢書》早，但史料價值反不如後者。就以這段記述而論，先説張朗將諸郡兵，後面又説班勇本人統帥河西郡兵和車師六國軍隊從北道出發，那張朗帶的是哪路兵馬？故而司馬光在編《資治通鑑》時，便没有采用袁宏的説法。

胡三省注《資治通鑑》，爲其打抱不平説：

> "先時者殺無赦，不及時者殺無赦。"張朗先期以激功，法所必誅，則班勇非後期也。漢之用刑，不審厥衷。勇免之後，西域事去矣。

胡三省之注，要點在替班勇辯冤，理由充分。不過胡三省之措辭却有可商権之處。"先時者殺無赦，不及時者殺無赦"出自《尚書·胤征》，唐孔穎達疏云：

> 主歷之官，爲歷之法，節氣先天時者殺無赦，不及時者殺無赦；失前失後，尚猶合殺，况乎不知日食，其罪不可赦也。

夏仲康時，羲和氏荒淫，"廢時亂日"，作爲主歷之官而不知日食之變异，所以罪重。於是仲康派胤前去征伐。胡三省將此典故用於班勇一案，比擬不倫。

作爲一場軍事行動，張朗的過錯并非其"先期"趕到爵離關，先到了可以等一等嘛，而是他未遵照之前的計劃，班勇大軍尚未到達即獨自發動攻擊。現在是仗打勝了，如果不勝，豈不壞了大事？更不要說事後誣陷同僚以"後期"之罪，說明張朗人品很差。

班勇獲罪離開西域之後，雖然還有這樣那樣的狀況，無論是西域各國內部的紛爭，還是個別國家的叛亂，直至東漢末年，漢廷一直保持着對西域的控制：

> 順帝永建二年，勇復擊降焉耆。於是龜茲、疏勒、于寘、莎車等十七國皆來服從，而烏孫、蔥領已西遂絶。六年，帝以伊吾舊膏腴之地，傍近西域，匈奴資之，以爲鈔暴，復令開設屯田如永元時事，置伊吾司馬一人。自陽嘉以後，朝威稍損，諸國驕放，轉相陵伐。元嘉二年，長史王敬爲于寘所没。永興元年，車師後王復反攻屯營。雖有降首①，曾莫懲革，自此浸以疏慢矣。（《後漢書·西域傳》）

這當然也是因爲班勇徹底解決了匈奴人在西域的勢力使然。

六、《西域風土記》

班勇在西域多年，無論是青少年時代隨其父班超駐扎，還是後來任西域長史，對西域歷史風情相當熟悉。回鄉之後，遂將自己所知之西域地理風土等記録下來，後來爲范曄采入《後漢書·西域傳》：

> 班固記諸國風土人俗，皆已詳備《前書》。今撰建武以後其事異於先者，以爲《西域傳》，皆安帝末班勇所記云。

清姚振宗《後漢藝文志》卷二，《外紀》據此著録班勇《西域風土記》，而嚴可均《全後漢文》則稱其爲《西域諸國記》。

---

① 李賢注："'首'猶'服'也。"

第六篇
萬世女則

班昭生平考
踵成《漢書》
宮廷教師"曹大家"
輔佐女主
女性教育第一人
班昭著作

第三十五章　班昭生平考

一、班昭生卒年考

班昭，字惠姬，班彪幼女。《班昭傳》①云：

> 扶風曹世叔妻者，同郡班彪之女也。名昭，字惠班，一名姬。博學高才。

王先謙《集解》注：

> 沈欽韓②曰：陸龜蒙《小名錄》：班昭字惠姬。《文選》李善注引范書，正作惠姬。此誤衍"班，一名"三字。

班昭生卒年其本傳語焉不詳，今略作考證。據《班昭傳》説：

> 昭年七十餘卒，皇太后素服舉哀。

又據《鄧皇后傳》③載，永寧二年（121）二月鄧綏已病重，并死於當年三月：

> 永寧二年二月，寢病漸篤。……三月崩。在位二十年，年四十一。

---

① 爲簡明起見，本篇稱《後漢書·列女傳·曹世叔妻》爲《班昭傳》，下同。
② 沈欽韓，字文起，號小宛，江蘇吳縣人。嘉慶十二年（1807）舉人，道光三年（1823）授安徽寧國訓導。欽韓長於訓詁考據之學，著有《兩漢書疏證》七十四卷、《左傳補注》十二卷、《左傳地理補注》十二卷等。
③ 爲簡明起見，稱《後漢書·皇后紀·和熹鄧皇后》爲《鄧皇后傳》，下同。

據此班昭當卒於永寧二年（121）二月之前。姑且假設卒年、享年兩項并取下限，即設班昭卒於永寧元年（120），據此可推出其應生於建武二十六年（50）。

然而永平五年（62）班固得授蘭臺令史，離開長安去洛陽就職。《後漢書·班梁列傳·班超》載：

> 永平五年，兄固被召詣校書郎，超與母隨至洛陽。

即同時隨行的有其弟班超及母，而并未提及班昭。一個較合理的推測是班昭此時已經出嫁，夫家爲同郡（右扶風）曹氏。據班昭《女誡》①稱，她十四歲時嫁入曹家：

> 年十有四，執箕帚於曹氏，於今四十餘載矣。

因此應將前面推出之班昭生年向前調整至建武二十五年（49）或之前，這樣班昭在永平五年十四歲或以上，已經嫁人，故未隨其母、兄去洛陽。

路放按：《禮記·內則》云：

> （女子）十有五年而笄②。

鄭玄注：

> 謂應年許嫁者。女子許嫁，笄而字之。

則班昭年十四，未及笄而出嫁，正可解爲因班氏舉家離鄉遷往洛陽時的權宜之舉。

又《女誡》提到其子曹成時說：

> 恒恐子穀③負辱清朝。聖恩橫加，猥賜金紫。

---

① 《女誡》全文載於《班昭傳》。
② "笄"音"機"，即簪，用來插住挽起的頭髮或帽子。
③ 曹成字子穀。

王先謙《集解》於此引沈欽韓曰：

> 謂成爲關內侯也。《魏志》：關內侯、關中侯皆金印紫綬。

故《女誡》應作於曹成獲封關內侯之後。據《班昭傳》，曹成得封關內侯是因爲班昭輔佐太后鄧綏，"與聞政事"，而班昭身份不顯，頻頻出入宮闕不便：

> 及鄧太后臨朝，與聞政事。以出入之勤，特封子成關內侯。

是曹成得封關內侯在鄧太后臨朝之後，即延平元年（106）之後。設班昭生於建武二十五年（49），則此時已經五十八歲；而《女誡》論及其寫作宗旨，説"諸女方當適人"，即在班昭寫作《女誡》之時尚有不止一個適婚未嫁之女兒。若此"諸女"爲班昭親生，且其幼女年齡以十五歲（及笄）計，則她們當生於班昭四十三歲以後，已是高齡產子，故似不宜將班昭生年更向前推。

當然，此"諸女"亦有可能是曹世叔的庶出女兒們，并非班昭親生。但《班昭傳》又説"世叔早卒"，若曹世叔年與班昭相若或更年長，則此幼女誕生時他亦已四十三歲或以上；倘班昭生年再向前推，則曹世叔去世時年將五十，難以稱爲"早卒"了。

綜合以上證據，將班昭生年定於建武二十五年（49）是比較合理的。據此班昭或去世於永寧元年（120），得年七十二歲；或去世於元初六年（119），得年七十一歲。

路放按：實際上，《女誡》成文時間可能更晚，因爲按其本傳行文順序，班昭作《女誡》在其上書鄧太后之後（班昭上書鄧太后事見第三十八章《輔佐女主》第四節《上書太后》）。果然如此，班昭生年更不宜定得過早。

鄭鶴聲《漢班孟堅先生固年譜》稱班昭生於建武二十一年（45）。其根據爲清阮劉文如《四史疑年錄》所載：

> 曹世叔妻班昭，約年七十餘。昭本傳，卒年七十餘，考其卒當在安帝元初數年之間。何以知之？昭卒在鄧太后之前，故鄧太后素服使護喪事，是必在安帝永寧之前矣。又考安帝永初元年[①]，昭諫鄧騭之事，是昭在官師，爲太后所敬聽，故其子成（即子穀）爲中散大夫，必和

---

① 永初元年爲公元 107 年。

帝永元七年①爲長垣長以後也。何以知其在永元七年以後也？班固卒於永元四年②，班固既死，始召昭入宮，續編《漢書》，當在子穀爲長垣長以後。此時昭年已將六十，若昭年輕，和帝亦不便召之入宮。昭爲班彪幼女，固、超之妹，昭上書言同產兄一事，亦當在永元十二年間。溯其前而計之，昭生約光武建武二十年後，比超小十餘歲。昭生約十歲，而父彪死也。

《四史疑年錄》考證頗爲疏略，如其謂班固死後班昭入宮時，年齡應將六十，方得避嫌。實則就是按阮劉文如的推算，若班昭生於建武二十一年（45），此時（永元七年，95）亦不過五十一歲，何來將六十？和帝劉肇生於建初四年（79），此時不過一十七歲少年，何須避嫌？且其行文邏輯混亂，論證武斷，實不足爲憑。

若班昭生於建武二十五年（49），是年班彪四十七歲，正在司徒王況府任司徒掾，故班昭應生於洛陽。晚年得女，自然視若掌珠。班昭《女誡》有云：

蒙先君之餘寵，賴母師之典訓。

則班母亦應是讀過書的，或者更是班家的另一位才女；可惜歷史沒有留下更多的記載。

路放按："母師"下李賢注云："母，傅母也。師，女師也。"即他認爲此"母師"爲家庭教師，不知其根據何在？一則《女誡》原文以"母師"與"先君"對仗，若解爲家庭教師，似比擬不倫；二則班彪去世後班家家境不佳，單爲班昭延聘一位女師則稍嫌奢侈。故此處宜解爲班昭由其母親親自教養，即以母爲師。

建武三十年（54）班彪卒於望都長任上。《後漢書·班固傳》載："父彪卒，歸鄉里。"此時班昭年僅六歲，自然是和母親、兩個哥哥一起回到老家長安。

班昭的童年是在長安度過的，應是隨其兄長班固、班超讀書，因其聰慧向學，故能"博學高才"。

---

① 永元七年爲公元 95 年。
② 永元四年爲公元 92 年。

二、婚後生活

明帝永平五年（62），班昭十四歲，嫁與同鄉曹世叔。按世叔名壽。《後漢書·班梁列傳·班超》提及班昭，稱其爲"超妹同郡曹壽妻昭"；又王先謙《集解》於《女誡》"執箕帚於曹氏"下注：

> 据《三輔決錄》①註，世叔名壽。

是年，班固得授蘭臺令史，遂離開長安去洛陽就職，同去的還有其母與弟弟班超。而嫁入曹家的班昭則繼續留在家鄉長安生活。

關於班昭之夫曹壽，歷史留下來的記載甚少。古時結親，講究門當户對，故曹氏亦應是詩禮人家。據《班昭傳》，曹壽有一妹曹豐生，亦是才女：

> （昭作《女誡》）昭女妹曹豐生，亦有才惠，爲書以難之，辭有可觀。

路放按：班昭作《女誡》主張"男尊女卑"，而其小姑曹豐生作書詰難，則其人可謂後世婦女解放運動的先驅了。

有妹如此，曹壽應該也是讀書人，平日夫妻唱和，琴瑟和諧，家庭生活想來相當美滿。然《班昭傳》又説：

> 世叔早卒，有節行法度。

後來有論者據此謂班昭青年守寡，其實不妥。據前節之考證，班昭五十八歲作《女誡》時尚有不止一個未嫁之女，即以其幼女十五歲（及笄）計，此女應生於班昭四十三歲或之後。既然班昭"有節行法度"，且《女誡·專心第五》云：

> 夫有再娶之義，婦無二適之文。

---

① 《三輔決錄》，東漢趙岐撰，西晉摯虞注。本書記載三輔人物，因所收人物俱已亡故，褒貶可以定論，故名決錄。原書與注均佚，現通行本爲清代人輯本。趙岐，字邠卿，京兆長陵人。《後漢書》有傳。摯虞，字仲洽，西晉京兆長安人。摯虞才學通博，一生著述不倦。主要著作有《〈三輔決錄〉注》七卷及《文章流別集》等。

班昭自己亦不主張寡婦再嫁，所以此時未適人的"諸女"要麼是班昭與曹壽的親女，要麼是曹壽之庶女。據此曹壽之死最早亦當在班昭四十三歲以後。如果曹壽年紀與班昭相若或稍長，去世時也已年近五十了。在那個年代，這好像還算不得"早卒"，比之東漢諸多二、三十歲就駕崩的皇帝們強得多了。故說曹壽早卒，應是與班昭之高壽相較而言。迨曹壽去世之後，班昭即以其寡妻身份行事。

路放按：除光武帝劉秀享年六十四歲、明帝劉莊享年四十八歲、獻帝劉協享年五十四歲外，東漢其他九位皇帝駕崩時均不滿四十歲：章帝劉炟三十一歲、和帝劉肇二十七歲、殤帝劉隆最短命，死時不滿周歲；安帝劉祜三十二歲；順帝劉保三十歲；冲帝劉炳三歲；質帝劉纘九歲；桓帝劉志三十七歲；靈帝劉宏三十四歲。

班昭與曹壽生有一子曹成，字子穀。

曹成生卒年不詳。《女誡》"恐子穀負辱清朝"下李賢注引《三輔決録》云：

> 《三輔決録》曰："齊相子穀，頗隨時俗。"註云："曹成，壽之子也。司徒掾察孝廉，爲長垣長。母爲太后師，徵拜中散大夫。"子穀即成之字也。

此處摯虞之注給出了曹成的簡單履歷：他先任司徒掾，後以"察孝廉"得任長垣長。在其母班昭成爲太后鄧綏的老師後，曹成得徵拜爲中散大夫、封關內侯，後來官至齊相。

據《地理志》載，陳留郡（治約今河南開封一帶）有陳留、長垣等十七縣：

> 陳留郡，武帝元狩元年置。屬兗州。户二十九萬六千二百八十四，口一百五十萬九千五十。縣十七：陳留，魯渠水首受狼湯渠，東至陽夏，入渦渠……長垣，莽曰長固。

至東漢，長垣曾改爲侯國。《後漢書·郡國三》：

> 陳留郡，武帝置。雒陽東五百三十里。十七城，户十七萬七千五百二十九，口八十六萬九千四百三十三。陳留，有鳴雁亭。……長垣：侯國。

即長垣漢時屬陳留郡，西漢時爲縣，東漢光武帝時爲侯國，後復置爲縣。長垣縣位於今河南省東北部。

曹成就任長垣長的時間可從班昭《東征賦》中推知。《東征賦》李善①注：

《大家集》②曰：子穀爲陳留長，大家隨至官，作《東征賦》。《流別論》③曰："發洛至陳留，述所經歷也。"

據前引《三輔決錄》摰虞注，曹成爲長垣長，李善此處應是誤以同屬陳留郡的長垣縣爲陳留縣。

路放按：陳留郡治陳留縣，人口應過萬户。據《百官公卿表》："縣令、長，皆秦官，掌治其縣。萬户以上爲令，秩千石至六百石。減萬户爲長，秩五百石至三百石。"又《後漢書·第五鍾離宋寒列傳·第五倫》中第五倫的上疏中提到"陳留令劉豫"，是陳留縣爲萬户大縣之明證。若曹成如李善所説任職陳留縣，亦應是陳留令而非陳留長，故知其誤。

班昭《東征賦》首聯曰：

惟永初之有七兮，余隨子乎東征。

永初爲安帝劉祜的年號，很多論者據此將《東征賦》寫作時間定爲永初七年（113）。然而這是有問題的。據前引之《三輔決錄》注，曹成任長垣長應在其"母爲太后師，徵拜中散大夫"之前，而班昭"爲太后師"應是延平元年（106）鄧太后臨朝後不久的事情。又此聯之李善注云：

《東觀漢記》曰：和帝年號永初。（《昭明文選·東征賦》）

---

①李善，廣陵江都（今江蘇揚州）人。唐高宗時學者，注《文選》（一名《昭明文選》）。《文選》爲南朝梁武帝的長子蕭統（即昭明太子）組織編選的一部詩文總集。班昭《東征賦》載《文選》卷七。

②《大家集》，即班昭文集，由其兒媳丁氏纂集。

③《流別論》，又稱《文章流別論》，西晉摰虞撰。《晉書·摰虞傳》載，其"撰古文章，類聚區分爲三十卷，名曰《流別集》，各爲之論，辭理愜當，爲世所重。"後人將《流別集》中關於各種體裁文章的評論集中摘出，成爲專論，即《文章流別論》。《流別論》原書已佚，尚有若干片斷散見於《北堂書鈔》《藝文類聚》《太平御覽》等類書中。

然和帝劉肇只有永元的年號。故《東征賦》此處"永初"似是傳抄之誤，應爲"永元"，即曹成得任長垣長在永元七年（95）。清阮元①即持此說：

> 昭之東征，因子穀長垣長而出京師。考昭《本傳》言昭卒年七十餘。昭卒在鄧太后之前，故鄧太后素服使護喪事。又考安帝永初元年，昭諫鄧騭之事，是昭在京師爲太后所敬聽，故其子成爲中散大夫，必和帝永元七年爲長垣長以後事。蓋班固卒於永元四年，班固死，始召昭入宫續編《漢書》，亦當在子穀爲長垣長之後。此時昭已年將六十矣。以此推之，則賦首"永初"當爲"永元"之誤。李註所引和帝年號"永初"亦爲"永元"之誤。若是永初則當作安帝矣。（《文選旁證》卷十二《東征賦》）

永元七年（95），班昭四十七歲，其時曹壽已逝，故她隨子曹成赴任。又查《後漢書·孝和孝殤帝紀》永元七年四月所載，是時正有察孝廉以補官缺之舉：

> 夏四月辛亥朔，日有食之。帝引見公卿問得失，令將、大夫、御史、謁者、博士、議郎、郎官會廷中，各言封事。詔曰："元首不明，化流無良，政失於民，謫見於天。深惟庶事，五教在寬，是以舊典因孝廉之舉，以求其人。有司詳選郎官寬博有謀、才任典城者三十人。"既而悉以所選郎出補長、相②。

則曹成之因察孝廉而得補長垣長，應在此三十人之數。

路放按：四十二年前的建武二十九年（53），曹成外祖班彪亦是以司徒掾察廉得任望都長。

班昭嫁入曹家時，是在故鄉長安居住；此次隨曹成赴任，系從洛陽出發。曹家何時遷至洛陽不詳，也許就是曹成初任司徒掾之時？據《後漢書·孝和孝殤帝紀》永元六年載：

---

①阮元，字伯元，號芸臺，江蘇儀徵人。乾隆五十四年（1789）進士，清代官僚、經學家，編纂《皇清經解》《十三經注疏》等。前引之《四史疑年錄》，其作者阮劉文如即阮元之妾。
②相，指侯國相。漢代諸侯不理民政，以相代之。故侯國相與縣令或長相當。

（二月）丁未，司空劉方爲司徒。

漢代掾史之類屬員均由主官本人自聘。《後漢書·百官志一》"掾史屬"下本注引《漢舊注》云：

或曰，漢初掾史辟，皆上言之，故有秩比命士。其所不言，則爲百石屬。其後皆自辟除，故通爲百石云。

據此，永元六年（94）曹成爲司徒劉方辟爲掾，班昭隨子遷洛陽；永元七年（95）曹成以察廉補長垣長，班昭又隨其赴任。當然，若説永元六年前曹家已經移居洛陽，亦屬可能。

曹成生年今已不可詳考，若他是曹壽與班昭的長子，且生於他們婚後不久，則此時也已三十餘歲了。

據《班昭傳》，班昭有子婦丁氏，應即曹成之妻。丁氏亦通文墨，班昭去世後曾爲其編撰文集：

所著賦、頌、銘、誄、問、註、哀辭、書、論、上疏、遺令，凡十六篇。子婦丁氏爲撰集之，又作《大家贊》焉。

觀班昭前半生，誠可謂"三從"：在家從父、從兄，出嫁從夫，追曹壽去世，則"夫死從子"，隨曹成赴任長垣。如無意外，班昭的一生也許就會這樣平凡地度過。

然而，和帝劉肇的一通詔書，改變了班昭的人生軌迹。

第三十六章　踵成《漢書》

一、奉詔續書

永元四年（92），班昭長兄班固被牽連進竇憲案。洛陽令种兢公報私仇將其下獄，後瘐死獄中（見第二十二章《竇憲案與班固之死》第七節《智及之而不能守》）。

據《班昭傳》說，班固死後，其《漢書》并未全部完成。於是和帝劉肇詔班昭進宮繼續乃兄未竟之事業，繼續修撰《漢書》：

> 兄固著《漢書》，其八表及《天文志》未及竟而卒，和帝詔昭就東觀臧①書閣踵而成之。

然查《叙傳下》，則《漢書》八表與《天文志》之綱要赫然在目；且據《後漢書‧班彪列傳》：

> 固自永平中始受詔，潛精積思二十餘年，至建初中乃成。

則建初中《漢書》已成，此時下距班固之死尚有十餘年，若有未完成之篇什，班固何不自己補足？此誠可疑。然而班昭續書，除其本傳有載外，其他證據亦頗多，未可遽然否定。因此姑且假設班固所完成之《漢書》，其八表及《天文志》雖有目而無書，或有書而不全，仍需班昭續補。

看來，班昭"博學高才"（《後漢書‧烈女傳‧班昭》語）的名聲，此前已

---

① 臧，通"藏"。

經傳入和帝劉肇耳中，故他此時宣班昭入宮續撰《漢書》。這其實也不奇怪，一則班昭其時亦應有辭賦之作，如《東征賦》之類問世流傳，或爲劉肇所見；二則班固曾爲劉肇近臣①，君臣見面之時提到其妹班昭能文，亦屬應當；三則班氏家學淵源深厚，班固已逝，則"博學能屬文"的班昭就成了續成《漢書》的不二人選。

班昭此次受詔究在何時其本傳不載，但以發生在她隨曹成赴任長垣之後較爲合理。因爲班昭此次進宮，先在東觀續撰《漢書》，後來更爲後宮皇后、諸貴人講學，均非一朝一夕之事。事實上，班昭之後半生，無論就東觀著書講學，或者輔佐太后鄧綏執政，其主要活動均是在洛陽宮中。若以班昭在班固死後不久先奉召東觀，續撰《漢書》之事未竟而又於永元七年（95）去長垣隨曹成赴任，不久後又回洛陽入後宮執教，往返折騰，則頗不合情理。故阮元說：

> 班固卒於永元四年，班固死，始召昭入宮續編《漢書》，亦當在子穀爲長垣長之後。（《文選旁證》卷十二《東征賦》）

《班昭傳》說其在東觀藏書閣續作《漢書》。按東觀在洛陽南宮，爲東漢皇家藏書之處。據杜佑《通典·職官八》載，蘭臺、東觀亦爲著述之所：

> 漢之蘭臺及後漢東觀，皆藏書之室，亦著述之所。多當時文學之士，使讎校於其中，故有校書之職。

又：漢東京圖書悉在東觀，故使名儒碩學入直東觀，撰述國史，謂之著作東觀。如班昭之前，孔僖即曾校書東觀。《後漢書·儒林傳·孔僖》載：

> （元和二年②）拜僖郎中……詔僖從還京師，使校書東觀。

又本書第十八章《文學侍臣》第三節《改訂禮樂》提到的章和元年（87）曹褒制禮，亦在東觀：

---

① 據班固與竇憲箋，劉肇曾賜竇憲少時所用之寶刀於班固，以爲籠絡。見第二十一章《憲府文章》第五節《曲終人散》。
② 元和二年爲公元85年。

章和元年正月，乃召褒詣嘉德門，令小黃門持班固所上叔孫通《漢儀》十二篇，敕褒曰："此制散略，多不合經，今宜依禮條正，使可族行。於南宮東觀盡心集作。"（《後漢書·張曹鄭列傳》）

自班昭入東觀續修《漢書》後，終東漢之世，東觀始終是學者們校定典籍、撰寫著述的場所。如安帝永初元年（107）劉珍之校書：

詔謁者劉珍及《五經》博士，校定東觀《五經》、諸子、傳記、百家藝術，整齊脫誤，是正文字。（《後漢書·孝安帝紀》）

永初年間，竇融後人竇章亦曾於東觀校書：

永初中，三輔遭羌寇，章避難東國，家於外黃。居貧，蓬戶蔬食，躬勤孝養，然講讀不輟。太僕鄧康聞其名，請欲與交，章不肯往，康以此益重焉。是時學者稱東觀爲老氏臧室，道家蓬萊山，康遂薦章入東觀爲校書郎。（《後漢書·竇融列傳》附竇章傳）

竇章之父爲安豐侯竇萬全，竇萬全即竇融重孫。據沈約說："漢東京圖籍在東觀，故使名儒碩學著作東觀，撰述國史。"（《後漢書·竇章傳》集解引）則東漢之東觀，實即當時之國史舘。

直至東漢末年，東觀這一功能，依然如故。如靈帝劉宏熹平五年（176），盧植與諫議大夫馬日磾、蔡邕、楊彪、韓說等校《五經》記傳，補續《東觀漢記》，亦在東觀：

（植）復徵拜議郎，與諫議大夫馬日磾、議郎蔡邕、楊彪、韓說等並在東觀，校中書《五經》記傳，補續《漢記》。（《後漢書·吳延史盧趙列傳》）

《後漢書》中類似記載頗多，不一一列舉。

二、馬氏兄弟

關於班昭續撰《漢書》的過程，其本傳所載頗爲簡略，僅前引之"就東觀

藏書閣踵而成之"一句而已。在記太后鄧綏臨朝,又封曹成關內侯後,下文又說:

> 時《漢書》始出,多未能通者。同郡馬融伏於閣下,從昭受讀,後又詔融兄續繼昭成之。(《班昭傳》)

這段記載透露信息很多,問題也很多:

第一,《漢書》"始出"究於何時?此"始出"之《漢書》是哪個版本?

第二,爲何《漢書》"多未能通者"?以致博學如馬融者尚要從班昭受讀?

第三,如果班昭奉和帝劉肇詔續《漢書》且已"踵成",那馬續"繼昭成之"的又是什麼?

本節下文將詳細分析這幾個問題。爲行文方便起見,先看第二個問題,即爲何《漢書》難讀,需要班昭講授。

唐代劉知幾在其《史通》中説:

> 固後坐竇氏事,卒於洛陽獄,書頗散亂,莫能綜理。其妹曹大家,博學能屬文,奉詔校敘。(《史通通釋·古今正史》)

即劉氏認爲班固死後《漢書》散亂至"莫能綜理",故需班昭校勘釐定。然而此説頗成問題。據《後漢書·班彪列傳》,建初中,《漢書》即成:

> 固自永平中始受詔,潛精積思二十餘年,至建初中乃成。當世甚重其書,學者莫不諷誦焉。

班固著《漢書》乃奉旨修史,建初中,書成之後,正本即應藏之於洛陽宮中,或蘭臺或東觀藏書閣。其書甫出而轟動一時,"學者莫不諷誦",則亦應有抄本流行民間。此時下距班昭進宮不過十餘年,其間并無末世戰亂,《漢書》何至於會散亂到"莫能綜理"的地步?

余以爲這是劉知幾對"多未能通"的誤讀。蓋《漢書》不易讀通的原因,并非因其"頗散亂",而是因爲《漢書》文字典雅古奧,"書不盡言,言不盡意"的緣故。

古代著作,講求"微言奧義",用詞考究,叙事簡潔,先秦典籍如《春秋》《易》《書》等,莫不如此。當時欲習某書者,必先拜師,老師負責對書籍的内容進行解釋。這種解釋,且自成一門學問,師徒相傳,如《春秋》之三家傳,又各有傳人，奉爲家學。後來，老師們對典籍的解說，便被整理爲注、疏，添加到原書中，這纔解決了讀書難的問題。例如，我們今天讀《漢書》，也是要仰仗歷代學者積累下來的注解纔能更好地理解。

司馬遷寫《史記》時有意識地采用了當時通行的語言，所以比較通俗易懂。但班固撰《漢書》講求典雅華麗，雖是新著之作，但因尚無人詳加注釋解說，"多未能通者"那是必然的。

因此《漢書》問世後，因其文字艱深且尚無人注解，不像《史記》那樣通俗易懂。時班固已死，只有其妹班昭作爲班氏家學的繼承者，由她來講解梳理《漢書》，方可順理成章。清代史學家章學誠也是這樣認爲的：

> 古人史學，口授心傳，而無成書。其有成書，即其所著之史是也。馬遷①父子在世，班固兄妹三修。當顯、肅之際②，人文蔚然盛矣，而班固即卒，《漢書》未成，豈舉朝之士，不能贊襄漢業，而必使其女弟曹昭就東觀而成之，抑何故哉？正以專門家學，書不盡言，言不盡意，必須口耳傳授，非筆墨所能罄，馬遷所謂藏名山而傳之必於其人者也。(《史考釋例》)

又說：

> 昔者班氏《漢書》未成而卒，詔其女弟曹昭，躬就東觀，踵而成之。於是公卿大臣，執贄請業，可謂擴千古之所無矣。然專門絕學，家有淵源，書不盡言，非其人即無所受爾③。(《文史通義》內篇五《婦學》)

馬續、馬融兄弟的父親馬嚴是伏波將軍馬援的侄子。馬援爲班昭之父班彪年輕時避難天水、在隗囂處任幕僚時的同事。後來二人先後離開隗囂，班彪去了河西竇融處，而馬援借護送隗囂長子隗恂去劉秀處爲人質的機會，舉家逃往洛陽，以後更成爲劉秀平定天下的大將，功封新息侯。

馬嚴亦曾與班固共事，一同校訂《建武注記》（見第十五章《著述蘭臺》第

---

① 馬遷，即司馬遷。
② 指明帝劉莊（廟號顯宗）、章帝劉炟（廟號肅宗）時期。
③ 章氏原注："大儒馬融，從受《漢書》句讀。"按：馬融從班昭受讀，應是他初任東觀校書郎時，其時應尚非"大儒"。考證見後。

二小節《蘭臺著史》)。《後漢書·馬援列傳》附有馬嚴事迹：

> 明德皇后①既立，嚴乃閉門自守，猶復慮致譏嫌，遂更徙北地，斷絕賓客。永平十五年②，皇后敕使移居洛陽。顯宗召見，嚴進對閑雅，意甚異之，有詔留仁壽闥，與校書郎杜撫、班固等雜定《建武註記》。常與宗室近親臨邑侯劉復等論議政事，甚見寵幸。後拜將軍長史，將北軍五校士、羽林禁兵三千人，屯西河美稷③，衛護南單于。
> ……
> 嚴七子，唯續、融知名。

路放按：馬援、馬嚴與班彪、班固兩代相交，故馬續、馬融弟兄可算是班昭之世交後輩。

馬融，字季長，《後漢書·馬融列傳》載其"年八十八，延熹九年卒於家。"按延熹九年爲公元166年，據此可推知他生於章帝建初四年（79）。馬融早年曾師從摯恂④：

> 馬融字季長，扶風茂陵人也，將作大匠嚴⑤之子。爲人美辭貌，有俊才。初，京兆摯恂以儒術教授，隱於南山，不應徵聘，名重關西。融從其遊學，博通經籍。恂奇融才，以女妻之。永初二年⑥，大將軍鄧騭聞融名，召爲舍人，非其好也，遂不應命。客於涼州武都、漢陽界中。會羌虜颷起，邊方擾亂，米穀踊貴，自關以西，道殣相望⑦。融既飢困，

---

①明帝劉莊皇后，馬援之女。
②永平十五年爲公元72年。
③西河郡美稷縣（今内蒙古準格爾旗納林鎮北），自兩漢王朝在此設西河屬國都尉以安置歸附的匈奴人。
④李賢注引《三輔決録注》曰："恂字季直，好學善屬文，隱於南山之陰。"
⑤馬嚴：馬援之兄，馬余之子。
⑥永初二年爲公元108年。
⑦李賢注引《左傳》"叔向云：'道殣相望。'"下杜預注："餓死爲殣"。

乃悔而歎息，謂其友人曰："古人有言：'左手據天下之圖，右手刎其喉，愚夫不爲。'①所以然者，生貴於天下也。今以曲俗咫尺之羞，滅無貲之軀，殆非老莊所謂也。"故往應騭召。

路放按：清高是有條件的，當飢餓貧困威脅到性命的時候，堅持清高而不出仕就顯得很傻了。馬融可謂"學以致用"的達人，而非只會膠柱鼓瑟的書呆子。

按馬融從班昭受讀《漢書》之事，應發生於永初四年（110）以後。《後漢書·馬融列傳》下文載：

> （永初）四年，拜爲校書郎中，詣東觀典校秘書。……忤鄧氏，滯於東觀，十年不得調。

因爲得罪了當權的鄧氏兄妹，馬融在東觀校書郎的位置上蹉跎了十年之久而不得晉升。《班昭傳》謂馬融"伏於閣下"者，即指其在東觀期間，曾於藏書閣中受讀《漢書》。

馬融生於建初四年（79），班昭生於建武二十五年（49），則班昭長於馬融三十歲。若以馬融永初四年（110）初至東觀即受讀班昭，是年馬融三十二歲，班昭六十二歲，上距班昭永元七年（95）受詔入宮續撰《漢書》，也已經有十六年了。

馬融後來成爲東漢一代大儒，據其本傳載：

> 融才高博洽，爲世通儒，教養諸生，常有千數。涿郡盧植②，北海鄭玄③，皆其徒也。善鼓琴，好吹笛，達生任性，不拘儒者之節。居宇器服，多存侈飾。常坐高堂，施絳紗帳，前授生徒，後列女樂，弟子

---

①語出《文子·上義》。《藝文志》道家类著录《文子》九篇，班固注："老子弟子，与孔子同時。"
②盧植，字子幹，涿郡涿縣人。東漢末政治家、軍事家、經學家，著有《尚書章句》《三禮解詁》等，今皆佚。
③鄭玄，字康成，北海高密（今山東高密）人，東漢經學家。少習《易經》《公羊傳》，有"神童"之稱，後與盧植同拜馬融爲師，學習古文經學，又嘗游學於幽、并、兗、豫諸州。後又博通今文經學，遍注群經，乃爲漢代集經學之大成者，世稱"鄭學"。著作有《毛詩箋》《三禮注》等。

以次相傳，鮮有入其室者。嘗欲訓《左氏春秋》，及見賈逵、鄭眾[①]註，乃曰："賈君精而不博，鄭君博而不精。既精既博，吾何加焉！"但著《三傳異同說》。註《孝經》《論語》《詩》《易》《三禮》《尚書》《列女傳》《老子》《淮南子》《離騷》，所著賦、頌、碑、誄、書、記、表、奏、七言、琴歌、對策、遺令，凡二十一篇。（《後漢書·馬融列傳第五十上》）

路放按：馬融講學排場真大，"前授生徒，後列女樂"，歷來學者做學問、教學生，能做到馬融這種境界的，還真是不多見。

解決了馬融何以要受讀於班昭的問題後，再來看第一個問題，即對"時《漢書》始出"一句應如何理解，就比較容易了。

據《後漢書·班彪列傳·班固》，建初年間（76—84）《漢書》已成且流傳民間，"學者莫不諷誦"，至永初四年（110）後馬融受讀班昭時，約略三十年矣，何得謂其"始出"？

按班昭受和帝詔續補《漢書》約在永元七年（95），距此馬融受讀亦有十餘年了，想必班昭續補《漢書》之工作已經完成。因班昭對《漢書》有所增益，形成了新的版本行世（王先謙《漢書補注》序例中列有北宋宋祁校《漢書》時所用各種版本共十五种，其中第十種即"曹大家本"），因此可稱其"始出"。新本始出，由其完成者班昭本人加以詮釋、講解，亦可謂順理成章。

再看第三個問題。既然班昭已經"踵成"《漢書》，那麼馬續"繼昭成之"又是什麼？

馬續，字季則，爲馬融之兄，生卒年不詳。馬續既爲馬融之兄，則其應生於章帝建初四年（79）之前；又《後漢書·南匈奴列傳》載，順帝永和六年（141）夏，馬續被免去度遼將軍之職，故他去世必在此之後。《後漢書·馬

[①]鄭眾，字仲師，河南開封人。東漢時著名經學家，官至大司農。鄭眾治《春秋左氏傳》，著有《春秋難記條例》和《春秋删》。鄭玄曾經收錄他的六書，即"象形、會意、轉注、處事、假借、諧聲"。鄭眾亦曾於永平末年出任駐敦煌之護西域中郎將，見本書第三十一章《風雲變幻》第二節《全面反撲》。又，和帝時另有宦官鄭眾，曾參與劉肇誅滅竇氏的行動，見本書第二十二章《竇憲案與班固之死》第五節《京城驚變》。

援列傳》附有馬續小傳：

> 續字季則，七歲能通《論語》，十三明《尚書》，十六治《詩》，博觀群籍，善《九章算術》。順帝時爲護羌校尉，遷度遼將軍，所在有威恩稱。

則并未言及其補續《漢書》之事。《後漢書》中關於馬續的記載尚多，從安帝元初六年（119）馬續以中郎將領兵擊鮮卑，直到永和六年（141）被免度遼將軍之職。可以說，他的後半生大部分時間都在帶兵打仗，東征西討，但并無其他與其續補《漢書》有關的記載。

自官修《東觀漢記》後，三國、兩晉間陸續私撰後漢史書者尚有十餘家，如謝承、謝瑩、司馬彪、華嶠、袁山松等。至南朝劉宋時，范曄"欲因事就卷內發論，以正一代得失"（《獄中與諸甥侄書》語），參考各家東漢史，寫出《後漢書》之後，因其簡明周詳、敘事生動，故大行於世，遂取代《東觀漢記》而得與《史記》《漢書》《三國志》并稱"前四史"。而《東觀漢記》和其他各家東漢史書逐漸湮滅不聞，或僅餘殘篇。

范曄之《後漢書》僅有紀、傳，因此爲其作注的劉昭①取司馬彪②《續漢書》之《律曆》《禮儀》《祭祀》《天文》《五行》《郡國》《百官》《輿服》八志三十卷以補其缺，於是這些篇什亦得以幸運地保存下來。

《續漢書·天文志》序云：

> 至漢興，景、武之際，司馬談、談子遷，世以黎氏之後③，爲太史

---

① 劉昭，字宣卿，南朝梁時平原高唐（今山東章丘市西北）人。昭曾據其所見之各家東漢史書爲范曄《後漢書》作注百八十卷，《梁書》本傳稱："昭集後漢同异以注范曄書，世稱博悉"。
② 司馬彪，字紹統，河內溫（今河南溫縣）人，西晉高陽王司馬睦長子，魏丞相司馬懿六弟司馬進之孫。晉武帝時，任秘書郎、秘書丞、散騎侍郎等職。彪因東漢史籍記述繁雜，安、順兩朝以後史事亡佚頗多，故彙集整理群書，著成《續漢書》紀、志、傳八十卷。其中僅八志因被收入范曄《後漢書》而得以保存，其他紀、傳部分均已佚失。
③ 司馬遷自稱其爲上古重黎氏（即祝融）之後，見本書第一章《楚國祖先的傳說》。

令。遷著《史記》，作《天官書》。成帝時，中壘校尉劉向，廣《洪範》①災條作五紀皇極之論，以參往行之事。孝明帝使班固敘《漢書》，而馬續述《天文志》。

因《續漢書》的紀、傳部分均已佚失，故其中是否尚有班昭、馬續傳記，或別記班昭、馬續續補《漢書》事迹之處不詳。但劉昭注補范曄《後漢書》序云：

迺借舊志，註以補之。狹見寡陋，匪同博遠，及其所植，徵得論列。分爲三十卷，以合《范史》。求於齊工，孰曰文類；比兹闕恨，庶賢乎以。昔褚生補子長之削少，馬氏接孟堅之不畢，相成之義，古有之矣。引彼先志，又何猜焉！（劉昭《後漢書補註志序》）

又云：

國史鴻曠，須寄勤閑，天才富博，猶俟改具。若草昧厥始，無相憑據，窮其身世，少能已畢。遷有承考之言，固深資父之力，太初以前，班用馬史，十志所因，實多往制，升入校部，出二十載，續志昭表，以助其間，馬續曹昭成父述者，夫何易哉！（同前引）

劉昭遍覽各家東漢史書以注范書，他既然説"馬氏接孟堅之不畢""續志昭表"，應非空穴來風，或者在今已不傳的諸家後漢史書中確有班昭僅成《漢書》八表，而《天文志》爲馬續補作之記載？

至此綜合各家所説，則《漢書》八表及《天文志》爲班固所規劃，綱要已成，但其中全部或部分并未完成，"有録無書"；班昭奉和帝劉肇詔繼成《漢書》，任務即爲補八表及《天文志》。班昭原擅天文之學，故和帝鄧后"從曹大家受經書，兼天文、算術"（《鄧皇后傳》），因而八表及《天文志》之補續，爲班昭全盤經營，亦自情理中事。

至於當班昭在續補《漢書》工作中，可能別有助手，引其後輩馬續參與其事，亦屬可能。

關於馬續補《漢書》，《班昭傳》中有前後受詔之説，其"後"在何時，爲

---

① 《洪範》爲《尚書》篇名。

班昭生前抑或卒後？依然模糊不清。不過，馬續元初六年（119）帶兵征鮮卑時適逢班昭去世，而此後馬續一直作爲武將東征西戰，故如其確有續補《天文志》之事，似亦應在此之前。其時班昭尚在，馬續以其晚輩身份，應是在班昭指導之下工作。因此據司馬彪及劉昭之説，馬續曾參與班昭續《漢書》一事，或於《天文志》部分致力爲多，較合情理。

又袁宏《後漢紀》説：

> 融字季長，援兄子嚴之子也。兄續博覽古今，同郡班固著漢書，篇其七表及《天文志》，有錄無書，續盡踵而成之。（《後漢紀》卷十九《後漢孝順皇帝紀》）

袁宏此"續盡踵而成之"之論，將補續《漢書》之功全歸馬續，則爲標奇立异之説之尤，殊不足取。又袁説"班固著漢書，篇其七表"，故有人據此説《漢書》八表并非全缺，其中《古今人表》爲班固自作。然此説亦缺旁證。

關於《漢書》版本還有一場公案。《南史》載，蕭琛任宣城（今安徽東南）太守時曾得一古本：

> 琛爲宣城太守，有北僧南度，唯齎一瓠蘆，中有《漢書序傳》。僧云："三輔舊老相傳，以爲班固真本。"琛固求得之，其書多有異今者，而紙墨亦古，文字多如龍舉①之例，非隸非篆。琛甚秘之。及是以書餉鄱陽王範，獻於東宮。（《南史·列傳第八·蕭琛傳》）

道遇葫蘆僧得古書，這故事頗有傳奇味道。然此古本《序傳》內容究竟如何？尚有下文。《南史·列傳第四十·劉之遴傳》載：

> 時鄱陽嗣王範得班固所撰《漢書》真本獻東宮，皇太子令列之遴與張纘、到溉、陸襄等參校異同，之遴錄其異狀數十事，其大略云："案古本《漢書》稱永平十六年五月二十一日己酉，郎班固上，而今本無上書年月日子。又案古本叙傳號爲中篇，今本稱爲叙傳，又今本叙傳載班彪事行，而古本云：'彪自有傳'。又今本紀及表、志、列傳不

---

① 龍舉，形容筆勢有力。

相合爲次，而古本相合爲次，總成三十八卷。又今本《外戚》在《西域》後，古本《外戚》次帝紀下。又今本《高五子》《文三王》《景十三王》《孝武六子》《宣元六王》雜在諸傳帙中，古本諸王悉次《外戚》下，在陳、項傳上。又今本《韓彭英盧吳》述云：'信惟餓隸，布實黥徒，越亦狗盜，芮尹江湖。雲起龍驤，化爲侯王。'古本述云：'淮陰毅毅，仗劍周章，邦之傑子，實惟彭、英。化爲侯王，雲起龍驤。'又古本第三十七卷解音釋義，以助雅詁；而今本無此卷也。"（《南史·列傳第四十·劉之遴傳》）

清代學者趙翼在其《陔餘叢考》中，據此《南史》二傳，進一步發揮説：

《漢書》尚有古本，今所傳非其舊也。所云今本，蓋即梁代所行，與今刻不異。至其改古本爲今本，不知起於何時，蓋即其妹續成時所重爲編次耳。宋景文校刻時，其所校舊本内尚有《曹大家本》，卷帙文字皆與今同，則今本即曹大家所定無疑也。（《陔餘叢考》卷五《漢書》古本）

趙翼根據《南史》記載，推論出古本爲班固原作，而通行今本即爲班昭"重爲編次"者。趙翼又説，北宋時，宋祁校刻《漢書》，曾參考《曹大家本》。

然而，清代修四庫全書時編有《總目提要》，其中論及上述《漢書》古本，則逐條駁斥，力證其僞：

漢班固撰，其妹班昭續成之。始末具《後漢書》本傳。是書歷代寶傳，咸無異論。惟《南史·劉之遴傳》云："鄱陽嗣王範得班固所撰《漢書》真本，獻東宮皇太子，令之遴與張纘、到溉、陸襄等參校異同，之遴録其異狀數十事。"以今考之，則語皆謬妄。據之遴云：古本《漢書》稱："永平十年五月二十日己酉郎班固上，而今本無上書年月日子"。案：固自永平受詔修《漢書》，至建初中乃成。又《班昭傳》云："八《表》並《天文志》未竟而卒，和帝詔昭就東觀藏書踵成之。"是此書之次第續成，事隔兩朝，撰非一手，之遴所見古本既有紀、表、志、傳，乃云總於永平中表上，殆不考成書之年月也。之遴又云："古本《敘傳》號爲《中篇》，今本爲《敘傳》。又今本《敘傳》載班彪事行，而古本云彪自有傳。"夫古書敘皆載於卷末，固自述作書之意，故謂之敘；追溯祖、父之事跡，故謂之傳。後代史家，皆沿其例。之遴謂原作《中篇》，文系篇末，"中"字竟何義也。至云彪自有傳，語尤荒誕。彪在光武之世舉茂才，爲徐令，以病去官，後數應三公之召，實爲東漢之人。惟附於《敘傳》，故可於況、伯、斿、稚①之後詳其生平。若自爲一傳，列於西漢，則斷限之謂何？奚不考《敘傳》所云起元高祖，終於孝平、王莽之誅乎？之遴又云："今本紀及表志列傳不相合爲次，而古本相合爲次，總成三十八卷。"案：固自言，紀、表、志、傳凡百篇，篇即卷也。是不爲三十八卷之明證。又言述紀十二，述表八，述志十，述列傳七十。是各爲次第之明證。且《隋志》作一百十五卷，今本作一百二十卷，皆以卷帙太重，故析爲子卷。（今本紀分一子卷，表分二子卷，志分八子卷，傳分九子卷。）若並爲三十八卷，則卷帙更重。古書著之竹帛，殆恐不可行也。之遴又云："今本《外戚》在《西域》後，古本次帝紀下。又今本《高五子》《文三王》《景十三王》《孝武六子》《宣元六王》雜在諸傳中，古本諸王悉次《外戚》下，在《陳項傳》上。"夫紀、表、志、傳之序，固自言之。如之遴所述，則傳次於紀，而表、志反在傳後。且諸王既以代相承，宜總題《諸王傳》，何以《敘傳》作《高五王傳第八》《文三王傳第十七》《景十三王傳第二十三》《武五子傳第三十三》《宣元六王傳第五十》耶？且《漢書》始改《史記》之《項羽本紀》《陳勝世家》爲《列傳》，自應居《列傳》之首，豈得移在《諸王》之後。其述《外戚傳第六十七》《元后傳第六十八》《王莽傳第六十九》，明以王莽之勢成於元后，史家微意寓焉。若移《外戚傳》次於《本紀》，是惡知史法哉。之遴又引古本述云："淮陰毅毅，仗劍周章；邦之傑子，實惟彭英；化爲侯王，雲起龍驤。"然今"芮尹江湖"句有張晏註，是晏所見者即是今本②。況《之遴傳》所云獻太子者謂昭明太子也。《文選》載《漢書述贊》云："信惟餓隸，布

---

①指班彪之祖父班況、伯父班伯、班斿以及父親班穉（稚）。
②按：此句意義不明，實屬多餘。張晏爲東漢末年至三國時人，所見《漢書》當然應爲班昭所定今本。

實黔徒，越亦狗盜，芮尹江湖，雲起龍驤，化爲侯王"，與今本同。是昭明亦知之遴所謂古本者不足信矣。

自漢張霸始撰僞經，至梁人於《漢書》復有僞撰古本。然一經考證，紕繆顯然。顏師古註本冠以《指例六條》，歷述諸家，不及之遴所說，蓋當時已灼知其僞。李延壽①不訊端末，遽載於史，亦可云愛奇嗜博，茫無裁斷矣。《四庫全書總目提要·漢書》

就蕭琛、劉之遴所記之葫蘆僧古本，四庫館臣的批駁的確有理，可以肯定此本爲僞作。故而趙翼說《漢書》爲班昭定稿，雖然邏輯不錯，但依然缺少有力證據。

路放按：《蕭琛傳》說古本藏僧人葫蘆中，"紙墨亦古"，且"三輔舊老相傳，以爲班固真本。"此事破綻百出，殊不可信。按發明紙張的蔡倫爲班固同時代人，如以年紀論，尚少於班固。據《後漢書·宦者列傳·蔡倫》，蔡倫永元九年（97）"監作秘劍及諸器械"，之後發明紙張，并於元興元年（105）年將其獻給和帝劉肇，"自是莫不從用焉。"然而班固早於永元四年（92）去世，不及得見。蕭傳說古本"紙墨亦古"，則此紙書古本即不可能是"班固真本"。又班固雖然籍貫在長安，但自永平五年（62）爲明帝詔詣蘭臺後，數十年爲官、著史均在東京洛陽，後來更死於洛陽獄中，"三輔舊老"何以能鑒定其手稿之真僞？

三、《漢書》八表與《史記》十表

《敘傳第七十下》班固自云：

故探篹前記，綴輯所聞②，以述《漢書》，起元高祖，終於孝平王

---

① 李延壽，相州（今河南安陽）人，唐貞觀年間爲太子典膳丞、崇文館學士，曾經接受詔命與著作佐郎敬播一起編修五代史書，後轉任御史臺主簿、兼直國史。李延壽曾增補修改劉宋、南齊、南梁、南陳及北魏、北齊、北周、隋朝八代史書，稱爲《南史》《北史》，大行於世。

② 顏師古注："篹與撰同。輯與集同。"

莽之誅，十有二世，二百三十年，綜其行事，旁貫五經，上下洽通①，爲春秋考紀、表、志、傳，凡百篇。

其下則盡列其撰著《漢書》百篇之綱要。其中論及八表著述之意如下：

漢初受命，諸侯並政，制自項氏，十有八姓。述《異姓諸侯王表》第一。

太祖元勳，啓立輔臣，支庶藩屏，侯王並尊。述《諸侯王表》第二。

侯王之祉，祚及宗子，公族蕃滋，支葉碩茂。述《王子侯表》第三。

受命之初，贊功剖符，奕世弘業，爵土乃昭。②述《高惠高后孝文功臣侯表》第四。

景征吳、楚，武興師旅，後昆承平，亦有紹土。③述《景武昭宣元成哀功臣侯表》第五。

亡德不報，爰存二代④，宰相外戚，昭韙見戒。⑤述《外戚恩澤侯表》第六。

漢迪於秦⑥，有革有因，觕舉僚職⑦，並列其人。述《百官公卿表》第七。

篇章博舉，通於上下，略差名號，九品之敘。述《古今人表》第八。

《漢書》八表，前五表係因襲《史記》十表中之相應內容，再添加武帝以後之沿革而成。

司馬遷因"并時異世，年差不明"（《史記·太史公自序》）而作十表，是爲

---

① 顏師古注："固所撰諸表序及志，經典之義在於是也。"
② 顏師古注："贊功，佐命之功也。奕，大也。"
③ 顏師古注："言景、武之時以軍功，故封侯者多，昭、宣以後雖承平，尚有以勳獲爵土者。"
④ 顏師古注："二代，謂殷、周也。言德澤深遠，故至漢朝其子孫又受茅土，以奉祭祀。""亡"，通"無"。
⑤ 張晏注："韙，是也。明其是者，戒其非也。"
⑥ 劉德注："迪，至也。"
⑦ 顏師古注："觕，謂大略也。"按："觕"同"粗"。

了清楚地展現歷史發展的線索。《史記》十表將重要歷史事件和人物，依照年代或時期，用表格的方式呈現出來：《三代世表》《十二諸侯年表》《六國年表》《秦楚之際月表》《漢興以來諸侯王年表》《高祖功臣侯者年表》《惠景間侯者年表》《建元以來侯者年表》《建元以來王子侯者年表》《漢興以來將相名臣年表》。

自《三代世表》至《六國年表》，所記均爲西漢之前的歷史。故《漢書》前五表主要取材於《史記》後七表。兹制表對照如下：

漢書	史記
异姓諸侯王表	秦楚之際月表、漢興以來諸侯王年表
諸侯王表	漢興以來諸侯王年表
王子侯表	高祖功臣侯者年表、惠景間侯者年表、建元以來王子侯者年表
高惠高后孝文功臣侯表	高祖功臣侯者年表、惠景間侯者年表
景武昭宣元成哀功臣侯表	建元以來王子侯者年表
外戚恩澤侯表	高祖功臣侯者年表、惠景間侯者年表
百官公卿表下	漢興以來將相名臣年表

《漢書》《史記》諸表對照

《漢書》爲斷代史，諸表設置异於《史記》，以强調漢興以來的變革。

古代中國實行封建制度，所謂"封建"即"封土建國"，天子將天下分封給諸侯，讓他們建立自己的封國，以代天子治理其土其民。諸侯在自己的封國内有完全自主權，有政府、有軍隊，對共主天子只承擔有限義務。

秦統一六國後，廢分封而行郡縣制，整個國家均由中央政府派出之各級官僚直接管理。漢代承秦之制，亦實行郡縣制度，但同時却又恢復了分封制度，封功臣、宗室爲諸侯。漢代諸侯封地分王國、侯國兩級，與郡、縣并存，所以漢代亦可以稱爲郡國制。不過，漢代諸侯國與西周諸侯國不同，權力受到很大限制。特别是七國之亂以後，漢廷進一步消減諸侯權利、縮小封地規模，至西漢中期，諸侯已不能直接治理其封國，只有名義而已。

漢初之异姓封王，初有十八國，一代之間，屠戮殆盡。只有長沙王吴芮得傳五世，至文帝年間無嗣而國除。以韓信爲例，他初封齊王，項羽死後，又改封韓信爲楚王，劉邦另封其子劉肥爲齊王。高祖五年（前202年），韓信被貶爲淮陰侯，次年劉邦又封其弟劉交爲楚元王。故韓信與劉肥同爲齊王，與劉交同爲楚王，但他們之間并無繼承關繫。故此，《史記》將同姓、異姓諸侯王共置一表，就略顯凌亂；而《漢書》分置兩表，不僅看起來更清楚，且在客觀上有力地揭露了漢初功臣名將們"兔死狗烹"的歷史悲劇。

班固將西漢列侯以其爵位來源分列王子侯、功臣侯和恩澤侯三表也是一個創舉。所謂王子侯，指劉姓皇室子孫封侯者；功臣侯則封與有戰功者；至於外戚、丞相等，則以純屬"君恩"得封恩澤侯。

《百官公卿表》和《古今人表》，均爲《漢書》獨有。特別是《百官公卿表》之序，詳列漢代職官建制、屬員、秩序，對後世學者研究漢代政府制度提供了很大方便，故爲歷代史書所沿襲。

如前所述，《漢書》各表名目、大綱乃班固所定，內容應爲班昭所補。不過，後世學者在論及《漢書》諸表之時，多以其仍歸班固名下。蓋諸表及《天文志》與《漢書》其他篇章渾然一體，均爲班固統籌策劃，如非專論版本校詁，統而言之爲班固所作，亦無不可。

《漢書》諸表內容與其"紀""傳"部分常可互相參照。例如《楚元王傳》載，劉向少時信方術，坐鑄僞黃金罪當死，其兄陽城侯劉安民以封邑半數戶口贖之（見第九章《班彪的交游》第二節《劉向、劉歆父子》）。《楚元王傳》之記載僅"入國戶半，贖更生罪"一句而已，而《外戚恩澤侯表·陽城繆侯劉德》則詳載其封地戶數變化：

（德）以宗正關內侯行謹重爲宗室率，侯①。子安民以戶五百贖弟更生②罪，減一等，定戶六百四十戶。

---

①此"侯"字爲動詞，封侯之意。
②劉向原名更生。

四、《外戚恩澤侯表》

《外戚恩澤侯表》爲班固新創。其序云：

> 自古受命及中興之君，必興滅繼絕①，脩廢舉逸，然後天下歸仁，四方之政行焉。傳稱武王克殷，追存賢聖，至乎不及下車。②世代雖殊，其揆一也。高帝撥亂誅暴，庶事草創，日不暇給，然猶脩祀六國，求聘四皓，過魏則寵無忌之墓，適趙則封樂毅之後。③及其行賞而授位也，爵以功爲先後，官用能爲次序。後嗣共已遵業，舊臣繼踵居位。④至乎孝武，元功宿將略盡。會上亦興文學，進拔幽隱，公孫弘自海瀕而登宰相⑤，於是寵以列侯之爵。又疇咨前代，詢問耆老，初得周後，復加爵邑。自是之後，宰相畢侯矣。元、成之間，晚得殷世，以備賓位。
>
> 漢興，外戚與定天下，侯者二人。⑥故誓曰：“非劉氏不王，若有亡⑦功非上所置而侯者，天下共誅之。”是以高后欲王諸呂，王陵廷爭；孝景將侯王氏，脩侯犯色⑧，卒用廢黜。是後薄昭、竇嬰、上官、衛、

---

① 謂使滅絕了的重新振興起來，延續下去。語出《論語·堯曰》：“興滅國，繼絕世。”
② 顏師古注：“《禮記》云：'武王克殷，未及下車，而封黃帝之後於薊，封帝堯之後於祝，封帝舜之後於陳。'此其事也。”
③ 顏師古注：“《高紀》十二年詔云：'秦皇帝、楚隱王、魏安釐王、齊愍王、趙悼襄王皆絕無後。其與秦皇帝守冢二十家，楚、魏、齊各十家，趙及魏公子無忌各五家。'《張良傳》高帝謂四人曰：'吾求公，公避逃我，今公何自從吾兒游乎？'又《高紀》十年：'求樂毅有後乎，得其孫叔，封之樂鄉，號華成君'也。楚、魏、齊、趙皆舊六國，故總云六國。四皓鬚眉皓白，故謂之四皓。稱號在《王貢兩龔鮑傳》。”
④ 顏師古注：“共讀曰恭。”
⑤ 顏師古注：“海瀕，謂近海之地。”公孫弘少時家貧，牧豬於渤海之濱。
⑥ 服虔注：“呂后兄周呂侯澤、建成侯釋之。”顏師古注：“與讀曰豫，言豫其功也。”
⑦ “亡”通“無”。
⑧ 顏師古注：“脩音條。”脩侯，即周亞夫。

霍之侯，以功受爵。其餘后父據《春秋》褒紀之義①，帝舅緣《大雅》申伯之意②，寖廣博矣。③是以別而敘之。

即漢代以"恩澤"得封侯者有三種情況：

一是"繼絕世"，封前朝君主後裔以奉其祀。這類封爵人數很少，《外戚恩澤侯表》共列四人，其中武帝時封周之後人姬嘉爲周子南君以奉周祀；成帝時封孔何齊爲殷紹嘉侯，因孔子爲宋之後裔，而殷商覆滅後以宋繼祀，故而封孔子之後孔何齊以奉殷祀；平帝時，王莽尊儒，又封公子寬爲襃魯節侯。公子寬爲魯國之後，而魯爲周公姬旦的封地，故封公子寬以奉祀周公。此外，又封孔子十六代孫孔均爲襃成侯以奉祀孔子。

二是自公孫弘始，丞相得封侯。由於并非軍功，故也算作恩澤封一類。《外戚恩澤侯表》共列自公孫宏以下十七人以丞相封侯。

三是外戚封侯。以皇帝岳父封侯，其理論根據來自《春秋》。周桓王十六年（魯桓公八年，前704）冬十月，周桓王姬林迎娶紀國國君之女季姜爲后。因爲紀國爲子爵，周桓王覺得與周王室身份不稱，故將紀子升爲侯爵。《白虎通義·嫁娶》說：

> 王者之娶，必先選於大國之女，禮儀備，所見多。《詩》云："大邦有子，人倪天之妹。文定厥祥，親迎於渭。"明王者必娶大國也。《春秋》曰："紀侯來朝。"紀子以嫁女於天子，故增爵稱侯，至數十年之間，紀侯無他功，但以子爲天王后，故爵稱侯。知雖小國者必封以大國，明其尊所不臣也。

而帝舅封侯，據稱源於申伯。申伯爲周宣王姬靜的舅舅。姬靜派方叔平定

---

①應劭注："《春秋》，天子將納后於紀，紀本子爵也，故先褒爲侯，言王者不取於小國。"按：周桓王姬林，周平王姬宜臼之孫，東周第二代郡主。前704年，姬林迎娶紀季姜爲后，見《春秋》桓公八年及桓公九年。

②應劭注："申伯，周宣王元舅也，爲邑於謝。後世欲光寵外親者，緣申伯之恩，援此義以爲諭也。"

③顔師古注："寖，漸也。"

楚國後，爲鎮撫南方諸侯，命召穆公在謝（今河南南陽）建造宮室、宗廟及都邑，開闢土田，於此建立申國，徙王舅申伯及其親屬、家臣等於此。申伯事迹記載於《詩經·大雅·嵩高》中。

《外戚恩澤侯表》中，這類封侯最多，自呂雉之父封臨泗侯、諸姪皆封侯以下，共四十五人。漢代將皇后娘家地位提得太高，以致外戚勢力常會危及劉姓皇權，且最終導致了西漢皇朝滅亡。班氏兄妹作《外戚傳》《外戚恩澤侯表》，便有以史爲鑒，提醒東漢皇帝注意外戚勢力坐大之意。雖然東漢外戚們氣焰依然高漲，然明帝時馬后、和帝時鄧后均對其娘家有所約束，并未造成如西漢昭、宣時期霍氏，成、哀之際王氏那樣嚴重的外戚之禍，或者就是得益於西漢歷史的鏡鑒？

《外戚恩澤侯表》中還列有一些作爲政治酬庸的封侯，如呂后時張釋之以勸王諸呂而封侯；元平元年（前74）昭帝劉弗陵去世，無嗣。大將軍霍光先立武帝孫昌邑王劉賀，二十七日後又廢劉賀，改立武帝曾孫劉病己（後改名劉詢），是爲宣帝。參與霍光廢立的一批朝臣如張安世、趙充國、王遷、田廣、田延年等人便以此功勞得封侯。

還有些封侯就比較隨意了，如武帝時的欒大，以通曉方術得封侯；平帝時孫建"以強弩將軍有折衝之威"，即因長相莊嚴而得封侯。

《外戚恩澤侯表》也有一些不當之處。如武帝時的衛青、霍去病，雖是外戚，卻是以軍功封侯，當入《功臣侯表》；宣帝時，司馬遷外孫楊惲、金安上等人以揭發霍氏謀反封侯，入《功臣表》，而哀帝時董賢、孫寵、息夫躬等首告東平王劉雲封侯，卻入《外戚恩澤侯表》，同事異表，體例不一。

路放按：哀帝劉欣寵幸董賢，借孫寵、息夫躬等首告東平王劉雲"祭祝詛上，欲求非望"一事，并封董賢、孫寵、息夫躬爲侯。也許班昭認爲董賢等人得封列侯純屬劉欣私心，并非因功得封，故而將這幾人都列入《外戚恩澤侯表》？

五、《百官公卿表》

《百官公卿表》爲班固新創。該表記錄了秦漢官制和西漢公卿大臣的任免情況，最受後人稱譽。

《百官公卿表》分"序""表"兩部分，其"序"成爲後世史書《職官志》的源頭，如《後漢書》的《百官志》、新、舊《唐書》的《百官志》，《晉書》《宋史》的《職官志》等；其《表》也爲後世史書所仿效，如《宋史》《明史》的《宰輔表》等。

《百官公卿表》序云：

> 自周衰，官失而百職亂，戰國並爭，各變異。秦兼天下，建皇帝之號①，立百官之職。漢因循而不革②，明簡易，隨時宜也。其後頗有所改。王莽篡位，慕從古官，而吏民弗安，亦多虐政，遂以亂亡。故略表舉大分，以通古今，備溫故知新之義云。

即漢代政府制度是因襲秦朝。事實上，不但漢代，這套制度且一直被沿襲下來，整個中國封建社會歷朝歷代的政府結構莫不如此，直到晚清的《戊戌變法》，方纔試圖改革維新。

歷代史學家對《百官公卿表》均稱讚有加。如清代史學家章學誠説：

> 夫立例不精，而徒爭於記載之難約，此馬、班以後，所以書繁而事闕也。班史《百官公卿》之表，卷帙無多，而所載詳及九卿；《唐》《宋》宰輔之表，卷帙倍增，而所載止畫於丞弼。非爲古書事簡，而後史例繁也，蓋以班分類附之法，不行於年經事緯之中，宜其進退失據，難於執簡而馭繁也。按班史，表列三十四官，格止一十四級；或以沿革，並注首篇（相國、丞相、奉常、太常之類）；或以官聯，共居一格（大行令、大鴻臚同格，左馮翊、京兆尹同格之類）。篇幅簡而易省，事類從而易明，故能使流覽者按簡而無復遺逸也。

《百官公卿表》"表列三十四官，格止一十四級；或以沿革，并注首篇；或以官聯，共居一格"，其優點爲"篇幅簡而易省，事類從而易明"，而後世史書中之"宰輔之表"雖然晚出，反不如《百官公卿表》簡單明瞭。

---

① 張晏注："五帝自以德不及三皇，故自去其皇號。三王又以德不及五帝，自損稱王。秦自以德兼二行，故兼稱之。"
② 顏師古注："革，改也。"

六、《古今人表》

《古今人表》亦爲班固新創，體例別具一格。其序云：

> 自書契之作，先民可得而聞者，經傳所稱，唐虞以上，帝王有號謚。輔佐不可得而稱矣①，而諸子頗言之，雖不考虖孔氏，然猶著在篇籍，歸乎顯善昭惡，勸戒後人，故博采焉。孔子曰："若聖與仁，則吾豈敢？"②又曰："何事於仁，必也聖乎！"③"未知，焉得仁？"④"生而知之者，上也；學而知之者，次也；困而學之，又其次也；困而不學，民斯爲下矣。"⑤又曰："中人以上，可以語上也。"⑥"唯上智與下愚不移。"⑦
>
> 傳曰：譬如堯、舜，禹、稷、卨與之爲善則行，鯀、讙兜欲與爲惡則誅⑧。可與爲善，不可與爲惡，是謂上智。桀紂，龍逢、比干欲與之爲善則誅⑨，于莘、崇侯與之爲惡則行⑩。可與爲惡，不可與爲善，是

---

① 顏師古注："契謂刻木以記事。自唐虞以上帝王有號見於經典，其臣佐不可得而稱記也。"
② 顏師古注："此孔子自謙，不敢當聖與仁也。"語出《論語·述而》。
③ 顏師古注："言能博施於人而濟衆者，非止稱仁，乃爲聖人也。"語出《論語·雍也》。
④ 顏師古注："言智者雖能利物，猶不及仁者所濟遠也。"按：顏氏此注於孔子原意似有曲解。原文出自《論語·公冶長》，意爲無知（智），則無以談仁。即智在仁之先，正是班固作《古今人表》之意。
⑤ 顏師古注："困謂有所不通也。"語出《論語·季氏》。
⑥ 語出《論語·雍也》，意爲具中等以上資質，方可以與之討論高深學問。
⑦ 顏師古注："言上智不染於惡，下愚雖教無成。自此已上皆見《論語》。凡引此者，蓋班氏自述所表先聖後仁乃智愚之次，皆依於孔子者也。"引文出《論語·陽貨》。
⑧ 稷（音"紀"）爲舜臣；卨（音"謝"），古契字。契爲商之先祖，舜臣，助禹治水有功而封於商；鯀同鮌（音"滾"），禹之父，治水無功，爲舜殺於羽山；讙兜，堯時佞臣，被流放崇山（今湖南張家界）。一說讙兜爲三苗首領。這段話是說，堯、舜爲明君，禹、稷、契這樣的好臣子在其手下則能發揮，而鯀和讙兜這樣的坏臣子則被誅殺。
⑨ 顏師古注："關龍逢，桀之臣也；王子比干，紂之臣也，皆直諫而死也。"
⑩ 顏師古注："于莘，桀之勇人也。崇侯，紂之佞臣也。"

謂下愚。齊桓公，管仲相之則霸，豎貂輔之則亂①。可與爲善，可與爲惡，是謂中人。因茲以列九等之序，究極經傳，繼世相次，總備古今之略要云。

班固於此指出，人的高下之分可以其智力爲衡量標準。堯、舜有大智慧，在其手下能臣發揮，壞人就誅，是爲上等；桀、紂愚蠢，在其手下忠臣倒霉，壞人當道，是爲下等；像齊桓公，得能臣輔佐即稱霸，聽佞臣讒言則誤事，不過中人之資。《古今人表》羅列了兩千多個從古代典籍中找到的人物，分列九等；其"上上""上中""上下"三等又稱"聖人""仁人""智人"，而"下下"則稱"愚人"。表列人物只著其名，并無具體考評。

《古今人表》是《漢書》中最有爭議的篇章，歷來評價褒貶不一。如劉知幾就說：

> 班固撰《人表》，以"古今"爲目，尋其所載也，替自秦而往，非漢之事，"古"誠有之，"今"則安在？（《史通·題目第十一》）

又說：

> 異哉，班氏之《人表》也！區別九品，網羅千載，論世則異時，語姓則他族。自可方以類聚，物以群分，使善惡相從，先後爲次，何籍而爲表乎？且其書上自庖犧，下窮嬴氏，不言漢事，而編入《漢書》，鳩居鵲巢，蔦施松上，附生疣贅，不知翦截，何斷而爲限？（《史通通釋·表歷第七》）

清人趙翼說：

> 另有《古今人表》，既非漢人，何煩臚列。且所分高下，亦非定評，殊屬贅設也。（《廿二史劄記·各史例目異同》）

又說：

> 班氏既作《漢書》，則所記皆漢事也，乃班昭續之，又作《古今人

---

①豎貂爲齊桓公時佞臣，爲博桓公歡心自宮入侍。

表》，何也？其所列人品等第更多未當……此實班書第一蛇足也。(《陔餘叢考》《漢書·卷五》)

概括起來，對《古今人表》的非難主要有以下兩點：一是體例不當，自相矛盾。《漢書》爲斷代史，而《古今人表》所列全爲古人，并無漢人，名稱"古今"實無今人；二是分列人物於九品，標準隨意，"所列人品等第更多未當"。

關於名實不符的問題，顏師古的解釋是：

但次古人而不表今人者，其書未畢故也。(《古今人表》注)

當然，顏氏之説肯定不能令人滿意，因爲《漢書》"未畢"的説法没有根據。不説别的，就班昭補《八表》一事，其本傳明確指出已"就東觀藏書閣踵而成之"。

王先謙《漢書補注》於顏氏注後又引何焯、錢大昕、梁玉繩等清代學人的不同意見：

何焯曰：今人則褒貶於書中，雖云總備古今之略要，實欲人因古以知今也。顏説非。

錢大昕曰：今人不可表，表古人以爲今人之鑒。

梁玉繩曰：若表今人，則高祖諸帝悉在優劣之中，非班所敢出也。

其中梁玉繩説得最直接：不表今人是不得已。如果要在表中添加西漢時的"今人"，則高祖劉邦等漢初諸帝勢必要入選。而對東漢皇室的列祖列宗品評優劣，非其臣子班固所敢爲。聯繫到當年班固守制在家，整理班彪遺稿而爲人評告"私改作國史"，此説不爲無理。這也是錢大昕説"今人不可表"的原因。

既然"今人不可表"，此表何以名"古今"？於此何焯的看法是，今人雖然表中没有，但"褒貶於書中"，《漢書》作爲一個整體，"實欲人因古以知今"。錢大昕也是這個意見，班固"表古人以爲今人之鑒"，《古今人表》并無殘缺。

段玉裁在《説文解字注》中解釋"今"字時説：

今者對古之稱。古不一其時，今亦不一其時也。云是時者，如言目前，則目前爲今，目前已上皆古。如言趙宋，則趙宋爲今，趙宋已上爲古。如言魏晉，則魏晉爲今，魏晉已上爲古。班固作《古今人表》，漢人不與焉。而謂之古今人者，謂近乎漢者爲今人，遠乎漢者爲古人也。作《古今人表》者所以補《漢書》之所無。存漢已前之厓略也。亦謂三皇至漢以前疊爲古今人也。

段玉裁説"近乎漢者爲今人，遠乎漢者爲古人"，似亦可説得通，但不如何焯、錢大昕的説法暢達。

劉知幾、趙翼輩，以爲《漢書》既爲斷代史，則《古今人表》以其并無漢人而不合體例，實乃膠柱鼓瑟之論。蓋《漢書》爲斷代史開山之作，其中對前代人、事有所交代，勢所必有、絶非多餘。如其八志，均非拘於漢人漢事，而是對歷代沿革都有交代，《古今人表》亦復如此。而《漢書》之後，歷代史書便不復再有人表之作，各志亦僅列一朝變革，成爲真正的一朝一代之史書。從這個角度看，《古今人表》亦可説是補之前《史記》之缺。章學誠即持此觀點：

> 夫通古之史，所取於古紀載，簡册具存，不立人表，或可如遷史之待補於固，未爲晚也。斷代之史，或取裁於簿書記註，或得之於耳目見聞，勢必不能盡類而書，而又不能必其事之無有，牽聯而及，則縱攬人名，區類爲表，亦足以自見凡例，且嚴列傳通裁，豈可更待後之人乎？（《湖北通志檢存稿·人物表敍例》）

至於説《古今人表》中"所列人品等第更多未當"，則可認爲是"仁者見仁，智者見智"。例如，張晏舉出他認爲的《古今人表》失誤：

> 老子玄默，仲尼所師，雖不在聖，要爲大賢；文伯之母達於禮典，動爲聖人所歎，言爲後世所則，而在第四；田單以即墨孤城復强齊之大，魯連之博通，忽於榮利；藺子申威秦王，退讓廉頗，乃在第五。大姬巫怪，好祭鬼神，陳人化之，國多淫祀；寺人孟子①違於《大雅》，以保其身，既被宫刑，怨刺而作，乃在第三；嫪毐上烝，昏亂禮度，惡

---

① 寺人，即宦官。《左傳·僖公二年》："齊寺人貂始漏師於多魚。"杜預注："寺人，内奄官豎貂也。"寺人孟子爲周幽王時人，作有《巷伯》諷刺幽王，存於《詩經·小雅·節南山之什》："萋兮斐兮，成是貝錦。彼譖人者，亦已大甚。哆兮侈兮，成是南箕。彼譖人者，誰適與謀？……寺人孟子，作爲此詩。凡百君子，敬而聽之。"又寺人孟子於《古今人表》中列於第四等，張晏誤。

不忍聞，乃在第七。其餘差違紛錯不少，略舉揚較，以起夬謬。(《古今人表》張晏注)

即以其中對老子排名的批評而論，張晏以爲李耳以孔子之師，僅列四等（中上）；而孔子列於一等自不必説，就是孔門弟子亦多列於二、三等中，是爲不公。實則班固爲正統儒家，自不會將道家李耳列於諸儒學先賢之上。清代學者錢大昕①即持此説：

此表爲後人詬病久矣，予獨愛其表章正學，有功名教，識見復非尋常所能及。觀其列孔子於上聖，顏、閔、子思、孟、荀於大賢，孔氏弟子列上等者三十餘人，而老、墨、莊、列諸家降居中等。孔氏譜系具列表中，儼然以統緒屬之。其叙次九等，祖述仲尼之言，《論語》二十篇中人物，悉著於表，而他書則有去取。後儒尊信《論語》，其端實啓於此，而千餘年來鮮有闡其微者，遺文具在，可覆按也。古賢具此特識，故能卓然爲史家之宗，徒以文章雄跨，百代推之，猶淺之爲丈夫矣。（錢大昕《〈漢書古今人表〉跋》，《潛研堂集》卷二十八，《題跋》二。梁玉繩《漢書人表考》卷一所引文字頗有不同）

今天來看《古今人表》，其價值當然已經不是其儒家正統觀念。不過，表中羅列了兩千多個從古代典籍中搜羅的人物，其中有些原始典籍已經不存在，其人名僅借人表得以保存至今，這在上古史研究中還是很有意義的。

七、《天文志》

《天文志》序云：

---

①錢大昕，字曉徵，號竹汀，江蘇嘉定（今上海嘉定）人，乾隆十九年（1754）進士。歷官翰林院庶吉士、編修，升廣東學政。錢氏通經、史、天文、曆算、音韻、訓詁、金石，"不專治一經而無經不通，不專攻一藝而無藝不精"。撰《廿二史考異》百卷，與趙翼《廿二史劄記》、王鳴盛《十七史商榷》合稱清代三大史學名著。

凡天文在圖籍昭昭可知者①，經星常宿中外官凡百一十八名，積數七百八十三星②，皆有州國官宮物類之象。其伏見蚤晚，邪正存亡，虛實闊陿③，及五星所行，合散犯守，陵歷鬥食④，彗孛飛流，日月薄食⑤，暈適背穴，抱珥虹蜺⑥，迅雷風祆，怪雲變氣：此皆陰陽之精，其本在地，而上發於天者也。政失於此，則變見於彼，猶景之象形，鄉之應聲。⑦是以明君睹之而寤，飭身正事，思其咎謝，則禍除而福至，自然之符也。

　　即天上恒星各有其位，行星運行其間。舉凡彗星出沒、日食月食、日暈黑子，乃至"迅雷風祆，怪雲變氣"，這些都是陰陽之精華，出自人間，顯像於天。帝王治國，若"政失於此，則變見於彼，猶景之象形，鄉（響）之應聲。"故而天文學的用途，在於觀測星象變化與人主施政得失之間的聯繫，以供後來帝王治國時參考。這正是天人合一的思想，是古代哲學思想的主流。

　　《天文志》描述的天象，將整個天球劃分爲中、外官；外官又有東西南北之分，是爲五官。外官衆多恒星分屬二十八宿，每官七宿。各宿之星又可細分組。

　　例如，東官包括房、心、角、亢、氐、尾、箕七宿：

---

①圖籍，天文古籍。《後漢書·天文志》："星官之書，自黃帝始。"
②"經星"即恒星。
③孟康注："伏見蚤晚，謂五星也。日月五星下道爲邪。存謂列宿不虧也，亡謂恒星不見。虛實，若天牢星實則囚多，虛則開出之屬也。闊陿，若三台星相去遠近也。"按："蚤"通"早"。五星，即金、木、水、火、土五大行星。
④孟康注："合，同舍也。散，五星有變則其精散爲祆星也。犯，七寸以內光芒相及也。陵，相冒過也。食，星月相陵，不見者則所蝕也。"韋昭注："自下往觸之曰犯，居其宿曰守，經之爲歷，突掩爲陵，星相擊爲鬥也。"
⑤張晏注："彗所以除舊布新也。孛氣似彗。飛流謂飛星流星也。"孟康注："飛，絕迹而去也。流，光迹相連也。日月無光曰薄。"
⑥孟康注："暈，日旁氣也。適，日之將食先有黑之變也。背，形如背字也。穴多作鐍，其形如玉鐍也。抱，氣向日也。珥，形點黑也。"
⑦顏師古注："鄉讀曰響。"

東宮蒼龍，房、心①。心爲明堂，大星天王，前後星子屬②。不欲直；直，王失計③。房爲天府，曰天駟。其陰，右驂。旁有兩星曰衿。衿北一星曰牽。東北曲十二星曰旗。旗中四星曰天市。天市中星衆者實，其中虛則耗。房南衆星曰騎官。

左角，理；右角，將④。大角者，天王帝坐廷⑤。其兩旁各有三星，鼎足句之，曰攝提。⑥攝提者，直鬥杓所指，以建時節，故曰"攝提格"⑦。亢爲宗廟，主疾⑧。其南北兩大星，曰南門⑨。氐爲天根，主疫⑩。尾爲九子，曰君臣⑪；斥絕，不和。箕爲敖客，後妃之府，曰口舌⑫。火犯守角，則有戰。房、心，王者惡之⑬。

這段文字描述了東方諸星宿的方位及其占卜意義，如"火犯守角，則有戰"，即如果觀察到火星（熒惑）處於角宿的位置，則會有戰爭。

---

①東宮，即東官。蒼龍，東方的象徵動物。房，東方第四宿，四星；心，東方第五宿，三星，今皆屬天蝎座。

②子屬，謂帝王之子，如太子、庶子等。

③直，指心宿三星排列爲直線。心宿三星，中央大星，前星在其西南，後星在其東北，不是一條直線，稍有彎曲。

④角，東方第一宿，共二星（理、將），今屬室女座。

⑤大角，星名，即"牧夫座α星"。是北天球第一亮星，爲紅巨星。大角在紫宮帝墾之南，心大星天王之北，太微五帝座之東，天市帝座之西，故稱天王帝廷。

⑥句，通勾，意爲彎曲。攝提，星官名。屬亢宿，共六星，左攝提三星在大角東南，右攝提三星在大角西南。

⑦攝提格，意爲攝提星隨着鬥柄指向寅位乃一年之始。格，即始。

⑧亢，東方第二宿，共四星，今屬室女座。疾，疾疫。

⑨南門：星官名。屬角宿，共兩星。

⑩氐，東方第三宿，共四星，今屬天秤座。氐宿四星在亢東房西，跨黃道南北，謂之天根。

⑪尾，東方第六宿。共九星，今屬天蝎座。九子，即尾宿九星，彎曲如尾狀，在心宿東南，是爲後妃嬪妾之屬。

⑫箕，東方第七宿，共四星，形狀如箕，在尾宿之東。今屬人馬座。敖通傲，傲客，撥弄是非之人。口舌：口角，爭吵。

⑬火，火星，又名熒惑。"房，心"上省略了主謂語"火犯守"。

金（太白）、木（歲星）、水（辰星）、火（熒惑）、土（填星）五大行星在古代天文觀測中有重要意義。根據某行星運行至某星宿，可從中占卜出吉凶禍福，這是《天文志》的重要內容。如：

> 歲星曰東方春木，於人五常仁也，五事貌也。仁虧貌失，逆春令，傷木氣，罰見歲星。歲星所在，國不可伐，可以伐人。超舍而前爲贏，退舍爲縮。贏，其國有兵不復；縮，其國有憂，其將死，國傾敗。所去，失地；所之，得地。一曰，當居不居，國亡；所之，國昌；已居之，又東西去之，國凶，不可舉事用兵。安靜中度，吉。出入不當其次，必有天祆見其舍也。

> 熒惑曰南方夏火，禮也，視也。禮虧視失，逆夏令，傷火氣，罰見熒惑。逆行一舍二舍爲不祥，居之三月國有殃，五月受兵，七月國半亡地，九月地太半亡。因與俱出入，國絕祀。熒惑爲亂爲賊，爲疾爲喪，爲飢爲兵，所居之宿國受殃。殃還至者，雖大當小；居之久殃乃至者，當小反大。已去復還居之，若居之而角者，若動者，繞環之，及乍前乍後，乍左乍右，殃愈甚。一曰，熒惑出則有大兵，入則兵散。周還止息，乃爲其死喪。寇亂在其野者亡地，以戰不勝。東行疾則兵聚於東方，西行疾則兵聚於西方；其南爲丈夫喪，北爲女子喪。熒惑，天子理也，故曰雖有明天子，必視熒惑所在。

《天文志》後半部分，記錄了西漢時的天象變化及其與人世事件之間的聯繫。例如，漢高祖劉邦的興起就可在同期的天象變化中反映出來：

> 漢元年十月，五星聚於東井①，以歷推之，從歲星也②。此高皇帝受命之符也。故客謂張耳曰："東井秦地，漢王入秦，五星從歲星聚，當以義取天下。"秦王子嬰降於枳道，漢王以屬吏，寶器婦女亡③所取，

---

①東井，即井宿。爲南方第一宿，共八星，今屬雙子座。
②李奇注："歲星得其正度，其四星隨比常正行，故曰從也。"孟康注："歲星先至，先至爲主也。"
③"亡"通"無"。

閉宫封門，還軍次於霸上，以候諸侯。與秦民約法三章，民亡不歸心者，可謂能行義矣，天之所予也。五年遂定天下，即帝位。此明歲星之崇義，東井爲秦之地明效也。

而劉邦之死，也是上應天象：

> （高祖）十二年春，熒惑守心。四月，宫車晏駕①。（同前引）

所謂"熒惑守心"，熒惑爲火星，心即心宿（東方第五宿）。"熒惑守心"是指火星滯留心宿，爲大凶之象。例如，成帝綏和二年（前7）也有一次熒惑守心：

> （綏和）二年春，熒惑守心。二月乙丑，丞相翟方進欲塞災異，自殺。三月丙戌，宫車晏駕。（同前引）

即這年春天熒惑守心，主大凶，不利人主。丞相翟方進爲了替成帝劉驁擋災而自殺，不想他級别不夠，沒能擋得住厄運，不到一個月後，劉驁還是死掉了。這件事在《翟方進傳》中有詳細記載，細讀之下尚有曲折：

> 綏和二年春熒惑守心……會郎賁麗善爲星，言大臣宜當之。上乃召見方進。
> 還歸，未及引決②，上遂賜册曰："皇帝問丞相：君有孔子之慮，孟賁之勇③，朕嘉與君同心一意，庶幾有成。惟君登位，於今十年，災害

---

① 應劭注："天子當晨起早作，而方崩殞，故稱晏駕云。"
② 引決，即自殺。《文選》卷四十一，司馬遷《報任少卿書》："西伯，伯也，拘於羑里；李斯，相也，具於五刑；淮陰，王也，受械於陳；彭越、張敖，南鄉稱孤，繫獄具罪；絳侯誅諸呂，權傾五伯，囚於請室；魏其，大將也，衣赭衣，關三木；季布爲朱家鉗奴；灌夫受辱居室。此人皆身至王侯將相，聲聞鄰國，及罪至罔加，不能引決自裁，在塵埃之中，古今一體，安在其不辱也！"
③ 孟賁，戰國時衛國武士。《史記·范雎列傳》："成荆、孟賁、王慶忌、夏育之勇焉而死。"裴駰《集解》引許慎曰："孟賁，衛人。"

並臻，民被飢餓，加以疾疫溺死，關門牡開①，失國守備，盜賊黨輩。吏民殘賊，毆殺良民，斷獄歲歲多前。上書言事，交錯道路，懷姦朋黨，相爲隱蔽，皆亡忠慮，群下兇兇，更相嫉妬，其咎安在？觀君之治，無欲輔朕富民便安元元②之念。間者郡國穀雖頗孰③，百姓不足者尚衆，前去城郭，未能盡還，夙夜未嘗忘焉。朕惟往時之用，與今一也④，百僚用度各有數。君不量多少，一聽群下言用度不足，奏請一切增賦，稅城郭堧及園田，過更，算馬牛羊⑤，增益鹽鐵，變更無常。朕既不明，隨奏許可。後議者以爲不便，制詔下君，君云賣酒醪⑥。後請止，未盡月復奏議令賣酒醪。朕誠怪君，何持容容之計，無忠固意⑦，將何以輔朕帥道群下？而欲久蒙顯尊之位，豈不難哉！傳曰：'高而不危，所以長守貴也。'⑧欲退君位，尚未忍。君其孰念詳計，塞絕姦原，憂國如家，務便百姓以輔朕。朕既已改，君其自思，強食慎職。使尚書令賜君上尊酒十石，養牛一，君審處焉。⑨"方進即日自殺。

即熒惑守心原該應驗於皇帝，但號稱通曉星象的郎官賁麗却上言說可由大臣代死。於是劉驁召見大臣之首的丞相翟方進，要他代自己死。翟方進剛回家，劉驁又遣使歷數他執政以來的過失，對他施加壓力。翟方進只好當天就自殺了。

---

①門牡，即門閂。《五行志中之上》載："成帝元延元年（前12）正月，長安章城門門牡自亡，函谷關次門牡亦自亡。……谷永對曰：'章城門通路寢之路，函谷關距山東之險，城門關守國之固，固將去焉，故牡飛也。'"路放按：以今日的眼光觀之，關門閂開，自然是有人爲之（有意還是無意都有可能），但在古代居然也會被看作自然現象，以爲惡兆。

②元元，即人民。

③顏師古注："間謂近者以來也。"又"孰"通"熟"，豐收之意。

④顏師古注："謂財用也。"

⑤張晏注："一切，權時也。堧，城郭旁地。園田入多，益其稅也。百人爲卒，取一人所贍常爲之月用二千，使人直之，謂之過更。又牛馬羊頭數出稅，算千輸二十也。"

⑥酒醪，濁酒。亦用於泛指酒類。賣酒醪，指徵酒稅。

⑦顏師古注："容容，隨衆上下也。"

⑧顏師古注："《孝經》之言也。"

⑨如淳注："《漢儀注》有天地大變，天下大過，皇帝使侍中持節乘四白馬，賜上尊酒十斛，牛一頭，策告殃咎。使者去半道，丞相即上病。使者還，未白事，尚書以丞相不起病聞。"

"熒惑守心"之占應可由大臣替代之説，首見於春秋時宋景公的故事。《吕氏春秋·制樂》載：

> 宋景公之時，熒惑在心。公懼，召子韋而問焉："熒惑在心，何也？"①子韋曰："熒惑者，天罰也。心者，宋之分野也。禍且當於君身。雖然，可移於宰相。"公曰："宰相所與治國家也，而移死焉，不祥。"子韋曰："可移於民。"公曰："民死，寡人將誰爲君乎？寧獨死耳。"子韋曰："可移於歲。"公曰："歲害則民飢，民飢必死。爲人君而殺其民以自活也，其誰以我爲君乎？是寡人之命固盡已，子無復言矣。"

宋景公時熒惑守心，太史子韋説禍當應於君身，但可以由宰相、人民、或年景替代。宋景公不忍，寧可以自身擔當。反觀劉驁，凶相一出，即逼迫丞相翟方進自殺，昏君怯懦懼死之情狀，躍然紙上。

路放按：古代天文觀測精度不高，常有誤差。據現代天文學家的計算，綏和二年春天火星的實際位置在角宿，并非"熒惑守心"（黄一農：《星占、事應與僞造天象——以熒惑守心爲例》，《自然科學史研究》1991年第10卷第2期）。也就是説，不但翟方進被白白逼死，成帝劉驁更可能是因爲相信了實際上并未發生的"熒惑守心"惡兆而被嚇死的。

彗星、日食等不常見的天象通常也是灾害的預示。如西漢末年，哀帝建平二年（前5）彗星出牽牛座：

> （哀帝建平）二年二月，彗星出牽牛七十餘日。傳曰："彗所以除舊布新也。牽牛，日、月、五星所從起，歷數之元，三正之始。彗而出之，改更之象也。其出久者，爲其事大也。"其六月甲子，夏賀良等建言當改元易號，增漏刻②。詔書改建平二年爲太初（元將）元年，號曰陳聖劉太平皇帝，刻漏以百二十爲度。八月丁巳，悉復蠲除之，賀

---

① 子韋，宋國史官。
② 按當時歷法，每天十二時辰，共百刻，夏賀良等建議增加至百二十刻。其實這個建議亦不爲無理，因十二時辰與百刻間并無整數換算關繫，使用上很不方便。如增至百二十刻，則每時辰爲十刻。恢復百刻之後，以每時辰八刻，全天實爲九十六刻。

良及黨與皆伏誅流放。其後卒有王莽篡國之禍。

彗星甫出，因其爲"改更之象"，故待詔夏賀良等提議"改元易號"，以應天象。當然，這種做法近乎作弊，與劉驁逼丞相翟方進代死的做法如出一轍。據《天文志》的意見，歷史進程并未因此被改變，後來的王莽篡漢，纔是這次彗星所預示的改朝換代。

其實，占星術也有其正面意義。古代帝王爲人間至尊，爲防止其僅憑個人喜好爲所欲爲，殘害蒼生百姓，只有借其對"天命"的畏懼纔能有所監督控制。故而每當有異常天象出現時，就是大臣們進諫言的好時機。

異常天象的出現也常被用於策劃重大事件。永元四年（92）六月初一日食，司徒丁鴻上密奏，痛陳外戚竇氏之禍。於是和帝劉肇與之共謀，一舉誅滅諸竇（見第二十二章《竇憲案與班固之死》第五節《京城驚變》）。

要説明的是，占星術當然不是《漢書》首創。實際上，《天文志》祖述《史記·天官書》，其中對恒星五官的描述内容幾乎完全一樣，於五大行星部分也多有因襲，但添加了部分革新内容，這可以看作是長期觀測積累的結果。《天文志》最後的天象記録部分，補全了武帝以後直至王莽時期的天象記録與當時政治事件的聯繫。

就是《史記·天官書》，也是繼承了更古的天文占星著作，如戰國時的《甘石星經》等。據《後漢書·天文志第一》：

> 軒轅始受《河圖鬥苞授》①，規日月星辰之象，故星官之書自黃帝始。至高陽氏，使南正重司天，北正黎司地。唐、虞之時羲仲、和仲，夏有昆吾，湯則巫咸，周之史佚、萇弘，宋之子韋，楚之唐蔑，魯之梓慎，鄭之裨竈，魏石申夫，②齊國甘公，皆掌天文之官。仰占俯視，以佐時政，步變摘微，通洞密至，采禍福之原，睹成敗之勢。秦燔《詩》《書》，以愚百姓，六經典籍，殘爲灰炭，星官之書，全而不毀。故《秦

---

① 河圖，古代傳説中的一組神秘符號圖案，出於黃河。《禮記·禮運》："河出馬圖。"《易·繫辭》："河出圖，洛出書，聖人則之。"又《河圖鬥苞授》爲漢代緯書。

② 李賢注："或云石申父。"

史》書始皇之時，彗孛大角，大角以亡，有大星與小星鬥於宮中，是其廢亡之徵。

雖然古代星象之書未必即起於黃帝之時，然而"仰占俯視，以佐時政"的占星術在我國起源很早則毋庸置疑。

對今天的研究者來說，《天文志》的價值在於保留了大量的古代天相記錄，現代天文學可以之驗證各種天體的運行規律。

第三十七章　宮廷教師"曹大家"

一、後宮授徒

《後漢書·烈女傳·曹世叔妻》云：

> 帝數召入宮，令皇后諸貴人師事焉，號曰"大家"。

和帝劉肇召班昭入後宮爲皇后及諸貴人師，當在永元七年（95）班昭進宮補續《漢書》之後，至元興元年（106）劉肇去世前這十餘年中。

劉肇生於建初四年（79），爲章帝劉炟第四子，生母梁貴人。時皇后竇氏不育，將劉肇收爲養子。建初七年（82）劉肇被立爲太子。章和二年（88）劉炟去世，當時只有十歲的劉肇即位，由其養母竇太后執政。憚於竇太后娘家諸兄弟的跋扈，劉肇於永元四年（92）聯合宦官鄭衆、司徒丁鴻等將竇氏一網打盡，大將軍竇憲等自殺，班固亦受到牽連，死在獄中。

其後劉肇始得親政。

同年，十四歲的和帝劉肇開始選秀女入宮。這一批選中的秀女中有劉肇的第一任皇后陰氏。《後漢書·皇后紀上·和帝陰皇后紀》稱：

> 和帝陰皇后諱某，光烈皇后兄執金吾識①之曾孫也。后少聰慧，善

---

① 光烈皇后，即光武帝劉秀第二任皇后陰麗華。陰識，字次伯，爲陰麗華异母長兄。陰識早年隨劉秀起兵，頗有功績，得封隱鄉侯。陰識一生謹慎，曾對劉秀説："天下初定，將帥有功者衆，臣托屬掖廷，仍加爵邑，不可以示天下。"故深得劉秀信賴。

書藝①。永元四年，選入掖庭，以先后近屬，故得爲貴人。②有殊寵。八年，遂立爲皇后。

東漢皇帝後宮稱號與西漢不同，只有皇后和貴人兩個等級。《後漢書·皇后紀上》說：

> 及光武中興，斲雕爲樸③，六宮稱號，唯皇后、貴人。貴人金印紫綬，奉不過粟數十斛。又置美人、宮人、采女三等，並無爵秩，歲時賞賜充給而已。

這比之西漢宮中之自倢伃、娙娥以下十四等級十九名目④是簡化得多了。

永元七年（95）劉肇再選秀女，這次入宮的有他後來的第二任皇后鄧綏。鄧綏出身名門，爲光武名臣、雲臺二十八將之首的鄧禹之孫女。其父鄧訓爲鄧禹第六子，曾任護羌校尉，在永元初年對湟中羌人作戰時頗有建樹（見第三十四章《以荷析薪》第一節《都護任尚》）。

和熹鄧皇后諱綏，太傅禹之孫也。父訓，護羌校尉；母陰氏，光烈皇后從弟女也。

永元七年（95）鄧綏入宮：

> （永元）七年，后復與諸家子俱選入宮。后長七尺二寸，姿顏姝麗，絕異於衆，左右皆驚。八年冬，入掖庭爲貴人，時年十六。

永元八年（96）鄧綏十六歲，據此可推出她生於建初六年（81），少於和帝劉肇二歲。

鄧綏入宮時，陰氏已先入宮三年。永元八年，陰氏被立爲皇后，鄧綏則爲

---

① 書藝，即書法。
② 此言陰氏因其爲陰麗華之近親而得封貴人。
③ 斲雕爲樸，謂去掉雕飾，崇尚质朴。
④ 《後漢書·皇后紀》李賢注："倢伃一，娙娥二，容華三，充衣四，已上武帝置；昭儀五，元帝置；美人六，良人七，七子八，八子九，长使十，少使十一，五官十二，顺常十三，无涓、共和、娱灵、保林、良使、夜者十四，此六官品秩同为一等也。"

貴人。漢代貴族女子重視教育，如前述陰氏"善書藝"，而鄧綏更是一代才女。《後漢書・皇后紀上・和熹鄧皇后》云：

> 六歲能《史書》，十二通《詩》《論語》。諸兄每讀經、傳，輒下意難問。志在典籍，不問居家之事。母常非之，曰："汝不習女工以供衣服，乃更務學，寧當舉博士邪？"后重違①母言，晝修婦業，暮誦經典，家人號曰"諸生"。父訓異之，事無大小，輒與詳議。

又東漢諸帝，均重視後宮教育。《後漢書・皇后紀上》載：

> 明帝聿遵先旨，宮教頗修，登建嬪、后，必先令德，內無出閫之言，權無私溺之授，可謂矯其敝矣。

故自班昭進宮續補《漢書》後，因其"博學高才"，劉肇遂命後宮命婦隨其學習。班昭講學內容不但有儒家經書，還有天文、算術等高深學問：

> 太后自入宮掖，從曹大家受經書，兼天文、算數。(《後漢書・皇后紀上・和熹鄧皇后》)

班昭始進宮時，皇后尚爲陰氏，鄧綏爲貴人。故而皇后陰氏、鄧綏和後宮其他貴人均應爲班昭學生。不過，在這班學生中，班昭與鄧綏感情最摯。這兩位，一個是"博學高才"的前輩才女，一個是一心嚮學的女"諸生"，師徒二人十分相得。這段淵源，奠定了日後班昭輔佐鄧綏執政近二十年的感情基礎。

班昭年長，其夫曹壽已逝且無功名。故在宮中班昭被尊稱爲"曹大家"（"家"讀如"姑"）。"大家"之稱，相當尊敬，劉肇且曾用之於其生母梁貴人：

> 竇后崩，舞陰公主子梁扈②遣從兄檀奏記三府③曰："《春秋》之義，

---

① 重違，猶難違。《漢書・孔光傳》："傅太后欲與成帝母俱稱尊號……唯師丹與光持不可。上重違大臣正議，又內迫傅太后，猗違者連歲。"顏師古注："重，難也。"
② 舞陰公主劉義王，又稱舞陽公主，光武帝劉秀與其第二任皇后陰麗華所生，尚陵鄉侯梁松。參看本書第二十八章《投筆從戎》第二節《大將竇固》。
③ 漢制，三公皆可開府，故稱"三府"。《後漢書・承宮傳》李賢注："三府，謂太尉、司徒、司空府。"

母以子貴，①漢家舊典也。今梁貴人親育聖躬，而不蒙尊號。"三府甫得記，謝遣擅。②太尉張酺獨見擅，具問之，曰："此公之職，而梁氏之福也。"會以蝗飛過京師，召見對說，因具言擅記。上曰："意云如酺，不知葬禮有闕也？"對曰："陵上宜置長史，加祠祭之禮，收錄諸舅，以明親親。"③上復曰："於義如何？"酺曰："今《春秋》之義，漢家有行事。梁、竇並為名姓，保守河西，以忠獲封。竇憲兄弟不軌，太后謗議籍籍，聞於天下。姓族無以逾梁氏，加以親外家，誠宜尊顯。"上曰："非君孰為朝廷思！大家事籍籍，④君所知。"上深納酺言。（《後漢紀·孝和皇帝紀下》）

後來衝帝劉炳之生母虞氏亦稱"大家"：

初，虞大家以選入掖庭，生衝帝，陳夫人生質帝。衝帝早崩，政在梁氏，故未有謚號。議郎畢整上疏曰："孝衝皇帝母虞大家、質帝母陳夫人，皆誕育聖明，而未有謚號，今當以母氏序列於外戚。雖在薨歿，猶宜爵贈，況二母見存，而無寵榮者乎？即違'母以子貴'之義，又不可以示後世"。上感其言，以虞大家為貴人，陳夫人為孝王妃⑤，使中常侍持節告憲、懷二陵。（《後漢紀·靈帝熹平四年》）

即東漢宮中嘗以"大家"稱曾誕育皇帝的嬪妃宮人。班昭以一孀居民婦得有"大家"之稱，足見其聲望之隆，以及和帝劉肇與其後宮對她的尊重。

---

① 《春秋公羊傳·隱公元年》："子以母貴，母以子貴。"
② 謝，推辭之意。這裏是説司徒府、司空府均將梁擅的奏記退還。
③ 李賢注引《禮記·中庸》："仁者人也，親親為大。"又曰："親親則諸父昆弟不怨。"親親，第一個"親"字為動詞。
④ 李賢注："《正字通》載：'宮中稱太后及皇后之無太后者，皆曰大家。'此乃和帝稱其生母梁貴人也。"
⑤ "孝王"，指勃海孝王劉鴻，質帝劉纘生父。衝帝劉炳死後，劉纘即位。劉纘後為外戚梁冀所殺，改立章帝劉炟曾孫劉志，是為桓帝。

二、宮廷辭臣

與其父、祖一樣，劉肇也是一個風雅皇帝，喜好辭賦。《班昭傳》云：

> 每有貢獻異物，輒詔大家作賦頌。

現存班昭的這類作品有《大雀賦》：

> 大家同產兄西域都護定遠侯班超獻大雀，詔令大家作賦，曰：
> 嘉大雀之所集，生崑崙之靈邱。
> 同小名而大異，乃鳳皇之匹疇。
> 懷有德而歸義，故翔萬里而來遊。
> 集帝庭而止息，樂和氣而優遊。
> 上下協而相親，聽《雅》《頌》之雍雍。
> 自東西與南北，咸思服而來同。（《藝文類聚》卷九十二）

按獻大雀一事，發生在永元十三年（101）。其時安息國遣使貢獻大雀（鴕鳥）、師子（獅子），路過西域，時任西域都護的班超派遣幼子班勇護送至洛陽（見第三十三章《但願生入玉門關》第七節《葉落歸根》）。

當然，作爲和帝辭臣，班昭所作當不止此《大雀賦》，可惜其他作品都沒有保存下來。

三、皇后鄧綏

和帝劉肇的首任皇后陰氏是一個悲劇人物。她聰明響學，愛好書法。由於她是劉秀皇后陰麗華長兄的曾孫女[①]，故也可算是劉肇的遠房表妹。有此一層關繫，陰氏入宮後很快被立爲貴人。劉肇也很喜歡她，"有殊寵"，并於永元八年（96）春立她爲皇后：

---

① 據《後漢書·樊宏陰識列傳》，陰識爲陰麗華"前母兄"，即同父異母兄長。

（永元）八年春二月己丑，立貴人陰氏爲皇后。（《後漢書・孝和孝殤帝紀》）

陰氏被立后後，其父兄皆隨之騰達：

躬弟子綱女爲和帝皇后，封綱吳房侯，位特進，三子軼、輔、敞，皆黃門侍郎。①（《後漢書・樊宏陰識列傳》）

陰氏之父陰剛得封吳房侯（吳房即今河南遂平縣），位特進，陰氏三兄弟俱得任黃門侍郎。

然而，自鄧綏入宮後，後宮情勢即開始發生變化。鄧綏貌美，"姿顔姝麗，絶异於衆"，且身材高挑（長七尺二寸，相當於今之1.66米），很快就赢得了劉肇歡心。鄧綏不但貌美，且兼德、才，其本傳列舉了她諸多光輝事迹：

后年五歲，太傅夫人愛之，自爲翦髪。夫人年高目冥，誤傷后額，忍痛不言。左右見者怪而問之，后曰："非不痛也，太夫人哀憐爲斷髪，難傷老人意。故忍之耳。"（《後漢書・皇后紀上・和熹鄧皇后》）

此太傅夫人即鄧禹妻子，鄧綏曾祖母。鄧綏小小年紀，即有如此孝心與意志力，真不簡單。

鄧綏之父鄧訓，曾爲烏桓校尉、護羌校尉，深得少數民族人民愛戴：

（永元）四年冬，病卒官，時年五十三。吏人羌胡愛惜，旦夕臨者日數千人。戎俗父母死，恥悲泣，皆騎馬歌呼。至聞訓卒，莫不吼號，或以刀自割，又刺殺其犬馬牛羊，曰："鄧使君已死，我曹亦俱死耳。"前烏桓吏士皆奔走道路，②至空城郭。吏執不聽，以狀白校尉徐傿。傿嘆息曰："此義也。"乃釋之。（《後漢書・鄧寇列傳・鄧訓》）

《鄧綏本傳》説，鄧訓去世之時，適逢和帝選秀，鄧綏守孝甚篤，遂不應選：

---

①陰躬，陰識長子。陰綱，陰躬之侄，皇后陰氏之父。
②李賢注："訓前任烏桓校尉時吏士也。"

永元四年，當以選入，會訓卒，后晝夜號泣，終三年不食鹽菜，憔悴毀容，親人不識之。(《後漢書·皇后紀上·和熹鄧皇后》)

路放按：永元四年鄧綏未入宮，應非因其爲父喪守孝。據《後漢書·皇后紀》序所說，東漢選秀女在八月：

漢法常因八月算人①，遣中大夫與掖庭丞及相工②，於洛陽鄉中閱視良家童女，年十三以上，二十已下，姿色端麗，合法相者，載還後宮，擇視可否，乃用登御。

而鄧訓卒於永元四年冬天，是選秀時鄧訓尚在世；又所選之"良家童女"須在"年十三以上，二十已下"，但鄧綏生於建初六年（81），永元四年（92）時僅十二歲，尚不夠年齡。

漢代最重孝道，鄧綏的孝行爲其名聲增分不少。正如古代諸多聖賢帝王，鄧綏日後的發達也有徵兆：

后嘗夢捫天，蕩蕩正青，若有鐘乳狀，乃仰嗽飲之。以訊諸占夢，言堯夢攀天而上，湯夢及天而咶③之，斯皆聖王之前占，吉不可言。又相者見后驚曰："此成湯之法也。"家人竊喜而不敢宣。(《後漢書·皇后紀上·和熹鄧皇后》)

路放按：鄧綏做夢都和古代聖賢一樣，自然貴不可言。但不知相者何由得知成湯之長相？

然則鄧綏何以能有如此貴相，做此貴夢呢？其本傳下文有答案：

后叔父駿言："常聞活千人者，子孫有封。兄訓爲謁者，使修石臼

---

① 算人，即計算人民丁口數目。
② 相工，以相人之術供職爲業之人。《史記·張丞相列傳》："韋丞相賢者，魯人也。以讀書術爲吏，至大鴻臚。有相工相之，當至丞相。"韋丞相，即韋賢，西漢昭、宣時名臣，《漢書》有傳。其幼子玄成，元帝時亦爲丞相。
③ "咶"同"舐"。

河，歲活數千人。天道可信，家必蒙福。"初，太傅禹嘆曰："吾將百萬之衆，未嘗妄殺一人，其後世必有興者。"（同前引）

原來鄧綏有此貴相、且將爲鄧氏中興之希望，全是其祖、父行善所得之福報啊。

鄧綏爲皇后時低調簡樸，不事奢靡；爲太后後執政十六年，政治清明，約束外戚，力行節約，故爲歷代史家所稱讚。抛開這些顯然是後來史家造作的溢美之辭不論，鄧綏本人的性格纔是她做人成功的根本原因。按說鄧綏入宮較晚，陰氏又已先立爲皇后，形勢并不利於鄧綏。然而鄧綏隨即展開了一場艱苦卓絕的宮廷鬥爭，并最終獲勝。鄧綏容貌美麗、身材修長，甫進宮即得劉肇寵愛，這是其最有利的條件。然而皇后爲一國之母，僅有美麗是不夠的，還須有德行。鄧綏入宮前孝名已隆，於是她入宮後謹守本分、廣收人心，再搏賢名：

（鄧綏）恭肅小心，動有法度。承事陰后，夙夜戰兢。接撫同列①，常克己以下之，雖宮人隸役，皆加恩借。帝深嘉愛焉。（同前引）

鄧綏心機深重，除了廣收人心外，即使得場病，也可加以利用，博取一個"深自抑損"、深明大義的名聲：

及后有疾，特令后母、兄弟入視醫藥，不限以日數。后言於帝曰："宮禁至重，而使外舍久在內省②，上令陛下有幸私之譏，下使賤妾獲不知足之謗。上下交損，誠不願也。"帝曰："人皆以數入爲榮，貴人反以爲憂，深自抑損，誠難及也。"（同前引）

鄧綏平日行事更是謹遵禮儀，處處以皇后陰氏爲先：

每有讌會，諸姬貴人競自修整，簪珥光采，袿裳鮮明，③而后獨著素，裝服無飾。其衣有與陰后同色者，即時解易。若並時進見，則不

---

① 同列，宮中其他貴人。
② 李賢注："外舍，外家。"
③ 簪、珥，婦人頭飾。《釋名》曰："婦人上服曰袿。"

敢正坐離立，行則僂身自卑。帝每有所問，常逡巡後對，不敢先陰后言。帝知后勞心曲體，嘆曰："修德之勞，乃如是乎！"（同前引）

鄧綏如此隱忍經營，果然大有效用。劉肇看到了她的辛苦努力，感嘆道：原來做好人還要下這麼大的功夫！

路放按：一個素顏高挑美女處於一群錦繡珠翠之中，恰似"鶴立雞群"，想不引人注目都難。鄧綏果然是深諳心理學的宮鬥高手。又據袁宏《後漢紀》載：

陰后短小，舉止時失儀，左右掩口而笑。后獨愴然不樂，爲之隱諱，若己之失。

鄧綏得寵，即意味着陰氏失寵。後宮之中頗不乏趨炎附勢之人，見陰氏失勢，則"左右"亦敢"掩口而笑"。然而這又成了鄧綏表現其賢惠的機會。

後陰后漸疏，每當御見，輒辭以疾。①時帝數失皇子，后憂繼嗣不廣，恒垂涕嘆息，數選進才人，以博帝意。（同前引）

鄧綏的努力得到了回報，果然劉肇從此更加親近她而疏遠皇后陰氏。鄧綏深諳韜晦之道，即使已得皇帝寵幸，還需繼續鞏固。劉肇憂心子嗣不廣，鄧綏就爲其張羅美人，這份賢惠，古今難找。反觀皇后陰氏，就很沉不住氣：

自和熹鄧后入宮，愛寵稍衰，數有恚恨。（《後漢書·皇后紀上·和帝陰皇后紀》）

陰皇后不僅忿恨在心，且揚言要報復鄧氏全家，生怕別人不知道她已經妒火中燒：

陰后見后德稱日盛，不知所爲，遂造祝詛，欲以爲害。帝嘗寢病危甚，陰后密言："我得意，不令鄧氏復有遺類！"后聞，乃對左右流涕言曰："我竭誠盡心以事皇后，竟不爲所佑，而當獲罪於天。婦人雖

---

①這句話是說，後來陰后失寵，鄧綏爲了避嫌，常以裝病辭謝和帝的召見。

無從死之義，然周公身請武王之命，①越姬心誓必死之分，②上以報帝之恩，中以解宗族之禍，下不令陰氏有人豕之譏。"③即欲飲藥，宮人趙玉者固禁之，因詐言屬有使來，上疾已愈。后信以爲然，乃止。明日，帝果瘳。（同前引）

劉肇病重，陰皇后深妒鄧綏得寵，遂放言威脅。鄧綏作勢仰藥，爲宮女所止。不愧是飽讀詩書的才女，鄧綏自殺前的這番説辭，有委屈、有苦心，顧及皇帝恩情、家族安危，甚至皇后陰氏的名聲，只好自己犧牲了，頗有釋家"我不入地獄，誰入地獄"的氣概。

至此，后宮爭鬥已白熱化。站在劉肇的立場看，自己病重卧床，一個在計劃自己死後報復情敵全家；一個却楚楚可憐，嚇得要自殺。此時劉肇心向那邊，已不問可知：

（永元）十三年八月己亥，北宫盛饌門閣火。是時和帝幸鄧貴人，陰后寵衰怨恨，上有欲廢之意。（《後漢書·五行志》）

其實，在這場宫廷鬥爭中，鄧綏最大的同盟者還要數陰氏自己，她竟然玩起了"巫蠱"這種自殺利器：

后外祖母鄧朱出入宫掖。十四年夏，有言后與朱共挾巫蠱道。④（同前引）

---

①李賢注："武王有疾，周公爲之請命於大王、王季、文王，曰：'若爾三王有丕子之責於天，以旦代某之身'也。"

②李賢注："越姬，楚昭王之姬，越王句踐女也。昭王讌游，越姬從，謂姬曰：'樂乎？'對曰：'樂則樂矣，而不可久也。'王曰：'願與子生死若此。'姬曰：'君王樂游，要妾以死，不敢聞命。'後王病，有赤雲夾日如飛鳥。王問周太史。史曰：'是害王身，請移於將相。'王曰：'將相於孤，猶股肱也。'不聽。姬曰：'大哉君王之德。妾請從王死矣。昔日游樂，是以不敢聽命，今君王復禮，國人爲君王死，何況妾乎？妾願先驅狐狸於地下。昔日口雖不言，心許之矣。妾聞信者不負其心。'遂自殺。故曰'心誓'。事見《列女傳》也。"

③李賢注："高帝愛幸戚夫人。帝崩，呂太后斷夫人手足，去眼薰耳，使居鞠室中，名曰'人彘'也。"

④李賢注："巫師爲蠱，故曰巫蠱。《左傳》注曰：'蠱，惑也。'"

古人迷信，巫蠱、祝詛、厭勝之類手段，屢見於兩漢史籍。武帝時一場巫蠱大案，自皇后、太子以下牽連無數；武帝陳皇后、成帝許皇后等皆因行"巫蠱"被廢。劉肇長兄、廢太子劉慶的生母宋貴人，即爲竇皇后誣爲行厭勝之術而自殺（見第二十二章《竇憲案與班固之死》第二節《竇氏兄妹》）。這次有人告發陰氏與其外祖母鄧朱行巫蠱術，隨即釀成一場逆倫大案：

> 事發覺，帝遂使中常侍張慎與尚書陳褒於掖庭獄雜考案之。朱及二子奉、毅與后弟軼、輔、敞辭語相連及，以爲祠祭祝詛，大逆無道。奉、毅、輔考死獄中。帝使司徒魯恭持節賜后策，上璽綬，遷於桐宮①。以憂死。立七年，葬臨平亭部。（同前引）

陰后行巫蠱事一案的結局，不僅自己被廢，幽死冷宮，且牽累全家：

> 父特進綱自殺，軼、敞及朱家屬徙日南比景縣，宗親外內昆弟皆免官還田里。（同前引）

陰氏事發之初，鄧綏曾出言相救，此舉又給劉肇留下了好印象。於是廢掉陰氏後，劉肇即立鄧綏爲后：

> 十四年夏，陰后以巫蠱事廢，后請救不能得，帝便屬意焉。后愈稱疾篤，深自閉絕。會有司奏建長秋宮②，帝曰："皇后之尊，與朕同體，承宗廟，母天下，豈易哉！唯鄧貴人德冠後庭，乃可當之。"至冬，立爲皇后。（同前引）

永元十四年（102）冬，在入宮七年後，二十二歲的鄧綏終於當上了皇后。在這場宮廷鬥爭中，鄧綏大勝，然而她用的是陽謀，并無直接針對陰氏的

---

① 桐宮，商代桐地宮室，伊尹曾放太甲於此。《史記·殷本紀》："帝太甲既立三年，不明，暴虐，不遵湯法，亂德，於是伊尹放之於桐宮。"後用來指被貶黜之帝王或后妃所居地。
② 長秋宮，兩漢宮殿名，爲皇后居所，亦用以爲皇后代稱。《後漢書·皇后紀上》："永平三年春，有司奏立長秋宮，帝未有所言。"李賢注："皇后所居宮也。長者久也，秋者萬物成孰之初也，故以名焉。請立皇后，不敢指言，故以宮稱之。"

行動，只是處處表現出自己的賢惠美德，反襯出陰氏的心胸狹窄、不識大體。而陰氏直如小户善妒女子，憑借其正室身份一味逞強，行事全無章法，故而敗得很慘。歸根結底，后宫爭寵，皇帝本人的態度最爲重要。鄧綏貌美得寵已先勝一籌，又處處以劉肇的感受爲先，時時表現出自己的隱忍大度，故而能笑到最後。又如前代皇后竇氏，宫鬥手段陰險毒辣，但以其受寵於章帝劉炟，亦是所向披靡。

鄧綏成爲皇后之後，作風依然謙沖簡樸：

> 是時，方國貢獻，競求珍麗之物，自后即位，悉令禁絶，歲時但供紙墨而已。帝每欲官爵鄧氏，后輒哀請謙讓，故兄騭終帝世不過虎賁中郎將。（同前引）

在這場後宫惡鬥中，班昭無疑是站在鄧綏一方的。這一點雖然史書上没有明確記載，但觀鄧綏行事，深得儒家韜晦精神之神髓，與班昭一貫提倡之"三從四德"頗爲相通。因此，也有人說後來班昭作《女誡》，即是以鄧綏平日之行事作風爲藍本。

八年後的永初四年(110)，已經身爲太后的鄧綏下詔赦回被流放的陰氏家人：

> 永初四年，鄧太后詔赦陰氏諸徒者悉歸故郡，還其資財五百餘萬。（同前引）

大度對待已經徹底失敗的對手，也是符合"恕"這一儒家精神的。

四、兄妹情深

永元十二年（100）時，班昭兄長班超正在西域都護任上。班超生於建武八年（32），戎馬一生，鎮守西域已達三十年之久。此時班超年近七十，頗思故土，遂上疏和帝劉肇，要求告老返鄉（見第三十三章《但願生入玉門關》第七節《葉落歸根》）。劉肇以未有適當人選接替其西域都護一職，遲遲未做答復。於是次年（永元十三年，101年）班昭上書爲班超求情：

> 妾同産兄西域都護定遠侯超，幸得以微功特蒙重賞，爵列通侯，位

二千石。天恩殊絕，誠非小臣所當被蒙。超之始出，志捐軀命，冀立微功，以自陳效。會陳睦之變①，道路隔絕，超以一身轉側絕域，曉譬諸國。因其兵眾，每有攻戰，輒爲先登，身被金夷，②不避死亡。賴蒙陛下神靈，且得延命沙漠，至今積三十年。骨肉生離，不復相識。所與相隨時人士眾，皆已物故③。超年最長，今且七十。衰老被病，頭髮無黑，兩手不仁，④耳目不聰明，扶杖乃能行。雖欲竭盡其力，以報塞天恩，迫於歲暮，犬馬齒索。（《後漢書·班梁列傳·班超》）

在這篇上書中，班昭先訴班超之功之勞之傷之痛。班超孤身奮鬥西域三十年，歷盡艱辛。"每有攻戰，輒爲先登，身被金夷，不避死亡"，落下一身病痛。環顧當年一同奮鬥的夥伴，俱已去世；壯年從軍，別妻離子，骨肉亦不相識。而今英雄遲暮，思念故鄉。

蠻夷之性，悖逆侮老，而超旦暮入地，久不見代，恐開奸宄之源，生逆亂之心。而卿大夫咸懷一切，莫肯遠慮。如有卒暴，超之氣力不能從心，便爲上損國家累世之功，下棄忠臣竭力之用，誠可痛也。故超萬里歸誠，自陳苦急，延頸逾望，三年於今，未蒙省錄。⑤（同前引）

班昭再進一步發揮班超上書中之"蠻夷辱老"之說，指出以一垂暮老人擔當邊疆大任，於國家亦非良策。

妾竊聞古者十五受兵，六十還之，⑥亦有休息不任職也。緣陛下以至孝理天下，得萬國之歡心，不遺小國之臣，況超得備侯伯之位，故

---

①陳睦，東漢第一任西域都護。參看本書第三十章《一定西域》及第三十一章《風雲變幻》。
②李賢注："夷，傷也。"
③物故，即去世。
④李賢注："不仁猶不遂也。"
⑤李賢注："逾，遙也。"
⑥《周禮·鄉大夫職》："國中自七尺以及六十，野自六尺以及六十有五，皆徵之。"七尺，指身高七尺，即二十歲；六尺則爲十五歲。

敢觸死爲超求哀，丐超餘年。一得生還，復見闕庭，使國永無勞遠之慮，西域無倉卒之憂，超得長蒙文王葬骨之恩，①子方哀老之惠。②《詩》云："民亦勞止，汔可小康，惠此中國，以綏四方。"③超有書與妾生訣，恐不復相見。妾誠傷超以壯年竭忠孝於沙漠，疲老則便捐死於曠野，誠可哀憐。（同前引）

班超壯年出征，於今已三十載，可稱超期服役。如果朝廷能調回班超，班超本人得蒙"文王葬骨之恩，子方哀老之惠"，朝廷亦可博得體恤老臣的美名，否則……

> 如不蒙救護，超後有一旦之變，冀幸超家得蒙趙母、衛姬先請之貸。④妾愚戇不知大義，觸犯忌諱。（同前引）

最後這幾句話是全文點睛之筆。戰國時，馬扶君趙奢爲趙國大將，一生戎馬倥傯，享有極高聲望。他死後，秦、趙長平之戰時，趙孝成王爲秦反間，以趙奢之子趙括替換老將廉頗。趙括之母上書言其子不堪大用，趙王不聽。趙母無奈，遂説："王終遣之，即有如不稱，妾得無隨坐乎？"（趙括故事與長平之戰見《史記·廉頗藺相如列傳》）衛姬是齊桓公之侍妾，齊欲伐衛，衛姬即以自己是衛國人請桓公治罪，得赦。班昭舉趙母、衛姬之例將了和帝劉肇一軍，説：大漢制度，有功則賞，有過必罰。如果陛下您一定要班超以老病之軀繼續服役邊疆，一旦西域將來出了什麼變故，可別牽累我們家屬啊。

---

① 文王葬骨，典出《吕氏春秋·孟冬紀·异用》："周文王使人抇池，得死人之骸。吏以聞於文王，文王曰：'更葬之。'吏曰：'此無主矣。'文王曰：'有天下者，天下之主也；有一國者，一國之主也。今我非其主乎？'遂令吏以衣棺更葬之。天下聞之曰：'文王賢矣！澤及髊骨，又況於人乎？'或得寶以危其國，文王得朽骨以喻其意，故聖人於物也無不材。"
② 李賢注："田子方，魏文侯之師也。見君之老馬棄之，曰：'少盡其力，老而棄之，非仁也。'於是收而養之。"
③ 李賢注："《詩·大雅》也。汔，其也。康、綏，皆安也。言先施恩惠於中國，然後乃安四方。"
④ 李賢注："趙母謂趙奢之妻，趙括之母也。懼括敗，先請，得不坐。衛姬者，齊桓公之姬。桓公與管仲謀伐衛，桓公入，姬請衛之罪。事見《列女傳》也。"

說起來，班昭不愧才女之名，這篇爲兄請命之奏章，有理有利、有情有節，比之班超自己的那篇上書，說服力要強得多了。劉肇感於班昭之言，於是下詔召回班超。次年（永元十四年，102年）八月，班超回到洛陽，一個月後即因胸脅疾病加重去世，但也算是葉落歸根了。

第三十八章　輔佐女主

一、太后臨朝

元興元年（105）冬，和帝劉肇去世：

> 冬十二月辛未，帝崩於章德前殿，年二十七。（《後漢書·孝和孝殤帝紀》）

於是年僅二十五歲的皇后鄧綏做了寡婦。鄧綏并無親子，劉肇生前也未立太子。其實劉肇的兒子并不少，但大多數都夭折了：

> 元興元年，帝崩，長子平原王有疾，而諸皇子夭沒，前後十數，後生者輒隱秘養於人間。（《後漢書·皇后紀上》）

劉肇認爲皇子們之死可能是宮中有人故意爲之，遂將後來所生皇子秘密寄養宮外。劉肇去世時，朝臣們以爲劉肇絕嗣，頗爲驚慌。其實這時尚有兩個皇子在世，爲皇后鄧綏迎還宮中：

> 初，數失皇太子，養於民間，群臣無知者，莫不惶懼，鄧后乃收皇太子於民間。皇子勝長，有疾。皇子隆生百餘日，后養之。（袁宏《後漢紀》）

這兩個皇子的生母均不詳。年長的皇子劉勝有疾，年幼的皇子劉隆生僅百日。鄧綏遂將劉隆抱養在自己名下，并與其長兄鄧騭商議立其爲帝：

> 太后乃引兄等定策禁中，立隆爲皇太子，是日即皇帝位，太后攝

朝。……封皇子勝爲平原王。（同前引）

於是尚在繦褓中的劉隆先被立爲太子，同日即皇帝位，是爲殤帝：

> 孝殤皇帝諱隆，和帝少子也。元興元年十二月辛未夜，即皇帝位，時誕育百餘日。尊皇后曰皇太后，太后臨朝。（《後漢書·孝和孝殤帝紀》）

生始百日即登基的劉隆，成爲中國歷史上年齡最小的皇帝。此後，鄧綏即以皇太后的身份臨朝執政。

漢宮舊制，皇帝駕崩後，其后宮嬪妃當移居外園。於是鄧綏遣散了劉肇諸貴人，并厚加賞賜：

> 和帝葬後，宮人並歸園，太后賜周、馮貴人策曰："朕與貴人托配後庭，共歡等列，十有餘年。不獲福祐①，先帝早棄天下，孤心煢煢②，靡所瞻仰，夙夜永懷，感愴發中。今當以舊典分歸外園，慘結增嘆，燕燕之詩，曷能喻焉？③其賜貴人王青蓋車，采飾輅，驂馬各一駟，黃金三十斤，雜帛三千匹，白越四千端。"又賜馮貴人王赤綬，以未有頭上步搖④、環佩，加賜各一具。（《後漢書·皇后紀上·和熹鄧皇后》）

馮貴人没有頭飾、環佩，爲鄧綏發現，遂加賜一份。鄧綏心細仁厚，於此可見一斑。

在皇帝生前，皇后、貴人固然待遇有差，但以都在後宮，除名分外，其他差別亦有限。迨皇帝去世後，其他嬪妃宮人遷諸外園，而太后仍居宮中受皇帝奉養，如果皇帝年幼尚可臨朝秉政，可謂雲泥之别。故而歷代後宮爭鬥激烈，亦是勢所必然。

鄧綏身爲太后，且不論朝廷大政，首先要管理好後宮。其本傳記載了她處理的兩宗後宮案件：

---

① "祐"通"佑"。
② 李賢注："煢煢，孤特之貌也。《詩》曰：'煢煢在疚。'"
③《詩·邶風》："燕燕於飛，差池其羽。之子於歸，遠送於野。瞻望不及，泣涕如雨。"
④ 步搖，婦人頭飾。劉熙《釋名·釋首飾第十五》："步搖，上有垂珠，步則搖也。"

是時新遭大憂①，法禁未設。宮中亡大珠一篋，太后念，欲考問，必有不辜。乃親閱宮人，觀察顏色，即時首服。

又和帝幸人吉成，御者②共枉吉成以巫蠱事，遂下掖庭考訊，辭證明白。太后以先帝左右，待之有恩，平日尚無惡言，今反若此，不合人情，更自呼見實核，果御者所爲。莫不嘆服，以爲聖明。（同前引）

從這兩件案子，頗見鄧綏聰明。第一件大珠失竊案，想那盜珠宮人應非慣犯，只是趁亂貪小利而已。如交有司，勢必拷問所有宮人宦官，牽連太多，可能傷及無辜。於是鄧綏親自召見所有宮女，察言觀色，很快就找出了盜珠之人。第二件"巫蠱"案，鄧綏則按以人之常情，以"巫蠱"咒人，必是心懷大恨。而吉成得寵和帝，只會感恩，并無怨恨之理，應是遭人陷害。按此思路，很快就查出了首告之御者即是犯人。

鄧綏熟讀儒家經典，秉承孔子"不語怪力亂神"之意，又下詔罷除鬼神祭祀，并進行大赦：

常以鬼神難徵，淫祀無福，乃詔有司罷諸祠官不合典禮者。又詔赦除建武以來諸犯妖惡，及馬、竇家屬所被禁錮者，皆復之爲平人。（同前引）

"妖惡"，即妖言，原指怪誕不經的邪説："妖言不止，衆口相惑。"（《六韜·兵徵》③）秦漢時，妖言成爲一項罪名："今法有誹謗妖言之罪，是使衆臣不敢盡情，而上無由聞過失也。"（《史記·孝文本紀》）且常爲有勢力者如王公貴戚等所濫用，以打擊政敵。馬、竇指明帝馬皇后和章帝竇皇后，其家屬作爲外戚多行不法，後來均遭清算。

鄧綏再消減宮廷費用，厲行節儉：

---

①大憂，指國喪。
②御者，即侍從。鄭玄注《儀禮》："御者，今時侍從之人。"《資治通鑒·漢哀帝建平元年》："帝與昭儀坐，使御者於客子解篋緘。"胡三省注："御者，侍者也。"
③《六韜》爲古代兵書，又稱《太公六韜》或《太公兵法》，舊題周姜尚著，當是後人依託。《六韜》實際作者已不可考，一般認爲其書成於戰國時代。

减大官、導官、尚方、內者服御珍膳靡麗難成之物，自非供陵廟，稻粱米得導擇，朝夕一肉、飯而已。舊太官、湯官經用歲且二萬萬①，太后勅止，日殺省珍費，自是裁數千萬。及郡國所貢，皆減其過半。悉斥賣上林鷹犬。其蜀、漢釦器九帶佩刀，並不復調。②止畫工三十九種。又御府、尚方、織室錦繡、冰紈、綺縠、金銀、珠玉、犀象、瑇瑁、雕鏤玩弄之物，皆絶不作。離宮別館儲峙米糒薪炭，悉令省之。③（同前引）

并放數百名宮女出宮：

又詔諸園貴人，其宮人有宗室同族若羸老不任使者，令園監實核上名，自御北宮增喜觀閱問之，恣其去留，即日免遣者五六百人。（同前引）

當然，大赦天下、檢討費用、遣放宮人等等，都是新皇帝登基時"除舊布新"的例行公事。只是鄧綏做來，事必躬親，更爲徹底、更爲誠懇而已。

二、與聞政事

《班昭傳》說：

及鄧太后臨朝，與聞政事。以出入之勤，特封子成關內侯，官至齊相。

即鄧太后執政之初，班昭即以其師傅身份參議政事。由於曹壽生前并未出仕，故班昭也是布衣身份。古代社會，等級森嚴；一個人的稱呼、服飾、車馬、隨從等都與其品秩緊密相聯。以前班昭於後宮授徒，得被尊稱"曹大家"，但這只是一個稱呼而已，并未改變其平民身份。當其"與聞政事"之後，不但要頻

---

① 太官、湯官，均屬少府。太官掌皇帝膳食及燕享之事；湯官主餅餌。經用，日常所用。
② 李賢注："蜀，蜀郡也。漢，廣漢郡也。二郡主作供進之器，元帝時貢禹上書：'蜀、廣漢主金銀器，各用五百萬'是也。釦音口，以金銀緣器也。"
③ 李賢注："儲峙猶蓄積也。糒，乾飯。"

繁出入宮禁，且不免要與外臣照面，身份不顯，服飾不明，未免尷尬。

然而除了后宮嬪妃，漢代女子自身極少有官銜爵位。作爲變通之法，鄧綏封班昭之子曹成爲關內侯，借"母以子貴"之原則提高班昭身份。《公羊傳·隱公元年》載：

> 桓何以貴？母貴也。母貴則子何以貴？子以母貴，母以子貴。

此處"桓"指魯桓公。魯桓公并非其父魯惠公長子，但因其母爲正室仲子，故而身份貴重，得以繼位。曹成以其母爲太后師傅得封關內侯，誠可謂"子以母貴"；而班昭又因"母以子貴"的原則得享"關內侯太夫人"之身份待遇。

曹成早年入仕，如由司徒掾而得以察孝廉任長垣長，固系其本人之努力；而後來之升遷則是借其母之光。據《三輔決録》注云："（成）母爲太后師，徵拜中散大夫。"是曹成在封關內侯後拜中散大夫；而班昭本傳又稱曹成"官至齊相"。據《後漢書·百官二》：

> 中散大夫，六百石。

又據《後漢書·百官五》：

> 皇子封王，其郡爲國，每置傅一人，相一人，皆二千石。

由於王國相的品秩高於中散大夫，故可假定曹成先任中散大夫，後升遷至齊相。

延光三年（124），安帝太子劉保受誣陷被廢，包括曹成在內的一干大臣爲劉保辯誣，事載《後漢書·李王鄧來列傳》：

> 時皇太子驚病不安，避幸安帝乳母野王君王聖舍。太子乳母王男、廚監邴吉等以爲聖舍新繕修，犯土禁，不可久御。聖及其女永與大長秋江京及中常侍樊豐、王男、邴吉等互相是非，聖、永遂譖譛男、吉，皆幽囚死，家屬徙比景。太子思男等，數爲嘆息。京、豐懼有後害，妄造虛無，構讒太子及東宮官屬。帝怒，召公卿以下會議廢立。……是日遂廢太子爲濟陰王。……宗正劉瑋，將作大匠薛皓，侍中閭丘弘、陳光、趙代、施延，太中大夫朱倀、第五頡，中散大夫曹成，諫議大夫

李尤，符節令張敬，持書侍御史龔調，羽林右監孔顯，城門司馬徐崇，衛尉守丞樂闔，長樂、未央廐令鄭安世等十餘人，俱詣鴻都門證太子無過。

是曹成自元平元年（106）拜中散大夫，十八年後的延光三年（124）仍爲中散大夫，并未遷轉。

曹成之任齊相，則應在其任中散大夫之後。據《後漢書·郡國志四》：

齊國秦置。雒陽東千八百里。六城，戶六萬四千四百一十五，口四十九萬一千七百六十五。

此時之齊王爲齊惠王劉無忌，他從和帝永元二年（90）繼位，到順帝漢安元年（142）去世，在位長達五十二年。

三、再立新帝

鄧綏不立皇長子劉勝而立劉隆，劉勝有疾固然是一個因素，但以劉隆年幼，如親自撫育教養，易於培養感情恐怕也是一個重要考量。然而古代醫療不發達，幼兒夭折頗多。劉隆在即位八個月後病死：

（延平元年）八月辛亥，帝崩。癸丑，殯於崇德前殿。年二歲。（《後漢書·孝和孝殤帝紀》）

按劉隆元興元年（105）底登基時生始百日，次年八月即去世，説是兩歲（虛歲），實則尚不滿周歲：

殤帝生三百餘日而崩，鄧太后攝政，以尚嬰孩，故不列於廟，就陵寢祭之而已。（《後漢書·祭祀志》）

按説劉隆無嗣而逝，應立其兄劉勝，即和帝劉肇僅剩之血脉爲新帝。但鄧綏因前次未選劉勝而立其弟，心有顧忌，恐怕劉勝長大後心存隔閡，於是索性改立清河王劉慶之長子劉祜：

延平元年，殤帝崩。勝有厥疾不篤，群臣咸欲立之，太后以前既

不立勝，遂更立清河王子，是爲安帝。(《後漢書·五行志》)

清河王劉慶，是章帝劉炟之子、和帝劉肇之兄，生母爲宋貴人。劉慶初立太子，後來竇皇后以自身無子而抱養劉肇，後説服章帝廢劉慶，改立劉肇爲太子。劉肇即位後，封劉慶爲清河王。劉祜即爲劉慶長子，生於永元六年（94），生母左小娥：

> 恭宗孝安皇帝諱祜，肅宗孫也。父清河孝王慶，母左姬。(《後漢書·孝和孝殤帝紀》)

劉慶、劉肇兄弟感情很好，故劉慶一直留在洛陽，并未去其封地清河（今山東河北交界處）居住。殤帝劉隆即位後，鄧綏下詔命留京諸王包括劉慶均就國，但獨留時年十三歲的劉祜於洛陽居住：

> 延平元年，慶始就國，鄧太后特詔留帝清河邸。(同前引)

鄧綏留劉祜於洛陽，便有預防萬一的意思。迨殤帝劉隆去世，鄧綏即與其兄鄧騭謀劃，迎立劉祜爲帝：

> 八月，殤帝崩，太后與兄車騎將軍鄧騭定策禁中。其夜，使騭持節，以王青蓋車①迎帝，齋於殿中。皇太后御崇德殿，百官皆吉服②，群臣陪位，引拜帝爲長安侯。③
> ……………
> 太尉奉上璽綬，即皇帝位，年十三。太后猶臨朝。④(同前引)

---

① 李賢注引《續漢志》曰："皇太子、皇子皆安車，朱班輪，青蓋金華蚤。皇子爲王，錫以乘之，故曰王青蓋車。皇孫則緑車。"即王青蓋車需封王的皇子方有資格乘坐，鄧騭此舉乃是有意拔高劉祜的地位。

② 李賢注："洛陽南宮有崇德殿。不可以凶事臨朝，故吉服也。"即殤帝去世，臣下本應著喪服，但以立新帝，故改換吉服。

③ 李賢注："不即立爲天子而封侯者，不欲從微即登皇位。"劉祜不但不是太子，連皇子都不是，身份不倫。故鄧氏先立其爲侯，然後即帝位。

④ 李賢注引《公羊傳》曰："猶者，可止之辭也。"《後漢書》的作者范曄對鄧氏兄妹所爲有看法，故這段話中用字遣辭多有譴責其不遵禮制之意。

劉勝是和帝劉肇長子，先皇有子而改立其侄，於禮法不合。於此鄧綏的借口是劉勝有"痼疾"。然而《後漢書·五行二》説"勝有厥疾不篤"，即劉勝之病症爲"厥疾"，且并不嚴重。據《黃帝内經·素問·厥論篇》：

> 厥，或令人腹滿，或令人暴不知人，或至半日遠至一日乃知人者。

又説：

> 巨陽之厥，則腫首頭重，足不能行，發爲眴仆。陽明之厥，則巔疾欲走呼，腹滿不得卧，面赤而熱，妄見而妄言。

則"厥疾"有突然昏倒、神智不清、妄見而妄言、手足逆冷等症狀，或即今日所謂癲癇。因劉勝的症狀并不嚴重，當時的大臣們對鄧氏兄妹的做法相當抵觸，如司空周章等甚至準備發動政變推翻安帝而改立劉勝：

> 初，和帝崩，鄧太后以皇子勝有痼疾，不可奉承宗廟，貪殤帝孩抱，養爲己子，故立之，以勝爲平原王。及殤帝崩，群臣以勝疾非痼，意咸歸之，太后以前既不立，恐後爲怨，乃立和帝兄清河孝王子祜，是爲安帝。章以衆心不附，遂密謀閉宮門，誅車騎將軍鄧騭兄弟及鄭衆、蔡倫①，劫尚書，廢太后於南宮，封帝爲遠國王，而立平原王勝。事覺，策免，章自殺。（《後漢書·朱馮虞鄭周列傳·周章》）

然而周章等人運氣不好，其政變陰謀尚未實施即被發現，周章被免職後自殺。周章以謀反大罪僅被"策免"，可能是當時輿論多有同情，且同謀參與之朝廷大臣衆多，鄧氏兄妹亦不敢貿然興起大獄，所以草草結案。

路放按：平原王劉勝身體的確不好，亦未能活到成年：

> （永初七年，113 年）夏四月乙未，平原王胜薨。（《後漢書·孝和孝殤帝紀》）

又《後漢書·五行三》載：

---

① 鄭衆、蔡倫，皆當時大宦官。鄧綏以孤兒寡母深處內宮執政，故於其多有依仗，是東漢後期宦官掌權之肇始。

和帝元興元年冬十一月壬午，郡國四冬雷。是時皇子數不遂，皆隱之民間。是歲，宮車晏駕，殤帝生百餘日，立以爲君；帝兄有疾，封爲平原王，卒，皆夭無嗣。

所以鄧綏初立劉隆、再立劉祜雖有私心，却不爲完全無理。劉隆早夭，只是運氣不好而已。

一年之内兩次國喪，花費自然很大。鄧綏秉承其一貫的節約精神，節儉辦理殤帝劉隆的喪事：

及殤帝崩，太后定策立安帝，猶臨朝政。以連遭大憂，①百姓苦役，殤帝康陵方中秘藏②及諸工作，事事減約，十分居一。（《後漢書·皇后紀上·和熹鄧皇后》）

延平元年（106）安帝劉祜即位，鄧綏繼續臨朝；至次年（永初元年，107年）時，劉祜已十四歲，到了可以親政的年齡了，但太后鄧綏并無歸政的表示。以儒家禮儀來看，這當然不合規矩，故而朝臣們多有不滿。於是郎中杜根等上書，要求太后還政於皇帝：

（杜）根性方實，好絞直。③永初元年，舉孝廉，爲郎中。時和熹鄧后臨朝，權在外戚。根以安帝年長，宜親政事，乃與同時郎上書直諫。太后大怒，收執根等，令盛以縑囊④，於殿上撲殺之。執法者以根知名，私語行事人使不加力，既而載出城外，根得蘇。太后使人檢視，根遂詐死，三日，目中生蛆，因得逃竄，爲宜城山中酒家保。⑤（《後漢書·杜樂劉李劉謝列傳·杜根》）

皇帝成年，太后歸政，實爲國家制度。郎中杜根等上書諫言，有理有據，光明正大。而鄧綏惱羞成怒，下令將杜根等裝入麻袋撲殺，頗不類其一貫所標榜

---

① 李賢注："大憂，謂和帝、殤帝崩。"
② 李賢注："方中，陵中也。冢藏之中，故言秘也。"
③ 李賢注："絞，急也。"
④ 縑，以雙絲織成的細絹。
⑤ 宜城縣，故城在今湖北襄陽市。酒家保，酒店招待。

之儒家信徒身份，故其行事心理值得探討。

就一般情況而言，皇帝年幼，由其母太后臨朝，舅氏輔佐；待皇帝成年後，太后還政於皇帝，退回後宮頤養天年；舅舅們爲皇帝看守天下也是勞苦功高，理應安享榮華富貴，這是最高權力的正常交接方式。

然鄧綏與劉祜的情況却非如此。劉祜并非鄧綏親子，甚至也不是劉肇親子，且十三歲時方入宮承其叔父之嗣爲帝，鄧綏於其并無撫育之恩，只是名義上的母子關繫而已。況且當年鄧綏之夫和帝劉肇親政後即誅殺其養母竇太后娘家諸舅的前車之鑒歷歷在目，故鄧綏對劉祜一旦親政後是否能夠善待自己和鄧氏一族心存疑慮，也是人之常情。

但這本是鄧氏兄妹在立劉祜爲帝之前就應考慮到的，現在猶豫，爲時已晚：如果即時還政，親情尚未建立，驟然放手心有不甘；而這次不答應還政，則劉祜心中必然不滿，又會進一步影響母子之間的感情。鄧綏的這種患得患失的考量，造成了一個死結：她害怕皇帝與自己有嫌隙，顧慮其親政後對自己和鄧氏家族不利而遲遲不願歸政，但越是拖延，則劉祜的怨氣越大，母子嫌隙也越大，鄧綏就更加不放心。其結果就是，鄧綏執政終身，以保鄧氏平安；迨其去世，安帝甫一親政，即追尊其本生父、母、祖母，并立即清算鄧氏，鄧騭等被迫自殺，鄧氏家族被流放，永元初年外戚竇氏滅門之禍再次上演。

四、上書太后

和帝劉肇在世時，鄧綏并不欲娘家人身居高位，這也是其賢名之一；迨劉肇去世後，鄧綏青年守寡，兩次面臨立帝問題，禮法所在與自身利益不盡一致，應當如何選擇，頗難與外臣深言，只有與其胞兄鄧騭等商議。自此鄧綏開始提拔其衆兄弟，不僅鄧騭得任大將軍，其他三個兄弟也分別擔任朝廷要職：

延平元年①，拜騭車騎將軍、儀同三司。②悝虎賁中郎將，弘、閶皆侍中。殤帝崩，太后與騭等定策立安帝，悝遷城門校尉，弘虎賁中

---

①延平元年爲公元 106 年。
②李賢注："儀同三司始自騭也。"三司即三公，指太尉、司空、司徒。

郎將。(《後漢書·鄧寇列傳》)

鄧綏不僅提拔其弟兄們，且讓他們居住宮中，以便隨時與他們商議朝廷大事：

> 自和帝崩後，騭兄弟常居禁中。騭謙遜不欲久在内，連求還第，歲餘，太后乃許之。(同前引)

鄧騭兄弟在宮中住了一年多，直到安帝劉祜登基後，大事已定，纔出宮回府居住。鄧綏又封他們爲侯：

> 永初元年，封騭上蔡侯、悝葉侯、弘西平侯、閶西華侯，食邑各萬户，騭以定策功，增邑三千户。(同前引)

雖然漢代有外戚封侯之制，但四個兄弟一起封爲萬户侯，鄧氏家族一時風光無兩。後來，鄧騭奉召鎮壓羌人叛亂，儘管打了敗仗，班師之時依然"寵靈顯赫，光震都鄙"(見第三十四章《以荷析薪》第一節《都護任尚》)。

鄧綏又封其母陰氏爲新野君：

> (永初元年)六月戊申，爵皇太后母陰氏爲新野君。(《後漢書·孝和孝殤帝紀》)

> 永初元年，爵號太夫人爲新野君，萬户供湯沐邑。①(《後漢書·皇后紀上·和熹鄧皇后》)

陰氏封地萬户，却説僅供湯沐之需，這排場可真大。當然，鑒於前朝外戚竇氏之下場，鄧綏雖然重用鄧氏兄弟，却也嚴厲限制他們過於張揚：

> 詔告司隸校尉、河南尹、南陽太守曰："每覽前代外戚賓客，假借威權，輕薄謥詷②，至有濁亂奉公，爲人患苦。咎在執法怠懈，不輒行其罰故也。今車騎將軍騭等雖懷敬順之志，而宗門廣大，姻戚不少，賓客奸猾，多干禁憲。③其明加檢敕，勿相容護。"自是親屬犯罪，無所

---

① 李賢注："湯沐者，取其賦税以供湯沐之具也。"
② 謥詷，急劇之意。
③ 李賢注："干，犯也。"

假貸。（同前引）

也正是由於鄧綏的約束，鄧氏兄弟并未像前代外戚馬氏、竇氏那樣普遍激起朝野物議。

永初四年（110），新野君陰氏去世：

> 冬十月甲戌，新野君陰氏薨，使司空持節護喪事。（《後漢書·孝安帝紀》）

司空爲"三公"之一。陰氏去世，司空打幡爲其辦喪事，這排場也真夠大的。班昭爲人低調謹慎，雖"與聞政事"，但多數時間裏應只是應鄧綏私下咨詢而提供意見，具體事例史書多不載。唯有這次新野君去世，班昭上疏鄧綏，請許鄧騭等人歸第守制，載之《班昭傳》：

> 永初中，太后兄大將軍鄧騭以母憂，上書乞身①，太后不欲許，以問昭。昭因上疏曰："伏惟皇太后陛下，躬盛德之美，隆唐、虞之政，闢四門而開四聰，②采狂夫之瞽言，納芻蕘之謀慮。③妾昭得以愚朽，身當盛明，敢不披露肝膽，以效萬一！妾聞謙讓之風，德莫大焉，故典墳④述美，神祇降福。昔夷、齊⑤去國，天下服其廉高；太伯違邠，孔子稱爲三讓。⑥所以光昭令德，揚名於後世者也。《論語》曰：'能以禮讓爲國，於從政乎何有！'由是言之，推讓之誠，其致遠矣。今四舅⑦深執忠孝，引身自退，而以方垂⑧未靜，拒而不許；如後有毫毛加於今

---

①乞身，官員自請離職。
②四門，指明堂四門。四聰，聽從四方意見。
③李賢注："《前書》曰：'狂夫之言，明主擇焉。'《詩》曰：'先人有言，詢於芻蕘。'"此贊揚鄧綏虛懷若谷，能徵求、聽從各方各種意見。
④典墳，即"三墳五典"之省稱，古代經典、書籍之意。
⑤夷、齊，即伯夷、叔齊弟兄，古時孤竹君二子，爲謙讓國君之位而出亡。
⑥李賢注："周太王有疾，太伯欲讓季歷，托采藥於吳。時已居周，此言邠者，蓋本其始而言之也。"
⑦四舅，指鄧騭、鄧悝、鄧弘、鄧閶弟兄，并爲安帝劉祜名義上的舅舅。
⑧方垂，即邊陲。垂，通"陲"。

日，①誠恐推讓之名不可再得。緣見逮及，故敢昧死竭其愚情。自知言不足采，以示蟲蟻之赤心。"太后從而許之。於是騭等各還里第焉。

鄧綏兄妹之母去世，鄧騭兄弟請求辭官爲母守孝，按禮制鄧綏并無不准之理。鄧綏自己以孝著名，爲何這次却不願兄弟們盡孝呢？

鄧綏青年守寡而爲太后，養子皇帝年幼，難免覺得無所依靠。自兩立幼帝始，鄧綏即習慣與鄧騭兄弟商議大事。這次老母去世，四個兄弟一起離職守制，在鄧綏難免有頓失所恃之感。當然，鄧綏以邊境不靖爲理由不許鄧騭等守孝，理由并不充分。莫非偌大一個帝國，再無其他戰將可爲國分憂？更何況鄧騭等人的武功謀略并不如何出色。漢代以孝治國，這次若鄧綏自己破壞規矩，則會給鄧氏兄妹帶來極嚴重的負面影響，也會損害鄧綏自己一直以來所標榜的孝名和賢名。

班昭雖然熟讀儒家經書，却不是食古不化、墨守成規的書呆子。觀其她勸諫鄧綏之言，并無多少道德説教，只從利害分析：如果鄧騭兄弟這次戀棧不去，則"如後有毫毛加於今日，誠恐推讓之名不可再得"。言外之意，太后你不可重蹈永元初年竇氏兄妹的覆轍啊！

鄧綏從善如流，不僅立刻批准了鄧騭兄弟回家守制，且在孝期滿後，又准許鄧氏兄弟退居府第，只居閑職：

> 騭等既還里第，並居冢次。閭至孝骨立，有聞當時。及服闋，詔喻騭還輔朝政，更授前封。騭等叩頭固讓，乃止，於是並奉朝請，位次在三公下，特進、侯上。其有大議，乃詣朝堂，與公卿參謀。（《後漢書·鄧寇列傳》）

自此鄧氏兄弟不再參與朝政。作爲外戚，鄧氏一族在當時的口碑極好。也正因爲鄧氏兄弟平時行事低調，故而安帝劉祜親政後清算鄧氏，頗有人爲其鳴不平。

---

① 李賢注："謂有纖微之過，則推讓之美失也。"

五、君臣相得

鄧綏當政，勤勤懇懇，事無巨細都要操心。例如，以當時的觀念，天大旱，必是因爲人世有冤獄，怨氣冲天而致：

> 國大旱，冤獄結。旱者，陽氣移，精不施，君上失制，奢淫僭差，氣亂感天，則旱徵見。（《後漢書·五行一》李賢註引《春秋考異郵》①）

故當永初二年（108）夏天，洛陽大旱，鄧綏即親自去洛陽寺（洛陽監獄）查訪冤獄：

> （元初）二年夏，京師旱，親幸洛陽寺錄冤獄。有囚實不殺人而被考②自誣，羸困輿見，畏吏不敢言，將去，舉頭若欲自訴。太后察視覺之。即呼還問狀，具得枉實，即時收洛陽令下獄抵罪。行未還宫，澍雨大降。（《後漢書·皇后紀上·和熹鄧皇后》）

果然鄧綏以其細心、擅於察言觀色而查到一起冤獄并糾正之，從而感動了上天，解決了洛陽旱情。在她當政的二十多年裏，諸如此類的事例很多：

> 自太后臨朝，水旱十載，四夷外侵，盜賊内起。每聞人饑，或達旦不寐，而躬自减徹，以救災厄，故天下復平，歲還豐穰。（同前引）

鄧綏政績，除了力行節約、斷獄清明外，還表現在她重視教育方面。鄧綏自己嗜學，即使成爲太后以後，日理萬機，仍不忘繼續讀書，且引學者入宫著述教學：

> 太后自入宫掖，從曹大家受經書，兼天文、算數。晝省王政，夜則誦讀，而患其謬誤，懼乖典章，乃博選諸儒劉珍等及博士、議郎、四府掾史五十餘人，詣東觀讎校傳記。事畢奏御，賜葛布各有差。又詔

---

① 《春秋考异郵》爲漢代緯書。
② 考，拷問，刑訊之意。

中官近臣於東觀受讀經傳，以教授宮人，左右習誦，朝夕濟濟。（同前引）

鄧綏不僅自己愛學習，且極重視皇室子弟與其娘家子侄的教育，於是興辦家學：

（元初）六年，太后詔徵和帝弟濟北、河間王子男女年五歲以上四十餘人，又鄧氏近親子孫三十餘人，並爲開邸第，教學經書，躬自監試。尚幼者，使置師保，朝夕入宮，撫循詔導，恩愛甚渥。乃詔從兄河南尹豹、越騎校尉康等曰："吾所以引納群子，置之學官者，實以方今承百王之敝，時俗淺薄，巧僞滋生，《五經》衰缺，不有化導，將遂陵遲，故欲襃崇聖道，以匡失俗。傳不云乎：'飽食終日，無所用心，難矣哉！'①今末世貴戚食祿之家，溫衣美飯，乘堅驅良，②而面墙術學，不識臧否，③斯故禍敗所從來也。永平中，四姓小侯皆令入學，④所以矯俗屬薄，反之忠孝。先公既以武功書之竹帛，兼以文德教化子孫，⑤故能束修，不觸羅網。誠令兒曹上述祖考休烈，下念詔書本意，則足矣。其勉之哉！"（同前引）

路放按：上文記載鄧綏辦皇家學校，"河間王子男女年五歲以上四十餘人"，是歷史上首次記載有女子入學，且男女同校。未知鄧綏此舉是否出於班昭之建議？

鄧綏勤勉當政，除了不居皇帝之名外，實際上一直在做皇帝的工作，故時人也以皇帝看待她。漢代皇帝的起居實錄名爲"注記"，於是有人提議要爲鄧綏撰寫注記：

元初五年，平望侯劉毅以太后多德政，欲令早有註記……帝從之。

---

① 李賢注："《論語》孔子言也。言人終日飽食，不措心於道義。難矣哉，言終無遠大也。"
② 李賢注："堅謂好車，良謂善馬也。《墨子》曰：'聖王爲衣服之法，堅車良馬，不知貴也。'"
③ 李賢注："《尚書》曰：'弗學墙面'也。"
④ 漢時稱功臣子孫或外戚子弟之封侯者。以其非列侯，故稱。《後漢書·明帝紀》："爲四姓小侯開立學校，置五經師。"李賢注引袁宏《後漢紀》曰："又爲外戚樊氏、郭氏、陰氏、馬氏諸子弟立學，號四姓小侯，置五經師。以非列侯，故曰小侯。"
⑤ 李賢注："先公謂鄧禹。禹有子十三人，各使守一藝，故曰文德也。"

（同前引）

在鄧綏執政的十幾年裏，班昭應該一直隨侍其左右，備位咨詢、出謀劃策。班昭去世於永寧元年（120）左右，喪禮備極哀榮，鄧綏親自爲其服素舉哀：

> 昭年七十餘卒，皇太后素服舉哀，使者監護喪事。（《班昭傳》）

在鄧綏當政的年代裏，無論是作爲其老師探討學問，抑或作爲顧問商討國家大事，班昭與鄧綏的關繫無疑是融洽的。雖然班昭的活動沒有詳細記載，但觀鄧綏的行事作風，無不秉承儒家治國理念。這即使不能說全是受班昭影響，也可以理解爲至少她們是志同道合的，她們之間的友誼且維持終生。

班昭去世後不久，鄧綏重病，於永寧二年（121）去世，留有遺詔：

> 永寧二年二月，寢病漸篤，乃乘輦於前殿，見侍中、尚書，因北至太子①新所繕宮。還，大赦天下，賜諸園貴人、王、主、群僚錢布各有差。詔曰："朕以無德，托母天下，而薄祐不天，早離大憂。②延平之際，海内無主，元元厄運，危於累卵。③勤勤苦心，不敢以萬乘爲樂，上欲不欺天愧先帝，下不違人負宿心④，誠在濟度百姓，以安劉氏。自謂感徹天地，當蒙福祚，而喪禍内外，傷痛不絕。⑤頃以廢病沈滯，久不得侍祠，自力上原陵，加欬逆唾血，遂至不解。存亡大分，無可奈何。公卿百官，其勉盡忠恪，以輔朝廷。"三月崩。在位二十年⑥，年四十一。（《後漢書・皇后紀上・和熹鄧皇后》）

---

①即安帝劉祜之太子劉保，以後的順帝。
②大憂，指和、殤帝崩。
③李賢注引《説苑》曰："晉靈公驕奢，造九層之臺，國困人貧，恥功不成。令曰：'左右諫者斬也。'荀息乃求見。公曰：'諫邪？'息曰：'不敢。臣能累十二博棋，加九雞子其上。'公曰：'危哉。'息曰：'復有危於此者。公爲九層之臺，男女不得耕織，社稷一滅，君何所望！'君曰：'寡人之過。'乃壞臺焉。"元元，指百姓。
④宿心，本心之意。
⑤李賢注："内外謂新野君薨及和、殤二帝崩也。"
⑥在位，指永元十四年（102）鄧綏立爲皇后。

"人之將死,其言也哀",鄧綏這篇遺詔,爲自己的一生做辯解:"勤勤苦心,不敢以萬乘爲樂,上欲不欺天愧先帝,下不違人負宿心,誠在濟度百姓,以安劉氏。"并且強調"延平之際,海內無主,元元厄運,危於累卵",提醒安帝劉祜:"當年是我選你爲皇帝的,你可要有良心啊。"

當然,除了在兩度選擇新君的問題上有私心雜念外,鄧綏其實還是勤政愛民的,她的憂國憂民、克己勤政程度,遠遠超過了中國歷史上絕大多數的男性君主。

六、江河日下

鄧綏一生勤政謹慎,後人對其評價極好。如果說有什麼批評的話,就只有"稱制終身"了。

與當年和帝劉肇不知生母爲誰的情況不同,安帝劉祜是知道自己的出身的。對於鄧綏選立他爲皇帝,起初他或有感激之心,但經過漫長歲月的等待而一直不得親政,且鄧綏的一些做法又很傷人,故劉祜那點僅存的感激和孝心也會被日積月累的等待和怨恨磨滅殆盡,這對母子之間始終存在着的隔閡也就愈來愈深了。

鄧綏既不願早早歸政皇帝,故於劉祜的婚姻大事也是有意拖延。永初三年(109),劉祜十六歲時,鄧綏爲其舉行了成人禮(加元服)慶典:

> (永初)三年春正月庚子,皇帝加元服。① (《後漢書·孝安帝紀》)

直到五年后的元初元年(114),劉祜已經二十一歲,鄧綏纔爲其選秀女,并於次年立貴人閻姬爲皇后:

> 安思閻皇后諱姬,河南滎陽人也……后有才色。元初元年,以選入掖庭,甚見寵愛,爲貴人。二年,立爲皇后。(《後漢書·皇后紀第十下》)

---

① "元服",即冠。加冠,古代男子成人禮。《禮記·冠義》:"已冠而志之,成人之道也。"

另外，還有個平原王劉勝的問題。當初鄧綏立劉祜爲皇帝，同時封劉勝爲平原王。劉勝身體不好，於永初七年（113）去世：

　　（永初七年）夏四月乙未，平原王胜薨。（同前引）

也許是對劉勝心懷歉疚，鄧綏在劉勝去世後立樂安王劉寵之子劉得爲平原王，承劉勝之嗣：

　　和帝長子平原王勝無嗣，鄧太后立樂安王寵子得爲平原王。（《後漢書・鄧寇列傳》李賢注）

劉寵爲章帝劉炟之孫，千乘王劉伉之子。不料劉得也是個短命的，元初六年（119）也死了：

　　（元初六年六月）丙戌，平原王得薨。（《後漢書・孝安帝紀》）

次年鄧綏籍爲劉祜立太子之機，再立河間王劉開之子劉翼爲平原王，仍承劉勝之嗣：

　　（元初七年）夏四月丙寅，立皇子保爲皇太子，改元永寧，大赦天下。……紹封陳王羨子崇爲陳王，濟北王子萇爲樂成王，河間王子翼爲平原王。（同情引）

河間王劉開，是章帝劉炟之子、和帝劉肇之弟：

　　河間孝王開，以永元二年封，分樂成、勃海、涿郡爲國。延平元年就國。開奉遵法度，吏人敬之。永寧元年，鄧太后封開子翼爲平原王，奉懷王勝祀；子德爲安平王，奉樂成王黨祀。①（《後漢書・章帝八王傳》）

《後漢書》有平原王劉翼小傳：

　　蠡吾侯翼，元初六年鄧太后徵濟北、河間王諸子詣京師，奇翼美

---

① 李賢注："黨，明帝子也。"

儀容，故以爲平原懷王後焉。①留在京師。歲餘，太后崩。安帝乳母王聖與中常侍江京等譖鄧騭兄弟及翼，云與中大夫趙王謀圖不軌，窺覦神器，懷大逆心。②貶爲都鄉侯，遣歸河間。翼於是謝賓客，閉門自處。永建五年，父開上書，願分蠡吾縣以封翼，順帝從之。翼卒，子志嗣，爲大將軍梁冀所立，是爲桓帝。

與安帝劉祜之父，清河王孝劉慶的情況相似，劉翼之子劉志後來也做了皇帝，是爲桓帝③。

鄧綏兩次爲劉勝立嗣，在她自己固然有補償劉勝之意，但劉勝爲先皇劉肇親子，且鄧綏爲劉勝選來承嗣的劉德、劉翼都是章帝一系，與劉肇的血緣關繫與安帝劉祜相同，所以難免會刺激到劉祜，以爲鄧綏有廢掉自己的心思。迨鄧綏去世後，劉祜親政，他首先追尊自己的生父生母，以及親祖母：

> 戊申，追尊皇考清河孝王曰孝德皇，皇妣左氏曰孝德皇后，祖妣宋貴人曰敬隱皇后。（《後漢書·孝安帝紀》）

這樣，劉祜自己的父母也是皇帝、皇后了，那他自己就是皇子，有正名分之意。鄧綏去世僅兩個月，劉祜即因其乳母王聖之誣告而興起大獄，清算鄧氏：

> 五月庚辰，特進鄧騭及度遼將軍鄧遵，並以譖自殺。④丙申，貶平原王翼爲都鄉侯。（同前引）

此事過程在《後漢書·鄧寇列傳》有詳細記載，果然是因爲鄧綏過於關注

---

① 李賢注："平原王得無子，故立之也。"
② 李賢注："神器喻帝位也。《老子》曰：'天下神器，不可爲也。'"
③ 漢桓帝劉志，東漢第十一位皇帝（146—168年在位）。劉志爲章帝劉炟曾孫，其父爲蠡吾侯劉翼。本初元年（146），外戚梁冀毒死九歲的質帝劉纘，立十五歲的劉志爲帝，承順帝劉保之嗣。劉志對梁氏不滿，延熹二年（159）聯合宦官單超等五人一舉殲滅梁氏，單超等人同日封侯，稱之爲"五侯"。五侯比外戚還腐敗，東漢政治更加衰頹，國勢益弱。桓帝末年，太學生們要求朝廷整肅宦官、改革政治，劉志大怒，下令逮捕太學生200餘人，後來他們雖獲釋放，但被限制出仕，史稱"黨錮之禍"。
④ 李賢注："乳母王聖與中黃門李閏等誣告尚書鄧訪等謀廢立，宗族皆免官，騭與遵皆自殺。"

平原王劉勝，兩次爲其立嗣而引起了劉祜和其身邊人對鄧氏的記恨：

> 建光元年太后崩，未及大斂，帝復申前命，封騭爲上蔡侯，位特進。帝少號聰敏，及長多不德，而乳母王聖見太后久不歸政，慮有廢置，常與中黃門李閏候伺左右①。及太后崩，宮人先有受罰者，懷怨恚，因誣告悝、弘、閶先從尚書鄧訪取廢帝故事，謀立平原王得。帝聞，追怒，令有司奏悝等大逆無道，遂廢西平侯廣德、葉侯廣宗、西華侯忠、陽安侯珍、都鄉侯甫德皆爲庶人。騭以不與謀，但免特進，遣就國。宗族皆免官歸故郡，没入騭等貲財田宅，徙鄧訪及家屬於遠郡。郡縣逼迫，廣宗及忠皆自殺。又徙封騭爲羅侯，②騭與子鳳並不食而死。騭從弟河南尹豹、度遼將軍舞陽侯遵、將作大匠暢皆自殺，唯廣德兄弟以母閻后戚屬得留京師。（《後漢書·鄧寇列傳》）

鄧綏生前對家人約束甚嚴，鄧騭等人早已退居府第，不問朝政。王聖等誣告鄧氏弟兄與尚書鄧訪謀廢立，而此時鄧氏兄弟均已亡故（鄧綏去世時，除鄧騭本人外，其弟鄧悝、鄧弘、鄧閶等均已去世），死無對證。當然，劉祜也并非真想查證事實，只是尋個由頭發落鄧氏家人泄憤。故而没有證據參與其事的鄧騭父子自殺，鄧綏兄妹的堂弟鄧豹、鄧尊、鄧暢等有官職者也被迫自殺，其他幾個已故鄧氏兄弟的兒子褫爵（上文中所列之鄧廣德、鄧甫德爲鄧弘之子，鄧廣宗爲鄧悝之子，鄧忠爲鄧閶之子，鄧珍爲鄧京之子），鄧氏家族全數覆没。

鄧綏在世之日，鄧氏兄弟雖蒙顯爵，但行事低調，安守本分，風評極好。這次安帝劉祜驟興大案一網打盡，朝野皆以爲冤，大司農朱寵遂上書抗言：

> 大司農朱寵痛騭無罪遇禍，乃肉袒輿櫬，③上疏追訟騭曰："伏惟和熹皇后聖善之德，爲漢文母。④兄弟忠孝，同心憂國，宗廟有主，王

---

①候伺，監視之意。
②李賢注："羅，縣，屬長沙郡。"羅縣地約今湖南汨羅市一帶。鄧騭原爲上蔡侯，封地距京城洛陽很近，這次改封羅侯，實爲貶黜。
③李賢注："櫬，親身棺也。"櫬，即棺。言朱寵赤膊帶棺，爲鄧氏鳴冤。
④李賢注："《詩·凱風》曰：'母氏聖善。'文母，文王之母大任也。言太后有聖智之善，比於文母也。"

室是賴。①功成身退，讓國遜位，歷世外戚，無與為比。當享積善履謙之祐，②而橫為宮人單辭所陷。利口傾險，反亂國家，罪無申證，③獄不訊鞫，④遂令騭等罹此酷濫。一門七人，並不以命，⑤屍骸流離，怨魂不反，逆天感人，率土喪氣。宜收還冢次，寵樹遺孤，奉承血祀，以謝亡靈。"⑥寵知其言切，自致廷尉，詔免官歸田里。衆庶多為騭稱枉，帝意頗悟，乃譴讓州郡，還葬洛陽北芒舊塋，公卿皆會喪，莫不悲傷之。

（同前引）

朱寵上言先是提醒劉祜，陛下您可是靠太后與鄧騭兄妹纔當上皇帝的，人不能忘本；且鄧騭等人"功成身退，讓國遜位"，實在是"歷世外戚，無與為比"，陛下您也不能將太后遲遲不歸政歸咎於他們啊。

范曄寫《鄧皇后傳》，總結鄧綏的生前身後說：

論曰：鄧后稱制終身，號令自出，術謝前政之良，身闕明辟之義⑦，至使嗣主側目，斂衽於虛器⑧，直生懷憤，懸書於象魏。⑨借之儀者，殆其惑哉！⑩然而建光之後，王柄有歸，⑪遂乃名賢戮辱，便孽黨進⑫，衰斁之來，茲焉有徵。⑬故知持權引謗，所幸者非己；焦心恤患，自強者

---

① 李賢注："殤帝崩，太后與騭定立安帝，故曰是賴。"
② 李賢注引《易》曰："積善之家，必有餘慶。"又："鬼神害盈而福謙。"
③ 李賢注："申，明白也。"
④ 李賢注："訊，問也。鞫，窮也。"
⑤ 李賢注："七人謂騭從弟豹、遵、暢、騭子鳳、鳳從弟廣宗、忠也。"
⑥ 李賢注："血祀謂祭廟殺牲取血以告神也。"
⑦ 李賢注："前政謂周公也。辟，君也。《尚書》曰'朕復子明辟'，言周公攝位，復還成王。今太后不還，故曰闕也。"
⑧ 李賢注："器謂神器，諭帝位也。"
⑨ 李賢注："象魏，闕也。直生，杜根等上書，請太后還政。"
⑩ 李賢注："借猶假也。殆，近也。言太后不還政於安帝，近可惑也。"
⑪ 李賢注："太后建光之中崩，歸政安帝。"
⑫ 李賢注："帝寵用乳母王聖及其女伯榮，出入宮掖，通傳奸略，太尉楊震及鄧騭等皆被中官譖誅也。"
⑬ 李賢注："斁，敗也。安帝臨政，衰敗逾甚，故曰有徵也。"

唯國。①是以班母一説，閽門辭事；②愛侄微怨，髠剔謝罪。③將杜根逢誅，未值其誠乎！④但蹊田之牛，奪之已甚。⑤（《後漢書·皇后紀上·和熹鄧皇后》）

范曄認爲，鄧綏"稱制終身"戀權不放當然不妥，但安帝劉祜也非守成之君，他親政後作爲荒唐，"名賢戮辱，便孽黨進"，導致東漢帝國從此衰微。從這個角度看，是鄧綏看出了劉祜的無能，遲遲不還政也是出於爲國之公心。

范曄此論當然也有一定道理。不過，鄧綏自己無親子，於和帝劉肇去世後，出於私心，先立其幼子劉隆爲帝，破壞了"有嫡立嫡，無嫡立長"的繼承原則；殤帝去世後再立劉祜爲帝，又破壞了"有親子而立外人"的原則，爲東漢皇室立下了一個極坏的榜樣。至於劉祜本人，也可以説是被鄧綏有意養廢了。如果他能在永初初年，當其甫成年之際即親政，得名師教導、賢臣輔佐，即使不能成爲一代明君，却也不會終年與乳母、宦官之流爲伍，庸碌終生吧。且鄧綏死後，劉祜親政僅四年，便於延光四年（125）去世，東漢後來的没落，也不能全怪在他身上。例如，由鄧綏做主爲劉祜所立之皇后閻姬心狠手辣，自己無子，却又毒殺了劉祜唯一的皇子劉保生母李氏：

> 后專房妒忌，帝幸宫人李氏，生皇子保，遂鴆殺李氏。（《後漢書·皇后紀下·安思閻皇后》）

閻氏處處模仿鄧綏行事，鄧綏去世之後，她依仗劉祜之寵，首先提拔重用自己的兄弟們，并仿鄧綏封新野君的先例封自己的母親爲榮陽君：

---

①李賢注："言執持朝權以招衆謗者，所幸不爲己身，唯憂國也。"
②李賢注："太后兄大將軍騭，以母憂上書乞身，太后不許，以問班昭，乃許之。"參看本章第四節《上書》。
③李賢注："太后兄騭子鳳受遺事泄，騭遂髠妻及鳳以謝天下。"參看第三十四章《以荷析薪》第一節《都護任尚》。
④李賢注："誠，信也。言未爲太后所信。"
⑤李賢注："《左傳》申叔時曰：'牽牛以蹊人之田而奪之牛，牽牛以蹊者信有罪矣，而奪之牛，罰已重矣。'此喻杜根。上書雖曰有罪，太后殺之爲過甚也。"

> 建光元年，鄧太后崩，帝始親政事。顯及弟景、耀、晏並為卿校，典禁兵。①延光元年，更封顯長社侯，食邑萬三千五百戶，追尊后母宗為滎陽君。②顯、景諸子年皆童齔③，並為黃門侍郎。后寵既盛，而兄弟頗與朝權，后遂與大長秋江京、中常侍樊豐等共譖皇太子保，廢為濟陰王。（同前引）

太子劉保非閻氏親生，於是閻氏視之為眼中釘，必欲去之而後快。不過，劉祜就這一個兒子，廢了太子，一旦劉祜崩逝，誰來做皇帝呢？

> （延光）四年春，后從帝幸章陵，帝道疾，崩於葉縣。后、顯兄弟及江京、樊豐等謀曰："今晏駕道次，濟陰王在內，邂逅公卿立之，還為大害。"乃偽云帝疾甚，徙御臥車。行四日，驅馳還宮。明日，詐遣司徒劉熹詣郊廟社稷，告天請命。其夕，乃發喪。尊后曰皇太后。皇太后臨朝，以顯為車騎將軍儀同三司。（同前引）

太子劉保，以閻氏讒言被廢為濟陰王。劉祜去世後，閻氏即仿鄧綏先例，另立幼帝自己掌權：

> 太后欲久專國政，貪立幼年，與顯等定策禁中，迎濟北惠王子北鄉侯懿④，立為皇帝。顯忌大將軍耿寶⑤位尊權重，威行前朝，乃風有司奏寶及其黨與中常侍樊豐、虎賁中郎將謝惲、惲弟侍中篤、篤弟大

---

① 閻顯、閻景、閻耀、閻晏都是閻皇后兄弟。
② 李賢注引《續漢志》曰："婦人封君，儀比公主，油犗軿車，帶綬以采組為緄帶，各如其綬色，黃金辟邪加其首為帶。"閻氏是比照鄧綏先例而封其母。
③ 李賢注："引《大戴禮》曰：'男八歲而齔，女七歲而齔。'齔，毀齒也。"即閻氏諸侄方在換牙，俱已拜為黃門郎。
④ 李賢注："惠王名壽，章帝子也。"
⑤ 李賢注："耿弇之弟舒之孫。"
⑥ 這裏所列謝惲、謝篤、謝宓、周廣等人均是安帝劉祜之佞臣，與宦官樊豐、乳母王聖母子同黨。

將軍長史宖、侍中周廣、阿母野王君王聖、聖女永、永婿黃門侍郎樊嚴等⑥，更相阿黨，互作威福，探刺禁省，更爲唱和，皆大不道。豐、惲、廣皆下獄死，家屬徙比景；①宖、嚴減死，髡鉗；貶寶爲則亭侯，遣就國，自殺；王聖母子徙雁門。於是景爲衛尉，耀城門校尉，晏執金吾，兄弟權要，威福自由。（同前引）

這位北鄉侯劉懿是章帝劉炟之孫、安帝劉祜堂弟。這次閻氏立他爲帝，以其承嗣劉祜則輩分錯亂，可謂荒謬，而閻氏以皇帝堂嫂身份而爲太后，更可說是有失人倫。

無獨有偶，劉懿的命運也和當年鄧綏所立之的殤帝劉隆一樣，很快夭折：

少帝立二百餘日而疾篤，顯兄弟及江京等皆在左右。京引顯屛語曰："北鄉侯病不解，國嗣宜時有定。前不用濟陰王，今若立之，後必當怨，又何不早徵諸王子，簡所置乎？"顯以爲然。及少帝薨，京白太后，徵濟北、河間王子。未至，而中黃門孫程合謀殺江京等，立濟陰王，是爲順帝。顯、景、晏及黨與皆伏誅，遷太后於離宮，家屬徙比景。明年，太后崩。在位十二年，合葬恭陵。（同前引）

閻氏資質不高，當政全靠娘家諸兄弟和宦官江京等。閻氏仿效鄧綏行事，卻又沒有鄧綏的德行、見識和手段，誠可謂"畫虎不成反類犬"。少帝劉懿死時，閻氏既没有準備後手，又不欲立前廢太子、濟陰王劉保，倉促之際到處尋找新帝候選人。結果宦官孫程等乘機發動政變，殺掉江京及閻氏兄弟，擁立劉保爲帝，是爲順帝②。而閻氏一黨遂垮臺。

路放按：閻氏所立之劉懿，因其在位僅二百餘日，未有諡號，且身份不倫，

---

①李賢注："比景，縣名，屬日南郡。"漢時比景縣在今越南境内。
②漢順帝劉保，東漢第八位皇帝（126—144年在位）。劉保系安帝劉祜與宮人李氏之子，出生後，其生母即被皇后閻姬毒殺。永寧元年（120），劉保被立爲皇太子，後被讒，廢爲濟陰王。劉祜去世後，閻皇后另立少帝劉懿，自己臨朝聽政。七個月後劉懿去世，宦官王康、孫程等發動宫廷政變，立年十一歲的劉保爲帝，改元"永建"，十九位有功宦官全部封侯。順帝一朝，宦官、外戚互相勾結，弄權專橫，政治腐敗，怨聲載道，民不聊生。

故而《後漢書》等史書僅稱他爲"少帝"，將其擯於東漢帝系之外，不立本紀。

兩漢歷史上共有四位"少帝"，前兩位是西漢惠帝劉盈養子劉恭及其繼任恒山王劉弘。這兩位均是太后呂雉所立，呂雉死後被黜，其皇帝身份不被承認。第三位就是劉懿。最後一位是靈帝劉宏與皇后何氏之子劉辯，十四歲即位，在位期間朝政爲其母何太后及其兄弟大將軍何進把持。不久後，劉辯爲董卓所廢，改立其弟陳留王劉協爲帝，是爲獻帝。劉辯亦未被看作東漢正統皇帝，僅稱"少帝"。唐劉知幾《史通·稱謂》云："天子見黜者，漢魏已後，謂之少帝。"

和帝劉肇誅除竇氏時，有宦官鄭衆參與其間，開東漢宦官參政之先河；迨鄧綏當政，孤兒寡母處於深宮，鄭衆、蔡倫等更得重用。安帝劉祜親政後，重用閻氏家人和宦官江京、樊豐等人；而順帝劉保根本就是一衆宦官所擁立，自此東漢皇權式微，外戚、宦官當政，國事凋敝，江河日下。

第三十九章　女性教育第一人

　　班昭執教和帝後宮，注劉向《列女傳》，作《女誡》，誠可謂中國女子教育第一人。

一、《列女傳》注及續

　　在中國古代婦女教育史上，劉向的《列女傳》占有重要地位。《劉向傳》說：

　　　　向睹俗彌奢淫，而趙、衛之屬起微賤①，踰禮制。向以爲王教由内及外，自近者始。故採取《詩》《書》所載賢妃貞婦，興國顯家可法則，及孽嬖亂亡者②，序次爲《列女傳》，凡八篇，以戒天子。

　　即劉向鑒於成帝皇后趙飛燕、趙合德姊妹，衛倢伃等人的飛揚跋扈，故作《列女傳》進呈劉驁，希望他能用以教化約束自己後宮，勿給天下留下坏榜樣。《藝文志》載：

　　　　劉向所序六十七篇。《新序》《説苑》《世説》《列女》傳、頌、圖也。

　　即劉向著《列女傳》，共八篇，有傳、頌、圖三部分。關於其具體内容，宋人曾鞏在其《列女傳》序中説：

---

① 顏師古注："趙皇后、昭儀、衛倢伃也。"衛倢伃原名李平，本係班倢伃侍女，由其引薦給成帝劉驁，得大幸後封倢伃，賜姓衛。
② 顏師古注："孽，庶也。嬖，愛也。"

古《列女傳》八篇，劉向所序也。向爲漢成帝光祿大夫，當趙氏姊娣嬖寵時，奏此書以諷宮中。其文美，刺《詩》《書》已來女德善惡，繫於家國治亂之效者。故有《母儀》《賢明》《仁智》《貞慎》《節義》《辯通》《孽嬖》等篇，而各頌其義，圖其狀，總爲卒篇。傳如《太史公記》，頌如《詩》之四言，而圖爲屏風云。

即劉向編《列女傳》，從古代典籍中選擇了一批女子之事迹，分列《母儀》《賢明》《仁智》《貞慎》《節義》《辯通》《孽嬖》諸篇中。《列女傳》各篇前有頌傳，提綱攜領。如第一篇《母儀》，其頌傳云：

惟若母儀，賢聖有智。行爲儀表，言則中義。胎養子孫，以漸教化。既成以德，致其功業。姑母察此，不可不法。（《列女傳》）

《母儀》篇中包括《有虞二妃》《棄母姜嫄》《契母簡狄》以及《鄒孟軻母》諸人小傳。

第二篇《賢明》，其頌傳云：

惟若賢明，廉正以方。動作有節，言成文章。咸曉事理，知世紀綱。循法興居，終日無殃。妃后賢焉，①名號必揚。（同前引）

《賢明》篇包括《周宣姜后》《齊桓衛姬》《晋文齊姜》以及《柳下惠妻》諸人小傳。

而第七篇《孽嬖》的頌傳則説：

惟若孽嬖，亦甚嫚易。淫妒熒惑，背節棄義。指是爲非，終被禍敗。（同前引）

該篇則包括了《夏桀末喜》《殷紂妲己》以及《周幽褒姒》等"著名"的紅顏禍水的故事。

《列女傳》傳文相對比較淺顯，明白易讀。試以首篇《有虞二妃》爲例：

---

① 王念孫注："'賢'當爲'覽'字之誤也。此云'后妃覽焉'下云'夫人省兹'又云'諸姬觀之'。觀、省、覽、義并相近。"

有虞二妃者，帝堯之二女也。長娥皇，次女英。舜父頑母嚚①。父號瞽叟。②弟曰象，敖游於嫚。③舜能諧柔之，承事瞽叟以孝。母憎舜而愛象。④舜猶內治，靡有姦意。四嶽⑤薦之於堯，堯乃妻以二女，以觀厥內。二女承事舜於畎畝⑥之中，不以天子之女故而驕盈怠嫚，猶謙謙恭儉，思盡婦道。瞽叟與象謀殺舜，使塗廩⑦。舜歸告二女曰："父母使我塗廩，我其往？"二女曰："往哉！"舜既治廩，乃捐階⑧，瞽叟焚廩，舜往飛出。⑨象復與父母謀，使舜浚井。舜乃告二女，二女曰："俞，⑩往哉！"舜往浚井，格其出入，從揜，舜潛出。⑪時既不能殺舜，瞽叟又速舜飲酒，⑫醉將殺之。舜告二女，二女乃與舜藥浴汪，⑬遂往。舜終日飲酒，不醉。舜之女弟繫憐怜之，⑭與二嫂諧。父母欲殺舜，舜猶不怨。怒之不已，舜往於田號泣，曰呼旻天，呼父母。惟害若茲，思慕不已，不怨其弟，篤厚不怠。既納千百揆⑮，賓於四門，選於林木，

---

①嚚（音銀），愚蠢且頑固。

②瞽（音鼓），盲。

③嫚，昏昧無知。

④據《史記·五帝本紀》，舜母死，瞽叟更娶妻而生象。瞽叟愛後妻之子象，常欲殺舜。

⑤四嶽，堯之四臣，分掌四方諸侯。《書·堯典》："帝曰：'咨，四嶽。'" 孔安國傳："四嶽，即上羲、和之四子，分掌四嶽之諸侯，故稱焉。"

⑥畎（音犬）畝，田地。

⑦廩，糧倉。

⑧捐階，抽掉梯子。

⑨據《史記·五帝本紀》："使舜上塗廩，瞽叟從下縱火焚廩，舜乃以兩笠自扞而下去。"

⑩俞，語氣助詞，表示同意。

⑪據《史記·五帝本紀》："舜穿井爲匿空旁出。舜既入深，瞽叟與象共下土實井，舜從匿空出去。"

⑫據馬融："速，召也。"

⑬汪，即池。

⑭繫，疑爲"敤手"之誤。《古今人表》"敤手"下班固自注："舜妹。"顏師古注："流俗書本作擊字者，誤。"可能後來又誤爲"繫"。

⑮百揆，官名。

入於大麓。①堯試之百方。每事常謀於二女。舜既嗣位，升爲天子，娥皇爲后，女英爲妃，封象於有庳②，事瞽叟猶若初焉。天下稱二妃聰明貞仁。舜陟方③，死於蒼梧，④號曰重華。二妃死於江、湘之間，俗謂之湘君。君子曰⑤：二妃德純而行篤。《詩》云："不顯惟德，百辟其刑之。"此之謂也。

頌曰：

元始二妃，帝堯之女。

嬪列有虞，承舜於下。

以尊事卑，終能勞苦。

瞽叟和寧，卒享福祜。（同前引）

"有虞二妃"所述帝舜故事，源出《史記·五帝本紀》，劉向對其進行了改寫，以突出娥皇、女英姊妹的事迹。

有"傳"有"頌"有"圖"，是《列女傳》的重要特色。其"傳"的部分文字淺顯，四字一句的"頌"朗朗上口，畫於屛風上的"圖"直觀清楚，說明劉向作《列女傳》就是直接衝着文化水準不高的後宮嬪妃來的，希望能感化她們。當然，劉鷔後宮也不都是趙氏姊妹這樣不學無術的，如班昭姑祖班倢伃，不但品德高尚，還是一代才女，其本人就有資格入《列女傳》⑥，足爲後世楷模。

《列女傳》甫出即大行於世，成爲歷代最受歡迎的女學課本之一。至東漢時，班昭爲《列女傳》作注并重新分卷編次，這就是《列女傳》的"曹大家本"。

班昭何時編注《列女傳》史無明載，但以其發生在和帝劉肇詔其執教後宮時較爲合理。劉肇後宮中固然有鄧綏這樣頗通《詩》《書》的才女，然以《列女傳》作爲其他宮中貴人的教材却相當適宜。班昭之注，想來應即其教學時的教

---

①曹大家注："竹木曰林，山足曰麓。"

②有庳，地名。在今湖南道縣北。

③陟（音至）方，外出巡守各諸侯國。

④蒼梧山，即九嶷山，在今湖南寧遠南。

⑤君子，劉向自稱。

⑥今本《列女傳》第八卷《續列女傳》第十四篇即爲《班倢伃》。

案之類。

劉向本傳説《列女傳》共八篇，而曾鞏所見之班昭注本却爲十五卷：

> 然世所行班氏註向書，乃分傳每篇上下，並頌爲十五卷，其十二傳無頌，三傳其同時人，五傳其後人。而通顯曰向撰；題其頌曰向子歆譔，與漢史不合。故《崇文總目》以《陳嬰母》等十六傳爲後人所附。（曾鞏《列女傳》序）

即班昭注本十五卷，前十四卷分劉向原來的前七篇爲上、下卷，第十五卷則爲劉向原來的第八篇《頌》的部分。傳文中，有十二人之小傳無頌，有三人爲劉向同時代人，更有五人是劉向以後之人，顯然不會是劉向原書所有。班昭注本總題劉向撰，而第十五卷《頌》則題劉向之子劉歆撰，與《漢書》記載不合。

曾鞏於是以是否有《頌》、人物是否在劉向之先爲根據重新編次《列女傳》，試圖恢復劉向八篇舊貌；又將各人之《頌》附於其傳之下，以便閱讀。曾鞏將自己重新釐定的七卷本稱爲《古列女傳》，并將他剔出的二十篇小傳另編爲《續列女傳》作爲第八卷附於書後。後來的《列女傳》版本大都與此相同。

爲曾鞏列於《續列女傳》中的諸人小傳，宋代《崇文總目》説其"爲後人所附"，而此後人爲誰并未明言。不過，既然這批傳記首現於班昭注本，若説其爲班昭作注時所添加，也可説得通。

路放按：《續列女傳》第二十篇《梁夫人嬺》，講的是和帝劉肇之姨母梁嬺（"嬺"音"意"）上書劉肇，爲其妹（即劉肇生母梁貴人）及其全家受竇太后誣陷迫害而求平反的故事（見第二十二章《竇憲案與班固之死》第五節《京城驚變》）。梁嬺上書在永元九年（97）竇太后去世之後，而班昭於永元七年（95）即奉詔入東觀續補《漢書》，劉肇命其執教後宮也應是這一時期的事情。因此，梁嬺上書對班昭及其學生們來説并非歷史，而是新聞。按古代慣例，并無傳主尚在世即爲其作傳的做法，故至少《續列女傳》中的這一篇不會是班昭所作。其實，對《列女傳》的增補很可能是個長期過程，自劉向之後代有增益，班昭在爲其作注的同時添加一些篇章亦屬可能。班昭之後，其他人亦有在"曹大家本"的基礎上添加新注（如馬融）或添加新篇（如《梁嬺之傳》）。至宋代，因年代久遠，編寫《崇文總目》的張觀、李淑、宋祁，以及爲《列女傳》重新編次的曾鞏等人已無法確定這些篇章的作者。

然而班昭注本《列女傳》今亦已亡佚，班昭之注僅有少量借其他類書的引用而得保存。

二、《女誡》

《女誡》全文見之《班昭傳》。據其本傳行文順序，《女誡》應作於永初四年（110）班昭上疏太后鄧綏，請准大將軍鄧騭等歸第守制之後。其時班昭六十二歲，以太后鄧綏師傅名義與聞朝政。

《女誡》序言說：

> 鄙人愚闇，受性不敏，蒙先君之餘寵，賴母師之典訓。年十有四，執箕帚於曹氏，於今四十餘載矣。戰戰兢兢，常懼黜辱，以增父母之羞，以益中外之累。夙夜劬心，勤不告勞，而今而後，乃知免耳。吾性疏頑，教道無素，恒恐子穀負辱清朝。聖恩橫加，猥賜金紫，實非鄙人庶幾所望也。男能自謀矣，吾不復以爲憂也。但傷諸女方當適人，而不漸訓誨，不聞婦禮，懼失容它門，取恥宗族。吾今疾在沈滯，性命無常，念汝曹如此，每用惆悵。閒作《女誡》七章，願諸女各寫一通，庶有補益，裨助汝身。去矣，其勖勉之！（《後漢書·烈女傳》）

即班昭寫《女誡》的初衷是因爲家中尚有待嫁之女，爲她們寫幾條婚後的注意事項，以備將來出嫁後能妥善處理家庭關繫，免使他人譏笑曹氏家教不備。

漢代官僚貴族家庭相當重視女子教育。姑不論班昭本人及其姑祖班倢伃這樣的曠代才女，即使本書提到其他貴族女子，如鄧綏、和帝陰皇后，甚至班昭的小姑曹豐生等，至少都是讀過書的。此外，兩漢史籍中記載的知書博學女性也不少，西漢的細君公主、華容夫人，東漢的徐淑、蔡琰，都有優秀作品傳世。

雖然當時學校尚不收女童，但女子在家可從父兄讀書，甚至還可延請儒生做家教。《後漢書·循吏列傳·文翁》載：

（翁）又修起學官於成都市中，招下縣子弟以爲學官弟子，爲除更
　　繇，高者以補郡縣吏，次爲孝弟力田。常選學官僮子，使在便坐受事。
　　每出行縣，益從學官諸生明經飭行者與俱，使傳教令，出入閨閣。

　　古代女子出嫁前後之待遇截然不同。出嫁前，女兒在家有父母寵着，兄嫂讓着，都是快樂的大小姐。但女子出嫁後地位即一落千丈。長輩的公婆要孝敬侍候，平輩的姑叔妯娌要交好謙讓，晚輩子侄要幫扶照顧。如果是嫁入小户人家，要操勞女紅針黹、灶上厨下；嫁入富裕人家，則要管理仆佣、掌握收支、接待賓客。所有這些技能，都需要出嫁前由娘家培訓。

　　其實，具體的治家技能還好説，這些都可以由母親進行言傳身教；而最重要的是思想上的培訓。漢代以孝治國，以儒家思想規範人們的行爲，這纔是女子教育的主要內容。

　　除一般的儒家經典教育以外，當時的女子教育還會選用劉向《列女傳》和班昭的《女誡》這樣有針對性的教材。實際上，在班昭之前，即有所謂《女憲》①；儒生杜篤②也寫過一部《女誡》，可見當時社會對女學教科書的重視。

　　《女誡》以儒家學説爲指導思想，宣揚"男尊女卑"，常爲現代女性詬病，但其本意爲"男子主外，女子主內"，即維護家庭內部和諧的任務以女子爲主。《女誡》爲勸誡女子所用，當然要強調女子的責任。如其第一章：

　　　　卑弱第一：古者生女三日，卧之床下，弄之瓦磚③，而齋告焉。卧
　　　　之床下，明其卑弱，主下人也。弄之瓦磚，明其習勞，主執勤也。齋
　　　　告先君，明當主繼祭祀也。三者蓋女人之常道，禮法之典教矣。謙讓

---

①《女憲》爲古代女學著作。明成祖朱棣徐皇后曾采集《女憲》《女誡》等作《内訓》二十篇，後失傳。
②杜篤，字季雅，京兆杜陵（今陝西西安）人。少時因學識淵博聞名。後因得罪縣令入獄。開國功臣大司馬吴漢逝世，劉秀要求各地儒生著誄文。杜篤在獄中寫的誄文得其賞識，遂獲釋出獄并得賜帛獎賞。入《後漢書·文苑列傳》。
③《詩·小雅·斯干》："乃生女子，載寢之地，載弄之瓦。"毛萇注："瓦，紡磚也。"《箋》："卧之於地，卑之也。紡磚，習其所有事也。"陳奐傳疏："《傳》以紡磚釋瓦。紡即絲紡，磚所以持絲，以瓦爲之。"即瓦爲紡錘。

恭敬，先人後己，有善莫名①，有惡莫辭，忍辱含垢，常若畏懼，是謂卑弱下人也。晚寢早作②，勿憚夙夜，執務私事，不辭劇易③，所作必成，手跡整理，是謂執勤也。正色端操，以事夫主，清靜自守，無好戲笑，潔齊酒食，以供祖宗，是謂繼祭祀也。三者苟備，而患名稱之不聞，黜辱之在身，未之見也。三者苟失之，何名稱之可聞，黜辱之可遠哉！（《後漢書·烈女傳》）

班昭於此列出三條"女人之常道"，一曰"男尊女卑"；二曰"勤勞"；三曰"主繼祭祀"。第一條最為現代人詬病，却是儒學核心教義之一；第二條也讓現代女性忿忿不平，怎麼光說要女子勤勞，不提讓男子勤勞呢？實則男女都應勤勞，但分工不同，男子勤勞在外，女子勤勞持家。這是《女誡》，當然只寫對女子的要求。第三條在現代幾乎沒人提起，但實際上却是很重要的。古代社會，無論家國，祭祀都是重要典禮。此處強調女子主祭，實際上是說明家庭內部事務由主婦做主之意。

夫婦第二：夫婦之道，參配陰陽，通達神明，信天地之弘義，人倫之大節也。是以《禮》貴男女之際，《詩》著《關雎》之義。④由斯言之，不可不重也。夫不賢，則無以御婦；婦不賢，則無以事夫。夫不御婦，則威儀廢缺；婦不事夫，則義理墮闕。⑤方斯二事，其用一也。察今之君子，徒知妻婦之不可不御，威儀之不可不整，故訓其男，檢以書傳。殊不知夫主之不可不事，禮義之不可不存也。但教男而不教女，不亦蔽於彼此之數乎！《禮》，八歲始教之書，十五而至於學矣。獨不可依此以為則哉！（同前引）

夫妻乃"人倫之大節"，夫婦一體，共同進退，故而無論男女，都應教之禮

---

①李賢注："不自名己之善也。"
②李賢注："作，起也。"
③李賢注："劇猶難也。"
④李賢注："《禮記》曰：'昏禮者，將合二姓之好，上以事宗廟，而下以繼後世也，故君子重之。'《詩·關雎》，樂得賢女，以配君子也。"昏，通"婚"。
⑤李賢注："墮，廢也。"

儀。班昭話裏有話，男女平等，大家都有受教育的權利。

敬慎第三：陰陽殊性，男女異行。陽以剛爲德，陰以柔爲用，男以強爲貴，女以弱爲美。故鄙諺有云："生男如狼，猶恐其尪①；生女如鼠，猶恐其虎。"然則修身莫若敬，避強莫若順。故曰敬順之道，婦人之大禮也。夫敬非它，持久之謂也；夫順非它，寬裕之謂也。持久者，知止足也；寬裕者，尚恭下也。夫婦之好，終身不離。房室周旋，遂生媟黷。媟黷既生，語言過矣。語言既過，縱恣必作。縱恣既作，則侮夫之心生矣。此由於不知止足者也。夫事有曲直，言有是非。直者不能不爭，曲者不能不訟。訟爭既施，則有忿怒之事矣。此由於不尚恭下者也。侮夫不節，譴呵從之；忿怒不止，楚撻從之。夫爲夫婦者，義以和親，恩以好合，楚撻既行，何義之存？譴呵既宣，何恩之有？恩義俱廢，夫婦離矣。

本章教導女子宜以柔克剛。男子主外打拚，性格宜剛強，否則難以負擔家國重任；但家庭內部事務，一旦出現不同意見，誰人應該退讓？班昭於此苦口婆心，教育女子性格宜溫柔謙讓，以維持家庭和睦。

路放按：現代女性往往以自己也有工作，男女平等爲理由，對班昭此說嗤之以鼻。實則剛也好，柔也好，維持和睦仍是現代家庭建設的重要課題，而溫柔示弱依然是女性處理家庭事務時的重要策略。

婦行第四：女有四行，一曰婦德、二曰婦言、三曰婦容、四曰婦功。②夫云婦德，不必才明絕異也；婦言，不必辯口利辭也；婦容，不必顏色美麗也；婦功，不必工巧過人也。清閒貞靜，守節整齊，行己有恥，動靜有法，是謂婦德。擇辭而說，不道惡語，時然後言，不厭於人，是謂婦言。盥浣塵穢，服飾鮮潔，沐浴以時，身不垢辱，是謂婦容。專心紡績，不好戲笑，潔齊酒食，以奉賓客，是謂婦功。此四

---

① 尪（音"汪"），身體孱弱。
② 《周禮·天官》："九嬪掌婦學之法，以教九御婦德、婦言、婦容、婦功，各帥其屬而以時御敘於王所。"

者，女人之大德，而不可乏之者也。然爲之甚易，唯在存心耳。古人有言："仁遠乎哉？我欲仁，而仁斯至矣。"①此之謂也。

婦人四行，德言容功。班昭說婦德"不必才明絕異"，這句話後來被演繹成"女子無才便是德"，却非班昭本意。蓋班昭本人即"博學高才"，何能排斥他人才華？班昭此處不過是說，婦行重在表現：婦德不必有才，婦容不必美麗，婦言不必利口，婦功不必手巧，只要注重自身修養，有"欲仁"之心，即使先天有所不足，仍然可做個成功女子。

下面幾條則進入具體的技術指導：

> 專心第五：《禮》，夫有再娶之義，②婦無二適之文，③故曰夫者天也。天固不可逃，夫固不可離也。行違神祇，天則罰之；禮義有愆，夫則薄之。故《女憲》曰："得意一人，是謂永畢；失意一人，是謂永訖。"由斯言之，夫不可不求其心。然所求者，亦非謂佞媚苟親也，固莫若專心正色。禮義居潔，耳無塗聽④，目無邪視，出無冶容，入無廢飾，無聚會群輩，無看視門戶，此則謂專心正色矣。若夫動靜輕脫，視聽陝輸，⑤入則亂髮壞形，出則窈窕作態，⑥說所不當道，觀所不當視，此謂不能專心正色矣。

"夫有再娶之義，婦無二適之文"係班昭首創。雖然她說這是根據儒家經典《儀禮》，但《儀禮·喪服》原文衹是關於喪禮的規定，并無鰥夫必再娶、寡婦

---

① 語出《論語·述而》。
② 李賢注引《儀禮》曰："父在爲母，何以期？至尊在，不敢伸也。父必三年而後娶，達子志也。"即作父親的喪妻，爲了照顧兒子爲母守孝三年之志，應三年後再娶。
③ 李賢注引《儀禮》曰："夫者，妻之天也。婦人不二斬者，猶曰不二天也。"斬，即斬衰。古代服喪，需根據服喪者與死者的親疏關繫選用不同的喪服。喪服分斬衰、齊衰、大功、小功、緦麻五等，斬衰爲重喪喪服，以粗麻布制成，左右和下邊不縫。服制三年。兒子及未嫁女爲父母，媳爲公婆，承重孫爲祖父母，妻妾爲夫，均服斬衰。
④ 塗聽，即道路傳聞。"塗"通"途"。
⑤ 李賢注："陝輸，不定貌也。"
⑥ 李賢注："窈窕，妖冶之貌也。"

不二嫁的意思。事實上，漢代女子再嫁并不鮮見，除了著名的卓文君夜奔司馬相如的故事以外，漢初名相陳平之妻更是六嫁之身：

> 及平長，可娶妻，富人莫肯與者，貧者平亦恥之。久之，户牖富人有張負，張負女孫五嫁而夫輒死，人莫敢娶。平欲得之。邑中有喪，平貧，侍喪，以先往後罷爲助。張負既見之喪所，獨視偉平，平亦以故後去。負隨平至其家，家乃負郭①窮巷，以獘席爲門，然門外多有長者車轍。張負歸，謂其子仲曰："吾欲以女孫予陳平。"張仲曰："平貧不事事，一縣中盡笑其所爲，獨奈何予女乎？"負曰："人固有好美如陳平而長貧賤者乎？"卒與女。（《史記・陳丞相世家》）

漢代皇室再嫁之婦亦頗多，文帝之母薄太后，景帝之王皇后都是寡婦再嫁。即使到了唐代，女子再嫁也很常見。祇是宋明理學昌明後，理學家們抓住班昭"夫有再娶之義，婦無二適之文"這句話大做文章，纔造就了明清時代大量"節烈"婦女的悲劇。

> 曲從第六：夫"得意一人，是謂永畢；失意一人，是謂永訖"②，欲人定志專心之言也。舅姑③之心，豈當可失哉？物有以恩自離者，亦有以義自破者也。夫雖云愛，舅姑云非，此所謂以義自破者也。然則舅姑之心奈何？固莫尚於曲從矣。姑云不爾而是，固宜從令；④姑云爾而非，猶宜順命。勿得違戾是非，爭分曲直。此則所謂曲從矣。故《女憲》曰："婦如影響，焉不可賞！"⑤

有趣的是，班昭論述媳婦與公婆之關繫，不稱"孝"，祇稱"順"。"順"，就是無論公婆行事對錯，一律聽他們的没錯。蓋"孝"乃子女對父母之情，其間有生恩育情在。公婆祇是丈夫的父母，以前并無恩情，此"順"祇是爲了維護

---

①負郭，即靠近城郭。《戰國策・齊策六》："齊負郭之民有狐咺者。"
②《女憲》語。
③舅姑，即公婆。
④李賢注："不爾猶不然也。"
⑤李賢注："影響言順從也。"

家庭和諧，照顧丈夫感受的行事策略而已。當然，"多年的媳婦熬成婆"，現在自己"順"著公婆，爲子女做出榜樣，將來自己也會享受到媳婦的"順"，并不吃虧。

  和叔妹第七：婦人之得意於夫主，由舅姑之愛己也；舅姑之愛己，由叔妹之譽己也。由此言之，我臧否譽毀，一由叔妹，叔妹之心，復不可失也。皆莫知叔妹之不可失，而不能和之以求親，其蔽也哉！自非聖人，鮮能無過！故顔子貴於能改，仲尼嘉其不貳，①而況婦人者也！雖以賢女之行，聰哲之性，其能備乎！是故室人和則謗掩，外内離則惡揚。此必然之勢也。《易》曰："二人同心，其利斷金。同心之言，其臭如蘭。"此之謂也。②夫嫂妹者，體敵而尊，恩疏而義親。若淑媛謙順之人，③則能依義以篤好，崇恩以結援，使徽美顯章，而瑕過隱塞，舅姑矜善，而夫主嘉美，聲譽曜於邑鄰，休光延於父母。若夫蠢愚之人，於嫂則託名以自高，於妹則因寵以驕盈。驕盈既施，何和之有！恩義既乖，何譽之臻！是以美隱而過宣，姑忿而夫慍，毀譽布於中外，恥辱集於厥身，進增父母之羞，退益君子之累。④斯乃榮辱之本，而顯否之基也。可不慎哉！然則求叔妹之心，固莫尚於謙順矣。謙則德之柄，⑤順則婦之行。凡斯二者，足以和矣。《詩》云："在彼無惡，在此無射。"其斯之謂也。⑥

  小姑子是誰？公婆的女兒。小叔子是誰？公婆的兒子。媳婦要想討好公婆，如能得小姑子、小叔子的美言相助，則可事半功倍。唐代詩人王建的《新嫁娘詞三首》之三：

---

① 《論語·雍也》："有顔回者好學，不遷怒，不貳過。"即顔回好學，同一錯誤不會再犯。
② 李賢注："金，物之堅者。若二人同心，則其利可以斷之。二人既同心，其芳馨如蘭也。"，臭，氣味。
③ 李賢注："淑，善也。美女曰媛也。"
④ 李賢注："君子謂夫也。《詩》曰：'未見君子，憂心忡忡。'"
⑤ 《周易·繫辭》："謙，德之柄也。"
⑥ 見《詩·周頌·振鷺》。

> 三日入厨下，洗手作羹湯。
> 未諳姑食性，先遣小姑嘗。

這位新媳婦，一定是讀過班昭《女誡》的。

《女誡》甫成，即流行開來，《後漢書·烈女傳》云：

> 馬融善之，令妻女習焉。

馬融曾從班昭受讀《漢書》，後來成爲一代大儒。其實，馬融本人亦重視女學，亦曾爲劉向《列女傳》作注。

《女誡》後來成爲歷代女學經典教材，備受推崇。如明神宗朱翊鈞爲《女誡》作序，稱"此書簡要明肅，足爲萬世女則之規。"至明代晚期，有人更將班昭《女誡》、唐代宋若莘《女論語》、明代成祖徐皇后之《内訓》，以及王氏《女範捷録》集爲"女四書"，作爲女學標準教材。

路放按：現代人，特別是現代女性，對《列女傳》《女誡》之類傳統女學教科書頗有微詞，覺得其代表了封建男權社會對女性的桎梏、殘害婦女身心等等，不一而足。實則《女誡》等書原是爲封建社會的女子所寫，目的是維護封建社會的家庭秩序，自有其時代價值。

三、《女孝經》

明代胡应麟説：

> 曹大家有《女孝經》，宋尚宫有《女論語》[①]。今傳《女孝經》，乃唐人借名大家。然前志並有曹書，今亡逸矣。(《少室山房筆叢·經籍會通三》)

[①]《女論語》爲唐貞元年間宋若莘、宋若昭姐妹所撰。《新唐書·后妃下》："尚宫宋若昭，貝州清陽人，世以儒聞。父廷芬，能辭章，生五女，皆警慧，善屬文。長若莘，次若昭、若倫、若憲、若荀。莘、昭文尤高。皆性素潔，鄙薰澤靚妝，不願歸人，欲以學名家，家亦不欲與寒鄉凡裔爲姻對，聽其學。若莘誨諸妹如嚴師，著《女論語》十篇，大抵準《論語》，以韋宣文君代孔子，曹大家等爲顔、冉，推明婦道所宜。若昭又爲傳申釋之。"

即胡氏認爲班昭作有《女孝經》。但他又説，當時（明代）所能見到之《女孝經》，是唐人假借班昭之名的偽作，班昭原作已亡佚。

然而胡氏此説大有問題。清代《四庫提要》云：

> 《女孝經》，唐鄭氏撰。鄭氏，唐朝散郎侯莫陳邈之妻。侯莫陳，三字復姓也。前載進書表，稱侄女策爲永王妃，因作此以戒。《唐書·藝文志》不載，《宋史·藝文志》始載之。宣和《書譜》載，孟昶時有石恪畫《女孝經》像八，則五代時乃盛行於世也。其書仿《孝經》分十八章，章首皆假班大家以立言。進表所謂不敢自專，因以班大家爲主，其文甚明。陳振孫《書錄解題》直以爲班昭所撰，誤之甚矣。

即《女孝經》確爲唐人所撰，且亦未托名班昭所著，祇是行文借班昭引出各章內容。姑舉其《開宗明義第一章》爲例：

> 曹大家閒居，諸女侍坐。大家曰："昔者聖帝二女有孝道，降於嬀汭，卑遜讓恭儉，思盡婦道，賢明多智，免人之難，汝聞之乎？"諸女退位而辭曰："女子愚昧，未嘗接大人餘論，曷①得以聞之？"大家曰："夫學以聚之，問以辯之，多聞闕疑，可以爲人之宗矣！汝能聽其言，行其事，吾爲汝陳之。夫孝者，廣天地，厚人倫，動鬼神，感禽獸，恭近於禮，三思後行，無施其勞，不伐其善，和柔貞順，仁明孝兹，德行有成，可以無咎。《書》云：'孝乎！惟孝友於兄弟。'此之謂也。"

此《女孝經》行文格式頗類佛經，"曹大家"講道，恰似佛之講經説法。

---

① "曷"通"盍"，如何，爲何之意。

第四十章　班昭著作

除了補續《漢書》和《女誡》外，班昭本人尚有其他作品流傳於世。《班昭傳》云：

> （昭）所著賦、頌、銘、誄、問、註、哀辭、書、論、上疏、遺令，凡十六篇。子婦丁氏爲撰集之，又作《大家贊》焉。

即班昭文集在其卒後即由其兒媳丁氏撰集成書。本傳所謂"又作《大家贊》焉"，則丁氏所輯文集當名《曹大家集》，而其所作《大家贊》應即是書序文。

又《隋書·經籍志》著錄"曹大家集》三卷"。隋志所錄，未知是否丁氏原輯內容。丁氏原輯十六篇，至此已釐爲三卷。《新唐書·藝文志》著錄"《曹大家集》二卷"，與隋志又异。

然以上幾種《曹大家集》今均不存。目前可見之班昭作品，多散見於《太平御覽》《藝文類聚》《初學記》等類書中。清嚴可均《全後漢文》卷九十六收錄了班昭的《東征賦》《鍼縷賦》《大雀賦》《蟬賦》《爲兄超求代疏》《上鄧太后疏》《欹器頌》，以及《女誡》等八篇作品，算是比較全的收集了。除此而外，班昭還有一些注疏作品，如班固《幽通賦》注、劉向《列女傳》注等。

一、賦頌

與其父兄一樣，班昭亦是一代辭賦大家，其代表作爲《東征賦》，收錄於《昭明文選》。除此而外，現在還可以見到其《大雀賦》《鍼縷賦》等，但均非完璧，有的甚至衹餘殘句。

（一）《東征賦》

永元七年（95），班昭之子曹成以察廉得任長垣長。其時班昭四十七歲，其夫曹壽已逝。所謂"夫死從子"，故班昭隨子赴任。《東征賦》即班昭在由洛陽至長垣的路上所作之紀行賦。關於班昭作《東征賦》之背景討論，可參看第三十五章《班昭生平考》第二節《婚後生活》。

紀行賦亦稱述行賦，係作者在旅途中所作，借途經各地之歷史、景觀而抒發感情。在班昭之先，西漢末年之劉歆曾作《遂初賦》，開紀行賦之先河；班昭之父班彪亦作有《北征賦》，記録了他在更始年間避地河西的旅程。班昭之後，紀行賦且大量出現，東漢末年有蔡邕之《述行賦》，建安時期有王粲《初征賦》、應瑒《西征賦》、徐幹《序征賦》、曹植《東征賦》等，西晉有潘岳《西征賦》。至南朝，述行賦更加盛行，代表作有袁宏之《東征賦》、謝靈運的《歸途賦》等。謝靈運在《歸途賦》的序中，總結了紀行賦的創作原因：

> 昔文章之士，多作行旅賦，或欣在觀國，或怵在斥徙，或述職邦邑，或羈役戎陣。事由於外，興不自己。雖高才可推，求懷未愜。今量分告退，反身草澤，經途履運，用感其心。

以劉歆之《遂初賦》爲例，西漢末年哀帝時，劉歆奏請立《左氏春秋》等古文經於學官。哀帝劉欣命劉歆與五經博士討論古文經之義旨：

> 及歆親近，欲建立《左氏春秋》及《毛詩》《逸禮》《古文尚書》皆列於學官。哀帝令歆與五經博士講論其義，諸博士或不肯置對，歆因移書太常博士，責讓……甚切，諸儒皆怨恨。是時名儒光禄大夫龔勝以歆移書上疏深自罪責，願乞骸骨罷。及儒者師丹爲大司空，亦大怒，奏歆改亂舊章，非毁先帝所立。上曰："歆欲廣道術，亦何以爲非毁哉？"歆由是忤執政大臣，爲衆儒所訕，懼誅，求出補吏，爲河内太守。以宗室不宜典三河，徙守五原，後復轉在涿郡，歷三郡守。（《楚元王傳·劉歆》）

但諸儒生博士守舊，根本不理他。劉歆於是致書太常博士，指責他們"黨同門，妒道真"，"杜塞餘道，絕滅微學"，言辭激烈，從而得罪了這批儒生及其背後的朝中大老。劉歆怕遭受報復，於是主動要求外放，得任河內太守，又遷五原太守。河內郡故地在今河南焦作，五原郡治九原縣，約今內蒙古包頭市九原區一帶。在由河內遷五原的途中，劉歆"感念思古，遂作斯賦，以嘆征事，而寄己意"(《遂初賦》序)，寫下了《遂初賦》。

　　班彪青年時代，適逢王莽之亂，爲了躲避戰火，他離開長安，去了河西。《北征賦》所作，即是就途中所見的歷史遺迹抒發自己的感慨，主張以德化邊，反對戰爭，并爲因長期戰爭給人民帶來的種種苦難而悲傷流涕。(見第八章《班彪的生平》第二節《避地西州》)。

　　班昭之《東征賦》，體例襲仿劉歆、班彪之作。開篇即說明此次東征的時間地點：

　　　　惟永初之有七兮，余隨子乎東征。①
　　　　時孟春之吉日兮，撰良辰而將行。②
　　　　乃舉趾而升輿兮，夕予宿乎偃師。③

　　班昭母子從洛陽出發，第一日向東走了三十里路，至偃師時天已晚，遂歇在驛站。這是他們此行的第一站，難免有些興奮，在喝了一兩盅酒之後，聯想起這座歷史名城，班昭開始抒發其感慨之情：

　　　　遂去故而就新兮，志愴恨而懷悲！
　　　　明發曙而不寐兮，心遲遲而有違。
　　　　酌樽酒以弛念兮，喟抑情而自非。
　　　　諒不登樔而椓蠡兮，得不陳力而相追。④

---

① "永初"應爲"永元"之誤，即班昭母子東征在永元七年。考證見第三十五章《班昭生平考》第二節《婚後生活》。
②孟春，指春季的第一个月，即農歷正月。古人迷信，出行需擇吉日。
③舉趾升輿，即上車之意。輿，即車。據《地理志》，河南郡有偃師縣，在洛陽東三十里，即今河南偃師市。
④李善注："登樔椓蠡，謂上古未有君臣，又無宮室，不知火化之時也。言信不能同於上古登樔而椓蠡，得不陳力就列而相追乎。"陳力，即貢獻人才。

且從眾而就列兮，聽天命之所歸。①
遵通衢之大道兮，求捷徑欲從誰？
乃遂往而徂逝兮，聊遊目而遨魂！

去故就新，指曹成由司徒掾察廉而得任長垣長。司徒掾是公府自辟之掾屬，而長垣長則是爲政一縣的朝廷命官。曹成於此番晉升後，可說是仕途光明，自捷徑而達大道。班昭爲曹成能有此番進堦而興奮不已，夜不能寐。

歷七邑而觀覽兮，遭鞏縣之多艱。②
望河洛之交流兮，看成皋之旋門。③
既免脫於峻嶮兮，歷滎陽而過卷。④
食原武之息足，宿陽武之桑間。

接下來，班昭詳細回顧了他們一路上所經過之鞏縣、成皋、滎陽等地。每至一城，班昭輒回顧歷史上此處發生的大事，并結合曹成這番際遇而作感嘆：

涉封丘而踐路兮，慕京師而竊嘆！⑤
小人性之懷土兮，自書傳而有焉。⑥
遂進道而少前兮，得平丘之北邊。⑦
入匡郭而追遠兮，念夫子之厄勤。

---

①就列，擔任官職。陳力就列，指能貢獻才力，擔任相應的官職。《論語·季氏》："陳力就列，不能者止。"
②據《史記》徐廣注："周比亡之時，凡七縣：河南、洛陽、穀城、平陸、偃師、鞏、緱氏。"即秦滅東周時，周尚據有此七縣之地。鞏縣，在今河南鞏義市西北。又《楚辭》曰："路脩遠以多艱。"
③今滎陽市氾水鎮西北有成皋故城。
④滎陽縣，在今鄭州西。應劭注："卷，故虢國，今虢亭是也。"
⑤李善注引《史記》："紂醢九侯，西伯聞之竊嘆也。"今河南新鄉有封丘縣。
⑥李善注引《論語》子曰："君子懷德，小人懷土。"
⑦平丘縣在封丘縣東南。

彼衰亂之無道兮，乃因畏乎聖人。①
悵容與而久駐兮，忘日夕而將昏。

封丘相傳是殷紂王烹醢九侯②的地方；孔子曾在匡地被人當作楊虎而受到攻擊。通過對歷史的緬懷，班昭且寄托了對其子曹成的期望，勉勵他做一個懷德之君子。

到長垣之境界，察農野之居民。
睹蒲城之丘墟兮，生荊棘之榛榛。③
惕覺寤而顧問兮，想子路之威神。
衛人嘉其勇義兮，訖於今而稱云。
蘧氏在城之東南兮，民亦尚其丘墳。④
唯令德為不朽兮，身既没而名存。
惟經典之所美兮，貴道德與仁賢。
吳札稱多君子兮，其言信而有徵。⑤
後衰微而遭患兮，遂陵遲而不興。⑥
知性命之在天，由力行而近仁。⑦
勉仰高而蹈景兮，盡忠恕而與人。
好正直而不回兮，精誠通於明神。

---

① 李善注："《論語》：'子畏於匡。'《史記》曰：'孔子將適陳，過匡，匡人聞之，以為魯之陽虎。虎嘗暴於匡人，匡人遂止孔子。'"
② 《史記·殷本紀》："(紂)以西伯昌、九侯、鄂侯為三公。九侯有好女，入之紂。九侯女不喜淫，紂怒，殺之，而醢九侯。""醢"音"海"，即肉醬。這裏指古代的一種酷刑，把人殺死後剁成肉醬。
③ 據《史記》徐廣注，長垣縣有匡城蒲鄉。子路為蒲邑大夫。
④ 蘧伯玉，春秋時衛國大夫，為人有賢名。孔子曾稱讚他"君子哉蘧伯玉！邦有道則仕，邦無道則可卷而懷之。"
⑤ 吳季扎，春秋時吳王壽夢第四子。據《春秋左傳》：吳季札適衛，説蘧瑗、史狗、史鰌、公子荊、公叔發，謂公子朝曰：衛多君子，未有患也。
⑥ 李善注："《漢書》劉向上書曰：'周室多禍，遂陵夷不能復興。'"
⑦ 《中庸》："子曰：'好學近乎知，力行近乎仁，知恥近乎勇。'"

庶靈祇之鑒照兮，祐貞良而輔信。

終於到達了長垣，這是曹成將爲父母官的地方，所以他要先到四鄉探訪民情。長垣也是歷史名城，班昭通過子路、蘧伯玉等人的故事，勉勵曹成要注重道德的修養，做一個高尚的人。

亂曰：
君子之思，必成文兮。盍各言志，慕古人兮。
先君行止，則有作兮。雖其不敏，敢不法兮。
貴賤貧富，不可求兮。正身履道，以俟時兮。
修短之運，愚智同兮。靖恭委命，唯吉凶兮。
敬慎無怠，思嗛約兮。清静少欲，師公綽兮。

最後，班昭説明自己作《東征賦》，乃是師法其父班彪《北征賦》之意，并説明了自己的處世之道，乃是"正身履道""靖恭委命""敬慎無怠"，以及"清静少欲"。

（二）《大雀賦》

《大雀賦》并序（見第三十七章《宫廷教師"曹大家"》第二節《宫廷辭臣》），載《藝文類聚》卷九十二。又見於《太平御覽》卷九百二十二，引《曹大家集》作《大雀頌》。

永元十三年（101），安息進貢大雀（鴕鳥）、師子（獅子），和帝劉肇遂命班昭作賦。這次安息進貢途經西域，班昭之兄班超遣子班勇護送安息使節至京城洛陽（見第三十三章《但願生入玉門關》第七節《葉落歸根》）。

（三）《鍼縷賦》

《鍼縷賦》現存殘篇十句，見《藝文類聚》卷六十五，以及《太平御覽》卷八百三十：

鎔秋金之剛精，形微妙而直端。
性通遠而漸進，博庶物而一貫。
惟針縷之列迹，信廣博而無原。

退逶迤以補過，似素絲之羔羊。
何鬥筲之足算，咸勒石而升堂。

（四）《蟬賦》

《蟬賦》殘篇，六句見於《藝文類聚》卷九十和《初學記》卷三十：

伊玄蟲之微陋，亦攝生於天壤。
當三秋之盛暑，陵高木之流響。
融風被而來遊，商焱厲而化往。

四句見《太平御覽》卷九百四十四：

吸清露於丹園，抗喬枝而理翮。
崇皇朝之輝光，映豹豹而灼灼。

二句見《文選》卷三十八《庾元規讓中書令表》李善注引：

復丹款之未足，留滯恨乎天際也。

（五）《欹器頌》

《欹器頌》，見《文選》卷四十二，《曹子建與吳季重書》李善注引一句：

曹大家《欹器頌》曰："侍帝王之密坐。"

二、《幽通賦》注

班固《幽通賦》見《漢書·叙傳》。唐代《昭明文選》李善注本卷十四收《幽通賦》，有"曹大家注"。《幽通賦》爲班固述志之作，想象豐富，辭藻華麗，引用典故頗多。班昭秉承班氏家學，以儒學經典爲據，爲《幽通賦》作注。如注解"所貴聖人至論兮，順天性而斷誼"一句時，她說：

至論，謂"五經""六藝"，所以貴之者，順天之性也，亦當以義斷之，不可貪苟生而失名。

本書第十六章《辭賦大家》第一節《幽通賦》於班昭注文多有引用。

三、奏疏

今所見班昭上疏，其本傳有《上鄧太后疏》，《後漢書・班超傳》載其《上和帝疏》。《上和帝疏》又見於袁宏《後漢紀》卷十四，但有節略。

四、其他

班昭曾注補劉向《列女傳》，見第三十九章《女性教育第一人》第一節《〈列女傳〉注及續》。

圖書在版編目(CIP)數據

諸班史迹考／劉清陽著.—西安：西北大學出版社，2018.12
ISBN 978-7-5604-4285-3

Ⅰ.①諸… Ⅱ.①劉… Ⅲ.①家族—研究—中國 Ⅳ.①K820.9

中國版本圖書館 CIP 數據核字(2018)第 275990 號

陝西省人民政府參事室（陝西省文史研究館） 編

諸班史迹考

劉清陽 著

西北大學出版社出版發行

（西北大學校内 郵編：710069 電話：029-88302621 88303593）
http://nwupress.nwu.edu.cn E-mail: xdpress@nwu.edu.cn

新華書店經銷　　陝西博文印務有限責任公司印刷

開本：787 毫米×1092 毫米　1/16　印張：46

2018 年 12 月第 1 版　2018 年 12 月第 1 次印刷

字數：750 千字

ISBN 978-7-5604-4285-3　定價：198.00 圓